安徽历史文化研究文库·第十三辑

皖江文化与开放发展

——第七届皖江地区历史文化研讨会论文选编

主　编　马　雷　柳友荣
副主编　宋　蓓　汪和平

合肥工業大學出版社

图书在版编目(CIP)数据

皖江文化与开放发展:第七届皖江地区历史文化研讨会论文选编/马雷,柳友荣主编.—合肥:合肥工业大学出版社,2017.6
ISBN 978-7-5650-3470-1

Ⅰ.①皖… Ⅱ.①马…②柳… Ⅲ.①文化史—安徽—学术会议—文集
Ⅳ.①K295.4-53

中国版本图书馆CIP数据核字(2017)第168774号

皖江文化与开放发展
——第七届皖江地区历史文化研讨会论文选编

马 雷 柳友荣 主编　　责任编辑 朱移山 张 慧

出 版	合肥工业大学出版社	版 次	2017年6月第1版
地 址	合肥市屯溪路193号	印 次	2017年8月第1次印刷
邮 编	230009	开 本	710毫米×1000毫米 1/16
电 话	人文编辑室:0551-62903310	印 张	34.75
	市场营销部:0551-62903198	字 数	642千字
网 址	www.hfutpress.com.cn	印 刷	安徽联众印刷有限公司
E-mail	hfutpress@163.com	发 行	全国新华书店

ISBN 978-7-5650-3470-1　　定价:68.00元

安徽历史文化研究文库

前　言

“厚重安徽”是省社科联重点打造的地方历史文化研究平台，旨在组织开展对安徽地方历史文化的研究，注重挖掘整理安徽深厚的地方历史文化资源，结合时代精神和发展需求，推动安徽地方历史文化的创造性转化和创新性发展，不断提升当代安徽文化的软实力，进一步增强我省的文化自信，促进创新性文化强省建设。

2016年10月22日，第七届皖江地区历史文化研讨会在池州召开。本届会议由安徽省社科联与池州学院联合主办，池州市社科联与池州学院皖南民俗文化与旅游发展研究院协办。本届研讨会高举建设中国特色社会主义先进文化的旗帜，大力弘扬社会主义核心价值观，以“皖江文化与开放发展”为主题，以创新性研究引领和推动皖江地区经济社会的开放发展为宗旨，积极为皖江地区凭借“长江经济带”国家战略实现加速崛起，提供强大的文化支撑力量。研讨会共收到论文116篇，来自沿江各市社科联的嘉宾和省内外专家学者、有关单位代表共计120多人参加了研讨会。

本届研讨会参与面广、成果丰硕，从专家学者提交的116篇论文来看，研究领域涉及皖江地区开放发展、经济社会、思想文化、历史人物、文体艺术、典籍考古等各个方面，研究的视角更加丰富，研究的方法不断创新，研究的水平进一步提升，体现了皖江地区历史文化研究的最新进展。当然，进一步深化皖江地区历史文化研究，还需要在结合当今皖江经济社会发展的实践和现实需求，在坚持打造皖江地区历史文化研究品牌，着力提高文化自信，繁荣发展哲学社会科学上下功夫；在坚持以皖江地方历史优秀文化为滋养，着力弘扬社会主义核心价值观上下功夫；在坚持以皖江地方历史优秀文化为取向，着力引领皖江经济社会不断向前发展上下功夫。

《皖江文化与开放发展——第七届皖江地区历史文化研讨会论文选编》作为安徽省社科联《安徽历史文化研究文库》的第十三辑出版。为充分反映出本次会议的优秀学术研究成果，我们会后对与会代表的论文进行重新梳理，精选58篇编辑出版，部分作者对提交的论文作了修订。安徽省社科院历史所研究员汪谦干审读了书稿，合肥工业大学出版社的领导和编辑对论文集的编辑出版付出了辛勤劳动，在此一并表示衷心的感谢。

编辑部

2017年2月

目 录

一、开放发展研究

环巢湖文化及其传承发展之思考 …………………………………… 张安东（1）

“一带一路”战略下的皖江文化发展新路径 ……………………… 张家智（13）

文化区域·区域文化·皖江文化

——“皖江文化”的正名及其开放特征浅析 …………………… 谈家胜（20）

产业化视角下的历史文化遗产保护与传承的路径选择

——以池州杏花村古遗址文化多角度开发和保护为例 ……… 项桂娥（28）

建立皖江文化智库平台　推动皖江区域开放发展 ………………… 许克锡（36）

唐宋时期皖江地区外来人口的迁入 ………………………………… 董　明（42）

芜湖开埠及米市兴盛对芜湖金融市场的影响 ……………………… 朱海波（53）

皖江文化与皖江城市群产业发展 ……………………… 吴　勇　唐凤霞（64）

安徽籍第一代白话诗人刘延陵对欧美诗歌的译介和借鉴

……………………………………………………………………… 张　文（72）

皖南国际文化旅游示范区战略定位的支撑路径研究

——以马鞍山市为例 ……………………………………………… 洪绍明（83）

科学图书社与安徽近代的文献传播 ………………………………… 胡　凤（89）

论城市扩容后的文化融合

——以枞阳县并入铜陵市为例 …………………………………… 耿宏志（101）

二、经济社会研究

明清时期皖江流域水利投资负面效益探析 …………… 陈恩虎　吕君丽（113）
近代皖江地区圩田开发及其影响探析 ………………………… 胡惠芳（126）
皖江宗教文化资源开发与区域旅游产业可持续发展 ………… 方晓珍（132）
推动皖江地区文化产业与旅游产业开发交融互动的思考
——以池州市为例 ………………………………… 檀　力　宋　雁（141）
东至周氏家族研究：直隶工艺总局与近代华北社会变迁 ……… 程　莉（150）
近代皖江堤防工程建设及其对农业经济的影响 ……………… 房　利（160）
皖江地区佛教文化旅游资源开发与重塑 ……………… 蔡洞峰　殷洋宝（172）
周学熙对家乡早期经济文化发展的促进作用 ………………… 丁德芬（179）
池州市文化旅游开发与发展对策研究 ………………… 祝亚雯　程　凤（185）
近代皖江地区商会活动研究（1905—1937） ………………… 胡　锋（193）

三、思想文化研究

阳明讲学在皖江地区的传播、特征及影响 ……………………… 夏建圩（207）
母氏更操心：明清桐城母教传统述论 ………………………… 汪孔丰（218）
张英的经学思想及其对康熙的影响
——简论桐城精英文化的清初形态 ………………………… 程根荣（227）
二祖慧可与禅宗初始的中国化
——兼述安庆作为禅源之地的依据和重要地位 …………… 余世磊（238）
崇儒浚源　厚德行远
——在探讨“家风”的背景下对周馥治家宝训《负暄闲语》的思考
……………………………………………………………… 张峪铭（249）
桐城桂林方氏家族之家庭教育与家训 ………………… 宋豪飞　丁伯文（254）
宣城梅氏家族学术文化兴旺原因初探 ………………………… 葛欣荣（263）

四、历史人物研究

桐城女性张令仪著作叙录 …………………………………… 邱瑰华（272）
吴应箕生平交游、言论与若干事迹考 …………………………… 丁士虎（280）
浅论周馥的开放开明思想 …………………………………… 姚北生（296）
北宋诗坛名家　人称“李白后身”
——介绍宋代当涂本土诗人郭祥正 …………………………… 张庆满（305）
吴汝纶对教育近代化的探索
——以主讲莲池书院时期为考察中心 ………………………… 王申生（315）
桐城方维仪和她的佛像画作品 ………………………………… 刘　东（322）
赵朴初是新中国佛教事业第一人 ……………………………… 殷书林（328）

五、文体艺术研究

京剧母体艺术
——安庆调·潜山弹腔再探 …………………………………… 郑炎贵（339）
超越尘世的“瓶颈”
——论张恨水小说创作的佛教意识 …………………………… 谢家顺（351）
望江挑花艺术创新的现状分析 ………………………… 朱胜甲　高俊松（360）
黄梅戏艺术图像化传播路径研究 ……………………… 倪　静　朱胜甲（365）
明清皖江流域戏曲创作与基层控制 …………………………… 崔　磊（371）
芜湖铁画艺术的传承与发展策略 ……………………………… 程志永（380）
皖江地区非物质文化遗产传承与保护研究
——以池州傩舞为例 ………………………………………… 鲍红信（388）
国家级非遗岳西高腔的保护与传承研究 ………………… 张军占　吴　玮（396）
文化生态视域下皖江非物质文化遗产的保护与传承研究
——以池州青阳腔为例 ……………………………………… 苏玫瑰（402）
罗城民歌音乐特征研究 ………………………………………… 王　韵（411）

关于国家级非遗——东至花灯的田野调查报告 …………………… 程　凯（419）
东乡武术文化浅析 …………………………………………… 张书军　王晓东（429）

六、典籍考古研究

民国二十九至三十年怀宁县禁演黄梅戏的相关档案及其研究 …… 王　平（435）
一部珍贵的乡邦文献丛书
　　——刘世珩与其《贵池先哲遗书》 ……………………………… 黎俊祥（445）
池阳故园道释儒文化群落考述
　　——以三清殿碑文为主线 ……………………………………… 张　忠（452）
九华山佛教开山祖师杯渡禅师圣迹考略 ……………… 何　寅　汪春才（468）
《湖阴曲》史话 ……………………………………………………… 杨国宜（475）
桐城方氏家族刻书述论 ……………………………………………… 黄　晶（486）
文献意识与姚莹的边疆史地著述 …………………………………… 沈志富（496）
当涂县清代民居建筑特点之管窥 …………………………………… 李　军（506）
文化，在保护中传承
　　——浅谈安庆市历史建筑的保护与利用 ………………………… 江　军（513）
九华山老田村历史文化溯源 ………………………………………… 纪良发（523）

七、附　录

坚持文化自信　着力打造皖江地区历史文化研究品牌
　　——在第七届皖江地区历史文化研讨会上的讲话 ……………… 马　雷（538）
在第七届皖江地区历史文化研讨会开幕式上的致辞 ……………… 汪和平（542）
丹桂飘香，人文盛会
　　——在第七届皖江地区历史文化研讨会上的讲话 ……………… 柳友荣（544）
在第七届皖江地区历史文化研讨会闭幕式上的发言 ……………… 刘维刚（546）

环巢湖文化及其传承发展之思考

张安东

摘　要：环巢湖文化是环巢湖区域人们自古至今在征服自然、改造自然以及处理人与自然、人与社会的关系中的各种实践活动、精神活动的方式及其所创造出来的各种物质成果与精神成果的总和。作为区域文化，它具有历史悠久、以水为魂、透视人与自然和谐精神、体现广纳百川与兼容并包的文化品质等特点。环巢湖文化内涵十分丰富，我们应高度重视，对其加强传承发展，以为环巢湖区域经济与社会发展服务。

关键词：环巢湖文化；内涵；特征；传承发展

20 世纪 80 年代以来，区域文化研究热潮悄然兴起。安徽省的区域文化如徽州文化、淮河文化也引起了学术界的高度关注，并取得了丰硕的学术成果。21 世纪初，随着安徽省政协常委、时任安庆师范学院党委书记丁伯华同志在安徽省政协九届二次会议上提出“弘扬皖江文化，打造皖文化品牌”，学术界又展开了对皖江文化的研究，并自 2004 年开始，连续召开了六届皖江文化学术研讨会，对皖江文化的概念、定义、内涵、价值共性等作了深入探讨，皖江文化的基本框架也已经确立。这样，安徽三大文化圈（徽州文化、淮河文化、皖江文化）的说法得到了学术界的认可。环巢湖区域是中华文明发源地之一和夏文化发祥地之一，在安徽文化史乃至中国文化史上具有较高的地位。然而，学术界并没有像对待徽州文化、淮河文化、皖江文化一样，重视环巢湖文化的研究，也没有一致认同环巢湖文化圈是安徽的另一重要文化圈。正因为如此，有关环巢湖文化的研究既薄弱又落后。虽然环巢湖文化的研究也开始于 21 世纪初，但只局限于巢湖市、

基金项目：2012 年度巢湖学院科研机构专项项目：“清至民国时期环巢湖流域方志编纂与社会”（XWY-201216）；2015 年度安徽省高校人文社科研究重大项目：“现代化背景下的环巢湖文化传承与发展研究”（SK2015ZD20）。

作者简介：张安东（1964—　），安徽庐江人，安徽省高校人文社科重点研究基地——巢湖学院环巢湖文化与经济社会发展研究中心教授，博士，研究方向：传世文献与文化传承。

合肥市等环巢湖区域一些研究者参与，而且学术会议质量较低，未能引起全省、全国范围的关注，未能吸引更多的专家学者参与到研究中来。研究的论著不多，新成果产生较少，实质性进展缓慢。著述如苏士珩主编的《巢湖文化全书》（10卷本）对环巢湖文化作一些介绍，但研究不够；其他一些著作只是对环巢湖区域内的某一地方文化专题进行研究，如完颜海瑞主编的《人文合肥》文化丛书（第一套）（《合肥名人》《合肥胜迹》《合肥故事》《合肥方言》）和《人文合肥》文化丛书（第二套）（《合肥诗词》《合肥记忆》《合肥书画》《合肥民俗》《合肥包公》）。论文发表100余篇，内容虽涉及历史、考古、文学、艺术、社会、经济、文化等多方面，但大多仅就一些微观问题进行论述，宏观、全面的探讨成果缺乏。这些情况表明，深入开展环巢湖文化研究，显得十分必要。本文拟在学界研究的基础上，对环巢湖文化的内涵及其传承发展作一些思考，以期引起社会各界的高度关注，从而进一步推动环巢湖文化研究的深入发展。

一、环巢湖文化的内涵

环巢湖区域位于江淮地区，地处南北交汇之地，开发历史悠久。早在远古时期这里的农耕文明就较为发达，开始创造环巢湖文化。春秋战国时期，环巢湖地区位于“吴头楚尾”，是南北交战的必争之地。长期的战争对这里的开发产生了不利的影响，以至于这一时期环巢湖区域的发展显得较为落后，文化上也同样落后。东汉至三国时期环巢湖区域得到较大规模的开发，“处地肥饶”，经济发展呈现较高的水平，环巢湖文化开始复苏。宋时期，中国经济中心南移，南方的经济发展进一步加快，南北趋中的环巢湖区域的开发也随之加快，环巢湖文化进一步崛起。明清以来环巢湖区域开发力度更大，经济的进一步发展和繁荣，使这一区域文化进入了较为繁荣的时期。由上可见，环巢湖文化历史悠久、源远流长，它是环巢湖区域从远古到现实总体的文化，是环巢湖区域人们自古至今在征服自然、改造自然及处理人与自然、人与社会关系中的各种实践活动、精神活动的方式及其所创造出来的各种物质成果与精神成果的总和。

（一）环巢湖文化的地理范围

环巢湖文化地理范围的划定，是我们研究环巢湖文化的前提和基础。但如何确定其范围呢？10多年来人们常说的“环巢湖”，主要是旅游区域概念。早在2003年3月22日，合肥市与包括巢湖市在内的周边城市初步达成了联手开发区域旅游的协议；到了2004年9月25日，安徽省发展和改革委员会、安徽省旅游局正式联合下发了《安徽省环巢湖旅游开发规划》，规划中明确提出了环巢湖的范围包括：“西以合铜黄高速公路、肥西县界，南以距湖（丰水期）岸线2公里，包括银屏牡丹景区，东以巢湖市区（包括半汤）为界，北含义城、大圩两乡镇，沿湖滨大道2公里以内，规划面积约1800平方公里。”其外围依托区及辐射范围：合肥市区、肥东、肥西、庐江、含山等[①]。从旅游区域概念考察环巢湖地理范围，其侧重点主要在旅游资源分布上，而作为文化概念的环巢湖，虽然要考虑到地理位置，但更要考虑到文化的内在整体性及其历史渊源。因此，学界对此就有一定的争议，主要有巢湖流域、巢湖区域、巢湖圈、环巢湖等几种说法。陈恩虎认为，巢湖流域包括合肥市、巢湖市、庐江县、肥东县、肥西县[②]。在此基础上，有学者把舒城县和六安市纳入巢湖流域范围[③]。在另一著述中，陈恩虎扩大了巢湖流域范围，指出巢湖流域涵盖合肥市、马鞍山市、芜湖市、六安市，以及巢湖市、肥东县、肥西县、庐江县、无为县、和县、含山县、舒城县等市县[④]。吴立等认为，巢湖流域“远古便是人类重要的活动区域”。他们从考古学角度对巢湖区域文化早期发展时间序列进行界定，理出这一文化早期发展的时间脉络，即起源于新石器中晚期，历商周至汉代，时间跨度4000年[⑤]。苏士珩指出，巢湖流域地处南北中间区域，属于长江流域的一部分，但相对独立成体系。“它北邻江淮分水岭，南达长江北岸，西至大别山麓，东联滁浦丘陵，总面积13000多平方公里”[⑥]。陆荣提出了巢湖区域概念，认为历史上的巢湖区域概念，指古代沿袭俗成的历史区域，地处江淮中部，大体上指环巢湖一带，但随着人口流动、迁移，景物易貌，行政区划的频繁变动，其外延的不确定性也渐渐增强。这里所说的巢湖区域，则指今天的巢湖流域，巢湖流域14203平方公里，流域地跨合肥、安庆、巢湖、六安等地市的14个市县[⑦]。张媛认为，从水系看，巢湖区域就是巢湖流域；从行政区划看，巢湖区域包括合肥市的全部和六安市的一部分（老市区及舒城县）[⑧]。宁业高用“巢湖圈”概括环巢湖文化地域范围。他指出，“‘巢湖圈’是一种区别于‘巢湖湖域’、‘巢湖市域’、‘巢湖流域’的地理文化区域称谓，是自远古而降，以巢湖湖域为核、水系为域、历史为经、政区为

---

① 汤汇道：《论安徽省环巢湖旅游经济文化圈“三圈合一”战略》，《特区经济》2009年第7期。

② 陈恩虎：《先秦时期巢湖流域文化特点浅析》，《巢湖学院学报（哲学社会科学版）》2002年第4期。

③ 《首届江淮文化暨巢文化研讨会在我院召开》，《巢湖学院学报（哲学社会科学版）》2006年第1期。

④ 陈恩虎：《明清时期巢湖流域农业发展研究》，黄山书社2014年版。

⑤ 吴立等：《汉代以后巢湖流域文化衰落的环境考古学观察》，《安徽师范大学学报（自然科学版）》2009年第5期。

⑥ 费勤松、余万春：《巢湖文化全书·教育文化卷》苏士珩“前言”，东方出版社2010年版。

⑦ 陆荣：《宋以前巢湖区域的开发及其对生态环境的影响》，《淮北煤炭师范学院（哲学社会科学版）》2007年第5期。

⑧ 张媛：《巢湖区域文化研究》，安徽大学硕士论文2014年。

纬、人文为质而自然形成的巢湖圈畛界与文化体系。用今天的行政区划来框架，它的范畴应该包括合肥、巢湖两市全境和六安、滁州、安庆三市的部分区县，以及南京市江北部分地区。巢湖圈是中华文明曙光升射的圣地”①。还有学者提出环巢湖概念。翁飞认为，环巢湖的地域范畴，如按自然水系划分，泛指整个巢湖流域；如按行政区划，应该包括今合肥市全部、马鞍山市的和县、含山县，芜湖市的无为县，以及六安市的一部分（老市区及舒城县）②。刘立冬认为，环巢湖泛指整个巢湖流域，但其也是一个文化概念，“用以指称以巢湖为中心，环巢湖地域上形成的具有独特地方特色的文化群落，可定义为环巢湖文化圈”③。这些说法均有一定的道理，但有一点是明确的，即环巢湖文化区域比环巢湖旅游区域大得多。我们认为，定义文化区域概念必须考虑到这一区域文化的同一性和区域人们文化的认同性。环巢湖区域位于长江下游，地处亚热带湿润季风气候，全年受季风的影响较大，雨量充沛；地形、气候均适宜于农耕，尤其是水稻的种植。该区水系发达，以巢湖为中心，四周河流呈放射状注入，较大支流有杭埠河、丰乐河、派河、南淝河、柘皋河、白石天河、兆河等，巢湖闸以下为裕溪河，主要支流有清溪河、牛屯河以及连通裕溪河和黄陂湖之间的西河。稻米和水产成为主要的收入来源，因此该区很早就成了著名的鱼米之乡。所以从自然环境看，环巢湖区域具有较多的一致性，而且与周边其他区域的自然环境有明显不同，是相对完整独立的地理单元；从经济环境看，环巢湖区域的共同特点也非常明显。该区农业经济发达，以种植型农业为主，主要为水稻、油菜、麦豆等，人们的生产、交换和消费活动均处于一个相互联系的经济圈内；从社会生活方面看，环巢湖区域家族家庭结构、生活方式、生活习惯、社会观念、风俗民情等方面，也基本相近；从行政沿革和管理方面看，在历史上很长时间该区都受庐州府及和州管辖，行政单元相对独立。这样，环巢湖区域就形成了一个完整的文化区。因此，若要完整地描述环巢湖区域文化全貌，其范围一般包括具有环巢湖文化特质的地区。我们认为，环巢湖文化区的范围，是以巢湖为中心的巢湖流域。巢湖流域位于长江与淮河之间，包括北临江淮分水岭，南达长江北岸，西至大别山麓，东联滁浦丘陵一带相对广袤的区域。一般所言环巢湖文化圈，则是指巢湖流域所覆盖的范围。若按今天的行政区划，环巢湖文化区的范围涵盖合肥市本埠及其属下的巢湖市、肥东县、肥西县、庐江县，马鞍山市的和县、含山县，芜湖市的无为县，六安市本埠及其属下的舒城县等市县。

---

① 宁业高：《巢湖圈：中华文明曙光升射的圣地》，合肥《包河报》，2007 年 8 月 17 日周末特刊。

② 翁飞：《环巢湖文化摭谈》，《学术界》2008 年第 3 期。

③ 刘立冬：《环巢湖古塔历史文化探究》，《安徽史学》2011 年第 5 期。

（二）环巢湖文化的基本内涵

环巢湖文化底蕴深厚、内涵丰富。考虑到文化的全面性、系统性，兼顾环巢湖文化的特征以及在中国文化史、安徽文化史上的地位、成就，环巢湖文化的基本内涵主要体现在以下几个方面：

1. 源远流长的古巢文化

环巢湖区域是中华文明发祥地之一，古巢文化历史悠久，内容纷呈。“和县猿人”（约30万年）遗址、银山智人（约16~20万年）遗址的发掘证实，环巢湖区域是人类的起源地之一。凌家滩遗址（约5300年）是新石器时期人类进化过程的里程碑。含山大城墩遗址为新石器时期至商周时期的聚落遗址，距今已有6000多年历史，文化内涵极其丰富，包含相当于仰韶、龙山、二里头时期以及商代、西周、春秋、战国等若干时期的文化。它的发现进一步说明了中华民族发源地不仅在黄河流域，长江下游腹地也是发源地之一。此外，环巢湖区域遍布夏商周遗址如肥东龙城遗址、月亮地、晒书墩、神墩诸多古文化遗址；秦汉文化遗址，如和县亚父城遗址，巢湖亚父山范增故里、放王岗汉墓群等等，为世人勾勒出一幅环巢湖区域从远古至秦汉时期的多彩画卷。

2. 交流融合的吴风楚韵

环巢湖区域地处“吴头楚尾”，前有长江一脉相贯，内有湖江阡陌相连，自古是吴楚往来、中原至江东的必经之地。不同的文化在这里交流融合，美丽的山水引来无数文人墨客的驻足与吟咏，形成了众多的人文景观和无尽的文化追怀。如“成汤放桀于南巢”的放王岗遗迹，伍子胥一夜急白须发过古昭关的故事，项羽自刎乌江的霸王祠，刘禹锡在陋室写下千古名篇《陋室铭》，王安石经典名篇《游褒禅山记》的华阳洞，大书法家米芾“投砚止蛙”的墨池，李白纵情抒怀的天门山，以姜夔为代表的自古歌咏不绝的巢湖、姥山、忠庙，石涛绘制的蕴含着巢湖风土人情和离奇曲直故事的山水画《巢湖图》，等等。这些遗迹、诗画至今留存，体现了环巢湖文化的吴风楚韵，体现出历史人文的历久弥新。

3. 灿烂悠久的农耕文化

环巢湖区域位于长江下游，拥有广阔的湖滨平原和沿江平原，这里气候温暖，水源充足，河流密布，区域内有30余条河流，南淝河、白石天河、杭埠河为流域内的主要河流，占整个流域面积的70%，是一个食源丰富的地区，所以自古以来农业经济一直十分发达。据考古发现，环巢湖区域远古时期就有一定的开发。到了新石器时代，这里的先民已经进入了农耕文明。位于环巢湖区域的凌家滩遗址是这个时期文化的代表，遗址出土了大批精美的玉器、石器、陶器等，而陶器作为日常生活用品，是适应农耕稻作文化而产生的。稻作农业的出现和发展，带来与其相适应的生产方式和生活方式。而生产方式和生活方式决定了饮食结构，饮食结构决定人的体格与性格，人的体格和性格最终决定了文化的特征，而文化的特征也决定了人们的价值取向、生活方式、思维方式和行为方式。这是一个环环相扣的关系。环巢湖区域的古代农业耕作活动文化有其自身的特点，也有其兼容性。随着以稻作为主体的农业生产的不断发展，农耕文化的内涵也不断丰富，并可大致分为农耕的物质文化和精神文化两大类。物质文化指诸如农业种植、生产器具等为生存所需要的物质资料，而精神文化则是指诸如植根于稻作农业的农耕文学、民俗，其中包括反映稻作农耕的文学、诗歌、绘画、谚语、文化娱乐及稻作农耕民俗中的农事节日、宗教礼仪等精神层面的东西。

4. 享誉古今的人物文化

环巢湖区域在历史发展的过程中，涌现出众多享誉古今的风流人物。他们是这片土地与山水培育的优秀代表、翘楚人杰。古代如军事谋事范增、三国名将周瑜、诗人张籍、词人张孝祥；近代特别是淮军领袖李鸿章，在巢湖中庙水域集中编练淮军，一批著名将领如刘铭传、吴长庆、潘鼎新、刘秉璋、丁汝昌等，也正是从这里走向疆场，走向台湾，在抗法战争、甲午战争和抵抗八国联军三大战争中屡建奇功。现代如布衣将军冯玉祥、和平将军张治中、传奇将军李克农、现代诗人田间、抗日名将戴安澜和孙立人、诺贝尔奖获得者杨振宁、书法大家林散之、当代著名作家鲁彦周、奥运史上中国队金牌零的突破者许海峰等，他们在政治、军事、文学艺术、体育等领域以杰出的能力与成就名垂历史。这些本籍名人，既传承着脚踏大地、埋头苦干、不懈探索与努力的地域文化精神，同时又有广纳百川、兼容并蓄的开放情怀，在追求进步和事业的道路上，敢为人先，敢立己言，敢居奇功，不断抒写着环巢湖文化继承、开放与创新的新篇章。

5. 深厚雄浑的军事文化

环巢湖区域素有“淮右襟喉，江南唇齿”之称，自古就是一个整体的军事战略要地，无论是春秋战国时吴、楚相争，还是三国、南北朝、宋金南北对垒，环巢湖都要作为一个完整的战略攻守体系来经营。如三国曹魏以合肥为核心，环巢湖建设据点；孙权亲自率大军从巢湖数次来攻，虽有巢湖地区本土人士周瑜、鲁肃等的帮助，但都失败而退；东吴则以濡须口（即扼守巢湖入江水道）为防卫堡垒。曹操攻吴，“四越巢湖而不成”，也不能往东南拓展。他们的活动，在环巢湖区域留下大量遗迹，“三国故地”因此成为合肥地区的“名片”。再如本地军事人物，如唐末吴王杨行密、明朝开国皇帝朱元璋、晚清淮军领袖李鸿章等，都是依靠环巢湖地区将士为主组建军队，才取得成功的。特别是淮军，主要将领和士兵大都是肥西、庐江、原巢县、肥东、六安、舒城等地人。他们在环巢湖区域留下大量独具特色的文化遗存，以中庙镇的淮军“总祠堂”昭忠祠、李文公祠、姥山的文峰塔，炯炀镇以李鸿章当铺为中心，从庐江的吴长庆故居、武壮公祠、潘鼎新祠、刘秉璋墓、丁汝昌故居和墓园，到肥西紫蓬山区的“淮军圩堡群”等，形成了一个比较完整的淮军文化圈，具有较高的历史价值、军事价值和建筑艺术鉴赏价值，“淮军文化”已成为“三国文化”之后的环巢湖文化中的最显著特色。现代战争中的抗日战争、渡江战役，也留下了众多的战争遗址、战事传说，特别是人民群众斗争的英勇事迹，高举正义之旗的爱国爱民精神，值得传承弘扬。

6. 绚丽多姿的艺术文化

环巢湖区域历史上产生过绚丽多姿的文化艺术，在民间文学、民间音乐、民间美术、民间舞蹈、民间曲艺、民间故事、民歌与民谚、民间戏曲诸方面都具有浓郁的乡土特色和鲜明的艺术风格。这里有“望风采柳”、朴素自然的巢湖民歌，有曲调古朴典雅、演唱细腻淳朴的庐剧、含弓戏，有造型生动、色彩浓艳的通草画，有强烈的“吴韵汉风”的江南文化气息的灶台画，有口头表演特点的评书评词，有节奏和谐、说唱生动的大鼓书等。尤其是巢湖民歌和庐剧广泛传唱于环巢湖区域，家喻户晓，妇孺皆知。巢湖民歌旋律优美、悦耳动听，流传四海，久唱不衰。它题材多样，内容广泛，表现形式丰富多彩，是第一批国家级非物质文化遗产。庐剧也是流行于这一地区的地方戏曲，唱腔适中，舒展朴实，兼有所长，为百姓喜闻乐见。含弓戏原名含弓调，是以曲唱为基础而发展起来的，是安徽省地方稀有剧种之一，流行于这一地区，以其古朴典雅的优美曲调、抑扬顿挫的弦外之音和细腻淳朴的演唱风格，赢得广大观众的喜爱。艺术文化的传承、发展和演变，是环巢湖区域文化丰富内容的一个重要方面。

7. 积淀深厚的民俗文化

环巢湖民俗文化历史悠久，积淀深厚，是环巢湖文化最有特色的内容之一。环巢湖民俗生成于山水兼备、气候适中的环湖地带。多样化的地理环境，赋予了环巢湖民俗多元化的品格。环巢湖民俗文化的孕育、形成与发展是对环巢湖地理环境的适应和选择。环巢湖民俗文化是环巢湖民间民众的风俗生活文化，是在普通人民群众的生产生活过程中所形成的一系列物质的、精神的文化现象，具有较强的影响力和历史传承性。环巢湖民俗文化包括：生产劳动习俗、岁时节日文化、日常生活习俗、社会组织民俗、人生礼仪文化、婚丧寿庆文化、饮食习俗、宗教与巫术等。如礼仪习俗就体现在待人接物、尊老爱幼、公共秩序和日常生活等多方面：待人接物，忌讳慢待客人；尊老爱幼，讲究长幼有序、男女有别，注重儒家伦常，否则就是“失之家教”；场面上，注重顾大局识大体，以中庸态度处理家务纠纷，如“宁拆一座庙，不拆一桩婚”；日常生活，讲究“交有道、接有理”，自始至终礼节如一，不可痴呆犯傻，更不能虚情假意。民俗文化反映了这一地区的风土人情、人文关系，蕴含着这一地区的道德标准、价值取向、审美观点，具有较强的影响力和历史惯性。

8. 蕴意深邃的水文化

巢湖是全国五大淡水湖之一，位于皖中地带，水域面积约800平方公里。水不仅是环巢湖地域文化孕育成型和发展变迁的重要生态背景和影响因子，也是环巢湖文化的重要元素，并渗透在环巢湖历史文化和民众生活的诸多层面。水从一开始便与环巢湖人们的生活结下不解之缘。环巢湖人们凭借环巢湖区域优越的自然地理环境，经过长时期的历史积淀凝聚成集体记忆，经过不断创新、发扬和延续，形成了一种认识水、治理水、利用水、爱护水、欣赏水的水文化意念和水文化精神。环巢湖水文化资源极其丰富，分为物质层面水文化资源，含水环境、水景观等物态资源；社会层面水文化资源，依托水环境、水景观融合水文化精神形成；精神层面水文化资源，主要为水的民俗风情、神话传说、诗词歌赋、典故等。

9. 异彩纷呈的旅游文化

巢湖是自然形成的湖泊，但其山其水经过万千年来的历史沉淀，也蕴含着丰富的旅游文化资源。这些文化资源也为环巢湖文化走出去提供了一个非常好的契机，它们的融入提高了旅游者审美的价值，使环巢湖文化极具吸引力和生命力。这些文化资源分布广泛，由多个景点组成，自然景观集山、水、洞、泉、岛、塔、楼、寺、墓、祠于一身，揽湖光、山色、江涛、林海于一体，品位高雅，内涵丰富，门类齐全，特色鲜明。环巢湖区域历史文化底蕴深厚，人文旅游资源也极其丰富。人文旅游资源较为突出的是以历史名人为底蕴的名人文物和遗址、遗迹，有县级以上文物保护单位180多处，其中国家级重点保护单位1处，国家级和省级重点文物保护单位34处，含名人故里、古民居、古文化、传说故事、民俗风情等，具有名、古、稀、奇的资源特色，是环巢湖文化全景式的展现。

10. 天人交融的生态文化

弘扬生态文化，发展生态经济，建设生态文明，已成为人类文明永续发展的必然选择。生态环境的好坏是衡量区域承载能力强弱的重要依据，将成为决定区域发展权利、发展空间和发展后劲的重要因素。良好的生态环境是环巢湖发展的最大优势，环巢湖区域更是安徽生态环境优势的集中体现。在这个自成体系、相对独立的地理单元中，山脉、江河与湖泊共同构成了一个完整的、与行政区划正相契合的生态系统。巢湖内连诸河、外通长江，是我国五大淡水湖之一，环湖周边环境空气质量较好。巢湖对长江流域发挥着巨大的调蓄洪水和保护生物多样性等特殊生态功能，构成长江中下游地区生态安全、饮水安全和粮食安全的一道重要屏障。当前，全国区域经济协调发展步伐正在加快，呈现出东中西互动的发展态势，环巢湖区域处于我国东西部的接合部，是长江三角洲的直接腹地，是中部地区崛起的重要战略支点。而且，环巢湖区域自然条件和人文条件好，是具有较大开发潜力和环境承载力的地区，也是中部地区经济正在加速形成的重要增长极之一。空气质量、水环境治理、节能减排、城市绿化、居民幸福指数等是环巢湖区域生态文化的重要内容。

二、环巢湖文化的特点

关于环巢湖文化特点的研究，学界已有多种看法。陈恩虎对先秦时期巢湖流域文化特点作了浅析，认为巢湖流域文化历史悠久，形成了颇具湖区特色的文化形态。先秦时期巢湖流域文化呈现延续性、独特性、交融性、开创性和先进性等特点，是一个独具个性的地区文化谱系①。朱定秀认为，巢湖区域文化的长期积淀与内化，形成了该地区特有的区域文化性格特征：勤劳执着与“蛮”；温和敦厚与“耿”；包容兼善与“淳”；尚文重教与“儒”；安贫乐道与“守”②。杨福生、李忠林指出，环巢湖文化主要特征可以概括为：“义不朝商”的忠义品格，安土重迁的内敛与聪慧，兼容并蓄中的宽纳与包容③。张媛认为，巢湖区域文化具有南北兼容、承东启西的特点；巢湖区域文化中的农耕文化尤为灿烂夺目，具有显著的尚“和”拒“商”的文化特质；巢湖区域因水而起，以水为魂的大湖文化表现明显④。张晗光认为，巢湖文化品格主要为：具有强大的凝聚力；适应力和务实精神强；兼具精巧阴柔、轻婉的文化风格的双重性，以及闲适安逸的心态。由此而论，巢湖文化具有二重性，即开放性与保守性⑤。

这些探讨，均为环巢湖文化特点的进一步研究提供了基础。从前面的介绍中，我们已初步了解环巢湖文化的内涵是非常丰富的。结合这些内涵分析，我们认为环巢湖文化的特点主要有：第一，环巢湖文化历史悠久，底蕴厚重。从考古发掘材料中，我们知悉环巢湖区域的历史文化非常悠久。人类的远祖很早就生活、劳动、繁衍在这片土地上。远古时期环巢湖区域和县的龙潭洞生活着“和县猿人”，巢湖市银屏山村居住着“银山猿人”；新石器时期含山县铜闸镇就有凌家滩先民在此生活，考古发现的“凌家滩古文化遗址”，含15个坑墓，出土了随葬陶器、石器、玉器、玛瑙、水晶等珍贵文物约1200件，同时还发现了

---

① 陈恩虎：《先秦时期巢湖流域文化特点浅析》，《巢湖学院学报（哲学社会科学版）》2002年第4期。

② 朱定秀：《巢湖区域文化性格特征浅析》，《巢湖学院学报（哲学社会科学版）》2005年第5期。

③ 杨福生、李忠林：《巢文化概念的确立与皖中经济发展》，《巢湖学院学报（哲学社会科学版）》2008年第2期。

④ 张媛：《巢湖区域文化研究》，安徽大学硕士论文2014年。

⑤ 张晗光：《从范增其人看巢湖文化中的文化品格》，《巢湖学院学报（哲学社会科学版）》2014年第2期。

“祭坛”。中国远古氏族部落——有巢氏部落就生存、繁衍和发展在这里，合肥市域东部及沿湖地带，即处于有巢氏部落的中心区域。唐尧时期的巢父和许由更是我国远古时期君子的典范，他们的事迹在巢湖流域民间盛传了几千年，今巢城城区还留有名胜景点“洗耳池公园”和“牵牛巷”。这里也是中国历史上第一个国家夏王朝——夏文化发祥地之一。夏阁镇的“夏阁”相传就是商汤囚禁夏桀的地方，这里至今还有“放王岗”的遗迹。另外，在环巢湖周边的肥西县大墩子，含山县大城墩、孙家岗，肥东县吴大墩等处还发现了以商周文化为主体的遗址。这些星罗棋布的遗址和数量可观的出土文物，足以说明环巢湖文化具有起点高、养分足、品位高、孕育力强的特点。第二，环巢湖文化以水为魂，有着鲜明的“水文化”特征和个性。环巢湖地区涵盖了一个完整的巢湖水系，它包括了巢湖水系的源头大别山及其余脉所在的六安、舒城、合肥、巢州、庐江等地，以及它的入江水道无为县。历来对于水系的管理和治理成了这一地区的首要任务。因为水资源丰富，这里的农业生产起步早，农作物以水稻、油菜为主，麦豆类次之，尤其在圩田区，几乎全种水稻。稻米和水产成为农民的主要收入来源，因此巢湖流域很早就成了著名的鱼米之乡，并支撑着发达的商业文化。一船船稻米络绎不绝地沿运漕河进入长江，运销芜湖、南京、上海各大码头，是明清时期巢湖最靓丽的一道风景。它对于芜湖成为全国四大米市（无锡、长沙、芜湖、九江）之一的地位，有着举足轻重的意义。第三，环巢湖文化蕴含灵山秀水之气，体现着人与自然的和谐精神。环巢湖地区一向被誉为“皖中明珠，湖天圣境”。八百里巢湖烟波浩渺，似“一面宝镜”，姥山岛、天门山宛如“两颗宝石”，半汤、汤池、香泉三大温泉，像散落的“三大珍珠”，太湖山、天井山、鸡笼山、冶父山四个国家级森林公园，犹如“四块翡翠”，王乔洞、紫薇洞、仙人洞、华阳洞、泊山洞被喻为“五座龙宫”。古昭关、褒禅山、霸王祠、陋室等名胜古迹底蕴深厚，银屏牡丹、半枝梅、笑泉、洗耳池、楚歌岭、姑嫂塘等美丽传奇名闻遐迩。这些多层次、多色彩、波澜壮阔的画卷，涵盖了“湖光文化”“山水文化”“温泉文化”之内容，成为环巢湖文化的重要组成部分，透视着人与自然的和谐精神。第四，环巢湖文化秉承湖之浩瀚，体现其海纳百川、兼容并包的文化品质。环巢湖区域位于皖中的南北交汇过渡地带，是水陆交通的要冲之地，不仅北经淝水入淮，出颍水或汴水、泗水而入黄河，与中原相连，而且南出巢湖经裕溪河达长江，与吴楚相通，是连接中原和东南地区的交通要道，也是古代南北方文化交流、传播、碰撞、会合的重要地带，对于中国文化由南而北或由北向南的过渡，环巢湖文化起了桥梁作用。这一地区的文化既有自身地域特色，又具有一定的兼容性。楚文化和吴越文化经过长达三四个世纪的交流和碰撞，彼此的文化因素在原有文化的基础上相互渗透交融。历史上，外来移民在环巢湖地区的人口结构中就一直占有较大的比重。移民作为文化传播最活跃的载体，通过迁移将他们原来的习俗、信仰、文化带到了迁徙地，并与居留地的文化相融合。环巢湖地区独特的地理位置本就处于南北与东西的交汇处，再加上移民的包容作用，巢湖区域文化就具有了南北兼容、承东启西的特点。

三、环巢湖文化传承与发展之思考

环巢湖文化作为安徽文化的重要组成部分，与长江文化、淮河文化、黄河文化密切关联，并与它们共同铸造了中国文化、东方文化的悠久和辉煌。作为安徽一个相对独立的文化，环巢湖文化有着极为丰富的内涵和优良的品质。作为中华远古人类文明的发祥地之一，环巢湖地区孕育出璀璨的区域文化，历史文化资源荟萃。但是，丰富的文化资源若利用不当或开发不够，并不能自动转化成文化产业优势。与安徽其他区域文化相比，如皖北的淮河文化、皖中的皖江文化、皖南的新安江文化，环巢湖文化的知名度相对不高，发展也明显滞后。随着合肥经济圈的快速发展，环巢湖区域迅速成为安徽区域经济发展的最高地，这一文化发展滞后与经济发展强劲的矛盾逐渐显现出来。为了包括合肥市在内的巢湖流域经济可持续发展，解决这一矛盾，重视环巢湖文化的传承与发展成了当务之急。2011年8月22日，为打造大合肥，经国务院批准，地级巢湖市被撤销，巢湖成为合肥市的一个内湖，环巢湖区域的发展进入了一个全新的时期。而如何传承与发展环巢湖文化，再次成为各界讨论的热门话题。从可持续发展的角度看，环巢湖文化的深度开发能更好地促进该区域向良性、健康方向发展。但从当前来看，环巢湖文化传承与发展，目前尚处于一种自然状态，缺乏有计划、有组织的研究和规划。如何进一步挖掘文化内涵？我们在实现静态与动态、陈列与表演、教育与娱乐相互促进等方面做得还不够。结合环巢湖区域的实际，环巢湖文化传承与发展可重点从以下方面开展：

（一）加强对环巢湖文化的系统研究

加强对环巢湖文化的系统研究，扩大研究成果，是环巢湖文化开发、保护与利用的基础工作。应该说，近年环巢湖文化研究成效显著，但与环巢湖文化的历史地位和文化价值相比，仍存在很大差距。因此，要加大对环巢湖文化研究的资金投入；鼓励社科研究部门和高等院校成立巢文化研究中心；建立相应的激励机制来引导优秀人才从事环巢湖文化研究；与环巢湖文化相关的边缘学科以及交叉学科的研究部门应建立联合研究机制。此外，还要会同六安、马鞍山、安庆等地区制订环巢湖文化圈的研究规划，高起点、全方位地开展研究，包括文献发掘整理、系列调研报告和学术研究专著、文学与影视专题片创作等；同时，要加强对研究成果的及时转化，使之成为环巢湖开发的品牌产品。

（二）着力提高环巢湖文化的影响力

环巢湖文化博大精深、源远流长，但与其当前实际影响力仍不相匹配。史学界研究表明，中华民族应被称作“有巢氏子孙”和“炎黄子孙”，而有巢氏，正是环巢湖文化的杰出代表人物之一。但目前仅中华民族是“炎黄子孙”的观念被社会广泛认同，而有巢氏不仅没有被社会广泛认同和了解，就是在安徽乃至合肥也缺乏知名度。因此，提高环巢湖文化的影响力，对于提高环巢湖的知名度，加深合肥乃至安徽的历史文化底蕴具有重要的现实意义。应积极使环巢湖文化在中国历史特别是先秦史上得到客观的评价和定位；同时，安徽应采取积极措施，让环巢湖文化进入国民教育和主流文化宣传领域。提高社会影响力，首先要提高其在安徽的影响力。此外，还要通过讲坛、论坛、文艺、媒体等多种载体加强对环巢湖文化的宣传，让基层群体和社会大众逐步了解和熟悉环巢湖文化。

（三）展示环巢湖区域的历史文化资源

依托丰富的历史文化资源，经过认真总结、提炼，可以选择一些具有代表性的文化资源，建设巢文化博物馆、夏文化博物馆、古巢战争文化博物馆、淮军文化纪念馆和渡江战役爱国主义教育基地等。同时精心挖掘、整理、收集相关的原始文献、资料、图片、生产工具等实物进行展示，为人们走进环巢湖区域、了解环巢湖区域的文化创造条件，为大合肥的建设注入新的文化底蕴。

（四）依托文化内涵，创新文化产品

环巢湖区域一向被誉为“皖中明珠，湖天圣境”，其自然景观丰富多彩。而缺乏文化内涵的景观、风采更是稍纵即逝，只有文化是永恒的艺术，它可以因为岁月的累积变得更加淳厚。为此，我们可以依托这些特色景观，深入挖掘其文化内涵，运用创新、艺术手段将文化资源融入自然景观中去。把相关联的传说、历史典故、名人传奇、自然特色结合起来，通过影视、出版、表演等形式，用高品位的影视作品、高质量的文学创作、高水准的制作手段，将其用艺术化的手法巧妙灵活地再现出来，给人以新奇的感受。如可将巢湖形成的传说“陷巢州”拍成影视作品，可以推出“楚歌岭项羽散兵”的场景表演、姥山岛与影视作品“天仙配”结合开发庐剧表演等。

环巢湖区域蕴含着丰富的历史文化资源，这些文化资源不能只局限于环巢湖周边的人民，而更应走出去，向世人展示。在当前“大合肥”建设的背景下，为环巢湖区域文化走出去提供了一个非常好的契机。这些文化资源是环巢湖区域最具吸引力和生命力的资源。环巢湖区域在今后的开发过程中，应该主要立足于这些文化资源，深挖内涵，创造出高质量的文化精品，从而不断抬升其品位，与当前现代化滨湖城市——大合肥的建设相得益彰。

“一带一路”战略下的皖江文化发展新路径

张家智

摘　要：改革开放以来，在国家深入实施中部崛起战略的背景下，我国中部地区的发展步伐明显加快。但由于受地理区位、资源禀赋、发展基础等因素的影响与制约，中部地区相较于先行开放的东部地区来说仍有不小的差距。而“一带一路”战略将会构筑新时期我国对外开放的新格局，因为它不仅可以进一步加快推进东部省份和沿江、沿边地区的对外开放步伐，而且还能为中西部地区的跨越式发展提供宝贵的新机遇。而与此同时，长江经济带规划又成为我国为创新改革开放格局，促进经济转型发展而实施的新型区域开放开发战略。作为带动东中西部地区协调发展的重要纽带，其与“一带一路”建设形成互动的新格局，必将成为推动我国经济转型升级的重要引擎。这既给新常态下的安徽发展带来了战略新机遇，又为历史悠久的皖江文化发展开辟了新的路径。

关键词：“一带一路”战略；皖江文化；发展路径

一、“一带一路”战略构想及其蕴含的重要意义

“丝绸之路经济带”和“21 世纪海上丝绸之路”，合称为“一带一路”。它是由习近平总书记于2013 年提出的战略性构想。这一构想一经提出，不仅引起了国内和相关国家、地区乃至全世界的高度关注和强烈反响，而且也揭开了我国与相关国家合作发展的新篇章。因为由我国提出的“一带一路”建设是合作、发展的理念和倡议，是对古代丝绸之路的继承和发展。与此同时，它也再次清晰地表明：我国将一如既往地高举和平发展的旗帜，积极主动地发展与沿线国家的经济合作伙伴关系，共同打造政治互信、经济融合、文化包容的利益共同体、命运共同体和责任共同体，旨在推动区域内国家的多元、自主、平衡及可持续发展，因此受到沿线各国政府和人民的普遍欢迎。

作者简介：张家智（1968—），男，安徽六安人，滁州学院思政教研部副教授，法学博士，研究方向：公共管理。

建设“一带一路”是党中央、国务院统揽政治、外交、经济、社会发展全局而作出的重大决策，也是实施新一轮扩大开放的重要举措。因此，它对于我国营造有利的周边环境，构建开放型的经济新体制，形成全方位的开放格局具有重要的意义。

首先，“一带一路”战略构想顺应了我国对外开放区域结构转型的需要。众所周知，自改革开放以来，我国实施了沿海、沿江、沿边的对外开放战略，初步构建起从沿海到内陆的全方位、多层次、宽领域的对外开放格局。从改革开放初期设立经济特区，到1984年开放14个沿海城市，以及1990年以后实施沿海、沿江、沿边全方位的开放战略，我国对外开放采取由沿海向内地逐步推进的梯度开发战略。特别是新世纪以来随着西部大开发、东北振兴以及中部崛起等战略的相继实施，内陆地区的发展环境不断改善，对外开放总体上取得显著成效。

但与此同时，我们也不能忽略这样的事实：由于受到地理区位、资源禀赋、发展基础等因素的影响与制约，我国对外开放总体上呈现出东快西慢、海强陆弱的格局。特别是早期的对外开放重点在东南沿海区域，广东、福建、江苏、浙江、上海等省市成为先期的“领头羊”与受益者，而广大中西部地区则一直扮演着“追随者”的角色。这无疑在一定程度上造成了我国东、中、西部经济社会发展的区域失衡。“一带一路”战略构想，特别是其中的“一带”发端于我国的西部，也就是主要经过我国的西部通向西亚和欧洲，这必将使得我国对外开放的经济地理格局发生重大的调整与“东西双向开放”格局的形成。这也同时表明我国将由广大的中西部地区作为牵引者与东部地区一起共同承担开发和振兴的重任。这就意味着我国大国经济将形成全方位的开放格局，同时区域协同和产业转型升级必将加快，其最大的意义在于将能够带来中西部地区产业的集聚。

其次，“一带一路”战略构想顺应了我国要素流动转型和国际产业转移的需要。在改革开放初期，我国经济发展水平低下，资本、技术以及管理模式匮乏。因此，当初的对外开放主要是针对发达国家的开放，以引进外资、国外先进的技术和管理模式为主。有数据显示，1979—2012年，中国共引进外商投资项目763278个，实际利用外资总额达到12761.08亿美元。值得肯定的是，这些外资企业和外国资本对于推动中国的经济发展、技术进步和管理的现代化确实起到了很大的作用。可以肯定地说，这是一次由发达国家主导的国际性产业大转移。而现如今，尽管国内仍然需要大规模的有效投资和技术改造升级，但我们已经具备了要素输出的能力。据统计，2014年末，我国对外投资已经突破了千亿美元，已经成为资本净输出国。“一带一路”建设恰好顺应了我国要素流动的新趋势。“一带一路”战略通过政策沟通、道路联通、贸易畅通、货币流通、民心相通这“五通”，将我国的生产要素，尤其是优质的过剩产能输送出去，让沿“带”顺

“路”的发展中国家和地区共享中国发展的成果。这不仅有益于我国产能和资本的输出，打造新的经济增长极，而且可以为亚洲乃至世界的经济复苏和强劲增长带来新的动力。

再次，“一带一路”战略构想顺应了我国与其他经济合作国家结构转变的需要。在我国对外开放的早期，以欧、美、日等为代表的发达经济体有着资本、技术和管理等方面的优势，而长期处于封闭状态的中国就恰好成为他们最大的投资乐园，所以我国早期的对外开放主要针对的是发达国家和地区。而当前我国的经济则面临着全面转型升级的重任，长期建设形成的一些过剩产能也需要出路，并且目前世界上仍有许多正处于发展中的国家面临着当初中国同样的难题。因此，通过“一带一路”建设，帮助这些国家和地区进行比如道路、桥梁、港口等基础设施建设，帮助他们发展一些产业比如纺织、服装、家电甚至汽车制造、钢铁、电力等，在提高他们经济发展水平和生产能力的同时，也顺应了我国产业技术升级的需要。

最后，“一带一路”战略构想顺应了国际经贸合作与经贸机制转型的需要。2001 年，中国因加入 WTO 而成为世界贸易组织中的一员。这对于我国经济发展的方方面面来说都产生了巨大的影响。值得肯定的是，正是借助世界贸易组织这一被大多数成员国一致遵守的国际经贸机制，我们在很大程度上冲破了少数国家对我国经济的封锁与围堵。然而，近年来的国际经贸机制又在发生深刻的变化并伴随着新的动向。但“一带一路”战略构想恰好是与中国自由贸易区战略紧密相连的。现有的资料表明，目前我国正在建设的自贸区，涉及 32 个国家和地区，并且在建的自由贸易区中，大部分是处于“一带一路”沿线上的。因此，中国的自由贸易区战略必将随着“一带一路”战略的实施而得到落实和发展①。

二、“一带一路”战略下的皖江文化发展新路径

既不沿海，也不沿边，曾是内陆省份安徽发展的区位瓶颈，开放型经济也一直是其“短板”之一，但拥有 800 里皖江的安徽仍具有沿江近海、承东启西的独特区位优势。近年来，伴随着国家“中部崛起战略”和《皖江城市带承接产业转移示范区规划》的逐步实施（包括合芜蚌自主创新实验区的大力建设），又得益于工业化、城镇化、信息化、农业现代化“四化”战略的同步推进，安徽经济增长不仅一直位居中部地区前列，而且还呈现出区域协调发展的崭新态势。因此，在“十三五”期间，安徽更应该全面融入国家“三大战略”，加快构建对

① 剧锦文．“一带一路”战略的意义、机遇与挑战［EB/OL］．（2015-04-02）［2016-08-28］．http：//paper. ce. cn/jjrb/html/2015-04/02/content_ 235951. htm.

外开放新格局，大力实施“走出去”战略，积极参与“一带一路”建设，深入加强与“一带一路”沿线国家的务实合作，倾力将安徽打造成“一带一路”战略的经济腹地和重要枢纽，努力为安徽经济的转型升级寻求契机与突破，这对于推动全省经济的持续、快速、健康发展来说，具有十分重要的意义。

首先，从区位交通来看，安徽具有参与“一带一路”建设的良好条件。安徽是长江经济带的重要组成部分，是联系东部和西部的重要纽带，是沿海与中西部内陆腹地的过渡地带。截至目前，全省已初步形成比较发达的水、陆、空立体交通网，连接“一带一路”的交通物流体系初步形成，具备互联互通的良好基础。其次，从经贸合作来看，安徽与沿线国家经济互补性较强。近年来，我省与“一带一路”国家经贸交往密切，产业和区域融合不断加深。2011—2014 年，我省与“一带一路”沿线国家的对外贸易从 69.5 亿美元增加至 143.1 亿美元，占全省外贸总额的比重从 22.2% 上升至 29.1%。从进出口商品结构看，我省从“一带一路”沿线国家进口商品以初级产品、农产品为主，出口商品以工业制成品、机电产品、高新技术产品和纺织服装为主，特别是水泥、钢铁、有色金属、家用电器、汽车及其零部件产品在印度、阿联酋、孟加拉、沙特阿拉伯等沿线国家占有一定的市场份额。从企业“走出去”的目标来看，“一带一路”沿线国家已经成为我省“走出去”的重点区域，如马钢集团在伊朗和印尼的项目正在施工建设、在哈萨克斯坦和越南的多个项目正在洽谈中；海螺水泥在印尼南加的项目已完成、在印尼和缅甸的多个项目正在施工建设；省能源集团在印度、越南、土耳其、印尼、斯里兰卡、孟加拉等多个沿线国家的电厂运行维护项目已完成。另外，我省劳动力资源丰富，部分“一带一路”沿线国家也是我省对外工程承包和劳务输出的重点区域。再次，从文化旅游来看，安徽拥有对接“一带一路”的“软实力”。历史上的徽商特别是明清徽商曾居全国十大商帮之首，在“一带一路”地区的商贸活动中曾扮演着重要角色，发挥了重要作用，其行商足迹遍布于东南亚甚至远及西欧，所经营的茶叶、丝绸、棉布、纸张、食盐、海货、瓷器等远销欧亚非各地。我省文化旅游资源非常丰富，对周边国家的游客具有很强的吸引力。最后，从外事交往来看，安徽与沿线国家的交流日益增多。我省一直把“一带一路”沿线国家视为对外友好交往的重点区域，注重与沿线国家地方政府及民间的交流与合作。据省外办介绍，截至 2015 年 2 月底，我省与“一带一路”沿线国家省级结成友城 6 对（俄罗斯下诺夫哥德州、菲律宾新怡诗夏省、波兰下西里西亚省、捷克乌斯季州、也门哈达拉毛省、埃及打卡利亚省）。近年来，我省与“一带一路”沿线国家的外事交往活动日益频繁，如参与或举办了长江中上游地区六省与俄罗斯伏尔加河沿岸联邦区地方领导人座谈会、我省与中东欧国家经贸交流合作恳谈会等。

综上所述，安徽参与“一带一路”建设的区位优势明显、发展前景可期，已经初步具备进一步开展合作、全面参与“一带一路”建设的基础。特别是改革开放以来，安徽在农村改革、区域统筹发展、通过产业承接扩大对外开放等方面积累了一定的经验。“一带一路”多数沿线国家与安徽经济发展阶段相近，这些经验和发展模式有些可以复制到“一带一路”沿线国家，从而进一步密切安徽与沿线国家的经贸联系。

由此可见，安徽全面融入“一带一路”战略和长江经济带建设，有利于提升我省的区域地位和基础设施建设水平，增强我省主导产业的市场竞争力，扩大对外经贸往来，最终直接有助于我省抢抓新一轮开放布局先机①。

然而，从世界经济发展的经验来看，无论任何时候、任何国家或地区的经济崛起，都需要精神文化的引领。文化不仅是一种精神力量，而且也是生产力。创新文化建设，引领经济发展，不仅是我省深入贯彻落实党中央“四个全面”战略布局和五大发展理念的应有之举，而且也是我省转变经济发展方式、调整经济结构的重要战略支点。

特别是在当前，由于受自身结构性矛盾累积和复杂严峻的国内外经济环境的共同影响，安徽经济下行压力逐步加大，如何全面打好转型升级攻坚战，在“调速换挡”中保持“减速不减势、量增质更优”，是我们必须面对的紧迫任务。在充分调动社会各方面积极性、主动性以及创造性的基础上，我们还必须借助于文化对现代经济社会发展的强大推动力。为此，我省在打好转型升级攻坚战中极有必要发挥皖江文化的引领作用②。

历史悠久的皖江文化是安徽弥足珍贵的标志性文化资源，它自诞生起就一直保持着鲜明的文化品格。其主要表现在以明代桐城方氏学派“坐集千古之智”的治学胸襟为代表的兼容并包的文化襟怀，以桐城宋学“士”的精神为代表的刚毅进取的人生品格，以《新青年》杂志早期作者群为代表的变通开放的世界意识、开放融通和择善而从的社会心理。皖江文化对外为开放，对内则是融通③。

正因为如此，安徽在全面参与“一带一路”战略以及长江经济带的建设中，应该充分发挥皖江文化对外开放、对内融通的重要功能。

---

① 黄舜、李欣、周四贵．安徽参与“一带一路”建设的思路和对策［EB/OL］．（2016-6-22）［2016-08-28］．http：//ll. anhuinews. com/system/2016/01/25/007192779. shtml.

② 方劲松．徽商精神是安徽经济转型升级的重要资源［EB/OL］．（2015-10-19）［2016-08-28］．http：//ah. anhuinews. com/system/2015/10/19/006990700. shtml.

③ 皖江价值取向［EB/OL］．（2016-6-22）［2016-08-28］．http：//ah. people. com. cn/n2/2016/0622/c376714-28547473. html.

首先是对外开放时要刚毅进取，积极加强人文交流，促进民心相通。民心相通是“一带一路”建设的根本前提。鉴于徽文化一直享誉海内外，我省应该积极发挥文化优势，切实加强与沿线国家在文化交流、学术往来、人才培养、媒体合作、医疗卫生、志愿者服务等领域的务实合作：（一）继续着力推进我省高校与沿线国家尤其是国际友好城市之间，开展校际交流与合作，大力支持省内高校到沿线国家创办孔子学院、徽学院，选派华文教师赴海外任教。（二）积极组织华裔青年“夏令营”活动，以增强民族认同感。（三）精心策划文化交流活动，支持省出版集团定期在沿线国家举办“安徽文化周”，深入拓展东南亚、中西亚及中东欧文化市场，助推徽文化走出去。（四）持续发挥“徽商大会”的品牌影响力，定期在沿线国家举办“国际徽商论坛”，组织实施好“丝路书香”工程。（五）倾力支持旅游交流合作。大力推介我省旅游资源，提升安徽旅游的国际影响力，协助搭建旅游商品国际展会平台，推出一批具有安徽特色的旅游商品，培育一批开拓能力强、带动效果好的旅游龙头企业，让更多“皖货”走向世界①，以便在传统友谊的基础上进一步增进我省与沿线国家和人民之间的相互了解与理解，促使他们深刻认识并充分相信“一带一路”建设不仅是实现中华民族振兴的战略构想，而且更是沿线各国人民的共同事业，进而为深化双、多边合作奠定坚实的文化根基和深厚的社会基础。

其次是对内合作时要讲究兼容并包，着力谋求合作共赢。“一带一路”战略自 2013 年习近平总书记提出以来，得到了广泛的国际共识和支持响应，这是因为它所倡导的是和平合作、开放包容、互学互鉴、互利共赢的理念，与沿线相关国家求和平、谋发展的意愿高度契合。目前，“一带一路”战略与长江经济带建设均已从顶层设计，转入规划实施和项目推进阶段。安徽应该进一步加强与沿线国家、地区之间和省际的政策沟通，主动依托中博会、高层论坛、研讨会等合作平台，推动成立六省共建“一带一路”联席会，不定期召开联席会议，研究商讨解决重大问题，筹划建立专家咨询机构和智库网络，加强战略研究；充分协商制定推进区域合作的规划和措施，共同谋划长江中游城市群、长江经济带与“一带一路”的战略融合；加快完善合作机制、协调机制、动力机制、利益分配机制以及利益补偿机制；着力推进规划联动、产业联动、交通联动、载体联动和要素联动。与此同时，应该积极谋求与兄弟省份一道，集中发挥科教资源丰富的优势，共同构筑长江流域自主创新产业链和产业价值链；积极参与区域市场的深度开发建设，协同推进长江流域统一、开放、竞争、有序的市场体系深化发展；

① 黄舜、李欣、周四贵．安徽参与“一带一路”建设的思路和对策［EB/OL］．（2016－6－22）［2016－08－28］．http：//ll. anhuinews. com/system/2016/01/25/007192779. shtml.

深入挖掘区域产业的内生驱动力，以市场为核心，以互补为基础，以共赢为根本，以开放为动力，尽快形成“东西互补、海陆联动、双向开放、开边出海”的区域产业发展新格局，以促进长江经济带产业通过分工合作实现共赢发展①。

当今世界，经济与文化越来越融为一体，并且经济中的文化因素显得越来越重要。当一个地区的文化作用表现出比物质力量和货币资本更强大的时候，当经济、产业和产品出现文化品位的时候，当这个地区的全体劳动者都拥有良好的文化素质的时候，这个地区的经济才能进入更高的发展阶段，才能具有可持续发展和持续创造财富的能力。为此，我们只有更加有效地激发文化发展创新的活力，更加强有力地促进文化与经济的融合，更加充分地发挥文化在加快经济发展方式转变中的作用，才能不断增加经济发展中的文化因素，提高经济发展的质量和效益，为地区经济社会的可持续发展做出更大的贡献②。

参考文献：

[1] 剧锦文．“一带一路”战略的意义、机遇与挑战［EB/OL］．(2015-04-02)［2016-08-28］．http：//paper. ce. cn/jjrb/html/2015-04/02/content_ 235951. htm.

[2] 黄舜、李欣、周四贵．安徽参与“一带一路”建设的思路和对策［EB/OL］．(2016-6-22)［2016-08-28］．http：//ll. anhuinews. com/system/2016/01/25/007192779. shtml.

[3] 皖江价值取向［EB/OL］．(2016-6-22)［2016-08-28］．http：//ah. people. com. cn/n2/2016/0622/c376714-28547473. html.

[4] 刘飞跃，李敬明．文化引领与皖江发展：“第五届皖江地区历史文化研讨会”论文选编［M］．合肥：合肥工业大学出版社，2013.

[5] 冯俊，杨春蕾．推动长江经济带跨区域合作［N］．光明日报，2015-04-08 (16)．

① 冯俊、杨春蕾．推动长江经济带跨区域合作［N］．光明日报，2015-04-08 (16)．

② 周军．创新文化建设　引领经济发展［EB/OL］．(2012-10-23)［2016-08-28］．http：//www. qxnrb. com/html/2012-10/23/content_ 58434. htm.

文化区域·区域文化·皖江文化

——“皖江文化”的正名及其开放特征浅析

谈家胜

摘　要：“皖江”一词的内涵在历史发展过程中，不断地嬗变扩充，其本身就内附着文化和区域的要素；因此，皖江文化就是指皖江区域文化，它不具有文化区域的文化同质性，但有着丰富的多样性，是一种多质性的文化复合体；吸纳融汇、辐射影响是其典型的开放特征，也是皖江文化的优秀品质。

关键词：区域文化；文化区域；皖江文化；开放特征

自2004年安徽省社科联和安庆师范学院联合主持召开首届“皖江地区历史文化研讨会”以来，迄今已是第七届，但以“皖江文化”的概念来统称皖江区域文化则并未被学界所普遍认可。之所以如此，是我们在概念上尚未厘清。是故，本文作一浅析并兼论皖江文化的开放特征，以就教于与会专家。

一、“皖江”概念的内涵嬗变

关于“皖江”一词的内涵，早在2004年于安庆召开的首届皖江地区历史文化研讨会上，就引起了广泛的讨论，或谓之专指古城安庆（或安庆府六邑）的文化区域，或谓之“八百里皖江”的经济地理区域。这些界定均不为错，但也揭示了“皖江”概念的内涵嬗变过程。

从现有的史料看，学界均认可首次提出“皖江”名词的是清康熙朝翰林、宿松人朱书（1654—1707）。其在《告同郡征纂皖江文献书》里说：“吾安庆，古皖国也……灵秀所钟，扶舆郁积，神明之奥区，人物之渊薮也……凡显仕、隐晦、独行概为立传；有著作可传者，别为一书，名曰《皖江文献》。”① 很显然，朱书所言“皖江”是指当时的安庆府六邑范围，但清代尚有诸多名士在诗文中也提及“皖江”。朱洪教授在《皖山清、皖江清——皖江文化概念初探》一文

作者简介：谈家胜（1966—），男，池州学院皖南民俗文化与旅游发展研究院院长、教授。

① 蔡昌荣，石钟扬点校：《朱书集》，黄山书社1994年版，第104页。

里，广为征引并论证其义专指古城安庆[①]。到底是指安庆还是指安庆府六邑，在此几乎可混同。因为自南宋庆元元年（1195）建安庆府，景定元年（1260）定治于宜城后，元明清未曾变更，府（元朝更名为安庆路，明清复名安庆府）辖范围也未曾有大的变动，尤其是安徽建省后，安庆又是省治所在，名气益增。因此，在古人眼里，“皖江”即是安庆的代称，也是安庆府的代称，是自然区划、行政区划的统一，并内附着文化的要素。“皖江”一词，从城市来看则指安庆；从安庆府角度看，则指一府六邑；从文化角度看，则指古皖国以来的安庆府邑文化。

进入近现代，“皖江”名词的内涵渐有所扩大。近代尤其是芜湖开埠以来，沿江城市里芜湖地位抬升，成为安徽省重要的经济中心，并促进了芜湖教育和文化的发展。如1903年皖南道台刘树屏将芜湖的中江书院改成皖南中学堂，次年更名为皖江中学堂[②]；1909年芜湖士绅王泽春在芜湖创办皖江法政专门学堂[③]；1910年著名报人谭明卿在芜湖创办《皖江日报》，其与《皖报》《鸠江日报》《商务日报》“并列为清末芜湖出版的知名报纸”[④]。由此可见，“皖江”一词在文哲贤达眼里已不再专指安庆或安庆府了，但也并不是芜湖的代称，其内涵应该是有所扩大的，否则刘树屏、王泽春、谭明卿创办的学堂、报刊也不会冠名“皖江”，正如“五四”运动前后，怀宁人郝耕仁在《皖江日报》开辟《皖江新潮》副刊[⑤]一样，《皖江新潮》不可能独指芜湖的文化新潮，其涵盖范围，我们认为应是指包括芜湖在内的安徽沿江区域及其文化。如1918年，北大教授、安徽六安人高一涵在游历安庆、芜湖、马鞍山等地后就写了一篇《皖江见闻记》[⑥]。抗日战争时期，中国共产党建立了“皖江抗日根据地”，“皖江”的内涵进一步扩大，其范围“东起江浦、当涂，西至怀宁、彭泽，北临滁河、巢湖，南抵宣城、南陵，包括无为、巢县、庐江、和县、含山、江浦……望江、怀宁、宿松、太湖、彭泽等约30个县，面积达3万平方公里”[⑦]。这里的“皖江”概念虽是因应战争的需要而提出，涵盖的面积大，但主体还是安徽境内皖江区域，是自然区域与行政区域的叠加。改革开放后的20世纪90年代，随着浦东开发的兴起，中

① 程必定、汪青松主编：《皖江文化探微——首届皖江地区历史文化研讨会论文选编》，合肥工业大学出版社2005年版，第73页。

② ［清］冯煦主修，陈诗礼总纂：《皖政辑要》卷五十《学科》，黄山书社2005年版，第503页。

③ 芜湖市地方志编纂委员会编：《芜湖市志》（上），社会科学文献出版社1993年版，第609页。

④ 《安徽文化史》编委会编：《安徽文化史》（下），南京大学出版社2000年版，第2211页。

⑤ 《安徽文化史》编委会编：《安徽文化史》（下），南京大学出版社2000年版，第2215页。

⑥ 汪军：《皖江文化与近世中国》，合肥工业大学出版社2004年版，第9页。

⑦ 郭万清，朱玉龙主编：《皖江开发史》，黄山书社2001年版，第231页。

共安徽省委提出了“抓住时机、开发皖江、强化自身、呼应浦东、迎接辐射、带动全省”的战略决策，此处的“皖江”内涵更为明晰，即“包括了长江安徽段两岸的马鞍山、芜湖、巢湖、安庆、铜陵、池州，以及滁州、宣城的部分地区”[①]。本世纪初，中共安徽省委又确立“文化强省”的发展战略，明确提出要创建“八百里皖江文明长廊”，要求参与的地区是马鞍山、芜湖、铜陵、池州、安庆、巢湖6个市城区及当涂县、繁昌县、芜湖县、铜陵县、枞阳县、怀宁县、宿松县、望江县、桐城市、东至县、无为县、和县等[②]。此处的“皖江”概念更为明确，其内涵也主要指皖江及其支流所经过的地区和文化，是自然与行政、经济与文化诸要素的结合。

至此，我们可以清晰地看出“皖江”名词的内涵嬗变过程：初指安庆或安庆府邑及其文化，转入近代是指安徽沿江的地理区域和文化，现当代则主要是指安徽沿江两岸及皖江支流所流经的相关地区、区域经济和文化，是自然与行政、经济与文化诸要素的结合体。因此，“皖江”名词自其产生起直至当下，本身就内附着文化和区域的要素。

二、文化区域与区域文化辨析

上文已涉及“区域”概念，但未作解析。“区域”泛指一定的空间范围，此当无疑。其与地理环境结合谓之自然区域，与行政区划结合是指行政区域；其与文化要素结合则产生了文化区域和区域文化的两个概念，二者并不等同，辨析如下：

“文化区域”一般是指有着相同或相似文化特质的地理区域，又称文化地理区或文化区。这是从文化地理学角度审视，较易理解。若从文化社会学角度理解，“文化区域”是指创造并享有共同文化属性的人群所占据的地域空间单位[③]；如再从文化人类学角度看，“文化区域”又可理解为特定群体创造出来诸多的文化特质所形成的文化圈[④]。不论是从文化地理学、文化社会学还是文化人类学角度来看，“文化区域”的概念虽论及空间范围，但更侧重文化因素，注重文化的同质性。在该文化区或文化圈中，人们的生活习惯、宗教信仰、道德观念及心

---

① 程必定、汪青松主编：《皖江文化探微——首届皖江地区历史文化研讨会论文选编》，合肥工业大学出版社2005年版，第57页。

② 程必定、汪青松主编：《皖江文化探微——首届皖江地区历史文化研讨会论文选编》，合肥工业大学出版社2005年版，第73页。

③ 中国大百科全书编委会编：《中国大百科全书·社会学》文化区域，中国大百科全书出版社1991年版，第414页。

④ 梁钊韬主编：《文化人类学》，中山大学出版社1991年版，第172页。

理、性格、行为等方面受到文化同质性影响而具有某种程度上的一致性。可以说，“文化区域”是“由文化因素的综合性来确定，具有感知的性质，当选取不同的文化因子作为划分文化区域的标准时，其范围也会有不同的形态”①。因此，从全国的角度来看，有中原文化、巴蜀文化、齐鲁文化、吴越文化、湖湘文化等；从安徽视角来看，则有淮河文化、徽州文化之说。

“区域文化”也是区域与文化要素的结合，学界基本趋同认为，区域文化在本质上属于复合型文化。张森材、马砾在《江苏区域文化研究》里直言，“区域文化是在特定的地域出现的复合文化”②；赵心宪在《地域文化与文化区域的文化研究》中也认为，区域文化是指某个特定地区中产生的特殊的文化现象的总称③；双传学在《区域文化刍论》中说：“区域文化是指区域成员通过开展实践活动而创造出来的一切物质的和精神的财富的总和。”④ 综合学界的观点来看，区域文化是指特定的人群在具体的自然地理空间范围内所创造出来的并具有明显的地理位置信息的物质财富与精神财富的总和。它虽然也强调文化，但并不追求文化的同质性，更多注重地理空间要素的涵盖范围，“在一定程度上，它甚至还包括有不同的文化区域。(因此)，就其内部组成状况而言，区域文化并不是均质化的文化整体……存在着某种程度的差异性……也不排斥……可能出现的某些相近或者相似的文化特征”⑤。换言之，区域文化讲究文化的多样性，不追求但也不排斥文化的同质性。

综之，“区域文化”与“文化区域”是两个相近但又不同的概念，前者侧重文化的多样性，后者注重文化的同质性。当区域范围确定而文化的同质性形成时，区域文化与文化区域的内涵就可等同。如徽州文化是指“在原徽州（府）下属六县（歙、黟、休宁、祁门、绩溪、婺源）所出现的既有普遍性又有典型性并且具有一定学术含量的各种文化现象的整合”⑥。就原徽州府辖六县这一地理和行政区划而言，它是区域文化；如就该区域文化的典型性而言，它又是文化区域。当区域范围转换，文化同质性不再明显而多样性更为突出时，区域文化的内涵就大于或者说包含了文化区域的内涵。再以徽州文化为例，它植根于本土（原徽州府辖六县），又伸展于各地，如历史上扬州、苏州、杭州徽商云集，徽人在此创造并传承下来的文化事象就纳入苏浙区域文化的范畴内；毗邻的宣城、

① 周大鸣，吕俊彪：《珠江流域的族群与区域文化研究》，中山大学出版社2007年版，第5页。
② 张森材、马砾：《江苏区域文化研究》，江苏古籍出版社2002年版，第5页。
③ 赵心宪：《地域文化与文化区域的文化研究》，《重庆师范大学学报》，2012年第6期。
④ 双传学：《区域文化刍论》，《江苏社会科学》，2006年第6期。
⑤ 周大鸣，吕俊彪：《珠江流域的族群与区域文化研究》，中山大学出版社2007年版，第5页。
⑥ 张海鹏：《徽学漫议》，《光明日报》2000年3月24日第3版。

池州历史上更是受到徽州文化的辐射影响，产生了诸多与徽州文化同质的文化事象，但同时宣、池二地的人们又创造出诸多自身的文化特质。因此，我们就不能以徽州文化来概括宣、池二地的文化事象，但可以将徽、宣、池诸文化事象统称为皖南区域文化。

明晰了上述的区别，结合“皖江”内涵的嬗变，我们就可以为“皖江文化”正名并界定其概念的内涵。皖江文化就是指皖江区域文化，“简单地说，就是皖江地区人从古到今在处理人和世界的关系中所采取的精神活动和实践活动的方式及其所创造出来的各种物质财富和精神成果的总和”①，是一种多质性的文化复合体。

三、皖江文化的开放特征浅析

前文已述，区域文化是一种多质性的文化组合体，文化区域是一种同质性的相对封闭的文化圈。因此，任何区域文化本身就是一种开放性的文化，只是开放的力度有所不同而已。所谓开放，是相对于封闭而言，意即不存在封禁、限制，其典型特征包含了吸纳和辐射两个方面。皖江文化的内涵颇为丰富，且在文学、戏曲、书画、科技、宗教等方面都有突出的成就。在首届皖江地区历史文化研讨会上，省社科联课题组的《皖江文化的内涵及其特点》一文曾给予了详细的陈述。细究其内涵，我们认为皖江文化是一种开放性较强的区域文化，其开放的特征也体现在吸纳与辐射两方面。

吸纳即吸收融会，此特征在皖江文化的文学、戏曲、科技、书画等方面有着较为突出的体现。文学方面，前有汉乐府民歌《孔雀东南飞》就是采撷民间歌谣而创作的叙事长诗；继有唐宋新乐府诗文，其中和县诗人张籍（767—830）搜穷古今书，广交当世士，与同时代的韩愈、孟郊、贾岛、王建、白居易、刘禹锡等人交游甚密，其诗作“尤工乐府诗，举代少其伦”②；后有风行天下的桐城文派，其一祖方苞深谙明末文人士大夫仅仅摘录古书辞藻的“伪古文”流弊，探寻、总结古代散文发展的历史脉络和语言运用规律，创造性地提出了“义法说”，成为“桐城派古文理论中最基本理论，也是桐城派文论体系的发端和纲领”③。戏曲方面璀璨纷呈，其中池州傩戏、青阳腔和黄梅戏还是国家级“非遗”。被誉为“戏曲活化石”的池州傩戏，数百年来虽在池州东南一隅的宗族社

---

① 程必定、汪青松主编：《皖江文化探微——首届皖江地区历史文化研讨会论文选编》，合肥工业大学出版社 2005 年版，第 5 页）。

② 顾学颉校点：《白居易集》（第 1 册），中华书局 1979 年版，第 2 页。

③ 《安徽优秀传统文化丛书》编写组编：《桐城文化八讲》，安徽大学出版社 2015 年版，第 161 页。

区内搬演，但其吸纳了宋元南戏和明说唱词话。根据已故的傩学专家王兆乾先生考证，在现已恢复演出的傩戏剧目中“竟有五部与（1967 年在上海嘉定城东宣家坟出土的明代）成化刊本《说唱词话》有密切关系，有的甚至完全相同”①。青阳腔又名池州调，则是“浙江的余姚腔和江西的弋阳腔于明嘉靖年间相继传入（池州府）青阳后，同当地的民间曲调汇合形成”②，其一经形成便风行天下，成为明中后期最有影响的声腔之一。黄梅戏作为一个成熟的剧种虽是 20 世纪 50 年代后的事，但溯其源则可追至明末清初流行于皖、赣、鄂三省接壤的采茶戏。18 世纪后期采茶戏传入安庆地区后，又“善于吸收其他戏曲、音乐艺术如青阳腔、弹腔（徽戏）、皖南花鼓戏、采茶戏等的精华，用地道的安庆方言演唱和道白”③，从而逐渐被广大的观众所接受和喜爱。科技方面，皖江流域也颇为先进。早在商周时期，皖江人所冶炼的铜便贡献至北方，被称为“南金”，汉至南宋皖江流域的冶炼业持续发展，其中梅根冶（今贵池梅龙）自东晋至南宋一直是江南冶铸中心和钱币铸造中心，此证明了古人采用或创造了当时最先进的冶铸技术。在吸收、总结科技文化方面也不乏其人，如桂林方氏方以智（1611—1671）博览群书，不仅精通历史、文学、哲学，在天文、地理、历算、物理、生物、医学等方面也有杰出的成就；宛陵（今宣城）梅氏本以文学见长，但自梅文鼎（1633—1721）起，则以数学和天文学闻名，其研习并介绍欧洲数学、研究中西历算，著述甚丰，其中“《中西数学通》，几乎总括了当时世界的全部数学知识，达到我国数学研究的最高水平”④，子孙传其衣钵，皆有成就。书画艺术方面，皖江名家博采众长，融为一格。如桐城李公麟（1049—1106）能广泛吸取前人之长，融会贯通，自成一家，“《宣和画谱》评价他说‘集众所善，以为已有，更自立意，专为一家’”⑤；和县张孝祥（1132—1170）不仅词风凌厉，书法成就也高，其翰墨宗颜真卿，承袭晋唐秀雅清劲的风格，为时所重；怀宁人邓石如（1743—1805）继承并开启了二王以后绝迹的碑版书风，“篆、隶、分、真、狂草，五体兼工”⑥。凡此种种，汲取前人或他地文化之长并融会贯通而成自家品貌的文化事象，在皖江文化的其他方面也存在不少，也正因此，皖江人才创造出了丰富的区域文化。

---

① 中国艺术研究院戏曲研究所等编：《傩戏·中国戏曲之活化石——全国首届傩戏研讨会论文集》，黄山书社 1987 年版，第 32 页。

② 辞海编辑委员会编：《辞海·艺术分册》，上海辞书出版社 1985 年版，第 1987 页。

③ 王平：《安庆戏剧文化》，合肥工业大学出版社 2011 年版，第 196 页。

④ 朱绍侯，张海鹏，齐涛主编：《中国古代史》（下册），福建人民出版社 2004 年版，第 365 页。

⑤ 《安徽优秀传统文化丛书》编写组编：《桐城文化八讲》，安徽大学出版社 2015 年版，第 310 页。

⑥ 李星点校：《包世臣全集》，黄山书社 1983 年版，第 387 页。

辐射即成型外播，对他地文化甚至全国性的同质文化都产生了深刻的影响，皖江文化在此方面也不乏其例。如上述中唐诗人张籍着意创作乐府诗，诗作多关心民生疾苦，在文坛上声誉甚高，“对元稹、白居易所开展的新乐府运动，起到了一定的推动作用”①；晚唐池州石台籍诗人杜荀鹤（846—907）敏而好学，精心以律体写世事，诗文不避俚俗，通俗而又凝练，晚年自编其诗文名《唐风集》，“宋代评论家严羽在《沧浪诗话·诗体》中，称之‘杜荀鹤体’”②，为古代律体诗文的发展开辟了新的途径。如论文学上的辐射影响之最者当推桐城文派，早在“乾隆年间著名文人周永年曾感叹‘天下文章，其出于桐城乎？’，直至晚清，政治家李鸿章亦云：‘今天下言古文者必宗桐城’”③。除文学上所产生的影响外，宗教文化、戏曲文化等也外播并产生了较大的社会影响。戏曲文化里，后起的黄梅戏已跻身于全国五大剧种之列，国粹京剧则直接由徽班进京后而催生，形成于明中叶的青阳腔自万历年间便开始向各地流传，“从安徽而山东、山西、湖北、湖南、江西、四川、广东、福建……足迹遍天下而获得了‘天下南北时尚徽池雅调’的称号”④，其“所到之处，或者对当地声腔发生影响，或者衍生出新的声腔剧种”⑤。宗教文化里尤以佛教禅宗的影响最为显著；禅宗二世祖慧可、三世祖僧璨均在皖西南的司空山（今岳西境内）、皖公山（今天柱山）授徒传教，四世祖道信、五世祖弘忍虽在湖北黄梅的双峰山、冯墓山传法，但黄梅与太湖毗邻，皖西南仍是禅宗重要的传播区域，一时间除司空山、皖公山外，桐城投子山、枞阳浮山、潜山太平山、太湖四面山，均为禅宗高僧聚会之地，禅林寺院众多，可以说皖西南是禅宗崛起的起点。虽然六世祖慧能传法于岭南、神秀弘法于中原，七世祖道坚弘法于江西，与皖江再无关联，但道坚圆寂后，其弟子多选择就近的池州作为隐栖地，其中弟子普愿就来到了南泉山（今贵池殷汇镇境内）。唐太和元年（827），隐居于此长达30年的普愿禅师开山弘法，一时远近青年禅僧云集几近千人，赵州从谂、长沙景岑甚至新罗道允等皆前来习法，唐文宗闻之赐其寺院匾额“南泉承恩寺”⑥。不仅普愿禅师所提出的“平常心是道”的禅学理念为僧俗众人所信仰，而且培养的众多弟子中多有高僧大德弘扬其法，以至于晚唐以后的禅宗态势大变，神秀的北宗禅系式微，慧能的

① 《安徽文化史》编委会编：《安徽文化史》（上），南京大学出版社2000年版，第450页。

② 《安徽文化史》编委会编：《安徽文化史》（上），南京大学出版社2000年版，第461页。

③ 《安徽优秀传统文化丛书》编写组编：《桐城文化八讲》，安徽大学出版社2015年版，第145页。

④ 赵景深：《明代的民间戏曲》，上海大学出版社1980年版，第118-119页。

⑤ 王平：《安庆戏剧文化》，合肥工业大学出版社2011年版，第98页。

⑥ ［明］王崇纂修：《池州府志》卷三·建置，嘉靖二十四年（1545年）刻本，池州学院图书馆藏。

南宗禅系扩张，南泉普愿及其弟子功不可没，甚至其弟子道允将其禅法传入新罗，“发展出狮子山学派，成为新罗禅门九山之一”①。今天南泉禅寺已重建，不少韩国僧俗子弟常来南泉山朝拜。可以说，在中国佛教禅宗发展史上，皖江禅文化起到了奠基和辐射影响的巨大作用。除此以外，古今影响依然的九华山佛教文化，也足以证明皖江文化的对外辐射力。

由上看来，皖江文化正因其广泛吸纳而繁荣，又因其积极外播而驰名。这种吸纳与外播正是开放的典型特征，也是皖江文化优秀的品质，正因皖江文化具有此强劲的开放特征，它才生生不息，异彩纷呈。

四、皖江文化开放特征的现实启迪

皖江区域自古以来就是贯达东西、沟通南北的重要区域，交通、信息畅通，皖江人也因之得风气之先，辛勤耕耘创造出丰富的区域文化，并赋予其强劲的开放特征。今天，我们审视“皖江文化”及其特征，既要珍惜其丰富的文化遗产，挖掘整理、保护传承并开发利用之，使之与皖江的再度开发发展相呼应；又要在继承的基础上，吸纳与创新，增添皖江文化的内涵，增强其影响力。从这一角度看，正在皖江区域实施的“八百里皖江文明长廊”建设、皖江城市带承接产业转移示范区建设、皖南国际文化旅游示范区建设等，也契合了皖江文化的开放特征。而省社科联组织召开的每两年一度的皖江文化研讨会本质上就是一种文化事象与行为，如再组织召开皖江文化与其他区域文化的比较研究学术研讨会，或可在某种程度上能进一步输出皖江文化，此也是皖江文化开放特征的内在要求。

① 程必定、汪青松主编：《皖江文化探微——首届皖江地区历史文化研讨会论文选编》，合肥工业大学出版社2005年版，第148页。

产业化视角下的历史文化遗产保护与传承的路径选择

——以池州杏花村古遗址文化多角度开发和保护为例

项桂娥

摘　要：文章以池州市杏花村古遗址多角度开发为例，探讨在物质和非物质文化遗产保护利用的过程中，通过产业化的手段寻求文化遗产在新的环境下传承与传播的市场空间，并借市场化的机会扩大规模与集聚资金，实现文化遗产存续与发展的良性循环。将传承历史文化的思路从有形元素延伸到无形元素，实现非物质文化遗产与物质文化遗产的相互弥补与转化，使非物质遗产元素创造价值的理念在产业化中得以发扬。

关键词：非物质的文化遗产；产业化；遗产保护

一、引　言

早在20世纪中叶，人们已经认识到人类文化遗产和自然遗产越来越受到全球工业化与城市化造成的破坏和威胁。我国作为历史悠久的文明古国，以其丰富的历史文化遗产著称于世，5000年的文明史，在960万平方公里的土地上，造就了不计其数的历史文化古迹。这些文化古迹有的已经列入《世界文化遗产名录》成为世界级文化遗产、国家级文化遗产，在保护的同时被开发为一处处极具历史价值的人文景观，成为当地的旅游胜地，如巍峨的长城、庄严肃穆的北京故宫、栩栩如生的秦始皇兵马俑等等。但有的在工业化过程中已难以寻觅往日的风采，留下的只是“蛛丝马迹”，这些已经沉沦于历史海洋中的名胜，这些被时间磨砺得残缺不全乃至只剩一丝痕迹的历史文化古迹，其深厚的历史价值如何传承？其经济价值又如何展现？我国的这类历史文化遗产资源数量众多，分布广泛，而且特色鲜明，尽管其真实性和完整性不如世界级文化遗产理想，但作为历史文化古迹同样应具有一定的保护和传承的价值。工业化和城市化的快速发展，

作者简介：项桂娥，池州学院商学院院长、教授。

使这类宝贵的历史文化遗产更易湮没在历史的长河之中，如何保护和传承并使之转化为文化生产力，是我国文化产业发展过程中面临的一个突出问题。

当今社会，文化的经济功能日益凸现，文化开始作为产业发展备受关注。查尔斯·兰德利在他的《伦敦：文化创意城市》一文中分析了文化遗产改造与城市改造发展之间的关系，指出文化在经济发展中的作用是关键性的；澳大利亚学者汤姆·奥里甘教授还研究了文化遗产领域对于农村文化产业发展的巨大优势[1]。人类社会在经历了18世纪以前以政治为中心的时代，到18、19世纪以经济为中心的时代之后，20世纪后期开始进入以文化为中心的时代。在发达国家的经济体系中，文化产业已由边缘走向中心，成为新的经济增长点和支柱产业。我国虽有各类丰富的历史文化资源，但围绕资源开发巨大的文化产业，中间还有遥远的路。目前，国内关于文化遗产资源的研究大部分集中于世界级、国家级文化遗产地的保护与开发利用方面。而对本文提及的众多这类省级低层次历史文化遗产资源保护和开发关注较少，对这类古遗址价值的认识和开发的路径还存在着一定的误区。在这类文化遗产中，安徽池州市贵池杏花村古遗址在保护和开发的过程中所取得的经验和遇到的问题具有一定的普遍性和代表性。当前，在历史文化遗产保护利用的过程中，通过市场化的途径，保护利用的方式已出现了逐步向产业化方向发展的趋势。本文拟以安徽池州市杏花村古遗址多角度开发为例，分析杏花村古遗址重建中产业化开发所取得的经验与启示、可持续发展的思路，力求为这类文化遗产的保护和多角度产业化开发找出具有普遍适用性路径。

二、“杏花村”历史文化在“产业化”中再现

杏花村位于池州城西郊，距今已有1300多年的历史。据《江南通志》载：“杏花村在（池州）府秀山门外里许，因唐杜牧有‘牧童遥指杏花村’得名”。明《嘉庆池州府志》、清乾隆《池州府志》、清《贵池县志》等典籍均有这一史实记载。清人郎遂编撰了《杏花村志》十二卷是中国唯一一部村志，被收在《四库全书》（存目类）里。该书详细记录了杏花村胜景：“东接秀山门、西临杜湖、南至齐山湖、北到钵顶山，广约十里，阳春三月，杏花烂漫，灿若红霞。”以杜牧的《清明》为代表，历代文人墨客为贵池杏花村创作了大量的诗篇，至今留存在世的有近300首[2]。

时光流转，经年不再。清朝末年，杏花村逐渐毁于战火，千古名村沦落历史烟尘近200年之久，只剩下芳草断碑、枯井残祠和一首千古名诗。1989年杏花村内“黄公井”遗址被列为安徽省文物保护单位。恢复杏花村胜景，保护和传承杏花村历史文化，打造省级历史文化名城，一直是当地人心中的一个夙愿。1997年底，池州市委、市政府把复建杏花村、开发杏花村历史古迹作为确立

“杏花村名牌”战略开始大力推进。引进民营资本，开发杏花村景点，恢复建设杏花村被政府提上了重要日程。悠久的历史、深厚的文化积淀，使杏花村成为极具开发价值的文化富矿，也构成了文化创意产业所不可多得的优质资源。“政府推动，引进民营资本，以资源引产业”。2002年3月，安徽省杏花村文化旅游发展有限公司成立，杏花村古遗址保护与开发的产业化运作正式开始。

“产业化”的概念是从“产业”的概念发展而来的。所谓“产业”，本来意义是指国民经济的各种生产部门，有时也专指工业。后来随着“三次产业”的划分和第三产业的兴起，则推而广之，泛指各种制造或提供物质产品、流通手段、服务劳动等的企业或组织。可见，产业是一个经济学的概念，带有鲜明的市场属性。产业化，就是把某个东西完完全全地变成一个经济产业，按照产业的规则和规律来运作。产业化视角下的遗产保护是指把某些过去由政府投资保护的历史文化古迹，变成一个完完全全按照市场规律运作的经济形式，并达到一定规模、资源整合、产生利润的过程。在产业化视角下，历史文化遗产具有潜在的经济价值。池州杏花村古遗址文化正是具有这样的价值。

2003年9月，一期工程——杏花村古井文化园正式对外开放。“杏花村民间出土文物—古碑文—名诗—杏花—古井—黄公酒”成为古井文化园一道道独特的“风景”，在产业化中再现在人们的眼前，千年古井焕发出生机，井旁正在酿造发酵的黄公酒，散发着醉人酒香。当年的断碑残祠，变成了古朴典雅的仿唐建筑群。杏花村的主体——“黄公酒垆”成为集餐饮娱乐于一体的高档消费区。这里先后被评定为省级首批历史风景区、安徽省少先队教育基地、池州市青少年教育基地、安徽省园林式单位。2007年杏花村古井文化园通过国家旅游局3A级景区验收。几年的产业开发使古杏花村文化资源得到了充分的展示，同时实现了一定的经济价值。2005年6月，集旅游、居住、购物等于一体的杏花村复建二期项目启动。复建后的杏花村着力彰显“名人、名诗、名酒、名村”特色。自池州城区西门大桥以西、白洋河大桥以东近700余亩的“杏花村”内，粉墙黛瓦、绿树掩映，无不呈现出江南民居的传统神韵和山水村野的风情，2009年11月，杏花村被国家旅游局评为4A旅游景区，成为池州市一道亮丽的名片。杏花村作为千年池州的文化“新标杆”，“历史文化名城——池州”的印迹，在21世纪的工业化时期，在十年磨一剑的产业化运作中再现，不仅使“杏花村”文化品牌的经济价值得以展现，而且更为重要的是引领了从文化遗产保护到文化创意产业的发展路径。

走在杏花村的砖道上，路边粗犷的打铁铺、原始的榨油坊，隐匿在纯朴的乡村风光中的名诗碑文、千年古井引起我们深思。这些逐渐疏远我们现代生活的物质或非物质的文化遗存，成了记录城市历史、体现城市特色、“阅读”城市文明的重要依托，也构成了我们文化创意产业的富矿，如何在保护和传承的基础上进一步“开采”？“杏花村”的产业化再现，给了我们什么启示？蕴含着独特的诗文化、酒文化、农耕文化的“杏花村”魅力和品牌的价值如何真正得以弘扬，实现其可持续的发展？

三、历史文化遗产“产业化”运作中的政府与企业

产业化或许是解决某些历史文化遗产保护的有效途径之一，但绝不能认为只要历史文化遗产产业化就能解决一切问题。产业化的重要特点是市场化，是利润；而非物质文化遗产毕竟是文化，是超越私有与利润的人类共有的文化记忆与精神意义。两者原本“志不同道不合”，双赢的可能在于两者目标的有机融合。古遗址文化资源保护与传承工作通常面临着两大约束：一是“文化产品外部性”使其投资周期长，风险大、回报率低；二是保护与开发既对立又统一的矛盾关系。在产业化开发历史文化遗址中，若不能以“保护遗产”为宗旨，有形的物质载体和无形的精神遗产则有可能在商业开发中消失。加上“遗产保护”有极强的专业性，必须有专业人士参与。因此，这就决定了古遗址历史文化资源保护与传承既离不开市场，又不能完全依赖市场这只“看不见之手”。尤其是在产业发展初期，政府的作用尤其重要。

“杏花村”的重建工程正是在池州市政府的推动下启动的。为推动商业化运作，政府将整个西大门的城市改造与杏花村古遗址的复建整合起来做大项目对外招商，该项目先后被列入池州市政府的重点招商项目、市重点工程、省“861”行动计划项目。这样既保证了杏花村古遗址复建工程“有利可图”的商业化运作成为可能，又使得古遗址的复建与城市建设能保持协调一致，使企业的目标与政府的目标有机融合。为保证项目能以“保护和传承遗产”为宗旨，政府对招商合作的企业也提出明确的条件：一是资本雄厚，能做到长期投资；二是热爱并熟悉我国传统文化，有意进军文化产业。2002 年安徽省×××房地产发展有限公司与安徽省杏花村文化旅游发展有限公司同时成立，公司在承担杏花村古遗址复建工程的同时，成为以房地产投资运营为主，集市场营销、旅游开发、白酒生产、金融投资等产业于一体的综合性外资企业。杏花村古迹文化资源保护与开发从项目到企业再到产业正式开始运作。文化品牌化是文化产业发展的航标，为了公司能将杏花村文化品牌做大做强，也为了保证工程的高质量，政府与公司合作对杏花村古迹资料进行了全面的收集整理，请来了中国古建筑设计的权威专家、美国工程院院士、中科院外籍院士、加州大学伯克利分校土木工程系林同炎教授，中国工程院院士、同济大学名誉校长李国豪教授担当杏花村工程的总设计师。从源头、设计、材料的选择一步步开始实施“杏花村文化品牌”重建战略，使杏花

村既成功地将历史再现，又留下无数个杏花村文化创意产业空间，为企业进一步拓展打下了良好的基础，当然，也为池州市打造出一张亮丽的名片，实现了双赢。

四、历史文化遗产传承的灵魂是构建现代文化产业链

真实性是古遗址历史文化遗产的价值所在，也是其文化产品品质的保证。真实性有物质实体文化的真实性和非物质无形元素的真实性两重含义。历史上的杏花村属于典型的江南名村，从物质实体的真实性看，除了残祠、枯井、酒垆外，其他的似乎都已缺失。而从无形元素的真实性看，历代传承、普遍认可的历史上的杏花村深入民心，不仅有史书记载，在民间传说中广为流传，文人墨客也以之为创作素材，留下许多关于杏花村的千古佳作。可见，杏花村实体真实性的缺失并没有影响它在社会民众心目中的知名度和美誉度。以其为标志的商品（以酒为代表）所创造的经济收益极为可观，这无疑是得益于杏花村无形文化遗产在广大民众心目中的普遍认知。因此，杏花村的重建，必须以打造“杏花村品牌”为主线，精心梳理其传统文化精髓，将其文化遗产的无形元素以有形的形式表现出来，组合成新的文化产品，从而展现“杏花村”文化的吸引力和生命力。正是基于这一点，政府和企业合作对杏花村的传统文化进行了精心的梳理和打造。

走进杏花村，我们不难看出，“杏花村”展现了三条极富感染力的文脉主线：一是池州“千载诗人地”的诗赋文化。这里随处可见的杏花村诗词歌赋所展示的意境是唯美的，有神仙文化做基础，也有文人的思想境界做精华；有人人皆知的《清明》，也有当地人爱诵的《秋浦歌》，这些在中国文学史上都留下了浓墨重彩的一页，在杏花村内以不同的方式进行了有形化的展示。例如在亭台的栏杆上、在桥头、在古建筑中、在百余块散落在村内各个角落的巨石上，都巧妙地以不同流派的书法字体刻有杏花村的著名诗词和楹联。村内有展现“杏花枝上著春风，十里烟村一色红”的杏花园，也有展现“村酒村花两共幽”的诗碑长廊与花榭等等。二是黄公酒垆题材的酒文化。据清《杏花村志》记之：“酒垆院里有一口‘黄公井’，水似香泉，汲之不竭，用此水酿出的酒，为时人所争饮。”现存的“黄公井”与“黄公酒”的传说故事，虽然也曾受到学者的质疑，但民间盛行的对在“黄公酒垆”饮酒作诗的向往成为酒文化传承的推动力，其传承千古的事实表明，在民众中它是被普遍认可的，进而奠定了“黄公酒”深厚的群众基础。园中的酿酒作坊，仿古修建的“黄公酒垆”，将一个包容了宴饮、文娱、游乐等综合功能的世俗的杏花村展示得淋漓尽致。三是江南村野的农耕民俗文化。以“自然为主”理念的设计，使人们来到这里仿佛置身于世外桃源，城中有村，闹中有静。粉墙黛瓦、错落有致的江南民居，斗拱方柱、雕梁画

栋的古朴戏台，街坊巷道里似有豆花点点的豆腐店，凝着铁锤声声的打铁铺，芝麻菜籽香飘的榨油坊等，以及村中时而在演的当地的民俗活动，如贵池傩戏表演、舞龙灯、目连戏等等无不彰显着地方民族文化的力量和历史的源远流长。

无疑这些已构成了杏花村再现的“灵魂”。从某种角度看，知识产权保护，也是无形元素有形化展示的重要手段。企业在当地政府的支持下先后在国家工商总局注册了黄公酒垆、黄公、牧童遥指、杏花村等旅游和旅游商品商标。无形文化资源的有形化展示，既丰富了文化产品的内涵，又拓宽了这类文化遗产地在传承和保护中产业化开发的新思路，更为企业打造现代文化产业链提供了条件。翻开杏花村文化旅游发展有限公司的“十二五”发展规划，围绕这三条文脉主线扩张“杏花村文化”的几条产业链清晰可见。

一是文化主导的产业链延伸：杏花村旅游景点—杏花村旅游文化产品—杏花村题材的文学、动漫、影视作品；二是杏花村文化驱动的房地产业延伸：杏花村古井文化园—仿唐建筑群—环岛雕塑群—杏林雅居—杏花诗苑—杏花文苑—杏花西苑等一系列与“杏花村古遗址”复建工程融为一体的特色精品地产项目的开发建设；三是杏花村文化提升的产业链延伸：集餐饮娱乐于一体的“黄公酒垆”—系列黄公酒—杏花村商城。目前，公司已取得白酒生产许可证，2010 年黄公酒已正式投产。十年磨砺，以项目—企业—产业—品牌发展层级推进的产业化运作模式，在“保护和传承杏花村古迹文化”的同时，也打造出“杏花村文化品牌”，企业也因此晨曦退去展露曙光，其可持续发展的竞争力已初显端倪。

五、启示与思考

文化遗产的最为珍贵的价值在于它的传承性，它应该是鲜活的，是不断发展和变化的。但是由于古遗址文化遗产传承的社会环境的变迁，这一文化元素如何在民众之中以一种更贴近现代人生活的方式发展下去，如何在保护和开发中被赋予新的文化内涵，形成文化品牌，以不断增强历史文化的感染力和吸引力，并在现代经济中转化为城市的竞争力，这才是我们保护和传承历史文化遗产所面临的关键问题。

“杏花村的产业化再现”给了我们深刻的启示。在市场经济条件下，历史文化资源的产业化开发是传承宝贵文化遗产的最佳路径选择。运用产业化模式保护和传承历史文化资源，使我们对历史文化的本质意义认识，从主流意识形态进行教育与宣传的层面上升到文化是经济资源层面。历史文化遗存更是城市的经济资源，是城市发展文化产业的源泉和载体，而文化产业发展又能提升历史文化资源的知名度，凸显城市的特色，增强文化竞争力。因此，在保护和传承历史文化时更要善于运用产业化模式，把历史文化资源比较优势打造成品牌优势，文化品牌是文化产业持续发展的不竭动力，也是城市核心竞争力所在。保护和传承历史文化遗产的最佳路径是将其打造成具有市场影响力和国际竞争力的文化品牌，使其“美名远扬”“留存千古”。

池州市政府和杏花村文化旅游发展有限公司合作复建“杏花村古遗址”，打造杏花村文化品牌，对保护历史文化遗产，推动历史文化资源向文化产业转变进行了有益的探索，迈出了成功的一步。但要保护好“杏花村古遗址”，并不断增强杏花村历史文化的影响力，弘扬“杏花村”的魅力，彰显品牌的价值，推动其产业的可持续发展，也还面临着一些困境。

一是无形元素有形化创意的困境。杏花村无形资源有形化的展示，无疑丰富了杏花村文化的内涵，但是其文化产品大多还是静态的展出，缺乏动感，单一的旅游活动无法生动地赋予消费者对杏花村的历史文化内涵的体味和感悟，只能以抽象理解为主，感受不深。怎样进一步利用杏花村的无形文化资源设计出更为生动和富有创意的产品，构建现代文化产业链，提升文化产品的参与性与体验性，使静态的文化产品“活起来”，拉近历史与现实的时空距离，这是杏花村文化突破性发展的关键所在。

二是审美环境割裂的困境。杏花村的魅力是在周围整体人文和自然环境中展现出来的，其审美环境具有较强的整体性。离开了周围环境对杏花村进行审美都是不全面、不生动的，现今的“杏花村”借助现代技术和元素拥有了江南民村的传统神韵和山水村野风情，但市场化运作模式下的公园式“杏花村”圈限了审美视野，客观上将其审美环境割裂。在城市化建设中，杏花村的外围环境在发生急剧的改变，如何保持杏花村古遗址与四周景物以及当地社会文化背景的和谐度，是增强杏花村文化影响力的重要内容。

三是文化产业发展的制度困境。文化产品兼备一体两面的价值，一方面扩大文化产品在消费市场的销售份额体现了产品的经济价值；另一方面，文化产品的表现形式和内涵体现的艺术性、个性、创造性和精神内涵，又具有社会和文化价值。前者属“私人产品”的特征，而后者又具有“公共产品”的特征[3]。这使得市场经济环境下文化产业发展更需要依赖政府的支持。文化产业发达的国家，都有比较成熟的文化政策。我国文化产业诞生于计划经济之中，脱胎于文化事业，政策安排尚处于滞后状态，相关的政策法规，如财政、税收、金融、工商对文化产业发展的制度支持，与产业的要求差距太大。目前，在市场运作模式下，杏花村文化的传播、品牌的打造、杏花村发展与环境的协调、杏花村文化创意产业园的建设等等光靠企业一己之力都是远远不够的，需要政府在意识、规划、政策、资金等多方面予以支持。

杏花村文化产业的可持续发展，必须突破困境，不断创新，以产业提升杏花村历史文化的影响力。一方面，在产业化中拓展无形元素有形化创意。创意是历史文化资源转变为文化产业的重要源泉，任何时代的文化资源，都有一个在今天文化语境中重新阐释和创新拓展的问题[4]。拓展有形要素的变化空间，将文化产业开发的思路从有形要素延伸到无形要素，从而创造条件，实现非物质文化遗产与物质文化遗产的相互弥补与转化，使非物质文化遗产要素创造价值的理念在产业中得以发扬。杏花村诗赋文化、酒文化、世俗文化为无形文化有形化提供了大量的素材，我们可以从中汲取灵感，寻找创意，创作新的杏花村文化的文艺作品、动漫作品和旅游产品，大力推动杏花村文化主导产业链的发展。同时，高度重视杏花村文化品牌的保护、宣传、营销和传播，充分发挥杏花村文化品牌对传统产业的驱动、提升作用。另一方面，针对文化产品“一体两面”的特征，强调政企互动。在文化产业的发展初期以及文化产业链的建设中，政府充当引导者和规划者、政策扶持者的角色。政府应将历史文化资源的利用和开发置于区域的文化和产业的发展规划中，统一布置，整体开发，从而实现历史文化资源的开发与现代社会文化背景的和谐和融合。如将发展杏花村文化创意产业纳入政府产业规划，通过宣传、营销乃至基础设施建设，使杏花村文化与池州市佛文化、贵池傩文化等地方文化融为一体，突破单纯“杏花村公园”所导致的审美环境割裂的困境，构建池州大文化品牌，营造更为全面真实的审美环境。同时，设立文化产业发展专项资金，采取奖励、补助、贴息等方式，扶持有发展前景和竞争力的产业项目，引导社会资本投入文化产业。政企互动，共同推动区域文化产业的可持续发展，以产业提升历史文化的影响力和传播力。

安徽池州杏花村古遗址保护及产业化开发模式对其他类似文化资源保护与开发有很好的借鉴作用，发展中出现的困境和问题在其他地方并不鲜见。因此，本文提出杏花村历史文化资源保护与传承的产业化路径具有一定的普遍适用性。当然，这类文化遗产的保护和产业化开发还存在着许多本文未能涉及的问题，希望能在以后的研究中进一步探讨。

参考文献：

[1] 申维辰．评价文化：文化资源评估与文化产业评价［M］．太原：山西教育出版社，2004.

[2] 丁育民，张本健．千古杏花村［M］．合肥：黄山书社，2002.

[3] 冯子标，焦斌龙．分工、比较优势与文化产业发展［M］．北京：商务印书馆，2005.

[4] 张军．论无形文化遗产在旅游开发中的有形化利用［J］．中南民族大学学报，2002，(3)．

建立皖江文化智库平台
推动皖江区域开放发展

许克锡

摘　要：皖江文化研究与传播存在一种碎片化状态。论者从传播学视觉观照认为，进入“互联网+”时代，推进皖江地区历史文化研究向纵深拓展，发挥区域文化对区域经济社会的内在支撑与推动作用，需要全面整合资源，建立富有影响力的皖江文化研究智库和媒体智库平台，诸如“皖江文化学术智库”“皖江文化网”等，在皖江区域官媒互联互通，发挥智库和媒体的平台优势，推动皖江区域新一轮的开放发展。

关键词：皖江文化；智库；开放发展

皖江区域有着深厚的历史文化底蕴，形成富有特色的地域文化——皖江文化。从传播学视觉观照认为，从清初著名的桐城派文人朱书首倡皖江文化以来，皖江文化的研究与传播进入了全新时代。皖江文化促进了清末民初皖江区域在安徽率先近代化的进程，成就了改革开放以来皖江地区成为安徽发展的第一方阵。面对“十三五”皖江区域开放发展的新形势，我们需要进一步整合皖江文化资源，发挥区域文化对区域经济社会的内在支撑与推动作用，打造富有影响力的皖江文化研究智库和媒体智库，如建立“皖江文化网”“皖江文化学术智库”，以汇集海内外皖江文化研究的力量，将优秀的皖江传统文化资源介绍出来、传播出去，借助智库的巨大力量，极力推动皖江区域开放发展。

一、智库是开放发展的推动力

开放发展是国家“十三五”时期“五大发展理念（创新、协调、绿色、开放、共享）”之一。开放是繁荣发展的必由之路。我们坚持改革开放30多年了，但是在开放上还有许多需要改进、完善之处，有许多短板需要补齐。开放发展，

作者简介：许克锡（1965—），男，铜陵日报研究室副主任、主任记者，清华大学国际传播研究中心兼职研究员。

是开放和发展合成的一个概念，作为一种新的理念，意义深刻。面临经济发展新常态下的社会现实，我们需要把开放发展作为新的发展理念，顺应我国经济深度融入世界经济的趋势，奉行互利共赢的开放战略，坚持内外需协调、进出口平衡、引进来和走出去并重、引资和引技引智并举，发展更高层次的开放型经济，积极参与全球经济治理和公共产品供给，提高我国在全球经济治理中的制度性话语权，构建广泛的利益共同体。

随着改革开放的纵深推进，需要破解的现实难题越发加大，对于智库的渴求越来越强烈。

智库，即思想库和智囊团，它在资政建言、理论创新、舆论引导、社会服务、公共外交等方面能够持续高效地发挥积极的作用。

智库建设是信息时代的必然趋势。凤凰国际智库的秘书长张林把国内智库的发展总结为三波：第一波是新中国成立初期出现的大学、社科院智库；第二波是2008年金融危机后出现的一批智库，如北京大学国家发展研究院、清华大学中国与世界经济研究中心，以及其他一系列国际经济研究中心；第三波智库，是在2015年1月中共中央出台《关于加强中国特色新型智库建设的意见》之后，中国的智库开始形成井喷状态。

历史上的皖江文化促进了清末民初皖江区域在安徽率先近代化的进程，成就了改革开放以来皖江地区成为安徽发展的第一方阵。在经济发展面临新常态的新形势下，推动皖江区域开放发展，需要皖江文化智库的智力支持。皖江文化智库能够凝聚区域内外专家学者以及社会各界的智慧，犹如信息时代的空中花园，服务于政府、企业、社会，还能更加广泛地传播和传承皖江区域文化，使得皖江区域文化能够遵循以下理念：“地方的便是民族的，民族的便是世界的。”

文化传播已是当代人类的主要生存方式和生存空间。正如人的生存离不开空气一样，人们的生存离不开文化传播。皖江文化智库平台、互联网思维，可以打通皖江文化学术界、文化界与社会各界的联络通道，让皖江文化通向世界。

二、皖江文化研究和传播呈现碎片化状态，亟须建立智库进行资源整合转型

皖江文化是指皖江地区的历史文化，与淮河文化、新安文化、庐州文化一起，成为安徽四大地方文化圈。长江流经安徽段，西起宿松小孤山，东抵马鞍山采石矶，前后绵延八百里，辐射安庆、池州、合肥、铜陵、芜湖、宣城、马鞍山、滁州。皖山、皖河、皖江以及繁衍生息在这片土地上的皖人，孕育出卓尔不群又气象万千的地域文化。

皖江文化不仅仅是皖江学术界的，也不仅仅是皖江文化界的，它是所有研

究、关注皖江文化的国内外学术界、文化界的。皖江文化更是生于斯、长于斯、发展于斯的皖江流域人民群众的，是根植于皖江、移民于外地的他乡皖江人的。

清代初年著名的桐城派文人朱书（1654—1707）是倡导皖江文化的第一人，他大声疾呼，安庆六县人士共同参与皖江文献的搜集和整理。朱书的声音穿越时空300多年，博大精深的皖江文化只是在近些年伴随着皖江开发开放发展，才慢慢地得以研究与传播。

皖江文化研究队伍慢慢聚集到安徽省社会科学界联合会旗下，皖江文化传播则呈现碎片化状态。这种碎片化状态表现为传播主体的碎片化、传播内容的碎片化、传播（时间、空间）环境的碎片化、受众注意力的碎片化。

2004年12月，安徽省社会科学界联合会和安庆师范学院共同举办了首届皖江地区历史文化研讨会，开启了皖江文化研究的新时代。首届研讨会有高校、科研院所、皖江地区各市专家学者以及新闻出版界人士110多人参加。次年汇编这些论文出版了近40万字的《皖江文化探微》一书，作为安徽历史文化研究文库第一辑和安庆师范学院“高校人文与科学教育丛书”，由合肥工业大学出版社出版。

此后，皖江地区历史文化研讨会每两年举办一次，从2004年到2016年，已经在皖江城市举办了七届。得益于研讨会平台，皖江文化研究影响越来越大，研究阵容越来越大，汇集了一大批专家学者，收获了一大批研究成果，促进了皖江区域经济和社会发展。

皖江地区历史文化研讨会虽然有着丰富的资源，但是还没有正式建立一个资源智库平台，没有充分地开发利用，让很多研究成果呈原始状态躺在论文集中。

安徽省社会科学界联合会官方网站设有“厚重安徽”频道，明确定位是“地方历史文化研究平台”，该网站还专门设有“智库建设”频道，但是内容单薄，没有皖江文化研究实质性成果。

皖江文化智库平台缺失，以至于不少皖江文化活动，没有得到充分的展示与传播，完全处于一种散在状态。

池州学院2008年5月成立皖南民俗文化研究中心，是专门性学术研究机构，目前确定研究方向为“皖南民间风俗研究”“皖南民间戏曲研究”“皖南宗教文化研究”等三个方面，以项目参与的形式，面向校内外开放式地吸纳、调整中心的兼职研究成员，已经取得了不少成就。池州学院又组建了皖南民俗文化与旅游发展研究院，作为二级科研机构，依托校内相关学科专业力量，积极开展皖南（池州）深厚的历史文化资源的发掘与整理、保护与传承及旅游开发研究，加强学校的特色科研，服务于地方经济社会发展。

2015年1月16日，由国家文化部艺术发展中心、安徽省江北产业集中区管委会主办、芜湖市宝能地产有限公司承办的“中国梦·皖江情·宝能城”——首届皖江文化艺术节，在芜湖江北宝能佳适尚品酒店隆重举行。活动现场，不仅有精彩的表演，更有国画展区，铁画展区，紫砂壶、陶瓷及茶艺展区，让现场来宾们大饱眼福。

2015 年 8 月，为挖掘地名文化资源，规范地名称谓，芜湖市成立皖江地名文化研究中心，以深入调查研究，整理地名文化资料，为地名普查工作发展提供理论支持和方法指导。

2015 年 12 月 19 日，皖江文化博物馆在合肥徽园开馆。皖江文化博物馆建设具有创新理念，是安徽第一家多元化的、园林式的民营博物馆。

2016 年 1 月，安庆师范大学皖江历史文化研究中心召开“安徽优秀传统文化研究中心”智库建设专题论证会。与会人员从智库建设的必要性、可行性、智库名称、智库的作用、智库的定位、资源类别、资源储备、互联网平台、预期成效等方面进行了充分论证。该智库定位于研究传统文化、注重传统文化的现代功能与价值、加强黄梅戏的挖掘和传播研究、重视文化产业研究，为各级政府提供有价值的规划、咨询报告、专家建议和有决策参考价值的理论文章。应该说，皖江历史文化是皖江文化的一部分，皖江历史文化智库是皖江文化智库的一部分。

近年来，随着芜湖市经济社会发展，城市和乡村路桥建设增多，新地名不断涌现，住宅区、建筑物、村居调整、景点建设等均发生较大变化，以往资料陈旧不全难以适应时代要求，一些富有历史典故和文化内涵的地名逐渐消失。为适应当前地名管理的需要，芜湖市此前已启动第二次地名普查，对市域范围内地名相关的历史沿革、名称由来以及相关属性的信息资料，包括图、录、典、志等进行全面搜集，加以整理、甄别、论证和审定。

在皖江城市中，安庆有皖江文化研究会，池州有皖南民俗文化与旅游发展研究院，铜陵有铜文化研究会，芜湖有皖江地名文化研究中心，马鞍山有马鞍山历史与文化研究会等等。这些研究组织都是皖江文化研究非常重要的组织，但是没有凝聚起来，成为皖江文化信息资源库。

三、建立智库，广泛链接，推进皖江区域开放发展

皖江文化研究步步深入，皖江区域的富有特色的皖江文化活动此起彼伏，呼唤建立统一的皖江文化智库平台、大数据库，来聚合难得的文化资源，推动皖江区域的开放发展。

皖江文化智库平台建设应该富有“社会科学联合会”特色，成为既有学术型智库、又有媒体型智库的智库平台。

（一）建立“皖江文化学术智库”

“皖江文化学术智库”的主体应该是安徽省社会科学界联合会，省社科联也可以授权给委托人。

“皖江文化学术智库”定位是：汇集历届皖江地区历史文化研讨会研究成果，汇集皖江区域以外的海内外皖江文化研究成果，建立并展示智库产品、智库成果、智库大数据以及研究团队等。智库根据内容分为政治、教育、科技、旅游、宗教、民俗文化等不同类别。

该智库一般任务是提供咨询，为政府、企业决策者献计献策、判断运筹，提出各种方案设计；反馈信息，对实施方案进行追踪调查，把运行结果反馈到决策者那里，便于纠偏；进行诊断，根据现状研究产生问题的原因，寻找解决问题的症结；预测未来，从不同的角度运用各种方法，提出各种预测方案供决策者选用。

学术型智库是一个既有政治属性、社会属性又有市场属性的特殊行业，能够产生一定的经济利益，这既是它产生影响的凭证，又是它理应得到的回报，促进这个智库更好地生存发展。“皖江文化学术智库”可以像国内各大学术型智库平台一样，为每个富有真知灼见的研究成果提供一个简明扼要的内容提要，同时还提高其学术价值、市场价值的标示。如一些关于皖江历史文化旅游开发、关于皖江文学与艺术文化等论题，一些富有创意的皖江历史故事，具有较大的市场价值，需要进行一定的推介。

随着“皖江文化学术智库”服务政府、企业、社会能力的增强，智库可以承接、帮助解决皖江区域经济和社会发展过程中遇到的现实问题。

在6月举办的“2016中国智库创新峰会”上，凤凰网总编辑、凤凰国际智库主任邹明说，智库建设走创新之路，就要脚踏实地接地气，要提高为国家、政府和企业的服务精神和服务意识。在互联网时代，智库需要向社会和大众推广自己的思想产品，就像一个企业要有财务部一样，对智库来说，新媒体推广部则是它的标准配置。它要利用互联网的技术进行推广和宣传，要把智库的思想、理念，送到有影响力的人的桌子上和手机上。

（二）建立“皖江文化网”

皖江文化更多的是需要大众传播。我们所处的时代是一个文化传播的时代。文化与传播是互动的和一体的。文化是传播的文化，传播是文化的传播。在全球化时代，我们必须具有强烈的历史责任感和使命感，牢固树立“传播就是力量，传播就是生产力”的观点，充分运用资本、科学和技术等现代手段增强我们传媒的竞争实力，将优秀的皖江传统文化资源介绍出来、传播出去。

因此，皖江文化的大众传播平台建设必不可少，这就需要建立一个“皖江文化网”。

大众媒体的核心功能首先是大众传播，其次是面向高端人士传播。它所传播的不仅是最新发生的新闻事件，而且要传播先进的思想、科学的理论，传播科学技术，传播智慧与文明。事实上，媒体还在源源不断地进行智慧生产，譬如它的评论、社论、编辑部文章，以及调研、课题、理论文章等等，都是智慧产品生产。大凡有影响力的媒体，同时也是有影响力的思想库，至于媒体的内参与智库就更接近了。可以说，智慧产品生产也是媒体的核心功能，核心影响力、竞争力。

近年来，随着媒体生态环境的变化，在智库平台建设的过程中，出现了媒体与智库融合发展的新走向：媒体参与智库建设，成为媒体智库传播平台。这种媒体型智库以报纸、网络、期刊为载体。媒体型智库是天然的发布平台与沟通渠道。

“皖江文化网”与“皖江文化学术智库”的关系，从传播学受众角度来看，是大众与分众的关系，可以考虑将“皖江文化学术智库”置于“皖江文化网”之中，实行两个平台、一个门户。作为接触信息最广、最快、最全的机构，媒体型智库有很多得天独厚的优势。人民网、新华网、光明网、凤凰网等等知名媒体，都是这样设立“智库”频道打造有影响力的智库。凤凰国际智库设有智库日报、智库观察、智库产品、智库成果、智库大数据，有英文频道、研究团队等，值得我们借鉴学习。

建立“皖江文化网”，皖江历史文化研究中心、皖江文化艺术节、皖江文化博物馆以及皖江区域各个城市各项皖江文化活动，就可以以文字、图片、音频、视频等形式海量刊载。

“皖江文化网”谁来承建，跟“皖江文化学术智库”一样，建设主体应该是安徽省社会科学界联合会，省社科联也可以授权委托人来建设。

建立“皖江文化网”“皖江文化学术智库”，现阶段可以面向网民征召“文化志愿者”“学术志愿者”，发挥网民和年轻学子的积极性。网络是全天候的，相关负责人要同时扮演 A 角和 B 角，避免网站内容更新过程中出现责任真空的情况。

网站和智库运行需要有资金保障，对此可以由安徽省社会科学界联合会联合皖江城市各社科联设立理事会，联合皖江城市相关企业建立战略合作伙伴关系，从中募集部分资金，也可以按照新媒体运营模式对外进行有限招标。

“皖江文化网”“皖江文化学术智库”建成以后，与皖江区域官媒和研究机构互联互通，扩大皖江文化的社会影响。

“困难的事情，我们赶紧做；不可能的任务，我们多花些时间。”以色列第一任首相戴维·本·古里安的话，道出了以色列人的万事皆有可能的做事方式，这种方式值得我们记取。

唐宋时期皖江地区外来人口的迁入

董　明

摘　要： 唐宋时期，皖江地区人口总量有了较大的增长，这一方面是由于皖江地区有优越的自然环境，吸引了部分外来人口的自主迁移；另一方面是由于皖江地区有长期的稳定环境，为外来人口提供了生存和发展的空间，外来人口为躲避地方战乱而被迫迁移至皖江地区。就人口来源来看，迁移者以北方人为主、南方人为辅。外来人口的迁入为皖江地区的经济开发提供了重要的人口条件，为区域社会经济发展做出了重要的贡献。

关键词： 唐宋时期；皖江地区；外来人口

唐宋时期皖江地区①人口数量增长较快，其中外来人口的迁入占有较大的比重。通过文献的梳理、分析我们可以看出，这一时期皖江地区外来人口的迁入具有一定的特征，就人口迁移原因来看，有自主迁移与被迫迁移两种；就迁入人口来源地来看，既有北方人，也有南方人。在人口迁移的推动下，至南宋初期，皖江地区出现了“愿耕之民多非土著”② 的普遍现象。不可否认，唐宋时期皖江地区的社会经济发展与外来人口的迁入有着极大的关系。本文以外来人口迁入原因为视角，探讨唐宋时期皖江地区外来人口的迁入情况及相关特征。

作者简介： 董明（1976—），男，阜阳师范学院马克思主义学院副教授、史学博士。

① 皖江地区主要是指今合肥、安庆、池州、铜陵、芜湖、马鞍山、宣城、黄山和滁州及六安部分沿江地区，在唐代主要包括：宣州宣城郡（辖宣城县、当涂县、宁国县、泾县、旌德县、广德县、太平县）、歙州新安郡（辖歙县、黟县、祁门县、休宁县、绩溪县、婺源县）、池州池阳郡（辖秋浦县、青阳县、石埭县、建德县、铜陵县、东流县）、滁州永阳郡（永阳县、全椒县、清流县）、舒州同安郡（怀宁县、桐城县、望江县、宿松县、太湖县）、和州历阳郡（历阳县、乌江县、含山县）与庐州庐江郡（合肥县、慎县、庐江县、巢县、舒城县）等7州。宋代，从宣州析置太平州（辖当涂县、芜湖县、繁昌县）与广德郡（广德县、建平县），从庐州析置无为郡（无为县、巢县、庐江县），共计10州、郡。

② 徐松：《宋会要辑稿》食货6之20，北京：中华书局，1957年，第4889页。

一、自主迁移

（一）因山水之美而迁入

皖江地区地处长江两岸，既有平原，也有高山、丘陵，富山川河流，自然资源丰富，气候宜人，天然风光也无限美好。唐宋时期，皖江地区优越的自然环境吸引了大量的外来人口，成为他们定居于此的主要原因之一。

提及自然风光，宣州、歙州、池州等皖江南部地区可谓美不胜收。名闻遐迩的黄山地跨宣、歙两地，在唐宋时期名冠天下。宋人黄之望《黄山图经序》说："江南多山，胜绝层见……宣歙自古多名贤，是山实为之。"① 楼钥《池州教官厅壁记》说池州："秋浦为江左名郡，齐山九华之胜，人物秀发，又有李太白、杜牧之遗风，庠校之兴有自来矣。"② 叶清臣《宣城留诗自序题》云宣州："宛陵，故障也。溪山甚佳，土风甚乐。"③ 王禹偁《送姚著作之任宣城》云："平生闻说宣城郡，水石幽奇人物俊……六朝繁盛至隋唐，才人名士遥相望。"④ 王柣《重修泾学记》说泾县："泾古邑也，自秦至今千五百年，山川人物之秀，声闻江左。"⑤ 钱公辅《广德军谢上表》说广德军"有山林之胜"⑥。可见，宣州、歙州、池州的自然景色和人文底蕴在唐宋时期就已经名声在外。

滁州、舒州、庐州等皖江北部地区风景也毫不逊色。滁州有东园，唐时滁州刺史李绅说："南直琅琊诸山北，通西涧修木，□交映，固一佳处也。"⑦ 钱公辅《琅琊山题名》说："自初至今，至山者三，而未有如兹游之胜且悉也。"⑧ 琅琊山的景色让他流连忘返。韦骧《滁州陈公泉记》云："滁之山水于淮甸固为佳胜。"⑨ 可见，滁州的自然风光非常迤逦美妙。舒州也有好去处。黄幹《安庆府新建庙学记》说："其山川之胜……为两淮绝特之观。"⑩ 皖江北部地区的景色也

---

① 闵麟嗣：《黄山志定本》卷3《艺文》，上海：上海古籍出版社，2002年，第836页。

② 楼钥：《攻媿集》卷58，台北：台湾商务印书馆，1986年，第796页。

③ 曾枣庄等：《全宋文》卷577，第27册，上海：上海辞书出版社，2006年，第186页。

④ 王禹偁：《小畜集》卷12，上海：商务印书馆，1937年，第182页。

⑤ 鲁铨等：《嘉庆宁国府志》（第2册）卷21《艺文志》，《中国地方志集成·安徽府县志辑》，南京：江苏古籍出版社，1998年，第72页。

⑥ 曾枣庄等：《全宋文》卷1425，第65册，上海：上海辞书出版社，2006年，第337页。

⑦ 闻人诠等：《嘉靖南畿志》卷59《郡县志56》，《北京图书馆古籍珍本丛刊》，北京：书目文献出版社，1998年，第638页。

⑧ 曾枣庄等：《全宋文》卷1425，第65册，上海：上海辞书出版社，2006年，第349页。

⑨ 曾枣庄等：《全宋文》卷1779，第82册，上海：上海辞书出版社，2006年，第46页。

⑩ 黄幹：《勉斋先生黄文肃公文集》卷17，《北京图书馆古籍珍本丛刊》，北京：书目文献出版社，1998年，第487页。

大受时人好评。

优美的自然风光、独特的人文底蕴，这为许多热爱自然、喜好历史人文的人们提供了好去处。通过文献梳理，我们可以看出，唐宋时期，许多文人士大夫、官员豪绅，抑或普通百姓都纷纷迁入皖江地区，在这里安居乐业、幸福生活。

歙州。据《新安名族志》后卷《凌》记载，唐高宗显庆年间（656—660）有凌姓家族从余杭迁至歙县沙溪①，世代繁衍生活。唐初太平盛世，凌姓家族的迁入多为寻找自然风光优美、土地资源充足的地方，歙州无疑是很好的选择。唐咸通七年（866）山东青州人孙万登“经海宁，爱风土之胜，遂家黎阳乡唐田，墓在居后”②。宋景祐间苏寿“以休宁山水胜，遂居焉”③。桐庐县簿余道潜“值方腊乱，避于徽，乐婺源沱川之胜，遂家焉”④。

池州。据《古今游记丛钞》卷22清人周天度《九华日录》载，大约在唐中叶时就有吴姓人迁移至青阳九华山脚下，“盖村民吴氏，旅居于此者，千余年矣”⑤。北宋时期，迁往池州的人依然不绝。宁晋人曹清“天圣中谪知彭泽县，过贵池，爱东源山水，遂弃官筑室以居”⑥。钱塘人沈辽神宗朝时在华亭县主事，“后夺官，流永州，更赦徙池州，历九华山秋浦，玩其林泉……即筑室齐山，名曰云巢”⑦。

宣州。宣州景色也很宜人。湖州人张采五后唐时为江州刺史，弃官后畅游至宁国县，爱当地山水，“遂卜居焉”⑧。张仲玉为南唐时宣州刺史，“爱春谷乡黄山之胜，因家焉”⑨。宋江都人潘阆喜欢看山行吟，至道初“移太平，结庐濑溪”⑩。

---

① 戴廷明、程尚宽：《新安名族志》后卷《凌》，合肥：黄山书社，2004年，第556页。

② 马步蟾等：《道光徽州府志》（第3册）卷14之1《人物志》，《中国地方志集成·安徽府县志辑》，南京：江苏古籍出版社，1998年，第389页。海宁：实为休宁县，晋时称为海宁。

③ 马步蟾等：《道光徽州府志》（第3册）卷14之1《人物志》，《中国地方志集成·安徽府县志辑》，南京：江苏古籍出版社，1998年，第448页。

④ 马步蟾等：《道光徽州府志》（第3册）卷14之1《人物志》，《中国地方志集成·安徽府县志辑》，南京：江苏古籍出版社，1998年，第448页。

⑤ 劳亦安：《古今游记丛钞》卷22，第5册，上海：中华书局上海编辑所，1936年，第3页。

⑥ 黄之隽等：《江南通志》卷173《人物志》，台北：京华书局，1967年，第2901页。

⑦ 黄之隽等：《江南通志》卷173《人物志》，台北：京华书局，1967年，第2901页。

⑧ 朱之英等：《民国宁国县志》卷11《人物志下》，《中国地方志集成·安徽府县志辑》，南京：江苏古籍出版社，1998年，第215页。

⑨ 曹德赞等：《道光繁昌县志》卷13《人物志》，《中国地方志集成·安徽府县志辑》，南京：江苏古籍出版社，1998年，第215页。

⑩ 朱肇基等：《乾隆太平府志》卷29《人物志》，《中国地方志集成·安徽府县志辑》，南京：江苏古籍出版社，1998年，第425页。

庐州。庐州也有山水之胜。大名人刘筠，宋真宗朝时为庐州官，“爱庐山水，因筑室城中”①。

（二）因官留居

唐宋时期，许多曾在皖江地区任职的官员最后也选择定居长留，这在外来人口的迁入中占了一定的比重。

歙州。据《同治祁门县志》卷9《舆地志》记载，黄仪于唐代宗广德二年(764）为祁门县尉，“遂家左田”②。范传正“元和初刺歙州、擢宣歙观察使，改光禄，未赴。卜居休宁”③。会稽人夏元康，乾符间为歙州刺史，后隐居休宁④。睦州人邵文肇，宋真宗咸平三年（1000）为歙州教授，“多造士，功秩满，诸生请留，因家焉”⑤。

池州。唐懿宗时，李方元罢池州刺史后卒于宣城，“其家遂留秋浦”⑥。文宗开成年间进士方子璞晚黜池州刺史，“卒，因家焉”⑦。京兆人樊知谕，唐昭宗光化中为池州至德县令，“时天下已乱，因家池阳”⑧。宋人樊知古，本长安人，“父潜，事李景，任汉阳、石埭二县令，因家池州”⑨。

宣州。章彧，为淳化甲午进士，官宁国县令，“遂家宁国环川”⑩。吴江县人张万二，“宋末为南陵尉，百姓深爱之。宋徙都杭，吴地兵扰，因留占籍，居县西门”⑪。

太平州。四川眉山人石待问在宋仁宗时任太平州通判，后定居芜湖⑫。赵郡

---

① 黄之隽等：《江南通志》卷173《人物志》，台北：京华书局，1967年，第2902页。

② 周溶等：《同治祁门县志》卷9《舆地志》，《中国地方志集成·安徽府县志辑》，南京：江苏古籍出版社，1998年，第88页。

③ 黄之隽等：《江南通志》卷173《人物志》，台北：京华书局，1967年，第2900页。

④ 马步蟾等：《道光徽州府志》（第3册）卷14之1《人物志》，《中国地方志集成·安徽府县志辑》，南京：江苏古籍出版社，1998年，第447页。

⑤ 马步蟾等：《道光徽州府志》（第3册）卷14之1《人物志》，《中国地方志集成·安徽府县志辑》，南京：江苏古籍出版社，1998年，第448页。

⑥ 张士范：《乾隆池州府志》卷53《人物志》，《中国地方志集成·安徽府县志辑》，南京：江苏古籍出版社，1998年，第673页。

⑦ 陆延龄等：《光绪贵池县志》卷43《杂类志》，《中国地方志集成·安徽府县志辑》，南京：江苏古籍出版社，1998年，第597页。

⑧ 徐铉：《徐骑省集》卷27《樊公神道碑》，上海：商务印书馆，1939年，第265页。

⑨ 脱脱等：《宋史》卷276《樊知古传》，北京：中华书局，1977年，第9393页。

⑩ 朱之英等：《民国宁国县志》卷11《人物志下》，《中国地方志集成·安徽府县志辑》，南京：江苏古籍出版社，1998年，第215页。

⑪ 余谊密等：《民国南陵县志》卷33《人物志》，《中国地方志集成·安徽府县志辑》，南京：江苏古籍出版社，1998年，第451页。

⑫ 黄之隽等：《江南通志》卷173《人物志》，台北：京华书局，1967年，第2902页。

人李之仪，适蔡京为相，据《挥麈录·后录》卷6《李端叔行状文章》载："端叔坐除名，编管太平州。会赦复官，因卜居当涂，奉祠著书，不复出仕。"[①] 李之仪号为姑溪居士、姑溪老农，足见其对当涂的热爱之情。

庐州。《太平广记》卷489记载："庐江尉李侃者，陇西人，家于洛之河南。太和初，卒于官。有外妇崔氏，本广陵倡家，生二女，既孤且幼，孀母抚之以道，近于成人，因寓家庐江。"[②] 成都人杨居简真宗时"尝官庐州，遂为合肥人"[③]。元人余阙，其先世居河西武威郡，父沙剌藏卜官庐州，"遂为庐州合肥人"[④]。

和州。包咏之祖为延陵人，"入吴，终和州历阳令。政有遗爱，故家焉，今为历阳人也"[⑤]。五代时临安人钱俨，"自假纳土后命守和州，卒葬和州，子孙因家焉"[⑥]。龚楫，其祖先为处州人，其祖龚原于宋徽宗崇宁中"谪居和州，遂家焉"[⑦]。

滁州。张训之祖张升，"唐末官清流县令，卒葬滁，遂为清流人"[⑧]。王钧，"其先泗州人，官于滁，因家焉"[⑨]。

通过上述自主迁入皖江地区的实例可以看出，唐中叶时外来人口迁入皖江地区人数并不多，唐后期时有增多趋势，至两宋时达到一定高度。因山水之美迁入者主要集中在南部的宣州、歙州和池州三地，因官留居者则遍及皖江各州，其中皖江北部的庐州迁入者人数较多。

二、被迫迁移

人口的被迫迁移主要由于战乱和自然灾害的侵袭，其中尤以战乱为甚。宋人李纲叹曰："连年兵甲兴，犹幸东南稔。食足无叛民，闾里得安枕。"[⑩] 这里说的

---

① 王明清：《挥麈录》，上海：上海书店出版社，2001年，第125页。

② 李昉等：《太平广记》卷489"冥音录"条，北京：中华书局，1961年，第4021页。

③ 脱脱等：《宋史》卷295《杨察传》，北京：中华书局，1977年，第9855页。

④ 何绍基等：《光绪重修安徽通志》卷210《人物志》，上海：上海古籍出版社，1995年，第2387页。

⑤ 徐铉：《徐骑省集》卷16《包府君墓志铭》，上海：商务印书馆，1939年，第165页。

⑥ 潜说友：《咸淳临安志》卷60《人物一》，台北：成文出版有限公司，1970年，第579页。

⑦ 何绍基等：《光绪重修安徽通志》卷216《人物志》，上海：上海古籍出版社，1995年，第2452页。

⑧ 吴任臣：《十国春秋》卷5《张训传》，北京：中华书局，1983年，第90页。

⑨ 闻人诠等：《嘉靖南畿志》卷60《郡县志57》，《北京图书馆古籍珍本丛刊》，北京：书目文献出版社，1998年，第642页。

⑩ 李纲：《李纲全集》卷20《崇阳道中作四首》，长沙：岳麓书社，2004年，第260页。

是北宋末年至南宋初年东南一代安定的景象，引来了大量的外来移民，其实其他历史时期也有类似情况，战乱地的人口会频繁地向稳定地区迁移。唐宋时期，皖江地区就接纳了大量的因战乱而迁入的外来人口，其中大多数为北方移民，不过也有不少南方人口的迁入。

（一）北方人口的迁入

唐宋时期，安史之乱、唐末动乱和北宋末年的动荡，造成我国北方人口的频繁迁移，皖江地区也成为北人南迁的重要区域。

权德舆说安史之乱时“两京蹂于胡骑，士君子多以家渡江东”①、“时荐绅先生多游寓于江南”②。顾况《送宣歙李衙推八郎使东都序》云：“天宝末，安禄山反，天子去蜀，多士奔吴为人海。”③ 李白在《为宋中丞请都金陵表》中亦感慨地说：“天下衣冠士庶，避地东吴，永嘉南迁，未盛于此。”④ 这次的人口大迁移甚至可以说远胜永嘉之乱时的人口迁移规模。唐肃宗《加恩处分流贬官员诏》曰：“又缘顷经逆乱，中夏不宁，士子之流，多投江外。或扶老携幼，久寓他乡，失职无储，难归京邑。”⑤ 朝廷面对这种情况也只能采取默许的态度。当然，大量北人投奔南方则给当地带来了大量的优秀人才。《十国春秋》卷15《南唐列祖纪》载：“是时中原多故，名贤耆旧皆拔身南来，知诰豫使人于淮上资以厚币，既至，縻之爵禄，故北土士人闻风而至者无虚日。”⑥ 徐知诰利用此机会收揽人才，为自己未来的政权储备了人才，体现出其远见颇为卓识。

上述文献中提到时人的迁徙地多为江东、吴、东吴、江淮、江南，吴松弟先生在《唐后期五代江南地区的北方移民》一文中指出：“所谓的‘吴、东吴、江东、江淮’，或仅指江南，或指包括江南、江西和淮南在内的区域。虽然文献很少提到普通百姓的迁移，一般说来士大夫迁居较多的地方，也是百姓迁移之所在。”⑦ 笔者认为，北人南迁地也应包括皖江地区。下面通过具体迁移实例来分析皖江地区各州的北人迁移情况。

宣州。宣州作为江南繁华的大城市，成为北人迁入的主要城市之一。钱易

---

① 刘昫等：《旧唐书》卷148《权德舆传》，北京：中华书局，1975年，第4002页。

② 权德舆：《权载之文集》卷14《王公神道碑铭》，四部丛刊本。

③ 董诰等：《全唐文》卷529 顾况《送宣歙李衙推八郎使东都序》，北京：中华书局，1983年，第5370页。

④ 董诰等：《全唐文》卷348 李白《为宋中丞请都金陵表》，北京：中华书局，1983年，第3529页。

⑤ 董诰等：《全唐文》卷43 肃宗《加恩处分流贬官员诏》，北京：中华书局，1983年，第473页。

⑥ 吴任臣：《十国春秋》卷15《南唐列祖纪》，北京：中华书局，1983年，第186页。

⑦ 吴松弟：《唐后期五代江南地区的北方移民》，《中国历史地理论丛》1996年第3期。

《南部新书》甲卷载，“李白，山东人，父任城尉，因家焉。”① 安史之乱后，李白避乱于江南，在宣州地区游历，“悦谢家青山，欲终焉。及卒，葬东麓。”② 经历一生的漂泊，李白最终葬于宣州当涂县青山。韩愈在唐德宗建中年间随其嫂从中原避乱宣州，《祭郑夫人文》云：“微嫂之力，化为夷蛮。水浮陆走，丹旐翩然。至诚感神，返葬中原。既克反葬，遭时艰难；百口偕行，避地江渍。”③ 江渍即宣城。韩愈的青少年时期大都是在宣城度过的。《江南通志》卷173《人物志》载，太原人白居易在元和中“尝寓宣城，为宣城守。所贡兄浚葬城西五里……乌江十五兄文所云宣城之西道旁荒草者也”④。由文献可知，白居易与其兄浚应是一起来到宣城的，其兄死后葬于此。河南人吕从庆唐末“避黄巢乱，与弟从善隐歙之揭田，后从善留揭，从庆入旌德万山中”⑤。河南杨氏一支也在五代时期迁入宣州，刘颁《为杨殿丞作五世祖系事状》云：“杨氏本望虢略，元祖某尝仕为湖州从事，去官，始家于宣州某县，是时五代丧乱……元祖既来宣城，市田宅，筑室种树，春耕秋收，教养子弟，师帅乡里，以俟天下之平。及终，随葬某县某乡某里。子孙因为宣城人，至璵五代传矣。”⑥ 这一时期，从河南迁入宣城的还有刁彦能一家，陆游《南唐书》卷6《刁彦能传》说：“刁彦能字德明，上蔡人。父礼，遇乱徙家宣州。彦能少孤，事母笃孝。”⑦

歙州。歙州群山环抱，适宜避乱，唐末五代时迎来了北方移民的一次高潮。《新安志》卷1《州郡》说：“黄巢之乱，中原衣冠避地保于此。”⑧ 如休宁人金安节，“其先京兆人，唐末徙歙之休宁，遂为县人”⑨。彭城人刘依仁，“唐末官翰林学士，承旨出守江南，因乱遂家休宁。子澄，仕南唐为国子司业”⑩。南唐人冯延鲁，“其先彭城人，唐末南渡，家于新安”⑪。为歙州制墨业做出杰出贡献

① 钱易：《南部新书》甲卷，北京：中华书局，2002年，第5页。

② 欧阳修等：《新唐书》卷202《李白传》，北京：中华书局，1975年，第5763页。

③ 韩愈撰，马其昶校注、马茂元整理：《韩昌黎文集校注》卷5，上海：上海古籍出版社，1986年，第335页。

④ 黄之隽等：《江南通志》卷173《人物志》，台北：京华书局，1967年，第2900页。

⑤ 黄之隽等：《江南通志》卷173《人物志》，台北：京华书局，1967年，第2900页。

⑥ 刘攽：《彭城集》卷34，上海：商务印书馆，1937年，第460页。

⑦ 陆游：《南唐书》卷6《刁彦能传》，《五代史书汇编》，杭州：杭州出版社，2004年，第5512页。

⑧ 罗愿撰，萧建新、杨国宜校著：《〈新安志〉整理与研究》卷1《州郡》，合肥：黄山书社，2008年，第16页。

⑨ 程敏政：《新安文献志》卷73金文刚《金公安节家传》，台北：商务印书馆，1983年，第224页。

⑩ 彭泽等：《弘治徽州府志》卷10《人物四》，台北：学生书局，1965年，第313页。

⑪ 脱脱等：《宋史》卷478《冯谧传》，北京：中华书局，1977年，第13867页。

的李廷珪也是在唐末自河北迁入，苏易简《文房四谱》卷5《墨谱》说：“江南黟歙之地，有李廷珪墨尤佳。廷珪本易水人，其父超，唐末流离渡江，睹歙中可居，造墨故有名焉。”① 陶宗仪《南村辍耕录》卷29《墨》亦载：“至唐末，墨工奚超，与其子廷珪，自易水渡江，迁居歙州。南唐赐姓李氏。廷珪父子之墨，始集大成。”② 李廷珪一族的迁入对歙州文具制造业来说意义非凡，歙州的制墨业开始走上了黄金发展时期。

歙州的歙县黄墩与黟县桃源是北人避乱的两大主要去处。黄墩既隐蔽，土地资源也充沛，为避乱的北人提供了理想场所。《新安志》卷3《歙县》云：“黄墩地广衍，黄巢之乱，中原衣冠避地者有相与保于此，及事定留居新安，或稍散之傍郡。”③ 朱权祖先在唐末避乱黄墩，据程珌《朱公权行状》云：“朱公讳权，字圣与，年若干，本贯徽州休宁县千秋乡千秋里。朱氏出颛帝，周封于邾，其后子孙去邑氏朱，世居沛国相县。唐末有避地新安者，居歙之黄墩，十六世祖春始家首村。”④ 此外，唐宰相肖迈仲子萧祯于“唐季避居歙之篁（黄）敦，值黄巢寇饶延及歙州，祯率义旅保障一方，戳力破贼”⑤。宋人许规先人为睢阳太守，唐末自雍州迁至黄墩，“终身不出，遂为歙人”⑥。歙县黄墩接纳了许多来自北方的移民，既为黄墩带来了北方先进的生产技术和文化，也为开发黄墩提供了大量的劳人力资源。

黟县桃源是北人避乱另一个理想栖息地。《嘉靖南畿志》卷54引南唐许坚诗云：“黟县小桃源，烟霞百里间。地多灵草木，人尚古衣冠。”⑦ 徐铉亦云：“尝闻黟县似桃源，况是优游冠玳筵。遗爱非遥应卧理，祖风犹在好寻仙。”⑧ 黟县桃源成为乱世中的桃花源，为受战乱侵害的北人提供了避难所。

池州。池州建置晚于宣州、歙州，但位于长江要道，经济发展迅速，自然也成为北人南迁的重要地区。建德县桃源位于大山深处，人迹罕至，成为躲避战乱

---

① 苏易简：《文房四谱》卷5《墨谱》，北京：中华书局，1985年，第67页。

② 陶宗仪：《南村辍耕录》卷29《墨》，北京：中华书局，1959年，第363页。

③ 罗愿撰，萧建新、杨国宜校著：《〈新安志〉整理与研究》卷3《歙县》，合肥：黄山书社，2008年，第89页。

④ 程敏政：《新安文献志》卷85，台北：台湾商务印书馆，1983年，第383页。

⑤ 石国柱等：《民国歙县志》卷7《人物志》，《中国地方志集成·安徽府县志辑》，南京：江苏古籍出版社，1998年，第255页。

⑥ 石国柱等：《民国歙县志》卷9《人物志》，《中国地方志集成·安徽府县志辑》，南京：江苏古籍出版社，1998年，第344页。

⑦ 闻人诠等：《嘉靖南畿志》卷54《郡县志51》，《北京图书馆古籍珍本丛刊》，北京：书目文献出版社，1998年，第595页。

⑧ 徐铉：《徐骑省集》卷4《送许郎中歙州判官兼黟县》，上海：商务印书馆，1939年，第33页。

的天然场地，《舆地纪胜》卷22《池州》说：“当五代之际，衣冠士族避难于此，皆获免焉，故号桃源”[①]。唐末避难歙州黄墩的中原人士，待战乱过后，部分“或稍散之傍郡”[②]。因为歙、池二州紧邻，应该有不少人会迁移至池州。北宋末年，池州又迎来了一次北人南迁的高潮。如河南人程端中，北宋末随驾南渡，“遂家贵池”[③]。

和州。安史之乱时，白居易一家流离失所，其十五兄就流落在和州乌江县，白居易诗《自河南经乱，关内阻饥，兄弟离散，各在一处。因望月有感，聊书所怀，寄上浮梁大兄、于潜七兄、乌江十五兄，兼示符离及下邽弟妹》[④] 表达了因战乱而导致骨肉分离的悲伤之情。

由上可知，安史之乱、唐末五代及两宋之交，皖江地区是北方移民的重要迁入地，这对本区的人口增长与经济开发非常有利。检史可知，唐宋时期皖江地区的行政区划有了较大的变化，新增了许多州县，如歙州的婺源、绩溪、祁门三县，池州及下属的青阳、至德、石埭、铜陵、东流五县，宣州的宁国、太平、旌德三县，太平州及下属的繁昌、芜湖二县，广德军及下属的建平县，无为军及下属的无为县等。按照古代设县的主要标准，人口增长是主要考虑因素。不可否认，其中大部分县的设置是与人口增长有关的，而北方人口的大量迁入为皖江地区新设置州县提供了重要的人口基础。

（二）南方人口的迁入

唐宋时期，也有部分长江以南地区的人迁入皖江地区，一方面是由于政局的动荡，另一方面是受到自然灾害侵袭，他们迁移至皖江地区是为了寻找更好的生存与发展环境。

宋僧人文遂于五代时从杭州迁入宣城，《景德传灯录》卷25载：“金陵报慈道场文遂导师，杭州人也，姓陆氏。乳抱中，父母徙家于宣城。才丱岁，挺然好学……乾德二年，国主延入，居长庆，次清凉，次报慈大道场，署雷音觉海大导师，礼待异乎他等。”[⑤] 对于文遂一家的迁居原因文献虽未交代，但笔者认为，处在五代时期，应多与战乱有关。龙游人徐亮“靖康之难”时“避地宛陵，徙

---

① 王象之：《舆地纪胜》卷22《池州》，扬州：江苏广陵古籍刻印社，1991年，第268页。

② 罗愿撰，萧建新、杨国宜校著：《〈新安志〉整理与研究》卷3《歙县》，合肥：黄山书社，2008年，第89页。

③ 张士范：《乾隆池州府志》卷49《忠节》，《中国地方志集成·安徽府县志辑》，南京：江苏古籍出版社，1998年，第619页。

④ 白居易：《白居易集》卷13，北京：中华书局，1999年，第267页。

⑤ 道原撰、顾宏义译注：《景德传灯录译注》卷25《金陵报慈文遂导师》，上海：上海书店出版社，2010年，第1976页。

居于泾，今泾之诸徐皆其裔”[①]。面对战乱，南方人也不得不离乡背井，迁居他处，皖江的宣州成为他们主要迁移目的地之一。

迁入歙州的南方人很多。《弘治徽州府志》卷10谈到休宁县陈村陈禧说：“（陈禧）本桐庐人，避广明之乱，流而上，至休宁之西，爱藤溪山水清秀，因家焉。没葬鬲山，其后子孙蕃衍，号陈村。”[②] 陈禧在休宁县繁衍后代，最终形成了人丁兴旺的陈村。唐末浙西人张彻，避黄巢之乱辗转到歙县黄墩巢平定居[③]。北宋仁宗时期的御史孙抗，其祖先也是在唐末自扬州避乱歙州的，《新安志》卷6载：“孙工部抗，字和叔，黟县人。其先奔广陵以避孙儒之乱。”[④]《新安志》作者歙州人罗愿祖先其实也并非本地人，而是在五代时迁入歙州的。据元人曹泾《鄂州太守存斋罗公传》载：“公之先五季时自豫章避地来歙，遂为徽州歙县人。”[⑤] 此外，睦州人余琳于唐时“迁休宁贵川余村”；南唐时会稽人谢诠入宋后“挚家隐居祁门”[⑥]。唐末五代时歙州接纳了许多来自发达的南方地区的移民，为歙州的经济开发做出了重要的贡献。

池州也有南方人的迁入。宋人黄康民《繁昌县尉董君墓志铭》云：“□君讳之奇，字梦锡，其先世鄱阳人也，当五代之乱，徙居池州至建德，其后遂为邑之著姓。”[⑦] 检史可知，董之奇元丰元年（1078）死于太平州繁昌县尉任上，其祖先为江西鄱阳人，因五代战乱而迁移池州建德县，世代繁衍，成为当地大族。

庐州等州也有部分南人因乱而迁入的实例。欧阳修《左班殿直胥君墓志铭》云胥致尧：“祖讳某，仕伪唐袁州宜春令。父讳某，当周世宗取淮南，李氏日益衰乱，因徙家合肥。”[⑧] 不过，相对宣、歙、池等地，关于庐州等地的南方人迁移定居的案例不多，但是总体数量应该不容小觑。

文献记载的往往是官宦文人的事迹，而对普通百姓的记载寥寥无几。我们推测，这一时期，应该也有许多普通百姓迁入皖江地区，只不过文献缺乏记载

---

① 何绍基等：《光绪重修安徽通志》卷264《人物志》，上海：上海古籍出版社，1995年，第2982页。

② 彭泽等：《弘治徽州府志》卷10《人物四》，《明代方志选》，台北：学生书局，1965年，第313页。

③ 马步蟾等：《道光徽州府志》（第3册）卷14之1《人物志》，《中国地方志集成·安徽府县志辑》，南京：江苏古籍出版社，1998年，第447页。

④ 罗愿撰，萧建新、杨国宜校著：《〈新安志〉整理与研究》卷6《先达》，合肥：黄山书社，2008年，第205页。

⑤ 程敏政：《新安文献志》卷94下，台北：台湾商务印书馆，1983年，第567页。

⑥ 马步蟾等：《道光徽州府志》（第3册）卷14之1《人物志》，《中国地方志集成·安徽府县志辑》，南京：江苏古籍出版社，1998年，第447页。

⑦ 曾枣庄等：《全宋文》卷1831，第84册，上海：上海辞书出版社，2006年，第196页。

⑧ 欧阳修：《欧阳修全集·居士外集》卷13，北京：中华书局，2001年，第918页。

而已。

综上所述，唐宋时期，皖江地区外来人口的迁移原因，一方面由于皖江地区有优越的自然环境，吸引了部分外来人口的迁移；另一方面年是由于皖江地区有长期稳定的政治环境，利于人类的生存和发展，从而吸引力大量外来人口的迁入。就人口来源来看，以北方人口为主，南方人口为辅。江都人仲并说绍兴年间淮南“锄耰耘皆侨寄之农夫，介胄兵戈皆乌合之士卒”①，袁说友云：“今江之南北，淮之东西，皆此辈（流徙军民）安养之地。”② 不可否认，外来人口的迁入增加了皖江地区的人口，为区域的社会经济发展提供了重要的人口条件。

① 仲并：《浮山集》卷4《蕲州任满陛对札子》，《宋集珍本丛刊》，北京：线装书局，2004年，第34页。

② 乐贵明：《四库辑本别集拾遗》，袁说友《论降虏当分其势》，北京：中华书局，1983年，第246页。

芜湖开埠及米市兴盛对芜湖金融市场的影响

朱海波

摘　要：芜湖是近代安徽唯一的对外通商口岸，随着芜湖开埠和芜湖米市的兴盛，芜湖的金融市场逐渐由传统向近代嬗变，并围绕着米市形成了有别于其他通商口岸的金融市场。

关键词：芜湖；开埠；米市；金融市场

在中国近代众多开放口岸中，芜湖无论从开放时间、规模还是从对中国近代历史影响而言都是极其普通的开放口岸，但是它又是安徽近代唯一的对外通商口岸和近代中国四大米市之一芜湖米市的所在地，围绕着芜湖的开埠和米市的发展，芜湖的金融市场呈现出有别于其他通商口岸的独特的变化。

一、开埠前芜湖传统金融市场

芜湖位于安徽省的东南部，是皖省的东南门户和重要的工商业城市。芜湖地处青弋江、水阳江、裕溪河与长江汇合处，是真正的"江津之要"。芜湖的腹地南迄浙赣，北达两淮，腹地内资源丰富，水运极其方便。历史上芜湖就是巢湖平原和青弋江流域的物资集散地，被称为"长江巨埠""皖中之坚"。清初，芜湖以生产铁制品而著称东南，浆染业居全国之首，时称"织造尚松江，浆染尚芜湖"；到清朝中叶芜湖已成为江淮商路上一座重要的手工业和商业城市。随着商业的发展，芜湖的金融市场在 19 世纪中期就已经有了相当的发展。"道光间（1821—1850），钱业十余家，出入以现银，无汇划，同治及光绪初年，每年出入约为百余万"①。钱庄主要从事货币兑换及存放业务，尚未形成汇划制度。安徽作为徽商的故乡，芜湖是徽商在安徽的重要据点。早在明清之际，徽商就沿青弋江到达芜湖，他们在芜湖开设货栈，经营钱庄，"安徽之有钱业，自徽州帮

作者简介：朱海波（1976—），男，铜陵市第三中学，中学一级教师。

① 余宜密修，鲍实纂：民国《芜湖县志》卷三十五《实业志·商业》，江苏古籍出版社 1998 年影印本，第 116 页。

始”。光绪初年，芜湖有裕泰、鼎泰、懋泰、万和、同和、瑞和等七家，大部分为徽商所开①。道光年间，山西日升昌和三晋源两票号来芜湖设立分号，以后逐渐增设达十几家②。票号承担了埠际之间的汇兑业务，对芜湖的米粮等农产品贸易发展大有益处。典当业“嘉道间十二三家，光绪间七家，每架架本十余万，利率定章二分，满期二十四月”③。道光年间，芜湖市面流通及埠际进出皆以白银。同治及光绪初年（1860—1880），海禁打开，舶来的洋圆流入芜埠，银圆与银两同时并用，埠际进出不再凭携现收付，而掺之以“票”。此时芜湖流通的银两有“二七宝”④、规圆、它纹，其中二七宝为实用银两，规圆、它纹为虚银两；银圆有本洋、英洋；制钱有康熙、乾隆、道光之一文面额，间有十文、五十文重宝；西票、吴票是供埠际汇划钱票，埠内交易亦作流通⑤。

二、芜湖开埠及米市兴盛对芜湖金融市场的影响

1876年根据中英《烟台条约》芜湖被辟为通商口岸，从此芜湖成为外国侵略者对安徽进行商品倾销和资源掠夺的基地。芜湖进出口贸易额从1877年的159万海关两，猛增到1912年的2900余万海关两，为开关时的18倍。与芜湖开埠同步，芜湖米市开始兴起，1882年李鸿章奏请将镇江米市从七浩口迁往芜湖，从此芜湖成为长江下游地区重要米市之一，每年从芜湖出口的大米“运赴直隶、山东、福建、广东等处，平均计算不下三百万石。”在芜湖米市鼎盛时期的1905年和1919年大米出口甚至达到了八百万担以上，时人用“堆则如上，出则为江”来形容芜湖米市繁盛。芜湖开埠和芜湖米市的崛起给金融业提供了很好的商机。在米市的刺激下，芜湖金融业得到迅速发展。

（一）传统金融机构的发展及其转型

米市的崛起，给芜湖的钱庄业发展带来了契机，芜湖钱庄数量猛增。1840—1850年，芜湖有钱庄10余家，1898年发展为23家，1902年又增至30余家⑥。清末，由于战乱钱庄尽行倒闭，但是到1919年又恢复至20余家，1921年芜湖

① 程必定主编：《安徽近代经济史》，黄山书社1989年版，第184页。

② 芜湖地方志编纂委员会：《芜湖市志》，社会科学文献出版社1995年版，第910页。

③ 余宜密修，鲍实纂：民国《芜湖县志》卷三十五《实业志·商业》，江苏古籍出版社1998年版，第117页。

④ 所谓二七宝，意思是重50两的元宝应申水2两7钱，即50两中所含有纯银之量等于纹银（清代的标准银）52两7钱，芜湖50两的二七宝银可以当作纹银52两7钱使用。见魏建猷《中国近代货币史》，黄山书社1986年版，第23、31页。

⑤ 蒋维旺主编：《芜湖市金融志》，黄山书社1999年版，第2页。

⑥ 郭嘉一：《安徽省钱庄业的兴衰概述》，《安徽金融研究》1987年增刊第1期。

钱庄又发展至30余家，钱业发展进入又一峰期①。

米市的崛起，使得芜湖钱庄业不但在数目上增加，而且其组织机构和业务能力也不断得到发展。主要表现在以下几个方面：1. 钱庄实力增强，存贷款数额不断增加。芜湖钱庄除少数几家独资外，大多是合资经营的，每店资本从白银万两至数万两不等②。20世纪30年代，芜湖十一家钱庄的资本总额为22.5万元，但芜湖的各钱庄中放款最多的达40万元，存款最多者20余万元，少的也有10余万元或数万元③，平均计算，其存贷款数为其自身资本的10倍左右，钱庄存放款能力可见一斑。2. 钱庄的自身组织不断完善，汇划制度逐步完善。光绪元年（1875）钱业公所成立，是为芜湖首创银钱交易市场④。光绪三十三年（1907）芜湖钱庄业集资建立新的钱业公所，并规定："所有市面行规以及存放银拆，均在公所会议，至银钱价格日有三市，逐日由各庄来此议决，登牌公布，各业依为标准，谓之牌厘。"钱庄的业务也由简单的货币兑换延伸至埠际汇划，"出进汇划至一千三百余万，以米款为大宗"⑤。"每日上午十时，各会员聚集公会以汇划抵消款项，尾数另行找现，又每月二十六日公议息盘一次"⑥。3. 积极向外拓展，发展金融网络。芜湖大米运销到沿海城市，芜湖钱庄也积极与外埠钱业发展合作关系。在各主要大城市，一般由常驻代理人（即庄客）办理钱庄汇兑收付业务，普通城市汇兑业务不多，各地同行可互相代理⑦。

"清代钱庄，绍兴一派最有势力……其大本营在上海、汉口二处，而南京、镇江、芜湖、九江等处，亦在势力范围之内"⑧。芜湖钱庄大致可分为镇扬帮、徽帮和本地帮，因此有些钱庄本身就是外埠钱庄的分庄，如怡大钱庄就是镇海叶家设在芜湖的联号钱庄⑨。总之，芜湖钱庄通过努力或利用自身地缘优势，很快融入了以上海为中心的钱业金融网络之中。芜湖的钱业为了维护本行业的信誉，"芜湖钱业公会制定纪律，规定其成员必须在他们经办业务中遵守公会规定的汇

---

① 蒋维旺主编：《芜湖市金融志》，黄山书社1999年版，第182页。

② 杨邦泰：《忆芜湖钱庄业》，见政协芜湖市文史资料委员会编：《芜湖文史资料》第1辑，安徽人民出版社1986年版，第157页。

③ 《芜湖金融调查》，《中央银行月报》第3卷第11号，1934年11月。

④ 芜湖地方志编纂委员会：《芜湖市志·金融》，社会科学文献出版社1995年版，第910页。

⑤ 余宜密修，鲍实纂：民国《芜湖县志》卷三十五《实业志·商业》，江苏古籍出版社1998年影印本，第116页。

⑥ 铁道部财务司调查科：《京粤京湘两线安徽段——芜湖市县经济调查报告书》，版权年代不详，第56页。

⑦ 杨邦泰：《忆芜湖钱庄业》，见政协芜湖市文史资料委员会编：《芜湖文史资料》第1辑，安徽人民出版社1986年版，第160页。

⑧ 王孝通：《中国商业史》，商务印书馆1998年版，第221页。

⑨ 张仲礼主编：《长江沿江城市与中国近代化》，上海人民出版社2002年版，第186页。

率、利率、汇票及汇票允许兑付的天数等，否则将处一定的罚款并受到同行们的联合抵制。在上海钱业公会的要求下，芜湖钱业公会还通过了一个关于芜湖汇票的辅助规定，汇票一经被上海银行接受，并在交换文件①后，芜湖银行（注：指钱庄）就要统一地在一定时期内给予兑现，还产生了一种办法是，一旦银行对客户的信心发生怀疑，就可以电告兑付行停止付款"②。芜湖钱业已经和上海钱业建立了比较规范的票据清算制度。

值得一提的是，李鸿章家族及淮系集团对芜湖金融市场的发展也起到了一定作用。他们不但经营米业，而且也涉足金融业。早在光绪年间，李鸿章之子李经方，即在芜设有宝善长、恒泰两家钱庄③。李鸿章家族还开设源丰、源成、源庆典当，崔国因也开设汇丰典当④。他们之所以投资两业，就是利用两业淡旺季节相反的规律⑤，相互进行资金融通，使资本川流不息，实现资本利用的最大化。

（二）新式金融机构登陆芜湖

1897年近代中国第一家银行——中国通商银行诞生，从此中资银行逐渐兴起。作为长江中下游最大的米市，芜湖越来越成为新式银行注目的城市。1906年安徽第一家官办金融机构裕皖官钱局在芜湖设立分局，芜湖旧式钱业一统天下的局面被打破。1908年协和银行成立，这是安徽最早的商业银行。到抗战爆发前一共有六家中资银行在芜湖设立分行，开展业务⑥，参见表1。

表1　抗战前在芜湖设立的银行及分行⑦

行　名	创设年份	业务范围	备　注
中华银行	1912		本省开设，1913年停歇

① 此处"文件"一词疑为翻译错误，根据语境笔者认为应译为"票据"较妥。

② 汪明译：《芜湖海关十年报告》（1882—1891），见王鹤鸣：《芜湖海关》，黄山书社1994年版，第134页。

③ 杨邦泰：《忆芜湖钱庄业》，见政协芜湖市文史资料委员会编：《芜湖文史资料》第1辑，安徽人民出版社1986年版，第157页。

④ 马永欣：《芜湖米市春秋》，见政协芜湖市文史资料委员会编：《芜湖文史资料》第1辑，安徽人民出版社1986年版，第24页。

⑤ 两业淡旺季节相反主要表现在两个时段：农历八九月份，由于秋收农民开始赎当，典当业资金回笼，而米业此时急需资金；农历一二月份，青黄不接，典当业生意兴旺，而米业资金处于相对闲置状态。

⑥ 芜湖地方志编纂委员会：《芜湖市志·金融》，社会科学文献出版社1995年版，第910页。

⑦ 资料来源：（1）马永欣：《芜湖米市春秋》，《芜湖文史资料》第1辑，第24页。（2）《芜湖金融调查》，《中央银行月报》第3卷第11号，1934年11月。各银行设立分行的时间以《芜湖金融调查》为准。

（续表）

行　名	创设年份	业务范围	备　注
中国银行	1914	代理国库，专收全省丁漕厘金关税及有信用的银行钞票，并营汇兑、押款	租用碾米厂栈房作堆栈
交通银行	1915	代办国家金库，并营汇兑押款	租用碾米厂栈房作堆栈
安徽银行	1926	经营储蓄、堆栈及农村合作社之存款放款	省办
中国实业银行	1928		周学熙资本集团
中央银行	1929	代理国库	中交两行代办国库业务划归该行
上海商业储蓄银行	1930	一般银行业务，附设商记堆栈并营米市押款	

与此同时，针对稻米的储存和运销，新式商业保险业开始在芜湖出现。1931年宝丰、中国、永宁等几家保险公司都在芜湖设立机构，这些保险公司都以火险、运输险为主要业务。到1935年，华商保险公司收入已占芜湖保险收入总额的十分之三①。

（三）新旧金融机构的竞争与合作

"芜湖为米粮荟萃之区，金融流通可谓以米市为转移"②，"芜埠金融市场所放之款，以商业居多"，"对货物投资，以米粮为多"③。米市成为金融机构开展业务的主要对象。新式银行出现后以其雄厚的资本和先进的经营方式与钱庄展开竞争，钱庄业受到了一定的冲击，钱庄在"光复（辛亥革命）以后，每年出进三百余万，比较光绪季年甚远，非因商务缩小，盖自银行开设，大宗营业多被吸收也"④。

与银行相比，由于历史的原因，芜湖钱庄在许多方面具有自己的优势。首先，钱庄的组织结构和营业习惯非常适合中国商人的需要；更重要的是，钱庄采

① 芜湖地方志编纂委员会：《芜湖市志·金融》，社会科学文献出版社1995年版，第916页。

② 吴正：《皖中稻米产销之调查》，交通大学研究所社会经济组1936年刊印，第26页。

③ 《芜湖金融调查》，《中央银行月报》第3卷第11号，1934年11月。

④ 余宜密修，鲍实纂：民国《芜湖县志》卷三十五《实业志·商业》，江苏古籍出版社1998年影印本，第117页。

用信用放款，非常符合中国传统商人的心理。“吾国通俗，尚信用、讲体面，非万不得已时，不愿实行抵押借款，虽抵押品丰足者，亦不愿履行此项名义，以为有碍体面”①。正因为如此，芜湖的银行“虽然按外国银行模式开办的，但也像钱庄一样，从事如对商店发放贷款、在无抵押的情况下根据其信用及声望对个人贷款等业务”②，银行被迫变通其政策。其次，芜湖钱庄不但控制着银钱兑换的“牌厘”行情，而且控制着洋厘行情、申汇市场和拆息市场。“该业（钱业）为各业之枢纽，可以操纵市场行情，洋厘往往不以申电为标准，每元任意勒小一二厘至三四厘不等”③，申票汇率议价以钱业公所拍板挂牌为准④，市场拆息也由钱业公所议定，拆息利率由钱业公所逐月观察，根据银根需要、松紧而定⑤。可见钱庄在芜湖金融市场实处于领导地位。

钱庄在芜湖金融的市场领导地位以及与米业的密切关系，使得新式银行在芜湖发展有关米市金融业务的时候，必须搞好与钱庄的关系，否则会遭到钱业的反对。1928 年上海商业储蓄银行在芜湖设立商记堆栈，经营米粮押款业务⑥。芜湖钱业“以为商记堆栈既非银行，又非钱庄，此次兜揽交易，实属破坏规章，禁止同业与本行堆栈往来”⑦，后经上海商业储蓄银行几番交涉，方得到钱业的谅解。由于钱庄业务“多系信用放款，此外并做短期押款及代汇往各埠汇款”，新式银行在发展业务的时候，往往发展钱庄做得不足的业务，并积极开拓新的业务。“银行业务，除做少数存放同业及活存透支抵押放款外，其余以做米粮押款为大宗”⑧，经营堆栈，发展米粮押款成为银行的主要业务。1933 年芜湖实行“废两改元”，钱业虽然被迫接受，但仍以“芜湖市面向以米市为大宗，当交易发动时，现洋需要甚巨，兹为调剂市场流通金融计，往来进出，仍归划汇，并开做申、汉等处汇兑行情，以应市面之供求，为伸缩现金之疲俏，其现水出入，照本公会挂牌每千元加下五角，至申、汉等汇日期及票贴收付手续等，均仍照旧

---

① 戴恩波：《钱庄在上海金融界中所占的优势》，《钱业月报》第 8 卷第 3 号，1928 年 5 月，转引自马俊亚《近代国内钱业市场的运营与农副产品贸易》，《近代史研究》2001 年第 2 期。

② 汪明译：《芜湖海关史料（1922—1931 年）》，《安徽史学》1989 年第 1 期。

③ 《总商会月报》第61 卷第2 号，转引自杜恂诚：《金融制度变迁史的中外比较》，上海社会科学院出版社 2004 年版，第 46、47 页。

④ 杨邦泰：《忆芜湖钱庄业》，见政协芜湖市文史资料委员会编：《芜湖文史资料》第 1 辑，安徽人民出版社 1986 年版，第 160 页。

⑤ 《芜湖金融调查》，《中央银行月报》第 3 卷第 11 号，1934 年 11 月。

⑥ 《上海商业储蓄银行二十年初稿》（三），《档案与史学》2000 年第 3 期。

⑦ 《上海商业储蓄银行二十年初稿》（五），《档案与史学》2000 年第 5 期。

⑧ 《芜湖金融调查》，《中央银行月报》第 3 卷第 11 号，1934 年 11 月。

例"[①]，钱业仍然牢牢控制着芜湖金融市场的领导权。芜湖钱业、银行业对米市金融业务的争夺，实际上反映了它们在市场"层次"中的各自功能问题。

尽管芜湖新旧金融机构在涉及米市金融业务方面存在矛盾，但是由于它们之间具有互补性，双方又存在着一定的合作。这种合作有利于芜湖金融市场的稳定，对米粮贸易起到了金融保障作用。"芜埠钱庄与银行并无相当之合作事业，惟遇市面需现时，银行往往向钱庄揽做买汇，有时钱庄亦托银行代收申款，彼此均谋节省运费，略图利益，且亦藉以调节市面金融"。"遇银根紧急时，银行则量予酌做货物押款，以相维持"。"俾商号藉以移还钱庄欠款。钱庄得款，即归银行，或以商号期票向银行做重贴现交易"[②]。20 世纪 30 年代初，上海实业银行发行的五元票面红马图案的纸币，在芜湖因谣言发生挤兑，当时承余等三家钱庄立即筹足大批银圆代为敞开兑换，才平息了这场风波[③]。双方的关系可见一斑。

三、米粮贸易中的资金融通的特点

近代芜湖金融市场的发展，得益于芜湖米市的发展，米市成为新旧金融机构开展金融业务的主要对象；金融业则为米粮贸易提供了资金融通，双方形成了互补共生的关系。因此可以把米市与金融之间的关系称之为"米市金融"。"米市金融"具有以下一些特点：

（一）"米市金融"具有明显的季节性

芜湖米市发动之时，大量的米粮云集芜湖，米粮交易款数额巨大，此时也是芜湖金融市场最为繁忙的时候。芜湖"春季之茶市，夏季之菜、麦市，秋季之米市，均为需现时期，而就中尤以秋季银根为最紧。秋季稻米登场，米商视为有利可图，多捆现向内地购买，运芜囤积，以便待价而沽。各商号预备应市，亦多予此时添办货物，故均需现款"[④]。钱庄或银行积极为米粮交易提供资金支持。由于全国各地银根松紧有一定的规律性[⑤]，芜湖银根最紧之时，其他地方的银根相对较松，芜湖金融机构就可以利用自身的金融网络将其他地方资金调拨到芜湖，以供米粮交易之用。上海是近代金融中心，芜湖金融市场所需资金大多数通

---

① 《芜湖废两改元》，《申报》1933 年 5 月 1 日。

② 《芜湖金融调查》，《中央银行月报》第 3 卷第 11 号，1934 年 11 月。

③ 杨邦泰：《忆芜湖钱庄业》，见芜湖市文史资料委员会编：《芜湖文史资料》第 1 辑，安徽人民出版社 1986 年版，第 160 页。（校正：上海实业银行应为上海商业储蓄银行，红马图案的纸币的发行银行为浙江兴业银行，参见《上海商业储蓄银行二十年史初稿（三）》载《档案与史学》，2000 年第 3 期。

④ 《芜湖金融调查》，《中央银行月报》第 3 卷第 11 号，1934 年 11 月。

⑤ 马俊亚：《近代国内钱业市场的运营与农副产品贸易》，《近代史研究》2001 年第 2 期。

过上海直接或间接调拨而来，“芜埠银行需现时，多由上海调拨”[①]。钱庄在入秋生意旺季，从上海、镇江吸收金融放款约有三百万之巨[②]。上海钱庄对芜湖同业的放款满足了芜湖金融市场季节性的需要。

芜湖金融市场不但银根的松紧随米市淡旺而变化，而且借贷款利息高低也随米市而动。一般情况下，芜湖银行给钱庄活期放款，上半年为月息五厘，下半年为月息七厘半[③]，下半年的利息明显高于上半年。在米市旺季，钱庄从上海吸收的现款“转放货店，三对月开期款，拆息每千元竟至九元五角”[④]，已接近月息一分。

（二）米市成为芜湖金融业兴衰的生命线

诚然，近代芜湖金融市场发展的原因有很多，譬如口岸的开放、中外贸易额的扩大；但是芜湖米市的兴起和发展无疑是极其重要的因素，米市成为芜湖金融业兴衰的生命线，图1充分反映了这一点。从1875年至1902年，芜湖钱庄由不足10家迅速发展至30家。清末由于战乱，钱庄仅存一家，但是“民国八年米市复见兴盛，钱庄又增至十余家，民十四米市兴盛，金融活跃，增至三十六家，民十六因军事纷扰，又纷纷关闭，仅余六家，迨十七年下半年及十八年，米市复见兴盛，钱庄又增至二十余家。民二十年大水后，继之以二十一年米市衰落，钱庄又关闭数家”[⑤]。

不但钱庄业的发展以米市为生命线，新式银行也不例外。芜湖各家银行“对于地方政府借款，如皖岸稽核处，及安徽财政厅等以盐税或其他之抵押借款，中央、中国、交通、上海等行均曾分别担任，惟俱系短期耳”[⑥]，银行的主要盈利来自于对米商抵押放款之利润。米市的兴衰对银行的规模和业务都会产生重要影响，上海商业储蓄银行最初在芜湖只是设立办事处，但是由于营业额“颇为发达”，随之升格为支行，“存款自二十余万元，增至一百十余万元，放款亦在一百七十万元左右”[⑦]。1928年因长江上游战事未息，交通梗阻，芜湖米市冷落，金融业务淡薄，中国银行芜湖分行降格为支行。交通银行则先因米市兴

① 《芜湖金融调查》，《中央银行月报》第3卷第11号，1934年11月。

② 《总商会月报》第61卷第2号，转引自杜恂诚：《金融制度变迁史的中外比较》，上海社会科学院出版社2004年版，第47页。

③ 《芜湖金融调查》，《中央银行月报》第3卷第11号，1934年11月。

④ 《总商会月报》第61卷第2号，转引自杜恂诚：《金融制度变迁史的中外比较》，上海社会科学院出版社2004年版，第47页。

⑤ 吴正：《皖中稻米产销之调查》，交通大学研究所社会经济组1936年刊印，第26页。

⑥ 《芜湖金融调查》，《中央银行月报》第3卷第11号，1934年11月.

⑦ 《上海商业储蓄银行二十年史初稿》（三），《档案与史学》2000年第3期。

盛，支行升格为分行，后因米市衰落又降格为支行①。

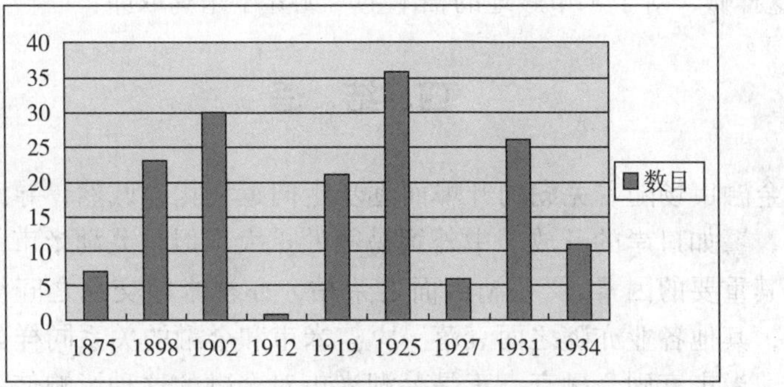

图1　近代芜湖钱庄数目变化图（1875—1934）②

（三）商业资本和金融资本相结合，高利贷色彩明显

资本只有处于生产资本的形式时才生产商品、价值和剩余价值，商业资本、金融资本本身不创造剩余价值，但是它们参与商品的运销，因此必定参与剩余价值的瓜分，获得利润。芜湖米市米粮贸易的资金融通主要靠米商自有资本和金融资本，“生产越不发达，商人资本的总额，同投入流通的商品的总额相比，就越大；但是绝对地说，或者同比较发达的状态相比，就越小。反过来，情况也就相反。因此，在这种不发达的状态下，真正的货币资本大部分掌握在商人手中”③。商人追逐利润的本性使得投机盛行，高利贷盛行，这一点在产地米市显得尤为突出。

在产地米市，当米粮交易处于淡季之时，农民成为米行、砻坊资本的主要目标，“买青”在各地非常盛行。农民为了生存不得不接受，但是米行、砻坊的放款利息很高，明显属于高利贷。如在三河镇，中小行在秧棵插下田后，把钱放给农民，按秋收米价八成打折扣；在六安有“买栈稻”，借洋一元，勒令卖稻七斗，一等新谷登场，即行索取，甚至借种二斗，索回一石，借米七升半，索回四斗五升；南陵县砻坊、米行借款给农民“非高利不借”。在一些地方，米行于青

① 蒋维旺主编：《芜湖市金融志》，黄山书社1999年版，第64、74、75页。

② 资料来源：（1）《芜湖金融调查》，《中央银行月报》第3卷第11号，1934年11月。（2）芜湖地方志编纂委员会：《芜湖市志·金融》，社会科学文献出版社1995年版，第910页。（3）余宜密修，鲍实纂：《芜湖县志》卷三十五《实业志·商业》，江苏古籍出版社1998年影印本，第116页。（4）《芜湖海关十年报告》（1922-1931）。（5）吴正：《皖中稻米产销之调查》，交通大学研究所社会经济组1936年刊印，第26页。

③ 马克思：《资本论》第3卷，人民出版社1975年版，第309页。

黄不接时贷给农民，然后照数加四归还，或候至粮价涨至最高时，折成货币数额归还①。这样做，对于米市腹地的稻米生产无异于杀鸡取卵！

四、结 语

芜湖金融市场随着芜湖的开埠而逐步走向近代化，诚然，导致这种变化的原因众多，譬如口岸的开放、中外贸易额的扩大；但是芜湖米市的兴起和发展无疑是极其重要的因素，“芜湖市面之荣枯，亦视米粮交易之旺淡为转移，故米业不振，其他各业亦随之而衰落”[15]。米市和金融的关系同样如此，米市兴则金融兴，米市衰则金融衰，正是芜湖米市对金融的这种影响使芜湖金融市场在开埠后呈现出有别于其他通商口岸的独特变化，形成了具有专业特色的“米市金融”。

参考文献：

[1] 张德生．安徽省经济地理［M］．北京：新华出版社，1987.

[2] 廖声丰．清代前期的芜湖榷关及其商品流通［J］．中国经济社会史研究，2004，(1)：41-45.

[3] 余宜密．芜湖县志［M］．南京：江苏古籍出版社，1998.

[4] 程必定．安徽近代经济史［M］．合肥：黄山书社，1989.

[5] 陈师礼．皖政辑要［M］．合肥：黄山书社，2006.

[6] 王鹤鸣．芜湖海关［M］．合肥：黄山书社，1994.

[7] 张家康．芜湖米市兴衰录［J］．民国春秋，1996，(5)：27-28

[8] 吴正．皖中稻米产销之调查［M］．上海：交通大学研究所社会经济组专刊第二号，1936.

[9] 王明译．芜湖海关十年报告（1882-1891）［M］。

[10] 芜湖地方志编纂委员会．芜湖市志［M］．北京：社会科学文献出版社，1995.

[11] 马永欣．芜湖米市春秋［C］//政协安徽省委员会文史资料研究委员会．江淮工商．合肥：安徽人民出版社，1988.

[12] 杨邦泰．忆芜湖钱庄业［C］//芜湖文史资料：第一辑．芜湖：芜湖市政协文史资料研究委员会编，1991.

[13] 申报［N］．1920-05-06.

① 王鹤鸣编著：《安徽近代经济轨迹》，安徽人民出版社1991年版，第68页。

[14] 上海商业储蓄银行二十年史初稿（三）［J］. 档案与史学，2000，(3)：12-19.

[15] 朱西周. 米［M］. 中国银行经济研究室出版. 1937.

[16] 上海商业储蓄银行二十年史初稿（五）［J］. 档案与史学，2000，(5)：14-19.

[17] 芜湖金融调查［N］. 中央银行月报，1934，3（11）.

[18] 朱孔甫. 安徽米业调查［N］. 社会经济月报，1937，4（3）.

皖江文化与皖江城市群产业发展

吴 勇 唐凤霞

摘 要：近年来，皖江文化研究方兴未艾，但历史考证的多，皖江文化研究要扩大文化影响，增强文化认同感，将皖江文化与皖江城市群各产业融合发展应该是一大途径。遵循文化产业的发展规律，大力发展具有皖江文化特质的文化产业，同时努力在皖江城市群产业发展中体现皖江文化特质，党委和政府要在政策措施上给予相应的扶持，通过多途径促成皖江文化与皖江城市群产业深度融合。

关键词：皖江文化；皖江城市群；产业；融合

近年来，皖江文化研究方兴未艾，一方面，理论成果不断涌现，研究领域不断扩大，新的史料不断被挖掘整理；但另一方面，研究偏重于局部研究、现象描述、历史考证，就文化本身谈文化，对比其他优秀地域文化与当地经济发展高度融合的范例，皖江城市群产业发展却鲜见皖江文化踪影，鲜有直接以皖江文化为品牌，并直接取得经济利益的。文章试图从皖江特质文化与产业融合的角度，分析打造皖江文化品牌的途径选择，并给出政策建议。

一、研究的两个前提

（一）搁置皖江文化地域与范围的争议

目前对皖江文化地域范围，大致存在“安庆文化”“古皖文化”“皖江地区文化”等几种观点，不少专家学者进行了深入研究，各自提出了不同的理论依据，得出了不同的结论，并长期坚持各自的观点。如果从单纯研究皖江文化的角度上说，可以提出不同观点，考虑到皖江文化品牌的塑造与推广，地域范围还是应尽可能广博一些。

1. 从产业发展上说，皖江文化地域上应尽可能广一些

程必定提出：“皖江文化”和“皖江地区文化”这两个概念可以并用。笔者

作者简介：吴勇（1978—），男，安庆市政协专委会一科科长；唐凤霞（1979—），女，安庆师范大学教育学院讲师，历史学硕士。

完全同意，甚至可以更进一步，即便地理位置不临近皖江的地区，只要具备皖江文化一定特质的，也可以纳入皖江文化范围，实际上，不少学者研究后发现，皖江文化之间并非是相对独立的，而是有相互交集、相互影响乃至相互传承的一面。比如省会合肥，由于省会自安庆迁移至合肥，老省会的安庆人、物搬迁到合肥后，包括传统文化特质必然影响到了合肥的方方面面，合肥也必然继承了安庆老省会的某些传统文化特质，所以如果说合肥属于安徽三大文化中的哪一块，个人认为毫无疑问非皖江文化莫属，其他的如池州、铜陵、芜湖、马鞍山等沿江城市就更不用赘言了。

2. 从产业选择上说，皖江文化内容应尽可能博一些

皖江文化研究学者们一致公认，皖江文化范围广泛，内容丰富，底蕴深厚，涉及众多领域。比较明显的有突出成就并在全国范围内形成一定影响的，主要有文学、戏剧、书画、宗教、农耕等人文文化和山水文化等自然文化。由于现当代皖江地区在整个长江流域经济地位不高，加之有移民文化的影响，无形中对皖江文化中的经济文化、教育文化、民俗文化等有一定弱化，皖江地区悠久的制造文化、工业文化、军事文化、建筑文化都可以纳入皖江文化之中，甚至可以包括以铜陵的铜文化和马鞍山的钢文化为代表的冶炼文化。

（二）皖江文化要被明确定位为安徽省三大主导文化之一

山西有晋文化，山东有鲁文化，湖南有湘文化，湖北有楚文化。安徽的皖文化从目前看，所谓“徽风皖韵”，更倾力打造的还是以徽州文化为代表的徽文化。实际上，经过数年的研究，学术界对安徽“三大文化圈”的概念已成共识，即以淮河、长江为界，由北而南形成皖北地区的“淮河文化圈”、皖中地区的“皖江文化圈”和皖南地区的“徽文化圈”，皖江文化与徽州文化、淮河文化一起成为安徽的三大主导文化。但可惜的是，除了学者著作及社科界支持外，省委、省政府的正式文件还没有这样的提法，尤其是安徽省文化强省实施纲要并未提及皖江文化这一专业的用词，应该还需要学者们进一步努力并呼吁，皖江文化要像徽州文化一样走出安徽，走向全国，走向世界，首先必须上升为省级战略，这一点应该毫不动摇，持续努力。

二、皖江文化与皖江城市群产业融合发展的四个观点

由于工作原因，笔者同步接触并关注到皖江文化与皖江城市群产业发展问题，在学习过程中，越来越感觉到皖江文化与徽州文化等其他特色地域文化相比，一个最大的弊端就是，与产业结合基本还是空白，往往局限于文化学术小圈子里的自我满足，有的学者本身就是企业家，但做企业与研究文化却是不相干的两张皮，就算是皖江地区优势文化产业中，也甚少打皖江文化牌。此种现象不利

于皖江文化品牌的整体推广，要实现皖江文化与皖江城市群产业的融合发展，可以树立以下几种观点：

一是文化只有与产业结合，才能走得更远，走得更稳，走得更好。

一种文化，无论多么优秀，如果没有相关产业的支撑，是不可能做大做强的，比如典型的徽州文化，如果没有笔墨纸砚产业的支撑，没有白墙黑瓦特色建筑产业的支撑，是不可能发展壮大的，尤其是像皖江文化这样的还有待进一步挖掘、希望进一步得到普遍认同的后起文化研究领域，更是如此。

二是皖江文化产业企业普遍小弱散偏，对于支撑品牌塑造，虽不可或缺，但力量有限。

毋庸置疑，皖江地区文化产业近年来发展迅速，在各领域涌现出一大批规模不一、效益不等的文化企业，有的取得了良好的经济和社会效益，但热闹的背后，我们要看到，直接冠名皖江文化产业的企业数量少之又少，规模小之又小，几乎很难找到，这与近年来对皖江文化内涵的挖掘形成鲜明的对比，百度遍搜“皖江文化”，几乎都是千篇一律的研究挖掘文化内涵，几乎看不到几个名称带有“皖江”“皖江文化”字样的企事业单位，安庆的皖江文化园虽有一定的年头，但仅局限于收藏界，且年年如此，规模还日渐缩小，研究皖江文化的学者都不一定光顾过；2015 年新落成的皖江文化博物馆开馆规格倒很高，也仅仅是徽园安庆馆改建而成，偏居一隅。凡此种种，与热闹的皖江文化内涵研究相比，不能不说是个极大的遗憾。

三是纯文化产业不应该是塑造皖江文化品牌的唯一选择。

所谓纯文化产业，简单地说，就是那种一看就知道、身上贴着明显文化标签的产业，比如演艺、书画、书刊、文学艺术创作、文化展示类等等，再大点的如演艺集团、出版集团、旅游集团等等，小点的如民营博物馆、美术馆、工艺展览馆、个体书店等等。皖江文化如果仅仅局限于纯文化产业（当然现在做得还很不够），你搞你的文化，我搞我的工业，这无疑缩小了皖江文化影响的圈子，忽视了皖江文化与皖江城市带产业的相互影响、相互融合、相互发展，对于皖江文化品牌的塑造和皖江城市群产业特性的树立都有不利影响。

四是皖江文化品牌塑造，只有与皖江城市群各产业融合，共同持续长久发力，皖江文化品牌才能真正扎根壮大。

综上所述，皖江文化品牌与皖江城市群产业发展存在相互促进、互为影响的关系，甚至可以从某种意义上说，产业的发展不一定要有文化的融合，但文化的发展有了产业的推动，文化品牌塑造的时间、过程将大大缩减，品牌的影响力将大大增强。这给了我们一个启发，皖江文化要想迅速扎根，必须借助皖江城市群产业，尤其是各地主导核心产业的融合，换句话说，皖江城市群里各产业，不仅包括纯文化产业，也包括化工的、纺织的、冶炼的、汽车的、水泥的、建材的等等，都要在产业和企业中开发皖江文化特色，树起皖江文化旗帜，彰显皖江文化特质。如果达到这种深度融合，皖江文化品牌的认同感将达到前所未有的高度。

三、政策选择建议

（一）遵循文化产业发展规律，大力发展具有皖江文化特质的文化产业

按照“中国文化产业信息网”的分类方法，文化产业大概有行业展会、文化旅游、文化金融、文化创意、出版印刷、教育培训、茶叶茶具、红木家具、珠宝玉器、影视动漫、中华乐器、陶瓷工艺、工艺美术及其他类，这是基于全国范围的文化产业的一般性分类，具体到皖江文化产业，当然有其特殊性，可以结合皖江文化特点和现有产业基础，皖江文化产业分为优势产业、发展中新兴产业及欠缺产业，针对不同产业的现状选择不同的发展路径。

1. 扎稳做实优势产业

从大的方面说，皖江文化产业已经具备了一定产业基础和比较优势的主要有戏曲演艺、文化旅游、图书出版等，文化皖军在全国收获了一定的影响，问题是，无论优势文化产业如何发展，还局限于本地特色的展示，随着文化多元化选择越来越多，像戏曲类达到20世纪五六十年代顶峰时期的盛况几无可能，所以，在当前和今后一个时期里，我们的优势产业要立足于扎稳做实，在此基础上如能进一步在全国和世界上造成影响，那就非常理想了。

2. 努力壮大发展中新兴产业

如果说皖江地区有亮点有影响的文化产业，主要有动漫产业、教育培训、视听制作、绿色环保印刷等等，近几年新兴产业有了一定的发展，如动漫产业上，推出芜湖的“熊出没”系列、合肥的“神鸡包美丽”等等，安庆也曾发展过本地动漫。但总体上和先行地区相比，还存在较大差距，还有反映皖江文化特色的动漫影视作品少之又少，在下一步新兴产业发展中，要找准皖江文化历史上的著名人物和经典故事，有重点地制作一些皖江文化方面的精良作品，将皖江文化特色与新兴产业发展结合起来，如能成功，将对塑造推广皖江文化品牌有极大的促进作用。

3. 有的放矢发展欠缺产业

一个真正有影响的文化品牌，绝不会只有一两个产业产品的支撑，必然伴随着相对完整的文化产业体系全面支持。由于皖江文化产业本身意识不强，欠缺得较多，尤其令人遗憾的是，大家津津乐道的最能体现皖江文化特色的文学、书画、宗教等传统文化，在当今社会版图中，优势早已不复存在。当然，这有多方面的原因，但长期培养培育不足、没有继承延续特色也是重要原因，重振皖江文

化品牌，最重要的不是挖掘历史上的辉煌，而是要利用历史上的辉煌为今天的产业发展服务，延续历史上的辉煌。当然，文化有其特殊性，重振辉煌很难，但一定要有目标，不断朝目标努力，也许会有不一样的收获。

4. 促进皖江文化产业及活动整合

目前，皖江地区各地都开展了一些有意义的经济、文化、旅游活动，也都产生了较好的效果，如皖江地区各地都在打造有本地特色的文化节和文化活动等，但未能形成一个整体，呈现的是单打独斗的局面，至今还没有一个产业或活动冠之以“皖江文化”，或以“皖江文化”为核心主打内容。如果能对皖江地区的文化资源进行整合，打出皖江文化的招牌，对于充分发挥皖江文化的潜力、提升皖江地区各个城市的影响力应该很有帮助。比如开发皖江文化旅游线路、皖江文化戏曲联演、皖江文化书画联展等等。

（二）努力在皖江城市群产业发展中体现皖江文化特质

皖江文化品牌的塑造，除了大力发展相关文化产业外，需在皖江城市群各地市现有产业中灌输皖江文化的概念，凸显皖江文化的影子，迅速提升皖江文化品牌影响力。

1. 在产品包装设计中突出皖江文化元素

应该说，皖江城市群里的塑料包装、纸包装、印刷包装产业还是相对比较发达的，具有一定的产业基础，有的地市还将包装产业作为重要的支柱产业之一来打造，每年经合肥、安庆、芜湖等地生产的各类包装不断涌向全国、涌向世界，但感觉可惜的是，从包装上没人能看出一点皖江文化的影子。个人认为，包装，不仅仅是一种用来包裹、盛装物品的容器，它同时也是一种文化的体现，是特定文化的物质载体。精当的文化指向，是包装的“灵魂”所在。具备独特文化底蕴的包装，有助于更加艺术化地展示商品的诱惑力，具备高档次文化品位的商品包装，也才能具有更强烈、更持久的吸引力乃至震撼力。将皖江文化中的书法、绘画、诗词、山水、城市记忆等形式，整合后巧妙地运用到企业 logo、产品商标、产品包装设计、包装装潢甚至包装结构设计上，如推出皖江文化诗词系列手袋、皖江文化山水绘画系列纸杯等，可以让人产生一种强烈的文化识别感。而这种文化识别感，无论是对于本地消费者还是对于其他地方消费者来说，都极有可能因为包装或商品而产生文化上的认同感，这恰恰是皖江文化目前比较缺乏的一种因素。

2. 在厂房建筑中突出皖江文化符号

一个地方的建筑文化是地域文化的重要表现形式之一，如徽州的白墙黑瓦，一看就是徽州特色，我们要在建筑中突出皖江文化特色，必须首先分清皖江建筑文化的自有特色，借鉴旁人考证和专家分析比较，特别是潜山县美好乡村建设的经验总结，美好乡村“皖派”建筑风格应该以“白墙、灰瓦、坡面、圆柱、宽窗”为特色，体现了客家文化和本土文化的融合，承接了客家建筑和本土建筑的优秀元素①。而城区内的建筑特色，在强调皖江传统民居的同时，不应忽视皖江地区大量存在的具有“文化兼容并蓄，其建筑样式既有北方的端庄浑厚，又有南方的灵巧细腻”② 特点的民国时期建筑。综上所述，在厂房建筑中，其作坊式厂房、平房式的厂房应参照皖派民居，楼房类的厂房可以借鉴民国时期建筑特色。当然，这只是一种设想，具体设计还要根据工厂性质和需要定，但可以在外墙装饰、整体规划等方面体现皖江文化特色，我想这也是可行的。

3. 在企业文化中融入皖江文化内涵

从历史看，百年老字号企业无一不具有典型的文化特征，如“胡玉美”“柏兆记”“麦陇香”等等（都是饮食类啊），其生存土壤很重要的在企业文化积淀中，一定程度上都继承和发扬了皖江文化精髓。做企业开放先行，对产品精益求精，现今中央提出培育“工匠精神”，与皖江文化内涵是契合的。皖江地区企业文化的塑造，一定不能忽视皖江文化中的开放意识和工匠精神，要将皖江文化作为企业文化的模本和原动力，激发员工的积极性和创造性，让企业文化的认同感与皖江文化的认同感融为一体。

4. 在产业发展中做好“皖江文化+”文章

借用“互联网+”的概念，皖江地区产业发展要与“皖江文化+”结合起来，要突出各地特色和资源优势，推动“皖江文化+”工业、农业、旅游、体育、教育、金融、商贸物流等的融合渗透，开发打造出跨界新兴产业，比如观光农业、工业旅游等。目前先行地区试行的文化金融跨界融合值得注意，我们能不能搞“皖江文化+金融”？媒体报道，2012 年沪皖即共建了皖江文化产权交易平台，后来运行如何没了下文。文化产业发展离不开资金支持、离不开专业平台扶持，因此，要更好地利用此类平台为皖江文化产业服务，甚至可以考虑组建更专门性的皖江文化类银行专业融资机构，拓宽文化企业直接融资渠道，疏通文化企业间接融资渠道，开发文化消费信贷产品，加大对皖江地区重点文化企业和皖江文化项目的信贷支持力度。

（三）党委和政府要在塑造皖江文化整体形象中发挥积极作用

1. 更新观念，提高对皖江文化内涵及皖江文化产业发展的认识

随着“三个强省”战略的实施，文化强省提到了举足轻重的地位，文化强省的“文化”中，皖江文化应该是不可或缺、甚至要格外关照的特殊一环，要

① 2012 年 09 月 28 日，《安徽商报》，乔剑：潜山推进“新皖派”建筑 注重简约实用开放。

② 2014 年 03 月 13 日，中国文物信息网，宋庆新：安庆清末民国时期的西式建筑。

像打造徽州文化一样打造皖江文化，思想观念是前提，对皖江文化的认识是基础。皖江文化要在加强学术研究的同时，更要走出皖江，在高校建设专门学科，在上层争取更多呼吁，在产业发展上得到更多支持，最大程度地增强文化认同感。地方政府要增强在文化产业发展中的宏观调控和统筹协调能力，把皖江文化保护开发与旅游、区域经济建设结合起来，把文化的创新点和经济的增长点结合起来，不断开发、整合皖江文化的产业效应、旅游的文化效应和社会经济效应。

2. 整合皖江各地的文化资源，统一皖江文化品牌宣传标识、宣传口径

摒弃皖江各地单打独斗的文化发展现状，由省里统一口径，皖江地区的各种文化活动、文化产业招商、文化高端论坛，都可以冠名皖江文化的总名号进行，利用皖江文化整体招商可能会比单纯靠一两个城市文化招商取得更大的收获，在项目争取上可能会得到上级更多的支持和重视。对非文化产业在包装、设计、建筑、产品等方面体现皖江文化元素，省级可以搞一些指导性的标准和引导措施，引导企业产生文化自觉性。要统筹利用省内外文化资源，鼓励同行业资源整合、跨行业跨领域跨所有制兼并重组，培育打造一批主打“皖江文化”牌、具有一定影响和知名度的文化产业龙头企业，作为皖江文化有关领域的名片和标识。

3. 单独出台《促进皖江文化发展的意见》，单列政策

省里对于徽州文化和淮河文化，都有过专门或相对集中的政策扶持，特别是徽州文化，几十年来更是不遗余力地推广，收到了良好的效果，甚至成了安徽的文化象征，无形中也削弱和忽视了皖江文化的重要地位和重要影响，建议省里要根据近几年专家学者研究的成果，紧紧抓住国家的一系列加快文化产业发展、鼓励大众创业万众创新政策的机遇，单列政策出台《促进皖江文化发展的意见》，为皖江文化发展提出专门性的促进措施，从资金扶持、产业支撑、人才培养等方面给予重点支持。尽快研究和制定促进文化产业发展的扶持政策，加大财政对文化产业的投入，吸引社会资金和人才向文化产业流动，不断增强文化产业的整体实力和市场竞争力。要抓住国家“一带一路”、长江经济带等重大国家战略机遇，搭建服务平台，助推特色文化产业走出去。主动加强国际文化交流和贸易合作，助推皖江优秀文化项目赴海外展演交流，推动皖江文化项目“走出去”，使皖江文化品牌亮起来，提高皖江文化影响力和竞争力。

4. 分类扶持

文化必须与产业相结合，才能迸发生机活力。当前经济下行压力巨大，文化产业又有着见效慢、投入大、风险高等不利特点，近期有些文化产业项目陷入停滞，文化企业陷入运营困境，这在一定程度也增强了扶持文化产业企业的不确定性。不能因为暂时的困难而认为“天下乌鸦一般黑”，要做到分类扶持。对于有皖江文化鲜明特色的、有核心理念的文化企业要积极扶持，帮助其渡过难关；对

于成长性好的皖江文化产业龙头企业要叠加扶持，推进强强联合或组建产业联盟，有重点地打造专业类皖江文化产业集群，促进生产要素向优势企业集聚；对于活跃于民间的小演艺、小制作、小出版印刷等文化企业，要加大政府购买公共文化服务力度，促成皖江文化的百花齐放、百舸争流。

5. 培养专业人才

一方面，要充分重视并发挥皖江文化各研究领域专家学者的意见，培养更多的后继研究人员，争取形成多视角、多领域的重要研究成果，推动皖江文化研究向纵深发展；另一方面，可能尤为重要的是，要加强文化创意产业人才和相关专业人才培育和引进工作，注意挖掘培养既懂皖江文化内涵、又长期浸淫文化产业的高层次、复合型文化产业高端人才和文化创意领军人物。针对文化创意产业多元化的不同人才需求，通过引导高等院校、职业培训机构与相关企业合作等方式，为皖江文化与产业发展提供人才支撑和智力支持。

参考文献：

[1] 朱洪．皖江文化的特点——与淮河文化、徽州文化比较［J］．学术界，2008，(5)．

[2] 李良玉．关于皖江文化［J］．安徽师范大学学报（人文社会科学版），2009，(3)．

[3] 疏仁华，郝梅梅．皖江城市带文化产业集群发展研究［J］．理论建设，2011，(4)．

[4] 肖叶飞，王业明．皖江地区文化创意产业的产业形态与发展战略［J］．安徽工业大学学报（社会科学版），2013，(1)．

[5] 张鹏顺．皖江旅游产业与皖江区域创新探讨［J］．阜阳师范学院学报（社会科学版），2014，(6)．

[6] 吴杨，王翠翠．皖江城市带文化旅游发展的路径选择［J］．铜陵学院学报，2014，(6)．

[7] 王跃飞，韩正安．皖江城市带文化创意产业集群发展刍议［J］．安徽农业大学学报（社会科学版），2015，(4)．

[8] 程霞珍．安徽文化产业集群发展的政府支持研究［D］．合肥：安徽大学，2014.

[9] 省社科联课题组．高度开放：皖江文化的重要特色［N］．安徽日报，2005-01-14.

[10] 龚基云．皖江文化经济价值探微［N］．安徽日报，2006－12－11（B04）．

安徽籍第一代白话诗人刘延陵对欧美诗歌的译介和借鉴

张 文

摘 要：中国第一代白话诗人刘延陵曾译介大量西方诗歌，尤其关注19世纪中后期至20世纪初英国、美国、比利时、法国的爱情诗。目前，学界主要集中研究其生平和他对文学研究会所做的贡献，至于他对西方诗歌的翻译、评论以及译介对其新诗创作的影响方面涉及甚微。其脍炙人口的诗作《水手》和《海客底故事》，无论在诗歌风格、题材还是体裁上，都明显带有欧美现代恋歌的印记。这让人们更为清楚地看到安徽籍作家刘延陵在推动中国新兴白话诗发展进程中如何不遗余力地接受西方现代诗的影响，也为研究刘延陵其人其作提供一个新视角，

关键词：刘延陵；欧美诗歌；译介；借鉴

刘延陵（1894—1988），安徽旌德人，是中国第一代白话诗人，中国第一本新诗杂志《诗》月刊的主编，文学研究会会员。新诗集《雪朝》（1922年6月商务印书馆出版）收录其诗达十三首之多，与朱自清、周作人、俞平伯、徐玉诺、郭绍虞、叶绍钧、郑振铎等七人并列，足见其在当时的影响力。他早年所作的诗歌《水手》脍炙人口，曾与他的另一首诗《海客底故事》一起被选入《中国新文学大系·诗集》而广为流传。除创作新诗之外，刘延陵还翻译并评论了大量西方诗歌（19世纪中后期至20世纪初）。从他的译述评论中，不难发现其西方现代恋歌的印记。目前，学界主要关注其生平和他对文学研究会所做的贡献，至于他的西方诗歌翻译、评论及其对新诗创作的影响等方面涉及甚微。本文即以《水手》和《海客底故事》为例，分别从风格模仿、题材移植、体裁借鉴三个方面，来考察刘延陵对于西方现代恋歌的接受情况。

基金项目：安徽省哲学社会科学规划项目（AHSKY2015D122）

作者简介：张文（1996—），女，安庆师范大学外国语学院副教授，硕士。

一、英美自然诗风的模仿

刘延陵翻译并评价过大量西方抒情诗，主要以19世纪中后期至20世纪初英、美、比利时的爱情诗为主，涉及众多诗人的作品，其中有英国著名诗人约翰·梅斯菲尔德（John Masefield，1878—1967）、爱德华·卡朋特（Edward Carpenter，1844—1929）、拉尔夫·霍奇森（Ralph Hodgson，1871—1962）、亚力山大·嘉伯（Alexander Japp，1839—1905）；美国著名诗人有莎拉·特雷弗·蒂斯黛尔（Sara Trevor Teasdale，1884—1933）、亚历山大·费克（A. D. Fieke）、维拉·塞伯特·卡瑟（Willa Sibert Cather，1873—1947）、乔依斯·基尔默（Joyce Kilmer，1886—1918）、玛丽·卡洛琳·戴维斯（Mary Carolyn Davies）以及比利时著名诗人梅特林克（Maurie Maeterlinck，1862—1949）等。在译述评论里，我们可窥见他十分青睐感情真挚朴实、诗风清新自然的英美诗歌，并将这种风格融进自己的诗歌创作中。刘延陵在1922年《诗》第一卷第五期上刊登其西方诗歌评论《现代的恋歌》。在这篇评论中，他对美国女诗人蒂斯黛尔大加赞赏，称她的诗："非常简单，往往通篇从头到尾只用一个比拟；但虽然如此，而所用的比拟则又和要表现的情绪非常切合。所以她的诗就人人能解亦人人能爱，又她的诗底音调清凉，柔媚，如缓缓地流的溪水，恰巧和她所要表现的情调相称。所以总而言之，她的诗底色彩是淡柔的，没有鲜红与刺目的橘黄色与绿色，只有云一般的青与淡红玫瑰一般的红，但即此以足令人迷醉了！"[①] 在评述之后还附上刘延陵翻译蒂斯黛尔的四首诗：《亚马尔菲底夜歌》《我愿活在你的爱里》《一个祈祷》《灯》，下面是其中一首译诗。

亚马尔菲底夜歌

我问繁星底天
什么我将给我的爱——
她答我以沉默，
在上的沉默

我问黑了的海
渔夫们之所去处——
她答我以沉默

① 刘延陵．现代的恋歌［J］．诗．上海：中华书局，1922，（5）：22.

在下的沉默

哦，我能给他以泣，
或给以歌——
但我何能给他沉默
经过我的一生呢？①

这位美国现代女诗人，1918 年美国诗协会年度诗人奖、哥伦比亚大学诗协会奖（普利策诗歌奖前身）的获得者，是美国 20 世纪初期最有迷人魅力的抒情诗人之一。她采用最平凡、简单的形式写出了有如泉水般流畅、明快的诗篇。其诗质朴无华，简洁而含蓄，细腻而清新，唤起了刘延陵情感的共鸣。在《现代的恋歌》第三节，刘延陵称美国诗人费克（A. D. Fieke）的《画像师之小歌》"要算现代最好的恋歌集之一了"，"其诗之中有少数含有装点词藻的弊病，但大多数则表现出强烈的真实的感情，而且流畅可爱，又有自然的韵律。有时候在恰好处停顿下来，教一行诗的性质与重音刚巧与情人的语气相合。""凡要读近几年来所做的最好的抒情诗之人，在读别的东西之外，也不可不读这些小歌中的几首。"② 同样，他认为英国诗人卡朋特的《婴儿》（The Babe）是他"所读过的少数恋歌之中更没有比这首诗鲜美的了"③ 他对英国现代诗人拉尔夫·霍奇森的《时间，你仆仆尘途的吉波赛人》（Time，You Old Gipsy Man）也十分青睐，"他的诗优美清新，不同凡响；尤以这一首和题做夏娃的一首，曾被推为不朽之作，于各种现代英诗选本里都占一页地位。"④ 此外，美国诗人卡瑟的《祖母呀，不要以为我忘记了》"这首诗里织着两重故事，我是屡读不厌的。"⑤ 美国女诗人戴维斯《被锁闭者》（Cloistered），是其"所爱读的她的一首佳作"⑥ 此外，"以轻巧著名"⑦ 的美国诗人乔依斯·基尔默的《树》也备受刘延陵的喜爱。

以上这些英美现代恋歌内在具有的魅力深深地感染了刘延陵，西诗里呈现的清新、鲜美、自然的风格被他视作自觉的趋赴。1922 年，刘延陵在《诗》创刊号上发表了《水手》，诗中的语言富有民歌气息，自然流畅，朴实亲切。作者将

---

① 刘延陵．现代的恋歌［J］．诗．上海：中华书局，1922，(5)：22-23.
② 刘延陵．现代的恋歌［J］．诗．上海：中华书局，1922，(5)：13.
③ 刘延陵．现代的恋歌［J］．诗．上海：中华书局，1922，(5)：13.
④ 刘延陵．杂花一束［J］．黄钟．1935，(1)：33.
⑤ 刘延陵．现代的恋歌［J］．诗．上海：中华书局，1922，(5)：20.
⑥ 刘延陵．现代的恋歌［J］．诗．上海：中华书局，1922，(5)：29.
⑦ 刘延陵．现代的恋歌［J］．诗．上海：中华书局，1922，(5)：35.

石榴花开的树下晒她衣裳的倩影和一个在舵旁思念心上人的场景并置，以“情”字巧妙地将两节连成一体，虽轻笔勾勒，却深含真情，颇具艺术匠心。

（一）

月在天上，
船在海上，
他两只手捧住面孔，
躲在摆舵的黑暗地方。

（二）

他怕见月儿眨眼
海儿微笑
引他看水天接处的故乡。
但他却终归想到
石榴花开得鲜明的井旁，
那人儿正架竹子，
晒她的青布衣裳①。

无怪乎梁宗岱在给徐志摩的一封信里对它极力推崇，大加赞美，说第二节“竟写得那么单纯，那么鲜气扑人”②。台湾诗人余光中也对《水手》作了很高的评介：“这首小诗结构紧凑，语言清纯”，“确是早期新诗最成熟、最完美的佳作之一。”③ 刘延陵认为人生所最当做的就是善生，“善生的意义无非是求普遍的感情的慰安”④，因为：“夜间独自在海上的渔夫/如果记忆家中有些恳切的希望/正升上来祷祝他的平安，/他就不寂寞了/一步一步向前走的旅客/如果他所将要遇到的面庞/现在已像在前面笑着等他，/他也就不孤独了。”⑤ 英国诗人弗雷德里·克罗伯森（F. W. Robertson，1816—1853）的诗句使刘延陵坚信，真挚的爱是能安慰人生的。不仅如此，他还高呼：“情爱流于我们祖先的血管里，直到现在，我们相信凡是实有的情绪都可以歌咏，凡可以做的事都可以唱。”⑥

---

① 刘延陵．诗［J］．上海：中华书局，1922，（1）：38.
② 李振声．梁宗岱批评文集［M］．珠海：珠海出版社，1998：22.
③ 汪念先．“五四诗人”刘延陵［N］．泰州晚报，2012-12-02.
④ 刘延陵．诗神的歌哭［J］．中国现代文学研究丛刊，2005（6）：178.
⑤ 葛乃福．刘延陵诗文集［M］．上海：复旦大学出版社，2002：125.
⑥ 刘延陵．现代的恋歌［J］．诗．上海：中华书局，1922，（5）：11.

二、海客生活题材的移植

《水手》和《海客底故事》两首诗都是描写海客的生活，在创作题材上，刘延陵深受两位西方现代诗人的影响，一位是英国现代诗人、小说家和剧作家约翰·梅斯菲尔德（John Masefield，1878—1967），另一位是比利时剧作家、诗人、哲理散文家莫里斯·梅特林克（Maurie Maeterlinck，1862-1949）。梅斯菲尔德14岁时随商船出海，在海上漂泊3年；1895年去纽约当零工，两年后回到伦敦；22岁时创作的《海之恋》（1900）名震诗坛，有“大海的诗人”之称。他的第一部诗集《盐水谣》（1902）描写普通劳动者的生活和工作，有许多水手的行话。他的诗集还有《歌谣》（1903）、《歌谣和诗》（1910）。1911年，他的一首长篇叙事诗《永恒的宽恕》在《英国评论》上发表，从此扬名诗坛。1930年被封为英国第22届“桂冠诗人”。刘延陵在《诗》月刊上曾发表四篇关于西方现代诗歌的评论，其中一篇题为《现代的平民诗人买丝翡耳》是专门评述约翰·梅斯菲尔德。文中说道：“他的诗有两个特点：第一，描写海上的风景生活非常美丽生动，为并世作家之所不及。第二，歌咏下等社会的生活与悲哀非常真切，动人心魄。”① 此外，刘延陵还对梅斯菲尔德的长篇叙事诗《多宝》（*Dauber*，1912）里的海景描写给予很高的赞誉：“船到了一个外国的码头的一段，谁还能比他描写得真切呀？”②

在几个月的水程之后，一个淡红色的早晨，
既已静悄悄像鹿一般
踏过平静的水
进了大海湾的平稳的蓝色的水面，

这个红色的东西（指船）
就在朝雾未被吹散之前，
把乳色的雾气向左右分开而入，
而且就在城里的烟气还未升起，教堂的钟声未鸣，
人还未醒的时候，
在那边抛了船上的锚.

---

① 葛乃福．刘延陵诗文集［M］．上海：复旦大学出版社，2002：245.

② 葛乃福．刘延陵诗文集［M］．上海：复旦大学出版社，2002：246.

在落日的晕红之中，
他们爬到高处
就在那个最可爱的时候，张开了船上的帆儿，
光淡淡的，风微微的，
人心中的美丽像一朵花一般展放开来①。

梅斯菲尔德海员生活题材的诗篇对刘延陵产生了很大影响，《水手》借鉴了这一题材，诗中呈现给读者这样一幅画面：苍茫的大海上，高悬的明月下，一叶孤舟上，水手在思念着自己的心上人。海天、明月、小船等意象，衬托出水手的孤单、寂寞。月在天上，船在海上，水手的两只手捧住面孔，躲在摆舵的黑暗地方。

另一位影响刘延陵诗歌创作的是被誉为"比利时的莎士比亚"的梅特林克，于1911年获得了诺贝尔文学奖。其诗歌代表作有《暖房》（1889年）、《歌谣十二首》（1896年）和《暖房及歌谣十五首》（1900年）等。刘延陵曾翻译过梅特林克的抒情诗，其中一首译诗《遗言》于1935年发表在《黄钟》第六卷第一期"杂花一束"上。

遗　言

倘若他将来回家，
我应对他说些什么？
——就说我等了他多年，
就此把一生度过。

倘若他还有话问，
又记不起我的面孔？
——你姊妹般温柔地讲：
也许他心里苦痛。

他如问你在何处，
我拿什么话语传达？
——你拿我的指环给他，
悄悄地不要多答。

---

① 葛乃福．刘延陵诗文集［M］．上海：复旦大学出版社，2002：246-247.

倘使他还要追问，
厅堂里面为何空空？
——给他看这燃旧的灯，
和门的虚掩不关。

倘使他又要询问，
你睡去时情形经历？
——就说我是含笑而死，
不可以让他哭泣①。

这首诗出自梅特林克的诗歌代表作《歌谣十二首》（1896年），民谣风浓郁，淳朴自然，易于上口。诗里讲述的是一位对在外漂泊的丈夫空望了多年的妻子，临死前，和她的一位姊妹一问一答的情境。刘延陵曾感叹道："这个故事的性质的凄惋，和里面的话语的温柔敦厚的情调，在我初读原诗的时候，是曾令我反复诵吟，沉醉在里面过的。"② 刘延陵《海客底故事》也同样运用了类似的海客生活题材，下面节选《海客底故事》第一、二节：

（一）

我将到海里去之前我对她说道："姊姊，你嫁了我罢。从今后马鞍山头底月亮，每天夜里，要看见我的魂梦底黑魆魆的影子从山底东边越过山顶来飘到西边。又从西边渡到东边了。到东边来，看看家里龙钟的娘；到西边去，看看红桥旁边的你。如果你归到我家，我的魂梦儿就夜夜伏在家里了。姊姊，你嫁了我罢。"她微微一笑，摇头而不答。

（二）

那年冬天的一个早晨，我从海里回来。跑进柴门，淡淡的朝阳照在草堂底阶上，龙钟的老母正穹窿着，扶着杖，坐在廊下晒背。屋里的桌上供着一瓶蜡梅；墙上的屏条随着风儿摆动。娘回过面来，力求睁开那睁不开的朦胧的眼……③

诗里主要讲述一位女子经过三年漫长的等待与守候，与远离家乡、漂泊海上的恋人终成眷属的故事，与他"反复诵吟，沉醉在里面过的"《遗言》的"温柔敦厚的情调"基本上如出一辙。

---

① 刘延陵．杂花一束［J］．黄钟．1935（1）：31-32.
② 刘延陵．杂花一束［J］．黄钟．1935（1）：31-32.
③ 葛乃福．刘延陵诗文集［M］．上海：复旦大学出版社，2002：21.

三、叙事诗体裁的借鉴

刘延陵曾在《论散文诗》中写道："我们要白话诗，要散文诗，要打破一切形式的束缚而能自由表现精神的一切自由诗呢!"① 文中所讲的"散文诗""自由诗"，实际上与英国诗人梅斯菲尔德和法国诗人萨曼的叙事诗有着不可分割的关联。叙事诗是诗歌体裁的一种，它用诗的形式刻画人物，通过写人叙事来抒发情感，这种体裁形式，有故事有人物，而且情景交融，兼有抒情诗的特点；情节完整而集中，人物性格突出而典型，有浓厚的诗意，又有简练的叙事，有层次清晰的生活场面。外国的叙事诗（Ballade）即叙事歌谣，是从法语引进的一种诗歌。乔叟是英国叙事诗写作之第一人。深受乔叟影响的梅斯菲尔德于 1911 年以后创作的四本长篇叙事诗，奠定了他在英国现代文学史上的地位，它们是《永久的恻隐》（*The Everlasting Mercy*）（1911），《多宝》（*Dauber*）（1912），《坝街的寡妇》（*The Widow in The Bye Street*）（1912），《水仙花的田》（*The Daffodil Fields*）（1913）。刘延陵在读了梅斯菲尔德诗作之后曾发表感慨："他们都是说的平民的悲哀，无不拨动人的心弦。"②《永久的恻隐》说的是这样的故事：一个荒淫且盗人家鱼鸟的酒徒，因为他的母亲和另一个妇人的感化，终于使他变成一个善良的信奉耶教的农人。多宝本是一个水手，他立志要做一名画师，但由于同伴的揶揄与别的许多困难，又加上他自己的癖性阻挡了他的计划。后来他经过许多痛苦把"内忧外患"征服下来，以为必定成功了，而他忽然从桅樯之上摔下跌死。这实足表现出人生的哀痛。

亚伯特·萨曼（Albert Samain，1858—1900），法国象征派诗人，刘延陵认为"他的作品凄迷忧伤，当被称为'秋与暮之诗人'"③，还翻译了萨曼的一首题为《勃罗旺斯夜景》的诗歌并在《现代的恋歌》上刊登。这里节选自译诗的第一小节：

小而无声的城市热睡于夜之怀里

在老而喷光的街灯们之中，稀薄的煤气已将减绝；
但忽然月亮出来了，于是全排白屋上的窗子就都有银光辉耀。
温暖的夜沿着栗树们扇她自己……
这个不着忙的夜，在其中间还依旧有光浮着。在这个城市的许多老的部分，

---

① 葛乃福．刘延陵诗文集［M］．上海：复旦大学出版社，2002：195-196.
② 葛乃福．刘延陵诗文集［M］．上海：复旦大学出版社，2002：246.
③ 刘延陵．杂花一束［J］．黄钟．1935（1）：30.

一切是黑而荒寂。我的灵魂，倚在老的石桥上，吸河底好的气味。

沉寂底异常至于令我心抖颤。只有我的脚声在石板上发出回想。沉寂令我心抖颤，钟声报道夜半。

沿着一个修道院底大的墙们，树叶儿在风中沙沙地响。女生们……孤儿们……长袍底角上有蓝的带子（某种教徒底徽号）……这是奥瑞林派教徒们 Ursulines 底花园。

微风经过开着的大门，轻柔得如同叹息。而有淡的光焰的那个星光，在那边，在 Les charmilles 树底篱外，又像是一块莹晶的玉底长夜不减之光①。

刘延陵《海客底故事》是一首较长篇幅的叙事散文诗，基本上借鉴了梅斯菲尔德和萨曼的叙事诗体裁，诗中故事委婉动人，人物形象丰满，没有矫揉造作的内容和装饰堆砌的词句，简单而又质朴。以下是长篇散文诗《海客底故事》的后四节。

（三）

明年正月，我将重到海里去的一天早晨，我在园里浇花，她和往日这时一样，从她家里，提着一篮青菜，跑进我家后门，——菜上放着的今天是两条鲫鱼。

我对她说道，“姊姊，你嫁了我罢。你看这满墙的月季，一角的茶醮，灵壁村中的花呀，这里是一个小小的花国，你来做花王罢。姊姊，你嫁了我罢。”

她微微地无声一笑，说道：“恋恋旧居的鸟儿未忍迁往别枝呢。”

（四）

冬天回来，我先跑到山底西边、红桥旁边、门临流水的她家。一个十四五岁的儿童正在庭前游戏。

“姊姊呢？”

“在你家还没回来。她每天都要下午才回来的。”

忽闻窗里发出一声粗而弱的嘎嘎的呻吟。

“谁呀？”

“这是姨姨，江南的姨姨。（姨姨即姨母）自从母亲死后，我们未到这里之前，我同姊姊都是在那里依靠姨姨过活的。这几年，她孤零零一个人在江南病了。屡次寄信来，说要到这边来，于是我们都欢喜地望着了。姊姊常说，姨姨是一棵绿叶扶疏的梧桐，我俩是巢于其中的小鸟，梧桐有一日活着，我俩都未忍迁往别枝呢。但是我们年年望着，年年都不见她来。有时姊姊和我到江边去，看从江南一摇一摆游来的帆船，也都不见姨姨底影子。今年四月，姊姊等待不过，终

① 刘延陵．杂花一束［J］．黄钟．1935（1）：31．

归到江南去，亲自把她接回来了。”

（五）

第三年冬天回来，在从镇上到我家的路上，看见她在前面跑，白的鞋子，
鬐上白的绳子。

“莫不是她的姨姨死了么？”

途中我又对她说道，“姊姊，你嫁了我罢。在以前我讲给你听的故事里，婉儿必须等到铁郎从海里回来之后才肯依他。如今铁郎回来了，不再到海里去了。姊姊，你嫁了我罢。”她又是无声一笑。虽然依旧无声，可是这回那展拓的忽然红晕的笑容明明是她心中澎湃的血潮震开的呢。

（六）

跑到家里，老母还是驼背坐着：屏条微微的波颇，似乎记得前年的摆动；
蜡梅还立在桌上四顾，虽然不是去年的了。

在我住的一间房里，本当是空空的，如今乃有白的帐子，紫的粉红布的被
子，金黄漆的衣箱，亮莹莹的明镜，放着针、线、剪、尺、未装底的鞋帮的小桌。

墙上还有一架大的半身的相片，是……是着的水手衣裳的我！

正惝恍间，门呀的一声开了，蓝布衣裙的她拿着一杯茶，一半低着头儿，
轻悄悄地走进来了①。

诗里主要讲述远离家乡、漂泊海上的水手铁郎经过三年漫长的期盼和等候与心上人婉儿终成眷属的故事。整首诗每个诗节的开头都交代了时间：“我将到海里去之前”“那年冬天的一个早晨，我从海里回来”“明年正月，我将重到海里去的一天早晨”“第三年冬天回来”，时间的推移只会让铁郎对婉儿的思念更深更浓。由江南的姨母抚养长大的婉儿，为报答养育之恩不愿意早早出嫁，而当自己的心上人长年出海漂泊的时候，她又主动来伺候铁郎家中的老母，诗中突显了女主人公婉儿善良、勤劳、忠诚的美好品格。在交代背景、叙述故事、刻画人物中，整首诗都渗透着诗人强烈的感情，有浓郁的抒情气息。

综上所述，《水手》和《海客底故事》两首诗极力模仿英美清新自然的诗歌风格、移植英诗海客题材、借鉴英法叙事诗体裁，这让我们更加清晰地看到安徽籍第一代白话诗人刘延陵在推动中国新兴白话诗发展进程中，如何不遗余力地接受西方诗歌的影响。由此，我们认为新诗史上的拓荒者刘延陵对中国白话诗的兴起和推动功不可没。

---

① 葛乃福．刘延陵诗文集［M］．上海：复旦大学出版社，2002：23.

参考文献：

[1] 刘延陵．现代的恋歌［J］．诗，上海：中华书局，1922，(5)．
[2] 刘延陵．杂花一束［J］．黄钟，1935 (1)．
[3] 刘延陵．诗［J］．上海：中华书局，1922，(1)：38.
[4] 李振声．梁宗岱批评文集［M］．珠海：珠海出版社，1998：22
[5] 汪念先．“五四诗人”刘延陵［N］．泰州晚报，2012-12-02.
[6] 刘延陵．诗神的歌哭［J］．中国现代文学研究丛刊，2005，(6)：178
[7] 葛乃福．刘延陵诗文集［M］．上海：复旦大学出版社，2002.

皖南国际文化旅游示范区战略定位的支撑路径研究

——以马鞍山市为例

洪绍明

摘　要：《皖南国际文化旅游示范区建设发展规划纲要》提出的三大战略定位既符合党的十八大提出的五位一体战略方针，又契合省委、省政府提出的“三个强省”战略部署，皖南国际文化旅游示范区各市、县（区）如何发挥自身资源特质和优势，围绕支撑三大战略定位开展对接示范区建设是一项十分重要的任务。文章以马鞍山市为例，结合对该市发展基础条件、发展中存在不足的分析，提出了支撑皖南国际文化旅游示范区战略定位的五大路径。

关键词：皖南国际文化旅游示范区；战略定位；支撑路径；研究

2014年2月，经国务院同意，国家发展改革委正式批复《皖南国际文化旅游示范区建设发展规划纲要（2013—2020）》（以下简称《纲要》），它的获批，使安徽地方旅游板块上升到国家层面，这不仅对推进安徽旅游业争先进位具有重要意义，也将在相当长时期内对安徽旅游业的发展方向、战略目标、空间布局、产业结构、产品体系以及管理方式产生重大影响。

皖南国际文化旅游示范区范围包括黄山、池州、宣城、马鞍山、芜湖、铜陵、安庆七市，共47个县（市、区）。《纲要》中提出将示范区打造成为美丽中国建设先行区、世界一流旅游目的地、中国优秀传统文化传承创新区，这三大战略定位是示范区各地市文化旅游产业发展的方向和建设的目标。马鞍山市作为示范区成员城市，如何依托区位和资源禀赋优势，以康体休闲、温泉度假、国学研学等特色为抓手，整合山水景观和历史人文等资源，对接示范区建设，支撑三大战略定位，不仅是顺应大众旅游时代的发展要求，也是推动马鞍山市旅游业供给侧改革的重要举措，更是促进全市旅游业升级增效、实现全域发展的现实需要。

作者简介：洪绍明（1972—），男，马鞍山市经济研究中心主任。

一、马鞍山市对接示范区建设的基本情况

（一）《纲要》对马鞍山市的定位与发展要求

《纲要》在打造“一圈两带”文化旅游发展格局中，将马鞍山与沿长江黄金旅游通道的其他5座皖江城市和重要景区，列入面向长三角、联动长江中游城市群、具有全国影响力的皖江城市文化旅游发展带。马鞍山市采石镇成为旅游节点城镇，采石风景名胜区与黄山、西递宏村等10个景区被列为精品旅游景区。《纲要》对马鞍山市的发展要求是加强太白岛等江心洲整体保护性开放、举办中国凌家滩文化学术论坛、打造休闲度假游和体育健康休闲产品等。

（二）马鞍山市的资源匹配度与联动发展情况

马鞍山在打造与皖南生态环境和文化旅游资源相匹配的产品体系中，马鞍山国家矿山公园和蒙牛乳业作为工业旅游产品、诗仙李白皖南游踪和霸王祠作为名人文化产品，均跻身特色旅游产品榜单。在传统文化资源保护传承工程中，含山凌家滩、和县猿人遗址列入重要遗址保护点，马鞍山民间文化园列入非遗和传统文化保护传承工程中。在加强生态建设和环境保护中，为全面促进示范区绿色发展、循环发展、低碳发展，马鞍山作为皖江生态廊道的一部分，将推进沿江岸线综合整治、沿江绿化建设和沿江湿地保护工程。在联动发展方面，《纲要》提出通过推动资源保护、基础设施、市场营销三个一体化，加强省内区域联动和与沪苏浙的合作，重点推动马鞍山、芜湖与南京、黄山等旅游城市的联动发展。

（三）马鞍山要素配套能力强，对接行动快

目前全市拥有A级旅游景区23处，其中4A级景区3家；旅游星级饭店20家，其中五星级2家、四星级6家；旅行社57家，其中国际社4家；持国家导游证导游人员600多人；省级星级农家乐61家，其中五星级8家；全国工业旅游示范点2处；全国农业旅游示范点1处；28，其中五星级6家；全市文化旅游商品定点生产企业35家，其中全省知名文化旅游商品9家。

两年多来，马鞍山市围绕《纲要》的要求，从各个方面加快对接文化旅游示范区建设步伐。在体制机制上，2014年，出台了《文化旅游发展行动计划》和《促进文旅产业发展若干政策》，成立文化和旅游委员会与市文旅旅游集团，实现管理体制和运行机制的深度融合。在发展模式上，积极探索“文化旅游+国家重大战略”和“文化旅游+新生活方式”融合发展，提出了“文化旅游+互联网”“文化旅游+交通”“文化旅游+美好乡村建设”等发展新模式。在服务行动上，2015年6月份开通马鞍山直达上海、南京等长三角城市的旅游直通车，平均每月吸引游客2万余人；12月9日，又迎来宁安高铁旅游首发团。同时，构建独具特色的“七彩乡村”旅游线路，每条线路打造“一村一景一园一美食”，

以有效推动乡村旅游转型升级。在项目建设上，继2014年列出十大重点文化旅游项目后，2015年诗歌节期间，马鞍山市又新签约投资额64.25亿元的16个文旅产业项目，加速推进文旅产业融合发展。

二、马鞍山市自身发展中存在的不足

目前，除了与示范区各城市在推进“一体化”工作中有待不断加强外，就马鞍山市文化和旅游产业发展而言，还存在一些体制机制层面的制约因素。

一是产业规模较小，品牌知名度和影响力不足。与黄山、池州等地相比，马鞍山市文旅产业发展起步较晚，资源的异质性不够突出、特色不够鲜明等因素，在客观上制约了马鞍山市文旅资源的规划开发和市场主体发育。2015年，马鞍山市旅游总收入分别仅占示范区和全省总量的7.8%和4.1%，在全省处于中下游位置。同时，由于长期以钢铁著称，对自身城市文化定位和形象的宣传塑造不够，诗歌文化和研学旅游等品牌尚未得到广泛认知，影响力和品牌力有待提升。

二是对转型升级战略意义的认识有待提高。实践中，一方面，受制于传统发展思路和资源型经济发展路径，投资拉动和工业增长仍然是经济发展的主要驱动力，对文旅等现代服务业的战略性作用认识不到位；另一方面，由于在客观上文旅业发展水平不够高，仍处于从“量变”到“质变”的阶段，对经济社会发展的影响尚不突出，需要长期政策扶持和资金投入才能见到成效，也导致扎实推进相关工作的积极性、主动性不高。

三是尽快明确文化旅游业发展的战略思路。新形势下文旅业发展已不是单兵突进的问题，必须从经济、文化、社会、生态文明等领域协同推进、统筹谋划，实现文旅业与工业化、信息化、城镇化、农业现代化及绿色化发展的内在协调统一，在业态升级、模式创新、产业融合等方面做大文章，确立大文旅业的发展思路和战略格局。从马鞍山市实际情况看，如何在长江经济带、皖南国际文化旅游示范区建设和新型城镇化综合试点等大背景下，实现文旅业发展和区域总体战略的高度契合，需要尽快明确发展战略、空间规划布局等重大问题。

三、马鞍山市支撑示范区战略定位的五大路径

十八届五中全会通过的《建议》提出了全面建成小康社会的新目标，提出创新、协调、绿色、开放、共享五大发展理念，为中国“十三五”乃至更长时期的发展描绘出新蓝图。示范区“一体化”行动纲领中重点提出，在“一体化”建设方面，全力推进“五个一”工程，建设一批具有国际水准和核心竞争力的旅游景区、产品、线路、业态和领军企业。作为示范区门户城市，马鞍山市应高起点谋划、高标准推进文化旅游产业发展，以“诗画江东，添彩皖南”为主调，

通过构筑皖江旅游门户、实施三大品牌、构建五大功能基地等五大路径支撑示范区战略定位。

（一）发展布局一体化，构筑皖江旅游门户

《纲要》确定了马鞍山与沿长江黄金旅游通道的其他五座皖江城市和重要景区，列入面向长三角、联动长江中游城市群、具有全国影响力的皖江城市文化旅游发展带。作为安徽对外开放的东大门，我市已与长三角城市群城市形成了立体化的交通格局，进入大同城化时代。放大马鞍山文旅业的优势重在优化发展布局，加快构建与示范区各城市的一体化发展空间体系。

从区域整体形象上看，马鞍山市应定位为示范区皖江旅游门户城市，依托安徽东大门的区位和资源优势，与示范区各城市从工作机制、项目建设一体化等方面协同和融合发展。重点是以“诗仙圣地”为品牌形象，配合AAAAA级旅游景区的创建工作，提升采石矶、采石古镇、小九华寺、太白岛等景区的吸引力和品牌度，充分凸显名人文化、诗歌文化、国学文化、宗教文化、军事文化等资源，巩固和提高马鞍山的旅游门户地位和文化级别。

（二）资源产业整合化，实施三大名牌战略

1.“诗仙游侠圣地”的名牌打造工程

全面动用马鞍山市沿江的相关旅游景区和潜在文化资源，集中围绕李白、诗歌、名城等核心目标，打造现代化的诗歌文化名城和文化旅游名牌，深入挖掘“诗仙”“游侠”李白的文化资源，精心打造具有国际影响力的中国诗仙文化圣地。

2.“国学研学高地”的名牌打造工程

持续创新“课本上的马鞍山”的路线设计、解说系统、体验优化、接待设施、宣传方式等；凌家滩国家遗址公园应配合大黄山国家公园和巢湖国家公园的建设规划，参照国家公园的高规格要求和给高起点建设，全面统筹国家遗址公园的考古、科普、历史、生态、艺术、文旅融合、美好乡村建设、新型城镇化等综合效益。

3.“康体运动基地”的名牌打造工程

以“休闲、健康、运动”为主题，依托资源优势，整合提升李白国际户外旅游节、长三角城市（马鞍山·博望）自行车越野邀请赛、濮塘运动健康休闲节、褒禅山户外旅游节等康体节事活动，突出运动健康休闲主题，积极融入示范区发展，努力将马鞍山市建设成为长三角运动健康休闲中心和皖南国际文化旅游示范区的重要支撑点。

（三）“文化旅游+”立体化，推进四向融合

1. 凸显产业融合和产城融合的双向融合

除文旅融合之外，旅游业同三农、工业与信息产业等都有着很强的融合性，通过文化创意等手段，把工农特色资源转化为旅游和文化景观。尤其是旅游业同“三农”（农业、农村和农民）耦合关系紧密，对观光农业、美丽乡村建设、非遗传承及民俗开发等有极强的促进作用。可继续对我市城乡资源进行深度挖掘、高端创意、高位开发，着力打造一批“文化+旅游+乡村”示范工程。

2. 凸显文化节庆和专业会展的节事融合

实施大文旅营销战略，建立整体形象宣传和企业产品促销统分结合的宣传营销体系。在营销方式上，围绕“中国李白旅游诗歌节”“李白国际户外旅游节”等节庆活动，有针对性地开展营销，凸显文化节庆和专业会展的节事融合。

3. 区域、行业、部门和媒体联动的营销融合

在拓展重点客源市场上，依托宁安高铁，加大对长三角地区的市场开拓力度。同时，加强区域合作，建立旅游部门、行业协会、重要媒体、航空公司、景区景点联动营销机制。

（四）旅游业态特色化，构建五大功能基地

1. 濮塘建设长三角户外运动休闲基地

建设濮塘体育休闲产业区、文化创意产业园、露营基地等，创建国家级旅游度假区，打造集“专业竞赛、健康运动、户外休闲、素质教育、会议度假、养老产业”等于一体的综合性健康运动休闲示范基地。

2. 香泉建设华东温泉休闲疗养基地

联动鸡笼山、半月湖、和县猿人遗址等，开发“做小镇人，过悠生活”旅游项目，打造本土原创《温暖·香泉》演艺节目。规划建设香泉老年公寓与温泉疗养康复医院，形成不同主题的温泉度假村，策划不同主题的沐浴体验，完善配套服务体系，形成以休闲、会议、度假、疗养、养老和旅游景观房产等各类旅游产品为主的产业链发展。

3. 大青山周边乡镇建设皖江乡村旅游示范基地

依托大青山李白文化旅游区，继续打造桃花村、詹村、万山村、太白生态乐园、护河镇园艺村等乡村旅游品牌，并注重桃花节、采摘节各种节事活动的创意升级与联合营销。以乡村旅游和美丽乡村建设示范基地，扩展和夯实我市“七彩乡村”旅游品牌知名度的北展东扩，力争成为示范区“美丽中国”先行区的支撑品牌。

4. 含山凌家滩建设凌家滩国家遗址公园

凌家滩国家遗址公园主要包括凌家滩遗址博物馆、有巢古国、凌家滩文化产业创意园、风情旅游小镇，并以运漕古镇为依托、太湖山森林公园及运漕水乡为衬托，联合太湖寺和“华东第一鹿苑”等周边景区。

5. 博望建设中国工业（刃具）旅游示范基地

发挥博望国内知名刃模具产业集群的制造业基础优势，以工业旅游细分工业差异化开发为导向，依托“中国刃具之乡”的品牌影响力，以具备条件和实力的公司为主体，开辟刃模具生产工艺观光走廊，组织开展刃模具制造工艺、生产流程等刃模具文化参观体验。

（五）营销推介联动化，巩固门户-前沿地位

地处长江经济带、长三角城市群、皖江城市带和南京都市圈的区域叠层核心，马鞍山市担当示范区的皖江旅游门户与东向推介前沿双重地位的重要价值显现。应集中力量、突出重点、组团发展，通过示范区的规划、形象、资源、产品、交通和市场联动，以及智慧旅游和信息一体化、产业标准化等区域旅游合作联动，以推动示范区内联外延的全域性提档发展。

在东向推介中加大宣传力度，充分利用中国李白诗歌节、长三角城市龙舟邀请赛等旅游热点以及旅游节庆活动推介示范区的品牌景区，力争“以节促旅”“以节会旅”，联合营销，市场共育。与示范区各地市共同搭建旅游联动的全方位多层次支撑体系和产业合作平台，实现网络营销的覆盖，加强旅游信息交换和共享，并加快旅游信息咨询服务平台的建设。

参考文献：

[1] 马鞍山市统计局．马鞍山统计年鉴［G］．北京：中国统计出版社，2015.

[2] 安徽省发展与改革委员会主任张韶春．《皖南国际文化旅游示范区建设发展规划纲要》相关情况新闻发布会［Z］. 2014，3，18.

[3] 李跃波．“一体化”推进皖南国际文化旅游示范区建设［N］．安徽日报，2015-08-02.

[4] 王辉，杨维富．曲靖：绿色转型样本［J］．中国经济报告，2015，（8）．

科学图书社与安徽近代的文献传播

胡 凤

摘 要：论文以科学图书社为研究对象，从文献传播的主体、外在载体、内容和传播效应四个方面，分析科学图书社及创办人汪孟邹与安徽近代文献传播的关系。将科学图书社视为近代安徽文献的一部分，其承载着新式知识分子的思想、革命激进书刊、《安徽俗话报》、中小学教材教具等传播内容，推进着安徽近代文献的传播、安徽新文化运动及安徽近代革命的发展。

关键词：科学图书社；近代安徽；文献传播；汪孟邹

戊戌变法之后，安徽省出版业发生了显著的变化。在出版的种类上，新增加了杂志、报纸和教科书；在出版的发行机构上，“由封建政府官刻及小私有者的坊刻、家刻和书铺一统天下，转变为近代资本主义经营的新式印书馆、印书局”①。芜湖科学图书社就是新式书店的代表。科学图书社于1903年冬在芜湖开办，主要代售上海出版的新式书报、中小学教材教具等。作为安徽第一家新式书店，对安徽风气开通、文化进步及近代文献传播的影响巨大。科学图书社还因为汪孟邹先生的渊源，成了当时芜湖教育界、文化界进步人士的聚会和活动场所，成为文献传播中安徽近代代表性的文化符号。

一、科学图书社与近代安徽新式知识分子——文献传播中的主体

1903年，徽州绩溪人汪孟邹托芜湖徽州同乡会的介绍，开设起“芜湖科学图书社”，出版发行新报刊，经销新书、文具和仪器。此前，汪氏曾热衷于功名，考中过秀才，是一个颇有旧学功底的知识分子，1895年中日甲午战争和1898年戊戌变法运动的结局，促使汪氏抛弃旧道路，投身于新书业。科学图书社作为安徽第一家新式书店，应运而生，以传播科学文化知识为主旨的科学图书社是当时新式出版业、新式书店涌起的代表。当时，整个安徽是相对比较闭塞

作者简介：胡凤，安徽省社科院新闻与传播研究所助理研究员，安徽大学专门史方向博士研究生。

① 安徽省地方志编纂委员会：《安徽省志》第56卷，出版，方志出版社，1985年。

的，“皖南皖北老山里头，离上海又远，各种报都看不到。别说是做生意的，做手艺的，就是顶呱呱读书的秀才，也是一年三百六十天，坐在家里，没有报看，好像睡在鼓里一般，他乡外府出了倒下天来的事体，也是不能够知道的”[①]。对于汪孟邹而言，在开设该店以前，他身处皖南绩溪地，“深感绩溪地处偏僻山区，对外交通完全依靠肩挑脚走”[②]。清廷废除科举之后，实行新政，提倡新型学堂是新政的主要内容，汪的家乡也借此开始兴办学校，然而“购置课本文具都很困难”[③]。这一直接原因，鼓动了他想去芜湖办一家书店，便利家乡学校的供应。更深层的原因是受其师胡子承的影响，据汪后来回忆，在绩溪思诚学堂学习期间，“他（胡子承）教我们八股文之外，还教我们历史、地理，而且劝我们节衣缩食，购阅当时出版的新书和新报，这就是我接受新思想的原因，也是我对于新书发生兴趣的原因”[④]。基于上述原因，科学图书社开设之初，主要业务是经销学校的课本和各项文具。为了达到其最初的目的，便利绩溪的学校，他还“约定了两批挑夫，挑送书籍去绩溪……允许他们同时给在芜湖谋生的绩溪同乡挑运行李、货物，捎带银钱和书信回家……他们每个月都要来往绩溪、芜湖一次，人们称他们为新客”[⑤]。这类新客，一方面传播了具象的教科书、他类书籍等文献，另一方面也传播了芜湖相对开放的思想观念和经济模式。

1922年，陈独秀在科学图书社二十周年纪念册上这样写道：“二十年前，孟邹以毫无商业经验的秀才，跑到芜湖开店，实是盲目的行动，然当时为热烈的革新情感所驱使，居然糊里糊涂，做到现在状况。”[⑥] 热烈的革新情感显然是催动汪氏建立科学图书社的主要原因，但陈独秀提及汪氏是毫无经验的秀才，却不全然是，其侄汪原放回忆道：“后来听大叔（汪孟邹）说起，他是从贩书做起，到安庆赶院考，在芜湖长街到南京赶过乡试，去卖新书。”[⑦] 可见创办科学图书社，汪孟邹是有一定的基础的，并非贸然的想法，贩书与乡试期间的买书，让他对新书这一行业有了初步了解。

科学图书社创立后，一直受其师胡子承的支持，后期胡子承甚至直接参与到

---

① 陈独秀：《开办安徽俗话报的缘故》，安徽俗话报第1期，1904年，第3页。

② 程敷信：《汪孟邹与芜湖科学图书社》，政协绩溪县文史资料工作委员会：《绩溪文史资料》，第1辑，1985年，第181页。

③ 程敷信：《汪孟邹与芜湖科学图书社》，政协绩溪县文史资料工作委员会：《绩溪文史资料》，第1辑，1985年，第181页。

④ 汪孟邹：《我的新书业——答萧聪先生》，大公报，1947年8月24日.

⑤ 方兆本主编：《安徽文史资料全书　芜湖卷》，安徽人民出版社，2007年12月版，第759页。

⑥ 聂皖辉：《五四时期新文化的传播者——汪孟邹传略》，中国人民政治协商会议安徽省委员会、文史资料研究委员会编《人物春秋》，安徽人民出版社，1987年，第283页。

⑦ 汪原放：《亚东图书馆与陈独秀》，学林出版社，2006年，第12页。

书社的运营中。除了其师胡子承的支持外，汪孟邹通过其兄汪希颜的关系，相识的章士钊、赵声、陈独秀及胡适等新式知识分子都对科学图书社及后来的亚东图书馆影响甚大。汪孟邹开设了科学图书社后，锐意传播新文化。除课本外，他尽可能经销各地出版的有关新文化的书刊，又先后与在芜湖教育界和其他方面有名望的进步人士联系交往，其中有柏文蔚、苏曼殊、邓绳侯，鲍继唐、李光炯、陈独秀等人[①]。汪孟邹一生在出版界50年，与许多知识分子、新式文人、旧式学究都来往颇多，按照汪原放的归类，分章士钊、陈独秀、陶行知、宗白华、丰子恺、章铁民7个系统[②]。在1913年（上海亚东图书馆创立）之前，汪氏及其科学图书社的主要来往对象是皖籍新式知识分子，大体可从以下三个主体来说明：

第一是以芜湖省立五中为中心的知识分子，如刘希平、高语罕、蒋光慈等。作为一个专卖教具的书店，显然比较容易受到学校的欢迎和关注。而芜湖省立五中是“五四”运动前后芜湖革命斗争的策源地之一，被誉为“安徽的北大”。大量芜湖进步青年在这里接受教育与引导，蒋光慈、祖晨等激进知识青年显然更容易被科学图书社这种传播新思想、新文化的书店所吸引。比如汪孟邹与蒋光慈的来往便起源于其在芜湖省立五中读书的时候，常到科学图书社看书买书，加上五中的刘希平、高语罕两位老师经常向汪孟邹介绍，渐渐汪与蒋结为朋友。

第二是以陈独秀与《安徽俗话报》为核心的知识分子。汪孟邹与陈独秀1901年相识于南京陆师学堂，关系密切开始于1904年陈独秀到芜湖办《安徽俗话报》时。《安徽俗话报》最初创办于安庆，初创之时与科学图书社有一定的关系，创办人之一房秩五这样叙述：“一日，约共办《安徽俗话报》，余任教育，守一（吴守一）任小说，余稿悉由仲甫自任之。每期各稿备齐，仲甫则至芜湖科学图书馆印行。”[③] 鉴于芜湖当时还没有印刷厂，他（汪孟邹）还写信告诉陈独秀：“稿件编好后寄往上海印刷，再运回芜湖发行。”[④]《安徽俗话报》最初的创作群体由于办学、留学日本等原因离开后，陈独秀立即就将刚兴办的《安徽俗话报》自安庆搬迁至芜湖科学图书社。由于《安徽俗话报》和陈独秀的原因，安庆、桐城的知识分子也多趋于科学图书社，如房秩五就在光绪甲辰年东渡时，途径芜湖，“与君（陈独秀）在科学图书馆小楼聚谈三日”[⑤]。

---

① 方兆本主编：《安徽文史资料全书　芜湖卷》，安徽人民出版社，2007年12月版，第759页。

② 徐承伦：《近代出版界的开拓者——汪孟邹、汪原放合传》，《安徽近代历史人物论集》，安徽大学出版社，2009年，第498页。

③ 房秩五著，徐志成点校：《浮渡山房诗存》，黄山书社，2009年版，第389页。

④ 任耕耘编：《斯文正脉：胡晋接先生年纪文集》，黄山书社，2012年9月，第276页。

⑤ 房秩五著，徐志成点校：《浮渡山房诗存》，黄山书社，2009年版，第357页。

第三是以安徽公学师生为核心的新式知识分子。1904 年，安徽著名教育家李光炯将在长沙创办的“安徽旅湘公学”也迁至芜湖，改名为“安徽公学”。当时一些进步人士与革命党人均在该校任教。大约在 1905 年 8 月间，专心于《安徽俗话报》经营的“陈独秀干脆放弃办报，全身心地投入安徽公学的教学工作”①。公学在李光炯等发起人的经营下，以陈独秀、吴汝澄、苏曼殊、谢无量、柏文蔚等革命激进分子为主要教师群体，逐渐成为皖江流域以进步民主盛名的一所学校。学校所延请的教员，多是当时具备留学背景的激进且富有实学的知识分子。“据称除经学国学系邓副经理、李监督兼任外，其余教员系日本、上海、南京、安庆各学名堂毕业生。”② 由于受其巨大影响，全省各地及省外许多有志青年纷纷来芜就读。1905 年，陈独秀与学校部分教员联合先进学生，创建革命组织“岳王会”，发展革命青年，其中最早的组织筹划会及章程就是在科学图书社小楼上召开与草拟的，可见科学图书社与安徽公学的关系，而公学主要教员柏文蔚、苏曼殊等均与汪孟邹交好。

此外，“公立民生中学的李克农、宫乔岩，省立第二女师阿英等人，都经常出入该店，在该店交流思想，议论时局”③。科学图书社因为汪孟邹先生的渊源，成了当时芜湖教育界、文化界进步人士的聚会和活动场所。

省立五中、《安徽俗话报》社、安徽公学几乎集中了芜湖全部的新式知识分子，而他们均与汪孟邹及科学图书社关系密切，显然是基于科学图书社的定位，传播新式知识甚至激进的革命的书籍、思想。中国近代知识分子的形成，除极少数人有机会出国留学外，绝大多数是在新式学堂和新书新报这两大阵地接受“新学”与新文化的。这些新知识群体对新式书店和新式传播机构的鼓吹与积极参与成为历史的必然。科学图书社不仅仅是“科学”的，更是具备进步、激进思想的文化载体。

二、作为新式书店的科学图书社——文献传播的外在载体

科学图书社之所以选在芜湖，与清末芜湖的特殊地理位置和经济结构有关。与省城安庆相比，米市芜湖近代开埠后所形成的商业环境则给安徽新式书店提供了更合适的氛围。近代芜湖地处长江和青弋江结合处，“南通宣歙，北达安庐，

① 张湘炳：《陈独秀与安徽公学，史海抔浪集——陈独秀并辛亥革命问题研究》，天津：天津社会科学出版社，1993 年，第 183 页。

② 张湘炳：《陈独秀与安徽公学，史海抔浪集——陈独秀并辛亥革命问题研究》，天津：天津社会科学出版社，1993 年，第 188 页。

③ 程敷信：《汪孟邹与芜湖科学图书社》，政协绩溪县文史资料工作委员会：《绩溪文史资料》，第 1 辑，1985 年，第 183 页。

估容往来，帆樯栉比，皖江巨镇莫大乎此。”[①] 此外，芜湖周边腹地广阔，内河运输便利，外则以长江作为外埠通道，优越的地理条件为芜湖近代商业和城市发展创造了良好条件。近代随着列强侵略势力向内陆省份的渗透，芜湖优越的位置日益为列强所觊觎。1876 年，中英《烟台条约》签订，芜湖被开辟为近代通商口岸并设置海关。自此，芜湖华洋互市，“屹然与上九下镇鼎立为长江巨埠。”[②] 1882 年，北洋大臣李鸿章奏请将镇江米市移至芜湖，广、潮、烟、宁等商帮先后来芜，芜湖米市地位得到进一步巩固，日渐成为长江下游重要的米粮集散地[③]。近代芜湖商业的繁荣，使得绅商及知识分子集中于芜湖，对于知识的需要较他地更为强烈。当时，芜湖及周边相邻地区并没有和科学图书社定位一样的书店，商务印书馆 1909 年 3 月以后才于芜湖设分店[④]，这之前该地区的教科书业务应该是部分批发给芜湖科学图书社，由其代售，部分直接邮送，《慎宜轩日记》曾提及：“商务印书馆屡寄书相赠，今又以图二种、教科书数种至”[⑤]。汪原放，也提及他在绩溪思诚学堂时读的就是商务印书馆的国文教科书[⑥]。

科学图书社店址选在芜湖的长街，即芜湖市的地理中心，不宽的街道两边街铺林立。但与芜湖长街其他店铺不同，科学图书社店内未设“财神”“老太”（狐狸）龛座，不烧金银钱纸。而当时“芜湖的店家，几乎家家都有一个恭恭敬敬地供养‘老太’的龛座，可是科学图书社始终没有供养过‘老太’，非但没有‘老太’的龛座，还组织过打‘老太’的‘军事行动’呢！”[⑦] 如何“军事行动”，我们不可得知，显然，从店铺陈设上，科学图书社就突出一个“新”字，显著区别于其他店铺。而科学图书社与徽州绩溪的旧式书店有着很大的不同，“我在绩溪城里看见过老书店，有人坐在柜台上订书……无非是《三字经》《千字文》《百家姓》，再是‘四书’，店堂又不干净，无处不是灰扑扑的……而科学图书社，大不相同，很干净，到了夜里，很亮，因为有电灯。”[⑧] 电灯这种现代化的照明工具，使的科学图书社更有现代性、进步的文化指向。

---

① 鲍实：《民国芜湖县志》，《中国地方志集成　安徽府县志辑》，38，江苏古籍出版社．1998 年，第 2 页。

② 冯煦，陈师礼：《皖政辑要》，黄山书社，2005 年，第 2 页。

③ 马永新：《芜湖米市春秋》，中国人民政治协商会议安徽省芜湖市委员会文史资料研究委员会．芜湖文史资料第 2 辑．1986 年，第 15 页。

④ 庄俞：《三十五年来之商务印书馆》，见《商务印书馆九十五年》，商务印书馆，1922 年，第 749 页。

⑤ 姚永概：《慎宜轩日记》（下册），合肥：黄山书社，2010 年 11 月，第 960 页。

⑥ 汪原放：《回忆亚东图书馆》，上海学林出版社，1983 年，第 104 页。

⑦ 汪原放：《亚东图书馆与陈独秀》，学林出版社，2006 年，第 11 页。

⑧ 汪原放：《亚东图书馆与陈独秀》，学林出版社，2006 年，第 10 页。

除了店铺外观外，科学图书社的名称也颇有深意。西学东渐后，“科学”的概念随欧风美雨而来，刚刚兴起的传播业对于“科学”的传播起到了很大的推动作用。科学图书社以“科学”为图书社之名，即已表明“科学”与科教之间存在必然联系。汪氏同时也借“科学”表达了追求进步的意愿，以实现“天演之公例，辟人群之义务，洞环球之全局，澈教育之根源”[①]。其实，芜湖当地人大多不知“科学”这一名词，往往把“科学图书社”喊成“科学图—书社”，认为是一家与众不同的“洋书店”[②]。作为新式书店代表的科学图书社从外在名称上就显然地区别于安徽省的曲文书局、中江书院等官书局、官刻机构[③]，具体特殊的文献的符号和意义。那时，科学图书社所售除教科书外，还有许多激进的新书报，有的是反清的，如《皇帝魂》、邹容的《革命军》《苏报》《复报》等，还有许多创作小说、翻译的小说、名人小传等等[④]。这种情况一直维持了很长时间，虽然1912年以后，芜湖的书店逐渐多了起来，除了两三家不卖新书刊，专售《论语》《三字经》等老书店以外，科学图书社、中华书局、世界书局都先后在芜湖开设了分店，但这些分店又只发售他们自己出版的书刊。科学图书社除了和一般书店一样经营文具盒课本以外，专门经销国内各地出版发行的新书刊。后来陈独秀等人在北京创办的《新青年》杂志、鲁迅创办的《语丝》杂志等，芜湖就只有科学图书社独家经营，成为“芜湖的书业同行中最有影响的一家”[⑤]。

对科学图书社的发行及售书情况，可从对后来的亚东图书馆的评价上窥视一二：“在五四运动和第一次国内革命时期，上海出版业中发售新书刊较多的，就是汪孟邹和其胞侄汪原放经营的亚东图书馆”[⑥]。除了发行新书刊，科学图书社“不敢不更加努力——顺时代的思潮。搜集最新的书籍，杂志；应各界的需要采办最精良的仪器文具。——以答诸君的盛意”[⑦]。这些新书刊、仪器、文具与科学图书社一样，成为新式文化传播的外在载体。

---

① 桑兵，赵立彬：《转型中的近代中国》，社会科学文献出版社，2010年，第56页。

② 徐承伦：《近代出版界的开拓者——汪孟邹、汪原放合传》，《安徽近代历史人物论集》，安徽大学出版社，2009年，第490页。

③ 安徽省地方志编纂委员会：《安徽省志》第56卷，出版，方志出版社，1985年。

④ 汪原放：《亚东图书馆与陈独秀》，学林出版社，2006年，第12页。

⑤ 方兆本主编：《安徽文史资料全书 芜湖卷》，安徽人民出版社，2007年12月版，第759页。

⑥ 聂皖辉：《五四时期新文化的传播者——汪孟邹传略》，中国人民政治协商会议安徽省委员会、文史资料研究委员会编《人物春秋》，安徽人民出版社，1987年，第283页。

⑦ 王余光，吴永贵，阮阳：《中国新图书出版业的文化贡献》，武汉大学出版社，1998年7月，第97页。

三、科学图书社与《安徽俗话报》等——文献传播的内容分析

文献是重要的传播载体，文献传播的内容就是文献所承载的信息，不仅包括以文献为载体的各种信息，还包括关于文献本身的信息，文献本身的信息是传播的主要内容。科学图书社自创立以来，“有的说我们是安徽的第一家新书店；有的说我们的书籍、杂志和仪器、文具也是安徽最完备的第一家”①。但其主要代售上海的新书报，兼营仪器、文具，初期的出版物只有两种，一种是陈独秀的《安徽俗话报》，一种是胡子承编的《高等小学修身教科书》。仅仅《安徽俗话报》这一种，就足以在当时引起轰动的传播效应。晚清国势日益临危，拯万民于水火有赖于“新民”的培养。报刊是最好的培养“新民”的工具，当时民众文化程度较低，试图通过文言或半文言报刊启迪民智无疑效果不佳，改革报章传播形式显得尤为重要，“只有用最浅近最好懂的俗话写在纸上，做成一种俗话报，才算是顶好的法子”②。1904 年 3 月，陈独秀在芜湖创办白话报刊《安徽俗话报》，主张“用顶浅俗的话说告诉我们安徽人，教大家好通达学问明白时事”③。该报自称销量“为海内各白话（报）之冠”④，影响甚大。而《安徽俗话报》的创办发行与其发行所芜湖科学图书社有着密切的联系。“余（房秩五）赴日本学师范，守一亦回桐城授课，仲甫乃将俗话报全部迁至芜湖”⑤。之前胡又承就写信给汪孟邹说：“陈君重甫拟办《安徽俗话报》。其仁爱其群，至为可敬、可仰……此事应如何应付，本社诸同志与栋老（栋臣）会面时可妥商也。”于是，经汪孟邹与图书社同人议妥后，欢迎陈独秀到芜湖办理，并以图书社作为发行机关⑥。汪孟邹不仅作为一个出版人给《安徽俗话报》提供了出版条件，还积极参与到白话报的日常事务中，“从办刊的方针、形式到搜集社会上对该刊的反映等，都视作分内之事。为了办好《安徽俗话报》，他（汪孟邹）不仅发动科学图书社的社员如章谷士、曹复生等，参与撰稿，向读者介绍自然科学知识，而且自己也曾参加编撰该刊的‘新闻’栏的文字”⑦。当时陈独秀实是以安庆爱国会

---

① 王余光，吴永贵，阮阳：《中国新图书出版业的文化贡献》，武汉大学出版社，1998 年 7 月，第 97 页。

② 陈独秀：《开办安徽俗话报的缘故》，安徽俗话报第 1 期，1904 年，第 3 页。

③ 《安徽俗话报的章程》，安徽俗话报第 1 期，1904 年，第 3 页。

④ 《本社广告》，安徽俗话报，第 12 期，人民出版社，1983 年影印本.

⑤ 房秩五著，徐志成点校：《浮渡山房诗存》，黄山书社，2009 年版，第 389 页。

⑥ 唐宝林：《陈独秀全传》，社科文献出版社，2013 年，第 52 页。

⑦ 聂皖辉：《五四时期新文化的传播者——汪孟邹传略》，中国人民政治协商会议安徽省委员会、文史资料研究委员会编《人物春秋》，安徽人民出版社，1987 年，第 284 页。

与芜湖科学图书社联合创办此报，科学图书社的成员及董事均参与其事。《安徽俗话报》于1904年3月正式出版，报社的编辑人员亦居住在科学图书社内。

《安徽俗话报》月出两期，朔望发行，由章士钊创办的上海大陆印刷局承印。所谓文献传播实质就是人类社会的信息和知识以文献作为媒介在时空中的传递、交换和共享的过程，即文献及其内容在时空中的迁移和扩散的过程。由于《安徽俗话报》采取通俗易懂的白话形式，自出版以来“同人皆颇欢迎”①，有效实现了文献及其内容在时空中的传递和迁移。陈独秀以笔名“三爱”在《安徽俗话报》发表多篇文章，其中多与启蒙智识、开通风气有关。而对于《安徽俗话报》上输入的新思想，时人反映不一。胡子承曾就该报内容致信芜湖科学图书社，称“局外则多訾议”。如“自由结婚”等语，尤贻人口实。其实此时中国人至自由结婚“尚不知须经几多阶段，若人误于一偏，不将‘桑濮成婚’概目为文明种子乎？鄙人其敬此报，甚爱此报，而又不敢随声附和此报”②。可见，其时的《安徽俗话报》所试图宣扬的新思想尚不能为社会所广泛接受，无怪于保守人士将其称为“洪水猛兽”。

除依赖芜湖科学图书社发行，《安徽俗话报》亦为科学图书社刊登广告，介绍社内业务。该报第三期就曾登载科学图书社布告：“本社创设宗旨为输入内地文明起见，去秋开办情形已登日报。近复增集股本力图扩张，特约日本东京同乡诸君并派妥友驻沪专司采办，所有东京上海新出书籍、图画、标本、仪器、报章等件务求完备，以副同人创办之初心。所售各书籍因鉴于欲开民智教育为先，故于蒙学、小学堂所用教育书及用品，尤所注意零售划一，万批从廉函购，亦可惠顾诸君，请向芜湖长街徽州码头便是。”③ 可见芜湖科学图书社经营宗旨和业务范围。而《安徽俗话报》随后的畅销亦使得芜湖科学图书社名声大振。图书社主持人汪孟邹也因与陈独秀、章士钊、柏文蔚等的人际交往积累起雄厚的社会资源，进而以芜湖科学图书社为基础创办上海亚东图书馆。

科学图书社大概在1904年或1905年，还出版过胡子承先生编的《高等小学修身教科书》，共四册。听店里人谈起，销场并不好④。然而，教科书仍然是科学图书社的主要书目。有学者根据当时书局编印书目，统计出当时在沪书局编印书目简表，根据上海出版情况可判定下表中科学图书社应该为芜湖科学图书社所设立的科学图书社申庄（与亚东图书馆同一处，两个牌子）。当时汪原放等回忆

① 汪原放：《亚东图书馆与陈独秀》，学林出版社，2006年，第16页。

② 汪原放：《回忆亚东图书馆》，学林出版社，1983年，第16-17页。

③《科学图书社布告》. 安徽俗话报，第三期，封底，1904年4月1日.

④ 汪原放：《亚东图书馆与陈独秀》，学林出版社，2006年，第18页。

初到上海亚东图书馆时，曾说“我们的工作，一是替芜湖科学图书社办仪器、文具、图书、杂志。各同行都是大叔逐家逐家带我们去接洽。……三是写账，有亚东的账，有芜湖办货的账。”① 表中显示科学图书社总数是514种类，也有学者统计认为：“科学图书社的图书目录则将代售和自售的图书作了明确的区分，计有图书532种”②。无论是514类还是532类，在当时看来，数量都是非常大的，而且种类最大的是教科书，可以推断出科学图书社是安徽省教科书的重要发行机构。这些教科书发行到全省中小学，真正实现了陶行知所言的“赈济了二十年学术的饥荒”。

表1　上海各书局编印书目所列图书简表③

书目名称	总数	旧学	新学	通俗日用	教科书
商务印书馆出版教科书木（1906）	204		4	16	184
扫叶山房发兑石印书籍价目	372	272		100	
同文书局石印书画图贴	152	94		58	
飞鸿阁发兑西学各种石印书籍	478	207	85	186	
纬文阁发兑石印时务算学新书目录	426	181	226	19	
十万卷楼发兑各种石印西法算学洋务书目、经史子集价目	687	238	126	323	
鸿宝斋发兑各种石印书籍	282	225	10	47	
申昌书籍发兑石印书籍	660	308	142	210	
宝善斋发兑各种时务算学策论新书	659	228	262	169	
广智书局新书目录	206	29	47	87	43
时中书局新书目次	524	98	68	162	196
科学图书社图书目录	514	2	34	46	432

四、科学图书社与安徽新文化运动——文献传播的效应分析

科学图书社作为一家图书发行机构，不仅传播具体的教材、图书、仪器等文本，同时还兼顾皖省文化复兴的重任，在1904年的《安徽俗话报》上，署名

① 汪原放：《亚东图书馆与陈独秀》，学林出版社，2006年，第22页。
② 周振鹤：《晚清营业书目》，上海书店出版社，2005年，588-610页。
③ 上海市档案馆：《档案里的上海》，上海辞书出版社，2006年，第257页。

“科学图书社社员”的作者发表了一篇调查文章，题为《庐州书市的情形》。在这篇调查里，作者对庐州府四县一州的买书情况，进行初步统计：“来买书的人数，比较起来，要算合肥的顶多，庐州舒城次之，巢县无为州的人顶少。”① 作者还根据所售书目对庐州府的阅读爱好、教育、读报阅报行为等进行评价，对文明志士免费办学、免费提供报纸供他人阅读的行为，给予高度评价。这篇调查借助《安徽俗话报》传播至安徽省南北，是科学图书社推动安徽省开通新文化的又一佐证。调查末篇，作者将此次科学图书社在庐州出售的书目，列出详表(见表2)②。

表2 《庐州书市的情形》所列的庐州售书统计表

书类	种数	共销部数
历史（附传记）	五十七	一百二十八
地理（附舆图）	二十六	六十七
政法	四十二	十六
教育	二十七	二十三
教课	六十五	四百四十
外国文	十九	三十二
理财	十四	十八
小说	十七	四十四
术生	十五	四十四
哲学	二十二	十六
算学	三	六
杂书（附杂图）	三十八	一百十〇
总计	三百四十五	九百四十四

表2统计显示，除了教课、历史类杂书等外，“政法教育理财哲学，那些切实有用的书，文义也异为深奥，科场里有不很太重，买的人就很少了”③，作者据此感叹：“可见庐州的风气，也不能真正开通哩。”④ 对安徽省风气不通的感慨促使科学图书社发行更加激进的书刊，试图借用先进的思想，来启蒙安徽省民众，这点在五四时期，最为显著。

五四前后是中国社会急剧大动荡的时期，各种新思潮、新思想层出不穷，伴随这种情况，各种报纸、杂志像雨后春笋节次而生。五四运动前夕，芜湖科学图

---

① 科学图书社社员：《庐州书市的情形》，《安徽俗话报》，1904年，第14期，第23页。
② 科学图书社社员：《庐州书市的情形》，《安徽俗话报》，1904年，第14期，第26页。
③ 科学图书社社员：《庐州书市的情形》，《安徽俗话报》，1904年，第14期，第25页。
④ 科学图书社社员：《庐州书市的情形》，《安徽俗话报》，1904年，第14期，第25页。

书社已成为陈独秀创办的《青年杂志》（后改为《新青年》）的第一批“代派处”，成为《青年杂志》最早发行地之一。“五四”浪潮席卷全国之后，芜湖科学图书社更集中力量经营新书、新杂志。它除了继续发行《新青年》杂志外，还经销《中国青年》《新潮》《每周评论》《新生活》《建设与改造》《向导》《创造周刊》《语丝》《拓荒者》《北斗》《生活周刊》等刊物。芜湖当时倾向革命的高语罕和沈泽民主办的《芜湖》半月刊（1921 年）、芜湖学联主办的《芜湖学生会旬刊》（1921 年）以及后来阿英主办的《苍茫》杂志（1925 年）等刊物，芜湖科学图书社也代为发行。《新青年》杂志等激进的新思想通过科学图书社传播到芜湖、皖江地区乃至全省，先进人士和各校青年受到了很大的影响。

从科学图书社的角度来看，出版物所传播的内容不仅是图书期刊等载体和媒介所承载的各种内在信息，还包括关于图书和期刊本身的信息、科学图书社本身多具备的信息，可统称为外在信息。内在信息和外在信息一起，达到了文献传播的综合效应。1922 年书店成立二十周年，胡适说科学图书社“为新文化做了几十年媒婆，给旧世界播下数千颗逆种”，即是指科学图书社在推动安徽新文化运动和安徽革命上的巨大作用。当时，全省大江南北的许多进步师生均到芜湖科学图书社购书，以至于流传出一首民谚：“要买新书，请到芜湖；要买新杂志，请到长街去。”①

1917 年，汪孟邹到上海开办亚东图书馆，科学图书社实际上成了亚东分店，“此时的科学社同时成了一批革命党人活动的场所……常到科学社来的有赵伯先、柏文蔚（烈武）等等革命党人。”② 特别是五四运动时期，科学图书社简直成了芜湖各个中等学校开展运动的联络点。“也就是因为这些原因，五四运动之后，该店经理陈啸青遭受反动当局的传讯和扣押”③。科学图书社小楼在五四至大革命时期还是芜湖乃至安徽省革命活动的据点。大革命时间，一度负责指导发行工作的阿英，曾将汉口长江书店的革命书籍，如《共产主义 ABC》《辩证唯物论》《经济史观》等引进芜湖，在科学图书社内销售，深受青年学子的欢迎。此时科学图书社不仅作为一个传播进步文献书刊的文化机构，更是直接成为许多群众运动的谋策地。芜湖的响应五四风潮、声援安庆“六二”运动，反对曹锟贿选、人力车夫大罢工、反奴化教育运动、声援五卅运动、反对陈调元兵变等许多

① 徐承伦：《近代出版界的开拓者——汪孟邹、汪原放合传》，《安徽近代历史人物论集》，安徽大学出版社，2009 年，第 490 页。

② 聂皖辉：《五四时期新文化的传播者——汪孟邹传略》，中国人民政治协商会议安徽省委员会、文史资料研究委员会编《人物春秋》，安徽人民出版社，1987 年，第 284 页。

③ 程敷信：《汪孟邹与芜湖科学图书社》，政协绩溪县文史资料工作委员会：《绩溪文史资料》，第 1 辑，1985 年，第 183 页。

重要的群众运动，都是在这里作出决定的，科学图书社一度被称为“为会议机关”①。朱蕴山先生在20世纪60年代初曾说：“辛亥革命前夕，安徽的所有革命运动都直接或间接地导源于芜湖，而推动这项运动的人和地，实为李光炯氏与他所办的安徽公学。”② 除去安徽公学以外，不能不说有科学图书社的宣传推进之功。对于科学图书社的评价，应当是历时性的，科学图书社不仅以新书、报刊、仪器、新式教材、教具为文献传播载体，自己也逐渐成为一个文化符号，不断被传播着，而文献传播“既要在空间领域实现共时性传播，又要在时间范围内实现历时性遗传”③。科学图书社，以文献传播主体的身份，在种族革命、传播新知、政治战争、社会运动和文化运动中，持续三十四年，开通安徽风气，助推安徽革命，实现了自己的文献传播的效应。

① 徐承伦：《近代出版界的开拓者——汪孟邹、汪原放合传》，《安徽近代历史人物论集》，安徽大学出版社，2009年，第490页。

② 李相珪、张汝娴：《李光炯先生的一生》，《安庆文史资料》，第十五辑，第14页。

③ 周庆山：《文献传播学》，书目文献出版社，1997年，第4页。

论城市扩容后的文化融合

——以枞阳县并入铜陵市为例

耿宏志

摘　要： 近年来，安徽的几个工业城市合肥、芜湖、马鞍山、淮南、铜陵相继扩容，皖江发展呈现了新的局面。但扩容以后，仅仅在形式上、物质上、人员组织上进行整合是远远不够的，只有实现了文化融合才能有效形成合力，才能具备发挥扩容优势的根本动力。所谓文化融合，是指两个或两个以上社会群体的文化心理相碰撞，从逐步认同、相互磨合、彼此渗透，到再造出一种全新的文化精神的过程。文章以枞阳县并入铜陵市为例，对这一过程进行探讨。

关键词： 城市扩容；文化融合

近年来，安徽的几个工业城市合肥、芜湖、马鞍山、淮南、铜陵相继扩容，皖江发展呈现了新的局面。行政区划调整既有利于城市规模与资源环境承载能力相适应、促进区域城乡协调发展，又有利于统筹规划建设管理、激发内生动力，也有利于优化生产力布局，提升资源配置效率，提高公共服务水平。区划调整以后，紧接着便是规划跟进，组织人事跟进，在新的发展条件下谋篇布局，优化资源配置，部署发展战略。但，仅仅在形式上、物质上、人员组织上进行整合是远远不够的，只有实现了文化融合才能有效形成合力，才能具备发挥扩容优势的根本动力。

以枞阳县并入铜陵市为例，2016 年枞阳县整建制并入铜陵市，铜陵市面积由原来的 1200 平方公里增加到 3008 平方公里、人口由 73.6 万人增加到 170 万人，双双翻了一番以上。这使得铜陵在更大的范围内聚集和配置发展要素，加快铜陵实现转型发展、协调发展、拥江发展的步伐。但二者的文化融合仍是一个绕不开的课题。

作者简介： 耿宏志，安徽克群律师事务所执业律师。

一、关于文化融合提法的思考

什么是文化？文化似乎是一个既熟悉又陌生的社会学概念。说熟悉，是因为它无处不在，人们甚至每天都要提到它；说陌生，是古今中外至今没有一位哲学家、社会学家、人类学家、历史学家和语言学家能够给这一概念作出令人信服的定义。比较为学界接受的提法是，文化有广义和狭义之分：“从广义来说，指人类社会历史实践过程中所创造的物质财富和精神财富的总和。从狭义来说，指社会的意识形态，以及与之相适应的制度和组织机构。”①

而我们所讨论的“文化融合”中之“文化”，实质上是指一定地域人群的文化心理和文化精神，属于社会意识形态的范畴，包括因历史传承、地理环境、生活状态、所在地政治经济发展轨迹的影响而形成的一定地域人们普遍认同的价值取向、道德观念、行为规范、审美情趣、思维习惯、民风民俗等。所谓文化融合，则是指两个或两个以上社会群体的文化心理相碰撞，从逐步认同、相互磨合、彼此渗透，到再造出一种全新的文化精神的过程。

二、对铜陵与枞阳两地文化的缕析

（一）铜陵文化精神

铜陵地处长江南岸，1956 年建市，为中华人民共和国成立后新兴的工业城市。区划调整之前，铜陵仅辖一县三区、一个国家级经济技术开发区，面积 1200 平方公里，人口仅 74 万。

长期以来，铜陵人自诩铜陵文化为“青铜文化”，或曰“铜文化”。因为铜陵以铜立市、因铜得名、业铜而兴。近年来有人对铜文化的称号提出怀疑，认为铜文化是产业文化，是围绕铜产品生产而产生的文化现象。如今铜资源早已枯竭，铜文化不能代表正在转型发展的新铜陵的城市精神。其实，这一观点忽视了铜陵“铜文化”的符号意义，大大缩小了“铜文化”的内涵，把“铜文化”等同于“关于铜的文化”，或为“关于铜的生产的文化”。

在铜陵，“铜文化”只是“铜陵地域文化”的称号，是铜陵城市精神的概括。“铜文化”古朴厚重，博大精深，主要有以下特点：

1. 悠久的铜工业历史

铜的生产是铜陵的历史，是铜陵之所以为铜陵的根本。铜陵的铜工业史与众不同的，一是历史久远。早在三千年以前的商周时代，铜陵地区就有铜的开采。

---

① 《辞海》（缩印本）1980 年版，第 1533 页。

铜陵民间不乏关于铜的传说。嘉靖《铜陵县志》载金牛洞：“相传有金牛出游，乡民设阱拦截。其地有大栏、小栏之名。又，南有闸牛岭，石山牛迹宛然。”时至今日，铜陵仍不断有铜生产的考古发现。保存完好规模较大的古遗址有金牛洞采矿遗址、万迎山古冶炼遗址、罗家村古冶炼遗址等数十处。二是系统。历史上国家在铜陵设有铜生产的管理机构。西汉朝廷在此设有铜官。到唐朝时，国家册封铜官山为利国山。北宋朝廷还在铜官山下设置了一个管理采铜的机构——利国监。三是连续。铜陵的铜工业生产从古至今没有中断过。现今仍在持续开采的有铜精山（狮子山）、冬瓜山等。铜加工业已经成为现代铜陵的支柱产业。四是立体。自古至今的铜工业文学艺术为铜陵所仅有。唐代大诗人李白在铜陵创作的“炉火照天地，红星乱紫烟，赧郎明月夜，歌曲动寒川”“铜井炎炉歊九天，赫如铸鼎荆山前”，宋代诗人梅尧臣所写的“碧矿不出土，青山凿不休，青山凿不休，坐令鬼神愁”，清代诗人章永祚的“烟吞梅冶戍，浪卷峡山田”等。这些铜工业诗歌拓宽了中国古代诗歌的题材，填补了古代诗歌的空白，也是铜陵古代铜工业生产的真实记载。自古及今，无数铜陵文学艺术家创作了大量小说、诗歌、音乐、绘画、书法、舞蹈等文学艺术作品，讴歌了铜陵人为铜工业发展所做出的巨大贡献，见证了这个城市从无到有、从落后的农业县到先进的工业城市的光辉历程。如今走进铜陵，那随处可见的铜雕塑，彰显了铜陵的城市个性，洋溢着浓厚的铜工业的文化气息。

2. 历史上铜陵人勤劳、坚韧、质朴、敦厚

古《铜陵县志》说，铜陵人“尚礼义，厌浮华，此风俗之美者也”，“土风清和，民俗淳厚，士笃于学，农力于耕”。这一风尚影响至今。铜陵的先民一直有着“碧矿不出土，青山凿不休”的勤劳和执着。“凿不休”是开创基业的艰难，也是劳动者的决心和毅力的体现。即使劳作千辛万苦，铜陵人仍“歌曲动寒川”“坐令鬼神愁”。这是铜陵矿工的气魄，更是对铜陵人积极进取、顽强拼搏的意志和精神的概括。这是铜陵文化精神的主体，并已经形成了一代一代铜陵人的共性。

铜陵人本质善良，习惯和睦相处。乾隆《铜陵县志》称，铜陵“士夫多重意气，惜名节，见有败行者，众即相与疾之。庶民无暴桀之风，鲜险诈之习。虽有讼，不嚣。”明代董斯张撰写的《吴兴备志》上有一则史实记载：“沈播其先武康人……天圣二年以进士起家……再调贵池县主簿……尝摄铜陵县事，有兄弟争财者，为辨其曲直，卒使之感悟让财，相与同居。”① 这个故事发生在北宋仁

① 《吴兴备志》卷第十一。［民国］南林刘氏嘉业堂刊本。

宗时期，一千年前那两位无名“兄弟”的通情达理，是铜陵先民善良质朴的最好例证。

商业是一个以利为目的追求的行业。铜陵人传统的善良禀赋毫无例外地影响着域内商界行止。十九世纪后期来大通和悦洲经商的有来自湖南湖北、合肥安庆等各地商家，俗称“八大帮”。这“八大帮”聚集在通和两岸，不同的经营理念，各异的经商礼俗，在这里长期竞争和交流，同时继承并吸收了铜陵人“尚礼义，厌浮华”的优良民风，从而形成了铜陵的商业文明。“洲有事八帮共议之，亲亲为宝，若家人然，从无排外欺生，党同伐异之恶性。”① 可谓德仁礼让，和气生财。

3. 历史上铜陵人安土重迁，重农轻商，但胸怀博大，海纳百川

古县志上说，铜陵人“自农亩外，无商易于四方者”。铜陵民间谚语有“生意钱，眼面前；庄稼钱，万万年”“七十二行，种田为王”。民间谚语是民间习惯思维的集中反映。这些习惯思维严重地制约了古代铜陵的经济发展和文化交流。铜陵的地方方言现象可以佐证。铜陵地处长江边，交通便利，但原铜陵县是山圩区，包括紧靠大江的铜陵县县城的方言却非常难懂。学术界称为“方言岛现象”。古代铜陵人外出求学、务工、经商，甚至谋求仕途的人都非常少。铜陵的集镇和城市发展步伐也相当缓慢。即使是在唐代宗大历六年（771 年）以前就已经设立临津驿的顺安，到宋朝设镇时，规模也非常小。《宋会要辑稿·食货一六·商税二》记载：“熙宁十年（1077 年），在城（指贵池）：四千八百五十一贯七百一十三文；铜陵县：一千七百五十二贯二百四十文；建德县：七千一百四十一贯一百五十八文；青阳县：三千七十六贯七十六文；石埭县：一千二百五十二贯三百三十六文；东流县：一千一百九十六贯五百八十四文；池口镇：一万三千三百八十六贯四百七十九文；大通镇：三千六百一十六贯六十二文；顺安镇：三百七十五贯四百一十五文。”这是宋神宗王安石变法时期池州的商税情况。宋朝商税和田税截然分离。商税包括住税（即市场经营户交纳的）和过税（即设关卡征收贩运货物的税）。从以上记载可以看出，当时的顺安镇、大通镇和池口镇同为池州三个“计划单列”镇，池口镇商税额是大通和顺安两镇总和的三十倍，顺安镇的商税税收只有池口镇的约三十五分之一。当时铜陵县全县的商税规模只与石埭县和东流县相当，可见基本上没有大的商业活动。及至 1876 年中英《烟台条约》增辟芜湖为通商口岸，大通被作为“轮船暂准停泊”以“上下客商货物”的码头，其商业才得到了短暂的畸形发展。但来此经商的基本上仍是外

① 胡朴安（1878—1947）著《中华全国风俗志》下篇卷五第 27 页，《鹊江风俗志》，中州古籍出版社 1990 年 5 月第一版。

地人。可见铜陵人传统观念中商品经济意识相当薄弱。

铜陵人鲜有排外心理。唐代大诗人李白写有《宿五松山荀媪家》一诗，向世人讲述了他在铜陵所遇到的一位可敬老人，自己过着“田家秋作苦，邻女夜春寒”的艰苦日子，却用辛辛苦苦得来的“雕胡饭”殷勤接待素不相识的客人，直教诗人“三谢不能餐”。荀媪一家的这种勤劳、质朴、诚恳而又热情的“漂母”性格，是铜陵人海纳百川本质特征的生动体现。

铜陵自古就是一个移民地区。铜陵史上第一次大规模移民为东晋时期来自位于今河南省舞阳北部的定陵县民，他们在此侨置了定陵县。定陵县作为国家在铜陵这块土地上设置的县级行政机构，前后历经了晋、宋、齐、梁、陈、隋六个朝代，延续了近一百八十年。定陵人的后裔成为后来铜陵县本地居民的基本成分。第二次大移民为清同治年间迁自湖北荆襄地区。铜陵的顺安、新桥、朱村等地，很多湖北移民的子孙至今还说着带有湖北口音的铜陵话。随着铜陵铜工业的发展，20世纪50年代末，有不少无为、枞阳的居民通过招工等途径移居扫把沟、横港一带，他们从此就落户铜陵，在铜陵这块土地上图生存，谋发展。居不完全统计，现今铜陵市的县局级干部中，近三分之一是枞阳人。改革开放以后，人员流动方向更复杂，铜陵居民的籍贯更多样。一代一代移民在在铜陵这块土地上繁衍生息。他们和睦相处，水乳相融，体现了铜陵人胸怀博大、包容四海的本质特征。

4. 新一代铜陵人目光远大，富有创新和进取精神

改革开放初期，铜陵发展较为迟缓。20世纪80年代初，全国各地南下打工寻找机会的人已形成了潮流，而铜陵县政府当时提出的口号却是“远学东莞，近学繁昌”，外出务工的农民则极少。但有幸的是，1991年，一批铜陵的有识之士在市委市政府的领导下，敢于解剖自己，抓住了改革开放的机遇，及时发出了《醒来，铜陵!》的呼号。一场被誉为“改革开放以来国内第一场思想大讨论”的活动在铜陵展开，极大地活跃了铜陵人的思维，解放了铜陵人的思想，开阔了铜陵人的眼界，也令全国人民注意到铜陵，关注到铜陵。思想解放的程度，决定改革的深度、开放的力度、崛起的速度。从“醒来，铜陵”，到“起来，铜陵”，再到“崛起，铜陵”，三次思想解放，铜陵从工业企业砸破铁工资、铁饭碗、铁交椅起步，在优化资产运营机制、发展循环经济、促进资源型城市转型、推进教育均衡化，以及行政审批制度、党政机构、投融资体制、户籍制度等方方面面开拓改革，取得了辉煌的成就。几十年过去，铜陵已经由一个以资源开采和初加工为主的资源枯竭型矿业小城，发展成为一座经济特色十分鲜明、城乡面貌焕然一新、人民群众安居乐业、社会大局和谐稳定的新兴工业城市，政治、经济、社会、生态文明等方面的发展，均走在全省乃至全国的前列。2015年，铜陵市的

财政收入达到135亿元，其中税收收入占比84.7%，高于全省平均水平11.4个百分点。其他各项指标都居全省前列①。

（二）枞阳文化精神

枞阳地处长江北岸，与铜陵隔江相望，1949年2月分原桐城县东、南乡设县。全县现辖22个乡镇，面积1800平方公里，人口96万。枞阳有着悠久的历史，汉武帝元封五年（公元前106年）即建县，南朝梁时曾设过枞阳郡。

1. 崇尚英雄的传统情结

西汉元封五年（公元前106年）冬，汉武帝巡行天下，“亲射蛟江中，获之”，又以满腔浩然之气，慷慨一曲《盛唐枞阳之歌》。这段故事被《汉书》记载，直令枞阳人民代代相传，据以为傲。汉武精神构成了枞阳人崇尚英雄的忠贞情结。枞阳人以“气节之乡”形容自己的土地，人们崇敬不畏强暴锄强扶弱的好汉，嘉仰为理想而英勇献身的志士。谈到历史上诞生在枞阳的英雄人物，枞阳人会如数家珍。常为人提起的有：疏劾大宦官魏忠贤被构陷下狱、酷刑致死的明代朝官左光斗；高唱“将头临白刃，犹如斩春风”的方以智；愤世嫉俗、遭文字狱迫害致死的戴名世；“誓报父仇不顾身”只身刺杀军阀孙传芳的女中豪杰施剑翘等等。

东乡习武。枞阳县周潭、陈瑶湖、横埠一带乡民自古就有尚武民风。“东乡俗尚意气，其民好斗敢死”②，这是一方水土养育出的独特精神文化现象。当地民间流传着很多习武人扶正压邪、除暴安良的英雄故事。枞阳更是一个有着光荣革命传统的红色之乡。土地革命时期到铜陵组建第一个县委并担任县委书记的，就是来自枞阳的共产党员苏拓夫（疏冠中）。抗战期间，陈瑶湖水圩村一带是桐东抗日根据地。从土地革命战争到新中国成立，为了中国人民的革命事业，枞阳牺牲了600多名优秀子弟，也产生了一批和黄镇同伍的革命家、将军。解放战争时期，“百万雄师过大江”，枞阳人民踊跃参军支前，枞阳镇成为解放军中线渡江指挥部所在地。这些英雄业绩已载入中国革命的光荣史册，成为枞阳人民的英雄传奇。

2. 重文尚读、尊师重教是枞阳人民普遍认同并坚守的社会价值观

枞阳民谚：“穷不丢书，富不丢猪。”重文尚读、尊师重教是枞阳人民根深蒂固的金科玉律。枞阳民间有识之士办学助学的风气也薪火相传。例如吴汝纶创办桐城学堂；童鉴泉在枞阳镇陶公祠创办枞阳公立小学，教师由镇内热心教育的知识分子担任，月薪很少，有一半是尽义务的；枞阳高甸吴芝瑛捐出父母遗产兴

① 2016年《铜陵市政府工作报告》。

② 吴汝纶《章冠鳌传》载《吴汝纶全集》（一）228页，黄山书社2002年版。

办鞠隐国民小学堂等等。光绪三十四年（1908 年）倪梅轩、童烽在枞阳镇创办了公立化俗女子学堂。民国《桐城县志略》称："得文风之熏染，诗文俱佳者，以化俗女子初等小学堂为最。"可见枞阳的教育观念、教育普及程度之先进。据统计，明清两朝原桐城县考中进士的就有 240 名，考中举人的有 640 人，贡生为 509 人①。民国时期枞阳民间办学蔚然成风。著名的教育家、社会活动家房秩五节衣缩食创办浮山中学。该校现已发展成为安徽省示范高中。其他诸如宏实小学、励须小学、惜阴小学、西峰庙小学、枫林小学、新化小学、达德小学、达材小学、占成小学、启明小学、南阳疏東氏高等小学堂、民生初级中学等等，不胜枚举。

正是得益于重文尚读、尊师重教的全民共识，枞阳县为我国政治、经济、军事、文化、科技事业培养了一大批顶尖人才。2007 年，安徽省社科院开展"安徽两千多年来百位文化历史名人之星"评选活动，枞阳县就有 10 位先贤榜上有名。其中，最具代表性的就是集思想家、科学家、文学家于一身的方以智。新中国成立后，从枞阳县走出来的各类专家更是星汉灿烂，如中国现代美学奠基人朱光潜、中国计算机之父慈云桂、中国科学院院士陆大道、中国工程院院士汪旭光等。据初步统计，枞阳现在国家科研机构和高等院校工作的教授级以上的专家就有 100 余人。

3. 桐城文派是枞阳人民对中国文学史的杰出贡献

桐城文派是清代最大的散文流派，它与清王朝整个朝代相始终，前后延续 200 余年，其传人遍及全国，规模之大，时间之长，影响之久远，为中国文学史所仅见。桐城文派由清代名臣曾国藩命名②。它的创始人和各时期的大家多为枞阳人：方以智、钱田间开创了桐城派的先河；方苞奠定了桐城派的理论基础；刘大櫆承上启下发展了桐城派的文论；姚鼐集各家之大成，完善了桐城派理论体系；吴汝纶、刘开、姚莹为桐城派后期的杰出人物。桐城文派的文学思想虽然不断有人提出争议，但其在中国文学史上的地位是不可撼动的。桐城文派承继了秦汉以降特别是宋代古文理论，创造性地提出了"义法说""神气说"以及"道与艺合""天与人一"等散文创作思想，且通过他们的创作实践使中国古文创作达到了巅峰。更值得提出的是，桐城文派对传统文化采取批判继承的态度，主张融会贯通，考旧知新，"汉宋会通"，"中西会通"。面对急剧变化的社会环境，他们宣扬"经世致用"，与当时的社会保持密切联系。桐城文派的与时俱进的学

① 《枞阳县志》1998 年 6 月第一版 498 页。

② 曾国藩《曾文正公文集》卷三《欧阳生文集序》："历城周永年书昌，为之语曰：'天下之文章，其在桐城乎！'由是学者多归向桐城，号'桐城派'。"

风，是其保持旺盛生命力而居久不息的根本原因。

4. 自古至今闯荡四方、放达不羁的民风

枞阳县属自然农业经济区，县民多以渔耕为业，县境滨江背湖。由于历史上水利建设非常落后，枞阳县是真正的“大水大灾，小水小灾，无水旱灾”。根据《清实录》统计，清代267年中，桐城县受灾并上报朝廷核减或蠲免税赋达112次，基本上全部是水旱涝灾。其中嘉庆朝25年达到20次，道光朝几乎年年都有灾报。“光绪二十二年至二十四年（1896—1898年），连续3年遭受旱涝灾害，最后一年灾情更为严重（百年未遇）”。[①]“1931年长江大水，当溃圩之日，大雨倾盆，触浪排空，先将小轮码头桂家坝镇刘海鹏家冲倒，继将该镇房吉昌等七八家商店冲毁，再次将沿堤数百家居民宅屋卷入洪涛巨浪。霎时圩内数十万民，仓皇失措，哭声震地。……一村数十家，不存片瓦，一家数十口，难觅孤丁。”[②]频繁的自然灾害造成枞阳县百姓极度贫困，每次灾害都有成批百姓逃荒在外。当地政府和乡绅也组织大批乡民外出谋生。“民国二年（1913年）……南乡实业界人士方履中（今义津镇人）在宿松、东流、彭泽等县购置荒洲、湖场，从家乡招民数万人，垦田约10万亩。”[③]“1958年‘大跃进’时期出现过一次人口盲流，江苏、安徽两省外流人口大批涌入彭泽，尤以安徽桐城、枞阳、庐江人为多。这些人后来大都留居彭泽棉船、芙蓉圩区，少部分返回原籍。”[④]

枞阳人四海为家，能够很快新的环境。不过，枞阳方言的顽固性却也证明了枞阳人对传统的执着。大部分枞阳人不管走到何处，不论生活多久，其乡音难改。例如江西彭泽沿江的乡镇几乎以枞阳籍居民为主，他们至今说的仍是枞阳方言。在枞阳县内，“南乡”方言温柔、具音乐性，“东乡”方言高亢、具豪爽力，其区别是明显的，却互不影响。改革开放以后，枞阳县大批农民走南闯北打工谋生，所以枞阳又称为劳动力大县，每年外出务工经商者达30万人以上。在改革开放的大潮中，有很多外出务工经商的枞阳人通过积累和创业成为企业家或经营业主。不过，大量劳动力外流对家乡面貌的改变似乎促进不大。枞阳县一直没有摆脱依靠传统农业维系社会经济的状况，直到2012年才摘掉戴了二十多年的贫困县帽子。而少数县民因长期外流，缺少有效管理，导致法制观念淡漠，反过来也阻碍了枞阳县经济的快速腾飞。

---

① 《枞阳县志》1998年6月第一版《大事记》。

② 载《安徽省赈务会汇刊》第一期。转自《安徽水灾备忘录》，安徽省地方志办公室编著，黄山书社1991年11月第一版。

③ 载《安徽省赈务会汇刊》第一期。转自《安徽水灾备忘录》，安徽省地方志办公室编著，黄山书社1991年11月第一版。

④ 《彭泽县志1986—2000》卷二，江西人民出版社2009年版，第58页。

三、文化融合策略之我见

从以上两地文化精神的归纳可以看出，铜陵市是一个新兴的工业城市，枞阳县是一个传统的农业大县。两地都有悠久的历史文化，尽管其文化的内容不尽相同，却都是以劳动人民为主体的民众创造的灿烂的成果，都是皖江文化的重要组成部分。两地都位于长江之滨，隔江相望，其民间习俗基本相同，虽然两地民风确有差异，但勤劳、质朴、向善的基本品质是一致的。

城市通过合并或吸收新的区域而扩容后，原来不相统属的区域在行政区划上形成了一个统一体，社会组织上构成了一个新的系统，经济结构上成为一个紧密的有机体，文化精神上自然会由接触而发生碰撞、筛选进而融合，实现新的文化精神的再造。其中接触和碰撞是自发的、必然的，而筛选则应当是自觉的、有目的的。这是文化融合的关键。笔者再以枞阳县并入铜陵市为例，提出以下几点建议：

（一）确立新城市的文化主题

多元文化交融过程中，必须根据城市合并的意图、新的城市的发展方向，结合现代文化的发展趋势，确立新城市的文化主题。铜陵提出“十三五”规划的三大战略是“转型发展、协调发展、拥江发展”。铜陵虽然被列入国家资源枯竭型城市，通过城市转型，已经告别了以铜的生产为唯一内容的单一发展状态，但铜工业仍然是铜陵的支柱产业。2014 年，铜陵市铜产业产值在全市工业总产值中的占比仍达 75.1%①。在传统铜工业转型发展上，铜陵走的是产业替代和产业延伸相结合的路子，已经实现了由铜资源开采到铜材料加工，进而向终端材料生产基地的转变。面向未来，铜陵提出建设中国最大的铜冶炼基地、铜拆解基地、铜基新材料产业基地、铜商品交易中心，致力于打造世界铜都。任何现代城市的发展都不能没有灵魂，不能失去特色。铜工业是铜陵的主体产业，是引领未来铜陵经济社会发展的龙头产业，是其他产业无法替代的铜陵特色。铜文化当然是新铜陵必须大力唱响的主题文化旋律。

新铜陵的铜文化，既非原铜陵市的铜文化，更不是单纯的铜工业文化、铜产业文化，而是具有全新的内涵和外延，包含枞阳并入铜陵后全市 170 万市民的整体精神面貌和价值取向，以及两地全部历史文化遗产。它将支撑铜陵人民携手新旅程，开创新局面，迈步新天地。

---

① 中国新闻网：http：//www. chinanews. com/df/2015/03－03/7095884. shtml《加快发展铜产业，打造“世界铜都”》

（二）文化融合中的相互认同、尊重与包容

马克思说过："物质生活的生产方式制约着整个社会生活、政治生活和精神生活的过程。"① 不同地域因客观环境不同，民众所依存的物质生活的生产方式便不同，几十年几百年或者更长时间，其文化便一代一代传承、积淀，呈相对稳定的状态。而文化融合将会打破这种稳定，随之而来的冲突和矛盾也是情理之中的，是不可忽视的。融合的过程必将存在着消与长、破与立、渗透与反渗透的反复较量，这就需要融合的诸方注意相互认同、相互尊重和相互包容。

铜陵市是一个工业城市，其主体经济一直是工业经济，人们的思维方式、纪律意识、生活节奏都形成了一种易于调动的状态。所以在改革开放后的短短三十多年里，通过数轮思想大解放，铜陵人民能够很快适应新形势，跟上改革开放的步伐，实现经济上的腾飞和城市的崛起。枞阳县是传统农业大县，虽然历史上枞阳一方水土曾诞生过辉煌的文化（文学）成就，但其文化的基础仍然是农业文化。农业生产者必须通过自然条件和自然资源来获取生产生活资料的方式没有根本性改变，农业生产少变化、慢节奏的特点没有改变。枞阳县并入铜陵市以后，城市是政治、经济和文化的中心，工业发展是城市的基调，工业城市文化毫无疑问即是大铜陵的主体文化。在这一情形下，相互尊重成为文化融合的基础。相互尊重的前提是相互认同、理解和包容。铜陵在腾飞和崛起过程中所形成的城市文化，蕴含着更多与时代合拍的现代文明因素，这是未来大铜陵不断发展、不断提升的文化动力，但伴随着城市文化的发展也滋生了一些文化负值成分。应当看到的是，作为传统农业大县的枞阳县，其农业文化中保存着诸多人类传统文化，尤其是中华民族传统文化最本质、最精华的部分，这恰恰是城市文化发展和扬弃所需要的有益补充。两地文化自觉或不自觉、痛苦或无知觉地相互渗透、相互影响、相互交融，是一个漫长的过程，也是一个必须经过的阶段。

（三）对传统经典历史文化的坚守

习近平总书记强调："历史文化是城市的灵魂，要像爱惜自己的生命一样保护好城市历史文化遗产。"② 三千年的铜工业史记载着铜陵人民的理想、意志、智慧，记录了铜陵人民顽强拼搏、坚韧求索的脚印。这是铜陵立足于现代城市之列的独一无二的历史文化资本。桐城文派是枞阳人民也是安徽人民乃至中华民族引以为自豪的宝贵精神财富。其创始人和各时期的大家多为枞阳人，他们的子孙

---

① 马克思《政治经济学批判·序言》，载人民出版社 1962 年 11 月第一版《马克思恩格斯全集》第十三卷第 8 页。

② 《新华日报》2014 年 2 月 27 日第 A01 版《像爱惜生命一样保护好城市历史文化》。

后代仍然生活在枞阳这块土地上。桐城文派的成就和严谨治学的态度、积极求进的精神，一直左右着后人的求真求善，图变图新。枞阳县并入铜陵市，带来了桐城文派丰厚的历史文化遗产，这是大铜陵人民的幸运，也成为大铜陵城市灵魂的组成部分。

丰厚而辉煌的历史文化遗产从来都不是你的我的，而是民族的、人类的，当然首先是属于历史文化遗产产生地的。丰厚而辉煌的历史文化遗产是推动铜陵人民认识铜陵、热爱铜陵、团结一心建设铜陵的精神动力，是宣传铜陵、规划铜陵、满怀信心地开创铜陵美好未来的雄厚资产，是铜陵人民最深厚的文化软实力，也是铜陵人民坚持文化自信的民心底气。丰厚而辉煌的历史文化遗产是客观存在的，但并不一定是其今天的主人们人所尽知的。行政区域扩大以后，其普及宣传工作应当很快提上日程。这也是文化融合的重要方面。在青少年中，传统文化教育就是爱国爱家教育，其紧迫性、必要性尤为突出。习近平总书记主张“应该把这些经典嵌在学生脑子里，成为中华民族文化的基因”①，铜陵的教育和宣传工作者应当肩负起这一重任。

（四）开展民风教育，培植清新民风

文化融合的主要承载人是平民百姓，地域文化的主要内容是民风民俗。“民心齐，泰山移”，一个城市的民风民俗反映了该城市劳动者的基本素质和精神面貌，呈现着该城市的城市精神和现代文明状况，影响着该城市政治经济文化建设，所以，民风教育的重要性不言而喻。

由于民风民俗的稳定性和自发性，民风教育可以引导，可以形式多样，但切忌大轰大嗡，搞形式主义恰会适得其反。民风中糟粕的形成有其历史原因和诸多客观环境原因，所以民风教育是一个长期的、艰巨的、实实在在的系统工程。其实，对于移风易俗，在新中国成立之初各地都有着丰富的经验和深刻的教训。本文意在提出观点，进一步探讨则当专文承载了。

德国著名军事理论家卡尔·冯·克劳塞维茨在他的军事著作《战争论》中指出：“历史最能证明精神要素的价值和它们的惊人的作用。”② 城市扩容成功与否当然要看城市的社会经济是否得到了发展，关键却在于文化融合是否成功。成功的文化融合将形成推动社会经济发展的强有力的精神要素，汇聚全社会的力量，共唱奋进发展之歌。

---

① 《人民日报海外版》2014 年 9 月 12 日第07 版。

② ［德］克劳塞维茨《战争论》第一卷第三篇第三章《精神要素》188 页，商务印书馆 1982 年 8 月第二版。

参考文献:

[美] 克利福德·格尔茨. 文化的解释 [M]. 韩莉译. 南京: 译林出版社, 1999.

[法] 维克多·埃尔. 文化概念 [M]. 康新文, 晓文译. 北京: 人民出版社, 1988.

[英] 爱德华·伯纳特·泰勒. 原始文化 [M]. 连树声译. 上海: 上海文艺出版社, 1992.

钱乘旦. 欧洲文明: 民族的融合与冲突 [M]. 贵阳: 贵州人民出版社, 1999.

周浩然, 张炜. 现代经济文化导论 [M]. 北京: 中国经济出版社, 1994.

明清时期皖江流域水利投资负面效益探析

陈恩虎　吕君丽

摘　要：明清时期皖江流域劳动人民为发展农业生产，兴建一些著名水利工程，曾为该地区水利事业的发展做出了突出贡献。但是，受自然环境、社会制度和科学技术条件等方面的制约，水利建设严重滞后，工程设施不完善，抗灾能力偏弱；由于各种不科学的土地利用和水利兴修方式，水环境日益恶化；水利投资缺乏流域规划，很难持续实施大规模的水利建设，无法形成整体的防御能力，水利工程废多兴少，水利事业步履维艰，农业生产任凭水旱灾害的摆布，仍然处于靠天收的局面。

关键词：明清时期；水利投资；负面效益

水利投资可以影响资源环境，水利投资是经济发展的重要因素之一。近年来，有关水利投资的效益问题研究日益加强，成果也较为丰硕①。但是学术界对明清时期水利建设的效益缺乏系统研究，即使有些零星论及，也只是片面肯定水利建设的正面效益。本文试就明清时期皖江流域水利投资产生的负面效益及其成因进行分析，以期为当今的水利建设和制定水安全战略提供一些有益的借鉴。

一、水资源分配与利用不均，对农业生产和生活用水产生不利影响

皖江流域气候较为温和湿润，雨量充沛，年均降水量大约在 800 ~ 1300 毫米

作者简介：陈恩虎（1962—），男，巢湖学院旅游管理学院院长、教授、理学博士；吕君丽（1982—），女，巢湖学院旅游管理学院教师，硕士。

① 参见徐自达、关业祥《洪涝灾害对策及其效益评估》，河海大学出版社，1997 年版；沈国舫、王礼先《中国生态环境建设与水资源保护利用》，见《中国可持续发展水资源战略研究报告集》（第七卷），中国水利水电出版社，2001 年版；李荣生《从经济规律看中国水利 50 年》，《水利规划设计》2002 年第 3 期。王才君、邵东国、刘丙军《水利投资经济效益的弹性分析模型研究》，《中国农村水利水电》，2002 年第 7 期；苏明中《长江流域水利投资效益研究》，华中科技大学 2006 年博士论文；温鹏，匡尚富，贾仰文《水利投资风险的基本理论研究》，《水利水电技术》，2009 年第 9 期；李磊《我国水利投资经济效益的实证分析》，《农村经济与科技》，2011 年第 5 期。

之间，但分布不均，多数集中在6、7、8三个月份。由于皖江流域属于东亚显著季风气候区、暖温带与亚热带的过渡地带，是东南暖气流和西北冷气流交汇的区域，处夏秋台风途径的边缘，气候较为特殊，往往会发生意想不到的灾害性天气：如果有较强冷暖气团相遇，会出现暴雨、大暴雨，则河湖洪水泛滥；如果遇副热带高压控制，出现晴热高温天气，久旱不雨，又给岗地造成严重旱灾。所以皖江地区，非旱即涝，局部性的水旱灾害几乎年年发生，有时一年之内先涝后旱，或先旱后涝、旱涝交替发生；有时则发生连年洪涝或连年干旱，有圩区"五月淹"、岗区"夹秋干"之说。据近500年来的历史资料统计，皖江流域一般性水灾的重现期约4年左右，一般性旱灾的重现期约6年左右。特大水年和特大旱年的重现期均在70~100年。除自然因素之外，人为造成的水灾后果也相当严重。安徽省水利勘测设计院1981年编的《安徽省水旱灾害史料整理分析》系统资料显示，自明景泰元年（1450年）至1949年近500年间，庐州府发生特大水灾6次，大水灾7次，偏大水灾9次，一般水灾103次，计125次；江淮之间发生旱灾190次，其中庐州府107次，特大旱灾7次，大旱灾10次，一般旱灾90次。

皖江地处长江流域下游，受过境洪水和当地洪水的双重威胁。境内支流多为山丘雨源型河流，流经地为岗丘、平缓坡地和低洼平畈三种地貌。中下游河道浅小，倾斜度大。降暴雨时，上游汇水迅速，奔腾而下，下游平缓低洼地带宣泄不及，即潴水成灾。复杂多变的气象条件和境内河流的基本特征，反映出皖江流域水资源的基本特征。汛期若江潮倒灌形成顶托，可能发生洪灾的地区分布很广，沿岸平原地区地面高度普遍低于干流及支流洪水数米至十数米，内水不能自行外排，则内涝易成；而汛期去，降雨减，蓄水差，山丘区又易成旱。皖江各支流水量丰涸变量大，其上游无大型蓄水工程，不能调节洪水；下游长江口均无控制闸，无法控制江潮，汛期洪水对沿江地区形成上下夹击之势；枯水季节水泄快，中上游河道易断流，难免受到干旱威胁。丘陵地区的水资源并不充裕，大旱年景更为奇缺，而且地区分布不平衡，总的情况是江淮丘陵区的水资源量比江南丘陵地区少，江淮之间则是东部比西部少。按水资源评价资料，皖江流域的巢湖三级区（水资源分区）耕地占皖江流域的33%，而水资源量只占16%。滁河三级区（水资源分区）耕地占15%，而水资源只占4%①。因地质构造不同，地下水储水条件除小部分区域外大都很差，可开发利用量很小。由于地形上能修大型坝堰的条件不多，地表径流很容易流失，引用外水的距离较远且高差大；同时，丘陵

① 安徽省水利厅编著《安徽水旱灾害》，第四篇《干旱灾害与防治》第十六章《农业干旱灾害与防治》，中国水利水电出版社，1998年，第220页。

区的年雨量、年际变幅较大，丰枯极值比达2～3倍，易旱多灾。

皖江流域水利工程分布不合理，只靠小塘小坝蓄水，堰坝库容量小，可利用水量有限，灌溉保证率低，不足以调节当地水源，水资源效益不能充分发挥。圩内沟塘面积小，工程设计标准低（一般3～5年一遇），堤身单薄，高度不够，抗灾能力不强。雨过地干，源短流急，地面径流利用率不高，一般只能拦蓄利用30%～50%，其余50%～70%的雨水，漫流入江河，归入大海，十分可惜。山丘区农田灌溉工程的主要形式之一是自流引水和拦河筑坝，由于堰坝大都只起截引水流的作用，调蓄库容极小，灌溉保住率不高，一般只有75%左右。地形方面，因高低差别大，在降水和干旱天气频繁发生的情况下，高岗地带常常出现严重旱灾，低洼地带常出现严重的洪涝灾害。合肥地区有民谣"滴水贵如油，做田为水愁。"如巢湖五大汇水支流之一的南淝河主流发源地源于肥西县将军岭、长岗店一带。上游在合肥城区以上，汇四里河、板桥河两支流。合肥城区以上3条河流汇水区域形如扇面，纳汇"扇面"诸多来水，流域比降大体一致，均约1/800，河源至市区仅40公里，流程短，跌差大，汇水快，水势凶猛，源头洪峰至市区仅需12小时，水位涨幅3～5米。当日降水量超过150毫米时，上游3条河流606平方公里的汇水，便迅猛倾泻下来，漫溢河床，泛滥成灾。每次大洪水都对流域内人民的生命财产带来重大损失，对农业经济造成重大影响。据史料记载，从南朝梁武帝天监十二年（513年）迄今1500年间，合肥城共遭南淝河洪涝灾害106次。据《续修庐州府志》载："明正德年间，夏霪雨数日，城圮多处，街衢行舟，商店架橱置货。"又载"光绪八年（1882年），……南淝河合肥以下圩口十破八九，……六月初八，但见灾区一片汪洋，浩渺无涯，屋脊树梢，宛见于水中央，田禾尽没，人民离散。高墩之上，一些未逃灾民，相聚哭泣，忍饥待毙，其颠沛之状，令目击者心伤。"①

二、水利建设严重滞后，工程设施不完善，抗灾能力不强

水利投资具有效应的"供给时滞"性，投资实施的连续性、投资周期的长期性、投资主体的多样性、投资收益的不确定性和投资力度的波动性、投资效益的外部性和社会公益性。作为国民经济基础设施的水利工程，建设是基础，管理是关键，安全运用、充分发挥工程效益才是目的。皖江流域古代的水利工程管理工作多由地方官吏兼司，没有专设管理机构。清乾隆时期，明确规定"守巡各道及同知、通判、州同、川判等官兼以水利职衔，稽查办理河道、堰、桥、

① 光绪《续修庐州府志》卷一三，《水利》，《中国方志丛书》（86），台北：成文出版社有限公司，1970年。

闸。”一般堤防按受益范围，设圩董会或圩堤委员会，由当地的豪门、乡绅担任董事或圩长，组织民工进行冬修夏防①。水利工程投资巨大，动用的劳力、设备和物资多，建设周期长，投资回收慢，工程技术复杂，正常维修养护的投入大，当年的水利投资效益可能在下一年甚至今后的许多年才能慢慢发挥其经济增长的效益。明清时期，皖江流域水利投资的总量不足，如果发生了水患就多投资，没发生水患则不重视水利投资，导致在旱涝等自然灾害面前水安全出现问题。虽然明清时期各级政府和官员、乡绅对一些河流有所整治，但都还属于初步治理，大多数水利工程管理工作都在工程建设后期才开始筹备，在重建轻管思想的支配下，普遍存在着工程配套不全、质量隐患多，管理设施欠缺等先天的缺陷。

皖江干流治理，历来主要是修建堤防以抗御洪水。已建的水利工程，普遍标准低，质量差，堆土成堤，堤身矮小单薄，排水涵闸工程也较少。皖江两岸堤防的基础地质条件较差，大多数堤段表层相对不透水层较薄，而下层透水性强的沙层又较厚，汛期在皖江高水位的作用下，堤防下和堤内地面下的渗水压力水头较高，很容易穿过过薄的相对不透水层而形成管涌冒沙，尤其是堤防附近的取土坑、水塘、水井、树根、屋基、水沟等等都可能挖穿相对不透水层，形成渗水通道，使地基沙土流失而溃口成灾，这种渗水现象在皖江几个主要堤段都很普遍。如无为大堤均建在江河滩地上，系第四纪全新世的河流冲积层。堤基多系沙层，基础较差。由于自然和人为的原因，地表黏土覆盖层遭到严重破坏，有的堤段沙层裸露。历次的堤身培修使沿堤两侧留下很多的取土塘。此外还有历史上江堤溃口形成紧靠堤脚的“八大龙塘”。这些“龙塘”面积大，塘口深，水面面积总计61.38万平方米。沿堤两侧形成的大小沟塘连绵不断，相应堤长达95.64公里，长年积水，破坏了堤身的稳定，减弱了无为大堤的抗洪能力。自清嘉庆八年（1803年）后，濒江的堤坝屡筑屡溃。当时腹内预建的坝堤，坍塌过半，存者亦非旧制。自明永乐三年（1405年）筑江堤算起，至民国三十七年（1948年），筑坝退坝约68次。共筑堤段约94处（不包括一般堵口复堤）。堤线迂回弯曲，都是当时筑堤退坝联圩并圩的遗迹。其中，黄丝滩江堤自清道光十二年（1832年）至民国三十一年（1942年）共退建四次②。“堤决江漫，不独无为一郡尽为

① 安徽省地方志编纂委员会《安徽省志·水利志》，第七篇《工程管理》第一章《管理机构》，方志出版社，1998年，426页。

② 安徽省地方志编纂委员会《安徽省志·水利志》，第三篇《长江与新安江治理》第一章《长江干流治理》，方志出版社，1999年，第157页。

波臣，而邻属均成渊薮”[①] 清代无为州人何大观曾经写下《江坝说》，对江堤屡筑屡溃的情况表示担忧：“吾濡泽国原田十之三，而阖郡多仰给于三百六十之圩。坝一溃，虽有良田善稼，顷刻为大浸，而数百万生民其鱼矣。故他属待命于天，濡独与水争利……坝日退而欲杀江之怒，江日进而必蚀坝之防，自一而二而三而四，今将徙而五矣。濡地有限而江患无穷。”[②] 江堤工程的兴修和废弃，影响了圩田水利社会正常的生产和生活，在很大程度上改变了皖江流域的生态环境。

明清时期，皖江流域的治理与开发，主要是兴建塘、坝、堰等规模较小的蓄水工程，容量小，蓄水少，灌溉面积达到或超过万亩的很少。皖江流域的筑堤圈圩，多系独立民圩，都是当地统治者和地方士绅自行组织，以致堤线弯曲，断面矮小单薄，水利工程的防洪标准还较低，配套差，抗御洪水能力弱，不能充分发挥效益。每遇长江或支流汛期洪水，堤防经常被冲决或损毁，洪灾频繁发生，汛后堵口复堤是每年的例行工作。湖泊和支流入江口都无控制工程，江洪倒灌直入湖泊和支流的下游河段。如历史上的巢湖流域，由于通江的吞吐能力很弱，又没有江河分隔的控制工程，流域内的大部分暴雨洪水要靠巢湖调蓄，而圩堤堤防既分散又矮小，遇长江高水年份，江水顶托，不但洪水排不出去，而且大量江洪倒灌入湖，大大减弱了湖泊的调蓄能力，使巢湖及内河长时间高水位，以致经常洪水泛滥成灾。宣城县的金宝圩在明清时期有史料记载的圩口破决就有五次，明万历三十六年（1608 年），洪水漫破圩堤；清康熙四十七年（1708 年）五月二十三日，裘公、丁湾、徐村三处决口，全圩三天满水。道光三年（1823 年）五月，全圩七处决口。道光二十八年（1848 年）八月，北埂杨家湾决口。道光二十九年（1849 年）五月初二，丁家潭湾决口。每每破圩，洪水呼啸，冲田毁村。圩民逃不及者浮尸水面，幸存者四处逃荒，乞食他乡。养贤联圩清道光二十九年（1849 年）决口三处；同治七年（1868 年）决口一处；光绪十五年（1889 年）决口一处；宣统三年（1911 年）决口二处[③]。枞阳县从老洲头起至灰河口止，明代及清初陆续沿陈瑶湖高地围筑的 72 个小圩（约有田万余亩）堤身矮小单薄，尚不足以成为防江汛体系。自道光三年（1823 年），屡经大水，愈冲愈洼，每遇江潮上涨．洪水漫过六百丈堤灌入湖中，沿湖 72 个圩尽成泽国，灾情惨重。清道光二十五年（1645 年）初，桐城县令史丙荣与邑人周如海莫丁出工，按工

① 嘉庆《无为州志》，卷五《水利志・总说》。

② 康熙《无为州志》，卷四《城池・圩堰》。何大观：《四坝》，缩微胶片 DJ0969-8，北京图书馆地方志家谱阅览室。

③ 宣州市地方志编纂委员会《宣城县志》，第六章《水利》，方志出版社，1996 年，第 161—162 页。

给米，官民分任，逐段兴修，逾年得三分之一，因经费不足被迫停工①。这仅是对已经治理的河流而言。在皖江流域境内，大多数河流都未曾治理，没筑堤防。山洪暴发时漫滩而下，加上两岸圈圩越来越多，行洪道越来越窄。这些河流有的经常泛滥成灾，有的水来漫出河床，水去河道干涸；有的上游水土流失严重，河道几乎淤为平地。历史上南淝河水系的河道都是漫滩行洪，沿河洼地洪灾频繁。

明清时期，受小农经济和科技落后的限制，除了依靠人力以外，别无除涝良方。所谓靠人力除涝，一是利用一些沟港、锅底洼地临时滞蓄涝水；二是当圩内积水成涝时，由各家各户人力戽水外排，排不了的只能靠水稻田自然抬高水位增加蓄水，力求减少淹没面积；三是汛后外水下落，即开涵斗放水（有些扒堤放水）以利秋播午季粮油作物。由于封建社会制度的束缚，官府压榨统治，土地占有者苛重剥削，在漫长的岁月里，生产力一直很落后，大部分农田靠天收，一遇水旱灾害，有“干旱一大片，水涝一条线”之说。所说的“一条线”是指低洼河谷、滨江、湖地带。加上兵祸连年，水利设施遭到破坏，稍遇洪水，即溃堤成灾。岗丘大部分塘坝连人畜生活用水也难保证。皖江流域留下的旱涝灾害痕迹，不仅在方志文献中屡见不鲜，在一些地名上至今犹存，如“晒死鸡”（庄名），“饿鹰塘”“光秃岗”“红毛冲”“火烧地”“烧麦岗”等等。

三、各种不科学的土地利用和水利兴修方式，水环境日益恶化

根据人地关系原理，人的生存活动、生产活动、社会活动与自然环境之间相互联系相互作用和相互影响，人类为了生存的需要，不断地扩大和加深改造和利用自然环境，增强适应自然环境的能力，改变自然环境的同时，地理环境也更加深刻地影响人类活动。任何水利的兴修和开发都是对自然原生态的一种改变，在皖江流域的水利兴修过程中，为了满足日益增长的人口对粮食的需求，在眼前利益的直接驱使下，人们逐步对长江以外的滩涂及沿湖、内河的滩地进行围垦，致使许多过去碧波万顷的湖泊变成了大片农田。明代在沿江两岸的20多个县中共圈圩576处，清朝在沿江筑圩达1415处②。

大型湖泊，作为陆地水系中的枢纽，具有吞洪吐涝、调节河川径流的重要作用。明清时期，皖江流域对沿江、沿河、沿湖的自发性围垦，势必会影响到湖泊的蓄水量。大量利用湖边滩地修筑圩田，使湖面缩小，破坏了生态平衡。唐末即

① 安徽省地方志编纂委员会《安徽省志·水利志》，第三篇《长江与新安江治理》第一章《长江干流治理》，方志出版社，1999年，第155页。

② 安徽省地方志编纂委员会《安徽省志·水利志》，第六篇《农田水利》第三章《圩区建设》，方志出版社，1999年，第413页。

有人认识到围湖为田对圩区水环境所造成的影响，“害大利小者，其以湖为田之谓欤”①。顾炎武也有同样的看法：“宋政和以后围湖占江，而东南水利亦塞”②。如巢湖流域在圩田出现以前，本有一个天然形成的水面与陆地合理的比例。巢湖就是蓄洪的天然水库，而湖边的滩地是水库的一部分，能够发挥调节的功能。自从人们大量利用巢湖边上的滩地修筑圩田后，湖面不断缩小，从而影响了其调节水量的功能，破坏了巢湖流域的生态条件，由此灾害便接踵而至。水旱失调自然是小农首遭其殃，接着公私圩田大户也同受其祸。因水中筑堤之后，水中泥沙向堤外淤积，湖底升高，于是圩堤又可向湖心延伸，这样，湖便逐渐缩小，以至于消失，一旦河水暴涨，湖已不能容纳，势必将大小堤岸冲垮，导致水灾频频发生。同时，也破坏了原有的湖泊河流水文环境。

由于圩田多建立在水流要害之处，许多田面反而在水面之下，因此对水利的要求特别高，稍有罅隙，就有内涝之患。废湖为田，或随意改变河道，会缩小河道断面和下游水域，水位抬高，洪水的屯蓄场所大大减少，打乱了全部水道系统，外河水流不畅，圩内排水和引水难度增加，造成“水不得停蓄，旱不得流注”的严重局面，导致大雨则上游洪水为害，暴雨则上游、下游均受洪水的困扰，加大了洪水灾害的威胁。如青阳县所建的圩田，均沿着七星河、青通河修筑，致使河道变窄，每遇降雨量（日）大于100毫米，常酿成小涝，出现连续降雨150毫米，便酿成大涝③。和州的麻湖、洋湖在永乐、景泰年间被围垦，“然地势平衍，水难骤泄，每逢雨潦，往往多淹没之患”④。正是由于不顾当地地势平衍之实际，盲目地涸湖为田，破坏了当地的生态环境，使水利之蓄泄失宜，遗患无穷。直到乾隆时期仍是“覆之则不可稼，而虚赋逋丁日耗，累民日贫”⑤。清代庐江县土地的开发主要分布在诸湖之滨，明嘉靖三十一年（1532年）大旱，庐江居民钱龙等见巢湖水滩涸出，报县开垦新丰、新兴二圩，因其属于蓄水区，“嗣后湖水仍旧，滩圩淹没，赔纳粮草，民甚病焉”⑥。据雍正《庐江县志》记载，清代以来，“诸湖之滨陆续升垦，计七百七十九顷有奇，俱在水中，荒多熟少，概不补入”，康熙年间，天长县湖民因年岁屡旱，把滨湖洼地草草改田，但

① ［清］董诰《全唐文》，卷八七一《复练塘奏状》。

② ［清］顾炎武《日知录》，卷十《治地》。

③ 青阳县地方志编纂委员会《青阳县志》，第二章《自然环境》第七节《自然灾害》，黄山书社，1992年，第69页。

④ 光绪《直隶和州志》，卷四《舆地志·山川》，《中国地方志集成·安徽府县志辑》（7），江苏古籍出版社，1998年。

⑤ 乾隆《历阳典录》，卷一二《职官二》，《中国方志丛书》（229），台北：成文出版社有限公司，1974年。

⑥ 康熙《庐江县志》，卷五《水利》，《稀见中国地方志汇刊》（20），中国书店，1992年。

因为“雨水少勤，而湖水微涨，依旧没焉”①。宿松县南八里的排山、巢林、长安三庄，原本是“滨河泥滩地亩，明时河道深广，泥滩多没于水中，清雍乾后，河渐淤涨，滩壅愈高。附近居民于是傍河筑围，开垦田亩”。“当各围初建之时，正值乾嘉间，江潮低落，湖水不波，所垦之田，丰收有庆。自道光后连年大水，溃决之患，几于无岁无之，是昔之易荒原为腴壤者，今又变腴壤为荒原。邑境患水之庄二十有七而九城围田则受灾称首。”② 皖江流域的怀宁、桐城、宿松、望江、贵池、青阳、铜陵、东流、当涂、繁昌、无为、和州等州县及归并各州县都有滨江之区，这里芦洲栉比③。江洲被开垦成洲田，可增加土地数量，但江洲又会被江水侵吞，会导致垦田减少。江洲随江潮起伏不定，如当涂“洲地时有坍涨”“旧志所列各洲，迄今已多变迁”④ 青通河、黄溢河、白洋河、秋浦河等河流，为让位圩田围垦，其下游入江口又被人为地取直改道。这些活动在加剧圩区洪涝灾害的同时，也破坏了水产资源系统的生态平衡，受影响最大的是渔业经济萎缩。由于围垦带来的不良后果，铜陵县于水道淤积之处开垦耕种的行为受到皇帝禁止。“上谕谆谆，诸凡水道，勿许开垦，以致阻碍。重民命也，即垦地升粮之处，犹加禁止；况攫无赋之利，而殆患于民生，并有防于国计划，尚可任其贪踞而不杜厥后患乎？”⑤

在东汉末年以后近千年的筑堤圈圩过程中，皖江河道演变经历了天然的束水归槽到人工筑堤束水归槽改变的过程，水流逐渐集中，水位不断抬高，相应流速加大，受天然矶头节点的制约，江道发生左右摆动，最大摆幅达 1 ~ 3 公里，江岸崩坍越来越严重。明清时期，今无为一带江道左岸崩坍严重，先后筑一坝、二坝、五坝、六坝……都先后崩坍于江中，江道北移数里。皖江北岸历史上的老集镇如程营、汇口、复兴、雷港、安定街、刘家渡等均已崩入江中⑥。据宿松县史志记载，今位于江北的小孤山曾立于江中，小孤山北岸曾崩岸三里余。局部崩岸导致了平原地区的江道左右往复摇摆，沙洲此长彼消。清代以来，较大沙洲与江

---

① 康熙《天长县志 · 马嘉谟传》。

② 民国《宿松县志》，卷二〇《水利》，《中国地方志集成 · 安徽府县志辑》（14），江苏古籍出版社，1998 年。

③ 《宫中档光绪朝奏折》24 辑，第 166 页，《光绪三十二年十二月十六日安徽巡抚恩铭奏陈拟请文沿江洲地由折》。

④ 民国《当涂县志》，卷二《民政志》，《中国地方志集成 · 安徽府县志辑》（40），江苏古籍出版社，1998 年。

⑤ 《安徽历代方志丛书》，《铜陵县志》（乾隆）卷十四《艺文上》，谢荣《禁止官河碑记》，黄山书社，2007 年。

⑥ 安徽省水利厅编著《安徽水旱灾害》，第二篇《洪水灾害与防治》第七章《长江洪水、洪灾与防治》，中国水利水电出版社，1998 年，第 88 页。

岸淤连或人工堵塞后，原沙洲外缘均发生崩岸。沿江多矶，当江面缩窄，水流集中并有上下游岸线或沙洲配合导流时，会使下段对岸较长距离江岸处于不稳定状态。当枭矶在江中时，东西梁山上游水流分散，当北岸河漫滩淤长，枭矶位于江岸上时，水流又逼近芜湖市江边。东西梁山以下主流右汊转向左汊，崩岸也从当涂县江边转到和县沿江[①]。水土流失是多种自然因素和人为因素综合作用的结果，其发生发展规律与各种因素有着密切关系。皖江流域自然条件决定了正常水土流失的存在，随着人类的活动，水土流失不断发展。唐宋时代，人口稀少，皖江流域很大部分地区为森林所覆盖，水土流失对社会经济并无多大影响，一直到元代，皖江流域大部分地区还是森林遍布，野兽众多，保持着良好的生态环境，水土流失的问题微乎其微。但自明清开始，情况发生较大变化，一为战争摧毁，战祸所至，无树不伐，森林严重破坏。二为人口急剧增长，清道光 27 年（1847 年），安徽人口增加到 3700 万人，200 年间人口增加 10 倍[②]，迫于生计，不得不增加耕地，从平原发展到山区，从浅山到深山、从缓坡到短坡不断扩展，开荒种粮日益扩大。加之，当时有些地方官吏害怕灾民闹事，鼓励农民进入深山毁林垦殖，上山垦荒者逐渐增加，使大批原始森林被毁。在没有采取水土保持的坡耕地，土壤侵蚀的程度在一定坡度内随坡度增加而增加，因坡度大、土质疏松，在植被破坏以后，涵养水源、滞留地表径流的功能大为下降。一方面，造成新开垦土地本身不耐水旱。因为侵蚀，地表径流发生变化，土壤蓄水能力减少，河流洪峰来得快，来得猛，易酿成洪灾。出现“垦砂砾以为田，凿石隙以耕地，小潦即泄，小旱即枯”、“地力既尽，元气日销，天灾流行，人事屡变”[③] 的局面；另一方面，毁林开垦，土壤耕层越来越薄，自然肥力减退，生产能力降低，因沙化、石砾化难以利用的土地面积不断扩大，使土地资源逐渐减少，每逢汛期，暴雨突降，被侵蚀的土壤随滔滔洪水一泻而下，有的农田被冲毁，有的农田被洪水携带的沙砾所填淤。水土流失产生的泥沙，大部分以推移质和悬移质的形式输移，沉积于山麓、农田、河湖之中，使河道逐年淤积，抬高了河床和洪水位，破坏了水利设施，影响了水利工程效能的发挥，缩短了航运里程，流失区生态环境质量不断下降，加重了自然灾害，给社会经济带来诸多危害，造成的直接和间接经济损失，以及对自然环境的影响是难以完全估量的。水土流失实属是对农业生

① 安徽省水利厅编著《安徽水利 50 年》，第一篇《自然环境》第一章《自然概况》，中国水利水电出版社，1999 年，第 14 页。

② 安徽省水利厅编著《安徽水利 50 年》，第二篇《水利建设》第十章《水土保持》，中国水利水电出版社，1999 年版，第 163—164 页。

③ 光绪《霍山县志》，卷一三《艺文志》，《中国地方志集成 · 安徽府县志辑》（13），江苏古籍出版社，1998 年。

产资料的基础性破坏，破坏后要想回复正常非常困难，有些地方就根本无法恢复。一些水土流失严重的地区。如舒城的前河，发源于潜、霍诸山，原本是“自源迄委，曲折经行县境二百余里。而后河界连六合，源于平冈，无沙石之淤，河身低于前河，水势不及前河之半。故前河山水暴发，必北注后河，以杀其势”的，伴随着清中叶以来该县“人齿日繁，山民不足于食，垦荒渐多，树叶草根无以含水，浮沙细石，随雨暴注，日积月累，河道遂塞”局面的出现，前河河道也随之发生了重大变迁：“初前河之注后河也，由县前。河渐移而东，由鲍舒桥。河又移而东，由千人桥。河今且东移，而由钱家河、航埠河。水势回远，滨河圩堤时有决溢。又两河入湖之口扼于三河诸圩，尾闾不畅，沿河之地常苦潦。故县河塞而方家冈泛，方家冈之堤成，而任家湾决，下愈壅，上愈溃，必至之势也。”① 在大别山山前东南平原和安庆谷地，则以潜、皖二水水患为重。道光二十九年（1849 年），太湖大水决堤，破城数百尺。时任县令张宝镕就认为“湖邑水患由西北山乡开挖者”所致，因“沙土松浮，夏雨湍涨，水挟沙趋，河身淤垫日高，遇水潦即浸溢”②。潜山县则因“潜皖二水环绕乎其旁”，“然地势西北多山，东南滨河。山多则缺粮，滨河则苦潦。缺粮则山尽垦辟，水无停蓄，盛涨挟泥沙俱下，而河患愈烈”，“每逢夏潦泛滥冲决，滨河之民荡析离居”③。在皖江流域中东部山地的一些支流，也经常因民人开山垦殖而导致河道淤塞、水灾频繁。汪喜荀就认为家乡比年水灾，导致江水坏堤，“系棚民开山积土壅塞所至”④。

四、水利投资缺乏流域规划，各种利益博弈，以邻为壑

水利工程是对天然水资源时空分布进行调节、控制和利用的基础设施。大型水利工程修建后对社会、经济和生态环境产生广泛、深刻的影响，这些影响有些是正面的，有些是负面的。如果规划设计不合理，工程设施不完善，盲目兴建水利工程，负面影响将更加明显。由于明清时期皖江流域人们认识水平的局限，制约了对水资源运行规律的探索和开发，即使设计出一些方法也很难具体落实，纵然建成一二工程，也是杯水车薪，无济于事，广大农村仍然受到旱涝灾害的轮番袭击。当水旱灾害肆虐的时候，部分官员和农民会产生恐惧与彷徨的心理，认为

① 光绪《续修舒城县志》，卷一一《沟渠志》，《中国地方志集成·安徽府县志辑》（22），江苏古籍出版社，1998 年。

② 民国《太湖县志》，卷一六《职官志二·名宦》，《中国地方志集成·安徽府县志辑》（16），江苏古籍出版社，1998 年。

③ 民国《潜山县志》，卷首，《中国地方志集成·安徽府县志辑》（17），江苏古籍出版社，1998 年。

④ 汪喜荀《从政录》，卷四，江都汪氏丛书之一七。

自然风云变幻无常，人们无法捉摸，也不可抗拒，因而有意无意地成了大自然的奴隶；在水利工程取得一定成绩之后，又会产生轻视大自然运动规律的思想，不经科学的论证和规划，不衡量财力物力的实际可能，往往主观臆断，仓促上马，结果造成一些质量很低的工程、半拉子工程，浪费大而效益低，有些工程甚至在当时或尔后造成人身伤亡事故，受到大自然规律的惩罚。乾隆年间，在怀宁县白洋湖口，建3座斗门，并筑堤1740米，本来是防止后河水注入湖内，但由于无科学根据，仅凭实践经验，没有达到预期目的，湖内终年积涝，嘉庆四年(1799年)，按收益征款，将原3座斗门改建为开敞式通天大闸，历经几个冬春才建成，但仍是带病运行，启闭困难，仍然受到水的威胁，中稻无法收，只得种上一季晚秋[①]。繁昌县两河总汇之交有大滩，向来一望平坦，无阻塞、无冲决之患，后来有人在河滩筑圩堤、植树木，圩堤被不断培厚加高，树木日益茂密，如大石矶盘踞水中。夏秋水涨，加上暴雨连旬，南北两岸圩民均受其害[②]。每次大灾后，当地多采取募捐的办法筹措资金，举办工赈。虽有工程计划和实施步骤，但实施很少；已经实施的工程或因经费匮乏、或受战事影响而中途停止；已经竣工的工程也因管理废弛、质量低劣而难以发挥设计效益。更有甚者，地方官吏浑水摸鱼、贪污挪用工赈款经商谋利，游山玩水。清代以后，安庆石牌以下各支流兴建众多圩口，但都没有主干堤防，防洪标准很低，汛期来临，从安庆到望江赛口、鸦滩、太慈和怀宁江镇、石牌都是一片汪洋，滨湖圩田，尽成泽国[③]。

水利工程尤其是防洪工程虽然具有巨大的社会效益，各方面都受益，但是水利建设一般周期长，少则三五年，多则上十年；投资规模大，非倾全力而不能举；建设中的矛盾多，协调难，水利工程往往跨行政区划，上下游、左右岸，许多矛盾难以处理，解决不好容易引发社会问题。这些极易造成工程项目的决策难、实施难。有些工程只有投入，没有直接产出，更无直接效益，全社会都关心，但干起来似乎都不关心。如果政府不积极，谁都不积极，不主动投资水利建设。由于皖江流域的水患主要来自长江及其各个支流，因此对于长江及其支流的治理是防止水患发生的根本问题，这就需要整个皖江流域范围内大规模的协作，不仅需要强有力的组织、大量的劳动力，还需要巨大的资金和科学技术的投入。最根本的还是各河流尤其是上游地区生态环境的治理，这涉及更大范围的协作与

① 怀宁县地方志编纂委员会《怀宁县志》，第十二章《水利》，黄山书社，1996年，第432页。

② 道光《繁昌县志》，卷四《营建志·寺观》，《中国地方志集成·安徽府县志辑》(41)，江苏古籍出版社，1998年。

③ 安庆市地方志编纂委员会《安庆地区志》，第十二编《水利》第二章《湖泊河流治理》，黄山书社，1995年，第557页。

投入，在这方面，明清时期各级地方政府是难以运作的，甚至是难以想象的。围绕水利兴修的社会冲突往往无法避免。“论自古治水之法。唯在顺其势而利导之。但恐径直之路，湮塞年久。或民间既已起造室庐，开垦田亩。或且安葬坟墓，人情各顾其私。不知远大之计。今见欲于此开濬河道。则因循规避。百计阻挠。而司其事者，未免惑于浮议，遂致迁就迂回，别开沟洫，苟且从事。此治水之通弊也。”① 无为州人何大观道出筑堤的苦衷：“筑则必有州佐巡司董其役，则忧在骚扰；筑则必用圩守及圩董，富者思脱，疲者难代，则忧在失人；至胥吏有舞文之弊，缙绅有躲差之弊，士人有包揽之弊。工之不力，坚瑕之弊，虽筑而未筑耳，其害岂可胜言哉！”② 因此，在决定每一项水利工程的兴修过程中，不同的利益群体会相互角力，使得投资效益难以利益最大化。如同仁堤上接黄梅董家口，下接宿松丁家口，由黄梅知县倡议，始建于道光十四年（1834 年），至道光十八年修成。该堤修成之后最大的受益者为湖北广济、黄梅二县。同治九年（1870 年），长江大水，堤塌，鄂皖赣三省商议处理办法。湖北省提出，既然江堤由沿堤民众分段负责维护，那么重修的责任也应该由各分段民众之所在地政府负责，也就是说以后同仁堤的修建经费由鄂皖赣三省按比例分担。安徽省政府指出，安徽省早在乾隆三十二年（1767 年）已经定下了宿松县南“傍湖一线之土永不建堤”的定案，因此修建江堤“承拨官款无案可援”。为了凑出修堤款项，提出可以通过“通县丁漕摊还”。但是宿松县士绅认为这就等于给全县民众增加赋税，因此请求免摊。在民众的反对下，这个建议没有通过，于是调整为由该堤保护之田地来分摊建堤的费用。仅仅过了一年，沿堤民众就不堪重负，县政府只能作罢，最终还是由宿松地方官拨出修堤费用。然而，因为从受益范围的角度来看，宿松得益面积远远小于湖北黄梅县，却要分担更多的修堤重任，因此自一开始矛盾就已经存在。③ 滁河在来安县境内，沙河、清河、滁河三河合流，但下游河道浅窄褊曲，“雨潦难消”，明清时期地方官员曾多次议开朱家山支河来解决滁河下游通畅问题，但最终都因为六合等地方乡绅势力的强烈反对没成功，造成“河汇三叉咽不流”，“致各圩时被水灾”④。明永乐初年（1403 年），江苏高淳县筑东坝，宣歙诸水不能东下太湖，丹阳湖一带圩堤十破其五，万春圩也遭馈破。

① 贺长龄《皇朝经世文编》，《工政》十二，《修水利》。

② 《安徽历代方志丛书》，《无为州志》（嘉庆），卷六《水利志·捍卫》，何大观《江坝说》，黄山书社，2011 年。

③ 民国《宿松县志》，卷二〇《水利》，《中国地方志集成·安徽府县志辑》（14），江苏古籍出版社，1998 年。

④ 道光《来安县志》，卷一三《艺文志·集文》，《中国地方志集成·安徽府县志辑》（35），江苏古籍出版社，1998 年。

至清初，万春圩沦为牧场。明嘉靖四十一年（1562年），南陵知县郜永春曾与地方士绅同泾县协商重开大农陂、永丰陂，终因双方利益分配不均未达成协议。杭埠河在肥西县三河镇与丰乐河汇流后至巢湖口一带，原蓄洪量为800立方米每秒，沿岸舒城、庐江、肥西三县常受洪害，尤其是三河镇为重。清光绪三十三年（1907年）《续修舒城县志》载“害莫大于前河（即杭埠河），水涨则泛决为害……除决之害，莫宜于疏，而疏导之法，必先下游，今自三河以下至湖口，皆属合肥、庐江县境。操纵无权，则疏之法穷。”①

皖江流域古代水利工程，大多是一村、一户自建自管自用，较大的灌溉工程，虽有乡规民约，但受当时生产关系的制约，汛期和旱象发生时，没有专门组织机构进行统一指挥和调度，广大劳动人民恨水水不退，盼水水不至，难以有效防止和减轻水旱灾害所造成的严重损失。在灌溉季节，上下游、左右岸和地区之间，常因争水、抢水而发生械斗，造成水资源浪费和人员伤亡。地方豪强或刁民霸占水利设施，使其他民众不能利用水利设施及时地进行排灌，本可得以缓解或消除的灾情反而因此蔓延、加重。如庐江县南有二湖，环湖皆圩田，唯缺口一河，通江泄水。康熙年间，当地豪民却“截河外坝障上流，以资灌溉。涝则以邻为壑”，其他村民甚以为苦②。水旱灾害来临时，近水居民为防水旱而不惜通过壅水得到灌溉或盗决堤防以泄水。

综上所述，水利的三大问题——洪涝灾害、干旱缺水、水生态恶化直接影响到国家的经济建设和社会进步。皖江流域经济发展对于中国经济发展至关重要，皖江流域水利资源为全国各流域之最，而水利又是国民经济的基础产业，水环境、水资源、水安全左右着皖江流域经济发展的速度和质量。明清时期皖江流域劳动人民为发展农业生产，虽曾经断断续续地兴修水利，挑塘坝，筑塥堰，圈圩堤，建涵闸，兴建一些著名水利工程，曾为该地区水利事业的发展做出了突出贡献，但是，受社会制度和科学技术条件的制约，工程标准一般很低，质量差，且星星点点，无法形成整体防御能力，很难持续规划实施大规模水利建设，水利工程废多兴少，水利事业步履维艰，故农业生产任凭水旱灾害摆布，仍然处于靠天收的局面。回顾明清时期水利兴修历程不难发现，水利投资从很大程度上还存在着盲目性，出了水患，政府重视的时候就多投入，不重视的时候就少投入，没有把水利投资和地方经济发展的速度、质量、安全统一起来。因此，要保证水利投资效益的充分发挥，建立一套相对科学的水利投资决策机制刻不容缓。

---

① 光绪《续修舒城县志》，卷一一《沟渠志》，《中国地方志集成·安徽府县志辑》（22），江苏古籍出版社，1998年。

② 嘉庆《重修一统志》，卷一二三，中华书局，1986年。

近代皖江地区圩田开发及其影响探析

胡惠芳

摘　要：近代皖江地区圩田开发进一步扩展，促进了该地区农业生产的发展与市镇的繁荣，一定程度上改善了区域生态环境，但也因过度围垦而造成了江面变窄、水道系统被打乱、湖泊面积缩减以及水灾频仍等生态环境恶化问题。深刻认识近代皖江地区圩田开发的特点及其影响，可以为当今的皖江开发提供历史借鉴。

关键词：近代；皖江地区；圩田开发；生态环境

皖江地区指长江流域安徽段两岸地区，主要包括安徽沿江平原及巢湖地区，覆盖地域涉及现行行政区划的沿江8市，即安庆、池州、铜陵、芜湖、马鞍山、巢湖、宣城（除绩溪县）和滁州市东部。该区域圩田开发历史悠久，“大致滥觞于三国之际，迅速发展于两宋，全盛于明清”[1]。到了近代圩田开垦进一步扩展，对皖江地区社会经济与生态环境都造成了深远的影响。近年来，安徽沿江圩田开发的研究引起了学者们的关注，涌现出不少新成果①，但现有研究主要集中在对古代安徽圩田的探讨，着力于近代皖江圩田开发的研究尚不多见。历史是现实世界的人们进行创造活动的客观基础，认清近代皖江地区圩田开发的特点及其影响，可以为当今的皖江开发提供历史借鉴。因此，本文拟就此问题进行初步考察。

作者简介：胡惠芳（1967—），女，池州学院旅游与历史文化学院，副院长、教授。

① 主要相关成果有：汪家伦：《明清长江中下游圩田及其防汛工程技术》，《中国农史》，1991年第2期。彭雨新、张建民：《明清长江流域农业水利研究》，武汉大学出版社1992年版。梁诸英：《芜湖圩区水稻亩产历史变迁的制度阐释》，《重庆科技学院学报》（社会科学版），2008年第5期。巴兆祥：《江淮地区圩田的兴筑与维护》，《中国农史》，1997年第3期。庄华峰：《安徽古代沿江圩田开发及其对生态环境的影响》，《安徽大学学报》（哲学社会科学版），2004年第2期。庄华峰：《古代江南地区圩田开发及其对生态环境的影响》，《中国历史地理论丛》，2005年第3期。梁诸英：《明清以来皖南圩田发展分析》，《安徽农学通报》，2005年第7期。谈家胜、汪志国：《近代以来安徽池州圩田开发对生态环境的影响评析》，《古今农业》，2007年第4期。赵崔莉：《从清代安徽方志漫谈皖江圩田》，《中国地方志》，2007年第4期。梁诸英、衣保中：《清代皖南平原圩田发展考略》，《农业考古》，2008年第1期。

一、近代皖江地区圩田开发概况

圩田是皖江流域农业生产形式的一大特色，近代皖江地区圩田有了进一步扩展。下面以长江为界，分江北圩田和江南圩田，简述之。

江北圩田的开发历史悠久。明清时期安徽沿江圩田扩展的主要区域就在江北，经过明清时期的扩展，本地区的圩田已达到了超饱和状态。尽管如此，近代江北圩田仍有扩垦现象。例如，在安庆地区，怀宁县米筛、盘余、城坦、沙包、河湾等众多圩田在清代道光年间所连成的黄城圩，面积有数万亩之多。到了近代，黄城圩又扩大了，“周围二十余里，约共荒熟土种二千余石”[2]。在怀宁县，“近百年来，地利日辟，圩坂因以日增，衣食贡赋胥于是赖”[3]。

近代沿江以南圩田得到进一步扩展。在芜湖县，清光绪二十九年（1903）复垦万春圩，当时估计可开水田十余万亩[4]，复垦后的赋田面积达 81743 亩之多[5]。此外，该县保德圩之长滩“长约五里，原系随田草场”，在光绪三十二年（1906）被新筑为圩，名为新垦圩，该县南辛圩南部之七里滩，原本也是随田草场，至迟在清末民初已被垦为熟地[4]。地方档案资料也有圩田扩垦的记载：1947 年，芜湖易天乡农民“辗转失业生活没依”，“因查本乡天成圩外尚有广阔多年荒废湖滩一块，地高土肥极宜围垦，估计面积有一千五百余亩，垦熟后春秋两季可收麦稻各万担左右，足以维持我等数百失业家口”。因为不影响水利交通，请求开垦，即芜湖县新生圩，3 月 5 日批复而准予开垦[6]373。

贵池县也有圩田新筑现象。同治四年（1865）筑成同乐圩，光绪三年（1877）筑成长春圩、同庆圩，光绪五年（1879）筑成普渡圩、天成圩，光绪六年（1880）筑成团圆圩[7]。“光绪十八年（1892 年）贵池沿江地带大兴圈圩造田”[8]，先后筑有“长乐圩”“合作圩”。同期，东至县沿江一带，也兴建有“广丰圩”“广惠圩”“阜强圩”，其中以光绪二十九年（1903）“由皖绅刘梧图等集股，耗资 10 余万金”[9]兴建的“广丰圩”规模最大，江堤长约 20 公里。清光绪三十三年（1907），该县成立安阜垦务公司办理圩内开垦事宜，开垦土地号称 5 万多亩[10]。

繁昌县所属景卫洲（又名九五洲）面积广阔，“宽二十五里，长三十里，向完芦课”，清光绪三十二年（1906），桐城绅士徐海秋将其开垦做民田，改种稻麦，其经费概由徐海秋筹措[11]。该洲被围垦为保定圩，若依该洲长宽计，面积当在 20 万亩以上，这确实是一规模颇大的围垦。

清代宣城县虽有联圩并圩的情况，但圩田总的数目仍有增加。明万历年间该县即有圩 168 所[12]，清光绪年间有圩 199 所[13]。

由此可见，近代皖江地区圩田扩展的形式是多样的，除了圩田新筑以及对久废圩田的复垦增加了耕地面积之外，对旧圩的修缮使被冲毁的圩堤内的土地变成良田，这也是近代皖江地区圩田发展的重要方式。新增的圩中面积较大的则多达万亩以上。显然，近代皖江地区圩田面积得到了进一步扩展。

二、圩田开发的社会经济影响

近代皖江地区圩田开发有明显扩展，促进了该地区粮食耕地面积的扩大。圩田能抗御旱涝，收获高产，经过劳动者辛勤拓荒和耕耘，不毛之地变成稻菽千重浪。粮食生产的发展，对皖江地区在近代成为南方重要的输出粮食基地具有重要作用。“圩田的兴筑使富饶的皖南青弋江平原，江北巢湖流域成为稳定的稻粮产区，是当时芜湖港主要大宗出口货源稻粮生产的腹地”[14]。

同时，新的圩田开垦还促使了市镇的繁荣与发展。伴随着圩田的开发，粮食生产的发展，皖江圩田区成了粮食输出的集中区域，市镇也多集中在圩田广布地带发展起来。例如，当涂县“农产交易中心为城区、乌溪、采石三地”[15]，位于圩田地带。同样地，芜湖县的粮食市镇几乎也都位于圩田地带并靠近河湖之处。新的圩田开垦还促使了市镇数目的相应增加。芜湖县近代增加了三个市镇，“盖皆咸丰后所兴也”，其增加的三镇中，清水河镇出现的原因是，“自万顷湖开垦后，遂臻繁盛”[16]。城镇人口也有增加，据海关统计，1881 年芜湖城市人口共有 4 万人，芜湖米市在 1882 年正式开张，促进了工商业的繁荣，到 20 世纪初，城市人口已翻了几番。据珀金斯的数据，在 1900—1910 年芜湖城市人口达 13·7 万人，而到 1938 年则增加到 16·8 万人[17]。可见，圩田的开发，农业的发展对圩区的社会经济发展起到了一定的积极作用，是近代皖江流域城镇经济勃兴的基础。

三、圩田开发的生态环境影响

圩田是一种在浅水沼泽地带或河湖淤滩上通过围堤筑圩，围田于内，挡水于外，围内开沟渠，设涵闸，实现排灌的水利田。圩田开发是人类对自然生态环境的一种改造，其对生态环境的影响是利弊参半。

圩田的开发十分适合沿江地区水乡泽国的地理特点，近代皖江地区的圩田开发，使大量沿江沿湖滩涂变成了良田。例如池州沿江一带是“由河漫滩、沙洲和低阶地组成”[18]的冲积平原。明代以前，这里滩涂宽阔，杂草丛生，钉螺密布，稀有人居，“是雁鸟栖息之地”[9]。每至“汛期，一片汪洋，江河湖成为一体，浩淼不分”[9]，枯水季节，江、河、湖泊方可分辨。入清后，尤其是近代的围垦兴起后，临江筑堤，拒江水倒灌，大片荒滩垦殖为良田，滩涂旧貌渐有所改变，生态环境有所改善。

然而，圩田的扩展，在改变滩涂旧貌、促进农业生产发展的同时，也因过度围垦而造成了生态环境恶化等问题。这主要表现在原有的江河湖泊水文环境被打乱，水灾频仍。

（一）宽阔的江面变窄

据史籍记载，皖江原水面辽阔，与两岸沼泽洼地相连。经历长期的自然、人为等因素的破坏，导致水土流失，泥沙淤填，逐渐沿着潜洲、葑淤、河漫滩、渚田的轨迹，圩区开始形成，最后成为人类的活动场所。“古时截江径渡者，今则各隔长洲，亘百余里，沧桑变易”[19]。即因圩田的出现，才使宽阔的江面变窄，连同沼泽洼地都成为圩区。

（二）水道系统被打乱

西河为长江一级支流裕溪河右岸支流。它是一条在圈圩、联圩过程中逐步形成的平原河流，基本上平行于长江左岸东下。因围垦的扩展，西河入江通道从上游逐步向下游推移，这是其水系演变的特点。最早的入江口是新安桥和刘家渡。明代以后，沿江圩口联并，江堤兴建，使一些通江支流被圈入圩内；上游通江口因江水位顶托，又向下游寻找新的出口。明万历年间，西河的入江口主要有经泥汊河从泥汊河口入江，经马沟河和神塘河从神塘河口入江，经黄雒河口汇入裕溪河自裕溪口入江等三处。清同治十二年（1873），又堵塞了泥汊、神塘两处入江口，至此，西河的排水出路仅留下经黄雒河入裕溪河一处，正式成为裕溪河的一大支流。由于随意改变河道，过度围垦，因而水道系统被打乱。

（三）湖泊面积大为缩减

皖江地区湖泊主要由河流冲淤而形成，或者是河流泥沙淤塞古河道的结果，它们都与长江有密切的关系。这些湖泊大多数与长江相通，湖水位随长江水位高低而涨落。大水年时，长江洪水峰高量大，经过这些通江湖泊的吞吐调蓄，可削减干流洪峰，减少洪水量，使洪峰时间滞后，缓和洪水过大与中下游河槽泄洪能力不足的矛盾，对皖江平原防洪有利。但因长江泥沙大量入湖沉积和长期人工围垦，湖泊面积不断缩小，调蓄洪水的能力普遍减弱。例如，我国五大淡水湖之一的巢湖，据史料记载，初期湖泊面积在2000km^2以上，到了近代，由于长期以来环湖人民围湖造田的不断发展以及市镇的扩展，巢湖面积已大大缩减了。例如，三河镇在明末清初时是濒临湖滨的重镇，经过300多年的变迁，如今三河镇已距湖边约10km，杭埠河入湖河道也北移入丰乐河，汇合后流入巢湖。可见，环湖地区大量利用湖边滩地修筑圩田，与水争地，其结果是导致湖泊对江河的调蓄作用日益减小，湖泊生态系统及资源组成遭到不同程度的影响和破坏。

（四）水灾频仍

生态环境的变迁，从形式上看，既有缓慢渐进式的，也有激进灾变式的，但其最终结果的表现形式多为灾害的发生。皖江沿岸的洲滩、湖汊原本是长江大汛的蓄洪和行洪区，沿江一带过度地围垦，昔日的江滩湖汊变成了圩田，客观上影响了江洪的下泄，刺激长江水位的进一步抬升，兼之“这些圩堤身单薄，防洪能力极差，每至汛期，险象百出”[8]，崩坍、溃口、漫顶等生态水灾时常发生。例如，“清末至民国期间，原东流县圈筑大小圩口30余处，由于堤身窄小，年久失修，每遇山洪暴发，江水顶托，多被溃口成灾”[9]；贵池县的沿江圩田“从1922年至1949年的28年中，有6年破圩”[8]。圩田成为泽国，圩区民众的生命财产安全也受到极大的威胁。如民国二十年（1931年）入夏后，淫雨连绵，长江水位陡涨，东流大小圩堤20处先后溃决，“数十里尽成泽国，秋浦田禾悉数漂没，庐舍倒塌者无数，平地水深丈余，本年被灾农田27.6万多亩，淹没房屋1万多间，灾民13万多人，死亡者竟达730余人”[18]，其中尤以7月10日广丰圩的溃破惨状最重，“一日之间，四野田庐尽成泽国，淹死约二三百人”[9]。皖江地区洪涝灾害之所以如此频仍，原因是多方面的，但最主要的社会原因当与该地区过度地围湖造田，破坏了生态环境密切相关。

综上所述，近代皖江地区圩田开发进一步扩展，促进了该地区粮食生产的发展以及市镇的繁荣，变昔日的雁鸟栖息之滩涂、沼泽之地为良田，一定程度上改善了区域生态环境。但是，正如恩格斯所言：“我们不要过分陶醉于我们对自然界的胜利，对于每一次这样的胜利，自然界都报复了我们。”[20]近代皖江地区的过度围垦，造成了江面变窄、水道系统被打乱、湖泊面积缩减以及水灾频仍等生态环境恶化问题。这就需要我们科学地调整人与自然环境的关系，如退垦还湖、平垸行洪、疏浚江道等。这样方能保持水土资源的平衡，在综合效益上收事半功倍之效。当前皖江开发正高歌猛进，建成皖江城市带承接产业转移示范区已经成为一项国家发展战略。在开发过程中，如何遵循自然规律，处理好发展经济与保护生态环境之间的关系，实现“生态—经济—社会”三维复合系统的健康运行与可持续发展，是皖江开发面临的关键问题。对近代皖江地区圩田开发及其影响的探讨，对皖江城市带承接产业转移示范区的建设，仍有一定的历史借鉴意义。

参考文献：

[1] 庄华峰．安徽古代沿江圩田开发及其对生态环境的影响［J］，安徽大学学报（哲学社会科学版），2004（2）．

[2] 朱之英，舒景蘅等．民国怀宁县志（卷5）［M］，1918，铅印本．

[3] 朱之英，舒景蘅等．民国怀宁县志·凡例［M］，1918，铅印本．

[4] 余谊密，鲍寔．实业志·圩务［M］//民国芜湖县志（卷）33，1919，石印本．

［5］余谊密，鲍寔．地里志·乡铺［M］//民国芜湖县志（卷）7，1919，石印本．

［6］芜湖市档案馆藏．芜湖县新生圩垦殖合作农场筹备处代电（1947 年 2 月），卷宗号 20-2-12［B］。

［7］陆延龄．舆地志·水利［M］//光绪贵池县志（卷五）．清光绪 9 年(1883) 刊本．

［8］贵池市地方志编纂委员会．贵池县志［M］．合肥：黄山书社，1994.

［9］东至县地方志编纂委员会．东至县志［M］．合肥：安徽人民出版社，1991.

［10］安徽省地方志编纂委员会．安徽省志·农业志［M］．北京：方志出版社，1998：166.

［11］李文治．中国近代农业史资料（第一辑）［M］．北京：三联书店，1957：679.

［12］陈俊修．食货志［M］//万历宁国府志（卷八）．

［13］李应泰．田赋［M］//光绪宣城县志（卷七）．

［14］鲍亦骐．芜湖港史［M］．武汉：武汉出版社，1989：17.

［15］鲁式谷等．民国当涂县志·民政志·实业［M］．南京：江苏古籍出版社，1990.

［16］余谊密，鲍寔．地里志·市镇［M］//民国芜湖县志（卷 5），1919.

［17］德·希·珀金斯．中国农业的发展［M］．上海：上海译文出版社，1984：390.

［18］池州地区地方志编纂委员会．池州地区志［M］．北京：方志出版社，1996.

［19］魏源．释道南条九江［M］//魏源集（上册），北京：中华书局，1979.

［20］中共中央编译局．马克思恩格斯全集（第 20 卷）［M］．北京：人民出版社，1971.

皖江宗教文化资源开发与区域旅游产业可持续发展

方晓珍

摘　要： 历史文化资源是区域最宝贵的资源，也是旅游产业发展的灵魂和根基，其开发利用及资本化是实现旅游产业可持续发展的基本途径。宗教文化是皖江地区历史文化的重要组成部分，也是其主要特色和价值所在。包括以天柱山为中心的禅宗文化，以九华山为中心的地藏文化，以巢湖、芜湖和马鞍山为中心的道教文化，以及以沿江各大城市为中心的天主教、基督教和伊斯兰教文化。在充分发挥宗教的世俗文化功能的同时，科学评估宗教的文化传承和道德教化功能，适度开发宗教文化资源，发挥宗教文化积极作用，对区域旅游产业可持续发展将会产生重要影响。旅游产业可持续发展要求旅游与自然、历史文化和人类生存环境成为一个整体，推动文化旅游资源整合、打造文化旅游特色品牌，皖江宗教文化旅游开发具有重要价值。

关键词： 皖江地区；宗教文化；资源开发；旅游产业；可持续发展

一

历史文化资源是区域最宝贵的资源之一，其挖掘利用及资本化是实现旅游产业及经济社会可持续发展的基本途径，但历史文化旅游不是孤立的旅游形态，而是高品位高层次的文化活动。

历史文化资源是一个地方或城市最宝贵的资源之一。对于大多数地方或城市而言，追求可持续发展所需的自然资源、物质资本和技术力量都比较贫乏，但有着极其丰富的历史文化资源，因此，挖掘、发展和弘扬历史文化资源，形成地方特色文化或旅游品牌，是一个地方或城市可持续发展的基本标志。历史文化资源包含着人们所创造的物质文化、精神文化、制度文化、行为文化等系统。它是满

作者简介： 方晓珍（1965—），女，安庆师范大学人文与社会学院教授。

足人类生存和生活的物质需要的物质产品及其所表现的文化系统。物质文化系统体现着一个地方或城市一定时期的生产力发展水平，反映了人和环境的关系，一般体现为显而易见的物质形态。行为文化系统，是人们处理个体与个体、个体与群体关系的产物，体现为人们的个体活动和群体活动，如个体和群体的生活习惯、人际的交往和关系。制度文化系统是人类在一定的历史条件下所形成的社会规范体系，体现为规范化了的社会制度，如婚姻家庭制度、礼仪制度、地方习惯规约等。精神文化系统，是一个地方历史发展过程中的思维活动和心理活动，是人们的文化心态及其在观念上的反映，体现人们的价值观念。这些文化系统之间既可以通过实物形态的景观，也可以通过非物质形态的景观，甚至于通过有形和无形的文化景观交融于一体而表现出来[1]。

把历史文化优势转化为经济优势，就是要以文化建设为基本途径，实现历史文化的资本化，进而促进经济的持续发展。把地方特色传统文化的继承、保护和开发与产业体系的培育和发展相结合，以文化产业带动相关产业，形成地方特色经济新的增长点。随着文化的发展，文化又会成为经济发展的动力。发展文化产业是把地方文化资源转化为社会经济资源的根本途径。一个地方的可持续发展也需要核心竞争力：它依赖于该地区核心资源系统的开发与创造。传统的社会关系中，一个地方的发展水平往往取决于该地区的自然资源要素和交通区位优势，亦可谓“靠山吃山，靠水吃水”。从现代科学技术发展意义上说，一个地方特别是城市作为一个巨大经济、社会和文化的综合体，其核心性资源已不仅仅是自然资源，也不仅仅是技术和人才，还包括社会结构关系、社会竞争环境、城市政策、人才成长环境、人文环境和“城市文化资本”运作等，地方或城市资源的任何一项发展不充分，都会影响地方或城市的可持续发展。我们认为，良好的地方或城市形象是可持续发展的基础，如果一个地方或城市的形象不好或生活的空间缺乏艺术创造，不仅地方或城市自身会出现人才流失、资金转移、缺乏信用等社会问题，而且会直接影响外来人才、技术、资金和旅游者的流进，我们日常所说的资金流、信息流、物流、人才流会流向其他地方。从地方或城市形象的发展规律看，无论是城市地区内所属企业、产品，还是城市所属的垄断性旅游文化资源，都与城市形象的提升息息相关。一个良好的城市形象可以使城市走出国界，走向世界，进而引导城市企业、产品、品牌和旅游资源走出城市，走向世界。而城市形象的塑造是通过城市的人才战略、企业发展、资源创新、人文与自然景观开发与城市文化传统特色开发的整合而成，这样既可以创造新的城市经济、社会和文化资源，又可以直接使这些资源转化成城市的政治、经济、文化和社会效益，并形成新的城市经济资本、社会资本和文化资本，形成新产业发展资源、旅游经济资源和整体发展资源。通过城市形象的塑造再创城市新型的核心性资源，这已经是一个既成事实。城市形象创新可以在更高层次上保护城市传统资源要素，使其发挥更大的作用。由此可见，历史文化资源的资本化过程就是塑造地方或城市形象的过程。

历史文化是旅游的灵魂和根基，要促进区域旅游业的可持续发展，必须深入挖掘其文化底蕴。基于全球可持续发展的概念，可持续旅游发展的内涵可表述为四层意思：一是可持续旅游发展要求旅游与自然、文化和人类生存环境成为一个整体，以不破坏其赖以生存的自然资源、文化资源及其他资源为前提，并能对自然、人文生态环境保护给予资金、政策等全方位支持，从而促进旅游资源的持续利用；二是可持续旅游发展应在满足当代人日益增加的多样化需要的同时，保证后代人能公平享有利用旅游资源的权利，满足后代人旅游和发展旅游的需求；三是可持续旅游发展必须与当地的经济有机结合，以其提供的各种机遇作为发展的基础，满足当地居民长期发展经济、提高生活水平的需要；四是可持续旅游发展要求摒弃狭隘的区域观念，加强国际交流与合作，充分利用人类所创造的一切文明成果，实现全球旅游业的繁荣和发展。历史文化旅游是一种高层次的文化活动。要加强历史文化旅游人才的培训。旅游从业人员尤其是导游员是旅游文化的承载者和传播者，他们肩负着解读和传递历史文化的使命。

二

宗教文化是皖江地区历史文化的重要组成部分，也是其主要特色和价值所在。适度开发宗教文化资源，发挥宗教文化的积极作用，对区域旅游产业及经济社会可持续发展具有重要意义。

宗教是人类历史上最古老、最悠久的社会文化现象，也是诸多文明的重要载体和组成部分。随着人类社会的发展，宗教发展成为迥异于其他意识形态、相对系统而稳定的宗教文化体系，同时又对整体文化的发展产生了重要影响。中国传统文化是多种文化融会贯通而形成的，呈现出多元一体、丰富博大的特点。不论原始宗教、民间宗教、土生土长的道教，还是外来的佛教、基督教、伊斯兰教等，既在一定程度上表现出各自的文化个性和独特的宗教文化特征，又与传统文化的其他组成部分有着水乳交融的密切联系，成为中国传统文化不可分割的有机组成部分和宝贵资源。宗教与中国传统文化动态互补，极大地丰富了中国传统文化的内涵；多元宗教和谐共存，共同造就了中华文化独特的和谐品格。从儒释道三教碰撞到“三教合一”再到“五教共存”的过程，既是中国传统文化不断丰富和发展的过程，也是中国宗教文化和谐思想不断得到弘扬和实践的过程，奠定了中国传统文化和谐思想的基础。

我国五大宗教都蕴含着丰富而独特的劝和劝善、促进人际和顺、人心和悦的积极因素。佛教认为，世间万事皆由心生，心净则国土净，心安则众生安，心平则天下平，主张因缘和合、众生平等，追求利乐有情、圆融和谐；道教主张道法自然、知和曰常，倡导“慈爱和亲”“齐同慈爱”，追求“知足”“知止”“神静而心和”的境界；伊斯兰教认为，真主创造万民并要他们和谐相处，倡导“两世吉庆”，要求信徒“遵循正道”“维护公道”“谨守中道”；基督教认为上帝的创造是和谐的乐园，倡导博爱、宽恕，要求信众“爱人如己”“追求与众人和睦”，等等。挖掘宗教文化中这些古老而独特的和谐理念、注重修心养性的优良传统和文化内容，对于教育引导广大信众培养良好的精神境界、保持心理和谐，保持和促进宗教关系和谐乃至于全社会人际关系的和谐，无疑具有独特而积极的现实意义。

宗教文化是皖江地区历史文化的主要特色，也是其价值所在。主要包括以天柱山为中心的禅宗文化，以九华山为中心的地藏文化，以巢湖、芜湖和马鞍山为中心的道教文化，以及以沿江各大城市为中心的天主教、基督教和伊斯兰教文化。形成于九华山的地藏道场、在齐云山孕育起来的道教圣地、宗杲的“说话禅”，成为有全国影响的宗教文化现象。五大宗教按其宗教伦理来说，基本上可以分为三种，其中佛教解决的是人的生死问题，道教解决的是生命的超越问题，天主教、基督教和伊斯兰教可以合为一种，解决的是人的现世生存问题。这三种宗教伦理是皖江宗教文化的基本精神，也是皖江历史文化的基本内核，对皖江社会的发展产生了极其深远的影响。

禅宗是佛教中最具中国特色、最富有生命力及创造性的宗派，与中国传统文化结合紧密。赵朴初先生说过，谈中国的宗教文化离不开禅宗。禅宗如一股源头活水，曾一度为中国文化带来过勃勃生机，对中国文人画、山水诗、性灵文学乃至宋明理学都产生了深刻影响，把历史上的中国文化带入了一个注重自然、和谐、灵性、气韵生动的崭新意境。这样一个历史文化的宝藏，今天仍然值得我们去挖掘、整理、研究、借鉴。禅宗文化，可以分为经典（禅文）、思想（禅语）、诗歌（禅诗）、书法（禅书）、绘画（禅画）、音乐（禅乐）、武术（禅武）、中医（禅医）、农耕（禅农）、素食（禅食）、茶道（禅茶）、慈道——慈悲之道和慈善之道（禅慈）、孝道（禅孝）等若干种类。禅宗思想的内容，概括地讲包括本体论、心性论、体语伦、修持论和境界论等基本要素。其中，最主要的是心性论、功夫论和境界论三大要素。此三者分别阐明了禅修成佛的根据、方法和目的三个基本问题，且都是以心性论为中心展开的。心性论是禅宗思想的核心。禅宗思想的特点表现在：其一，直指人心，不立文字；其二，成就理想，不离现实；其三，继承传统，不断创新[2]。

安庆乃禅宗的发祥地。禅宗文化的发展与安庆有着密不可分的渊源关系，二祖寺、三祖寺皆坐落于安庆境内，四祖道信、五祖弘忍与安庆有不解之缘，整个安庆地区佛教禅宗文化源远流长。不少高僧法祖先后在此传道布法，形成许多佛教建筑。中华禅宗开山鼻祖二祖慧可受达摩心法只身南下司空山，开山立派，三祖僧璨完成了禅宗的理论体系。岳西司空山的二祖寺、潜山的三祖寺分别就是他们禅修之所，著名的禅宗祖庭。位于太湖白云山麓的海会寺有“淮西第三禅刹”之称，宋代著名高僧靖演在此阐道，佛教领袖赵朴初早年在此礼佛，声名远播。市区的迎江寺是沿江名刹，其中的振风塔是寺建筑群的一颗明珠，人称“万里长江第一塔”。振风塔于2006年列入国家级重点文物保护单位。这些佛教旅游资源不仅吸引着无数佛教信徒，而且也招徕了广大游客。

近几年来，皖江各市采取多种措施，积极挖掘开发宗教文化资源，以宗教文化旅游为主线，以提升宗教文化品位为重点，以服务于地方经济社会发展和旅游产业为目的，通过举办宗教文化节、宗教文化论坛、宗教文化主题景区，甚至建造大型露天宗教造像等形式，将宗教文化资源的开发利用纳入城市建设、文化遗产保护、对外文化交流、招商引资和旅游开发等整体规划中，发挥宗教文化在当地文化建设和经济社会发展中的积极作用。依托天柱山禅宗文化旅游、九华山佛教文化旅游、齐云山道教文化旅游等宗教文化品牌，将宗教名胜的自然、历史和人文优势转化为当地旅游、文化和经济社会发展的优势。

比如，安庆在发展禅宗文化旅游方面做了一些探索并取得显著成效。树立“禅宗圣地”旅游品牌，推出“禅宗寻根”旅游线路，举办禅宗文化旅游活动，开展禅宗文化旅游联合，围绕“黄梅戏之乡——安庆”主题旅游形象，突出“安徽之源、禅宗圣地、戏曲之乡、滨江之城”四大品牌。

再比如，池州采取多种措施对九华山地藏文化旅游资源进行整合，利用载体使秀丽的自然风光与悠久的佛教文化历史相得益彰。在观光游、佛教朝圣游、民俗风情游及九华庙会游的基础上，不断创新佛教文化旅游产品，更多地体现佛教文化的内涵，充分挖掘佛教和历史人文要素，从满足于游览观光向满足游客精神需求转变。充分利用九华山高品位的生态环境及周边地区纯朴的民风民俗，建设农业生态观光旅游基地，有针对性地开展生态家园、生态乡村、古民居、民俗文化体验等生态和文化旅游项目。加强对九华山地藏信仰文化、九华民歌、佛教音乐及傩文化、青阳腔等方面的研究和开发。加强与其他国家佛教文化的交流合作，尤其是与韩国的交流合作，如中韩书画艺术交流、金地藏学术研究交流、佛茶文化交流等，通过佛教文化的交流，扩大九华山佛教文化的影响力，从而推动佛教文化旅游的发展[3]。

目前，虽然皖江宗教文化资源得到了一定程度的开发利用，取得了较好的社会效果，但总体上看，宗教文化资源的开发利用尚处于起步阶段，存在诸多问题，也产生了一些负面影响，必须引起重视、加强研究、提高认识、妥善处理。

一是“过热”。有的领导干部只看到宗教文化在促进旅游、招商引资等方面的平台作用，党政出面主导，大搞“宗教搭台、经济唱戏”，而对由此助长的宗教热及其危害认识不够。

二是“混乱”。一些与佛教、道教无关的单位、企业与个人，违反规定，擅自投资兴建寺庙、乱建露天宗教造像特别是露天大佛、大搞开光庆典和所谓的宗教活动，甚至雇用假僧假道在非宗教活动场所从事抽签卜卦等迷信活动，违背了宗教政策法规，损害了佛道教声誉，影响了地区文化建设的健康发展。

三是“肤浅”。一些地方在宗教文化资源开发利用方面观念陈旧，开发利用方式单一，重旅游轻文化，过度商业化现象突出，规划布局缺乏总体把握，综合开发和资源深度开发不够，精品项目不多等问题普遍存在。

四是“短视”。以宗教文化资源为主体和依托的景区开发中大多有严重的“短视症”现象，无视景观的历史文化渊源，不尊重宗教文化自身的规律，侵害宗教文化部门合法权益，杀鸡取卵、竭泽而渔，宗教文化资源开发利用与保护继承关系失衡等问题日益突出。

五是“缺位”。宗教文化资源开发利用的管理主体不明、管理体制不顺、政策指导和法律规范跟不上等问题日益凸显。

这些情况和问题的出现是经济社会文化快速发展过程中难以避免的，有些是地方经济社会发展中的问题，有些是文化产业化发展中的问题，有些是管理中的问题，但无一例外都与一些党政领导干部对宗教的正负双重功能和积极、消极两个方面社会作用的认识不足，对中央有关宗教工作的基本方针和政策法规缺乏全面深入理解是分不开的。

文化的作用是“以文化人”。宗教作为人类社会一定发展阶段的文化形式，其“以文化人”的作用十分突出，但宗教文化的社会功能是通过其对至上神的信仰来实现的，可能助长宗教热，进而影响一部分党员领导干部的思想信仰。开发利用宗教文化资源，就要充分认识宗教文化的两面性，一方面挖掘和弘扬宗教文化中有利于社会和谐的积极因素，抑制和淡化宗教文化中不利于社会和谐的消极因素；另一方面，有些宗教信仰具有很强的排他性，包括对其他宗教的排斥，对世俗权威尤其是政府权威的排斥等，这种排他性一旦与民族问题、社会问题结合起来，就会成为严重的社会不和谐因素。历史上一些国家和地区频频出现的宗教冲突、宗教战争大都与此有关。在中国传统文化中，虽然和谐的一面一直占据主导地位，宗教的排他性受到压制而弱化，但也要防范在当前国际国内复杂多变形势下宗教文化的消极因素、负面社会作用的出现，特别是防范宗教因素与民族问题、社会矛盾相叠加。

鉴于上述问题的存在，在宗教文化资源的开发利用过程中，一定要把握好宗教的信仰功能和文化功能之间的关系，把握好宗教文化资源开发利用与确保宗教合理有序发展之间的关系。在充分发挥宗教的世俗文化功能的同时，科学评估宗教的文化传承和道德教化功能，警惕和防范由此助长的宗教热以及一些宗教固有的排他性所带来的稳定隐患；在肯定宗教文化在丰富民众精神文化生活方面的积极作用的同时，充分认识宗教文化社会作用的“两面性”，切实把宗教与邪教、宗教与迷信区分开来。要全面贯彻宗教工作基本方针，深入落实《宗教事务条例》，进一步强化政府宗教事务部门的职责和权威，令行禁止，严格制止滥建露天宗教造像，适度控制“宗教搭台、经济唱戏”行为，避免助长宗教热。对与宗教无关的单位、企业或个人违反规定，擅自投资兴建寺庙教堂、乱建露天宗教造像特别是露天大佛等违背宗教政策法规的行为，要按照有关规定坚决予以查处。强化管理职责，加强对各地区各宗教文化资源开发利用工作的指导，尊重文化开发利用的规律和宗教文化自身规律，研究制订统筹规划和政策法律规范，使宗教文化资源的开发利用逐步走上合法、规范、健康、有序的轨道。

三

区域旅游产业可持续发展要求旅游与自然、历史文化和人类生存环境成为一个整体，推动文化旅游资源整合，打造文化旅游特色品牌，皖江宗教文化旅游开发潜力巨大、任重道远。

大力发展旅游产业、建设旅游经济强市（县）已经成为皖江各级党委、政府的重大决策，明确要求立足于自身的地缘优势，整合宗教文化旅游资源，并融入古皖文化、戏曲文化、民俗风情、秀美山川等元素，打造一条中国宗教文化旅游走廊。

（一）高起点编制皖江宗教文化旅游发展规划

要通过推进文化旅游产业融合，促进宗教文化旅游资源开发。做到近期规划与远期规划相结合，既要整体布局科学，又要积极灵活稳妥；既要注意突出重点，又要注意开发质量。组织专业人员对宗教文化旅游资源的开发建设进行可行性研究，从投资方式、收益产出以及对地方经济的拉动和辐射效应方面进行科学分析，帮助多渠道融资，严格按规划建设。打造一批宗教文化旅游精品，提高佛教寺院建筑的品位，体现各自特色，注意保护寺院古迹的价值、意境和特点，既不削弱旅游的吸引力，又不破坏山岳的“神气”和寺院的清静幽雅，真正将每座寺院都建为规模宏大、建筑精心的佛教文化精品，成为旅游景区的亮点。

（二）高质量开发宗教文化旅游产品

提升历史文化旅游景区（点）的档次级别。以文化为导向，开发具有市场吸引力并具有地方特色的历史文化旅游产品，重点包装历史文化旅游精品路线。根据皖江历史文化旅游资源的特色，着力打造“禅宗、戏剧、山水、人文”等旅游精品。开发中华佛教禅宗寻根游、古皖文化寻根游、黄梅戏欣赏游、名人故里探寻游等特色产品。着力把二祖道场建设成为全国名寺，把司空山打造成集参禅礼佛、修身养性、休闲度假三位一体的享誉海内外的著名风景名胜区。要继续推进三祖寺二期扩建、赵朴初公园续建和世太史第景区扩容等工程，逐步形成知名品牌和旅游竞争力，把安庆建成“佛教访祖、禅宗寻根”之地。加强“吃、住、行、导、游、购”等禅宗文化旅游配套服务建设，使客源结构由目前求神拜佛的香客为主逐步改变为礼佛旅游的游客为主。将佛教活动与旅游有机结合起来，通过开展多层次、多类型的佛教活动吸引游客，利用佛事活动开展朝觐为主题的佛教旅游，通过举办传统庙会把佛教旅游与民俗文化欣赏、休闲度假等结合起来。

（三）高强度宣传“宗教圣地”旅游形象

强化宣传促销的广度、深度和力度。在宣传内容上，凸显“两山”“八个第一”品牌，即重点宣传天柱山、九华山和“中国禅宗第一人”二祖慧可、“中国佛教禅宗第一山”司空山、“中国禅宗第一塔”立化塔、“中国第一禅湖”花亭湖、“禅宗第一自然碑林”山谷流泉摩崖石刻碑林、“中国第一佛教文化公园”赵朴初文化公园、“万里长江第一塔”振风塔、“万里长江第一奇景”小孤山。在宣传形式上，运用文学、艺术的手段，根据佛教禅宗在安庆、地藏在九华的有关踪迹、传说，拍摄“慧可传奇”“僧璨大师”等影视剧，进一步推介宗教文化旅游。在宣传策略上，充分利用网络、报刊、专题活动等现代营销手段，加大宣传力度，扩大影响；充分利用“寺庙修建典礼”“佛像重塑开光”“新方丈升座”“周年庆典”等佛教重大事件，开展宗教文化旅游活动营销。

（四）高水平做好宗教文化旅游延伸文章

历史文化旅游不是孤立的旅游形态，而是高层次的文化活动。要发动全民共同营造和谐的旅游文化氛围，多元素组合共同提升旅游品位。把旅游形象融合到当地居民生活、教育中，让游人在无形的旅游交往中感受到旅游地形象的魅力。在区域延伸上，加强横向扩展，前向禅宗祖庭嵩山少林寺、“达摩老祖”扩展，后向黄梅四祖寺、五祖寺、广东南华寺等其他禅宗名寺，进而向“四大佛教名山”扩展，并且逐步走向海外，使皖江成为扬名世界的佛教文化旅游目的地。在产品延伸上，着力做好旅游与宗教、文化、体育等方面结合的文章，积极发展修学朝圣、休闲度假、体育健身、特色购物等旅游新业态，不断延伸旅游产业链，促进全市旅游经济发展。利用丰富多彩的佛教禅宗文化艺术、建筑艺术、黄梅戏艺术、民俗风情、奇山秀水等招揽游客来安庆观光、感悟、娱乐、休闲，形成现代商品经济文化环境中不可估量的文化渗透力，促进地方经济发展。

（五）高规格健全宗教文化旅游管理体制

充分认识到宗教问题的复杂性，引导佛教场所不能过分强调自身的特殊性，主动接受旅游管理部门对其合理化的建议和指导，避免造成宗教场所与景区在统一规划建设上的不协调，妨碍风景区的整体开发。景区内佛教寺院要加强内部管理和道风建设，严格要求僧士的言谈举止，给信众做出表率，给游客留一个良好的印象；真正把寺院建成一个注重实修的道场，一个与社会主义社会相适应的典范。要切实解决好景区与佛教寺院的关系，正确处理旅游与宗教的关系，不能为发展旅游而热衷于修建庙宇、举办各类佛事活动，人为地助长宗教热；更不能单纯从旅游效益考虑，牺牲佛教团体和佛教活动场所的合法利益。政府要成立高规格的禅宗文化旅游发展协调机构，旅游、宗教、文物、林业、民政等部门要在政府的统一领导下明确职责，各司其职，互相支持，通力协作，为发展皖江宗教文化旅游、促进区域旅游经济腾飞作贡献［4］。

参考文献：

［1］段雪梅．略论文化资源在历史名城可持续发展中的地位与作用［J］．商场现代化，2007，(6)．

［2］印顾．中国禅宗史［M］．南昌：江西人民出版社，1999.

［3］陈刚．浅谈九华山佛教文化旅游资源的开发［J］．佛旅研究，2013，(3)．

［4］詹志高．安庆市发展禅宗文化旅游调研报告［R］．2013.

推动皖江地区文化产业与旅游产业开发交融互动的思考

——以池州市为例

檀 力 宋 雁

摘 要：为深入贯彻落实习近平总书记在哲学社会科学工作座谈会上的讲话精神，围绕安徽省委省政府创新型“三个强省”建设战略部署，进一步推进皖江地区历史文化研究向纵深拓展，着力发挥区域文化对区域经济社会的内在支撑与推动作用，文章以皖江地区池州市为例，阐述推动皖江地区文化产业与旅游产业开发交融互动的思考。

关键词：皖江地区；池州市；文化产业；旅游产业；开发交融互动

池州地处安徽省长江南岸，是长江经济带上重要的滨江旅游城市和历史文化名城，面积8272平方公里，人口160万，辖贵池区、东至县、石台县、青阳县、九华山风景区。池州是中国第一个生态经济示范区、中国优秀旅游城市、国家园林城市、国家森林城市、全国旅游竞争力百强城市、2012中国休闲山水之都，同时还是皖南国际文化旅游示范区的重要组成部分。

池州是物种丰富，生态良好之地。池州山清水秀，气候宜人，植被丰富，森林覆盖率达60%，是名副其实的天然氧吧、养生福地。大气质量和地表水质常年保持一级、一类标准。

池州是山川秀美，风景如画之地。池州市山奇水秀，风景名胜不胜枚举，有中国四大佛教名山之一的九华山，华东地区最后一片原始森林牯牛降，中国第一诗村杏花村，“中国鹤湖”升金湖等众多景区。目前，池州全市星罗棋布地分散大大小小的景区300多个，拥有5A级景区1个，杏花村、大王洞、莲峰云海等4A级景区9个，大历山、神仙洞等3A级景区多处，是一座名副其实的自然生态公园和山水名城。

作者简介：檀力（1962—），男，香港繁荣集团驻皖办主任、高级经济师；宋雁（1969—），女，安庆市博物馆副研究员、安庆市政协委员。

池州是历史悠久、人文荟萃之地。池州历史悠久，源远流长，已有1390年历史。千百年来，李白、杜牧等文人墨客都曾游历池州，留下了《秋浦歌十七首》《清明》等数千首家喻户晓的诗歌，池州也因此有“千载诗人地”之雅称。九华山，庙宇林立，僧众云集，香火旺盛，高僧辈出；已经建成开光的99米地藏菩萨露天大铜像，是目前世界上最高的地藏菩萨露天铜像。

池州是区位优越、交通便捷之地。池州地处泛长三角经济圈、中原经济圈的交汇带，高速公路、铁路横穿东西、纵贯南北，池州九华山机场已经建成通航；宁宜高铁即将建成通车；长江黄金水道流经池州162公里，池州港是安徽长江上豪华邮轮最佳停靠点。池州市境内景区景点连线成环，1小时游览专线快速便捷。

池州旅游资源丰富，文化厚重，交通畅达，是观光旅游、休闲度假、文化探秘、修身养性的绝好去处！

文化产业和旅游产业的开发交融互动对提升旅游产品的文化内涵，促进旅游产业的转型升级，实现文化产业与旅游产业的良性互动意义深远。池州市文化资源既丰富多彩又独特久远，池州市作为文化旅游资源大市，丰富的原生态文化和厚重的佛教文化成果，具有大公园、大生态、大交通、大数据、大品牌的突出优势，为发展文化旅游提供了坚实的基础。池州市旅游业要转型升级，就要靠文化的力量，突破成规，打破就旅游抓旅游的思维局限，要创新旅游与文化开发交融互动的思路，使旅游开发与文化相得益彰，努力把池州市建成世界知名、国内一流的旅游目的地、休闲度假胜地和文化交流地。

近年来，池州市在推进文化产业与旅游产业开发交融互动中，进行了大胆探索和尝试，取得了较好的社会效益和经济效益。当前，在稳增长、调结构、促改革、惠民生的大背景下，进一步推动文化产业与旅游产业开发交融互动具有特殊重要的意义。要找准着力点，在理念、载体、市场和体制机制四方面着手，全力推动池州市文化产业与旅游产业的开发交融互动。

一、着力推动理念融合，夯实开发交融互动的思想基础

理念引领行为，认识推动实践。从目前皖江地区范围来看，文化产业与旅游产业开发交融互动的趋势越来越明显，推动文化产业与旅游产业开发交融互动的探索取得了一些成效。但在实际工作中，还存在一些滞后认识和观念偏差，根源在于没有跳出文化产业与旅游产业的本位和思维。推动两个产业深度开发交融互动，必须解放思想，破除陈旧观念的束缚，形成适应深度开发交融互动的新理念。

（一）进一步强化开发交融互动即是发展的理念

推动文化产业与旅游产业开发交融互动，是党中央、国务院做出的重大决策部署。目前，推动文化产业和旅游产业开发交融互动的政策环境优越，现实基础雄厚，机遇千载难逢。推动文化产业与旅游产业开发交融互动，是推动两个产业转型升级提质增效的重要途径。一方面，根据旅游市场的需求，通过对文化资源、文化遗产和文化传统进行深入的挖掘、整理和开发利用，融入旅游产品和服务当中，让游客在不断体验、感受和认知不同文化的过程中传播文化，有利于推动旅游目的地文化的交流和价值的实现，扩大文化影响力，增强文化软实力。另一方面，文化创意和设计服务与旅游产业的融合，是实现旅游产业提质升级的必然选择，只有将提升文化内涵贯穿到旅游发展的全过程，实现景点外观和文化内涵的统一，才能使旅游产业更具生命力、吸引力和竞争力。实践证明，推动文化产业与旅游产业开发交融互动，也是世界各国旅游业发展的大趋势和国内外许多文化旅游业发达地区的成功做法。

（二）进一步树立互促共赢理念

文化产业与旅游产业是现代服务业中两个极具发展潜力的产业门类，两者的内涵外延、功能作用具有明显差异，但同时又具有不可分割的联系。文化产业与旅游产业都是为人们提供精神消费服务的，两者具有天然的耦合性。文化是旅游的灵魂，旅游是文化的载体；文化提升旅游内涵，旅游实现文化价值。旅游是文化消费的重要形式、文化传承的重要渠道、文化形象的重要载体和文化繁荣的重要支撑。文化产业与旅游产业可以在开发交融互动中达到互促共赢，产生叠加放大效应。文化产业与旅游产业开发交融互动，应是一个以文化带旅游、以旅游促文化的过程，是一个既有经济效益又有社会效益的过程，是一个优势互补、相得益彰、互惠共赢的过程。所以，在推动两者融合发展的过程中，不能只强调或偏重文化内容向旅游产业的植入，也不能单方面强调旅游产业向文化产业的空间拓展。树立互促共赢的理念，有助于两大产业的决策者和从业者以更加开放和积极的心态，主动自觉地推动两个产业的深度融合，而不必担心一个产业被另一个产业取代或吞并。

（三）进一步强化一体化发展理念

文化产业与旅游产业的开发交融互动是一个长期发展过程，不可能一蹴而就。推动两个产业长期持久的开发交融互动，必须进一步强化一体化发展理念，实现两个产业基础资源、生产要素、产业链各个环节的有效融合，实现理念、载体、市场的共享融通，形成一体化的组织结构、管理体制、发展规划和政策措施，做到你中有我、我中有你。一体化发展理念一方面要求立足当下，增强紧迫感，争取融合发展取得现实的实际效果；另一方面要求立足长远，持之以恒地推动开发交融互动，使两者不断地在发展中融合，在融合中发展，最终成为国民经济的支柱产业。强化一体化发展理念，要求进一步增强自觉性和紧迫感，不断在深度和广度上促进文化旅游相融合，既要将文化内涵贯彻到吃、住、行、游、购、娱各环节，用独特的文化品格和文化魅力诠释旅游，使旅游更具有吸引力；又要将旅游产业作为挖掘文化、优化文化、丰富文化和保护文化的重要途径，以旅游独特的宣传方式，更好地传播特色文化，借助旅游市场提升文化软实力。

二、着力推动载体融合，抓好开发交融互动的关键环节

推动文化产业与旅游产业开发交融互动，关键在于执行和落实。只有在技术、产品、活动、演艺等各方面加大融合工作力度，才能取得实实在在的效果。

（一）加大技术开发交融互动力度

伴随着现代科学的进步，技术手段正越来越深度地改变着社会产业形态，为推进产业融合提供了强有力的技术保障。特别是信息技术在文化产业和旅游产业的广泛应用，正在强力推动着文化产业和旅游产业从传统产业向现代服务业跨越。在这一过程中，要积极推动增强舞台艺术表现力的声光电综合集成应用技术、动漫游戏与虚拟仿真技术在旅游产业领域的集成应用，继续加强文化主题公园关键技术及装备等文化旅游领域的自主核心技术和装备研发，让技术手段成为文化与旅游融合的良好介质，将文化资源打造成为满足游客体验化、多元化需求的品牌产品，不断提高文化旅游业的现代化程度。要进一步加强文化旅游信息服务功能建设，突出“智慧旅游”主题，强化“智慧体验、智慧营销、智慧服务、智慧管理”理念，加快催生一批具有独特文化魅力的智慧旅游城市、智慧旅游景区、智慧旅游企业和智慧旅游产品。

（二）加大产品开发交融互动力度

通过将文化产品和旅游产品进行创新组合，催生新的文化旅游业态，是实现文化产业与旅游产业开发交融互动的重要载体。要搞好特色文化旅游纪念品的开发，充分利用本地文化资源优势，开发制作符合地方文化特点的文化旅游纪念品，挖掘旅游品牌的形象价值，拓展旅游品牌的产业链条。要做好文化旅游纪念品的市场推广，通过举办文化旅游纪念品博览会、创意设计大赛等，不断提高本地旅游纪念品的设计研发能力和知名度。要坚持高标准、高品位设计，注重提高文化旅游纪念品的吸引力、生命力和震撼力。要积极鼓励有创新特色的文化旅游纪念品申请外观设计专利，加强对文化旅游纪念品的知识产权保护，着力打造具有自主知识产权的文化旅游纪念品品牌。要打造文化旅游精品景区和线路。在开发设计旅游景点景区的过程中，既要突出旅游特点，又要彰显文化特色，突出文化元素，增强文化底蕴，渲染人文色彩，提高旅游产品的吸引力。同时，要根据

不同的文化类别，精心设计独具文化魅力的地域特色精品旅游线路，吸引旅客驻足停留，促使旅游行为由观光型向体验型、度假型转化，带动文化与旅游产业融合发展。

（三）加大活动开发交融互动力度

通过举办大型节庆活动，打造文化和旅游系列活动品牌，能有效提升文化产业和旅游产业的知名度及影响力。要积极参与全国性的文化旅游节庆活动，充分利用中国文化旅游主题年、中国国际文化旅游节等契机，努力推动本地的文化旅游品牌走向全国、走向世界。要注重立足本地文化优势、突出本地文化特色，紧紧围绕当地的重点文化产业门类，打造动漫游戏博览会、电影节、音乐节、图书博览会等主题文化旅游节庆活动，更多更好地聚拢人气，提升文化旅游活动的品牌影响力。

三、着力推动市场融合，提高开发交融互动的质量效益

要充分发挥市场对于文化资源配置的积极作用和对于旅游资源配置的决定作用，通过推动两大产业的品牌融合、营销融合和消费融合，进一步拓展两个产业融合市场空间，提高开发交融互动的质量和效益。

（一）加大品牌开发交融互动力度

品牌是文化产业和旅游产业的名片，代表着两者的市场竞争力。要全力打造一批具有吸引力、影响力和竞争力的文化产业与旅游产业品牌，特别是要强力推动这些品牌在两个产业间的相互转化、融合发展。要把文化产业的品牌由可说的内容，变成可看、可体验、可消费的旅游产品和服务，坚持以独具魅力的文化内容装点景区景点，增强地域特色文化对游客的亲和力和吸引力，激发其参与和消费的热情，满足其鉴赏和审美的需求，使文化品牌转化为旅游产业的亮点和名片。同时，要充分利用旅游品牌的市场影响力和消费拉动作用，将更多的反映社会主义核心价值观和地域优秀传统文化的内容，润物无声地融入旅游品牌当中，使地域文化品牌和文化形象传播更远，助推当地文化软实力进一步提升。要制订文化旅游产业品牌建设规划。坚持统筹谋划、分类指导、整体推进的原则，逐步构建文化旅游产业品牌体系。

（二）加大营销开发交融互动力度

文化产业与旅游产业有着各自的营销方式、渠道和手段，成为各自产业链条不可或缺的一环。推动两者深度融合，必须在营销融合上下功夫，努力从不同侧面、不同层次向外界宣传和展示绚丽多彩的文化与旅游产品。创新营销理念和手段，开展整体营销。打破地区、部门、企业界限，推进信息平台一体化建设，实现文化与旅游产品的统一、捆绑营销。要走出去促销，组织企业赴国外主要客源

地，举办文化、旅游展示会等促销活动，拓展境外市场。同时还要请进来合作。

（三）加大消费开发交融互动力度

增加消费总量，提高消费水平，是文化产业和旅游产业发展的内生动力。两个产业通过消费融合，有利于进一步强化两个产业融合发展的驱动力。要培育消费热点，通过促进文化消费与旅游消费的融合，积极改善文化旅游消费条件，推出更多个性化、特色化的文化旅游产品和服务，创造新的消费需求，激发消费欲望，不断满足多层次的文化旅游消费需求。要创造良好的服务环境。提高导游的文化素质，加强对导游的文化教育，使其了解掌握旅游景点、景物及各种社会现象的文化内涵，努力将提升文化内涵、体现人文关怀贯彻到旅游的全过程。同时，把文明创建活动作为提高旅游竞争力的重要手段，用文明引导行业风尚，树立文化与旅游产业的新形象。要不断创新消费形式，通过大力发展乡村旅游、休闲度假旅游，创新文化旅游产品，大力拓展文化旅游业的发展空间。

四、着力推动体制机制融合，健全开发交融互动的保障措施

推动文化产业与旅游产业开发交融互动，涉及面广、牵涉部门多，特别是在推进开发交融互动时期，更需要加强顶层设计、创新发展理念、改进管理方式，着力推进体制机制的统筹协调和合作互补，为推动文化产业与旅游产业开发交融互动提供强有力的保障支撑。

（一）加强对开发交融互动的组织领导

要进一步理顺管理体制，强化责任分工，形成上下联动、统筹发展的工作格局，推动各级党委、政府切实把文化旅游产业开发交融互动工作摆上重要的议事日程。要加快建立健全宣传文化部门与旅游部门协作配合的长效工作机制，通过建立文化旅游产业开发交融互动联席会议制度，进一步加强对文化旅游开发交融互动工作的组织领导，并重点在行业发展规划衔接、扶持政策制定、项目建设、招商引资、宣传推介等方面加强统筹，实现无缝对接、协调同步。要定期通报文化旅游开发交融互动的最新动态，加强各地区文化与旅游产业的紧密合作，推动形成“比学赶超”的良性发展格局。

（二）制订推动开发交融互动的中长期规划

要坚持高标准规划，在充分借鉴发达国家和地区文化与旅游产业开发交融互动经验的基础上，科学制订推动文化旅游开发交融互动的中长期发展规划，明确指导方针、战略目标、发展重点和保障措施。推动探索文化和旅游开发交融互动的新途径，深入挖掘特色文化和特色旅游的丰富内涵，注重整合和优化文化旅游资源，正确处理文化旅游资源的保护、开发和利用的关系，以优势资源为基础，以一流文化旅游景区为载体，以重大产业项目为带动，以骨干文化旅游企业为支

撑，切实做好文化与旅游产业开发交融互动的大文章。

（三）建立推动开发交融互动的人才支撑

要积极探索建立功能齐全、主体多元的人才培养体制，切实加强对文化旅游从业人员特别是实用型经营管理人员、专业技术人员以及民间艺人的挖掘和培养。要加大高层次人才的选拔引进力度，采取灵活多样的方式引进文化创意人才和旅游经营管理人才，着力打造一支高素质、专业化的文化旅游人才队伍。要完善人才激励机制，允许具有特殊才能的专业人才和管理人才以其拥有的知识产权、创作成果和科研技术成果参与收益分配，进一步激发文化旅游从业者的创造力和活力，为推动文化旅游开发交融互动提供强有力的人才支撑。

要将文化创意元素充分融入旅游活动全过程，通过旅游项目、旅游产品、旅游纪念品等各种形态，提升池州旅游业的发展业态；通过动漫、影视、游戏、主题公园、旅游节庆和旅游演艺活动，提升池州旅游的品质和档次，推动文化旅游开发交融互动发展。

池州市历史悠久、人文荟萃，环境优美、旅游资源丰富，名胜风景交相辉映，形成了得天独厚的文化旅游资源，且品位高、种类多、存量大、积淀厚，具有文化与旅游融合的巨大优势。要大力挖掘和开发以九华山为中心的佛教文化，以《秋浦歌》《清明》诗为主体的诗歌文化；以池州傩戏为特色的国家级的非遗文化；以优美的自然环境为载体的生态文化，积极融入皖南国际文化旅游示范区，充分利用国家全域旅游示范区这个平台，不断完善文化产业与旅游产业开发交融互动发展的体制机制，发挥文化对旅游的引领作用，提升池州的美誉度、知名度，推动池州经济、旅游和文化大发展。

文化与旅游的开发交融互动，是发展现代旅游的本质需求，是实现池州市旅游产业转型升级的必然选择。实现文化旅游产业开发交融互动发展的关键在于对旅游产业文化内涵的理解和创新，对旅游资源文化优势的确认和把握。要利用好自然生态与历史文化交相辉映的有利条件，依托特色资源，融入文化元素，加快形成“赏景点、品文化”的旅游发展格局。

近年来，文化基因的植入，文化和旅游的深度融合，不断增添美丽池州市的魅力，持续提升池州市作为旅游目的地对国内外游客的吸引力，促进了池州市旅游的快速发展。

实现文化产业和旅游产业的开发交融互动，要从池州市基础条件、人口、资源、环境等因素入手，针对池州市旅游发展中存在的突出问题，坚持保护优先、适度开发的原则，发挥规划统筹引导作用，从旅游产业发展、景区布局、生态环境、配套设施、规划实施及政策保障等方面，重新审视池州市旅游资源，优化整合旅游资源，破解规划难题，高起点编制旅游规划，高水平推进旅游开发，推动池州市旅游业实现从小旅游格局向大旅游格局转变。要围绕生态、文化、旅游“三位一体”的要求，引入最新理念、最新经验、最佳模式，着力完善和提高规划建设的水平，切实增强规划的可操作性。要突出旅游要素集群化、产品特色化、服务国际化、游客进出便利化、环境优质化的原则，明确皖江地区旅游发展的主要思路、战略定位、发展目标、空间布局、主要任务和政策措施。要围绕食、住、行、游、购、娱等环节进行整体设计，丰富完善旅游产业链条，促进旅游业与相关产业开发交融互动发展。要加快推出一批精品景区和精品线路，丰富山地旅游业态，推动山地旅游与现代山地特色高效农业、山地特色新型城镇化融合发展，与大健康、文化、体育等产业共生共荣。

发展旅游业是池州市坚守两条底线、推动脱贫攻坚的战略选择。一方面，池州市属于皖江地区经济欠发达地区，贫困人口在皖江地区未脱贫人口中所占比重较大，扶贫人口中所占比重较大，是皖江地区扶贫开发工作的主战场；另一方面，池州市尚未脱贫地区都有一个共同的特点，就是旅游资源丰富独特，迄今仍然保留了大量令人叹为观止的文化与自然遗产，具有民族文化独特、文化积淀深厚、民族风情浓郁的特点，使得旅游业、扶贫开发的结合变得更加现实，使发展旅游业成为这些地区群众脱贫致富的有效途径之一。特别是依托池州市丰富的、原生态的自然和民族文化遗产而发展起来的乡村旅游，可以从根本上将贫困人口从贫困状态下解救出来，这是发展乡村旅游的根本意义和重大意义，也是池州市旅游业带动皖江地区经济发展的最重要的作用。池州市要利用好自己的资源优势，统筹龙头景区和特色村寨发展，深入推进“四在农家·美丽乡村”建设，实现旅游业与扶贫开发的有机融合，激发资源要素活力，推动旅游业实现“井喷式”增长，将使贫困地区沉默千年的自然景观和民俗风情成为世人趋之若鹜的吸引物，成为吸引资金的重要资源，变成能脱贫致富的“摇钱树”，变成池州市消除贫困，促进经济增长、加快产业结构调整的重要途径。要加大乡村旅游开发力度，不断扩大乡村旅游的覆盖面。要规划一批特色农产品、传统手工艺品、旅游商品、民族建筑、非物质文化遗产体验为载体的乡村旅游产业园、观光农业产业园，形成一批全国休闲农业与乡村旅游示范县和全国休闲农业示范点，不断扩大市场影响力和占有率，不断提升池州市乡村旅游的国际国内影响力，让乡村旅游带富一方百姓，成为农民增收和劳动力转移就业的重要途径。要加速推进农村城市化进程，用发展的成果回报农民，让农民过上更加幸福的市民生活，享受到城市发展的文明成果，为守底线走新路奔小康做出更大贡献。

文化产业和旅游产业开发交融互动是一篇大文章，可写的内容非常丰富，形成的创新空间巨大。就全国而言，旅游业发展好的地方，无不注重文化和旅游的深度融合。这些年，池州在文化旅游融合方面下了很多功夫，取得了卓越的成效，但在文化产业和旅游产业的开发交融互动方面还有很长的路要走。

要充分认识到文化旅游开发交融互动发展的重要性，理清工作思路，创新发展模式，加大宣传力度，在池州市上下形成齐心协力推进文化旅游产业开发交融互动发展的良好氛围。

围绕“旅游兴市”目标，把“文化先行”的思想贯穿到旅游、城市、乡村等各项规划中，充分发挥文化在旅游发展中的积极作用。因地制宜，合理定位，挖掘特色，错位开发，打造城市、乡村文化旅游品牌。

加强对佛教文化、诗歌文化、农耕文化、原生态等特色文化资源的挖掘、保护和开发利用，丰富和提升旅游产品的文化内涵。文化类型的景区要做足文化，做精文化，做活文化。其他类型的景区要挖掘文化，融入文化，做出文化，积极打造精品文化旅游线路。

不断推出具有“特色性、观赏性、便携性、实用性、宣传性”的文化旅游商品。注重商品的包装设计，做好形象工程。

同时注重创新体制机制的开发交融互动。要创新管理机制，对文化产业与旅游产业的发展规划、投资项目、扶持政策、宣传推广和人才培养等方面进行协调指导。创新投入机制，加大扶持力度，吸引社会力量投资文化旅游产业；创新人才机制，培养一支专业精、善经营、会管理的人才队伍，促进文化旅游产业跨越式发展。

东至周氏家族研究：直隶工艺总局与近代华北社会变迁

程 莉

摘 要：直隶工艺总局是清末新政时期直隶总督兼北洋大臣袁世凯委派天津候补道周学熙创办的一个政府机构，负责庚子事变后直隶地区的工商实业建设。该机构在周学熙的精心擘画下使直隶成为中国兴办实业最成功的地区。在工艺总局的倡导并资助下，直隶近代资本主义事业开始快速发展。星星之火遂发展成日后的燎原之势。周学熙创办的工艺总局促进了近代华北的社会变迁。其筚路蓝缕之功不可没，其历史业绩永载史册。

关键词：直隶工艺总局；周学熙；华北；社会变迁

关于直隶工艺总局的前期研究成果约有三篇：唐少君的《周学熙与北洋工艺局》（《安徽史学》1987第4期）、公孙訇的《周学熙与近代直隶工商经济的兴起》（《河北学刊》1988年第1期）、陈美健《直隶工艺总局与高阳织布业》（《河北大学学报》1992年第2期）。专著有郝庆元著《周学熙传》，天津人民出版社1991年版。以上研究皆属于对直隶工艺总局的开拓性研究。随着新资料的出现，以及目前政府对工商经济的大力扶持，对直隶工艺总局的研究依然有历史借鉴的意义。

本文的着重点在于直隶工艺总局的成就及其对华北社会变迁的影响。根据唯物史观，社会变迁的原因是由于生产力的发展，以及生产力与生产关系的矛盾运动造成的。社会变迁是不以人的意志为转移的自然过程，但社会变迁受到人们的观念、欲望和意志等的影响，而且是通过人类的群体行为来实现的。在人的行动中，有两种行动特别重要：有权威的领袖或其他人物的行动、大批人的社会行动与集体行为。

近代华北社会变迁正是在一批有思想、敢作为的官僚的引领下，借助各种条

作者简介：程莉（1969—），女，池州学院副教授。

件推动着有意于改变国家命运与自身命运的社会群体，促进了华北由传统农业社会向近代工业社会的转变。在社会变迁的过程中，这些人也同时成就了自己人生的转变。

一、直隶工艺总局创办前的背景

中国近代社会的转型始于鸦片战争后，由自给自足的传统小农经济开始向近代化机器工业艰难的迈步。中国近代化从东南沿海逐渐向内地延伸，时间上北方要迟于南方。

北方最早的近代化企业是洋务运动时创办的几个大型企业，如天津机器局、大沽船坞和开平矿务局。而民间创办企业很少。甲午战前，全国民族资本近代工矿业共计有90多家，华北只有10家，数量少、规模小。其中行业类别：矿业5家、面粉业2家、自来火2家、书局1家；地区分布：直隶6家、北京2家、山西1家、山东1家，河南和内蒙古则付之阙如①。

至甲午战争以前，全国各种近代工矿企业中雇佣工人的总数不到十万人，而天津为八千人左右，约占全国工人总数的百分之八。而且官办企业工人多，民营企业人数少。天津贻来牟机器磨坊仅有工人30名左右，天津自来火公司雇佣工人较多，但也不过400人。②

1900年以前，天津近代工业在全国工业中所占比重不大，与上海、广州、武汉等地相比起步晚而且发展缓慢。

尤为不幸的是，庚子事变中八国联军侵占天津、北京，各城市初见端倪的近代工矿企业几乎全部被摧毁。总之，华北的近代化不仅是迟缓的，而且是步履维艰的。

二、直隶工艺总局的创办及其业绩

（一）直隶工艺总局的创办及其机构

推动华北近代化重新起步的机构是直隶工艺总局，领导人物是周学熙。他是两江总督周馥之子，安徽省东至县人，一生致力于华北的经济建设，是华北近代工业的缔造者。

1902年，袁世凯接任直隶总督兼北洋大臣，结束了八国联军占领天津的局面，天津的政局趋于稳定。此时正值清末推行新政时期，他委任周学熙负责全省

① 孙毓棠．中国近代工业史资料（1840—1895）·第1辑（下册）［Z］．北京：科学出版社，1957：1166-1173.

② 孙德常．天津近代经济史［M］．天津：天津社会科学院出版社，1990：125.

的实业建设。为了获得借鉴与经验，光绪二十九年（1903）三月，袁世凯委派周学熙赴日本考察工商币制，以便开展直隶的实业活动。

周学熙赴日本考察了近两个多月，考察了日本的职业学校、制造业、矿业和银行。周学熙考察归来向袁世凯汇报考察结果，认为日本由贫弱变富强最主要是做了“练兵、兴学、制造”三件事，目前直隶尤以兴办学校和工场为当务之急，这些主张一一被袁世凯采纳，并委任周学熙总办直隶工艺局。

光绪二十九年（1903）九月，直隶工艺总局成立，作为全省工学界枢纽，以振兴农工商业。周学熙是个心思缜密的人，每举办一事，必如狮子捕兔，全力以赴。直隶工艺总局相当于一个工业推广中心，部门多，为防止人浮于事，兴办实业流于形式，他两次制定严格的局规。1906 年他重整局规章程，再次申明工艺总局的宗旨：“以提倡维持全省之工艺为宗旨；以诱掖奖劝使全省绅民勃兴工业思想为应尽之义务；以全省工业普兴，人人有自立之技能为目的。”①

周学熙发局规人手一册，严格围绕宗旨，赏罚分明。作为总办，周学熙以身作则，每日定时上班，每日早晚听取汇报，协同相关部门解决问题。

周学熙创办工艺总局的机构有：高等工业学堂、教育品制造所、劝工陈列所、实习工场、劝业铁工厂、种植园、官造纸厂、劝业会场、北京第一、第二小学堂工厂。附设的有：夜课补习所、仪器讲演会、工商研究所、工商演说会、招考工业等。

高等工业学堂、实习工场、考工厂（1907 年改为劝工陈列所）、劝业铁工厂是用来培养技术人员、工徒、实业家的场所。高等工业学堂主要开设化学、机器、图绘等科，学习理工科方面的知识，请英、日技术专家教学，1907 年有学生 153 人，毕业生中有 10 人被派往日本深造。② 高等工业学堂为现在的河北工业大学的前身。

实习工场是当时规模最大、收效最好的机构，设有织、染、木、肥皂、窑、制燧、图画、刺绣、提花等 12 科，自开办到 1907 年共毕业学生 671 名，其中织科最多达 476 名③。除了直隶本省外，还有奉天、蒙、察哈尔、山东、山西、河南、陕西、四川、广东等省的保送生。还不包括自费来学毕业回籍的。1906 年，实习工场首次开办纵览会，纵览会是让人们参观近代企业管理形式、机器设备、生产过程及产品的观摩会，为期 5 天，官绅商士男女入览者，约 5 万人。当时

---

① 周学熙．直隶工艺总局详重整局规章程文并批（1906 年 8 月）//甘厚慈．北洋公牍类纂·卷 16［Z］，近代中国史料丛刊三编·第 86 辑，台北：台湾文海出版社，1967：1246.

② 周小鹏．周学熙传记汇编［M］．兰州：甘肃文化出版社，1997：131－132.

③ 周小鹏．周学熙传记汇编［M］．兰州：甘肃文化出版社，1997：128.

“本邑诸巨绅入览之余，尤为歆动，有拟即行创开工厂以通风气而兴实业者数家”①。为了进一步开风气，1907 年，实习工场又开办了一次纵览会。

考工厂是开阔士绅眼界的地方，当时津郡工商，墨守成规，对东西洋工艺品多闻所未闻。考工厂陈列所集国内外制品，琳琅满目，吸引市民前去参观，每日购票参观者络绎不绝。各厂家也可以通过陈列馆展示或销售其产品，来扩大影响。附设的工商研究所和工商演说会，方便沟通工商信息，交流经验。津人宋则久擅长演说，他的国货演讲颇受群众欢迎，“一时风气丕变，人人思奋，颇有明治维新之象。”② 在抵制洋货提倡国货的运动中，考工厂还对新的发明创造，颁给奖金或奖牌。

1906 年，考工厂举行工商劝业展览会，集数百家国内工商精品陈列出售，在当时是一件新事物，7 天中包括外国人在内共约 15 万人参观，“计寄售货物几及万品，值价乃至数万至十万金，奋发勃兴几有一日千里之势。”③ 而 1906 年天津城市人口为 42 万余人（中国城区 35 万多）④，几乎全城轰动，在宣传上收到了很大的效果。

1907 年，直隶已经办了一些厂，为了促进商品流通，直隶工艺总局开办商业劝工会，一月中销货 29 万余件，商家税后收益三万余两⑤。从经济利益方面刺激了人们兴办实业的动机。周学熙向袁世凯建议，每年按期举行此类的活动。

1906 年，当天津及附近州县开设工厂需要机器设备时，直隶工艺总局又以官商合办的形式增设了劝业铁工厂，采用各种改良织布机、轧棉籽机推广于河北乡村。在铁工厂内，也附设图算学堂以培养中级技术人才。历年传授的机匠非常多，逐渐形成了津沽帮，与唐山帮机匠互相传习，共同促进了河北地区技术的进步。

值得一提的是，周学熙 1905 年于广仁堂附设女工厂，有布机数十架，仿照实习工场的办法，教授堂中妇女及附近女子各种工艺。由其夫人携带两女亲赴工厂指导，不以劳作为耻，开创妇女职业观的新潮。

（二）直隶工艺总局的业绩及其在全国与华北的比重

就全国范围看，工艺局首先出现在北京。周学熙总办直隶工艺局目标宏远，

---

① 周学熙．直隶工艺总局详报实习工场开办纵览会情形文并批（1906 年 10 月//甘厚慈．北洋公牍类纂·卷 18）[Z]，近代中国史料丛刊三编·第 86 辑，台北：台湾文海出版社，1967：1320.

② 周小鹃．周学熙传记汇编 [M]．兰州：甘肃文化出版社，1997：130.

③ 劝工陈列所总志．直隶工艺志初编·志表类·卷上//转引自郝庆元．周学熙传 [M]．天津：天津人民出版社，1991：87.

④ 罗澍伟．近代天津城市史 [M]．北京：中国社科出版社，1993：455.

⑤ 虞和平．周学熙集 [M]．武汉：华中师大出版社，1999：176.

视野广阔，他不仅超越前者，也超过新政的其他各省。在全国六大区中，华北区兴办的新式工业局厂家数有365家，达到当年兴办新式工业局厂的三分之一以上，其中直隶为213家，占华北区的60%①。所以，当时直隶和北洋成为“新政权舆之地”，各省都派员来参观。

周学熙在直隶工艺总局任职5年，天津出现了兴办实业的新风，创办了一批近代资本工业。工艺局直接创办的大型工厂，属于官办和官商合办性质的有3座：实习工场、北洋官造纸厂、北洋劝业铁工厂。由工艺局加入一部分官股，或先垫拨开办费试办然后招股的，即官督商办或官助商办性质，共有4座：天津织染缝纫公司、天津造胰公司、天津牙粉厂、天津机器玻璃厂。提倡而未入官股的有艺徒学堂两处、织布工厂8处、木工工厂2处、造胰工厂1处。总局还指导直隶各地设工艺局厂65处，大部分由州县拨官款开办，多以改良织布技术为主。除了以上局厂，受直隶工艺总局大兴工艺的影响，天津（包括直隶）1905—1911年民族资本新注册企业约100家，新增加资本约550万余元，其中万元以上的有24家②。

大兴工艺期间，官督商办、官商合办的企业还有启新洋灰公司、北洋滦州官矿有限公司、滦州矿地公司、磁州煤矿，其中启新和滦矿是百万元以上的大型重工业。总计到1911年，直隶已有130多家工厂，资本总额约为1300多万元。涉及矿业、机器制造、水泥、纺织、烛皂、烟酒、机器磨坊、榨油、火柴、皮革、制碱、造纸、化妆、瓷器、玻璃等多个行业。其中以纺织业厂数最多，达到41个③。

在直隶工艺总局的推动下，华北近代经济在全国的比重增加。1895—1913年，全国民族资本近代工矿业463家（1万元以上的厂），资本总额9079.2万元，华北拥有46家，资本额为1232.2万元，分别占全国厂矿家数的9.7%，资本总数的13.75%④。

这46家民资企业（未包括山东、河南和启新洋灰公司、开滦煤矿）中山西省只有4家，资本总额为260.4万元，矿业2家、纺织和电灯厂各1家，其中保晋公司占230余万元。北京有16家，其中纺织业7家、面粉3家、纸烟2家、

---

① 彭泽益．中国近代手工业史资料（1840—1949）·第2卷［Z］．北京：三联书店，1957：576.

② 天津档案馆．天津商会档案汇编（1903—1911）·上册［Z］．天津：天津人民出版社，1989：1670-1678.

③ 天津档案馆．天津商会档案汇编（1903—1911）·上册［Z］．天津：天津人民出版社，1989：1262-1278.

④ 苑书义．艰难的转轨历程——近代华北经济与社会发展研究［M］．北京：人民出版社，1997：364-367.

电灯厂砖瓦厂玻璃厂水厂各1家。资本总额为475.3万元，其中周学熙创办的京师自来水公司股本300万元。直隶26家，主要集中于天津，资本总额496.5万元，矿业3家、火柴3家、烛皂3家、纺织7家、面粉2家、造纸1家、硝皮1家等等。由以上数字可见，直隶轻工业门类齐全，资本额相对要高。

直隶与山东、河南相比也占优势。据1911年不完全统计，山东民族资本经营的厂矿企业有66家，其中资本在1万元以上的厂矿企业有18家①。这一时期较早使用机器的商办企业为张裕酿酒公司和华丰丝厂，主要集中在烟台、青岛、博山、枣庄等地。投资领域主要局限于丝绸、卷烟、榨油、火柴等少数几个轻工业部门，大多经营得不成功，很快停产歇业。

河南省新政期间创办了十余家近代企业，以小型煤矿、城市自来水和火柴厂为主，资本总额180余万元，其中广益纱厂投资达69万元，是河南最大的企业②。于1903年由安阳实业家马吉森等集资创建，但因管理不善，很快停产。1909年，资本重组后重新开工，创设资本50万两，纱锭22344枚③。

从华北各省实业的门类和资本额来看，唯有直隶建立起比较大型的重工业企业和多种轻工业，直隶经济才有持续发展的后劲。

（三）直隶工艺总局的结局

虽然直隶工艺总局在提倡兴办实业方面成效可观，但是由于资金不足、技术等原因，在袁世凯、周学熙大兴工艺高潮中倡办的一批民族资本工厂，大部分是中小型企业，生存能力很弱，有的早期夭折，有的勉强维持了几年，只有某些厂子因创办人本身掌握技术，善于经营，才由小到大地逐步发展起来，例如三条石那些铸铁厂和机器厂。至于一部分规模较大的工厂，也只有北洋烟草厂、天津造胰公司、万益织呢厂、北洋火柴厂等几家工厂保存下来并成为天津工业中的老厂，其主要原因是这些工厂的创办人大部分是官吏，资本比较雄厚。其中天津造胰公司原先由宋则久创办，开始时经营很不顺利，1908年，经天津官绅严修的儿子严慈约接办，资本增加到二万元，才从手工生产改变为机械生产而日益壮大并发展成为华北地区规模最大的制皂工厂。

周学熙总办直隶工艺总局，有发展包括手工业在内的整个实业的宏大计划，但由于是官方所办事业，受官场人事变更的影响很大，存在因人成事问题，人在

① 刘大可．山东近代经济史［M］．济南：济南出版社，1998：185.

② 汪敬虞．中国近代工业史资料（1895—1914）·第2辑（下册）［Z］．北京：科学出版社，1957：869-919.

③ 许涤新，吴承明主编．中国资本主义发展史·第二卷［M］．北京：社会科学文献出版社，2007：497.

事业在，人走事业败。其孙女周叔贞在《周止庵先生别传》中写道：

其间（指周在天津任职时期）勋业之最著者，为北洋实业之创造。盖在逊清末祚，北洋实业曾发一灿烂之曙光，一时建设，百废并举，有如旭日之东升，为全国所瞻式。惜为时甚暂，竟未能收发扬光大之效。其后官营事业既因人去而政废，唯民营事业如灰矿公司至今不坠，为华北实业之基干①。

三、直隶工艺总局对华北经济的影响

综上所述，这个时期，天津民族资本的近代工业，除启新洋灰公司和滦州煤矿的厂址在唐山以外，已建立起包括制革、烟草、玻璃、烛皂、火柴、造纸等行业组成的日用品工业；由面粉、汽水、啤酒、榨油等行业组成的食品工业；由织呢、织绒、染织等行业组成的织染工业。加上三条石的铸铁和机器行业，已初步奠定了天津以原材料加工为主的工业格局。同当时上海、广州、武汉、杭州、无锡等工业城市相比，天津民族工业企业的工厂数和资本额列在上海、武汉、广州之后居第四位②。由于天津的民族资本工业在国内起步较晚，现在发展到第四位，其速度也是相当快的。与过去相比，直隶已迈入了一个有近代工业的新的发展阶段。

相伴于经济的发展，天津城市人口也随之增加。1910年天津又进行一次大规模人口调查，结果是城区有60万人，其中中国辖区54万人，与四年前比较，中国辖区人口大幅度增加近20万人，增长率超过50%③。人口数量变化如此巨大，可能存在数据不精的问题，但主要应该还是由市区面积扩大、迁入人口增多造成的。袁世凯推行新政开发新市区和扩展旧城的西北地区，使一些原属四乡的地区变成了城区，这是城区人口增长的重要原因。人口的增加又进一步推动了经济的繁荣。

另外，值得一提的是，早期研究一般把周学熙在直隶新政时期，联合北洋军阀官僚资本创办的高资本、高技术构成的启新洋灰公司和开滦煤矿当作官僚资本企业，不把它们算作民族资本，现在研究者已渐渐改变了观点。正是由于北洋军阀官僚的投资才成就了周学熙资本集团，提高了天津在全国的经济地位，促进了工业城市唐山的崛起，改变了华北经济结构。直至今日周学熙创办的某些企业还

① 周小鹃．周学熙传记汇编［M］．兰州：甘肃文化出版社，1997：125.

② 汪敬虞．中国近代工业史资料（1895—1914）·第2辑（下册）［Z］．北京：科学出版社，1957：654.

③ 陈卫民．天津的人口变迁［M］．天津：天津古籍出版社，2004：60.

在为社会做贡献。

实际上中国近代以来的资本主义不是发展多了，而是太少了。就全国范围来说，中国的工业和农业在国民经济中的比重，20 世纪 20 年近代工业产值占 4.9%，农业和手工业产值占 95.1%，鸦片战争后 80 年间中国才仅仅积累起 4.9%的进步的、和古代不同的近代工业经济①。即使是今天，中国也还是个以农业为主的发展中国家，发展现代化工业还是任重道远。

直隶工艺总局的长远影响是促进了华北手工棉纺织业的技术改良。1903 年 9 月，袁世凯派天津府知府凌福彭一行赴日本考察，他们考察和歌山织布厂，见其铁轮机效率很高，就购回 140 副，并雇日本男女机匠各一人回国②。

周学熙命令实习工场和劝业铁工厂合作，仿造铁轮机，并向直隶有织布传统的地方，分投劝导传习。各地来津学习技艺、购买高效率的日本铁轮机或中国铁工厂仿制的机器回乡后逐渐推广，形成了河北高阳、宝坻，山东潍县三个土布生产中心。

高阳旅津人士李长生等人从家乡选出 3 名擅织土布的农民到实习工场学习，并从天津日商洋行购买数台铁轮机，在高阳县城创办了一家小型织布厂。后来工徒各回本村，自相传习③。

高阳商会在 1909 年派人前往天津学习铁轮机的织造技术，并“购买数架（铁轮机），劝导各织户均改用铁轮机，研究添织各样土布”。④ 1908 年，高阳“每月统计出布不过数千匹”，到 1909，“每月出布数万匹”⑤。1928 年，河北省政府统计：河北省 127 个县内有 89 个县织布工业相当发达，年产布 2398 万匹，而高阳织布区的土布出产即为 549 万匹⑥。

清末民初宝坻县（今属天津市）采用铁轮机和机纱，织布业获得很大发展。1923 年前后鼎盛时期，全县有织机 11387 架，织户约 11000 余家，产布 480 余万匹，产品远销 11 个省市⑦。

几乎同时，山东潍县有人从天津购铁机数部，回乡推广，传习技术，1915—

---

① 苑书义．中国近代史新编（修订本）·上册［M］．北京：人民出版社，2007：序言·5.

② ［日］顾琳．中国的经济革命：20 世纪的乡村工业［M］．王玉茹，等译．南京：江苏人民出版社，2009：24．程莉．近代实业家周学熙研究［M］．合肥：合肥工业大学出版社，2006：63.

③ 李长生．论中国宜用人力机器纺纱［J］．大公报，1910-5-24.

④ 天津档案馆．天津商会档案汇编（1903—1911）·上册［Z］．天津：天津人民出版社，1989：222.

⑤ 天津档案馆．天津商会档案汇编（1903—1911）·上册［Z］．天津：天津人民出版社，1989：227.

⑥ 陈美健．高阳织布业简史［Z］//河北文史资料第 19 卷．1987：2-3.

⑦ 苑书义．河北经济史·第四卷［M］．北京：人民出版社，2003：107.

1916年，约有布机500台左右。1934年潍县一带（包括邻近各县在内）有织布机9万台以上，从事本业者约15万人，每年出布约1000万匹，价值7500万元以上。远销西南、华北、东北等地。每年由潍县运出棉布约在200万匹左右①。大有赶超高阳之势。

手织业的发展，使许多地区摆脱了自然经济中家庭手工业与农业相结合的经济结构，一些织户脱离了农业，依赖织布业为生，从事商品性生产。有的地区原附属于手织业的染色、轧光等工序发展为独立经营的行业，手织作坊和工场相继出现，并建立了有动力的织布工厂。这种以手织业为代表的家庭手工业同农业的分离，使自然经济的自给性越来越小，加快了农村经济向商品经济的转变。

近代工业与手工业的繁荣，增强了对棉花、烟草等经济作物的需求，如在人口集中的河北、河南、山东三省，棉花种植面积从1914年的7324千市亩猛增到1924—1929年间的19856千市亩，增长了171%。② 棉农的收入也随之增加。

经济是相互关联的体系，近代工业的发动带动了一系列相关联的变化，其影响深远，是时人所无法想象的。

直隶工艺总局在推动华北实业发展方面的贡献是值得称道的，对华北社会变迁的影响是深远的。而其首脑人物周学熙对华北经济的发展及社会变迁起到了重要指引作用。

参考文献：

[1] 孙毓棠. 中国近代工业史资料（1840—1895）·第1辑（下册）[G]. 北京：科学出版社，1957.

[2] 孙德常. 天津近代经济史 [M]. 天津：天津社会科学院出版社，1990.

[3] 周学熙. 直隶工艺总局详重整局规章程文并批（1906年8月）[Z] //甘厚慈. 北洋公牍类纂·卷16，近代中国史料丛刊三编·第86辑，台北：台湾文海出版社，1967.

[4] 周小鹃. 周学熙传记汇编 [M]. 兰州：甘肃文化出版社，1997.

[5] 周学熙. 直隶工艺总局详报实习工场开办纵览会情形文并批（1906年10月 [Z] //甘厚慈. 北洋公牍类纂·卷18，近代中国史料丛刊三编·第86辑，台北：台湾文海出版社，1967.

[6] 劝工陈列所总志. 直隶工艺志初编·志表类·卷上 [M] //郝庆元. 周

① 朱玉湘. 山东近代经济史述丛 [M]. 济南：山东大学出版社，1990：134.

② 许道夫. 中国近代农业生产及贸易统计资料 [Z]. 上海：上海人民出版社，1983：203-204.

学熙传．天津：天津人民出版社，1991.

[7] 罗澍伟．近代天津城市史［M］．北京：中国社科出版社，1993.

[8] 虞和平．周学熙集［M］．武汉：华中师大出版社，1999.

[9] 彭泽益．中国近代手工业史资料（1840—1949）·第2卷［G］．北京：三联书店，1957.

[10] 天津档案馆．天津商会档案汇编（1903—1911）·上册［G］．天津：天津人民出版社，1989.

[11] 苑书义，等著．艰难的转轨历程——近代华北经济与社会发展研究［M］．北京：人民出版社，1997.

[12] 刘大可．山东近代经济史［M］．济南：济南出版社，1998.

[13] 汪敬虞．中国近代工业史资料（1895—1914）·第2辑（下册）［G］．北京：科学出版社，1957.

[14] 许涤新，吴承明．中国资本主义发展史·第二卷［M］．北京：社会科学文献出版社，2007.

[15] 陈卫民．天津的人口变迁［M］．天津：天津古籍出版社，2004.

[16] 苑书义．中国近代史新编（修订本）·上册［M］．北京：人民出版社，2007.

[17]［日］顾琳．中国的经济革命：20世纪的乡村工业［M］．王玉茹，等译．南京：江苏人民出版社，2009.

[18] 程莉．近代实业家周学熙研究［M］．合肥：合肥工业大学出版社，2006.

[19] 李长生．论中国宜用人力机器纺纱［J］．大公报，1910-5-24.

[20] 陈美健．高阳织布业简史［G］//河北文史资料第19卷．1987.

[21] 苑书义．河北经济史·第四卷［M］．北京：人民出版社，2003.

[22] 朱玉湘．山东近代经济史述丛［M］．济南：山东大学出版社，1990.

[23] 许道夫．中国近代农业生产及贸易统计资料［G］．上海：上海人民出版社，1983.

近代皖江堤防工程建设及其对农业经济的影响

房　利

摘　要：近代，为了保护农业的发展以及抗洪救灾，皖江人民不断修筑堤防工程，皖江沿岸基本形成一线江堤。堤防工程对农业生产具有重要的保护和促进作用，但它的存在也给农业经济的发展带来一定的负面影响。文章通过对近代皖江堤防工程与农业经济之间关系的分析，以期为当今堤防工程的建设提供借鉴。

关键词：近代；皖江流域；堤防工程；农业经济

皖江是指长江流经安徽的干流河段，其左岸上始鄂皖交界处宿松县段窑，下至和县驻马河口出境；右岸上自赣皖交界处的牛矶，下至皖苏交界处的和尚港进入江苏省境，皖江全长416公里，流域面积6.6万平方公里①。皖江地区属于长江中下游平原，是安徽省重要工农业生产基地。纵观农业发展史，农业的兴衰与水利工程有着极为密切的关系。堤防工程建设对农业经济的影响不可低估。堤防的存在一方面可以抵挡洪水，在一定程度上缓解水灾的发生，保障了农业经济的发展；另一方面，筑堤束水，能使昔日不毛的草荡之地涸为良田，改善地区的水利条件，增加农业的耕地面积。这些都是其对农业经济发展的积极作用，但是，堤防的修建也给农业经济带来很大的负面影响。本文主要从劳动力、耕地等方面探讨它的负面影响，以便为我们今天的农业经济发展提供借鉴。

一、近代皖江堤防工程及其地位

皖江堤防主要是为保障皖江地区农业生产而出现的。皖江地区的沿江田地围

基金项目：安徽高校省级人文社会科学研究项目（sk2013b533）；铜陵学院2014年度人才科研项目（2014tlxyrc10）

作者简介：房利（1977—），男，安徽枞阳人，安徽铜陵学院讲师，博士，主要从事农业史、水利史研究。

① 赵崔莉：《清代皖江圩区社会经济透视》，合肥：安徽人民出版社，2006年，第5页。

垦开发历史悠久，“大致滥觞于三国之际，迅速发展于两宋，全盛于明清”①。皖江特殊的地理环境，使沿江地带圩田处在洪水淹没的危险之中，沿江人民不得不加高坚固圩堤以抵挡江水。皖江沿线江堤工程建设的密集阶段是在明清时期，但当时的堤防工程比较单薄，并未联成一线，直到近代，安徽长江沿岸开始形成一线江堤。皖江主要江堤工程有同马大堤、无为大堤、枞阳江堤、芜当江堤等。

同马大堤是在晚清时期逐步建成的。宿松、望江、怀宁境内的华阳河、皖河水系的大量湖泊，原是长江古道，清咸丰年间因江流淤塞严重，江道南移。该段江段变迁较大，坍江之灾较严重。宿松道光时才沿江筑堤，志载宿松县“清开国之初江水安澜，邑境居民防旱多而防潦少，道光后江潮迭溢，于是外而沿江数百里之长堤先后修筑”②。康公堤，在宿松县南百里介归林、泾江二庄，上接湖北黄梅，中绕江西九江地界，下抵宿松坝头西港。明初为德化县（今名九江县）修筑，清代才归为宿松县，改名为交公堤。“近时堤已倾坍，沿堤居民即在该堤原址修建御湖各堤。”③ 同仁堤“上自梅邑之董家口起，下至本邑归林庄大田尾止，计长一千九百余丈”。该堤原为湖北省广济、黄梅的保障，道光十四年（1834）黄梅赖知县倡议建修。十八年（1838）鄂委道员查请帑修筑，工竣编列和、亲、康、乐、安、平六字号，劝谕黄梅、宿松、德化业民各按田亩分段岁修保固，自后“该堤工程，每遇兴修即由鄂、赣、皖三省平均分拨官款”修建④。丁家口堤在县西南归林庄，该处原本无堤，但因在同仁堤与初公堤之间，鄂、赣两省咨商皖省希望修筑丁家口，使同仁与初公堤相连，于是皖“将该接壤之丁家口，动拨官款修筑，计堤长三百三十余丈”。后来，由于连年崩坍，堤身退建，“堤线加长至五百余丈，历次兴修，均系官拨款项”⑤。泾江口堤在县泾江庄，该处原有水港由江达湖，光绪十一年（1885），邑令孙葆田因“江水由该口直灌，不可无以御之”，于是请拨官款砌土筑堤堵塞港口，“计长二十余里，四千九百余丈”⑥。初公堤，道光二十五年（1845）重修，该堤西起秀沟口，东至老坝丁家口，长达7900余丈，其中宿松管堤280丈5尺⑦。马华堤于民国三年（1914）开始修筑，民国五年（1916）竣工，该堤“上接泾江长堤自马家港起下

---

① 庄华峰：《安徽古代沿江圩田开发及其对生态环境的影响》，《安徽大学学报》（哲学社会科学版），2004年第2期。

② 民国《宿松县志》卷二十《水利志》，南京：江苏古籍出版社，1998年，第408页。

③ 民国《宿松县志》卷二十《水利志》，南京：江苏古籍出版社，1998年，第408页。

④ 民国《宿松县志》卷二十《水利志》，南京：江苏古籍出版社，1998年，第408页。

⑤ 民国《宿松县志》卷二十《水利志》，南京：江苏古籍出版社，1998年，第408页。

⑥ 民国《宿松县志》卷二十《水利志》，南京：江苏古籍出版社，1998年，第408-409页。

⑦ 徐建平：《民国时期鄂皖赣三省沿江边界调整与江堤维护》，《史林》，2009年第4期。

至望江县华阳镇港岸止。计长七十余里”①。同马大堤系由零星圩堤连接延伸而成。后来历经同治八、九年（1869—1870）和光绪二十七年（1901）大水，原有堤坝崩坍严重，才着手联并同仁堤、丁家口堤、初公堤、泾江长堤和马华堤，形成同马大堤雏形。1963年正式称该段江堤为同马大堤。大堤上接湖北黄广大堤，下至怀宁官坝头，共长175公里。

由于特殊的地形和重要地位，无为江堤历来为政府和人民所重视。早在明清时期，无为江堤雏形就已形成。民国时期，虽然民生凋敝，但无为江堤的修防仍较多。1912年，无为以工代赈，修筑黄丝滩江堤，但由于资金不足，施工主管者便降低标准，结果该堤于当年汛期再次崩溃。1923年，由于黄丝滩五显殿一带，崩岸频繁，危及江堤安全，在嘉泰圩筑退建堤一道。1926年，再在嘉泰圩修筑了第二道退建堤。1930年，又在此堤修建第三道退建堤。1931年，长江流域大水，国民政府以工代赈，全线修筑长江堤防。其中无为江堤施工长121公里，筑堤培修标准为：堤顶高程高出该年最高洪水位1米，顶宽5米，内坡坡度自堤顶至堤腰2.70米处为1：2，以下1：5，外坡坡度为1：3②。1931年大水后沿江各省统一实施的江堤大培筑是近代长江修防史上规模最大的一次筑堤工程，当时被称为“长城后之最大工事”③。1935年，皖江又发生水灾。无为江堤上自青山圩，下至蚊子港，进行了退建、堵口和培修工程，施工总长105.2公里。1938—1940年，无为县连续三年进行了江堤培修，总计完成土方143.40万立方米。最著名的是1942年的惠生堤工程。由于黄丝滩崩岸严重，在皖中抗日根据地吕惠生领导下，成立黄丝滩江堤退建工程委员会，具体实施长7.25公里的退建堤工程。新退建堤建成后，为表彰吕惠生的功劳，命名为“惠生堤”。

此外，枞阳江堤、芜当江堤、广济圩江堤等堤防在民国时期进行了多次修筑，这些堤防的建设和修防有效地保障了农业安全和人民的生命财产。

皖江两岸干堤长764公里，与之成圈堤长230公里，还有内湖支堤长7118公里，总保护面积800万亩。其中无为、同马、枞阳、芜当、广济、马鞍山等六个大型圈堤保护耕地面积692.9万亩，也守护着安庆、芜湖、马鞍山等重要城市的安全，具有举足轻重的地位④（见表1），所以，皖江江堤的形成对皖江地区的工农业和交通安全起着重要的保障作用。

---

① 民国《宿松县志》卷二十《水利志》，南京：江苏古籍出版社，1998年，第409页。

② 李卫华：《无为大堤志》，北京：九州出版社，2005年8月，第97页。

③ 民国二十一年《申报》。

④ 杭宏秋：《简论安徽沿江圩埠的历史演变》，《中国农史》，1988年第4期。

表1　皖江主要江堤统计表

堤名	堤　长（公里）	耕　地（万亩）	受益县（市）名	起止地点
同马	175.0	141.5	宿松、望江、怀宁、太湖及4个农场	段窑—官坝头
广济	40.8	45.0	怀宁、桐城、枞阳和安庆市	墩头坡—莲花湖
枞阳	84.2	53.0	枞阳、无为及1个农场	幕旗山—梳妆台
无为	124.5	427.3	和县、含山、肥东、肥西、巢县、庐	果合星—黄山寺
芜当	87.0		江、舒城、无为和合肥市	
马鞍山	11.3	26.1	芜湖、当涂和芜湖市	青弋江口—姑溪河口
合计	522.8	692.9	马鞍山市	人头矶—洋河咀

注：同马大堤耕地不含鄂省两县139万亩。

二、皖江堤防工程对农业经济的影响

（一）堤防溃决对农村劳动力的影响

劳动力的数量和素质对农业生产和发展具有决定性的作用。唐宋以后，长江流域之所以成为经济中心，与北方人口的迁徙有很大的关系。清至民国时期，皖江地区的农业生产劳动力的具体数量，由于资料所限，无从考证，但是可以从皖江地区人口数量可以定性地概括出劳动力数量。清至民国时期，皖江地区人口数量问题，许多学者都作了有力的论证①。堤防工程对皖江地区劳动力数量的影响，包括堤防修建过程中所需要的劳动力以及堤防崩溃引发水灾导致的劳动力数量减少方面。至于修建堤防时所需要的劳动力，可能会影响农业生产秩序，但对劳动力数量的增减影响甚小。劳动力数量的缩减主要在于堤防冲决后引起的水灾，导致人口死亡。因此，我们主要从堤防溃决角度引起的人口数量变化来定性探讨劳动力数量。

1. 堤防溃决，灾民大量死亡，造成农村劳动力数量急剧减少

堤防工程对人类有利有弊，它一方面可以有效抵御洪水，但另一方面，它无形中抬高水位，加大了洪水的冲击力度。堤防一旦冲决，对人民生命财产的破坏程度也是巨大的。皖江地区襟江带湖的环境，致使其堤防工程较多，加上联圩并圩的发展，到清代，皖江地区基本上形成了干堤、支堤相互依存的堤防系统。堤防的溃决，常导致“田庐倾圮、人畜淹毙、哀鸿遍野”的局面。水灾不仅冲毁

---

① 曹树基：《中国人口史·第五卷·清时期》，上海：复旦大学出版社，2001年；王社教：《清代安徽人口的增减和垦田的盈缩》，《安徽史学》1994年第1期；何炳棣：《明初以降人口及其相关问题(1368—1953)》，上海：生活·读书·新知三联书店，2000年。

田庐，还淹毙大量灾民，致使人口急剧减少，从而使农村劳动力数量骤减。这种情况从地方历史文献中也能得到佐证。光绪八年（1882）五月“蛟水起，英、霍由潜山漫溢太湖、宿松、望江、怀宁五邑，冲没田庐冢墓，淹毙人畜无算”①。光绪十三年（1887），沿江各属被水堤决，广济圩决口，沿江“田庐，尽成泽国，民皆卒不及逃，被难者十余万，死者不可计数”②。宣统三年（1911），长江堤坝“冲破殆尽”，自去秋至今春，“江皖二十余州县灾民三百万人，已饿死者约七八十万人，奄奄待毙者约四五十万人，……饥毙人数多时每日至五六千人”③。同年，无为州五里碑江坝溃决，“灾民麇集于临江大坝之东场圩上，搭棚暂栖候赈。不意十六七两昼夜，狂风暴雨，逃避不及，风卷浪冲，计淹毙灾民二千数百口。张家荡等处共积浮尸五百余口”④。1931 年，安徽全省发生大水灾，这也是民国历史上范围最广、损失最大的水灾。如芜湖县在这次水灾中大部分堤坝被冲决，“共有难民二十四万四千余人，死亡四千余人未掩埋。为防止漂流，整批系于树上，西梁山已积尸六百余具”⑤。宿松县长堤、圩堤崩溃，以致“民无死所，流亡载道，尸骨沉江，死者不可复生，生者转求速死”⑥。据安徽省统计，全省 60 个县中，有 48 个县不同面积受灾，占全省县数十分之八，大小圩堤溃决 3950 余处，受灾田亩 3155 万亩，占全省田亩 57%，灾民 960 余万人，占全省人口 40%，死亡 112288 人，其中溺死 22863 人，直接经济损失 31464 万元。其中长江干堤和主要支流堤防有 254 处溃决⑦。皖江地区灾民人数达到 5232484 人，淹毙及病饿而死亡人数为 75140 人（见表 2）。

表 2　1931 年水灾皖江地区各县灾民及死亡人数（单位：人）

序号	县别	灾民数	死亡人数	序号	县别	灾民数	死亡人数
1	怀宁	442000	360	16	贵池	145920	260
2	桐城	675900	2400	17	东流	81300	600
3	望江	196276	1880	18	铜陵	120000	1000

① 民国《怀宁县志》卷三十三《祥异志》，南京：江苏古籍出版社，1998 年，第 705 页。

② 王鹤鸣：《安徽近代经济探讨（1840—1949）》，北京：中国展望出版社 1987 年版，第 267 页。

③《中国近代农业史资料》第一辑，第 726 页，转引自安徽省地方志办公室：《安徽水灾备忘录》，合肥：黄山书社 1991 年版，第 3 页。

④ 安徽省地方志办公室：《安徽水灾备忘录》，合肥：黄山书社 1991 年版，第 11 页。

⑤ 安徽省地方志办公室：《安徽水灾备忘录》，合肥：黄山书社 1991 年版，第 26 页。

⑥《安徽省赈务会汇刊》第一期，灾情，1931 年 9 月.

⑦ 安徽省地方志办公室：《安徽水灾备忘录》，合肥：黄山书社 1991 年版，第 17-18 页。

（续表）

序号	县别	灾民数	死亡人数	序号	县别	灾民数	死亡人数
4	无为	400000	3000	19	芜湖	399534	9534
5	和县	240000	860	20	当涂	320000	2927
6	宿松	250000	5000	21	繁昌	210000	2100
7	含山	121000	429	22	秋浦	50000	130
8	潜山	60000	82	23	南陵	110300	110
9	太湖	75000	30	24	青阳	31000	80
10	合肥	400000	1730	25	广德	58900	30
11	巢县	100000	176	26	郎溪	80000	220
12	庐江	156000	60	27	全椒	80000	200
13	舒城	40000	220	28	滁县	64300	57
14	六安	4000	463	29	来安	30000	100
15	宣城	350000	3710		合计	5232484	75140

资料来源：安徽省地方志办公室：《安徽水灾备忘录》，黄山书社 1991 年版，第 21-24 页。

清至民国时期，皖江地区由堤坝崩溃所造成的水灾次数较多，灾难所引起的灾民以及死亡的具体人数并不能都一一统计，即使官方文献统计的也与事实有所偏差，但是从清代文献记载以及民国大水灾统计的概略数据来看，至少从定性上能证明堤坝的冲决，加剧了水灾严重程度，造成了人口数量的剧减。人口数量的缩减，使农业劳动力的数量相应减少，给农业生产带来了严重的影响。洪灾过后，皖江地区满目疮痍，田地荒芜，灾后农业生产恢复较慢，这些场景的出现主要还是由于劳动力缺少的缘故。

2. 堤坝溃破，灾患程度加重，加剧了灾民的流亡和迁移

堤防冲决，致使庐舍田地淹没殆尽，灾后瘟疫肆虐，灾民生活在水深火热之中，被迫流亡他地。汪志国认为，在“安土重迁”的传统观念仍禁锢人们大脑的近代社会里，灾荒以及由此造成人们生活的贫困是人们背井离乡的主要动因之一①。社会学家孙本文认为，近代人口迁移大致有四种类型：一是因受水、旱天灾和逃离战乱，占 44.1%；二是因歉收、破产、贫困等外出谋生者，占 25.8%；

① 汪志国：《近代安徽：自然灾害重压下的乡村》，合肥：安徽人民出版社 2008 年版，第 132 页。

三是经商、求学及外出务工者，占10.2%；四是其他投靠与婚嫁迁出者，占19.9%[①]。可见，人口迁移主要原因在于灾荒。清至民国时期，皖江地区的这种情况比较普遍。乾隆二十九年（1764），无为州连绵大雨，江潮涨发，“临江及三坝相继破，江水横入，圩田堤岸尽沉，漂荡庐舍无算，有溺死者。四乡屯民挈眷奔冈赴城避水”[②]。宣统三年（1911），安徽水灾，当时《民呼报》记载了受灾较重的怀宁、潜山两县的流民流亡时的惨景：“流离荡析之惨，儿啼女哭之声，不绝于耳目。……现怀、潜两属，饥民凡数十万，鸠形鹄面，无枝可依。啼饥号寒，所在皆是。”[③] 1931年水灾是民国以来安徽最大的灾患，其中“皖南一带，地滨大江，南北连日江水继涨不已。各县电告圩堤溃决者，已有怀宁、望江、舒城、庐江、无为、东流、和县、含山、当涂、芜湖、合肥、桐城、贵池等地”[④]，造成成千上万灾民流亡。据统计，此次水灾，安徽省南部，流离人口占总人口的61%，其中，个人流离者为28.5%，举家流离者为46%[⑤]。1931年水灾，导致安徽农民大量离村迁移，在皖北地区每千人有47人，离村律达19%，在皖南地区每千人竟达205人，离村律61%[⑥]。

灾民流亡到城市较多，“城市是流民的天然蓄水池”，由于城市商品经济的发展、社会秩序的相对安定，这些都吸引灾民迁往城市。因此城市是他们的首选目标。尤其是在近代社会，流亡到城市的乡民占多数。1935年中央农业实验所对农民流离的基本形式做过一次调查，表明全家离村的农户中，到城市谋生、做工的占36.7%，到城市或别村逃难的占21.9%，到别村种田或开垦的占21.8%，其他占19.9%[⑦]。灾民一般就近流离到城市。如1931年水灾时，芜湖县乡村灾民“连日至芜湖逃荒者不下万人”[⑧]，“当涂邻近乡民便纷纷迁进城内，耕牛亦送入城里”[⑨]。皖中地区灾民多跨过长江迁向皖南地区，“安庆迁入池州的为最多。在池州接受的31万移民中，至少有半数来自安庆府”[⑩]。乡民离村

① 孙本文：《现代中国社会问题》（第三册），北京：商务印书馆1943年版，第50-51页。

② 嘉庆《无为州志》卷三十四《集览志》，南京：江苏古籍出版社，1998年，第412页。

③ 汪志国：《近代安徽：自然灾害重压下的乡村》，合肥：安徽人民出版社2008年版，第133页。

④ 1931年8月9日《字日日新闻》，转引自张安东：《民国时期安徽灾荒与农村社会经济》，《巢湖学院学报》2010年第2期。

⑤ 金陵大学农业经济系：《中华民国二十年水灾区域之经济调查》，《金陵学报》1932年第2卷第1期。

⑥ 程必定：《安徽近代经济史》，合肥：黄山书社，1989年。

⑦ 章有义：《中国近代农业史资料》，第3辑，上海：三联书店，1957年，第893-894页。

⑧ 《申报》，1931年8月4日。

⑨ 《大公报》，1931年9月10日。

⑩ 曹树基：《中国移民史》（第六册），福州：福建人民出版社，1997年，第463页。

迁移到城市，自然造成农村人口的减少。据统计，1931年离村农民中的男子比例皖南占60%。皖北占73%。到1933年全省青壮年男女（16~40岁）离村农户达219424户，占全部农户的10.6%[①]。汪志国在研究民国时期灾民迁移时认为，安徽移民有三个特点：其一，在移民的队伍中，自耕农、佃农和拥有5~10亩土地者占大多数，约为2/3，这表明，没有土地或拥有土地较少的农民群体，抵御灾荒的能力是很弱的。其二，有青年男女的农家离村的较多，使得农村劳动力减少了，对农业生产是不利的。其三，离村农民中到城市的较多，约占2/3[②]。可见，灾民离村率的增长，必然导致农村劳动力的减少，这对农业经济的发展十分不利。

（二）堤防工程对土壤环境和耕地的影响

昔人通过修筑堤岸，兴修水利，使滨水地带被开垦成肥沃的圩田，一些原本只能生长水草和芦苇的沙洲也被开垦成种植农作物的芦田，其土壤肥力和耕作条件得到提高。因此堤防工程的修建改善了土壤环境，增加了耕地面积，促进了农业生产的发展。但是，堤防工程的存在对土壤环境和耕地的破坏的负面影响也不可忽视。下面就皖江地区堤防工程建设对土壤和耕地的负面作用作一探讨。

1. 堤防冲决对土壤环境的破坏作用

皖江地区圩田主要是以肥沃的水稻土为主，其地力肥沃，适宜发展农业生产，对安徽的农业经济的发展做出了贡献。学者对皖江地区圩田的研究较多，至于圩田耕作技术与土壤环境的变迁方面，王建革在《技术与土壤环境史：以嘉湖平原为中心》一文中作了深入的研究，可以参考[③]。堤防溃决，常造成土壤环境出现沙化和涝渍现象，影响农田生产。笔者在本文中想就皖江地区堤防工程的溃破，造成土壤环境出现恶化现象作一探讨。

古人通过固堤束水，抵挡水灾，改善田地耕作条件，但任何事物都有两面性，堤防工程的修筑同时加大了洪灾的程度，它的溃决，造成大片田地被淹没。历史文献中经常以“田庐淹没殆尽”“田地荒芜”的词汇记载。农业耕地沙压或涝渍主要是由于田地淹没导致的，洪水的淹没，使土壤趋于贫瘠且肥力下降，严重制约农业生产的发展。

---

① 章有义：《中国近代农业史资料》，第3辑，上海：三联书店，1957年，第886页。

② 汪志国：《近代安徽：自然灾害重压下的乡村》，合肥：安徽人民出版社，2008年，第137-138页。

③ 王建革：《技术与土壤环境史：以嘉湖平原为中心》，《中国农史》2006年第1期。

清代时，皖江地区山地的过度垦殖以及堤防工程的不断退建，加剧了水土流失，一旦山洪暴发或堤防决口，山地泥沙混合江沙沿流而下，淹没滨江以及沿河地区的田地，造成沙压或冲压。清末，潜山县每年实际收成的田地不过20万亩，但是其中有4～5万亩为滨河低洼之地，“堤溃则成砂砾”①。宣统二年、三年（1910—1911）皖江地区连续两年发生特大水灾，东流县无论是熟田，还是新垦荒地，均被洪水所带来的泥沙覆盖②。1931年水灾，潜山县滨河圩堤溃决40余处，“受灾区域，纵横数十里之遥，尽成一片沙滩，淹压田地，数不胜计”③。

堤防溃决，不仅造成江河之水和泥沙冲压田地，还导致滨河之地出现涝渍化，影响农业耕作。皖江地区滨湖的田地，地势低洼，洪水淹没后，一时难以宣泄，常导致涝渍，影响补种禾苗。清至民国时期，皖江地区堤防溃决次数较多，洪水淹没大量田地，土壤涝渍之灾严重。光绪八年（1882），安徽巡抚裕禄奏：“本年江潮盛涨，水落过迟，圩田地势极洼，至今积水难退，晚禾杂粮概无补种。目前艰苦情状，尤甚于上游。”④ 光绪三十二年（1906），安庆、池州、太平、庐州、和州等地，“滨江湖河各处，亦因水大漫淹，冲溃圩堤，积水过深，尚未涸复”⑤。1931年水灾，潜山县圩堤溃决，泛滥几十里，“现在各处积水，尚未全消，而天雨仍复不止，倘山洪再发夏麦即受影响，春耕又不能着手，秋收更无望”⑥。

沙压或涝渍，造成土壤环境恶化，地力下降，影响农业生产的发展。有人可能会说，河流漫淤过后，土地有质物增加，土地趋于肥沃。其实这仅仅限于河流定期而不经常泛滥的地方（如非洲的尼罗河），若是水灾频发，时常淹浸原先垦熟之地，那么就会造成一方面耕地兴废不常，另一方面是耕地地力下降，最后导致荒芜不治⑦。如志载宿松县清康乾间“国家无事，人民安乐，年岁丰穰”，但嘉、道而后，“水灾频仍，全县五十一庄受水者二十有七，腴壤变为荒原，良田

---

① 民国《潜山县志》卷三《田赋下》，南京：江苏古籍出版社，1998年，第64页。

② 汪志国：《自然灾害对近代安徽乡村环境的破坏》，《安徽师范大学学报》（人文社会科学版）2010年第5期。

③ 安徽省地方志办公室：《安徽水灾备忘录》，合肥：黄山书社1991年版，第31页。

④ 水利电力部水管司科技司、水利水电科学研究院：《清代长江海域西南国际河流洪涝档案史料》，北京：中华书局1991年版，第995页。

⑤ 水利电力部水管司科技司、水利水电科学研究院：《清代长江海域西南国际河流洪涝档案史料》，北京：中华书局1991年版，第1177页。

⑥ 安徽省地方志办公室：《安徽水灾备忘录》，合肥：黄山书社1991年版，第31页。

⑦ 张崇旺：《试论明清江淮地区的水旱灾害与农业耕作的变迁》，《中国农史》2006年第1期。

鞠为茂草”[①]。在宿松县这种情况史志记载较多，如该县的南北二阪，其田地为长河及泊湖环抱，清道光以后，由于江水涨发，压浸成沙渍，田地荒芜，其中亦有“废为牧厂、草场者”[②]。还有阴功阪“向系大阪，田亩因地势窜下遇水即淹”，清康熙四十一年（1915）被垦成田，道光后，“水患愈甚，冲刷愈多，一片荒原，遂难垦复，近只蓄柴草以度粮赋”。黄雀阪在县洿池庄，“旧有圩田，今堤溃，弃为草场，没逢水涨尽没洪流”[③]。

2. 堤防工程造成大量耕地的缺失

堤防工程造成耕地的缺失主要在于两个方面：一是堤防工程崩坍或决口，常常导致两岸滨江低洼之田地坍入或沉于江河之中，致使田地缺失；二是堤防工程的修建，造成耕地被挖废或占用。

由于“坝日迁，地日促”[④]，堤坝受到江水的冲刷，经常崩坍于水中，正是“沿江堤坝屡徙，田之坍于江者不赀”[⑤]。如宿松县东南两乡滨江临湖，“各庄自道光后迭经洪水为灾，田亩之被淹废者甚多……计丈出荒废田贰百零捌顷叁拾伍亩叁分柒厘伍毫”[⑥]。该县“清道光间，水患频仍，江岸倾镇，近卸滩陆，节次坍入大江，民居荡析。同治八年，复遭大水冲压，自段窑镇下至大田尾一带坟垆成白沙约十里长”。其金刚镇“南滨大江与江西彭泽接壤，镇环围洲地二十余里，道光至同治年间，节次颓卸，全坍入江。近年，毗连之洲犹未止，居民惴惴”[⑦]。另外，对耕地损失较大的是堤防决口，致使大量田地被淹没。有的低洼之地受涝渍之灾，无法耕种。如 1931 年水灾，史书上记载：芜湖县“淹没良田十七八万亩之巨”[⑧]。怀宁县圩堤几乎全部溃破，地成泽国，田庐倾圮，其广济圩“圩堤滨临长江，绵延 100 余里，田地数十万亩，全部被水成灾”。太湖县“四乡田禾，被水淹没无存，其洪水冲刷沙压者，亦属不在少数”[⑨]。1931 年，皖江地区的受灾面积为 61012 方里，淹没农田数为 8963069 亩（见表3）。

---

① 民国《宿松县志》卷十五下《赋税志·田赋》，南京：江苏古籍出版社，1998 年，第 333 页。

② 民国《宿松县志》卷二十《水利志》，南京：江苏古籍出版社，1998 年，第 416 页。

③ 民国《宿松县志》卷二十《水利志》，南京：江苏古籍出版社，1998 年，第 417 页。

④ 范从彻：《议稟开河筑坝折》，嘉庆《无为州志》卷五《水利志·开浚》，南京：江苏古籍出版社，1998 年，第 72 页。

⑤ 嘉庆《无为州志》卷六《水利志·坍涨》，南京：江苏古籍出版社，1998 年，第 86 页。

⑥ 民国《宿松县志》卷十五下《赋税志·田赋》，南京：江苏古籍出版社，1998 年，第 334 页。

⑦ 民国《宿松县志》卷五《地理志·市镇》，南京：江苏古籍出版社，1998 年，第 99 页。

⑧ 《各省水灾纪实·安徽省》，《中国红十字会月刊》（赈灾专号），1932 年。转引自汪志国：《自然灾害对近代安徽乡村环境的破坏》，《安徽师范大学学报》（人文社会科学版），2010 年第 5 期。

⑨ 《安徽省赈务会汇刊》，1931 年第 1 期。

表3 1931年皖江地区各县农田受灾状况统计表

序号	县别	受灾面积（方里）	淹没圩田（亩）	淹没其他（亩）	序号	县别	受灾面积（方里）	淹没圩田（亩）	淹没其他（亩）
1	怀宁	4554	255200	—	16	贵池	4200	250000	—
2	桐城	2848	236507	—	17	东流	2366	111358	—
3	望江	531	156000	—	18	铜陵	3900	100000	80000
4	无为	833	860000	260000	19	芜湖	1030	224730	216100
5	和县	6550	490000	20000	20	当涂	4600	678000	150000
6	宿松	11000	200000	360000	21	繁昌	2800	270000	—
7	含山	3000	100247	20779	22	秋浦	190	44000	—
8	潜山	60	40000	10000	23	南陵	970	208000	—
9	太湖	1480	88520	—	24	青阳	180	44600	7400
10	合肥	120	601000	700000	25	广德	386	85000	—
11	巢县	1250	300000	50000	26	郎溪	1275	197000	23000
12	庐江	1567	199900	260000	27	全椒	3200	61360	41300
13	舒城	5000	150000	50000	28	滁县	466	3352	3916
14	六安	96	—	25560	29	来安	120	53300	12000
15	宣城	800	623500	103100	—	合计	61012	6571014	2392055

资料来源：安徽省地方志办公室：《安徽水灾备忘录》，黄山书社1991年版，第18–21页。

为治理皖江地区长江干流及各支流，往往需要兴建大量的堤防工程，这需要挖废或占压一部分耕地，或让出部分耕地行水。在无为州，嘉庆、道光以来坍废或为修建堤坝而挖废的圩田有青山圩、王小圩、张古圩、王家厂圩、大成圩、新成圩、庆丰圩、东滩圩、万家滩圩、永定圩、神塘圩、祖师圩、散汊圩、泮河圩、神张圩、白茅圩、庆城圩、泰丰圩、和家圩、下新圩、宝兴圩、花家圩、夹江圩、庆丰圩、力胜圩等[①]。宿松县由于水患较多，因此修筑堤防次数也多。如光绪十七年（1891）、二十二年（1896）、二十八年（1902）、三十一年（1877）修筑了同仁长堤、康公、交公、御湖七里、丁家口、泾江官口等堤，共挖废田地

① 陈恩虎：《明清时期巢湖流域农业发展研究》，南京农业大学2009年博士论文，第339页。

21 顷 30 余亩。[①]

总之，堤防的修建在保护农业生产方面的作用是不可否认的，但它对农业生产环境的负面作用影响深远，尤为值得注意。它一方面造成农业生产劳动力减少，影响了农业生产的发展；另一方面，恶化了土壤环境和造成农业耕地的缺失，这对农业发展十分不利。以上的负面影响值得我们深思。

① 民国《宿松县志》卷十五下《赋税志·田赋》，南京：江苏古籍出版社，1998 年，第 334 页。

皖江地区佛教文化旅游资源开发与重塑

蔡洞峰　殷洋宝

摘　要：佛教文化现在已成为重要的旅游吸引物，吸引着众多的中外游客。文章探讨皖江地区的具体情况，利用该区域的诸多佛教文化旅游资源，从分析佛教旅游开发的可能性入手，结合皖江地区的实际情况，从区域定位和历史文化传承两方面对开发和重塑皖江地区的佛教旅游资源提出设想。

关键词：皖江地区；佛教文化；旅游；开发

皖江，指长江流经安徽省境内的416千米水道，故古有“八百里皖江”之说。春秋时期，周王封皖伯于安庆一带，所以山称皖山，水称皖水，城称皖城，人称皖人。“皖江”频频出现是在宋以后，这与安庆府城在南宋从皖山脚下的潜山迁至皖河人江口的盛唐湾有关。起初，皖江专指安庆城一带；清康熙六年（1741）安徽建省之后，由于安庆长期作为安徽省会，“皖”已成为安徽的简称，皖江的内涵也随之拓宽，到了20世纪初，从小孤山到天门山，长江安徽段泛称“皖江”①。而皖江地区位于我国中东部地区，一般认为是“包括芜湖、马鞍山、安庆、池州、铜陵、宣城、巢湖和滁州市的东部地区”②。

皖江区域拥有十分丰富的佛教文化旅游资源，池州九华山、安庆的天柱山三祖禅寺、太湖的赵朴初文化公园及众多寺庙、安庆市区的迎江寺等等，每当有重大的佛教节庆活动或佛事活动，都会吸引大量的朝拜者和游客前来朝拜或观赏游玩。“宗教文化不仅是人类文化的组成部分，而且是有特色的、有吸引力的人文旅游资源，极具旅游价值。对宗教文化资源的开发和利用，有利于形成有特色的旅游产品，开拓新的旅游市场，吸引游客，对旅游业的发展具有重要的意义。”③

作者简介：蔡洞峰，苏州大学文学院博士生；殷洋宝，安庆师范大学文学院教师。

① 章尚正等著：《安徽旅游业跨越式发展研究》，安徽人民出版社，2012.02，第53页。

② 李良玉著：《李良玉史学文存》，合肥工业大学出版社，2010.2，第224页。

③ 孙克勤主编：大学创新课程教材　世界旅游文化，北京大学出版社，2007年03月第1版，第212页。

“天下名山僧占多”，佛教自东汉初年传入我国后，至今已发展成为我国传统文化中极为重要的一部分，其文化的主要载体——佛教建筑大多与我国的美丽山水相结合。这笔有形的遗产和无形的佛教文化逐渐成为吸引成千上万游客的重要旅游资源。在佛教文化旅游方面，皖江地区有其独天独厚的优势，池州九华山是佛教四大菩萨之一观音地藏菩萨出家修行之地，拥有得天独厚的佛教文化旅游资源，如何提升包括九华山在内的皖江佛教旅游地形象，将是皖江地区佛教文化旅游资源进行深度旅游开发的重要课题。皖江地区是中国佛教昌盛区之一，东晋兴建的太湖佛图寺香火兴旺至今；早在南北朝时期这里就是禅宗传承的重要地区，禅宗二祖慧可的道场太湖县二祖禅堂、三祖僧璨的道场潜山县三祖寺千年不衰；安庆市迎江寺的振风塔建于明代，高七层，82.74米，雄峙江畔，号称长江第一塔。皖江高山秀山多佛寺尼庵，故以佛山驰名天下者十数计，如司空山、妙道山（岳西）、浮山（枞阳）、敬亭山（宣城）、赭山（芜湖），银屏山（巢湖）等，其中规模最大、影响最广的是享有“仙城佛国”美誉的九华山，它与五台、峨眉、普陀并称“佛教四大名山”，从唐代至今，香火旺盛，现有寺庙近百座，僧尼400余人①。

研究皖江佛教文化旅游的发展和利用必然具有较为广阔的前景，因此有必要在现有的佛教文化旅游资源基础上做进一步的开发，运用更好的旅游策略，吸引更多的游客前来旅游观光，从而促进整个皖江地区佛教文化旅游的发展，提高皖江文化旅游资源的知名度，提高皖江文化的美誉度和开放度，通过旅游促进当地的经济发展，带动本地人民生活水平的提高。

一、佛教文化的特征

中国佛教文化的内涵很丰富，最主要有五个方面的内涵：“第一个是信仰，第二个是哲学，第三个是它的伦理道德，第四个是文学艺术，第五个是它的风俗、民俗、风俗习惯，叫做习俗，共五个方面。当然还有其他疗面，包括科学、中医、天文。”②，中国佛教包容了佛教在印度的三个时期，世界上最完整的佛教在中国，世界上最完整的佛教经典也在中国。可以说佛教诞生在印度，发展在中国。佛教在中国的发展大致经历了译传、创造和融合阶段。两汉魏晋南北朝时是译传阶段。天竺、安息等地高僧先后到洛阳，从事翻译佛经工作。同时，中国僧人也开始了西行求法，朱仕行成为中国西行第一人。唐以后，中国佛教即内地汉传佛教处于融合时期。佛教在此则与中国文化全面结合，一方面，佛教与儒、道

① 章尚正等著：《安徽旅游业跨越式发展研究》，安徽人民出版社，2012.02，第56页。
② 方立天：《方立天讲谈录》，九州出版社，2014年版，第303页。

融合，成为“三教合一”历史背景下的佛教；另一方面，佛教借助文学、绘画、雕塑和建筑等艺术形式，成为民间风俗习惯、民族心理与思维，及至语言素材构成的重要有机成分。唐以后，黄河流域佛教开始削弱，但此时中国西南佛教迅速升起。特别是清王朝对汉传佛教采取限制政策，使佛教进一步中国化。近代社会，对于佛教的信仰，也逐渐由单纯修来世、求解脱、向往“西方极乐世界”，演变为同时追求现世利益，祛病消灾，延寿增福。“有求必应”已成为民间佛教对“佛”和“彗薛”“袖力”的一种信仰。

隋唐两代是中国佛教的创造和鼎盛时期。中国僧人分别以一定的印度佛经为经典，开宗立派，形成了三论宗、天台宗、华严宗（贤道宗）、法相宗（唯识宗）、律宗、净土、禅宗、密宗（真言宗）八个主要宗派，号称中国佛教的鼎盛时期。此时佛教思想与中国固有的传统思想协调不够，出现佛教与儒、道对峙有余，相融不足的局面。但总体说来，佛教在中国传统文化中具有比重大、地位高的特点。

皖江地区佛教文化是中国佛教文化的一部分，具有强烈的民族独立性。佛教是一种外来文化，佛教在西汉末年传入中国以后，与中国传统的伦理和宗教观念结合在一起，得到了迅速的发展。特别是在魏晋南北朝时期和隋唐时期，名僧辈出，佛经被大量翻译介绍，各种经伦学派纷然而起，寺院和石窟寺大量出现，佛教信徒人数剧增等等，使佛教势力逐渐扩展到全国各地。经过两千多年的发展，佛教理论由初期依附于汉文译经进而建立起了多种独立的体系，并建立了适应中国国情的佛教礼仪法规，形成了中国佛教的各个宗派。佛教也经由中国传往朝鲜、日本和越南等邻国。中国佛教文化的民族独立性是显然的。

具有雄厚的融化外来文化的能力。佛教文化并不是中国固有的文化，因此，传入中国后缺乏与中国传统文化的冲突与斗争。但总体来讲，中华民族在坚守民族独立性的同时，对于外来的佛教文化，显示出其宽广的兼容并蓄的气度和雄厚的汲取融合的能力。遍布全国的寺院、宝塔、石窟等，均充分显示出中外文化相互融合的艺术魅力。

佛教与儒、道关系密切。中国的传统文化，是在儒、道的长期影响下形成的。佛教文化传入中国以后，与中国的传统文化（特别是与儒、道）相互冲突、渗透和融合。一些主要佛教派别的基本观点已为儒家理学所吸收，佛教跟儒道思想趋于合流，儒家的报恩、忠孝等伦理观念也进入了佛教文化的核心层次。

佛教具有浓厚的民间色彩。中国的佛教文化，由于与儒、道文化的融合，而更趋向于哲理化，宗教的色彩日益淡化；同时由于佛教愈益走向民间，使佛教具有更多的民间信仰氛围。因此作为佛教创造者的释迦牟尼形象在民间逐步淡化，而阿弥陀佛、观音菩萨、弥勒菩萨等形象则妇孺皆知，深入人心。中国佛教文化的上述特色，使其有别于国外的佛教文化，充分表现出中国自己的民族特色，因而不仅具有中国人所喜闻乐见的内容形式，而且具有令外国人很感兴趣的无与伦比的魅力，从而形成了很强的旅游吸引力。

二、皖江地区佛教文化的开发价值

皖江地区处于长江中下游，其中安庆、铜陵、芜湖、马鞍山等城市依江而建，航运便利，东临经济和旅游业均很发达的长三角，西接庐山风景区和武汉城市圈，南临发展已日臻完善的皖南旅游区，北靠以合肥为中心的皖中、皖北地区，区位条件十分优越。皖江地区现已形成了以水运、铁路、公路、航空为主体的交通网络，尤其是长江贯穿于皖江地区，向东可直抵南京、无锡、苏州、上海等旅游重点城市，向西可达庐山、长江三峡风景区、重庆。优越的交通条件，不但使旅游客源的集散与中转更为方便，还增强了对周边的辐射能力。“皖江旅游经济的发展要想树立自己的品牌，也必须结合皖江区域的历史文化特色，以皖江文化引领皖江旅游带建设，根据海内外旅游者的体验心理需求以弘扬长江文明的博大气魄，打造一批高品位、有影响、成系列的旅游产品。”①

旅游归根结底是一种文化活动。皖江地区的佛教文化，不仅对本区域有着强大的吸引力，而且对全国乃至世界同样具有吸引力。“中国人要全面、形象地了解自己的传统文化，佛教文化是一个窗口，而世界各地的外国人要全面了解中国的文化，佛教文化也是一个窗口。所以，无论从哪个角度讲，中国的佛教文化具有很高的旅游价值，并且这种价值是长久的。在旅游业日益向文化型方向发展、游客的文化素质日益提高的今天，如果我们在开发好其他旅游资源的基础上，围绕佛教文化主题，根据不同情况和不同特点，开发佛教旅游资源，不仅可以使我们更加全面地了解自己的传统文化，而且还可以更好地推动旅游业的发展。”②

提升皖江地区旅游的文化内涵，提高旅游产品的文化品位，旅游活动从本质上讲是一种文化活动，无论是旅游消费活动还是旅游经营活动都具有强烈的文化性，正如我国已故著名经济学家孙尚清指出的那样：“旅游在发展的一定阶段是经济、文化产业，在发展的成熟期是文化、经济产业。”通过深入挖掘和深度开发皖江地区佛教文化资源，将大大加快该地区的旅游文化的建设步伐，丰富旅游景点的文化内涵，提高旅游产品的文化品位，改变人们的文化观念，改善社会文化环境。促进佛教文化保护，推动佛教旅游的永续发展，开发皖江地区佛教文化

---

① 章尚正等著：《安徽旅游业跨越式发展研究》，安徽人民出版社，2012 年版，第 123 页。

② 林哲浩、崔哲浩：《试析中国佛教文化的旅游吸引力》，《延边大学学报（社会科学版）》2000 年第 1 期。

资源，将有力地促进佛教文化事物的保护和佛教艺术的挖掘整理，建设和发展佛教文化景点。建立寺庙重点保护单位也有利于佛教文化的保护与传承，同时，随着旅游开发的逐步深入，可以相应建立佛教文化研究所等，对各种佛教文化进行系统的整理，挖掘出佛教旅游的新亮点，为皖江地区旅游发展提供源源不断的文化资源。要特别注意对佛教旅游资源的保护。如前所述，中国的佛教文化是中国传统文化的重要组成部分，许多佛教旅游资源（包括寺庙、佛塔、雕像、绘画等）是中华民族的艺术瑰宝，在旅游开发中如果不切实加以保护，就会遗恨万年。

要形式多样。由于中国佛教旅游资源具有民族性、地区性、神秘性等特点，因此其开发利用的形式也是多样的。

佛教文化与旅游互有渗透互相促进。佛教作为一种意识形态和文化现象，深刻影响甚至决定着人们的旅游消费行为方式和审美特点，渗透在人们的旅游过程中。旅游业是关联性很强的产业。它对交通、住宿等基础设施和旅游设施提出了很高的要求，从而带动了这些方面的发展。交通、住宿条件的改善，方便了香客的朝拜活动。同时，佛教文化的旅游开发能使佛教文化得以更好的保护和彰显。

三、开发皖江佛教旅游资源的具体措施

旅游资源，不管是有形的，还是无形的，都必须外化为产品，才能在市场上销售。针对桃花岛的现实情况，则要以满足旅游者休闲、娱乐和求知的需要为前提，开发出以自然风光或人文景观为基础，佛理佛艺作渲染，可亲身体验和参与的多层次、多功能的立体型佛教文化旅游产品。

（一）佛教观光旅游

这种观光层次的产品，根据观赏的不同，可分为佛教人文景观旅游和佛教自然风光旅游，是指旅游者为了参观游览佛教建筑及周围的自然山水而进行的以观赏性为主的佛教文化旅游。皖江地区佛教历史悠久，寺院林立，有着丰富的佛教人文景观。楼、阁、殿、堂、塔等布局有序，既体现了寺庙建筑的规则性，又体现了园林建筑的自然性。池州九华山是四大佛教名山之一，好山好水，风景宜人。游客在欣赏佛教文化景观的同时，又可趁此机会饱览九华山的神奇山水。佛教文化及其载体，即佛教人文景观，增添了九华山自然山水的神秘与神奇；而九华山的奇山秀水，又增强了佛教文化的无穷魅力。

（二）佛教参与式旅游

参与式旅游是旅游产品的提高层次。我国的整个旅游市场上，以观光层次的旅游产品为主。而各国旅游目的地成功的经验告诉我们，参与性的旅游项目是旅游目的地必不可少的。不少佛教文化遗产饱含和散发着强烈的艺术感染力。正因

如此，佛教文化遗产不光是少数专家研究的对象。如今，它为各种职业和各种年龄的亿万群众所关心。佛教艺术主要有佛教绘画、佛教音乐、佛教雕塑、佛教题材的剧目等，这些艺术形式和作品除了可以让人欣赏、观摩、研究外，有些还可让人亲自参与。如佛教音乐和以佛教为题材的剧目，可以让人去唱、去演，结合一些佛教仪式，如参禅、浴佛、食斋、放生等，尤其是佛教开光、方丈升座、传戒及佛诞日等特定佛事法会的参与，会让游客浸润于浓郁、庄重的佛教氛围中，使游客感受到强烈的佛教文化震撼力与感染力。

文化学家马林诺夫斯基在《巫术科学宗教与神话》一书中说道："稠人广众中动听的礼，有影响处便在信仰有传染作用，共信共守的行为有庄严感人的作用，全体如一地举办真挚肃重的礼，足使没有关系的人大受感动，更不用说当事人在里面的参与了。"皖江地区佛教文化旅游资源开发，要充分认识到开发参与性产品的重要。产品要雅俗结合，灵活性与原则性结合。雅可以产生差异感、新鲜感与吸引力，俗可以产生市场规模。

佛教体验式旅游：美国《哈佛商业评论》发表派因笛尔和吉尔摩的文章宣称，体验式经济时代已经来临。体验是内在的，存在于各个人心中，是各人在形体、情绪、知识上参与的所得，来自个人心境与事件的互动，因人而异、因事而异。旅游产品的本质就是向消费者提供一种或多种经历或体验。佛教体验式旅游也随着这股潮流应运而生，其主要特点是游人亲身体验佛教出家弟子的日常生活、功课以及佛家戒律与清规等，从而感受佛教独特的生活氛围。游客至此食的是斋饭，住的是僧舍式旅馆，听的是晨钟暮鼓、经声喃喃，观的是香烟缭绕、法相森严，购的是配套的佛教旅游商品，使游客在一种肃穆崇敬的心态中，摒弃杂念，忘却烦恼，达到一种心灵的松弛与净化。安庆天柱山有佛教独特的禅宗文化，游客在参与做法事、学习佛教礼仪、研习佛教养生等的同时，还可以将佛教与养生结合起来，推出不同佛教资源的拳头产品。

在开发皖江地区佛教文化旅游资源的同时，要注意以下几个方面：首先，创造适宜的宗教旅游气息，保护生态环境，做好生态复垦，在庙宇集中处严禁采伐树木，保留住周围的绿水青山、碧水蓝天。

规范周边旅游市场，清除现有杂乱的售货摊点，整个风景区要作整体规划，彰显浓郁的中华民族文化的美学特质，营造符合中国特色审美文化有园林景观和人居理念，寺庙周围不宜修建现代化高层建筑，宾馆以古朴、分散、隐蔽为基本特色，适合休闲养生的居住环境。

寺庙内除接受信民敬香外，可另设单间，售宗教纪念品，但不能开设饭馆。做好接待服务工作，一要培养高级文化型导游员，二要修建符合宗教人士居住习惯的高标准宾馆，三要提高宗教从业人员的素质，四要开辟适宜的宗教旅游线路、充实旅游内容。

皖江地区拥有十分丰富的佛教文化旅游资源，这些丰富的旅游资源同当地秀美的风光、独特的民族文化有机地融合在一起，使得佛教文化旅游的开发具有广阔的发展前景，当前，正值长江经济带战略开始实施的机遇，国家在政策和资金上都给予了大力的支持，只要设计出合理的开发策略，皖江佛教文化旅游一定会焕发出新的勃勃生机。

参考文献：

[1] 许晓光．旅游与宗教［M］．成都：四川人民出版社，2001.

[2] 章尚正．安徽旅游业跨越式发展研究［M］．合肥：安徽人民出版社，2012.

[3] 周进步．现代中国旅游地理学［M］．青岛：青岛出版社，1997.

[4] 邵骥顺．中国旅游历史文化概论［M］．上海：上海三联书店，1998.

周学熙对家乡早期经济文化发展的促进作用

丁德芬

摘　要：东至周氏家族对中国近代政治、经济、学术文化等诸多方面产生过重大影响。晚清重臣周馥四子、民族实业家周学熙，在家乡至德县创办实业、关注民生，为推动家乡经济的发展做出了重要贡献。

关键词：东至；周氏家族；周学熙；家乡发展

东至周氏家族自周馥开始的五代百年，群英荟萃、人才辈出，对中国近代政治、经济、学术文化等诸多方面产生过重大影响。有南张北周之称的民族实业家周学熙，学界对其创办实业、改革财政等举措及其思想已进行了诸多探讨，除此之外，他对于推动家乡地方经济、文化等发展也是起到了巨大的推动作用，产生了积极而深远的影响。

周学熙，安徽至德（今东至）人。清末民初实业家，政治家。他十六岁中秀才，1894年中举，最初在浙江为官；1900年为山东候补道员，入袁世凯幕下，后随袁去天津，主持北洋实业；1901年任山东大学堂总办，7月经直隶总督袁世凯委派总办银圆局；1903年赴日本考察工商业，归国后任直隶工艺总局督办，并创办北洋工艺学堂（今河北工业大学）兼任督办（校长）；1905年，出任天津道，办商品陈列所、植物园、天津铁工厂、滦州煤矿公司、天津造币厂、唐山启新洋灰公司、天津高等工业学堂等；1907年任长芦盐运使，又官至按察使；1908年创办京师自来水公司。袁世凯窃国后，周学熙于1912年和1915年为陆征祥内阁和1915年徐世昌内阁财政部长，参加签订善后借款合同。1918年，他担任华新纺织公司总经理，先后创办华新所属的天津、青岛、唐山、卫辉四家纱厂；1919年创办中国实业银行，任总经理；1922年与比利时商人合办耀华玻璃公司；1924年成立实业总汇处，任理事长，管理所属各企业。周学熙以兴办实业成绩卓著，与南方实业家张謇齐名，有“南张北周”之说。1927年周学熙以

作者简介：丁德芬，东至县交通局。

年高引退，晚年以读经、赋诗和念佛自遣，1947 年 9 月 26 日卒于北平寓所。

周学熙的著有《止庵诗存》《止庵诗外集》《东游日记》《西学要领》《文辞养正举隅》等。

一、开创家乡至德县电力文明新纪元

人类发明电以来的一百多年里，电力工业极大地改变了人类的历史。但在 20 世纪二三十年代，在偏远的皖西南县城，人们对电力文明的期盼还是遥不可及。但，这一切随着周学熙护父灵柩回乡，将不可能变成了现实。

据《东至电力志》记载，公元 1921 年（中华民国十年）秋，两江总督周馥殁于天津，周学熙与其长兄学海之三子周书弢一同护柩回邑安葬，随同带回的还有两套发电设备，用来供丧事照明之用。途经当时的安徽省府安庆时，由时任安徽省长的东至同乡许世英出面，调安庆电灯厂机师万鸿年来县帮助安装开机。他带回的发电设备为德国产 48 匹马力煤油发电机组，安装在原至德县农林公会；丧事完毕后，发电机组迁至敬慈善堂（周氏慈善机构），正式创办“秋浦电灯厂”。所发电起初供给周氏家族开办的学舍、购卖处、蚕桑、医学、商业讲习所以及附近殷实人家夜间照明，是东至县最早的电力民营企业。1927 年（民国十六年），秋浦电灯厂因兵荒马乱、暂时停办。

20 世纪 30 年代初，敬慈善堂将全套发电设备捐献给尧渡商会，商会又转租给地方绅士王文炳独资经营。并将电灯厂迁建至尧渡中街（现新老街结合部），仍聘请万鸿年开机。后因万鸿年不慎失去一只手臂，30 年代末停止了发电。

20 世纪的二三十年代，因为周学熙的缘故，电力第一次在至德县城寻常百姓家得到使用，开创了至德县电力文明新纪元。

二、解决家乡百姓出行的大困难

（一）修建万善桥

20 世纪 30 年代，在穷困偏远地域常常是“隔山容易隔水难”，建一座钢筋水泥桥梁，对当地的百姓是可望而不可即。这样的困境，因周学熙善举而改变。

在距离县城南 20 公里的花园里乡境内，一条乡间重要通道连接花园里、桃源、马坑以及江西省浮梁县。通道中有一条湍急的河流，上有一座简陋的铁链木板桥。春汛时，大批茶工进山采茶通行不便，茶叶运出常因此受阻；平时，竹木等农产品外运更是艰难。当地乡绅苦于经费难筹，无力建造。桃源、花园、打鼓滩区域均是安葬周氏先祖及已故亲人的墓地，以及家族祠堂和寺庙，这一切，周学熙都看在眼里，记在心里。

本着与民方便、与己方便的想法，民国二十二年（1933）秋，周学熙从唐山等处运来钢筋水泥，请来曾在石台县建桥完工的上海中华建筑公司王桂延等工程师，在乡绅檀荫华、徐嘉鱼协助下，着手承建万善桥。次年4月这个县最早的一座版梁桥便顺利建成。天堑变通途，每日的行人、车辆川流不息，安全便捷。

该桥造法科学，质量精良，使用至今已有80多年的历史，曾经历百年不遇的洪水侵蚀，仍完好无损。周学熙这一善举，至今仍为当地经济、社会发展做出重要贡献。

（二）建秋东利济趸船公司

1959年前东流与至德为两县，至德县人经水路外出，必从东流登船。东流江边原有一小趸船，浮桥两边没有栏杆，行人上下很危险。1922年，周学熙为利于乡人出行，决定在东流建"秋东利济趸船公司"。他派人溯江而上，到华阳参观停靠大轮的趸船码头，回来后仿建起新的趸船码头，并购置了一条大趸船，将原来的小趸船移靠大船内侧，再用跳板伸向江岸，两边设立了铁栏杆。每日，江上小轮由安庆、九江往返，给来往旅客带来了安全和便利。其时，广为客商和行人赞誉。

三、打造家乡教育多元化

（一）创建宏毅学舍

周学熙创办实业发达之后，常思自己幼时上学之艰，立意振兴家乡教育，使桑梓后继有人。民国十一年（1922年），他将自己在家乡的田地233.8亩，房屋16间收入的七成，在梅城南门计家建"宏毅学舍"，取《论语》"士不可以不弘毅，任重而道远"之意。学舍聘请桐城、安庆等外籍知名学者前来任教。学生以本籍为主，通过考试录取，入学后不收费，外籍生限于名额酌情收费。学制为补习班两年，预科班三年，本科班五年。在校生凡品行端正，年终功课考评成绩优秀者，分甲、乙、丙三等给予奖励硬币10元、5元、3元。先后毕业者有本科生14名，预科生41名，商科生21名。因本科生教师潘叙祖毕业于上海圣约翰大学，故本科生毕业后还可进上海圣约翰大学深造或出国留学。李克强总理的老师李诚，曾在周氏宏毅学舍就读，师从桐城姚永朴先生。

北伐战争时，军阀孙传芳率部溃逃，途经秋浦时大肆烧掠，学舍被毁，无奈停办。但周学熙个人出资办学，为当时社会培育出一批急需的高层次人才，可谓功不可没。

（二）办敬慈小学

宏毅学舍停办后，周学熙常常为此殷忧不已。抗日战争胜利后，周志俊继续父亲的事业，1946年秋，在宏毅学舍旧址开办私立小学，设立了校董会，聘请徐景斋为校长。办学经费主要渠道有两条：一是周学熙夫人刘氏（贵池人）将自己的积蓄10万元，购买股票，股息用来建立“至池兴济会”；二是周志俊从所办企业中提取利润设立的办学基金。

1949年4月，至德解放，县教育科委派张发家担任敬慈小学的校长，办学经费仍由周志俊供给。到1955年，敬慈小学的规模扩大为有13个小学班、1个幼儿班，学生总数达500多人。

1956年，国家对私营工商业实行社会主义改造，周志俊的资方资金被冻结，周呈请政府接收经鲁皖两省教育厅洽议，由至德县人民政府派员赴青岛接收该校基金和办理校舍校具接办手续。周志俊将历年购买的公债4万多元交给家乡的人民政府。学校改称“梅城小学”。中国共产党十一届三中全会以后，私营工商业政策得到了落实，1980年下半年，周志俊从解冻资金中再拨款3.5万元给梅城小学，修建校舍，改善办学条件。

这所由周学熙和其子周志俊创办长达几十年的私立小学，使大量乡村子弟接受到良好的基础教育，影响深远。

（三）建商业讲习所

周学熙为了让家乡青年有更多的就业机会，同时给自己的企业补充信得过的人员，1922年春，在梅城南门外计村购买了一片菜地，建起了商业讲习所。徐嘉鱼任所长，从外地聘来教员。开设课程为：会计学、簿记学、国文、英语等课。为了让学生能尽快熟悉商业，讲习所在该处建立了购卖处，一是便利乡民，二是学员轮流实习。学生学习三年后，由周氏所办的启新洋灰公司、北京自来水公司等企业录用。首期学员共20多人，毕业后分配在天津、上海等地工作。后因战乱，这个讲习所仅办一期。周学熙倡导的这种课堂知识学习和课外实践活动相结合的办学模式，在今天被证明是一种先进有效的办学实践。

（四）办蚕桑实验场及讲习所

1920年，周学熙为了在家乡实现男耕女织的蓝图，创办了农林公会，在下乡葛公镇近郊的花桥开辟了30多亩、在板桥下坂辟有50多亩的蚕桑试验场，并在花桥盖起了两幢10间土墙瓦房，作讲习所、学员教室、寝室之用。周学熙从江苏无锡聘来周姓和吴姓技术人员各一名，分别担任所长和技术指导，经考核录取了20多名学员进行培训，待学员学成后再扩大传授。在所长和技术员的指导下，学员们掌握了桑树的培育、移栽、剪枝、施肥等技术，女工掌握了采桑、育蚕、成茧等工序。茧交所后，运往第六模范工厂缫丝，上等品为纯丝，转售或织绸；次等为脚绵，供乡下做冬衣和殡葬成殓之用。该所正办得兴旺时，日、美、英等国的人造丝相继倾销我国，民族丝织业受到了沉重的打击，江浙一些大缫丝厂纷纷倒闭，讲习所也因失去市场而停办。但周学熙积极发展农业经济，培育了大量蚕桑技术人员，帮助农民摆脱贫困做出自己的努力和巨大贡献。

（五）设秋浦第六模范工厂

周学熙在家乡办起了蚕桑实验场和讲习所后，紧接着又配套办起了工厂，从外地聘请技师传艺，招收本县男女青年20多人到厂实习，缫丝织绸，做到了种桑—养蚕—缫丝—织稠一条龙生产。本县的称为“第六模范工厂”。这个厂所有的厂房设备，均由周学熙独资经营，厂房又用来续办茶厂，仍沿用旧厂名。茶厂规模不大，茶草来源于附近的乡村，制茶人员由当地百姓充任，主制绿茶、青条茶，远销苏、鲁，备受欢迎，为当地的百姓增加了收入。

周学熙创办宏毅学社和敬慈小学，是惠泽家乡子弟，实现教育兴乡、教育兴邦的重大善举。他所创办的商业讲习所、蚕桑实验场及讲习所、秋浦第六模范工厂是一种现代职业教育的雏形，为开启民智、习得职业技能、发展地方经济做出深远贡献和影响。

四、心系百姓民生建功德

（一）筑韩家滩防洪坝

据史料记载：尧渡老街上街附近的尧渡老河段，位于尧渡河和梅山河等河流汇合处。每至汛期，洪水合流，冲刷河道两岸，经过数十年，河道走向因水流冲刷而发生变化。至清光绪中年，水流冲刷西岸，威胁到上街的居民生活，官民修竹摆护岸，造成水势东趋。至1924年，河水冲毁东岸数百亩民田，百姓因此遭损，同时水患也将影响到周学熙家的祖墓。1924年，周学熙在重修文庙之际，利用运输建筑材料的便利，捐款修建洋灰坝（俗称洋灰摆），以护河岸，河坝有3米高，近千米。周学熙曾自述“捐款修洋灰坝，以保障民田，不仅为祖坟作护堤已也”。由此可见，这条现存的洋灰坝，可谓早期用水泥建成的民生工程。

（二）兴办农林公会

1909年，鉴于家乡是个山区，山多田少，地瘠民贫，周学熙决心帮助家乡开发荒山，种植林、茶、桐，养民富民，于是捐资兴办农林公会，在南门岭（今烈士陵园）外辟丘岭地20余亩，作为该会试验场，任汉中、鲁宝书为会长，邀集乡绅协助，劝导百姓开荒，全县上、中、下三乡遍植松杉和大量茶树、桐子树。所有树苗、茶子以及公会人员活动经费都由他个人出资，开发获益后协约为：山主七成，公会三成。公会所得再用于办公用费和各乡管理人员的报酬。在农林公会实验、推广、倡导下，全县风气日开，乡民开发荒山，植树、种茶、栽桐，效果日显，利源日盛，长期不衰。农林公会周家经办十来年后，改由地方自办。后来国民党县党部成立初期曾在此办公，抗战前该处被借用办农业学校，抗日战争爆发后，该会无人管理，房屋被毁。

百姓民生，这个在21世纪才被屡屡提及的词语，其实在20世纪的早期就已经被这位心系故乡的民族实业家，用自己的实际行动给予了最好的诠释。

五、其他贡献

（一）修文庙

周氏父子不忘桑梓故里，单就文庙，光绪十七年（1891）第一次大修，周馥就独捐大洋11200元。子承父志，35年后，周学熙以60岁的花甲之年，在文庙内成立了两个“办公室”，一为“秋浦县自治委员会”（内设“国民党县党部筹备会”），一为“秋浦县文庙工程暨典礼筹备处”。1995年5月25日，经周氏父子两次重修的秋浦文庙，为当时县内一大人文景观。

（二）东至尧渡街花戏楼

清末光绪年间，尧渡镇客商有增无减，常居人口不断增加，清乾隆、道光年间在此地建的原先那座花戏楼已不能满足需要。1908年，“红顶商人”周学熙，被清廷封赏为一品大臣，并上溯三代追封为光禄大夫、一品诰命夫人。周学熙生母吴太夫人生前贤惠，相夫教子倍加艰辛，周对其母十分敬重孝顺。周学熙奏请光绪皇帝下“圣旨”特准为其母在家乡尧渡街立一牌坊，同时建造一座花戏楼，以造福桑梓。牌坊和花戏楼坐落在尧渡街下街头，“击壤”桥南端。周学熙既拥有巨资，又因为皇上特敕，舍得投资，因此，这座花戏楼规模之宏大和工艺之精巧，许多方面超过了著名的“国家重点文物保护单位”亳州花戏楼。花戏楼南北两面均有近4000平方米的广场，为青石板铺成，两个广场可容纳万余人，为丰富当地百姓的文化生活，推动家乡文化事业发展做出重要贡献。

六、后述总结

周学熙这位中国近代著名的实业家和财政专家，与张謇齐名，被时人誉为“南张北周”。周学熙创办实业的活动及其对近代中国尤其是华北地区的影响极为深远。然而，无论远足他乡多久，他对于家乡的贡献绝不容小觑。那座历经百年洪水依然坚挺的万善桥，那一段守卫了尧城人民多年的静静甬道，还有几经变革、依旧书声琅琅的敬慈小学等等，都记录了周学熙对家乡至德的挚爱之情、贡献之巨！

参考文献：

[1] 张治安. 东至周氏家族［M］. 合肥：黄山书社，1994.
[2] 周学熙. 周学熙自述［M］. 合肥：安徽文艺出版社，2013.
[3] 郝庆元. 周学熙传［M］. 天津：天津人民出版社，1991.
[4] 程莉. 近代实业家周学熙研究［M］. 合肥：合肥工业大学出版社，2006.

池州市文化旅游开发与发展对策研究

祝亚雯　程　凤

摘　要： 池州市文化旅游资源丰富，但是文化旅游发展状况相对滞后。如何合理开发利用池州市文化旅游资源，将资源优势转换成经济优势已成为亟须解决的问题。对文化旅游资源开发的研究，有利于促进池州市文化旅游资源和池州旅游业的发展，从而进一步带动池州经济的发展。文章在界定文化旅游资源相关概念的基础上，分析池州市文化旅游资源开发的有利条件，并就池州市文化旅游资源的开发现状及存在的问题进行了总结，在此基础上提出具体改善对策。对池州市文化旅游资源开发的研究，有利于池州市文化旅游资源的保护与发展，符合国家政策的要求与时代发展的需要；有利于促进池州旅游业的发展，进一步促进池州经济的发展。

关键词： 文化旅游资源；发展对策；池州市

文化旅游因其独特的底蕴和氛围受到广大游客的青睐，它以多样的形式、深刻的内涵表现出了旺盛的生命力，又因所具文化性、变化性、可持续性和季节性不明显等特点和优点而受到各国人民的普遍关注。深层次、高品位的文化旅游因而成为个性化、知识化的时代背景下最具有持续发展前景的旅游产品。在此背景下，池州市文化旅游资源如何在有效保护的基础上，得到适应市场需求的深度开发与系统开发变得尤为重要，也逐渐引起各方面的重视与关注。

一、池州市文化旅游资源的开发现状

池州市文化旅游资源是进行开发的前提和基础，所以我们有必要对其进行梳理和概括，以便了解池州市文化旅游的开发现状。文化旅游资源在形态上大致可以分为两大类：一类是有物质形态的实物，如九华山独特的地质地貌是实体存在

作者简介： 祝亚雯（1984—），女，池州学院皖南民俗文化与旅游发展研究院讲师。

的，是具体的、显性的、肉眼可以看到的；另一类是精神形态下的感受，如池州傩戏和青阳腔。物质文化旅游资源与非物质文化旅游资源往往相互依托、相互依存，非物质文化旅游资源借助物质文化旅游资源显现其文化内涵。据此，可将池州市文化旅游资源分类梳理如下：

（一）物质文化旅游的开发

1. 遗址遗迹类文化旅游资源

遗址遗迹是古代人类的建筑废墟以及在对自然环境改造利用后遗留下来的痕迹（见表1），如民居、村落、都城、宫殿、官署、寺庙、作坊等，虽然没有了现实的作用，但是抓一把土就是文物，捡一块瓦就是历史。它们都带有当时那个时代需要传承的文化与使命。

表1 遗址遗迹类文化旅游资源

类　型	代表性资源	基本概况
遗址遗迹类旅游资源	七星墩遗址	新石器时代晚期村落遗址，出土夹砂与泥质陶片
	百崖山古窖遗址	五代至宋代遗址，出土釉陶
	七房朱遗址	属商周文化遗址，出土红陶、青铜斧等
	榉根关古徽道	清代遗址，长30多米、高3.5米、城墙厚5米

2. 建筑设施类文化旅游资源

建筑设施是人类智慧文明最好的表现，也是当时历史社会生活形态最真实的反映（见表2）。在不同的地域中，建筑设计要将地域内的文化内涵都尽量融入建筑设计中，形成建筑文化的地域特色，既可以产生别样的风土人情，又可以适应当地的地域条件，稳定建筑结构[1]。

表2 建筑设施类文化旅游资源

类　型	代表性资源	基本概况
建筑设施类文化旅游资源	杏花村古井文化园	面积1.3公顷，园区风格朴素典雅，院内广植花草
	大愿文化园	位于九华山风景区北麓柯村，保护面积459公顷
	池州市体育馆	整体造型为九朵花瓣的“水中莲花”（寓意江南水乡及莲花佛国
	万罗山摩崖石刻	有数十厘米见方，多为楷体，隶书次之

3. 古村落类文化旅游资源

古村落是指民国以前建村，保留了较大的历史沿革，即建筑环境、建筑风貌、村落选址未有大的变动，具有独特的民俗民风，虽历经年代久远，但至今仍为人们服务的村落（见表3）。

表3 古村落类文化旅游资源

类 型	代表性资源	基本概况
古村落类文化旅游资源	元四村	是历史文化名村、宗祠文化底蕴深厚，空间变化多样
	杏花村	国家4A级风景区，因一首《清明》诗而闻名全国
	石门高	以石门村徽派古民居为特色，距今已有一千多年的历史
	南溪村	位于东至县境内，以农耕经济为主

（二）非物质文化旅游的开发

1. 历史文化类旅游资源

（1）昭明文化　根据历代众多的历史文献记载，一千多年绵延不绝池州民俗“昭明会”的文化习俗，保存至今的昭明太子圣迹地面遗址，以及近几十年专家学者和文史爱好者的探索、研究，从不同角度证明了梁太子萧统曾到（游）池州，《昭明文选》的广泛传播是池州地域文化昌盛的原因之一[2]。其中东至县的尧渡镇（古豫章太原郡），贵池区（原石城）以及昭明钓台等地都与昭明太子有着密不可分的关系。

（2）尧舜文化　尧舜禹汤是中国古代最著名的四位君王，古老的尧舜禹文化，是池州最具特色的文化之一，并且带有浓厚的农本位色彩，大禹治水三过家门而不入，如今的东至还保留有舜耕山以及纪念尧舜的石碑。足以说明尧舜文化对池州的文旅旅游影响之深。

2. 佛教文化类旅游资源

九华山作为全国四大佛教名山之一，其古老的寺庙建筑、世界闻名的肉身佛、浓厚的佛教文化气息、神秘的地宫等，都是池州市文化旅游资源的瑰宝（见表4）。九华山不仅是国家地质公园，也拥有大量的历史人物活动遗迹，有历史名诗、词、歌、赋等等，如唐代著名诗人李白在此写下《改九子山为九华山联句并序》《望九华赠青阳韦仲堪》；王安石在此留下《和平甫舟中望九华山二首（之一）》等。山上寺庙的建筑风格以及寺庙数量在四大佛山中也是独树一帜[3]。

3. 民俗文化类旅游资源

池州地处“吴头楚尾”，深受吴楚文化和佛文化的影响，民间风情多彩多姿，民俗吐纳古今，加上境内多山且濒临长江，这种封闭的温带大陆大河型地理环境，使社会风尚和生活习俗带有浓厚的“农本位”色彩，因而民俗文化别具一格[4]。其中东至花灯、九华山庙会已经被列入国家级非物质文化遗产，均具有很高的开发利用价值，也吸引了许多游客的到来。

表4 佛教文化类旅游资源

类　型	代表性资源	基本概况
佛教文化类旅游资源	祇园寺	为国家重点寺院，是九华山最早的宫殿式寺庙，皖南民居式建筑与宫殿式建筑结合的典范
	百岁宫	被国务院确定为汉族地区佛教全国重点寺院。供无瑕禅师肉身，为皖西民居寺院，极为少见，岩石与建筑，建筑与山峰有机结合，巧夺天工[4]。
	肉身宝殿	金地藏晚年以此为南台读经，其圆寂三年后，仍颜面如生，遂建三层石塔安葬其肉身，是九华山最精、华最神圣的寺庙
	化城寺	是九华山的开山祖寺，99岁的金乔觉圆寂之后开辟为地藏王菩萨道场，香火旺盛

4. 戏曲文化类旅游资源

池州傩戏被誉为“中国戏曲活化石”，而青阳腔又被称作“徽池雅调”，均名列国家级非物质文化遗产；此外，还有鲜为人知晓的目连戏和广为人知的黄梅戏（见表5）。

表5 池州市戏曲种类

戏曲	代表作
傩戏	《童子拜观音》《孟姜女寻夫》《打銮驾》等
青阳腔	《目连戏》《月圆桥》《词林一枝》等
目连戏	《目连救母》《鹅毛雪》等
黄梅戏	《打猪草》《闹花灯》等
罗城民歌	《我来了》《红旗歌谣》

5. 诗词文化类旅游资源

池州市生态环境优美，山川秀丽，历代文人墨客纷至沓来。在此留下了许多千古绝句。市内的齐山、杏花村、秋浦河并成为诗山、诗村、诗河。李白在此留下《秋浦歌十七首》至今仍广为传唱，杜牧咏唱的“清明时节雨纷纷，路上行人欲断魂”造就了“天下第一诗村”（见表6）。

表6 池州市主要诗人及其代表作

各朝代诗人	代表作
李白	《秋浦歌十七首》《望九华赠青阳韦仲堪》等
杜牧	《清明》《九日齐山登高》等
岳飞	《池州翠微亭》等
萧统	《昭明文选》等

通过上面的概述，我们可以得出以下结论：池州市文化旅游资源类非常丰富，类型广泛，覆盖面广，不仅实体文化旅游资源丰富多样，还有很多独具特色的戏曲、诗词等文化旅游资源。池州市文化旅游因其丰富的资源和广为人知的品牌，已经发展出一定的规模，形成了自己的体系；同时，在国家政策的支持下，更是蓬勃发展、蒸蒸日上。

二、池州市文化旅游开发存在的问题

（一）文化内涵挖掘不足，产品层次单一

首先是对文化旅游的内涵理解错误，比如九华山脚的九华街，失去了“佛”的味道；其次是文化旅游的普及率不高；最后是文化旅游产品过于商业化、单一化，比如九华山的佛文化，产品形式过于单一，只能依赖于佛教寺庙作为载体，创新不足。

（二）文化旅游主体经营不善，综合效益低

首先，政府对文化旅游的重视程度和宣传力度不够，企业只关注自身的利益，不从大局考虑，形式过于单一，内容过于表面化，缺乏主题性以及创新意识。

其次，旅行社或者其他形式的旅游公司，作为旅游商品的主要经营者和传播者，在组织客源时本身设计的特色线路就寥寥无几，缺乏创新，在具体的行程安排中还偷工减料，安排的文化旅游景点个数少，停留时间短[5]。

最后，导游从业人员作为最直接接触游客的服务人员，存在专业知识不足、道德素质欠缺、随意讹诈客人等行为，对本市的旅游业的可持续发展造成了极其恶劣的影响。而在带团过程中，对文化内涵丰富的景点，即便是知道一些典故的导游在讲解中也是一笔带过，更别提那些不知道也不愿去学习的导游人员。其直

接导致的后果就是让客人听后如堕五里雾中。

（三）配套基础设施不完善，接待能力不强

池州在食、住、行、游、购、娱方面，基础设施不完善，尤其是食住行方面，接待能力不强。特色餐饮、星级酒店数量、质量都不够，市内公交线路不足，无法串联所有景点，目前池州市内也没有大型的综合娱乐场所和旅游购物点。

（四）品牌化程度不高，宣传力度不足

池州的旅游资源虽然丰富，并且对外旅游形象是“佛国九华，生态池州”，但是品牌化程度不高，竞争力弱，宣传力度不足，且池州市居民意识明显不足。这也降低了池州市文化旅游的竞争力，减弱了池州市文化旅游资源的吸引力。

（五）从业人员的素质欠缺，人力资源基础薄弱

池州市旅游从业人员的培训制度与教育制度落实不到位，岗前培训内容不从实践出发，更多的是偏于理论性的，使得池州市内的旅游从业者素质参差不齐，服务意识不强，基础知识薄弱，这对旅游景点的宣传很不利。同时，非物质文化遗产的重要承载者和传递者的保护力度不够。

三、池州市文化旅游发展对策

（一）挖掘文化内涵，打造文化旅游精品

只有在市民中间提高文化旅游知识的普及率，才更有可能让外界知道本地的文化。因此，在提升文化旅游知识普及率的同时，要把握文化的真、善、美，并坚持积极健康的文化，为旅游者提供精致的文化旅游体验，适应并提升消费者的审美水平[6]。一是要深入市场调研和挖掘，准确定位，突出主题，比如九华山的佛文化市场定位。二是把握池州文化旅游的特色，坚持走精品路线和创新思维，将传统与现代相结合，把池州最具特色的文化融入产品当中并且以亲身体验的方式进行宣传。

我们继承传统文化的时候，应该取其精华去其糟粕，并且要顺应时代的发展潮流。池州市的物质文化旅游资源和非物质文化旅游资源都非常丰富，为了加深游客的印象，可以适当增加一些参与性、互动性强的文化旅游产品。

（二）完善文化旅游经营管理制度，提高经济效益

文化旅游产业涉及经济、政治、文化，对本市的人均生产总值有着至关重要的影响，管理中存在争功诿过、互相推诿的现象是事实。理顺现有管理体制，坚持文化旅游企事业单位是文化旅游市场的主体，产业的发展要以市场为导向，遵循市场的规律[7]。同时，政府部门要履行应尽的职责，将颁布的政策落实到位，规范市场秩序。旅游企业要切实遵循大局方针，加强创新，积极主动地配合起来，才能事半功倍。总而言之，在池州市文化旅游的发展过程中，只有各级政府、旅游企业都要找准方向，并积极融入，为文化旅游的发展以及本市的经济效益做出贡献。

（三）加强基础设施建设，增强接待能力

首先，必须有资金有成本才能去加强基础设施的改造，资金主要来自于政府，政府部门以及旅游局首先要重视基础设施建设；其次，应该加大资金的投入，并且用到实处，不能随意挪用。资金的另一渠道是来自外部引流资金，要想外部投入资金，必须拥有具有发展潜力的旅游项目。所以一些旅游经营者或者企业必须加强创新。

（四）加大宣传力度，创建自身品牌

旅游产品的档次和规格与品牌效应是紧密相连的，一个好的具有知名度的旅游形象肯定是更加具有感染力的，而要使池州市在整个华东地区乃至全国区域内提高知名度，就必须将现有的旅游资源所蕴含的文化底蕴转化为旅游吸引力，吸引更多的游客前来观光，并且提高他们的出游欲望。其营销的方式有很多种，现今可以充分利用网络营销，而电视媒体的报道则更加有说服力。在自媒体时代，大众更多的不是被动接收信息，而是主动去寻求信息。

（五）提高人文素质，重视人才培养

建立正规的培训制度，开展教育工作，规范导游年审制度，杜绝替考者；为了留住人才，必须建立健全旅游人才培训制度，加强培养基地的建设，将人才的培养计划列入市内发展规划当中，使其规范化；只有工作环境改善了，工资水平提高了，才能吸引更多优质的旅游人才加入本市的旅游业建设中；要大力开展与相关旅游院校的合作，留住毕业生人才，为毕业生创造良好的就业环境，有助于旅游从业人员文化水平的提高；要加强对非物质文化遗产的重要承载者和传递者的保护，对于重要的地方民间习俗要创造良好的传承环境。

四、结　论

发展文化旅游是促进池州市旅游业蓬勃发展的必经之路，目前在本市政府的引导之下，池州文化旅游开发工作已经取得了一定的成效，但是总体而言资源保护不足、产品单一、竞争力弱、基础设施条件差、服务质量低等问题仍然制约着池州文化旅游的进一步发展。要充分利用池州市的区位优势、资源优势、政策优势，在市场潜力大、发展前景好的有利条件下，要合理开发、保护文化旅游资源，坚持可持续发展，完善池州文化旅游资源的开发模式，这样，池州市文化旅游必将取得进一步发展。

参考文献:

[1] 周锋．浅谈地域文化与建筑设计——以舟山科考基地建设项目为例[J]．城市建筑，2013，(2)：30-31.

[2] 何寅．昭明太子萧统在池州史迹钩沉［J］．合肥师范学院学报，2013，31（4）：78-82.

[3] 程必定，汪青松．皖江文化探微——“首届皖江地区历史文化研讨会”论文选编［M］．合肥：合肥工业大学出版社，2015：133.

[4] 程晓丽．池州市文化旅游开发研究［D］．合肥：合肥工业大学，2008.

[5] 范良文，李远峰．寒流阵安徽旅游仍结硕果［N］．中国旅游报，2008-11-28（002）.

[6] 祁少华．武夷山文化旅游开发现状与对策研究［J］．武夷学院学报，2009，28（4）：8-11.

[7] 郭琰．河南文化旅游产业发展问题及对策探究［J］．中州大学学报，2015，32（6）：7-11.

近代皖江地区商会活动研究（1905—1937）

胡　锋

摘　要：近年来，皖江地区作为安徽区域经济研究中的一个重点与热点问题，越来越受到学界的高度关注与重视，在深入探讨与研究的基础上，取得了相当丰厚的研究成果，引发了全社会的关注。文章拟以近代皖江地区的经济组织——商会为切入点，主要以安庆、芜湖两地商会为基点进行论证，深入挖掘近代皖江地区的史料，再现近代皖江地区经济社会的发展历程，为今天的皖江发展提供历史的经验。

关键词：皖江地区；商会；商会活动；安庆总商会；芜湖总商会

近年来，皖江地区作为安徽区域经济研究中的一个重点与热点问题，越来越受到学界高度关注与重视，在深入探讨与研究的基础上，成果斐然，引发了全社会的关注。本文拟以近代皖江地区的经济组织——商会为切入点，对以安庆、芜湖商会为代表的皖江地区商会活动进行考察。

近代皖江地区最早的商会组织，是光绪三十一年（1905 年）成立的安庆商务总会。继而，皖江各地以“商务日渐发达”①、本地为“长江之中心点”②、“水陆交通要冲”③、“商贾云集”，宜速办商会，管理商务；或“商情涣散”，亟须设立商会维持与发展商业等缘由，陆续相继成立商会。具体情况见表 1 所列。

表 1　清末民初皖江地区商会组织一览表

商会名称	事务所在地	设立年份	会长姓名	会董数	会员数	会议次数	议事件数
安徽总商会	怀宁司下坡	前清光绪三十一年	会长蔡　正 副长程庆福	60	424	58	198

作者简介：胡锋，男，安徽大学历史系硕士研究生。

① 安徽葛公镇禀准附设商会，《华商联合报》1909 年第 5 期，第 3-4 版．

② 大通商务总会之组织，《华商联合报》1909 年第 16 期，第 5 版．

③ 安徽广德州禀请设立商会，《华商联合报》1909 年第 5 期，第 4 版．

（续表）

商会名称	事务所在地	设立年份	会长姓名	会董数	会员数	会议次数	议事件数
怀宁县石牌镇商会	石牌镇	民国元年	正 王锡畴 副 张兰芬	22	200	28	85
江镇商会	怀宁江家镇	民国元年	何令名	12	100	30	65
桐城县商会	城内城隍庙	前清光绪三十二年	方廷瓖	38	332	32	72
潜山县商会	城内东街	民国元年	吴金荣	16	80	24	12
太湖县商会	马路河水龙局	民国五年改组	张庆麟 吕 荣	24		6	24
徐镇商会	太湖徐镇	宣统元年	孟宪谟	10		18	20
宿松县商会	南厢公侯庙	前清宣统元年	方 华	20	124	44	64
望江县商会	城区财政局	民国四年	正 陈崇议 副 萧国樑	28	256	33	9
无为县商会	城内五华山	民国五年	沈定杨	29	161	74	97
和县商会	和县城内	前清光绪三十四年	不广渊	28	120	22	5
含山县商会	南门大街	前清宣统元年	陈修文	18	20	24	90
运漕镇商会	含山运漕镇	前清宣统二年	丁霭廷	6	28	24	70
宣城县商会	右营旧基	前清光绪三十年	正 俞世寿 副 章廷杰	35	300	24	
南陵县商会	东城内	民国元年	胡承业 吴锦钟	36	262	54	116
宣南清弋江镇商会	弋江镇	民国五年	吴庆余 张之镛	36	120	38	78
南陵三里店镇商会	三里店镇	民国二年	吴慎齐 袁耀山	12	34	20	51
南陵黄墓渡镇商会	黄墓渡镇	民国二年	潘耀会 章秀琪	12	34	30	54
泾县商会	城内	民国元年	曹良鳌	20	36	24	50

（续表）

商会名称	事务所在地	设立年份	会长姓名	会董数	会员数	会议次数	议事件数
宁国县商会	离城五里之河沥溪镇	前清光绪三十四年	正 凤佩深 副 方 翰	25	164	35	25
旌德县商会	城内黄祠	民国元年	曹成美 石原煦	30	110	38	20
贵池县商会	城内	前清宣统元年	方汝金	30	40	12	156
贵池殷家汇镇商会	殷家汇镇石埭会馆	民国元年	杨朝栋	32	30	18	32
乌沙夹商会	贵池西北乡乌沙夹镇	民国二年	许其菜	30	30	12	32
观前镇商会	贵池观前镇	民国六年	丁光耀	25	30	22	45
高坦镇商会	贵池高坦镇	民国二年	章立堂	30	30	12	48
青阳县商会	东城外大街	前清光绪三十四年	陈 模	31	137	13	16
大通总商会	大通和悦洲	民国三年	查宗谏 方钜卿	15	30	12	18
石埭县商会	岁进公	民国二年	陈步瀛	16	40		
秋浦县商会	尧渡镇	民国三年	张泰詹	18	74	32	68
东流县商会	城内关帝庙	民国元年	胡家骥	20	41	20	22
张溪镇商会	东流张溪水龙局	前清光绪三十三年	林正春	20	36	22	15
当涂县商会	城内东大街	前清宣统三年	凤 觫 张克淦	30	278	36	32
芜湖总商会	北廊铺花津桥	前清光绪三十二年	汤钰泉 邵正言	30	238	15	30
繁昌县商会	城内大東门	前清光绪三十二年	正 王毓麟 副 于景崑	24	368	45	38
繁昌荻港镇商会	本镇中街	前清宣统二年	谢秉璋	6	140	32	30

（续表）

商会名称	事务所在地	设立年份	会长姓名	会董数	会员数	会议次数	议事件数
繁昌峨桥镇商会	本镇东街	民国元年	余云栋	4	62	24	22
繁昌黄浒镇商会	本镇关帝庙	民国二年	沈栋臣	4	60	24	22
繁昌三山镇	本镇城隍庙	民国三年	姚　澐	4	48	25	24
广德县商会	东城仁德坊	前清宣统元年	陈凤章	40	142	15	29
郎溪县商会	城内旌德会馆	前清光绪三十二年	汪德瀛	18	16	13	16

资料来源：根据《实业厅造送安徽全省商会一览表》，《安徽实业杂志》，1919 年续刊第 27 期整理。

皖江各地商会成立形势一片大好，伴随着组织的建立与完善，商会活动的开展因之而来。商会活动的蓬勃发展，由一开始的核心活动——经济职能，逐渐由于“经济基础决定上层建筑”而延伸到政治、教育、社会公益等皖江社会的诸多方面①。所以，考察与分析近代皖江地区的商会活动，以期能从其兴衰发展中管窥近代皖江地区历史发展的轨迹。

一、商会的经济活动

自 1876 年（光绪二年）与 1902 年（光绪二十八年）由于中英《烟台条约》和《中英续议通商行船条约》的签订，芜湖、安庆相继开埠通商后，一方面皖江流域的区域商贸市场得到进一步发展；另一方面外国资本加紧了对皖江地区原料的掠夺与工业品的输入，皖江流域半殖民地化程度加深。皖江地区商会应运而生，维护商民利益，大力发展商业：既能应付政府因一系列不平等条约与军费带来的财政危机；又能响应“商战”的口号，发展民族工商业“救亡图存”。

（一）稳定地方金融市场

1. 调查造币厂内幕，请求停铸劣元

1922 年，芜湖商会“查造币厂自开铸以来，凡在芜埠购办铜斤煤炭，皆以

① 参见：徐鼎新、钱小明．上海总商会史（1902－1929）［M］．上海：上海社会科学院出版社，1991：63.

铜圆为代价。是以新铸铜圆，芜埠日见充斥。现在省城铜圆兑价，每大洋一元，已降至一千六百四十文，而芜埠则仍在一千七百三十文以外。其受皖厂以邻为壑的影响，尤为人所共见。近日铜圆价贱，百物昂贵。贫民固不堪其苦，劳工更啧有烦言。地方治安，岌岌可虑。本会不能因皖厂一言，置利害于不顾，仍请停铸，不达目的不止。一面禁止入口，以维持治安等语。本会查皖厂滥铸铜圆，以芜埠为尾闾，以致省芜两地兑价，每元相差九十文之多，是芜埠独受滥铸之害。各董所称皖厂以芜为壑，并非故为周内。不得已据情呈请鉴核，准予令行造币厂，即日停铸，以维圜法而弥隐患，不胜迫切待命之至"①。商会通过调查呈请省政府，迫切坚持请求停铸。郎溪县商会呈请停铸的报告称："呈悉本省造币厂铸铜圆完全运济鲁直等省，不在本省销售，与本省市面无甚关系，其价值跌落原因系他省铜圆侵入及私铸砂壳所致。前据省城商会呈请停铸。当由造币厂拟具禁止他省铜圆侵入办法，通令水陆巡警暨各厘局查禁，并由厂会同省城商会稽察私铸各在案。"② 由此可见，省政府并不认同芜湖商会的调查与请求。而到1923年，此事仍未得到解决，愈演愈烈，"江朝宗之子江泽春、接办安庆造币厂，伪铸轻质铜圆，私铸减成银圆暨辅币，苏鲁各省互电究办。江氏余利为数必巨，今反捏亏三十二万元，图累皖人。吕省长不查江氏私造银圆辅币，自何年月起，运销余利，共有若干，竟出徇江朝宗情面，任江勾来化身周自元，接替代办。换汤不换药，余利饱囊，捏亏累省，不加追究，后患无穷。皖何不幸，出此枭獍"。商会对造币厂的所作作为甚为不满，呼吁并发动各界"群起攻之，不达停铸之目的誓不止"③。

2. 维持本洋——平息金融恐慌

1912年，刚光复不久的安徽因为水灾严重，更主要是因为本洋流通失效，被民间"摈弃不用"，引发金融恐慌，各钱庄本洋大量积存，"上户四五万，中户二三万，至少者亦存七八千，通共二十余家竟搁置四五十万现洋，不能抵用"。严重影响到商号的经营活动，"而数百家商号同受此累者，尚不在内。芜埠如此，全省可知"。芜湖乃至全省，商业贸易市场损失巨大。因此，芜湖商会"开特别大会，邀请中华银行胡监督、十三帮商董详加讨论决议，赶设公印处将通行本洋，由该处粘贴印花加盖钢戳，一律通用，以免再生苛求光洋之弊"。经安徽政府柏都督批准，公印处"由芜湖、庐州、正阳关、安庆、大通、宁国六

① 芜湖商会呈请停铸铜圆，《银行月刊》1922年第2卷第5号，第17–18版.

② 呈一件郎溪县商会呈以皖省铜圆充斥价值跌落请停铸由，《安徽公报》1922年4月1日，第8版.

③ 皖绅商揭露造币厂之内幕，《申报》1923年08月03日，第10版.

大埠赶速成立，以利推行而挽危局”[①]，从而维持本洋的流通作用，平息了恐慌，稳定了安徽的金融市场。皖江地区芜湖、安庆、大通等地商会在平息金融恐慌中发挥了很大作用，对地方金融市场贡献不小。

（二）抵制苛捐杂税

商会在其与政府关系的协作互动中，虽有替政府代征捐税并劝导商民积极缴纳捐税之任务，但是商会的本旨在于维护商民利益。故当面对违背商民利益的捐税时，尤其是关乎民生问题的苛捐，商会往往会采取抵制的办法。

1906年，芜湖商会协理巫祖楷暨全体会员为“芜湖出口米粮因加收卖客路矿捐五分，以致各米商裹足不前”，电请督抚“停收卖客捐，以纾商困而维大局”[②]。

1907年“芜湖成康砻坊在南陵买米，因县差需索不遂，朦禀马令饬差将船扣留，先提船户到案刑讯”[③] 针对南陵县令“偏听虐商”之行为，芜湖商会上报督抚，经过督抚调查，处置结果为“差役严究”及南陵县马县令遭撤任[④]。

1908年，安徽“议加油糖捐，无论何项糖品每百斤概加钱八百文”且“所定捐数华重洋轻”，以致各地糖商“不敢来芜多购糖斤”，导致芜湖“糖市颇形萧索”[⑤]。芜湖商会油糖纸杂货商“以捐重力微，办法苛扰”，请求政府重新认定糖捐办法，并提出自己的糖捐办法建议，试图减轻商人的负担。

1916年8月，安徽商务总会（安庆）请查警厅捐款，商会对省警厅长朱家珂近年所收捐款：如房铺捐、屠宰捐、花粉捐、灯油捐、车捐等项捐款的用途不明提出疑问。特别举出其中车捐一例说明情况，“自民国二年秋季起，每月所收车捐约有一千元之谱。迄今将近三年，已收有三万余元，每年如何开支，从未宣布。近闻该厅所有此项车捐仅存洋三千余元。”而车捐“系作修路之用，然省城修理街道仍系各商铺写捐修理，究不知该厅所收车捐作何用费计？”商会的质疑并请求倪省长查明的作为，符合自身及皖省民众的利益，而警厅长朱家珂“亦知皖人反对捐款”的态度，“极力弥缝”[⑥]。

苛捐杂税对民众纳税人是一种极大的负担，对维护商民利益促进商业发展的商会而言更是障碍。所以，商会对危害自身团体及民众利益的苛捐杂税，一般是持反对态度请求废除，“安徽宿松县临时商会主任石秉甲呈为盐斤加捐苛酷累

---

① 芜庐两商会维持本洋办法,《申报》1912年10月22日，第6版.
② 芜湖商会电禀免收路矿米捐,《申报》1906年11月05日，第3版.
③ 南陵闹米风潮续志,《申报》1907年06月12日，第4版.
④ 南陵令被控撤任,《申报》1907年06月28日，第12版.
⑤ 芜湖商会禀请速定糖捐办法,《申报》1908年10月13日，第12版.
⑥ 皖商会请查警厅捐款,《申报》1916年08月29日，第7版.

民，……请通令取消，以恤商艰”[①]，即使无奈执行亦是消极对待，“大通营业税开办许久，不但分文未缴而申请书亦未填报”，“商会主席汪汀甫、常委童佩琳从中把持申请书，犹未填送”[②]。

（三）理案——维护商民利益

1909 年 4 月，遵照部章加入芜湖商会的汇隆典，管事崔国新“因他事奉县看管”以致典业总机关“无人筹划，各典慌恐”，发生法人罗克赖持条向该典索款，而该典却不能证实并无此款业务，因而双方产生纠纷。芜湖商会因“事已经官，会中初不与问”[③]，结果县府未能查实案情，遂出面辩诬，保护该典利益。经过商会运作，呈请芜湖道查实，判断出广东候补道员办理贵州清豁八寨矿务的陈明远与法人罗克赖及典伙夏静廷串通诱骗典铺存款的事实，并经贵州抚部院证实前者二人身份皆系假冒[④]。芜湖商会处理汇隆典发生的商业诈骗案，切实维护了商会成员的利益，也有益于地方商业市场的和谐健康发展。

1915 年 7 月，宣城县新河庄商务分所注册商号吴忠信烟店，发生店主吴从瓒遭省探访局已革侦探鲍耀先吓诈取财案。7 月 4 号初更时，“忽有一不认识之人身着便衣，至该店请二店主吴从瓒到店外谈话。从瓒甫出店门，见门外微服三人各出手枪，声言本省探访局派来，即将吴从瓒挟至敝镇警局拘押”，并诈取“吴从瓒洋六百元”。此案引发商民“激动公愤”，新河庄商会分所报告宣城商会，并经宣城商会积极工作，呈报宣城知事并转详行政官署饬令探访局调查，结果探访局“未曾接有此等报告，并无派探往宣之事，亦并无有姓鲍名耀先之探员，确系不法之徒伪造文书，假名图害”，使此案得以澄清，吴从瓒确系清白。“查光复以来，挟嫌诬告之事，宣邑亦经数见。”[⑤] 此案告破有效地遏制了歪风邪气，并安慰了商民“激动公愤”之心，维护了商民利益，有助于商业发展，对地方治安与社会稳定亦是大有裨益。

二、商会的政治活动

商会在发挥其本职经济活动过程中，因利益纠葛，与政府、其他民间团体等等都不断发生关系，派生出其他性质的活动，尤以受“救亡图存”的大时代背

---

① 致国民政府秘书处函：迳复者案准贵处第九零四号函，《财政日刊》1927 年 12 月 14 日第 28 期第 15 版．

② 电令大通公安局、铜陵县政府会同派员挨户查填营业税申请书并警告商会主席负责开导商户由，《安徽财政公报》1931 年 9 月 10 日，第 18 版．

③ 芜湖商会之辩诬，《申报》1909 年 04 月 05 日，第 12 版．

④ 抚批典铺存款之交涉，《申报》1909 年 04 月 14 日，第 11 版．

⑤ 宣城商会：纪安徽假探吓诈取财案，《申报》1915 年 07 月 29 日，第 6 版．

景催生出的商会政治活动为典型。商会参与的政治活动，因历史环境决定与自身利益追求所影响，呈现出主动性与被动性的双重并存。主动性与被动性的双重参与，折射出其自身利益与民族国家利益的契合与对立，其表现出来的爱国精神与民族精神反映了一种大时代“救亡图存”背景下的调和。

（一）协助政府管理

商会的政治参与，一开始就带有明显的经济色彩，因为其宗旨是发展商业，政治参与更多是服务于其经济职能。而商业的发展，往往需要稳定的社会环境。稳定的发展环境，又通常需要依赖有效的政府管理。有效的政府管理依赖于健康的财政与高效且有效的执行机构。这两点对清末民初的政府体系而言，都是缺乏的。政府为了增加财政收入，但由于“内卷化”的原因，却无法寻到正确的突破口，只能依靠增加新税与发行公债。但“近代中国基层政治体系特别是税收体系在扩大规模的同时效率却无法进一步增加。”① 公债认购与捐税征收，对缺乏高效且有效的执行机构的政府来说，商会的协助管理有效弥补了政府管理的低效。“他们把商会当成官府的后勤部，凡是派捐派款，都责成商会经办。”② 政府发行的“五年公债，前由皖商会担任六千元，乃中央以财政困难，仍咨请各省援案续认。故复由官厅照会皖商会筹办，兹闻该会总理一再召集各业董讨论各业分认办法，每业担任五百元、六百元不等。由各业董担任分募，共认得三千元之谱”③。政府的管理机构也愿意将这种权力“外包”给商会，甚至不惜采取物质奖励与荣誉表彰的措施来获得商会在内政治理上的帮助。

1917 年，安徽“财政厅以芜湖总商会两会长劝募内国公债票竟达一万二千元之多，热诚爱国殊堪嘉尚。特照章颁给特别金质奖章一座，以资酬答”④。同年，郎溪县“城区商会会长汪德赢、副会长李嘉宾、梅渚商会会员殷源濬等均系劝募得力人员，曾由章知县呈请财政厅核奖在案。刻已奉财厅训令核准，随文发下金色银质奖章五座及证书五份”⑤。

在协助政府税收时，亦可见商会之协助功能与政府对其执行能力的肯定。如安徽省创办营业税，为保证税收，决定“营业税征收处及协同办理之县长、公安局、商会，得照各县实征税款实数提十分之一，为各该机关奖金”，奖金“分

① 杜赞奇．文化、权力与国家：1900—1942 年的华北农村［M］．南京：江苏人民出版社，1994：66—76.

② 傅华昌整理．蚌埠的商业和商会，《安徽文史资料选辑·江淮工商》，合肥：安徽人民出版社，1988.

③ 皖商界分认公债，《申报》1916 年 10 月 23 日，第 7 版．

④ 芜湖商会会长之获奖，《安徽实业杂志》1917 年续刊第 6 期．

⑤ 郎溪绅商劝募公债之得奖章，《安徽实业杂志》1917 年续刊第 6 期．

配成数为：征收处七成，县政府一成，公安局一成，商会一成”①。

（二）卷入民族主义运动

在近代特殊的历史环境中，商会的政治参与除了地方社会政治活动外，其最为典型的政治参与还是卷入近代民族主义运动。商会卷入民族主义运动，而这种卷入显然存在主动性与被动性的差异。笔者试从商会在1905年抵制美货运动与1919年五四运动中的作为出发，来剖析这种差异实源于其义利纠葛的生存实况。

1. 1905年抵制美货运动

1905年发源上海扩展至全国各地的抵制美货运动是中国近代史上的一次大规模的反帝爱国运动。当时安庆商务总会成立时日虽短，但仍积极主动投身于安徽安庆地区的抵制美货运动。1905年7月，安庆商务总会向上海商会明确表达了其强烈抵制美货的态度，并提出若美国不肯将续约改良，沪上商会实行抵制时，一定要通知本会，并将美货商标名目详细列出，寄与本会，另外“如有美人虐待华工图说、歌曲，请代购三千张，经同美货各名单寄皖，该价若干示悉又本会寄缴不误”②。“7月6日下午两点，安庆商务总会在义渡局首次进行集议抵制美约，由宋德铭演说美约种种苛待情形，士商都义形于色，随即提议不用美货为抵制之策，各商均一律赞成并且函致各水客不办美货，并议定不用美货章程十余条，以此唤起商界积极援助华工的爱国行动。”③ 其中，清晰表明安庆商会因为出于民族大义的商人人性本能与价值认同驱使，发扬爱国主义精神，主动卷入抵制美货运动中。

2. 1919年五四运动

1919年，巴黎和会引发的五四运动，可谓是近代史上民族主义运动的标志性事件，其历史影响之深远不可估量。而皖江地区商会在此次运动中之表现，却不尽如人意，被动性卷入十分明显。

五四运动爆发后，先是省城安庆安徽总商会立足于民族大义，于五月二十一日开会集议主动设立维持国货检查所，抵制日货。会后成员演说“谓中华民国非学生之中华民国，是我中华人民四万万同胞之中华民国，凡吾人民莫不具有爱国”④。言犹在耳，但相悖之行随即发生，商会业董且是国货检查所检查员方荫堂（方复泰店东）、韩硕甫（益泰兴店东）、王福田（正和祥店东）等，不但“乘机采办大宗日货”囤积居奇，还捏造“报告来所谓：某处有劣货若干、某处

---

① 通饬取消营业税奖金由，《安徽财政公报》1932年第17期，第24版.

② 安庆商务总会致商会函，《申报》1905年07月18日，第2版.

③ 解建芸. 1905年安徽地区抵制美货运动［J］. 哈尔滨学院学报，2013（10）：107.

④ 皖商会实行检查之会议，《申报》1919年06月08日，第6版.

若干，俾检查员星夜奔驰，一面复以乡民具名控检查员在乡开枪示威，扰害治安等情”，甚至图谋“以西路商团团董名义召集团员，欲以武力打消检查所”，最后竟发展到带领“店役司”“百余人蜂拥前来，迨开会检查时，群向检查员张佩亭、程鸣鸾、陈瀚泉、傅顺生等四人拼命”“殴打检查员张佩亭”①。安庆总商会在运动中的拙劣表现由此可见，以致后来运动余波尚存，抵制日货运动仍在开展，但安庆商会成员从私利出发，仍顶风作案，私运日本劣货②，并唆使商团开枪击伤学生多人，引发众怒。上海抵制劣货会致函“安庆商会鉴：贵处少数奸商，违背全国公意，竟敢私运劣货，甚至嗾使商团，枪伤学生数十人之多，甘为亡国奴隶。本会思之深堪痛恨，贵会为商界领袖，务望将抄存之劣货，悉予焚毁，以扶公理。”③

芜湖商会在此次运动中表现之差，更是当时全国罕见，其五四时期前后行为之相悖，差距天壤之别。在1919年五四运动期间，商会积极奔走呼吁并组织罢市，“八日午，芜湖大小商店全体罢市，因要求政府开释京津被捕学生也。”遭到马联甲的严酷镇压，“将芜地长街所有巷口以及水道，均令兵士严守，不准往来、不准挑水、不准发电，所派重兵荷枪实弹，如临大敌，并云一日不开市一日不准人行，明日并不许人出户。”“当此炎暑之际，水源一断，米不得炊，渴不得饮，澣濯盥洗，更无论矣。”“商民受此酷待，莫不痛愤，相与集议，谓与其亡国后死于他族之手，不如今日死在马连甲之手，誓不得满意办法，决不开市云。”④ 商会之积极奔走，坚持罢市支持运动之决心可见一斑。

然而到1920年4月23日，五四运动余波未息之时，芜湖却发生学生“打商会”事件。是时，学生反对山东问题的解决办法而组织起全国性罢课，要求抵制日货。“芜湖各校学生还组织‘哀求队’，逐家哀求各商号今后勿进日货，并要求商家在抵制日货的‘志愿书’上签字盖印保证。如商家不允，则全体长跪痛哭，直至签字后方起。”芜湖总商会因私利而从中作梗，商会成员中的部分商家对抵制日货之呼吁置之不理，引起学生强烈不满。“4月23日午后3时，各校学生代表齐集芜湖总商会，面见会长汤善福（钱泉）”，哀求其在抵制日货“志愿书”上签字，“汤善福仍拒不应允”“百般推诿”，“谦益恒布庄董事徐乐山强硬宣称：‘你们砍我的头，我也不签字。’”⑤ 遂导致在场学生，愤怒达至极点，

① 皖商会风潮详志，《申报》1919年06月29日，第7版.

② 此处“劣货”的含义，并非通常意义上的质量较差之货物，而是五四运动时期专指日货。

③ 上海抵制劣货会开会纪，《申报》1920年5月24日，第10版.

④ 各地罢市消息，《申报》1919年06月13日，第8版.

⑤ 哈晓斯. 五四时期芜湖“打商会”事件［J］. 安徽大学学报（哲学社会科学版），1992，（2）：110.

用桌上瓷器等砸伤汤善福、徐乐山，汤善福等无奈签字同意抵制日货。被“打”无奈签字之后，芜湖总商会还试图控告学生，要求惩处主谋与赔偿损失，最后迫于全国各界及会内外压力，经过调停才作罢。芜湖总商会的“私利”心态一览无余，罔顾民族大义，与其在去年6月间的表现不可同日而语。“与坚持民族大义形成强烈反差的是，商会行为选择中始终贯穿着商人群体私利的考量，这既不容于时人，又为后人所诟病。”①

三、商会的其他活动

（一）社会公益活动——报灾请赈

东流县（今属池州东至县）在1931年与1932年的8、9月间都发生严重水灾。在水灾发生后，县商会及东流县张高保镇商会发挥积极作用，“安徽东流县商会快邮电称，该县水灾惨重，请拨款振济”②，“该保商会勘电请振……呈复东流张高保灾重可悯，亟宜振济”③，使受灾民众得到及时救助，缓解了灾情。商会切实高效地上报灾情并请求赈济，为民众的生命财产筑起了一道“心安”的屏障，缓和了民众恐慌，稳定了地方社会。

（二）教育活动——发起商业学校

商会的教育活动主要表现为因配合商业发展需求而展开的商业教育方面。发起商业学校是其参与教育活动的最主要形式。

1919年，安徽省城总商会正副会长“以各界皆有专门学校造就人材，独商界缺如，殊为憾事。况迩来为商业竞争时代，不有学校以养成商业专门人才，何以战胜商场，竞存世界？以故于日前草立创办章程，并柬邀各商业人士，齐集该会讨论以策进行而便呈准官厅备案。闻是日集会者有百数十人之多，对于此举咸极力赞成。惟筹款举办之方法，大约由各业董担认，向各业商会募集云。……蔡程二君……即以兴办该校实于商界有光，但无款何克举办，用开会邀集各商董讨论筹款办法。拟在本地出口货物如棉花等件，抽收捐费若干，以凭举办。想此项学校既得筹款方法，不日定可实行云。”④

1919年7月，省派员视察总商会私立乙种商业附属国民学校，对学校评价很高：“校风训练有训话纪要簿，察阅记录非泛而无当可比”，而教员“鲁健

① 蒋婵．义利纠葛——贵阳商会研究（1937—1949），贵州师范大学硕士学位论文，2009：51.

② 函国府救济水灾委员会为据安徽东流县商会快邮报灾请振除本会已拨急振并电严专员及迳复外抄件函请核办文，《振务月刊》（南京）1931年9月18日，第13版．

③ 函复安徽省振会为准呈复东流张高保被淹实情并前据该保商会勘电请振统俟财部拨款到会即行酌拨并希转知文，《振务月刊》（南京）1932年8月31日，第9版．

④ 安庆总商会发起商业学校，《安徽实业杂志》1919年续刊第21期．

……精神能贯注全级儿童，足征单级教授”。① 而同时接受视察的，太湖县城区商会私立学校的情形非常糟糕，“校主要学科不甚完全，生徒教科书置备不齐”，教育思想混乱且理念脱离实际，“教室内板书作文题「路〇〇〇」「池〇〇〇」莫名其妙；算术题兄有牛 57855 头，弟有牛 53255 头，共有多少头？是种命题会无大谬？惟一家养牛之数多至十万余头，似乎无此情理。儿童观念，恐滋疑误，尚应细酌。”“查阅成绩，亦无足观。”②

商会发起的商业学校，在开启民众商智、普及商业知识等方面的工作，促使皖江地区商业教育的兴起与发展，对皖江教育近代化所作的“微薄之力”，理应值得肯定，但我们亦应看到教育非其专长，存在缺点与不足，亦可理解。

四、结 语

在近代“救亡图存”的历史生存“实态”中，皖江地区商会参与了近代安徽经历的诸多历史大事，在皖江地区近代化进程中扮演了重要角色，其活动对区域经济社会的发展，有其积极的一面，消极的一面亦是客观存在。维护商利乃商会组织的根本利益所在，但民族大义也是商会不能割裂的人性本能与价值认同。“义”与“利”纠葛在内忧外患的生存环境中，让商会呈现出“病态”的行为模式，在其活动中屡见既主动又被动、既支持又反对的矛盾甚至言行的极端相悖。近代皖江地区最为发达的安庆、芜湖两地为代表的商会活动的“义”“利”“实况”展示，从中可以窥见近代皖江地区经济社会的概貌，认识到金融恐慌与 1905 年抵制美货运动和 1919 年五四运动及苛捐杂税还有商业教育等，对近代皖江地区的经济、政治、教育诸方面的深刻影响；并进而可以梳理归纳近代皖江社会经济近代化的轨迹，这对于指导今天的皖江建设，有着积极的借鉴作用。

参考文献：

[1] 安徽葛公镇禀准附设商会，《华商联合报》1909 年第 5 期，第 3-4 版.

[2] 大通商务总会之组织，《华商联合报》1909 年第 16 期，第 5 版.

[3] 安徽广德州禀请设立商会，《华商联合报》1909 年第 5 期，第 4 版.

[4] 参见：徐鼎新、钱小明. 上海总商会史（1902-1929）[M]. 上海：上海社会科学院出版社，1991：63.

[5] 芜湖商会呈请停铸铜圆，《银行月刊》1922 年第 2 卷第 5 号，第 17-18 版.

① 总商会私立乙种商业附属国民学校，《安徽教育月刊》1919 年第 19 期，第 12 版.

② 城区商会私立国民学校，《安徽教育月刊》1919 年第 19 期，第 35 版.

[6] 呈一件郎溪县商会呈以皖省铜圆充斥价值跌落请停铸由，《安徽公报》1922 年 4 月 1 日，第 8 版.

[7] 皖绅商揭露造币厂之内幕，《申报》1923 年 08 月 03 日，第 10 版.

[8] 芜庐两商会维持本洋办法，《申报》1912 年 10 月 22 日，第 6 版.

[9] 芜湖商会电禀免收路矿米捐，《申报》1906 年 11 月 05 日，第 3 版.

[10] 南陵闹米风潮续志，《申报》1907 年 06 月 12 日，第 4 版.

[11] 南陵令被控撤任，《申报》1907 年 06 月 28 日，第 12 版.

[12] 芜湖商会禀请速定糖捐办法，《申报》1908 年 10 月 13 日，第 12 版.

[13] 皖商会请查警厅捐款，《申报》1916 年 08 月 29 日，第 7 版.

[14] 致国民政府秘书处函：径复者案准贵处第九零四号函，《财政日刊》1927 年 12 月 14 日，第 15 版.

[15] 电令大通公安局、铜陵县政府会同派员挨户查填营业税申请书并警告商会主席负责开导商户由，《安徽财政公报》1931 年 9 月 10 日，第 18 版.

[16] 芜湖商会之辨诬，《申报》1909 年 04 月 05 日，第 12 版.

[17] 抚批典铺存款之交涉，《申报》1909 年 04 月 14 日，第 11 版.

[18] 宣城商会：纪安徽假探吓诈取财案，《申报》1915 年 07 月 29 日，第 6 版.

[19] 杜赞奇．文化、权力与国家：1900—1942 年的华北农村［M］．南京：江苏人民出版社，1994：66—76.

[20] 傅华昌整理．蚌埠的商业和商会，《安徽文史资料选辑·江淮工商》，合肥：安徽人民出版社，1988.

[21] 皖商界分认公债，《申报》1916 年 10 月 23 日，第 7 版.

[22] 芜湖商会会长之获奖，《安徽实业杂志》1917 年续刊第 6 期.

[23] 郎溪绅商劝募公债之得奖章，《安徽实业杂志》1917 年续刊第 6 期.

[24] 通饬取消营业税奖金由，《安徽财政公报》1932 年第 17 期，第 24 版.

[25] 安庆商务总会致商会函，《申报》1905 年 07 月 18 日，第 2 版.

[26] 解建芸.1905 年安徽地区抵制美货运动［J］．哈尔滨学院学报，2013（10）：107.

[27] 皖商会实行检查之会议，《申报》1919 年 06 月 08 日，第 6 版.

[28] 皖商会风潮详志，《申报》1919 年 06 月 29 日，第 7 版.

[29] 上海抵制劣货会开会纪，《申报》1920 年 5 月 24 日，第 10 版.

[30] 各地罢市消息，《申报》1919 年 06 月 13 日，第 8 版.

[31] 哈晓斯．五四时期芜湖“打商会”事件［J］．安徽大学学报（哲学社会科学版），1992，（2）：110.

[32] 蒋婵. 义利纠葛——贵阳商会研究（1937—1949），贵州师范大学硕士学位论文，2009：51.

[33] 函国府救济水灾委员会为据安徽东流县商会快邮报灾请振除本会已拨急振并电严专员及迳复外抄件函请核办文，《振务月刊》（南京）1931 年 9 月 18 日，第 13 版.

[34] 函复安徽省振会为准呈复东流张高保被淹实情并前据该保商会勘电请振统俟财部拨款到会即行酌拨并希转知文，《振务月刊》（南京）1932 年 8 月 31 日，第 9 版.

[35] 安庆总商会发起商业学校，《安徽实业杂志》1919 年续刊第 21 期.

[36] 总商会私立乙种商业附属国民学校，《安徽教育月刊》1919 年第 19 期，第 12 版.

[37] 城区商会私立国民学校，《安徽教育月刊》1919 年第 19 期，第 35 版.

阳明讲学在皖江地区的传播、特征及影响

夏建圩

摘　要：明代南直隶管辖范围相当于今天江苏、安徽、上海二省一市，安徽没有单独成省，皖江地区大致是《明儒学案·南中王门学案》涉及的安徽区域。明代中后期，心学在皖江大地迅速传播，书院数量剧增，响应者赢粮影从，讲学规模宏大，开启了文化风气。初期讲学由官员依靠政治力量推动，后期靠地方大族维持。讲学对推动皖江地区的科举入仕、书院教育、文化家族、学术流派的发展壮大产生了重大影响。

关键词：黄宗羲；王阳明；讲学；皖江

明代称直隶于京师的地区为直隶，永乐初将都城从南京迁至北京后，直隶南京的地区为南直隶（南直），范围相当于今天江苏、安徽、上海两省一市。因安徽还没有设省，给学者研究阳明心学在安徽传播等状况带来了一定的困难。黄宗羲《明儒学案》将阳明心学按地理人文分为浙中、江右、南中、楚中、北方、闽粤、泰州七大学派。黄宗羲用了三卷内容叙述了“王学”在“南中”地区的传播情况，对南中讲学规模发展尤其肯定①。根据黄宗羲的记载，“南中”指南直隶（南畿）范围内的地区，也就是阳明心学在南直隶主要的传播区域。《明儒学案·南中王门学案》共记载了27名心学传人，其中安徽籍有戚贤（全椒）、贡安国（宣城）、沈宠（宣城）、梅守德（宣城）、戚兖（宣城）、查铎（泾县）、萧彦（泾县）、萧良幹（泾县）、张棨（泾县）、周怡（太平）、章时鸾（青阳）、程大宾（歙县）、程默（休宁）、郑烛（歙县）14人。关于心学在徽州的影响，

基金项目：安徽省社科规划项目（AHSK2015D125）；安徽省高校人文社科重点项目（SK2015A458）；安徽省社会科学创新发展研究项目（A2015053）。

作者简介：夏建圩（1973—），男，安徽郎溪人，合肥工业大学副教授，历史学博士，主要研究方向：明清史、徽学、区域历史文化。

① 黄宗羲：《明儒学案》，明文书局印行，第582至621页。

学界已有相关论述①。而心学在八百里皖江地区发生、发展、衰落的历史过程以及对安徽区域文化的影响所论寥寥。明清时期，皖江地区大致上属安庆、宁国、池州、太平、庐州五府及滁州、和州、广德三直隶州的管辖范围。对照《南中王门学案》，14个安徽籍学者除了三个徽州籍外，其余11人均在皖江地区。且14人中除了戚贤（南玄）直接师从王阳明外，其他都是阳明后学，与王阳明中间已经隔了一代。王阳明于弘治十八年（1505）在京师开始倡言“身心之学”，“专志授徒讲学”，从此“讲学”成为阳明的终生事业，也是阳明学派最重要的传播途径，其后学代代相因，直至明末，大约140年的时间。而黄宗羲《南中王门学案》对心学在皖江地区的历史状况仅仅记载了三代，显然没有勾画出心学在皖江地区的整体概貌，综合来看，皖江地区安庆、宁国、池州三府及滁州是心学传播、产生影响的代表区域，本文主要依据安徽府县志书及其他文献资料，论述以上三府一州的概况，试图呈现心学在皖江传播的大致貌状并论述其主要特征与影响。

一、明中后期心学在皖江地区的传播

王阳明曾三次在安徽逗留，两次在九华山，一次在滁州。弘治十五年（1501）、正德十五年（1520）王阳明前后两次途经九华山，短暂停留；一时青阳士人从游讲学，得宗旨者孔多，后人沐其教泽，立祠化城寺右②。贵池人李呈祥就直接问学阳明，李呈祥，字时龙，年39以岁贡赴廷试。闻王守仁倡学西江，扁舟适之，辨析异同，深得良知之旨，转授门徒，柯乔、丁旦皆其高足……时湛若水为南吏部尚书，曾造访呈祥③。李呈祥是王学在池州府传播的重要人物，他在乡间讲学，培养了一批心学学者，如柯乔（迁之）、江学曾、施宗道、吕一麒（虞田）、丁旦（惟寅）。而柯乔、江学曾、施宗道在王阳明游九华时以师事从游，应该是安徽地方第一批心学学者。

正德八年（1513）王阳明在滁州督马政，第二年五月改任南京鸿胪寺卿，在王阳明讲学生涯中，滁州是重要的一站。钱德洪言王阳明：“居贵阳时，首与学者为知行合一之说；自滁阳后，多教学者静坐；江右以来，始单提致良知三字，直指本体，令学者言下有悟：是教亦三变也。”④ 王阳明在滁州前后数月，

① 周晓光：《新安理学源流考》，《中国文化研究》1997年夏之卷，周晓光：《明代中后期心学在徽州的传播和影响》，《安徽史学》2003年第5期；李琳绮：《明中后期心学在徽州的流布及其原因分析》，《学术月刊》2004年第5期。

② 光绪《青阳县志》卷十一《艺文志》。

③ 光绪《贵池县志》卷二十六《儒林》。

④ 钱德洪：《刻文录叙说》见《王阳明全集》卷四一。

因“地偏僻官闲，日与门人遨游琅琊、酿泉间，月夕则环龙潭而坐者数百人，歌声振山谷。诸生随地请正，踊跃歌舞，就学之士皆日来臻。于是从游之众自滁始”。虽然他停留时间不长，但是对心学发展及滁州的影响巨大。

戚贤（1492—1553），字秀夫，号南玄，全椒人，是王阳明弟子。正德八年（1513），王阳明至滁州就任，戚贤当时还是诸生，跟随王阳明问道心学。后于嘉靖丙戌（1526）戚贤中进士，赴越拜阳明为师，逐渐有所领悟，王阳明答戚贤曰：“此道之在人心，皓如白日，虽阴晴万状，而白日之光未曾有增灭。公以迈往之资笃志向学，其于此道，如拨云雾睹白日。”① 戚贤对良知之学体悟日深，曰：“千圣之学，不外于心，惟梏于意见，蔽于嗜欲，始有所失，一念自反，即得本心。”黄宗羲总结南中王学曰：“南中之名王学者，阳明在时，王心斋、黄五岳、朱得之、戚南玄、周道通、冯南江其著也。阳明殁后，绫山、龙溪所在讲学。”② 黄宗羲列举的南中著名学者中，安徽籍只有戚贤一人，可见其对戚贤推重程度。戚贤致仕，建南谯书院，聚众讲良知之学，阳明弟子往来云集书院，全椒也成为王学在皖江的重要传播之所。此外，全椒还有几人曾师事王阳明，吴枋（允中），少从游王守仁，嘉靖间由贡授大理寺丞，致仕归，以明道为己任，与阳明弟子罗洪先、王畿、戚贤互相切劘，能推阐阳明未尽微旨，门人私谥“贞悫”。屠歧（志道）、王宾（汝作）均执贽阳明之门，拜其为师③。直至阳明第五代弟子周汝登（1547—1629），明南京太仆寺少卿官署在滁州，周汝登在任时传良知之学，来安县举人王华振（宇春），全椒诸生金九陛、鲁国俊等师事周汝登。周汝登为全椒新建书院题名为“望阳书院”，以追思阳明，并时常亲临讲学，心学在全椒的传承脉络清晰，望阳书院的倡建者杨道臣这样描述全椒的文化氛围，“椒去陪京，百里而近，首善熏沐，实先承之，且风牛相及，声气相接，结社论文，对垒拈笔，唱和往来，翕然吴声。故畿以北，唯椒士与江左对衡。”④ 可见全椒是留都南京以北的心学重镇，这些也是黄宗羲对戚贤认可的原因吧。

相较池州与滁州而言，心学在安庆府、宁国府兴起要稍晚。安庆府统辖怀宁、桐城、潜山、太湖、望江、宿松六县，府治在怀宁。而安庆府的代表是桐城，桐城的理学起源于明代，《桐城县志》曰“理何在不寓，学何地不存，身体力行乃有得于语言之外者，如必欲分门树帜，藉口朱陆异同则诬矣！以今观诸桐自省斋偿始于前，姚、方诸君接踵于后，大抵以性善为宗……不惟有功新建，而

① 民国《全椒县志》卷十《人物志》。
② 黄宗羲：《明儒学案·南中王门学案一》，明文书局印行。
③ 民国《全椒县志》卷十《人物志》。
④ 杨道臣：《题遵宪课士录》，见民国《全椒县志》卷十五《艺文志》。

邹鲁薪传将在是也[①]。其意图在于“和合”程朱理学与陆王心学，首推的学者是何唐，字尧宗，正德辛酉进士，号省斋，赵锐、彭宝、张夔、江鲸等人皆出其门，桐城人知学自（何）唐始，学者称“省斋先生”。何唐是桐城学术“第一人”，信奉程朱之学。但真正使之昌大的是方学渐（1540—1615），字达卿，号本庵，学者称“明善先生”。方学渐的师承比较复杂，一方面他曾师事汉阳张绪（甑山先生），而张绪师从邹守益并与耿定向、罗汝芳、焦竑等交往，《明儒学案》将方学渐归入泰州学派而未列入南中学案，其原因在此；但另一方面，方学渐曾在程朱学派同邑人胡效才那里学习“正学”，同时方学渐与何唐、赵锐又有着师承关系，赵锐既是何唐高足，又是方学渐岳父，不过赵锐主张“朱陆殊途同归”，这对方学渐影响很大。在此时，王学末流落入空禅，广受指责，方学渐属于“修正”王学派。从学理上看，以邹守益为代表的“主敬派”，主张“以敬事为纲领”而“戒惧慎独”，以程朱的“主敬”纠正阳明后学的偏执，对顾宪成、高攀龙、刘宗周、黄宗羲均有影响。方学渐一生未出仕，以布衣主讲席20余年，“桐城自嘉靖间何省斋倡学，其后方明善继之，闻风兴起者数十辈”，从学者前后多达数百人，笪光宏和他父亲，“两世皆师事方明善”[②]。后在孔城建立会馆。王宣亦讲学桐城，成为对方以智有影响的老师。而方学渐子方大镇不仅能绍述父志，讲学桐川，曾与邹元标、冯从吾、高攀龙在京师首善书院讲学。

明清时期宁国府管辖六县：宣城、泾县、宁国、太平、南陵、旌德，府治在宣城。宁国府讲学风气由临近的广德州带出，经由泾县，最后在宣城形成高峰。邹守益（东廓）是宁国府讲学最有贡献的人之一，为正德六年（1511）进士，后师从王阳明，嘉靖三年（1624）被贬为南直隶广德州判，公务闲暇宣讲“良知”之学，是时“四方响应，弟子日众，则为之辟书院于学宫之后（复初书院）”，他“孜孜以文成‘良知’之旨开示来学，声教暨于临封，兴起者颇众”[③]。广德人王维模（正甫）、李天植（性甫）、郑勋（国忠）均从邹守益讲良知学。

其间，王阳明弟子王畿（龙溪）、钱德洪（绪山）、王艮（心斋）等都先后来复初书院主讲[④]。同时宣城诸生戚兖、贡安国、梅守德、沈宠等先后与邹东廓、王畿、钱德洪、王艮等有过师从关系，跟随他们从事讲学活动[⑤]。

---

① 康熙《桐城县志》卷四《人物》。

② 马其昶：《桐城耆旧传》，黄山书社1990年版，第331。

③ 耿定向：《邹东廓先生祠碑记》，光绪《广德州志》卷五十五《艺文志》。

④ 参阅《广德州志》卷四十二，根据记载：钱德洪游学广德，寓复初书院；王畿来赴复初书院；王艮来从东廓游，讲学复初书院。1577年夏，王畿赴水西讲会，仍不忘路过广德，关心书院讲学。

⑤ 光绪《广德州志》卷四十《硕儒》。

泾县早期心学学者有张棨、王汝周，均先师从欧阳德（南野）领受良知之教，参加各地讲会，积极参与水西书院的创建。嘉靖二十七年（1548），泾县水西讲会正式成立，宁国府知府刘起宗延聘王畿、钱德洪为主讲，邹守益等亦来讲会，宣城戚究、贡安国、梅守德、沈宠等跟随，听讲诸生常在三百余人，以至僧舍容纳不下。水西讲会每年举行两次①。“钱、王两公更迭往来，学士荐绅云集，弦歌洋洋，由是水西之学名天下”②。水西讲会的盛况可与浙江的天真书院相提并论，在南中一带的阳明讲会中颇具代表性。查铎、翟台、萧良幹、张棨是良知之学在泾县传承的主要人物，其中查铎（1516—1589，毅斋）是最有影响的学者，他1549年中举人后，在书院讲学长达15年，门人百余人，泾县年轻一辈的学者如萧彦、萧雍、赵士登、赵善政、王廷楠、郑岱、张应泰均出自他的门下。

嘉靖四十一年（1562）泰州学派传人罗汝芳（近溪）出任宁国府知府，积极倡导讲学，使得宣城讲学进入高峰。罗汝芳上任不久将泾县水西精舍扩建为书院，并在宝圣寺的左面增建退省所③，在任期间，他曾数次从宣城亲临泾县水西讲会，与宣城籍学者贡安国、沈宠，以及太平县的周怡，泾县的查铎、翟台、萧良幹等人“谈说古今性命之学”，“其间一禀于钱塘天真教条，诸士蒸蒸然向学，何其盛哉”④。

上任第二年罗汝芳与提学御史耿定向在城内景德寺后陵阳第三峰创建志学书院，中间为大堂，后为会将堂各五楹，左右号舍四十楹⑤，置田二百余亩，府前地租一十四两有奇，作为供祀及会资。其间，宣城县县令姜台在志学书院西、缯绸司右建造了宛陵精舍，精舍北为致道堂，中间为咏归亭，南为观复楼，西为号舍⑥。志学书院与宛陵精舍成为宣城讲学鼎盛时期的中心，罗汝芳请于巡抚、督学、巡按三台，移文发征租作为讲会供应及王阳明祠祀之需，岁以诸生二人司其出纳，登籍稽复，生员郭忠贞、吴箕、胡希瑗、王点等人先后出任会长司出纳⑦。清初宣城人施闰章对此总结说：“敝邑理学薪传滥觞与东廓（邹守益）过

① 嘉庆《泾县志》卷八《书院》。

② 参阅施闰章：《修葺水西书院记略》，《学余堂文集》卷十二；万历七年，谕毁天下书院对水西讲会造成重创，“水西鞠为茂草矣”。

③ 嘉庆《泾县志》卷八《书院》。

④ 张尧文：《复建水西书院记》，嘉庆《泾县志》卷八《书院》。

⑤ 参阅嘉庆《宁国府志》卷19，此前王畿与钱德洪路过宣城时，曾与宣城诸生两百余人在景德寺聚讲。

⑥ 宣州市教育委员会：《宣城县教育志》（上）1988年油印，第47至48页，姜台于1562年至1564年任宣城县知县。

⑦ 宣州市教育委员会：《宣城县教育志》（上）1988年油印，第47至48页。

化，而承流于盱江（罗汝芳）作郡，大约皆沿习‘良知’之旨。”①

万历七年（1579）张居正召毁书院，宣城讲学曾一度沉寂。至万历中期，宣城出现了以祁门贡生陈履祥（九龙）为首②，施宏猷（施闰章祖父）和汪有源（惟清）为左右手的布衣讲学者活动的身影，而陈履祥曾拜在罗汝芳门下，为泰州学派传人。陈九龙在宣城的弟子中有姓名可考者还有：孙经、孙纬兄弟，王念祖、王之皞，沈寿昌，张嗣达，杨儒、杨伋兄弟，章孔辅、章伯辅、章仲辅三兄弟，章榜、章孔坚父子，刘希向、刘希道、刘希禹三兄弟，刘朝靖、刘元升，徐蒋山、徐禹言、徐圣功祖孙三代，徐昆鲁、徐化之、徐君政、马楚石（施闰章外公）、齐瀛等③。但明末讲学之风已经式微，施闰章在追忆其祖父施宏猷跟随陈九龙讲学情形，“万历乙酉（1609）大父疾剧，……明年（陈九龙）先生北上道病，所草《正学疏》未及上捐馆京师矣”④。可见陈九龙约在1610年在京城去世，之后宣城讲学又陷入低谷。

太平县讲学主要靠家族来带动，早期的儒者有谭潜，正德十五年（1520）进士，师从湛若水，与王畿、邹守益论学。最有影响的是周氏家族的周怡及其兄弟周恪、周怿。另外还有以杜质为代表的杜氏家族，邵氏家族以邵汝行、邵朴元父子为代表，在受到张居正毁书院、禁讲学的打击后，这些家族多以讲明乡约的形式来组织讲学。

二、心学讲学在皖江地区传播特征

（一）讲学早期在官吏参与推动兴盛，后期渐趋衰微，转为依靠地方大族维持讲会

在官府与地方士绅的积极配合倡导下，宁国府讲学之风由泾县水西转移至宣城。罗汝芳除亲自讲学外，还请致仕乡居的贡安国、梅守德、沈宠三人主讲志学书院，时称三人为“志学三先生”，慕名远来游学者常数百人。王畿说：“近溪罗侯之守宣也。甲子（1564）春暮，予以常期赴会宛陵，侯大集六邑之士友，长幼千余人，聚于至善堂中。”⑤ 千人参加听讲，虽有些夸大，但确实反映了宣城讲学风气迅速发展，规模巨大的景象。阳明高足邹守益（东廓），王门两大“教授师”钱绪山、王龙溪，泰州学派创始人王艮（心斋）都以讲学为终生事

---

① 施闰章：《寄高汇旃先生》，《学余堂文集》卷二十七。

② 同治《祁门县志》卷二十三《人物志》。

③ 以上姓名主要参阅《宁国府志》、《宣城县志》、《学余堂文集》、《宛北徐氏宗谱》、《宣城章氏宗谱》、《溧水中山刘氏宗谱》，等。

④ 施闰章：《跋先祖奉送陈九龙先生北上诗后》，《学余堂文集》卷二十六。

⑤ 王畿：《宛陵会语》，《王龙溪先生全集》卷二，四库全书存目丛书本。

业，他们均在皖江地区各地往来讲学，并逐渐与地方一些大族的实际需要结合在一起。万历五年（1577）王畿路过太平，杜质率子弟来迎见，请王畿为杜氏义田做记，王畿注意到杜氏族谱中的《族约》：识本心、原伦理、端礼教、勤本业、禁奢靡、息争讼、弭盗贼、置义仓、崇会规。王畿看到族约可以联属人心，曰："欲父兄子弟之贤必本于讲学，始能正心、修身以其齐家。"① 他希望将族约内容以讲会的形式来宣传、落实，《族约》以"识本心"为首，仍是良知之教的宗旨。耿定向（1516—1596）湖北黄安人，字在伦，嘉靖三十五年（1556）进士，历任督查御史，是泰州学派中的大官僚，尤其是从嘉靖四十一年（1562）至隆庆元年（1567）任南直隶提学道，对心学在安徽的传播做出了贡献。罗汝芳在宁国府任上，多次聚集地方大族，讲演《乡约》，将心学理念与政治教化结合在一起，实现"政学合一"。宁国府的讲学高潮是罗汝芳与耿定向共同推动的，此后逐渐式微，讲学由府邑转向乡间。

万历后期，"（陈）九龙先生初来宛陵，从游才数辈。大父一委贽，倡导契引，一时至八百余人，先生倚大父为左右手"②。陈九龙在宣城讲学重现此前的盛况多倚靠施宏猷积极倡导，并为"陈门第一高第"。施宏猷与宣城当地的章氏、徐氏、杨氏、刘氏等家族都有着世交，在他的带动下，各家族纷纷投入陈九龙门下。施宏猷之子施誉在章氏的宗谱序言中说，"时宛陵正学几晦，三公（章孔辅、伯辅、仲辅三兄弟）首倡义举，建馆延陈先生于家，一时从游者皆宛名士"③。在宣城郡之西关建同仁会馆，集六邑及南都十四郡大会，穷究性命之理，实践于躬行。陈九龙弟子中多父子兄弟，章氏三兄弟"一师三弟，授受精深"，除了在城内同仁会馆讲学外，另一处场所为宣城狸桥镇云山，陈九龙在《维风会记》中说："云山，宣城最胜地也。余自金陵来倡道于兹，至则蒋山徐兄首诣，一谈而欢洽，后子若侄源源而来，遂与之立云山文会，岁一举取善乡曲。"④ 徐蒋山为明代狸桥徐氏宗族的儒生，万历二十六年（1598），徐蒋山邀请九龙先生来云山讲学，辛丑（1601）秋，成立了云山文会，名"维风会"。陈九龙与施宏猷等常至云山寺讲学。狸桥地区的各大族儒生均纷纷至云山寺求学，陈九龙在刘氏宗谱序中写道："余以孔圣之学，建旗鼓于云山八百聿，从刘氏诸子希向、希道、希禹，首相皈依回喟，参唯由果赐达，将不有树声当时，传芳后世"⑤。

① 王畿：《龙溪王先生全集》卷十三，四库全书存目丛书本。
② 施闰章：《跋先祖奉送陈九龙先生北上诗后》，《学余堂文集》卷二十六。
③ 施誉：《坎八公、艮一公、巽七公兄弟合传》，《宣城章氏宗谱》（民国十九年刻本）。
④ 陈履祥：《维风会记》，《宛北徐氏宗谱》（民国九年刻本）。
⑤ 陈履祥：《溧水中山刘氏宗谱·序》（明崇祯元年刻本）。

其他大族宗谱中可见记载。在地方宗族的参与下，云山讲学兴盛一时。此时宣城讲学已失去官府与地方官绅的支持，而布衣阶层倡导讲学更应贴近生活实用，为平民接受。陈九龙发挥泰州学派面向庶民阶层的特点，强调经世致用并致力于宗族内创造落实理想的机制。他在讲学中重视“治生”之事，认为“世皆以治生小事略过，予以此处不理非经济实学也”，“本富为上，末富次之，不自料理而望人周恤非计也”①。他虽认为有本末之分，但人首先要自立，使他的讲学内容更加实际，更符合平民的需要。陈九龙对徐氏族人说：“我为尔徐计谋，如遵圣谕以明大道，使邻里乡党投诚向化，谁云虽善不尊！本乡约以道成规，令长幼尊卑守己循分，谁云徒法不行？……爰为之申其约曰：风不能向人维也，必人之自向风也。果人人自维自风，则人人不待人风人维，岂维徐氏家风是振，将乡国天下皆从风而靡。”② 体现出其依靠讲会乡约、振作宗族风气来维持地方治理的政治理想。这与明太祖《教民六谕》宣扬的“孝顺父母、尊敬长上、和睦乡里、教训子孙、各安生理、勿作非为”保持着一致，有助于加强群众的道德教化，这也是讲学能够在基层社会长期存在的重要原因。

（二）皖江地区讲学受王学多个流派影响，地区间学者也有交流

心学虽按地理大致分为七个学派，但是心学的传播是跨区域的。浙中学派王畿、钱德洪，泰州学派王艮、罗汝芳，江右王学邹守益、欧阳德等第二代阳明学者都在皖江地区讲学传播良知之学。因此皖江王学师承关系比较复杂，大多数学者至少跟从过两个以上老师讲学，如查铎、张棨、戚兖、贡安国、梅守德、沈宠、周怡等人。但从受到的影响来看，王畿是最突出的一个。王畿十分关心皖江讲学，广德复初书院、全椒南谯书院、泾县水西讲会，太平九龙会等，他都数次亲临。他在“林下四十余年，无日不讲学，自两都及吴楚闽越江浙，皆有讲舍，莫不以先生为宗盟”③。对于罗汝芳在宁国府大兴讲学，王畿虽然肯定，但言中提醒其弟子要谨慎，“近溪兄主盟一方，吾道尤幸，闻提省人颇涉禅家因果，……亦或不可以不慎也”④。“王学”不同学派在方法上存在差异，但本质上两人在良知现成，“不离日用”这个重要问题上看法基本一致。

皖江地方学者之间也存在交流，同一府、县的学者交流会更加密切。南陵县何燮（赞元）“闻邹东廓、钱绪山两先生讲姚江良知之学于泾邑水西，率其徒往

① 施闰章：《陈九龙山人语》，《矩斋杂记》。

② 陈履祥：《维风会记》，《宛北徐氏宗谱》（民国九年刻本）。

③ 黄宗羲：《明儒学案》卷十二，明文书局印行。

④ 王畿：《与贡玄略》，《龙溪王先生全集》卷十二。

师之，与贡安国、沈宠、周怡、查铎等交往友善。[①] 桐城方学渐曾至贵池秋浦讲学，并往来大江南北。万历后期全椒彭渠在宣城与沈懋学、梅鼎祚常在一起切磋。[②] 崇祯年间贵池儒生曹参芳（日赞）至桐川与当地名儒阐发心性之奥。[③]

（三）地方讲学不仅继承“良知”之教，而且对其进行发挥，朝着和合朱陆的趋势发展

“尊德性”、“道问学”之争在儒家学术中一直存在。皖江地区受着阳明心学多个学派的交叉影响，没有形成自己的心学流派，在嘉靖年间，跟随讲学儒者早年均是诸生，如戚贤、周怡、梅守德、贡安国、查铎等，对他们来说“致良知”主要在学术、道德上发挥作用；后来大多取得进士、举人等功名，先后在各地做官（布衣讲学20余年仅方学渐一人），这时他们必须考虑现实，讲究实用，保境安民是首要任务，道德伦理的教化是经常使用的方法。梅守德“以随处体认为真修，以处事当理为应用，以伦常物则为本宗，以反躬笃践为实地”[④]。南陵的汪景认为“以实心求实学，以实学应实事”，“圣门之学以身体实践为功，真知自得为贵”。贡安国“穷究性命之理，实践躬行，”教诲弟子“务求实得，毋事空言。”沈懋学（沈宠之子，1577年状元）为诸生时，经常参与罗汝芳讲学，沈懋学后来说：“顾时所谓学……卒流禅语，漫不求知。”[⑤]

皖江地区心学在继承“良知”的基础上，讲学内容随着政治、社会环境的变化发展，更加注重“亲民”“安百姓”“百姓日用之道”，突出“笃行”“体用”，用程朱之学“实践”修正王学的“虚寂。”

三、心学讲学在皖江地区的影响

阳明心学核心思想为“致良知”与“知行合一”，认为：良知人人都有，致良知人人可行，所以人人都可为圣人。这在一定程度上摆脱程朱理学烦琐的束缚，突出个人的作用，在实现自我等方面具有解放意义。王阳明及其弟子在皖江地区的讲学活动给地方儒者注入了新的体验，并成为儒学主流，对地方教育、文化发展影响巨大。

（一）推动皖江地区教育、科举发展

讲学（会）是中国传统教育教学方法，采取面对面的“对话”方式来“传道、授业、解惑”，语言简略易懂，形式灵活，效果很好。明代心学儒者均沿用

① 民国《南陵县志》卷三十《人物志》。
② 民国《全椒县志》卷十《人物志》。
③ 光绪《贵池县志》卷二十六《儒林》。
④ 梅鼎祚：《鹿裘石室集》卷四十五。
⑤ 沈懋学：《与徐觉斋观察》，《郊居遗稿》卷六。

“讲会”传统，皖江地区的著名讲会有泾县水西讲会、全椒县南谯会、宣城宛陵讲会、桐城桐川讲会、贵池秋浦讲会、太平县的九龙会、拾一会、五松会等。

李颙说：“立人达人，全在讲学；移风易俗，全在讲学。”[①] 书院为固定的讲学之所，书院在全国的数量在嘉靖、万历年间激增，安徽新建书院也在此期间形成最高峰。徽州商人在物质上的资助使得徽州书院设置最为突出，而良知讲学的兴盛直接促成了皖江地区书院的广泛建立。根据学者统计，明代皖江地区书院宁国府 18 所、池州府 17 所、庐州 12 所、安庆府 11 所、太平府 6 所、滁州 6 所、广德州 2 所，基本上在该时期创立[②]。但实际数量可能超过这个统计[③]。

书院的设立，讲学的兴起，开了皖江重视教育与文化的风气，全椒县“前此科第，不无尚未大发，嘉隆之际，文运始开，今则炳炳”[④]。广德文风“得邹文庄讲学，士咸以道学相切劘，遗韵流风，于兹未坠”[⑤]。心学虽在历史中湮没，但其“人人皆可为圣贤”的理念，对儒生的精神启蒙深远，最能说明问题的是该地区文进士的数量。宣城“郡邑庠生侍，坐听之人各感动，其中发奋兴起者如沈子懋学、徐子大任、萧子彦、詹子沂、赵子士登、郭子忠信等百余人”，他们后来大多科举入仕：沈懋学 1577 年中进士第一名，徐大任 1568 年进士，詹沂 1571 年进士，萧彦为 1571 年进士，赵士登 1580 年进士等，这些儒生对心学本身并不孜孜以求，也不愿将精力投到“心性”“良知”等命题中去。但心学思想使得读书人“感动”继而“发奋”最终“兴起”，转化为进仕的动力。从明代皖江地区的进士人数来看，安庆府 177 人、宁国府 151 人、太平府 91 人、池州府 76 人、滁州 39 人、广德州 43 人、和州 21 人[⑥]，基本上与书院设立多寡保持一致，如果我们再缩小范围，以县为单位来考察，这种关系就更清晰了。安庆府进士数量第一位是桐城（84 人），宁国府前两位分别是宣城（64）、泾县（43），太平府第一位是当涂（59 人），池州府前两位分别是贵池（24 人）、青阳（23 人），滁州前两位分别是滁州（16 人）、全椒（13 人），广德州第一位是广德县（25 人）、和州第一位是和州（15 人）。可以看到，书院的多少是进士多少的一

① 李颙：《二曲集》卷十二，中华书局 1963 年版。

② 李琳绮：《明代安徽书院的数量、分布特征及其原因分析》，《华东师范大学学报》（教育科学版）2006 年第 4 期。

③ 阳光宁考证明代池州府有 24 所书院。参阅阳光宁：《池州书院的历史文化考述》，《池州学院学报》2010 年第 1 期。程慧认为宁国府有 22 所书院。参阅程慧：《明代中后期宁国府书院之兴盛》，《安徽师范大学学报》（人文社会科学版）2008 年第 2 期。

④ 民国《全椒县志》。

⑤ 光绪《广德州志》。

⑥ 张晓纪：《明代安徽人才的地理分布特点及其成因》，《安庆师范学院学报》（社会科学版）2008 年第 7 期。

个至关重要的因素，读书人增多了，方法更灵活了，“中第”的人相应就会增多。明代安徽全境一共有文进士1354人，各府县中进士人数不均，与其说在地域分布上存在不平衡性，不如说书院在设立上存在不平衡性。

（二）众多文化家族兴起，传承发展学术文化

研究区域文化，必须首先研究区域家族文化。陈寅恪先生说：“家族对于传承文化，有着重要作用”，“学术文化与大族盛门不可分离”。经学儒术是中古世家大族的立足根本；到了明清时期，文化型家族传统则成为宗族普遍追求的目标。皖江地区“嘉靖以来士风特盛，衣冠相望”。皖江地区儒者与王阳明之间已经隔了几代，至明末地方的心学者已没有早期儒生那份热情，对王阳明的尊崇下降，他们更加关注家族的状况，维护家族的发展。传统讲学转化为对家族文化的认同。全椒吴氏、金氏，桐城方氏、姚氏、左氏、张氏，贵池吴氏、刘氏，宣城梅氏、贡氏、沈氏、吴氏，泾县胡氏等，皖江地区有影响的文化家族均兴起于明代中后期，这不是偶然的。桐城方氏家族文化由明中后期至清前期，方学渐→方大镇→方孔炤、方文→方以智→方中通，经过五代传承逐渐形成以《易》为主旨，“会通三教”为特色的学术流派。明代中后期，皖江地区讲学兴起，移风易俗，塑造了地方文化形象。出现了以诗学、儒学、美术、戏剧、文学等为标志的文化家族，他们成就显著，影响深远。“桐城派”散文、“宣城体”诗派、“宣城画派”等，其源头均滥觞于此时。

不仅如此，皖江地区出仕的官吏大多在任所设立书院、聚众讲学，促进所在地文教事业的发展，梅守德在出任绍兴知府就新筑王文成（阳明）讲堂，敦请王畿主讲，以多方训士。贵池吕一麟（虞山）先后任鄢陵训导，盱眙县、当涂县教谕，沂州学正等职，使得“教化盛行”。明代嘉靖以后，政事虽日益败坏，但地方教育、文化事业却出现新的气象，其中王门后学讲学的推动功不可没。

参考文献：

[1] 黄宗羲．明儒学案［M］．明文书局印行．
[2] 王畿．王龙溪先生全集［M］．刻本．
[3] 施闰章．学余堂诗集［M］．刻本．
[4] 施闰章．学余堂文集［M］．刻本．
[5] 梅鼎祚．鹿裘石室集［M］．刻本．
[6] 全椒县志［M］．民国刻本．
[7] 广德州志［M］．光绪刻本．
[8] 贵池县志［M］．光绪刻本．
[9] 南陵县志［M］．民国刻本．

母氏更操心：明清桐城母教传统述论

汪孔丰

摘 要：母教传统是明清时期桐城教育中一个特别重要的文化现象。这种现象的形成除了外部社会教育氛围的影响外，也与当地重视女训有关。就母教内容来说，它以德教为先，兼重诗书教育。就施教影响而言，母教对桐城的人才培养、家族文化传承、地域风习养成等都有重要的促进作用。尤需提及者，它对桐城派的形成与发展有一定的影响，对当今社会的家庭教育也有重要的启示作用和借鉴意义。

关键词：桐城；母教传统；德教；家庭教育

清代桐城姚兴泉曾说："吾乡宦游与远幕者，十居八九，故幼稚得力于母教者尤多。"① 这段话指出了古代桐城教育文化中一个非常重要的现象：母教传统。这种传统对明清时期桐城的人才培养、家族文化传承、地域风习养成等都有重要的积极影响。当前学界对明清时期桐城母教现象略有论述，如乔玉钰《明清时期桐城女性文学研究》（南京大学硕士学位论文，2006 年）、祖晓敏《清代桐城女性文学创作的文化内涵》（安徽大学硕士学位论文，2006 年）、黄春燕《清代桐城教育发展初探》（安徽大学硕士学位论文，2007 年） 等等。不过，专门就桐城母教传统予以深入探讨的成果鲜见。本文拟从这个文化现象入手，探讨明清桐城母教文化的主要内涵及其产生的相关原因，并在此基础上探索其重要的启示意义。

一、德教为先

古人早就对母教的重要性有着深刻认知。北宋司马光《家范》云："为人母

基金项目：安徽省社会科学创新发展研究课题《桐城传统家风与践行社会主义核心价值观研究》（A2015044）；2016 年安徽省高校优秀青年人才支持计划重点项目（gxyqZD2016202）。

作者简介：汪孔丰（1980—），男，安徽安庆人，安庆师范大学文学院副教授，文学博士。

① 姚兴泉．龙眠杂忆［M］．清乾隆年间刻本．

者，不患不慈，患于知爱而不知教也。”卷三[①]清代蓝鼎元《女学》亦云：“人子少时，与母最亲。举动善恶，父或不能知，母则无不知之，故母教尤切。”卷三妇德下[②]可见，母亲理应在子女成长、成才的过程中承担重要的教育之责。在古代桐城家庭中，母亲也确实承担起了教育子女的重任。就母教内容而言，涉及道德品行、生活技能、书本知识等多方面内容。由于古代社会的主流价值观念是以儒家思想为主导，故古人立身处世往往以儒家伦理为本，强调三纲五常，重视如何做人，力争做到“修齐治平”。儒家伦理延伸到家庭教育上来，道德教育就必然成了最重要的内容。从德教方面来看，孝悌、忠信、勤俭、积善去恶等价值观念成为家庭道德教育的核心内容。明清时期，桐城母亲在家庭教育中，极为注重子女的道德修养和品格养成，努力塑造其君子人格。相关表现列举如下。

（一）教子身正

立身要正，是儒家伦理的基本规范。孔子就说：“其身正，不令而行；其身不正，虽令不从。”（《论语·子路》）只有身正，才能赢得别人的信任与支持，才能立得住、站得稳。桐城母教中，胡宗绪的母亲潘氏堪称这方面的典型代表。胡宗绪幼年丧父，兄弟三人与母亲相依为命，生计日艰。在贫苦的生活条件下，潘氏丝毫不放松对子女的教育。张谦宜《家教记》记载：“一日，积雪命采薪，（胡宗绪）行荆棘中，刺破袂，□□□。归取杖，跪授母，母愕，讯得状，仍决之十。远至村外验其裾，有露渍，有泥沙，挞之曰：‘奈何不由正路？君子立身，跬步为重，尔祖尔父得为清□完人，致谨于微也。岂曰博学能文，放逸自便哉。’”[③]卷八胡宗绪因走荆棘泥路而导致衣服撕裂，让潘氏很生气。这固然与家贫衣缺有关，但最主要的是他未走正路。潘氏由儿子不走正路大道，联想到君子立身问题，不能不说她教子极为严格，力图防微杜渐。正是在母亲的严厉教导下，胡宗绪为人端正，感奋励学，“自经史以逮律历、兵刑、六书、九章、礼仪、音律之类，莫不研穷”[④]，还高中进士，授翰林院编修，迁国子监司业。

（二）教子守义

“义”是做人的道德准则之一。孔子就说：“君子喻于义，小人喻于利”（《论语·里仁》）、“不义而富且贵，于我如浮云”（《论语·述而》）；荀子亦说：“保利弃义谓之至贼”（《荀子·修身》）“先义而后利者荣，先利而后义者辱”（《荀子·荣辱》），等等。他们都表现出“重义薄利”的观念。儒家先哲的“义

① 司马光．家范［M］永瑢，纪昀，等．景印文渊阁四库全书．台北：台湾商务印书馆，1983.

② 蓝鼎元．女学［M］．清康熙五十六年刻本．

③ 胡宗绪．环隅集［M］．清乾隆五十三年刻本．

④ 赵尔巽，等．清史稿［M］．北京：中华书局，1998：10161.

利”观对家庭教育中君子人格的塑造有着重要的指引作用。桐城母教中，姚文然母倪夫人可以说是“知书明大义”之人，对其子女起到了很好的榜样作用。倪夫人是姚孙棐妻，姚孙棐令浙江东阳时，平定许都之变有功，浙江巡按左光先上疏奏之朝廷。南明时，阮大铖诬陷姚孙棐与左光先，两人俱被逮。“是时端恪（姚文然）兄弟忧遑无计，当事者曰：‘此易耳！能为若父疏称浙东事皆承左指，则事解。不然，罪不测。’归以告太夫人，太夫人怒，杖掷之，曰：‘儿以是为生而父邪？身死，心死等耳。东阳之狱，人则左公累若父，事则若父累左公也。义，不得令左公独死。且汝等以此求生若父，若父归将何以颜以对里党？吾知如父心，若乃不知邪？平昔读书胡为？’公等涕泣受教。逡巡十余日，卒巽词谢当事者。于是逮益急。会王师南下，事得解。端恪兄弟时时为左公言：‘不谋于母，几陷于不义也。’”① 正是因为倪夫人明大义，故能在危急时刻，她的子女幸免陷入不义境地。

（三）教子廉俭

崇尚廉洁、节俭，是家庭教育的重要内容之一。桐城母亲对此亦是非常重视。马源母姚氏，乃同里姚文然之女。马源文誉藉甚，母不以为喜，既而久困举场，母亦不以为戚，说：“吾出入两家，见科第仕宦多矣。愿汝曹无忝祖考，行益修，学亦绩，至于穷达，非所宜计也。”② 后来，马源为凤阳校官，其母言此职卑贫可居，并且还寄诗云：“勿因闲长惰，须以俭成廉。”姚氏告诫马源居官要勤政，要廉俭，堪称良母。张水容女儿张瑞芝嫁给方氏，她也非常重视子女教育，在《示儿》中说：“奢侈非吾愿，艰难望尔知。即今传一饭，作苦费三时。堂构基休弃，膏粱习莫移。薄田惭数顷，负郭赖支持。”③ 在诗中，她训诫儿子不要沾染奢侈风习，要俭约持家。姚永朴之母光氏亦重视教育子女，虽“爱之甚笃，然有过必痛惩焉，不为煦煦之慈”，父亲同官中子弟多穿华美衣服，姚永朴兄弟羡慕，并向母亲求要，光氏大怒，说：“汝幼习奢侈，长当何如？”④（《先妣事略》卷四）在母亲的严格教育下，姚氏兄弟皆学有所成。

以上所列，仅为桐城母教在德育方面的数端，并非全部。吕坤在《闺范图说》中曾将母道分为“礼母”“正母”“仁母”“公母”“廉母”“严母”“智母”“慈继母”“慈乳母”等九类。实际上，桐城母教亦可与之相对应。应该说，桐城母亲重视德教，培育出了一批像胡宗绪、姚永朴、姚永概等那样的道德感较强

---

① 马其昶．桐城耆旧传［M］．毛伯舟，点注．合肥：黄山书社，1990：461.
② 马其昶．桐城耆旧传［M］．毛伯舟，点注．合肥：黄山书社，1990：465.
③ 傅瑛．明清安徽妇女文学著述辑考［M］．合肥：黄山书社，2010：263.
④ 姚永朴．蜕私轩集［M］．民国十年秋浦周氏刻本．

的桐城才俊。

二、课读诗书

姚兴泉在《桐城好》中说："桐城好，母氏更操心。有父作官还作客，教儿宜古更宜今，宵共补衣灯。"[①卷四]词中"教儿宜古更宜今"就是讲桐城母亲重视子女的经史教育。可以说，除了德教以外，诗书教育也是桐城母教的重要内容。

明清时期，桐城地区文化世家如林，为了维持家族书香门第声誉之不坠，拓宽家族发展的远大前景，这些世家的母亲非常注重子女的学业。兹以桐城麻溪姚氏为例。十五世姚兴泉之母张太君"秉外王母胡姆训，恭俭人慈，深明大义"，"教诲之严，与煦育之恩并重。故日则竭蹶延师，夜则篝灯课读。每同学过谈时，必于厅事后侦之，或援经道古，语语在名教中，即典衣沽酒出，以助其谈兴；倘稍涉戏谑，则呵逐立加。盖一如胡太夫人之所以教子者。"[②卷四]张太君督学之严可见一斑。十九世姚濬昌之母方氏也是一位知书达礼的良母，她"延师教濬昌，必选其良，待极恭，师往往乐居之"（《先妣方淑人行略》[③]）。二十世姚永楷之妻方氏"治针黹、制果饵，易钱以延师课子，其待师恭，未尝以贫故阙礼"（《嫂方安人墓志铭》[④]）。由此看来，姚家能够世守书香，母教之功不可忽视。

更有甚者，母亲于师教外还亲自教读，传道授业，显示出过人的才学。如姚孔鉶之母张令仪，在丈夫姚士封逝世后，独自教子。她有《蠹窗诗集》[⑤]，集中多有与课子有关的诗篇。如《夜坐对诸子有作》云："工嫌婢惰亲缝衽，学恐儿疏自授书。"《四叠前韵示长男孔鉶》云："寸阴须向闲中惜，搜讨三坟共九丘。"《课子》又云："一经唯课子，黾勉惜分阴。益友原难得，先贤尚可寻。恩仇虽快意，忠厚在存心。积善有余庆，斯言足宝箴。"从这些诗篇中，我们不仅能体会到张氏对教育子女的良苦用心，还会惊叹于张氏的才藻富赡与学识渊博。姚范母任氏，"教范兄弟以礼法自持，惧损先绪，课之学不少假。范少多病，不就里师，诸小经悉家母口授"（《家母任太恭人六十寿乞言小引》[⑥]）。姚莹之母张宜人也是这方面的典型代表，姚莹在《先太宜人行略》中对母教有这样的深情表述："莹兄弟方幼，太宜人竭蹷延师教之。每当讲授，太宜人屏后窃听，有所开

---

① 姚兴泉．龙眠杂忆［M］．清乾隆年间刻本．
② 姚兴泉．龙眠杂忆［M］．清乾隆年间刻本．
③ 姚濬昌．五瑞斋遗文［M］．民国元年铅印本．
④ 姚永朴．蜕私轩续集［M］．民国二十一年铅印本．
⑤ 张令仪．蠹窗诗集［M］．清雍正年间刻本．
⑥ 姚范．援鹑堂文集［M］．清嘉庆十七年刻本．

悟则喜，苟不慧或惰，则俟师去而笞之，夜必篝灯自课。莹兄弟《诗》《礼》二经，皆太宜人口授。旦夕动作，必称说古今贤哲事。乡里中某也才、某也不肖，历举之以为法戒。又时及本朝掌故，盖所闻于外家诸老先生者。及学为文，太宜人手抄制义数十篇、唐诗百首与读，字画端楷，业师惊叹。”① 其诗《不得伯兄消息》亦云：“忆昔同篝火，慈亲夜课书。闭门嫌室冷，觅食问厨虚。”② 张氏对姚莹的教育可谓是呕心沥血。姚乔龄母马太孺人，“幼通经训，娴文史。问松少时，尊甫以家贫，授经四方，太孺人教之学，讲授有法，俨如人师。既尊甫捐馆，问松后以选拔入都，太孺人教两孙亦如之”（费丙章《鱼窗闲咏跋》③）。“问松”乃姚乔龄之号，他在嘉庆十六年（1811）高中进士，其母教育之功不可没。

桐城一些女性往往会以诗文训子，这不仅展现了她们的个人文学才艺，更表现出她们的教育观念和望子成龙的殷殷心愿。如孙临妻方子耀著有《寒香阁训子说》三千余言，教子要敦本、积德、植品、读书④。方于宣之妻姚凤仪，其《上元前二日祐儿读书二兄竹笑轩作此勉之》诗中有“莫道一贫无长物，青箱旧业有家传”⑤，勉励儿子能够忍守清贫，继传书香门风。方鉴湖之妻左绍光，有《寄示儿政》一诗云：“世泽本诗书，仁慈推祖考。福善岂虚言，贱贫慎自保。虽为糊口计，岂独觅温饱。学业信无穷，晦明勤搜讨。编蒲赖尔贤，画荻惭予老。努力莫逡巡，青云致身早。惟悲门巷凋，敢羡华簪好。我生时命乖，遭际多潦倒。良人归地下，游子隔天杪。鸾孤血泪枯，雁断音书杳。万虑寸心堆，百感中怀扰。因忆儿别时，绿树栖黄鸟。忽忽已经年，又听莺声巧。儿迹等孤鸿，随处印泥爪。我益类春蚕，到老丝还绕。敝庐风雨多，萝径人迹少。抚景叹流光，为文气枯槁。岂云事笔墨，聊以摅怀抱。儿曹莫浪看，特此是遗草。”⑥ 从诗歌内容来看，此首示儿诗当是左氏晚年所作，告诫儿子在处世上要积福行善，“贱贫慎自保”；在学业上，学海无涯，要“晦明勤搜讨”；在功名上，要努力奋斗，“青云致身早”。张元表之妻左北堂，享年八十八，有《志怀诗十六首训诸子及孙曾辈》，其中两首云：“从来功德归于阴，救蚁埋蛇一点心。迂腐莫嫌无锦句，须知言浅意偏深。”“耕读成家善主持，养儿切忌纵娇痴。修身立品须从幼，莫

① 姚莹．东溟文集［M］．续修四库全书集部第1512册．上海：上海古籍出版社，1995：433.
② 姚莹．后湘诗集［M］．续修四库全书集部第1513册．上海：上海古籍出版社，1995：13.
③ 傅瑛．明清安徽妇女文学著述辑考［M］．合肥：黄山书社，2010：178.
④ 马其昶．桐城耆旧传［M］．毛伯舟点注．合肥：黄山书社，1990：460.
⑤ 傅瑛．明清安徽妇女文学著述辑考［M］．合肥：黄山书社，2010：231.
⑥ 傅瑛．明清安徽妇女文学著述辑考［M］．合肥：黄山书社，2010：308.

到知非后悔迟。”①卷十二前首教育子孙要积德行善；后首教育子孙养儿不可娇纵，要从小就重视修身立品。应该说，这些女性训子诗所体现出的教育理念大致有两端，一方面是积德立品，另一方面是勤攻诗书。这些教育理念是家风家教文化的重要组成部分。

总之，明清时期，重视文化教育是桐城母教的重要内容。桐城母亲或竭力延师教子，或亲自课子读书，这不仅有利于子女的成长、成才，同时也有助于家族文化的传承。

三、邑重女训

如前所述，桐城母教传统是桐城地域文化中非常重要的一个现象。那么，这种教育传统的生成，与哪些因素有关呢？

从社会教育氛围看，明清时期女子教育得到普遍重视，获得较大的发展。在明代，开国皇帝朱元璋登基伊始，便命儒臣修《女诫》，强调妇德；训女书籍远胜前代，有仁孝文皇后《内训》《古今列女传》、吕得胜的《女小儿语》、吕坤的《闺范》、温璜的《温氏母训》、王相的《女四书》、徐淑英的《女诫杂论》、夏云英的《女诫衍义》等②。在清代，女子文艺教育日益普遍，女教书集历代之大成，异常丰富，影响较大者有顺治御纂《内则衍义》、蓝鼎元《女学》、陈宏谋《教女遗规》、李晚芳《女学言行录》、王相母《女范捷录》等③。明清两代，上至皇室、下至地方士绅高度重视女子教育，这必然会提升女性的文化水准与道德素养。更何况，“在婚姻市场上，博学标志着一个女子成为众人争相延聘的对象，成为一个不仅能生育子嗣、还能为儿子们提供最优越的早期教育的未来母亲。再进一步说，她在亲朋戚友和整个社会的眼中还是她的‘家学’传统的继承者。女儿的满腹诗书是她家书香门第深厚渊源的缩影，因而也是她值得聘娶的一个关键标志”④。一旦这些受过良好家教的女子一旦进入夫家、成为母亲后，其子女必然会受益匪浅。

从桐城民众的教育意识看，他们非常重视女训。《桐城续修县志》就说：“邑重女训，七八岁时以女四书、《毛诗》授之读。稍长，教以针黹，尤必习于井臼，虽巨室不娇惯。”⑤ 所谓《毛诗》是西汉毛亨、毛苌所辑注之《诗经》，

---

① 恽珠．国朝闺秀正始集［M］．清道光十一年红香馆刻本．

② 杜学元．中国女子教育通史［M］．贵阳：贵州教育出版社，1995：172.

③ 杜学元．中国女子教育通史［M］．贵阳：贵州教育出版社，1995：215.

④ 曼素恩．缀珍录——十八世纪及其前后的中国妇女［M］．定宜庄，颜宜葳，译．南京：江苏人民出版社，2005：75.

⑤ 廖大闻等．（道光）桐城续修县志［M］．台北：成文出版社，1975：92.

能“经夫妇，成孝敬，厚人伦，美教化，移风俗”（《毛诗序》）。所谓《女四书》，即指《女诫》《女论语》《内训》《女范捷录》四书的合称，此四书是当时较为流行的女训书籍。以潘江母吴坤元为例，她“四五岁即通《内则》《孝经》《女论语》诸书，略皆上口。七八岁受《纲鉴》，晨夕翻阅，遇古中孝节烈事能以意品骘”[①]（《先妣吴太安人行略》卷二）。张英也非常看重《女论语》，在《聪训斋语》中说：“《女论语》曰：‘凡为女人，先学立身。立身之本，惟务清贞。清则身洁，贞则身荣。行莫回头，语莫露齿。坐莫动膝，立莫摇裙。喜莫大笑，怒莫高声。内外各处，男女异群。莫窥外壁，莫出外庭。居必掩面，出必藏形。男非眷属，莫与通名。女非善淑，莫与相亲。立身端正，方可为人。’此训女至言也！凡为父母者，当书一通于居室中。”[②] 张家教女有方，与此训不无关系。这些书籍，固然重在培育和提升女子的懿德茂行，但也在无形中奠定了她们良好的才艺技能与文化素养。此外，桐城待嫁之女还要接受针黹、井臼等家务训练，娴熟内政。由此观之，桐城女子在出嫁之前，已具备了妇德、妇仪、妇工、妇才等方面素质。她们一旦进入夫家后，就会操持内政，相夫教子，俨若人师，成为贤妻良母的典范。

实际上，桐城女学、女教的盛行，与男性文人对妇才的认可和重视也有较大关系。马源在给舅母张令仪的《蠹窗诗集》作序时就说：“盖吾乡自明中叶以来，闺阁之称诗者，不下数十辈，至于繁富工整如斯集者，殆未易指数屈也。说者谓衣钵之授得诸家学者深此，其说非不然。然吾观《二南》《国风》，《关雎》之宫人、《芣苢》《汝坟》之妇，岂必有资于授受而然？而当时列国女公子岂独庄姜、许穆公夫人数辈为习于钟鼓管弦之节而被于内庭之教也欤？岂非天之生才不限内外，巾帼之所禀，亦自有八斗七步之长也欤？而况其天性之所耽，比男子又专以笃，则虽锦绮珠钿有不得而易之者欤？”[③] 在他看来，天之生才，没有男女之别，机会均等，女子所禀，亦有八斗七步之才；况且女子天性所耽，又比男子专心笃志，难以易心。姚鼐在《郑太孺人六十寿序》中亦说：“儒者或言文章吟咏，非女子所宜，余以为不然。使其言不当于义，不明于理，苟为炫耀迂欺，虽男子为之可乎？不可也。明于理，当于义矣，不能以辞文之，一人之善也，能以辞文之，天下之善也。言而为天下善，于男子宜也，于女子亦宜也。”[④] 他认为，文章吟咏之事，并非男子专利，女子亦可为之，只要明于理，当于义。可以

① 潘江．木厓文集［M］．民国元年梦华仙馆铅印本．
② 张英．聪训斋语［M］．清光绪八年津河广仁堂刻本．
③ 张令仪．蠹窗诗集［M］．清雍正年间刻本．
④ 姚鼐．惜抱轩诗文集［M］．上海：上海古籍出版社，1992：121．

说，这种男性对女性才学的肯定态度，有利于推动女学女教的发展。

在家庭成员的支持和指导下，不少桐城女子饱读诗书，能诗擅文，且她们大都出自名门望族。桐城文人潘江在《龙眠风雅》中曾描述明末清初“龙眠彤管之盛”①，方孟式、方维仪、方维则、章有湘、姚凤仪、吴令仪、吴令则、左如芬、姚宛等闺阁才媛咸琢词章，才名远播。清初朱彝尊就说：“龙眠闺阁多才，方吴二门称盛。”② 在桐城，方氏、吴氏之间相互联姻，这两家的才女常常在“清芬阁”聚会雅集，结社联吟③。她们与其他女性诗人共同推动了明清之际桐城女性文学的发展。有清一代，桐城女性文学得到更进一步的发展，涌现出更多的女性作家。她们依旧集中在一些名门望族。兹以张氏才媛为例。如姚文燕妻张姒谊，张秉贞之女，“能涉猎书史，贤明识大体”④，著有《保艾阁集》。姚士封妻张令仪，系大学士张英之女，生而聪慧，性嗜学，“所为诗文，辄衷前人法度，论古有识，用典故精当”[29]⑤（《蠹窗诗二集序》），张英甚异之。张令仪婚后，夫妻感情甚笃，伉俪相得，时相唱和，著有《蠹窗诗集》，戏剧《乾坤圈》《梦觉关》等。张爱芝，张水容女，张鹊姊，董某妻，“姊玉芝亦工诗，与大姊瑞芝合刻有《三芝轩诗存》”[18]卷十五。姚莹之母张氏，系文华殿大学士张英之元孙女，云南寻甸州吏目张曾辙之女，“少慧，善读，晓经史大义，寻甸公每闻读书声，则嗟叹恨非男也”[16]433。除了张氏才女外，方氏、姚氏、吴氏、马氏、光氏、左氏、程氏等族亦有才女涌现。她们以其卓异的才华、高超的笔调描绘出桐城女性文学的繁盛景象。

当这些名媛才女嫁入夫家后，也会对夫家的家庭或家族文化有所影响。她们在家政闲暇之余，会与夫家成员聚会雅集，联吟赋诗，积极参与家族文学的再建构与传承。在教育子女上，她们也会将自身的家教体验与夫家的家教传统相结合、融汇，从而有利于子女的成长与成才。

四、余　论

应该说，桐城母教是中国传统母教现象的重要组成部分，在人才培养、家族文化传承等方面都有过积极影响。曹虹先生在《阳湖文派研究》中曾指出，母

---

① 潘江．龙眠风雅［M］//四库禁毁书丛刊．集部：第99册．北京：北京出版社：1997：10.

② 朱彝尊．静志居诗话［M］．姚祖恩，黄君坦，校点．北京：人民文学出版社，1990：725.

③ 关于方氏名媛的文学活动，可参看许结《明末桐城方氏与名媛诗社》一文（《明清文学与性别研究》，江苏古籍出版社2002年版，第362页）。

④ 潘江．龙眠风雅续集［M］//四库禁毁书丛刊．集部：第99册．北京：北京出版社：1997：18.

⑤ 张廷玉．澄怀园文存［M］．清乾隆年间刻本．

教对阳湖派的形成有过重要影响[30]①。其实，母教对桐城派的形成亦有一定的影响。像姚莹、刘开、姚永朴、姚永概、马其昶等人都曾受到母亲的谆谆教诲。在母亲的精心教育下，他们刻苦向学，修身立德，最终成才，成为桐城派的骨干力量。

此外，明清时期桐城母教传统，或者说古代传统母教，对当今社会的家庭教育也有重要的启示作用。在现代社会，已婚女性因工作、事业、婚姻等方面原因，往往在家庭教育上有力无心，出现“失教”的现象。日本教育家小原国芳《母亲教育学》说：“对人类来说，第一所学校是母体，第一位教师是母亲。我认为一生中最好的教师也是母亲……并且，在教育全过程中，真正拥有承担最重要角色的光荣和使命的人也是母亲。”[31]②可见，每个母亲不应该成为家庭教育的缺席者。进一步说，每一个母亲要重视“母道”。当然，母亲要想能够胜任家庭教育的重任，至少应该要具备以下三个要素：一是要有高尚的道德情操；二是要有一定的文化知识；三是要有科学的育儿方法。母教有法、有力，不仅有助于培育出优秀的子女，更有助于和谐社会的建设和中华民族的未来发展。

应该说，今天我们对传统母教的重要价值及现实借鉴意义还认识得不够充分，对其文化资源挖掘得还远远不够。这需要我们进一步反思。当然，这种反思不应忽视明清时期桐城的母教文化资源。

---

① 曹虹．阳湖文派研究［M］．北京：中华书局，1996：46-53.

② 小原国芳．小原国芳教育论著选［M］．刘剑桥等译，吴光威等校，北京：人民教育出版社，1993：185.

张英的经学思想及其对康熙的影响

——简论桐城精英文化的清初形态

程根荣

摘　要：张英是清初著名理学家，其经学思想直接影响了康熙的执政理念；同时，以张英为代表的清廷主流意识形态，对清初桐城精英文化的发展方向以及桐城派的文学主张，曾产生了重大影响。桐城派就是打着复古的旗号，行改革创新之实的古文流派。程芳朝、姚文元、张英是先于桐城派对桐城精英文化的形成产生过重要影响的人物。此文通过对康熙朝精英文化的梳理，深度解读桐城精英文化的内在结构，探索桐城文化由传统向现代转型的逻辑起点。

关键词：精英文化；桐城派；经学思想；历史循环；皇极批判

近来，中央纪委网站向社会推荐桐城“六尺巷”作为廉政教育题材，清代文华殿大学士张英的事迹由此引人注目。然而，张英与康熙皇帝的君臣关系，张英的经学思想对康熙帝强化中央集权、提高中央政府的工作效能所取得的推动作用，以及张英、程芳朝、姚文元等桐城籍士人对桐城精英文化核心价值体系的形成，社会共同心理的建构所产生的深刻影响，却鲜有学者论及。笔者不揣鄙陋，就桐城精英文化原生态领域，涉及政治、历史、文化等深层次、结构性特征予以论述，力图廓清被历史的积垢所长期遮蔽的、传统与现代相交集处的关键“玄枢”，并希望就教于方家。

人们通常将一个时代占统治地位的主流文化称为精英文化，因此，精英文化实际上就是当时代统治阶级的意识形态。清初的桐城主流文化形态是在对晚明泰州心学哲学思想扬弃的基础之上，返回到程朱理学、科举仕途的主流轨道，并通过程芳朝、姚文元、张英等人成功出仕荣耀返乡的仕途实践所证明，同时也被当时代所认同的精英文化为核心价值体系的地域文化。

作者简介：程根荣（1957—），男，桐城师范高等专科学校资深教师。

一、康熙的文化偏好

文化是一个时代政治的依托，精英文化[①]是政权孤岛的底盘礁石。

羽翼丰满且准备充分的“后金”[②] 政权入主中原后，定鼎北京，由“满洲”一变为“满清”，再变为“大清”，与之相伴随的政治文化的汉化程度日益加深。一是军队的扩张：从努尔哈赤的满洲八旗到皇太极的蒙古八旗，再到汉军八旗；二是皇帝的后妃祖源：从建州[③]女真到科尔沁部的博尔济吉特氏再到汉族的佟佳氏；三是权力结构效仿汉族宋明王朝的权力建构，也由初始的“八旗”制逐步过渡到三院八衙门。这时，对于爱新觉罗家族新政权的最大挑战是如何管理好幅员如此广袤的土地上的人民，那么，策略无他，唯有依靠人才，而选拔人才的现成方式当然也是非宋明汉族皇权实行已久的科举考试取士莫属。故顺治四年(1647)，桐城一县就有程芳朝等五人考取进士。

满清爱新觉罗族执掌皇权且由偏于一隅的“小皇帝”经过华丽的转身而变为“大皇帝”，实现这一“跨越”性质变的杠杆或曰关键的“玄机”，则在于汉族儒学精英的积极参与到新生国家政权的创建和管理之中。其代表人物出自明末清初桐城经学文化中的精英，例如顺治朝的程芳朝、姚文元和康熙朝的张英。

爱新觉罗率满洲蒙古兵用武力征服中原以及疆藏云贵等广袤的土地之后，历经二十余年，其统治的方式由野蛮血腥“武功”逐渐地“蜕变”为在尊孔读经口号下的“文治”，康熙也遵循先圣的“外王内圣”的治国理想，“外王”是以武力夺取天下。而“内圣”则是以皇帝为代表的统治集团自觉地抛弃原来的野蛮的落后文化而逐渐接受高度发达的汉族儒家文化的过程。这个儒家文化即以“四书五经”为代表的治国理政的政治制度和思想文化体系，其“化”的过程便是要将其“时代化”“现实化”。而最终完成这个“顶层设计”人物的不二人选，便是清代桐城地域文化中杰出的人物：理学家张英。

康熙“自幼好读书”“留心典籍”“喜书法”“喜观稼穑”而不看无聊书籍。他的启蒙教师就是汉人，自八岁到十六岁的辅政期间，康熙开始接触儒家经典《四书》(《大学》《中庸》《论语》《孟子》)；接下来，由《尚书》开始，读《五经》(诗、书、礼、易、春秋)。汉族的大臣建议为康熙配备学问高深的老师，而辅政则不予支持，于是康熙只有向身边的太监学习。康熙回忆：“朕八岁

---

① 依马克思经济基础决定上层建筑、生产关系适应生产力发展水平的观点，此处的“文化”取广义的文化概念，包括制度、理论、道德、文化等内涵。

② 后金：相对于1115年完颜阿骨打建立的“金”国而言。

③ 建州：今吉林、辽宁地区。

登极即知黾勉学问。彼时教我句读者有张、林二内侍，俱系明时读书人，其教书惟以经书为要。”① 小皇帝宫中学习儒典，应是祖母孝庄皇后的有意安排，说明这位来自蒙古科尔沁草原的博尔济吉特氏，已经逐步改变了对汉文化的排斥态度。

二、张英与南书房

南书房设立于1677年，是康熙帝为学习中原传统文化、密切与汉族士大夫联系而设立的内廷机构，由清一色的汉族士大夫组成，无固定的编制和人数。经大学士们反复酝酿会议具奏，钦定侍讲学士张英“在内供奉”，并于皇城内赐第。

入值南书房，作为自幼饱读儒家经典、胸怀修齐治平理想的张英来说，是千载难逢的忠君报国的历史机遇。张英在南书房的工作主要有五项内容：讲解经史，充当皇帝顾问；反映下情，咨询时政；抄写撰拟特颁谕旨，或口传上谕；编纂书籍；陪皇帝吟诗作画、临摹书法、参观古迹、察访民情。

康熙帝第一天召张英入值南书房，就对他说：“朕与五经、四书，讲读已久，常于宫中复诵，大义皆能晓畅。但圣贤义理无穷，今更欲细加讨论。”② 康熙的要求，对于张英来说，既是机遇也是挑战。这里的挑战倒不是古人“伴君如伴虎”之说，因为有1670年张英的恩师程芳朝荣耀返回故里颐养天年③的先例在，主要是对张英的学问智力才华的全面挑战。据张廷玉《敦复府君行状》④：

府君生而天挺秀异。童子时即严毅庄重，不苟言笑。六岁出就外傅，四子、五经书过目成诵，日记数千言。九岁遭祖母殪，哀毁过人。十四岁从三先伯（张克俨，张载，张西渠）读书石门僧舍，专攻制举业，旁及辞赋骈俪之学。十六岁娶先妣姚太君。十七岁应童子试，被拔府庠第四，补博学弟子员。二十一岁科试食饩。自是试辄高等，而禀气素弱，患疾历三载不愈。凡饮食药饵之属，皆先妣手自调治，衣裳簪珥典鬻殆尽。

虽然张廷玉对乃父不免多有溢美之词，但描写张英青少年时代刻苦求学尽孝悌伦理，读来令人如见其人，如观其景：

---

① 《大清皇帝——康熙》远方出版社，2008年版。

② 《大清皇帝——康熙》远方出版社，2008年版。

③ 程芳朝（1611—1676），榜眼，先于张英在清廷任职，共任职24年（1647——1670），充经筵殿讲官，翰林院编修，詹事府少詹，太常寺正卿，1676年在桐城去世，墓碑上刻有张英题写的碑文，张英自称“门下晚生”。

④ 文题全称为：《先考予告光禄大夫文华殿大学士兼礼部尚书谥文端敦复府君行状》。

（张英患疾）至二十四岁始痊，一切家事皆付先妣经理之，独肆其力于学，与三先伯读书家园中，相对手一卷不释。每当霜寒星落之时，一灯荧然，伊吾之声达于巷外①。

此时的张英，“自《六经》、《左》、《国》以及《庄》、《骚》、子、史、两汉、唐、宋之文，靡不搜讨淹贯。为文根极理要，纯粹精深，与里中名隽建瑟玉堂文会，复与齐公邦直、许公来会、潘公江，暨三先伯②为五子，诗艺至今脍炙人口，习《葩经》者奉为津梁焉。”③ 犹如一艘张满风帆的航船，张英正蓄势待发。

张英27岁中举，31岁中进士，殿试获第四名。34岁服阕，习清书④，36岁通过种种考试和考核，历经层层选拔，成为康熙皇帝的亲近随从之一，“遂有每日进讲之命”，直到1677年张英41岁时，成为康熙南书房中首任首席值侍顾问官。自1677至1702（张英41岁到66岁），在长达26年的漫长岁月中，几乎与康熙朝夕相处，不离左右。可谓飞黄腾达，前无古人。

从年岁上来说，张英长康熙18岁，完全是他的父辈。而康熙玄烨自幼即失去亲生父母的眷爱，由祖母孝庄皇后抚育长大，在他的心灵深处，那种对父辈垂爱的渴望，也下意识地使他将这一依恋的情感移情到了年纪与父辈相仿的老师的身上。康熙68岁时追忆往事，深有感触地对臣下说：“钦惟世祖章皇帝⑤，因朕幼年时未经出痘，令保姆护视于紫禁城外，父母膝下，未得一日承欢，此朕六十年来抱歉之处。”⑥ 所以，张英的和颜悦色循循善诱，使玄烨在获取博大精深汉文化滋养的同时，情感的大门也一齐向他打开。可见年长于康熙的张英，不仅不会与玄烨产生代沟，反而成了玄烨的心灵慰藉与精神寄托，同时因为情感相依且心灵契合，张英更便于履行帝王之师和帝国首席顾问之职。

细读《易经衷论》和《书经衷论》，张英每有具体的指涉，用意在于对皇帝的思想及思维的方式方法诱之导之，日臻圣贤之境。虽然现实中的玄烨距离圣人的境界仍有不小的距离，但张英毕生所投入的事业理想最终得以实现，他身后的大清帝国，即“天下，大器也”⑦，包括东亚地区的广大版图在内的朝贡体系，经过数十年的“以不竞不絿不刚不柔为炉冶而陶铸之”⑧ 已成，他为康雍乾盛世

---

① 文题全称为：《先考予告光禄大夫文华殿大学士兼礼部尚书谥文端敦复府君行状》。
② 三先伯：张杰，即苏州学博张西渠。
③ 文题全称为：《先考予告光禄大夫文华殿大学士兼礼部尚书谥文端敦复府君行状》。
④ 习清书：学习满文。
⑤ 世祖章皇帝：顺治。
⑥ 《大清皇帝——康熙》远方出版社，2008年版第18页。
⑦ 张英《书经衷论·毕命》。
⑧ 张英《书经衷论·毕命》。

的宏图大业可谓鞠躬尽瘁。

从《易经衷论》和《书经衷论》来观察张英的思想，基本上属于程朱一系的理论范畴，不过有所损益而已。而其价值则莫重于几乎全部被睿智的玄烨所信服、所运用，并且取得了实际的历史功效，被载入史册之中。

三、张英的经学思想

历史发展的实际进程常常滞后于少数先哲的理论预设。尽管黄宗羲在明末即有《原君》之论，明确提出了皇帝的高度集权是阻滞社会进步的最关键、最核心的因素，“自秦以来凡为帝王者皆贼也”①，表示坚决反对封建君主专制集权的政治制度，但是，在他们身后兴起的清朝皇帝康熙等人再一次，同时也是最后一次将古老的中华封建帝国以及专制皇权推向了前无古人后无来者的巅峰状态。这是因为，黄宗羲等人的先知先觉，并未获取大多数汉族士大夫精英层的普遍认同，更为重要的是自秦代以来的基于铁器牛耕的农业生产方式此时尚未发生质变，与之相匹配的手工业、商业仍有一定的增长空间。同时，作为康雍乾盛世的开创者玄烨，其个人素质是自秦至明君王中比较优秀的一位。玄烨以他超出常人的聪明睿智和文治武功赢得了一大批汉族知识精英的钦敬和认同。张英自然也不例外。

张英的哲学思想，集中体现在《易经衷论》一书中，《四库全书总目提要》曾给予中肯的评价，并总结出该书的两大特点：

第一，以朱子《本义》为宗，兼采二程学说，而不“膠执门户之见”。

是书专释六十四卦之旨，而不及《系辞》、《说卦》、《序卦》、《杂卦》。每卦各为一篇，诠解大意而不列经文，大抵以朱子《本义》为宗。然于坎卦之“贰用缶”句，又以《本义》为未安，而从程《传》，以“樽酒簋贰”为句，则未尝如胡炳文等胶执门户之见也②。

因为张英的视界开阔，胸襟博大，没有门户之见，才能取得康熙的信任赏识、认同接纳。

第二，阐明观点，立论明白晓畅，以经解经，扫除歧见，“知汉代专门，不矜繁说”。

其立说主于坦易明白，不务艰深。故解《乾卦》“元亨利贞”云：“文王《系辞》本与诸卦一例。”解乾、坤《文言》云“圣人举乾、坤两卦，示人以读《易》之法。”如此扩充体会，盖以经解经，一扫纷纭轇轕之见，大旨具是矣。

① 唐甄语，转引自《方以智全书》第1册第2页。

② 《张英全书·易经衷论》。

《汉书儒林传》称费直惟以《彖》、《象》、《系辞》十篇，《文言》解说《上、下经》。知汉代专门，不矜繁说。英作是书，其亦此志欤?[①]

由繁归简，从艰深导向浅易，使庶务繁忙的康熙帝能够理解，心有所契，实现与最高当权者共识互信，以加深感情交流，也是张英的初衷。

四、对张英历史观的分析及皇权思想与批判

(一) 对张英“循环日新”历史观的分析

冯友兰在《新理学》中说：“中国自秦汉迄明清之历史中，朝代虽屡次变更，然其所代表之政体则俱属一类。就朝代之变更说，中国之政治，亦是日新。但就其政治所代表之类说，其日新是循环底。”[②]

张英所持的正是“循环日新”的历史观。张英不仅认为秦汉至宋的政权更迭遵循着“循环日新”的规律，而且自尧、舜、禹三代以来，也无不如此。

自三代以来，一圣人出而整理于前，经子孙用之数百年，未有不窳且败者。唐、虞以数圣人继世在位，故其器完整而又当。大禹忧勤胼胝之后，所谓“有典有则，殆厥子孙，关石和钧，王府则有”者，何其器之固哉[③]。

张英所秉持的是自司马迁、司马光而来的社会历史的一元“循环日新”论，与经典马克思主义的原始、奴隶、封建社会的三阶段论，生产关系与生产力、经济基础与上层建筑之间的矛盾统一关系，既有重合之处又有着鲜明的本质的区别。对于夏商周三代，张英评述为：

殆经数百年，至于桀而大坏矣。成汤为智勇之匠，以不竞不絿不刚不柔为炉冶而陶铸之，暨乎太甲以后，贤圣之君六七作。前者磨砻[④]，后者保护。越数百年而其器不坠。至纣又大坏极矣。盖积渐既久，朴者日漓，厚者日薄，拙者日巧，诚者日伪，荡检踰闲，至于怙侈灭义、骄淫矜夸者，种种而然。武王为敌胜之大臣，以燮伐为炉冶，加以周、召之辅弼，成、康之惠和陶染熏蒸，所谓“既历三纪，世变风移，仅得以四方无虞，予一人以宁”，心力亦几乎瘁矣。然后其器始完整而可用，至周末而又坏极矣[⑤]。

① 《张英全书·易经衷论》。

② 冯友兰著《新理学》，北京大学出版社，2014 年 1 月版 112-113 页。

③ 《张英全书·书经衷论·毕命》。

④ 磨砻：桐城方言词：指古代农耕文明中，对稻子的初加工：磨砻，推动砻子以破开稻子的外壳，为下一个程序：用碓臼舂出精米的深加工之预备。

⑤ 《张英全书·易经衷论》。

张英对夏商周三代政权更迭的高度概括性的论述，所使用的术语都是农耕文明中人们耳熟能详的生活生产的器具以及这些器具的工作过程及原理的名称。但所使用的分析与综合的思辨方法，既有对于二程《易传》的继承，又有突破与创新。

冯友兰说："《易传》中所说元、亨、利、贞，亦是说一事物存在之四阶段。尹川说：'元者，万物之始；亨者，万物之长；利者，万物之遂；贞者，万物之成。'但此四阶段只是成住之两阶段：元亨即成阶段，利贞即住阶段。"[①]

而张英能在二程学说的基础上，提出一个王朝的"毁坏"与"灭亡"，这对于康熙来说，无疑是个巨大的警醒。特别是提出其毁灭的原因是："盖积渐既久，朴者日漓，厚者日薄，拙者日巧，诚者日伪，荡检逾闲，至于怙侈灭义、骄淫矜夸者，种种而然。"对于转移自明朝中叶以来，愈演愈烈的"漓、薄""巧、伪""闲、偷""奢华堕落"和骄淫矜夸等社会恶劣风气，重新形成康熙朝中后期，到雍正及乾隆朝前期这长达近一个世纪的"简朴""厚重""诚实""仁爱"等社会新风尚，起到了巨大的影响与推动作用。而这种社会风尚的改变，对于中华民族作为当今世界绝无仅有的人口最多、历史最久且幅员辽阔的以汉族为主体的多民族共生共融的"大中华"族的最终形成，有着不可估量的意义！

张英对于历代政治权力构架的优劣取舍，所持的立场同理学家们相似：即"厚古薄今"或"贵远贱近"的意识形态。这种政治文化观，也可以看作是"复古"立新的策略性选择。他对秦至宋的政治是批评多于褒扬：

> 秦始皇亦知其坏也，而以卤莽灭裂治之，是故始经手而破。自汉以后，整理之术亦渐疏矣。然犹陶铸于高祖，磨砻于文、景；陶铸于光武，磨砻于明、章。至六朝之君，不知陶冶，惟事补苴，故用之数十年而辄坏。唐之器陶铸于太宗，而磨砻于开元之间。宋之器陶铸于太祖，而磨砻于真、仁之代[②]。

张英作为桐城籍理学儒士，继承了历代学者的理学传统，通过对于既往朝代的兴亡史的考察，找出"勃兴与毁灭"不断循环往复不已的关键因，素得出以下结论：

> 当其敝坏之时，气化衰，人心漓，风俗偷，水旱为其斧戕，盗贼为其螟螣。有一大匠者出，合天下为铜液而融化之，一呼一吸，一张一弛，或严或宽，或濡或烈，天下人蚩蚩然入其陶冶中而不自觉。久之而漓者还朴，薄者返厚，巧者复拙，伪者归诚。人心变于下，气化盛于上。岁丰而谷登，俗淳而盗止。天下为之

① 冯友兰《新理学·（七）四象》。
② 《张英全书·易经衷论》。

一变，殆其子孙日剥月削，而又大坏矣[①]。

张英认为：国家的主体是“民”，“民心”是通过老百姓的风尚来体现的，因此世俗民风好坏是考量一个时代兴衰的尺度。所以，治国理政者一定要扭住这个“牛鼻子”不放松。

张英的时代，是汉族世家大族族权再兴盛的时代，因此张英认为：

大抵风俗之坏，必始于世家大族，而后浸淫及于小民。故教人者必自世家大族始，……今欲整齐而化导之，莫大于分别善恶，使之有所感动，……即古人挽维风俗之大关键也。[②]

康熙朝中晚期，以张英为代表的清廷的政治文化思想倾向，对此后的清代桐城精英文化的发展方向以及桐城派的文学主张，都产生了直接的影响。桐城派就是“打着‘复古’的旗号，行改革创新之实的一种策略性主张。这种主张的提出旨在利用清廷尊崇程朱理学的文化政策，进而利用古文的号召力，纠正明末清初的不良文风。正如郭绍虞所指出的那样，“盖后世文人既以古文相号召，则势不得不取则于古作”[③]。方苞在戴名世的基础上，对古文进行了全面系统的总结，提出了“义法”说，不仅创新了中国传统文论，而且提出了“约六经之旨以成文”，取法周秦、两汉和唐宋八大家以及明代归有光的散文创作规范，使文人的为学与为文都有了遵循。“方苞也在倡导‘复古’的过程中，成功地实现了创新，并开辟了一条借着‘复古’来探索创新的路径。”[④]

（二）张英“皇极”思想与批判

处在中国封建社会的最后一个王朝的又一次勃兴的初始阶段，使张英得以从容地回首五千年中华古老文明，尤其是自秦始皇以来各个朝代以皇帝为中心的中央集权制度优劣成毁的关键奥秘，从而为康熙帝提出了一套可供参照的理论框架。这一理论体系，自汉唐宋明以来，曾被多次运用，而其中的玄机关键则在于对于“皇极”一次的释解各家迥异。从张英对《洪范凡二十条》[⑤] 的解释，并比较此前各代的解说，我们可以发现，张英的思想对于加强中央集权的制度建设所作出的不懈努力和杰出贡献。张英说：

《洪范》一书，治天下之大经大法备具如此。盖皇极者，握大柄之一人，以

---

① 《张英全书·易经衷论》。

② 《张英全书·易经衷论》。

③ 郭绍虞著《中国文学批评史》，中华书局，2013 年版。

④ 崔立中等著《桐城派心理学思想》，科学出版社 2015 年 5 月版，第 6 页。

⑤ 转引自《余英时文集》第十卷：《宋明理学与政治文化》一书，广西师范大学出版社，2006 年 5 月版。第 266-268 页。

位之尊，故谓之皇；以其比天之枢纽如北极然，故谓之极。五为九位之中，易之五爻，皆言君道。故《范》之五位皇极居矣。一人居中，以五行为根柢，以五事三德为功夫，以五纪庶徵经纬乎天，以八政五福六极纲纪乎人，以稽疑契合乎鬼神。错综天人，熔铸造化，使三才皆入于陶冶之内，而惟吾之所欲为。其言宏阔而精微，尧、舜、禹、汤不言之秘隐跃其中①。

张英将“皇”释解为“至高至尊的手握大柄的人君”；“极”比喻为“北极星斗”。那么，“皇帝”就从理法上具备了掌控天上与人间所有一切权力的资格。张英为代表的儒学精英分子，一方面继承了南宋朱熹政权理论学说，同时又将其向前推进了半步，结果适得其反，抵达了孔子所说的“过”，即过分了，超过了“九五之中”之“中”的边界。《朱子类语》卷七九“尚书二·洪范”说：

皇极非大中，皇乃天子，极乃极致，言皇建此极也。东西南北，到此恰好，乃中之极，非中也。但汉儒虽说作“中”字，亦与今不同，如云“五事之中”，是也。今人说“中”，只是含糊依违，善不必尽责，恶不必尽罚。如此，岂得谓之中②？

朱熹及门人的思想，当然是针对南宋初年围绕在高宗赵构周围的一群官僚通过“照着讲”：“皇极”为“大中”，而为其不思北图恢复的含容姑息、善恶不分，苟且江南一隅的国策提出的异议和批判。而朱熹之前的解释则显然是孔子所说的“不及”，即将“皇极”定义为普通人的标准，从而使皇权失去了领导力和号召力。余英时《皇权与皇极》云：“由于当时（南宋初）人是通过汉、唐注疏来理解《皇极》原文的，因此孔安国《传》和孔颖达《正义》实比原文更为重要。”

《洪范》“次五曰：建用皇极”，《传》曰：“皇，大；极，中也。凡立事，当用大中之道”③。“凡厥庶民，无有淫朋，人无有比德，惟皇作极”。《传》曰：“民有安中之善，非中不与为交。安中之人则无淫过、朋党之恶，无有比周之德。朋党比周，是不中者。善多恶少，则恶亦化而为善，无复有不中之人。惟天下皆大为中正矣”。④

---

① 转引自《余英时文集》第十卷：《宋明理学与政治文化》一书，广西师范大学出版社，2006 年 5 月版。第 266–268 页。

② 转引自《余英时文集》第十卷：《宋明理学与政治文化》一书，广西师范大学出版社，2006 年 5 月版。第 266–268 页。

③ 转引自《余英时文集》第十卷：《宋明理学与政治文化》一书，广西师范大学出版社，2006 年 5 月版。第 266–268 页。

④ 转引自《余英时文集》第十卷：《宋明理学与政治文化》一书，广西师范大学出版社，2006 年 5 月版。第 266–268 页。

《正义》曰：

不合于中，不罹于咎，谓未大善，有无恶行，是中人已上，可劝勉有方将者也。故皆可进用，以大法受之。大法谓用人之法，取其所长，弃瑕录用也。……其实天下之大，兆民之众，不可使皆合大中。且庶官交旷，即须任人，不可待人尽和大中，然后叙用①。

以上所引汉唐注疏与南宋高宗时期王淮的执政纲领，精神上相一致，显而易见。以“大中”释“皇极”主要即在追求均衡与安全，故《传》与《正义》都强调“安中之善”，“这一点基本上符合高宗‘主于安静’的要求，而王淮本人的相业也建立在‘示之以静’的中心观念之上。”②

从社会历史的前进性角度观察，张英在接受的朱熹的观点的基础上，又将它向前推进了半步，以今天的“法律面前人人平等”的标准观察，反而是一种历史的倒退。

周公与朱熹师徒将“皇帝”当作天下百姓的“标准”，也就是说皇帝应该是百姓的榜样，是“鞠躬尽瘁死而后已”的道德范型。观察张英的思想，他将“皇极”中的“权位”推向了极致，从而为高度集权专制的大清帝国的权力架构的建立提供了合理的理论依据。另外，张英还有对皇权加以神化的理论倾向，例如，“比天之枢纽如北极然”“惟吾之所欲为”③ 等语，一再表明皇权的“至高无上”与“无边无际”。

正是因为皇权对辅助或制约力量的相权无限度剥夺，与此同时也是由于相权的“主动弃守”，从而才使得清朝皇权达到空前的集中与独揽以致独裁。这一切，都是我们建设社会主义的现代法制文化所应该也必须加以辨别、批判和抛弃的。中国社会科学院文学研究所顾林说：“曾经的造人为神所带来的巨大的历史灾难”，是“中国社会与文化集权的病根”④。余英时说：

他（朱熹）驳孔安国误释“皇极”为“大中”，显然是对于钦定解释进行了釜底抽薪的摧破。他训“皇”为“君”，训“极”为“标准”，即“人君所以修身立道之本”，则尤具深意。这样一来，“皇极”竟成为约束人君的一种原则

① 转引自《余英时文集》第十卷：《宋明理学与政治文化》一书，广西师范大学出版社，2006 年 5 月版。第 266-268 页。

② 转引自《余英时文集》第十卷：《宋明理学与政治文化》一书，广西师范大学出版社，2006 年 5 月版。第 266-268 页。

③ “惟吾之所欲为”：皇帝可以为所欲为。

④ 顾林《在文学世界追求精神的高度——“史铁生的精神世界与文学创作”研讨会综述》，中国当代文学研究会主办《当代文学研究》1015. 1 第 43 页。

了。他一向不满意南渡以后高宗把君权提得太高，这代表了当时理学家的共同看法，所以张栻斥“秦汉以来，士贱君肆”，吕祖谦也抱怨“秦、汉以后，只患上太尊，下太卑”。他的“皇极”新解便是针对着这一局面而提出的⑤。

因为余先生认为两宋，特别是北宋，是中国历史上一个比较开明的时代，具有比较优质的政治文化生态。这个时代的三股政治力量：皇权、官僚集团、理学集团通过相互角力而达到了既相互依存又相对独立的平衡状态。

依此新解，则人君只需“修身”为民树一“标准”，此外更不必有所作为。很显然，他的“皇极”即是从“无极而太极”中“分殊”出来的，要求皇帝作无为而治的虚君。他将“皇极”如此反施于人君的身上，真是所谓“即以其人之道，还治其人之身”了①。

如果我们将颇具特色的宋代政治文化与清代作一比较，就不难发现：在政治相对开明的宋代，皇权、官僚集团和理学集团对于“皇极”的理解和运用各取所需，相异如此，恰好说明三者之间虽相互依存，也相互独立。而清代的康熙雍正乾隆三个皇帝通过一只手不断地规范约束满蒙皇亲国戚官僚集团过分危害政局稳定的违法行为，另一只手则用“文字狱”来镇压汉族理学集团，从而最终实现了皇权的空前集中和独裁。在这个权力转移的过程中，张英《书经衷论》的理论特别是“皇极”思想对康熙的影响显而易见。

参考文献：

[1] 余英时文集（一至十卷）[M]．桂林：广西师范大学出版社，2006.
[2] 中国当代文学研究所．当代文学研究 [J]．2013—2016.
[3] 崔立中．桐城派心理学思想 [M]．北京：科学出版社，2015.
[4] 郭绍虞．中国文学批评史 [M]．北京：中华书局，2013.
[5] 冯友兰．新理学 [M]．北京：北京大学出版社，2014.
[6] 侯外庐．方以智全书 [M]．上海：上海古籍出版社，1988.
[7] 大清皇帝——康熙 [M]．呼和浩特：远方出版社，2008.
[8] 桐城县志 [M]．合肥：黄山书社，1995.
[9] [法] 戴廷杰．戴名世年谱 [M]．北京：中华书局，2004.

① 转引自《余英时文集》第十卷：《宋明理学与政治文化》一书，广西师范大学出版社，2006 年 5 月版。第 266-268 页。

二祖慧可与禅宗初始的中国化

——兼述安庆作为禅源之地的依据和重要地位

余世磊

摘　要：达摩来到中国，传化禅宗，将衣钵传与二祖慧可。达摩禅法于如来禅向祖师禅的转化过程中，取到了一个极其重要的承接的作用。二祖慧可在继承达摩禅法的基础上，不断改造、完善和发扬，其禅法开始中国化，成为真正意义上的祖师禅。二祖慧可是在来到安庆这块土地之后，其禅法不断趋向成熟，并完成了他对禅宗初始的中国化，构建了后来中国禅宗的雏形，故说安庆作为“禅源之地”，名副其实。

关键词：二祖慧可；禅宗；中国化

位于皖西南的安庆，有“佛教圣地”“禅源安庆”之美誉。这是因为在安庆这块土地上，产生了许多高僧大德，演绎了许多禅门盛事。其中特别重要的一件事，是禅宗二祖慧可于南北朝末年来到太湖，在这块土地上，其禅法不断趋向成熟，并完成他对禅宗初始的中国化，构建了中国禅宗的雏形。二祖慧可被称为中国禅宗第一人，安庆被称为禅源之地。

一、二祖慧可卓锡太湖县狮子山，传衣岳西县司空山

关于二祖生平资料，目前学术界认为较可信的是唐道宣的《续高僧传》①，因道宣与二祖时代最为接近，且其采录资料是较为严谨的。

其后，《传法宝记》《楞伽师资记》《历代法宝记》《宝林传》《祖堂集》《景德传灯录》《传法正宗记》《佛祖统记》《佛祖历代通载》等佛教典籍对慧可

作者简介：余世磊（1970—）男，太湖县文化委员会主任科员。

① 《续高僧传》，或称《唐高僧传》，全书30卷。道宣认为慧皎《高僧传》中记载梁代的高僧过少，而需要作补辑的工作，于是经过相当时期的收集资料，写成此书。内容从梁代初叶开始，到唐贞观十九年（645）止的144年间，共写正传331人，附见160人，于贞观十九年完成。在成书后二十年间，陆续有所增补，又成后集《续高僧传》10卷

均有记载，补充了《续高僧传》的不足，但不可否认的是，后人神化和附会的成分也不少，缺乏令人信服的真实性。

《续高僧传》只写到慧可于北周武帝灭佛期间，与同学昙林护经像南下。对慧可来到今天安庆市太湖县（时属南朝陈国）及后来回北方的史实，均没记载。其他佛典资料有零星记载，但都不多。而旧《安庆府志》《太湖县志》中的记载较多，补充了佛典的不足。

结合地方志书，现在学术界一般认为：是在北周武帝灭佛的建德三年(574)，慧可为逃法难，从北方来到太湖县，并寻找先期南下的弟子僧璨。他先在太湖县城东凤形山建观音寺，稍作休息后，沿长河而上，在长河上游狮子山葫芦石坐禅，建二祖禅堂，后来上司空山（1936 年，国民政府设置岳西县，司空山划归岳西县）建二祖禅刹，并传衣三祖僧璨。北周大象二年（580），复行佛教，慧可回到邺城弘法，后被人陷害致死。

按以上观点，慧可在安庆约生活了 6 年时间。但也有部分学者认为慧可在安庆弘法时间可能更长，如太湖县学者周磊①认为：慧可乃大智之人，对当时佛教之难必有预见，可能会在法难之前南下韬光养晦，而不必等到法难发生这年。他认证慧可在保定元年（561）就南下了。这种说法也不无道理。如果慧可于保定元年（561）来到太湖，其在太湖的时间就近 20 年了。

二、达摩到来之前如来禅在中国的流行

禅宗作为佛教八宗之一，为佛祖所创。人们一般把佛祖在灵山会上拈花一笑，作为禅宗之滥觞。灯录有自迦叶尊者以来二十八祖，但禅宗在古印度并没有开宗立派，与其他宗派相并立，几乎没有什么理论著述，更谈不上系统。在达摩来到中国之前，中国大地上，也有安世高等人翻译出诸多禅典，依此修行者亦不乏其人，有如外道禅、凡夫禅，小乘禅、大乘禅等。这些禅都是依佛经而修心，渐进而有阶位，即如来禅。如来禅属先做后悟，在事中求，通过行为引导内心，达到解脱，未悟前以行动原则约束身心，直到完全契合如来藏妙心。

正如宗密法师在《禅源诸诠集都集》② 中所说："若顿悟自心，本来清净，元无烦恼，无漏智性，本自具足，此心即佛，毕竟无异，依此而修者，是最上乘禅，亦名如来清净禅，亦名一行三昧，亦名真如三昧。此是一切三昧根本，若能念念修智，自然渐得百千三昧。道摩门下，辗转相传者，是此禅也。"这最上乘

① 周磊，原安徽省太湖师范教师，著有《晋熙佛教文化》。本文引用观点，即来自《晋熙佛教文化》。

② 《禅源诸诠集都序》系宗密对禅宗诸家学说的总论，亦为其所编集《禅藏》的序文。收在《大正藏》第四十八册、《禅宗全书》第三十一册。

禅，即祖师禅，不立文字，以心印心，心心相传，顿超而可直入。祖师禅属先悟，遇事而得契合妙心，属机缘巧合得知无本无性，非从言语约束而是如实无所得，即契合本心。自达摩以下之禅法，为祖师禅，不落言诠；但是作为入道方法，仍然不可无言教。

如来禅几乎没有什么影响，后世修习者也甚少。而祖师禅，盛传于中国大地，真正形成极具影响的禅宗，理论体系极其完善而丰富，虽然自南宋后渐衰，但在今天的中国依然受到世人的青睐。

三、从达摩禅法到慧可禅法

达摩来到中国，以《楞伽经》[①] 教授学人，以此传宗。他的著作相传有《少室六门集》上下卷，还有敦煌出土地的《达摩和尚绝观论》《释菩提达摩和尚无心论》《南天竺菩提达摩禅师观门》等，也有人认为这些“当系后人伪托之作”[②]。

被后世认为可信度较高的《续高僧传》在为达摩立传中，简略记述了达摩生平，着重介绍了其禅法。其文如下：

菩提达摩，南天竺婆罗门种。神慧疏朗，闻皆晓悟。志存大乘，冥心虚寂。通微彻数，定学高之。悲此边隅，以法相导。初达宋境南越，末又北度至魏。随其所止，诲以禅教。于时合国盛宏讲授，乍闻定法，多生讥谤。

有道育、慧可，此二沙门，年虽在后，而锐志高远。初逢法，将知道有归，寻亲事之。经四、五载，给供谘接，感其精诚，诲以真法。如是安心，谓壁观也；如是发行，谓四法也；如是顺物，教护讥嫌；如是方便，教令不着。然则入道多途，要唯二种：谓理、行也。

藉教悟宗，深信含生同一真性，客尘障故。令舍伪归真，凝住壁观，无自无他，凡圣等一，坚住不移，不随他教，与道冥符，寂然无为，名理入也。

行人四行，万行同摄。初报怨行者，修道苦至，当念往劫，舍本逐末，多起爱憎，今虽无犯，是我宿作，甘心受之都无怨诉。经云：“逢苦不忧，识达故也。”此心生时，与道无违，体怨进道故也。二随缘行者，众生无我，苦乐随缘，纵得荣誉等事，宿因所构，今方得之。缘尽还无，何喜之有？得失随缘，心无增减，违顺风静，冥顺于法也。三名无所求行，世人长迷，处处贪着，名之为

---

① 《楞伽经》全称《楞伽阿跋多罗宝经》，亦称《入楞伽经》《大乘入楞伽经》。全名《楞伽阿跋多罗宝经》或《入楞伽经》。在汉译各本中，实叉难陀的译本与梵本比较接近。求那跋陀罗的译本最能表现此经的原始形态，流行也最广。

② 见《禅宗宗派源流》，吴立民主编，中国社会科学院出版社。

求。道士悟真，理与俗反，安心无为，形随运转。三界皆苦，谁而得安？经曰：”有求皆苦，无求乃乐也。四名称法行，即性净之理也。磨以此法，开化魏土，识真之士，从奉归悟。录其言语，卷流于世。

自言年一百五十余岁，游化为务，不测于终。

《续高僧传》没有写达摩与梁武帝对话、一苇渡江、只履西归等，再一次让后人增加了可信度。这样的故事也可能只是后人的演说，如果真的发生，道宣是不可能不记载入传的。道宣对达摩禅法的讲述，也应是是客观而可信的。

现在所能看到慧可关于禅法的文字，一是《楞伽师资记》中《齐朝邺中沙门惠（慧）可》中所记录慧可的《略说修道明心要法》①，其文录如下：

1.《楞伽经》云："牟尼寂静观，是则远离生，是名为不取，今世后世净。"十方诸佛，若有一人不因坐禅而成佛者，无有是处。

2.《十地经》云："众生身中，有金刚佛性，犹如日轮，体明圆满，广大无边，只为五阴重云覆障，众生不见。"若逢智风，飘荡五阴，重云灭尽，佛性圆照，焕然明净。《华严经》云："广大如法界，究竟如虚空。"亦如瓶内灯光，不能照外。亦如世间云雾，八方俱起，天下阴暗，日光岂得明净。日光不坏，只为云雾覆障；一切众生清净之性亦复如是，只为攀缘妄念诸见，烦恼重云，覆障圣道，不能显了。若妄念不生，默然静坐，大涅槃日，自然明净。俗书云："冰生于水而冰遏水，冰泮而水通；妄起于真而妄迷真，妄尽而真现。"即心海澄清，法身空净也。

3.故学人依文字语言为道者，如风中灯，不能破暗，焰焰谢灭。若静坐无事，如密室中灯，则能破暗，照物分明。若了心源清净，一切愿足，一切行满，一切皆办，不受后有。得此法身者，恒沙众生5莫过有一仁；亿亿劫中，时有一人与此相应耳。若精诚不内发，三世中纵值恒沙诸佛，无所为。是知众生识心自度，佛不度众生。佛若能度众生，过去逢无量恒沙诸佛，何故我等不成佛？只是精诚不内发，口说得，心不得7，终不免逐业受形。故佛性犹如天下有日月，木中有火。人中有佛性，亦名佛性灯，亦名涅槃镜。是故大涅槃镜，明于日月，内外圆净，无边无际。犹如炼金，金质灭尽，金性不坏；众生生死相灭，法身不坏。亦如泥团坏，亦如波浪灭，水性不坏；众生生死相灭，法身不坏。

① 《楞伽师资记》，又名《楞伽师资血脉记》，由唐净觉集于景龙二年（708）。本书记述禅宗以八代《楞伽经》相承传持之经过。我国禅宗初期，原有南北宗之分，而各宗所撰之传承史皆以其本宗为正统。本书即为站在北宗立场所撰述之初期禅宗传承史。由于初期宗师传法特重《楞伽经》，故名为《楞伽师资记》。

4. 坐禅有功，身中自证故。尽日饼尚未堪餐，说食焉能使饱？虽欲去其前塞，翻令后樨弥坚。《华严经》云：“譬如贫穷人，日夜数他宝，自无一钱分，多闻亦如是。”又读者暂看，急须并却；若不舍还，同文字学，则何异煎流水以求冰，煮沸汤而觅雪！是故诸佛说说，或说于不说。诸法实相中，无说无不说。解斯，举一千从。《法华经》云：“非实非虚，非如非异。”

5. 大师云：“说此真法皆如实，与真幽理竟不殊。本迷摩尼谓瓦砾，豁能自觉是真珠。无明智慧等无异，当知万法即皆如。愍此二见诸徒辈，申词措笔作斯书。观身与佛不差别，何须更觅彼无余。”

6. 又云：吾本发心时，截一臂，从初夜雪中立，直至三更，不觉雪过于膝，以求无上道。

7.《华严经》第七卷中说：“东方入正受，西方三昧起。于眼根中入正受，于色法中三昧起。示现色法不思议，一切天人莫能知。于色法中入正受，于眼起定念不乱。观眼无生无自性，说空寂灭无所有。乃至耳鼻舌身意，亦复如是。童子身入正受，于壮年身三昧起。壮年身入正受，于老年身三昧起。老年身入正受，于善女人三昧起。善女人入正受，于善男子三昧起。善男子入正受，于比丘尼身三昧起。比丘尼身入正受，于比丘身三昧起。比丘身入正受，于学无学三昧起。无学入正受，于缘觉身三昧起。缘觉身入正受，于如来身三昧起。毛孔中入正受，一切毛孔三昧起。一切毛孔入正受，一毛端头三昧起。一毛端入正受，一切毛端三昧起。一切毛端入正受，一微尘中三昧起。一微尘中入正受，一切微尘三昧起。大海水入正受，于大盛火三昧起。”一身能作无量身，以无量身作一身。解斯，举一千从，万物皆然也。

这里记录的只是几条语录，从内容上看，既有承于达摩之处，又有个人阐扬之说，符合慧可之经历和思想的某些特征，还是具有一定的可信度。

慧可另有与向居士（僧璨）的通信，见于《续高僧传》：

有向居士者，幽遁林野木食。于天保之初，道味相师，致书通好曰：

影由形起，响逐声来。弄影劳形，不识形为影本。扬声止响，不知声是响根。除烦恼而趣涅槃，喻去形而觅影。离众生而求佛果，喻默声而寻响。故知迷悟一途，愚智非别。无名作名，因其名则是非生矣。无理作理，因其理则争论起矣。幻化非真，谁是谁非？虚妄无实，何空何有？将知得无所得，失无所失。未及造谒，聊申此意，伏望答之。

可命笔述意归：

备观来意皆如实，真幽之理竟不殊。
本迷摩尼谓瓦砾，豁然自觉是真珠。

无明智慧等无异，当知万法即皆如。
愍此二见之徒辈，申辞措笔作斯书。
观身与佛不差别，何须更觅彼无余。

此诗亦收于《续高僧传》和《略说修道明心要法》。据《续高僧传》，慧可在邺城弘法险遭大难，而流落民间，以歌谣俚语等通俗易懂的形式和内容，向世人宣讲禅法。这首诗即使在现在读来，仍然较为通俗易懂，应是出自慧可之手，且这首诗可能写自慧可流落邺城民间时候。

四、达摩禅法是如来禅向祖师禅转化过程中的重要承接

禅宗由佛祖灵山会上教外别传，虽传西天二十八祖，但在印度，几乎没有什么影响，也没有相关的论述。其真正开宗立派，乃至蔚为大观，是在中国，从祖师禅的发端。

由如来禅转为祖师禅，达摩，是个重要的人物，他起到了一个承接的作用。

达摩禅法，根据《续高僧传》中述，可以用“二入四行”和“凝住壁观”来概括。用现在的话讲，就是理论与实践两者有机地结合起来。

达摩禅法的理论来源：达摩认为：“夫入道多途，要而言之，不出二种：一是理入，二是行入。”①

理入，即悟入佛法真理。要学习和悟解佛教经文理论，确定牢固的信仰。这是信解“文字般若”的阶段，是佛法修行的基础。不弄懂佛法教理教义，并把它们作为行动的向导和遵循的规范，就容易盲修瞎炼，事倍功半。尤其对于钝根之人讲，更是如此，这就是所谓“藉教悟宗”。

行入，不仅指修行，也包括在日常生活中的行为和表现。行入是要人通四行，即四个方面的修行、表现来达到觉悟解脱。四行，即一报冤行，二随缘行，三无所求行，四称法行。

达摩禅法的实践：就是“凝住壁观”。

语言文字终归是方便施设，是随机说法，有一定的相对性和局限性。若人们将所揭示的真理建立在自己心中，还必须进一步深入地实证参究，发掘自己的智慧潜力，思维现证，来契合佛法真理。彻达“实相般若”的阶段，是禅修的根本，这就是所谓“凝住壁观”。

达摩之“凝住壁观”，并不是简单地认为就是面壁坐禅。它指的是“外息诸缘，内心无惴，心如墙壁，可以入道。（摒弃一切的外缘，内心一点都没有喘息

① 见达摩《大乘入道四行观》。

波动，静下心来，使心如同一面墙壁一样，截止内外出入往来的妄动，然后以此来觉悟那颗本真之心。）”①

这种理论与实践方法是相互促进的。在实践中，既不能被其他言教迷惑，也不能固执己见，不断地丰富、发展、完善，做到“无有分别，寂然无为”。这是理论指导下的实践。在实践中检验真理，施行真理，而不是只停留在证悟的理论说教上。只有这样，才是真正的理入。

从以上分析中，我们还是不难看出，一方面，达摩的禅法还是不离如来禅的一些特点，譬如他要求依照佛教的经典来修行，特别强调以《楞伽经》为宗，从佛理上入，从行上入。其四行之说，都是佛在修行上强调的，在佛典中都能找到充足的理论依据。但另一方面，达摩禅法又开始具备了祖师禅的气象：首先，他强调“藉教悟宗”，是以《楞伽经》“诸佛心为宗”作为立宗的宗旨和立论依据，不同于以某些经典修习禅法、禅观的做法，具有划时代意义；其次，达摩“二入四行”之理论只是作为修行的参考，而修行方法则为“凝住壁观”，以此来观照自己的内心，这与如来禅藉经教名相来悟禅是有本质区别的；其三，达摩以不立文字、以心传心为传法方式，也开了中国禅宗的先河。

五、慧可禅法在达摩禅法基础之上的创造、完善和发扬

慧可作为学养深厚、根机超凡的一代大师，在接受达摩衣钵后，绝非简单地继承，而是结合中国文化加以发扬光大，即将它进行中国化。慧可禅法，开始摒弃达摩禅法中对经教的依赖和强调，而是突出“豁然自觉”，开始接近真正意义上的祖师禅。从中国人的角度上讲，他是中国禅宗的开拓者、创造者，是中国禅宗第一人。

依据《续高僧传》和《略说修道明心要法》，我们可以看出慧可禅法在继承达摩禅法基础上的创造、完善和发扬。

（一）一切众生具有清净之性，客尘不生自然显了

慧可少时就博览群书，“心好儒学，每赞仲尼②”。稍长，他又喜爱玄学，善谈玄理。每每叹息：“孔、老者之教，礼术风规；庄、易之书，未尽妙理。”③ 及至接触佛教，仍然未能解决心中之疑惑。

早在达摩到来之前，依教修心的禅法已在中国流传。道生（355-434）提倡“一阐提悉有佛性”等主张，肯定对慧可有所影响。如何是佛性？怎样才能具备

① 见明黎眉《教外别传》中《初祖菩提达摩大师》。
② 见唐智炬《宝林传》中《第二十九世祖可大师章断臂求法品第四十》。
③ 见宋道原《景德传灯录》中《第二十九祖慧可大师者》。

佛性？这些问题肯定也是慧可一直在思考追求的。他于香山寺出家后，曾游历各地，遍参名宿。但似乎没有他希望的结果，因此，他最后又回到香山寺，“怀道京辇，默观时尚（《续高僧传》）。”看来，他是希望通过默观来进行修行，来观照佛性。默观，从字面上理解，是沉默地观想，与壁观应有相似之处。

达摩来到嵩山，以壁观的方式修禅，这自然让喜欢默观的慧可产生浓厚的兴趣，而希望学习了解达摩的禅法。

达摩接受慧可为弟子，依《楞伽经》作为教材，又以自身壁观体验教导慧可。这使慧可进一步明了，一切众生同一真性，为客尘烦恼所障，不能显了，这也是《楞伽经》的主旨。

慧可以瓶内灯光、雾中日光为比喻，说明众生清净之性被客尘所障的道理：“如瓶内灯光，不能照外。亦如世间云雾，八方俱起，天下阴暗，日光岂得明净。日光不坏，只为云雾覆障；一切众生清净之性亦复如是，只为攀缘妄念诸见，烦恼重云，覆障圣道，不能显了。”

在慧可这里，达摩“二入四行”的理论已不再过分强调了，慧可更强调的是修行者通过不生妄念，而达到“自然清净”的境界，这已是中国禅宗“心性不二”“一念即悟”等思想的萌芽。这是对达摩禅法一个重大的发展。

（二）强调以坐禅来见性，但更重视身心自证

如何不生妄念，慧可认为可以通过坐禅来达到这种境界。因此，慧可对坐禅很重视，这是对达摩“凝住壁观”的继承。坐禅，是摒除外念、息灭念想之法。如慧可所云：“十方诸佛，若有一人不因坐禅而成佛者，无有是处。”因此，坐禅是行禅法的重要手段。这里，慧可直接继承并发扬了达摩的“壁观”。他认为静坐即可悟道，“若静坐无事，如密室中灯，则能破暗，照物分明。”

坐禅固然需要，但更重要的是靠身心的自证。他把那种执着名相的修心，以《华严经》云作比：“譬如贫穷人，日夜数他宝，自无一钱分，多闻亦如是。”

禅定之法，受到慧可的极大重视。慧可引用《华严经》中语“一微尘中入正受，一切微尘三昧起。大海水入正受，于大盛火三昧起”强调入正受的重要性。正受，又称禅定，是佛教修行方法之一。定心，离邪乱，谓之正；无念无想，纳法在心，谓之受。

这种思想应该也是慧可般若智慧开出的奇葩。他将修心的方法，由达摩禅法中依“二入四行”改为通过坐禅，以身心直接来证悟，进一步强调人的自悟、自证，不依外界和他物，直面内心。当然，这与后来慧能“只向心求”“顿悟见性”还是有一定的距离，但是慧可已经走到这见性的道路上来。

而到了慧能那里，他甚至否定、排斥坐禅，更强调“慧”，强调“般若”。从慧能起，禅宗教人不要打坐念经，只要自识本性，内心觉悟，所谓“菩提只向心觅，何劳向外求玄？听说依此修行，西方只在眼前①”。

（三）坚决反对文字说禅和一切名相

慧可作为“外览坟素，内通藏典”的大家，却几乎不见有著述流传下来。慧可或有如史书记载的《葫芦石秘记》的著述，因为年代久远，被遗失毁坏。

不见慧可著作，一个最重要的原因，应是慧可继承达摩禅法，他更明白佛祖当年的告诫，此法“不立文字，直指人心”。他尽量不用文字来表述自己的见解，怕后人误解，而更重视以心传心，消除一切名相妄念。

慧可所留些许文字，只是为了方便设施，因此，他也没有把文字看得重要，更不想将其付诸铅墨。

《续高僧传》谓慧可：“其发言入理，未加铅墨；时或缵之，乃成部类，具如别卷。时复有化公、彦公、和禅师等，各通冠玄奥，吐言清迥，托事寄怀，闻诸口实。而人世非远，碑记罕闻，微言不传，清德谁序，深可痛也。”由这段文字可知，慧可所说极其入理，但从来没有记录下来印成书本。偶尔写下来，也只把它当作并不重要之类，就像别卷一样。当时有化公、彦公、和禅师等人，学问都很高，经常和慧可交谈，亲耳听到慧可所说。至道宣写《续高僧传》时，已经隔了很久远的时间了，碑记上也很少有记载，没有留下很多的言语，来对他进行研究与追怀，在道宣看来，这实在是一件让人痛心之事！

慧可认为：“故学人依文字语言为道者，如风中灯，不能破暗，焰焰谢灭。”这也应是慧可不留文字的重要原因吧。

达摩虽然也说“不立文字，以心传心”，但他还是不离文字，譬如强调依《楞伽经》修行。而这一点，慧可比达摩做得更进一步，他身体力行，远离文字，真正展现了祖师禅的风范，也为后人树立了楷模。可叹的是，后代许多禅人反而陷入深重的文字禅中，而离真正的禅越来越远了。慧可曾不无感慨地说：“此经四世之后，便为名相，一何可悲！”慧可当年所感悟和宣扬的禅法，也许比后世某些禅人的禅法，更接近于禅本身吧。

六、慧可禅法是来安庆后进一步趋向成熟而完成对禅宗初始的中国化

达摩来到中国，带来“教外别传”的禅宗，应该讲是一种全新的事物。达摩以“二入四行”教人，不仅重视坐禅，而且重视教理。他要求通过壁观，认识自我本有的“真性”，在实际上达到无爱憎、无得失、无悲喜、无是非、超脱一切的精神境界。无论是在南朝还是在北朝，一时并不为中国人接受，以至与梁

① 见《坛经·疑问品》。

武帝谈得不欢而散。达摩进入北朝，也只能九年面壁于少林寺。

慧可继承了达摩禅法，到邺城一带传法，自然给北方地区的传统佛法以重大冲击，虽然吸引了不少徒众，但还是受到官方禅师及官方的反对，甚至迫害打击，而流落民间。在民间，对达摩禅法进行改革创新，与中国人的生活和中国文化相结合，使之更容易为人接受，是慧可不得不考虑的问题。

周武灭法，对佛教是一次劫难，但也未必全是坏事，它必然引起佛教界的反思。慧可肯定也有过这样的反思，如何让新兴的禅宗生存并发展下去？南下太湖县后，他接受以前传法的教训，深入山中，与众生打成一片。这是一片文化的新天地，南朝的文学、玄学、经学、史学、佛学、道学都较前期有很大的发展，展现出其独有的特点。譬如：南朝重礼学，反映门阀世族的要求。治经方式上则受佛教讲经影响，流行讲疏、义疏体裁，成为介于义理与训诂之间的经学著作。玄学清谈在士大夫中流行，而南朝僧人也往往兼通外典，喜作玄学清谈。慧可也必然将禅法融入这南朝的文化中，使之为更多的人接受，特别是受到底层百姓的信服，从而实现从乡村向城市、从下俚向上层的包围和渗透。也就是说，慧可从北朝到南朝，为他对禅宗的中国化提供了一个新的契机，进一步促进了禅宗初始的中国化。

达摩作为一位外国人，语言的障碍，文化的隔膜，使得他无法在这上面能有更多的作为。他来到中国，很长时间在嵩山石洞里作壁观，等待着慧可的到来。将禅宗中国化，在中国获得更大的发展。这个任务也只有慧可及其后来者来完成。

中国禅宗从慧可而传僧璨，至道信、弘忍，是为初始期，而至慧能手上成熟起来。

七、结　语

总之，慧可禅学，为中国禅宗的发展和成熟奠定了坚实的基础，开启了一次般若智慧的远航。正如法琳法师评价慧可所说的那样："夫思不可得，恻不可知，唯禅门之法乎？故无形无相，潜流沙界，使有情者归于妙觉，味道者普会于真如。或开小也言说，或谈大也不二，无心即心，即色非色，至如乘幽入微，处默显寂，卧佛性海，登涅槃山，暗而惟明，凡而大圣，其谁能之，可禅师矣！①"

慧可作为中国本土第一个接受禅宗大法的祖师，是在南来太湖县后，其融有东方智慧的禅宗思想逐步成熟，已为中国禅宗确定了雏形。达摩西来的禅法，经

① 见《宝林传》中《慧可大师碑文》。

二祖以及后来历代祖师的弘扬、传播，最终得以在中华沃土上生根发芽，开花结果，形成了具有中国特色的一大宗派——中国禅宗。

赵朴初居士说：“达摩是印度人，慧可才是中国禅宗第一人。”“没有慧可，就没有中国的禅宗。”① 当然，这里也不是完全以国籍来确定慧可的，而是说禅宗是经过慧可开始中国化，具备中国人的智慧，与中国文化相融，并成为中国文化的一部分，真正在中国立宗成派。

安庆，因二祖开创中国禅宗而成为“禅源之地”。唐宋时期，禅宗又在安庆再掀热潮。安庆之禅宗历史文化，在中国佛教史和禅宗史上占据着重要篇章。弘扬、开发安庆禅宗文化，对于推动安庆文化旅游事业的发展和构建和谐社会，必将发挥其不可替代的积极的作用。

① 1990年，赵朴初居士回安庆市视察佛教工作，在太湖县、岳西县发表讲话。见殷书林主编《禅源太湖》，安徽文艺出版社.

崇儒浚源 厚德行远

——在探讨"家风"的背景下对周馥治家宝训《负暄闲语》的思考

张峪铭

摘 要：周馥家庭是近代中国最显赫的家族之一。这个家族之所以人才辈出，百年不衰，其实在于其重视家风传承。而周馥作的《负暄闲语》，就是周家的治家宝训。书中从12个方面对子孙提出了要求。文章从敦厚以待人，公正以处事；崇儒以浚源，积德以固本；齐家以继世，爱国以行远三个方面进行诠释，从而梳理出家风对于一个家族，乃至整个民族的重要意义。

关键词：家风；崇儒；厚德；公正；爱国

初识周馥的《负暄闲语》时，我脑中顿时想象出一百多年前在东至县纸坑山下，一个小山村的场景：一白发苍髯老者，着长衫马褂，坐在庭院里，背晒着暖融融的太阳。一小孩，伏在老人膝上，支颊而问，老人殷殷作答。黄发垂髫，一老一少；闲适弄孙，怡然自乐。老者，系玉山老人周馥；少者，是周馥之孙周叔弢。

我再次捧读北大教授孟繁之点校的《负暄闲语》时，已不再是一个图景的想象了。我思考一个家族"人才辈出，五世不衰"的密钥到底在哪里？合卷沉思，在《负暄闲语》能找到答案。《负暄闲语》虽是祖孙问答随笔，但涉及人生十二个方面。玉山老人认为可将它作为治家遗训，若子孙"能谨守数语，终身不失，亦必受用良多"，希子孙"幸毋忽忘，负我厚望"。

周馥作为晚清重臣、李鸿章重要幕僚，他官至两江总督，宦海沉浮，必有独到的见解；人生得失，岂无深切的感慨？他写的《负暄闲语》不是为后人找人生的捷径，而是让儿孙懂得人生的坚守。

作者简介：张峪铭（1965—）男，安徽省示范高中东至三中教研室副主任，高中语文高级教师，市学科带头人，省教师培训专家库首批成员，东至周氏文化研究会成员，省作家协会会员。

一、敦厚以待人，公正以处事

其实人在天地间有许多不易之处。从字体看，“人”字一撇一捺，貌似简单，其实蕴含着大道理。一撇不过是基本生存，一捺才是站稳脚跟。在周馥看来，这一捺就是“敦厚与公正”。

“厚”有不忍之义，有恻隐之心，有恭敬之情。周馥认为“君子待人固厚”，不但对家庭骨肉、亲友、乡党要心存厚念，在职场上也要以不失厚道为本。周馥24岁入李鸿章幕府，因“用心极细，虑事最精，且廉正有魄力”，深得李氏赏识，但限于科举功名，李氏几次举荐，周馥皆得不到上面的重用，最后“官兴已阑，愿就幕职”。可在周馥丁母忧回籍时，当时的两江总督沈葆桢，锐意革新，知道周馥的才干，想委以重任。周馥坚辞不受说：“李相国待我最厚，我既出山，安可无端弃北而南也。”他丁忧期满后，还是做他的幕僚去了。

官场上职位晋升，可谓是最得意之事，尤其对失意之人，可周馥宅心仁厚，不计利害，不“弃北而南”。这种“敦厚基因”，在他的后人中也多有体现。如他的曾孙周一良，为人论学注重大端，取法乎上，心存仁厚的本性。作为历史学家，他的笔下虽有臧否，但绝无任何轻诋、谩骂的词句。对于前辈、同侪及后辈的著作，他亦每每见贤思齐，由衷赞誉，不时加勉、取法，毫无半点嫉妒之心。即使对他“迫害和折磨，态度之凶恶、手段之粗暴”的人，他也是“相逢一笑泯恩仇”。

《负暄闲语》认为，处事上“大凡人存心公正，则虑事详审”。《说文解字》说：“公，平分也。”“分其厶以与人为公。”周馥对待家事，唯守素节用，淡泊处之。“一身行止，唯义是视，从不趋利避害。”存公心，即使患难，可辞而不辞；遇及富贵，可就而不就，内心方能坦荡如砥。他认为“违义而荣，不如守义而困”。他历数自己在官场遭人陷害、排挤，感慨：“倘当时见义不明时，稍有依违，抱愧终身矣！”

想想当下有些人，假公之名，行私之实，何谓处事？所谓处事，就是处理人与人、人与社会、人与自然的关系，不存“守正”之心，事理不能洞明，无位之时，贪名躁进；有位之时，轻举更张。最后事与愿违，悔之晚矣。

二、崇儒以浚源，积德以固本

周馥在《负暄闲语》中嘱咐后人“儒者修己治人，人道也……我家子弟，总以专重儒修为主，不可邪趋旁骛。”书的开篇就谈“读书”，并且以孔子的《论语》为例来作分析。可见周馥对儒家思想是相当推崇的。周馥认为读书的目的，就是儒家提倡的“修身、齐家、治国、平天下”，这是一个有层级且相当明晰的人生目标。基本目标就是修身，让自己强大；近期目标就是齐家，让家庭和睦；中、远期目标就是治国、平天下。

周馥认为君子体道“眼觑千古之上，心契造化之微”，这就是要子弟做人做事从小要树立大格局，格局大，方可做大事，成大事。周馥的说法与孔子的“君子不器”有相通之处。气量大、格局大，境界就自然高了。周馥以后，周学熙、周叔弢、周一良等子孙，做事、做学问，几乎都体现出了这一点。

周馥崇儒还体现在子孙学习内容的选择上，他将孝和悌放在首位，认为二者是为仁之本，也就是说子孙应当从日常家居生活的一言一行、一点一滴做起，才是儒家“修齐治平”的关键。周馥认为孝悌之后，仁是人生处世的关节大本，他告诫子孙要将心态放平，正心诚意，仔细参悟。从周一良“日课”安排中可知，弢翁将《孝经》《论语》作为儿子的开蒙读物，可谓对祖父的教诲笃信不疑。

儒学将个人、家庭、社会作为三位一体的人生目标，而周馥崇尚儒学，认为人不能独立于家庭与社会之外，随着目标的逐步实现，将“公”这个点逐步从内心外移，达到克己、保家、兼济天下的境界。这种外移，是目标的流转，是福泽的扩散，如茹兰溪流，流到江河，最后汇聚大海。

周馥其实从小也深受儒学的影响，而今周馥将儒学这个溪流正式引入了周家的后花园。以至于他的儿子周学熙得以在这个“后花园”中，承父志办“悫慎精舍”，设师古堂，其目的是“使本支子弟，藉文字为观摩，所以增学问而振家风也”。

《礼记》里说：“恩者仁也，理者义也，节者礼也，权者知也，仁义礼知，人道具也。”人没有这些道具，其行弗远。这与“厚德载物”是同一道理，德如舟，舟有多大，就能驮载多少物。若德之不厚，舟小如叶，能承载多少名利?

这不得不讲周氏家族积德行善。《负暄闲语》要求子孙“行善以能兴学、教人为上，周济孤寡次之”。并列举自己捐建本邑文庙；成立“乐济会”，周济族戚孤寡；用“孝友堂”田租，专留济本支子孙、孤寡与极贫者欲进学堂而无资者。后来他又给池州府中学堂和建德小学堂捐款，直到力歇财罄。他告诫子孙：“他日即不能扩充善举，断不可使已成之业废弛中辍，致负孤寡之望。”

几百年人家，无非积德；第一等好事，还是读书。周氏家庭五代书香，百年家风不坠，可以说做到了崇儒以浚源，积德以固本。

三、齐家以继世，爱国以行远

齐家，也即治家。周馥在《负暄闲语》中论治家之道，在于“勤、俭、和，之外还要诚”。他用实例从反面说明，勤俭持家是根本，若家庭不和，持之不久；若勤俭、和睦皆做到了，但接物行事，心存险诈，欺天罔人，那么其子孙多顽劣不寿，家业荡然。他认为，大凡处家庭之间内宜和、外宜严。和之道在于忍，严之道在于整。整不是一味严厉，而是长幼有序，夫妇相敬，子弟出必告，返必面。做到治家必严，严而有度。

周馥虽崇儒家思想，但不耻于言利。他认为“谋生之术，以利稳而能持久为主，不在所获多寡”。他将“谋生”作为“修齐治平”的基础，他说，“人有此身，有父母、妻子，焉得不谋生？常见有因贫而丧其所守者多矣。”

基于这样的理念，周馥摒弃了“文不经商，士不理财”的迂腐思维，将一生做官中累积的财产，分摊给六个儿子，让他们不仅在勤、在俭，更重要在诚、在和，和气方能生财。他告诫子孙，“富贵之家，苟能世守敦厚，不忘贫贱素风，则后世虽微，尚不遽至大败。”周馥子孙谨记父训，勤俭持家，诚实经营，声誉日隆。周学海经营的盐业给周家带来了第一笔巨额财富；后来周学熙创办近代企业的盈利，成为周家最为重要的财富。可以说庞大的经济后盾是周家人才辈出的重要物质基础，为周家延请名师来课子教孙提供了优越的条件。

可让人不可理解的是许多家族的财富在人事相隔、时代变迁中化为乌有，可周氏家族却能“独善其身”。

这不得不说周氏家族的家国情怀和与时俱进的精神。家庭观念在中国传统文化中有着重要的地位，“家庭、家族、国家”，这种“家国同构”的社会政治模式是儒家文化赖以存在的社会渊源，古人“修齐治平”的个人理想，反映了“家”与“国”的同质联系。周馥在《负暄闲语》中写道，做任何事，“先审此事于国有益否？于民有益否？即有益矣，能持久而别无流弊否？斟酌已定，义当举办”。“若为国家事牵就敷衍，欲速见小，必贻祸于国，且最终不利于己。”

这不得不让人感叹，一个晚清旧臣，始终将国家利益置于心中，这种境界其实就是“明大局、晓事理、懂深浅，而不计较个人得失”。如他处理直隶全省教案时，“但求有益于国于民，何尝计及一己利害？”即使遇外人要挟，也从未“稍损国体”“稍拂民心”。最后“官民有不尽知我用意者，事后始服”。

儿子周学熙为国家利益计，有“以滦收开”义举。孙子周叔弢毕生倾其所有，广搜善本孤本。他不是沽名钓誉，标榜自高，而是不让书籍遭到损害和流失到海外。他在“手订书目”上叮嘱子孙，这些“……实天下公物，不欲吾子孙私守之。四海澄清，宇内无事，应举赠国立图书馆，公之世人，是为善继吾志”。新中国成立后，他将“珍秘之书”全部献出，没有保留一部。“苟利国家生死以，岂因祸福避趋之。”将国家、百姓放在心上的人，自然得到国家与百姓的最大的保全。

厚德方能载物，爱国才能行远。周氏后人，在国家风雨飘摇中，没有一人走入歧途，且懂得与时俱进，几乎全部在文化学术界发展，并在各自领域为新中国做出了突出贡献。有人统计，周家的人才之广、教授之多，可办一所中等规模的大学。

周氏家族，百年不衰，周家的首席代表周馥的家训宝典《负暄闲语》可以说功不可没。尽管书中有一些糟粕，但我们既不能用现代人的眼光对古人求全责备，也不能厚古薄今对先人蓄意拔高。古代先贤，也如我们一样，是一个时代的承接者，也是一个时代的传承者。正如习近平所言："优秀传统文化是一个国家、一个民族传承和发展的根本，如果丢掉了，就割断了精神命脉。"应理性地看待传统文化，既不做文化虚无主义的信徒；也不做文化复古主义的"粉丝"。

基于此，对《负暄闲语》，我们应汲其精髓，剔除糟粕。

参考文献：

[1] [清] 周馥．负暄闲语 [M]．孟繁之点校．北京：中国书店，2013.

[2] 习近平．强调干部家风建设　弘扬优良家风做好社会表率 [EB/OL]．(2016－12－15)．cpc. people. com. cn.

[3] 周景良，孟繁之．曾祖周馥 [M]．太原：三晋出版社，2015.

桐城桂林方氏家族之家庭教育与家训

宋豪飞　丁伯文

摘　要：中国历史上诞生出众多著名的文化世家，他们为研究中国传统文化提供了很好的切入点。明清时期著名的文化世家桂林方氏家族，极其重视对子弟的家庭教育，不但以礼修身持家，还有文化知识的启蒙教育；家族成员还撰写《家训》告诫子弟，以诗礼传家，培育家族优良的家风。这一点对于继承和发扬传统文化、对于解决当前的家庭教育问题颇具启示意义。

关键词：桂林方氏家族；家庭教育；家训

一、问题的提出：传统文化与文化世家

当前，传统文化受到社会的普遍重视，继承和发扬优秀的传统文化，显得尤为重要和迫切。如何对待中华民族传承数千年的传统文化，如何汲取传统文化中的精华，更好地为社会的发展服务，提高我们的文化软实力，提高我们民族的整体素质，是摆在我们面前的又一项重大课题。传统文化博大精深，需要多角度多层面寻找切入点予以剖析和研究。钱穆先生曾明确地指出：“‘家族’是中国文化一个最主要的柱石，我们几乎可以说，中国文化，全部都从家族观念上筑起，先有家族观念乃有人道观念，先有人道观念乃有其他的一切。”这样的观点已为学界所共识。也就是说，对家族的研究为我们认识和探讨中国传统文化提供了一个重要的路径。这里，有必要再强调一下，家族只是一般意义上的基于父系血缘关系为纽带的群体组织，其概念较为宽泛，毋庸置疑，家族对研究传统文化具有重要的认识意义。但是，对传统文化具有创造性并不断传承与发扬光大的、对传统文化做出重要贡献的，却是那些声名显赫的文化世家。当一个家族繁衍生息、人才辈出、成就卓著，重视家族文化的发展与积淀，形成独特的门第风范，产生较大地域甚或全国范围的影响力，这样的家族才称得上是文化世家。

作者简介：宋豪飞（1970—）男，安庆师范大学文学院副教授；丁伯文（1990—）男，安庆师范大学文学院硕士研究生

而今，人们对历史上文化世家的研究越来越广泛，对文化世家的认识也越来越深入，之所以会出现这种研究热潮，是源于当前人们对传统文化的认识与传承有关，也源于人们对现实中关于家族发展所存在的诸多问题需要寻求解决之道。比如说，家庭教育、家风家训、家族伦理、家族意识、家学传承等等，这些问题或许并不一定都适合当下社会，却是传统文化的组成部分，我们可以从中获得有益的启示，并用以反思当今社会家庭发展过程中所存在的困境。我们的社会迅速发展，经济繁荣，科技进步，人们的物质生活有了极大的提高，正在迈向小康社会，但是，我们也不得不很痛心地说，当下整个社会存在着很严重的精神危机——社会公德意识、个人道德品质修养、人们的精神信仰、甚至人性的本真等许多方面，或缺失，或沦丧，或低下，或错乱。社会物质发展与丰富的同时，带来的却是人的精神的空虚与迷茫，人的极端物质化将给社会带来致命的灾难性后果。这些都是我们所不愿意看到的现象。有人说，儒家思想能够拯救我们的社会。笔者在此无意探讨这个问题，我们传统文化中的确有着许多值得今人继承与发扬的精华所在，有着大量的圣贤先哲的智慧可以汲取，为我所用，例如，儒家的礼教思想尽管有其糟粕，有其为统治阶级所利用的方面，但是，一个人为人处世需要一定的礼仪，需要一套行之有效的道德行为规范来约束，社会也需要一套明确的秩序以稳定统治与和谐发展。那么，“礼”的教育也就有了存在的合理性和必要性了。文化世家极其重视家庭教育与家族伦理，恪守礼教，以“礼”修身齐家，培养子弟优良的素养，由此再延展到治国平天下。礼教中所包含的孝悌思想，对父母尽孝，感恩父母回报父母的恩情，要兄弟友爱，注重手足之情，如此等等，这都是当今每一个家庭需要思考的话题。

文化世家区别于一般家族的地方就在于文化世家具有深厚的家族文化的积淀和文化底蕴，就在于文化世家具有良好的家族品质和高贵的门第风范。因此，我们现在要大力弘扬优秀的传统文化，就有必要先认真地了解传统文化及其优秀的部分。将文化世家作为切入点，以此剖析传统文化，并反思当今社会所面临的家庭中出现的诸多问题，就显得必要而急切了。

桐城桂林方氏家族以科第、仕宦、治学、研文、习艺著称于世，以诗书传家，重视教育，笃守忠孝，以孝持家，门风谨严。仕宦者皆有政声，竭忠为国，秉直为臣，不畏权贵，关注民生，是为循吏，皆有嘉论。其家学渊源深厚，在文学、学术、书画艺术等方面皆扬名于世。我们无论从何种角度来衡量这一家族，都当之无愧称得上是著名的文化世家。今笔者着力于对桂林方氏家族的家庭教育和家训等方面予以探讨，试图了解明清时期方氏家族发展成为全国著名的文化世家的根本缘由和内在动力，这或将对我们思考当前社会的家庭教育有所启发。

二、方氏家族的家庭教育

每个人的成长与其自幼开始所接受到的家庭教育密切相关，甚至产生终生的影响，这一点古今中外人们的看法应该都是相同的。

中国古代的家庭教育，也就是指在家庭中所实施的教育，通常是指父母对子女或其他年长者对晚辈所进行的教育，同时也包括家庭成员之间的相互学习与影响。在教育内容上，既有文化知识的启蒙教育，又有道德准则和伦理关系的行为训练。当然，家族教育也包含以科举为目的的明确指向。毕竟，封建社会世家大族因科举而兴起，因仕宦而隆盛，为了保持家族的地位，往往十分重视对子弟的教育，通过家庭教育，诗礼传家，从而推动了家庭的巩固与发达，维持着家族的兴盛与显耀。

桂林方氏家族自始迁祖方德益迁籍桐城，二世方秀实（官彰德主簿）、三世方谦（官望亭巡检）、四世方圆（官宣抚使）俱仕宦于元朝，虽因材料不详，无法揣测其家庭教育的具体情况，但是我们由二世、三世、四世都为官的事实，还是能明确断定方氏极其重视家庭教育的。

五世方法出生于明朝建立之年（1368），两岁时，父亲方圆便去世了。当时明朝初定，时局仍旧动荡不宁，读书人纷纷弃文从武，试图以军功获取功名。但方法的母亲程氏却独具慧眼，在方法逐渐长大时，她教育方法"务以儒术亢宗"（《桐城耆旧传》卷一），必须走读书考科举这条正途，以此步入仕途而光宗耀祖，并使家族发达起来。她仅靠"纺绩"的微薄收入来"资公使学"，尽全力供养子女专心读书。正是在这样的家庭教育下，方法最终不辜负母亲的殷切期望，乡试中举，被授予四川都指挥使司断事，从此步入仕途。他也成为自明代始方氏家族通过科举获得功名第一人。封建时代治国平天下，是需要"儒术"的，隋唐以来通过科举考试选拔官吏成为士人进身之阶。至六世方懋重视教育，家教得法，"训诸子厉学"，对子辈自小开始严加管理，严厉教育，子孙也勤奋刻苦学习，五个儿子皆有教养才学，被人称作"五龙"，其中方佑、方瓘中举而步入仕途，门第开始显贵，方氏良好的家庭教育得以继承，并世代相传，以至于家族走向显赫，成为江南望族。

我们再以方维仪对方以智的教育为例，来探讨方以智少年时代所受到的家庭教育对其产生的重要影响。

方以智天资聪颖，博学多才，《清史稿》其本传写道："以智生有异禀，年十五，群经、子、史，略能背诵。博涉多通，自天文、舆地、礼乐、律数、声音、文字、书画、医药、技勇之属，皆能考其源流，析其旨趣。著书数十万言。"侯外庐称其为十七世纪百科全书式大学者，当名副其实。然而无论怎样的天才人物，除了个人的天赋“异禀”之外，还须接受必要的正式的教育，且后天的教育尤为重要。此理自古皆然。

方以智青少年时代读书为学曾受教于两位业师，他十五岁时师事白瑜，学习经史；十七岁时从学于王宣，二人对其学术人生影响极大。但是，据任道斌先生《方以智年谱》可知，方以智六岁即知文史，七岁能赋诗，九岁善属文，学平仄，十二岁时咏六经。那么，方以智这些知识又是如何获得的呢？探究其源，我们可以肯定，方以智少年时代（十五岁从师以前）所接受的知识当全部来自家庭教育，即源于家庭父母尊长的教导，其中自然包括仲姑方维仪的谆谆教诲、辛勤培养。

方以智曾祖方学渐即是著名的学者，有志洛闽之道，融贯诸家，阐明性善之学，讲学四方，晚年兴办桐川会馆，布衣振风教，为桐城学风的昌盛做出了贡献，人称明善先生。他在方以智五岁时去世，对方以智应该没有多少直接的教育。祖父方大镇曾任万历朝大理寺左少卿，学有本源，尊父明善之教，倡性善之旨，人称文孝先生，于方以智二十岁时去世。其父方孔炤为万历四十四年（1616）进士，崇祯朝升任湖广巡抚，终生勤学，老而弥笃，著述甚丰，作文以见心明道、经世致用为旨。母亲吴令仪亦具才华，善书、琴、字画，“师事清芬阁，诗翰甚美”，年仅三十病逝。外祖父吴应宾学通儒释，精于西乾，“乡居四十载，惟闭户著述，深于性命之旨……从古从今，辨析不爽”①。我们有理由相信，正是世代理学的传承，家学的累世积淀，家学家风的浸染和熏陶，尊长言传身教，励志勤学等因素使得方以智自幼便耳濡目染，开始接受启蒙教育，这都必将对其人生道路及学业发展产生根本的影响。当然，祖辈、父母的启蒙教育实为重要，但是，尊长之中，尤其需要特别指出，对方以智的抚养与教育，甚或产生较大影响的还有一位人物，那就是其仲姑方维仪。

方维仪十七岁嫁与同乡文士姚孙棨为妻，时姚孙棨已是重病缠身，不久病故；她产下一遗腹女，不幸九个月后夭折，这令其悲痛欲绝。其后婆家不便居留，她遂归家守志清芬阁，与姊方孟式、堂妹方维则并称“方氏三节”。明天启二年（1622），方以智母亲吴令仪不幸病逝，父亲方孔炤又长年宦游他乡，当时，方以智十二岁，大妹子耀（一作子跃）九岁，弟其义才两岁。方维仪是年38岁，孀居已20年。于是方维仪便主动担当起教养侄儿辈的重任。

方维仪不但在尽一位母亲般的抚养子女的责任，而且还在尽一位家庭教师般的教育子女的责任。《桐城方氏诗辑》卷一“小传”记其“教其侄以智，俨如人

① 胡必选：《康熙桐城县志（卷四）》，江苏古籍出版社1998年版，第115页。

师”。而所教授之内容，方以智曾写道：“智十二丧母，为姑所托，《礼记》、《离骚》皆姑授也。”（《清芬阁集跋》）当然，我们有理由相信，方维仪所讲授的内容，除此之外应该还有更多的典籍。她将自己的全部知识悉心传授给子侄们，这也被视作她的本分职责，也是情理中事。她在教授学问时态度严肃，神情庄重，以至于“弟、侄进见，无敢不肃”①，教学之严，堪比“人师”。方以智最终不负仲姑期待，于明崇祯十三年（1640）考中进士，后授翰林检讨，达到人生辉煌的顶峰。只是遭遇甲申国变，命途多舛，最终被迫出家。但他是以一位著名的文学家、思想家、科学家和书画家而留名青史的，具有多方面的显著成就，流芳后世。

方以智弟方其义自幼聪颖异常，“未入塾，能辨四声，属以对句，出人意表”，长大后学识广博，享有诗名，与兄方以智并称，而且“博洽多艺，临池篆刻，击剑弹棋，无所不工”，“又矫捷多力，挽强善射”②，书法也为里人所珍藏。侄子们的成就显然凝注着姑母极大的心血。令人痛惜的是，明朝灭亡五年之后，方其义抑郁而终，年仅三十一岁。其子方中发才十一岁，遂成孤儿，由祖父母抚养。祖父方孔炤亲自教之以“礼”，严格用传统礼教来培养他，要把孙儿训练成为官宦之家有教养的一代。钱澄之与方孔炤、方以智父子交往密切，熟知方氏家事，他曾写道：“盖有怀母氏既前殁，独大母相依，朝夕于大父膝下，惟礼是训，习与性成，故自少至壮而老，一切皆以礼自持。吾尝见其于事之当为者，不肯过承，亦不肯终诿也；于费之必需者，不失于滥，亦不失诸吝也：一惟准诸礼而已。”方中发在祖父的殷切教导下，终生处世“以礼自持”，干练老成，对此，钱澄之也为之由衷感叹：“方氏自明善文孝以来，世称孝友，此虽其家教有然，而有怀生平崇礼之事，亦略可睹矣。”认为这是方氏家族“家教有然”，良好的家庭教育的结果。方中发在伯父方以智逝世后，更加孝事伯母，伯母视其亦如同亲子，“宜其于邑于野，唱和一室，岁时趋跄，以承欢于母大人膝下为至乐”③，他与中德、中通、中履彼此视同亲兄弟，相互友爱。方中发还以“孝友”闻名乡里，“笃学力行，尝捐宇建先人理学祠，刊两世遗书百卷，让产推财，乡党皆称孝友，举乡饮宾。”④ 因此，无论是方以智的卓越成就的取得，还是方中发的以礼持身与“孝友”，都是与自小所受到的家庭教育息息相关。

方以智大妹方子跃也是在仲姑的教养下长大成人，她知书识礼，吸收了姑母

---

① 马其昶：《桐城耆旧传（卷十二）》，黄山书社1990年版，第456页。

② 胡必选：《康熙桐城县志（卷五）》，江苏古籍出版社1998年版，第168页。

③ 钱澄之撰、彭君华校点：《田间文集》卷二十《题白鹿山庄图为方有怀寿》，黄山书社1998年版。

④ 赵宏恩：《（乾隆）江南通志》卷一百六十人物志·孝义四，文渊阁四库全书本。

多方面的才华和品德，马其昶于《孙恭人传》就写道："恭人方氏，讳子跃，……少失母，育于仲姑清芬阁，清芬阁号称女师。恭人受学久，习礼能文，以至书法、图画皆酷肖。"（《桐城耆旧传》卷十二）而关于教养的具体情况，方维仪于其出阁之时曾作长诗《赠长侄女》，小序写道："女子跃九岁失母，余抚之成人，庄孙有礼。居数年，今适孙氏，余不胜感焉，为是勉之。"诗中回顾了自己抚育侄女成长的过程，除了日常生活的细心照料之外，还有文化知识的学习，包括"教数字""调平仄"，更重要的是对她的女德修养的教育，在其出嫁之日还不忘叮咛告诫一番。方子跃十七岁时嫁给孙临，孙临后来抗清被逮不屈而死，子跃数次殉节却不得，遂归家守节抚养诸子。其诗文今不存，所著《寒香阁训子说》三千余言传世。

方苞为桐城派鼻祖、一代古文大师，创立"义法"说，为清代古文张本；他还是名重一时的理学家，毕生钻研礼学，成就显著。然而他的这些成就的取得，与他自幼所受兄长方舟的教育密不可分。

方苞与兄方舟自幼由父亲方仲舒教习章句经书，开始启蒙教育。方舟"幼受业于其父逸巢先生，年十四五，尽通六经诸史及百家之书"①，方苞亦自言五岁即从父受学："五岁课章句，稍长治经书、古文，吾父口授指画焉。"② 虽然父亲成为兄弟二人的启蒙老师，由之讲授经史及古文辞，方苞开始接受家庭教育。但事实上，方苞感怀终生，对其为学及品行影响至深的人物，当属其兄方舟。方舟虽年长方苞只三岁，但他自幼勤学不倦，六岁即能作诗，八九岁时读《左传》《史记》，未冠即已通晓五经训义，综学诸子百家，学识根底深厚。他的这种勤学精神及学识修养对方苞产生了直接而又深刻的影响，并且他还传授方苞学问。方苞成年后还一再念念不忘兄长对自己的关怀和教育，如他在《与慕庐先生书》中深情回忆道："先兄于苞，自六七岁时，即同卧起，课以章句，内有保母之恩，外兼师传之义。"方苞治古文、诂诸经，皆受教于方舟。方苞在《与吕宗华书》中写道："仆幸童稚时，先君子口授经文；少长，先兄为讲《注疏大全》，择其是而辨其疑。""苞尝以说经见推于朋齿，皆先兄之余论耳"，他一再坦言自己受学于兄读经书、古文，当是实情。另外，方苞七岁时就开始与兄读《史记》，受兄之启发颇多。家有旧版《史记》，其父固藏箧中，"百川偕先生俟父出，辄启箧而潜观之，故先生所得于《史记》者，多百川发其端绪云。"方苞于其中开始领悟古文创作奥妙，或肇始于此时，至于以后提出古文创作理论，尊奉《史记》为古文创作典范，显然影响至深。方舟引导之功理当不可抹去。

① 戴名世：《戴名世集》，中华书局1986年版，第203页。
② 方苞：《方苞集》，上海古籍出版社1983年版，第491页。

方氏家族极其重视家庭教育，上述几个例子可见典型。由此我们也更加明了，在古代社会，家庭教育是以诗礼之教作为基本内容，把忠孝节义作为家庭教育的基本要求。家庭教育可以看作是学校教育的补充，但家庭教育的重要性更大。

还有一点需要指出，那就是文化世家的家学传承，大抵上是依靠家庭教育来实现的。

十一世方学渐以布衣振风教，讲经授教于桐川、秋浦间达二十年。他晚年回到故乡，筹募资金创建桐川会馆，讲学布道，宣讲性善之旨，是继何唐之后开创讲学之风，为桐城学风的昌盛做出了重大贡献。而其所宣扬的理学思想、所开创的方氏《易》学等家学，历经四代传承，也结出了灿烂的智慧之果。其子方大镇秉承性善之学，当东林党人秉政，邹元标、冯恭简等人于京城建首善书院，邹、冯二人"核品严，甚推重公"，请他到书院讲"性善之学"，方大镇"论学以性善为宗，论治必本君德"。其后不久，魏忠贤当政，邹元标等人下野，书院被毁，方大镇遂归隐故乡，立"荷薪馆"于方明善祠旁，与门人讲学不辍。而"荷薪"出自《左传·昭公七年》："古人有言曰：其父析薪，其子弗克负荷。"原指父亲劈柴，儿子不能承受担当。后用以比喻继承父业。方大镇借此典故为讲学之馆起名，其意思显而易见，他要子承父业，即继承父亲方学渐的家学并发扬光大。再至方孔炤文才武略，兼修《易》学，著《周易时论》传世。十四世方以智更是博洽古今、通贯天人的百科全书式的大学者，方以智传授三子中德、中通、中履各承一业，三人不但皆能秉承父学，术业专攻，各有建树，而且都淡泊自守，勤于著述，不仕清朝，以文章、气节称名于世。桂林方氏具有世代重视家庭教育、注重家学传承的优良传统，从而也保持着家族文化的积淀与家族门第的风范与高贵。

三、方氏家族之家训

方氏家族至六世方懋已呈兴盛之象，其五子都秉持家法，形成良好的门第家风：孝敬尊长，友爱兄弟，勤俭持家，各职一事，亲族和睦。方氏家法闻名一时。

七世方瑜当自己幼子方向后来中进士，官居给事中，因弹劾中贵，被谪多罗驿丞，他拊其背宽慰道："行矣，勉之！薄田尸饔，吾甘之矣！"[①] 告诫其子不必牵挂，自己甘于农作，能够养活自己。方向在仕宦之初，方瑜即严肃训诫他说：

---

① 马其昶：《桐城耆旧传》，黄山书社 1990 年版，第 15 页。

“惟尔仲父家法在!”让他效法伯父方佑做一个刚正不阿、清廉勤政的官员，以此作为“家法”律条，这也就成为方氏后嗣为官所尊奉的家风。

方氏于十一世方学渐编订《家谱》、制定家规为后世子孙所恪守，其后各代亦曾写有家训，训诫本房子孙。如方孔炤作《家训》：“三峰矗矗，桐水汤汤。我祖基之，爰开讲堂；我父绍之，荷薪在旁。颜曰宁澹，三命循墙。小子舞象，咏南山章。”以祖父方学渐、父亲方大镇所一脉传承的家学训示子孙继承并发扬光大。他还有《训孙》一诗：“繁霜被燕麦，孤松怜兔丝。墓门有梅棘，维斧以斯之。长生乱离中，父母皆乖离。苦我一遗老，旦暮不可知。人情如滟滪，谣诼伤蛾眉。刀俎相鱼肉，破巢难支持。汝等既失学，何以当波靡？胝足以负药，嚏血以吹齑。努力作贫士，勿谓公卿儿。”（《桐城方氏诗辑》卷二）抒写自己经历家国变乱，于迟暮之年还要教养孙辈，告诫他们身当乱世之际，要处世谨慎，“努力作贫士”，切不可以“公卿儿”自处。方以智于桐城民变后流寓金陵，国势衰微变乱纷呈之际，其祖母就一再教导子孙要勤俭，劳苦持家，方以智所作笔记《膝寓信笔》记有一则祖母谆谆告诫之言：“老父来南都为大母寿，令两孙歌诗。大母述明善、文孝两先生少小艰苦发愤之事，今因贼乱移家江南，草次即安，勿复求备。世且多事，宜习劳苦，克勤克俭，不自满假，不可一日忘也。”也许是出自这样的家训教导，方以智后来力辞南明永历小朝廷之职，其所上《十辞疏》中的“臣之家学，以淡泊恬退为主”，绝非仅仅是托词，其中也包含对家风的认识。方孔炤去世后，方以智破关奔丧，庐墓三年期间，他重新编校父亲的遗著《周易时论》，同时教授方中通以《易》学，以期方氏家传《易》学得以传承。又写作《慕述》四言长诗以述怀，还特意写了《示儿》一诗：“尚余壁在书堪读，莫以田荒春懒耕。苦瓠连根难道苦，一堆棘火一瓢烹。”意在告诫儿孙无论处境如何，都要重视读书。

方以智次子方中通写作《陪翁训子语》：“故男子一以耕读为业，女子一以纫织为工。夙兴夜寐，克谨初终，咀嚼菜根，滋味自出。此明善先生之训也。”“文忠公曰：不耻恶衣食，不忘在沟壑，此吾生平之操履也。”（《陪集》卷三）他的这些训子之语，正是重温先祖的家训，把这些朴素的道理再次谆谆告诫子辈，要他们铭记在心，从而保持家族优良的家风门第不坠。古代社会女子主要从事纫织，这是女子的本职，方以智仲姑方维仪就曾作《训女童》一诗，训示女子当知以此为业：“燕子在高梁，仲夏风日长。园中桑麻成，岁月殊未央。呴媮教童女，纺绩盈倾筐。积寸累丈匹，可以作衣裳。”

方以智妹方子跃在丈夫孙临死难时多次求死而不得，后返家守节，抚育二子成人。她告诫子孙：“敦本、积德、植品、读书，即此四训世守之!”她著有《寒香阁训子说》三千余言，马其昶评价道：“余读恭人《训子说》，所自述诚有足悲者。历艰苦险阻以竟夫志事，安在必以身殉者之为当乎？”方子跃临终时一再吩咐其子，“遗命薄敛，遵家礼，毋作佛事，谓：‘此吾曾祖明善先生之训，五世未之有改。不可以俗故致吾违背！’”① 她要求葬仪一切依家礼行事，而且薄葬，不得作佛事以免破坏祖宗规矩。

方以智孙方正瑗为康熙五十九年（1720）举人，授内阁中书，后官至陕西布政司参议，分守陕西潼商道，创关西书院。其所作《述母训》“通体皆母训，称述外不赘一语”②：

藐孤幸有托，一线书种留。辛苦四十年，泪枯心未休。从政居大夫，国恩亦已优。秦中十五城，一箸兼为筹。万命倚生死，焉可私殖谋？大本贵先立，清风领诸侯。廉泉可以饮，腹满他何求。喜儿赤子心，虑儿骨不遒。引索驭奔马，一蹶缰难收。勿逐骁腾飞，信道从天游。上以酬君恩，下以解亲忧。

通篇是以诗记叙母亲的深情教诲，其实也是他为了表明自己立身处世将遵从母亲的训示，秉承方氏家风。

总而言之，我们要继承和弘扬传统文化，汲取其精华，为建设和发展社会主义文化事业服务，而“家族”作为中国传统文化的“柱石”，尤其是历史上那些成就卓越的文化世家，将为我们研究传统文化打开了一扇扇门户。今天我们需要探讨历史上众多的文化世家的发展史，力图揭开传统文化的面纱，希望从中获取解决社会现实问题的良方。因此，本文以明清时期著名的文化世家、桐城桂林方氏家族为研究对象，以方氏家族的家庭教育和家训为切入点，揭示了这一家族延续数百年发达兴盛的根本缘由及内在动因。世家大族非常重视家庭教育，培养子弟的优秀品质和文化素养，撰写《家训》告诫子孙，诗礼传家，使子孙后世不但成人而且成才，由此培育优良的家风，延续家族的声望。这一点对于我们今天的家庭教育是值得深入思考的。

① 马其昶：《桐城耆旧传》，黄山书社1990年版，第460页。

② 沈德潜：《清诗别裁集》，河北人民出版社1997年版，第468页。

宣城梅氏家族学术文化兴旺原因初探

葛欣荣

摘 要：安徽宣城的名门望族——梅氏家族，是自北宋到民国时期皖南地区最为显赫、独特的科宦世家，其家族的学术成就在世界范围内亦卓有影响。相似的人生、学术追求将宣城梅氏家族的许多成员凝聚为一体，促成一个独具风貌的区域性学术派别的形成，并进而影响中国以后的学术历史。尤其是梅文鼎的历算成就而使这个家族在中国文化、学术史上放射出夺目的光彩。

关键词：宣城；梅氏家族；梅文鼎

安徽宣城的名门望族——梅氏家族，是自北宋到民国时期皖南地区最为显赫、独特的科宦世家，其家族的学术成就在世界范围内亦卓有影响，尤其是梅文鼎的历算成就而使这个家族在中国文化、学术史上放射出夺目的光彩。本文对于宣城梅氏家族独特的家族文化成因试作一初探。

一、自然与社会的环境影响

安徽宣城"位于长江以南，黄山之北，地处皖南山区余脉与长江中下游冲积平原结合地带"[1]，黄山、天目山、九华山等山脉冉冉升起，形成了向长江倾斜褶皱状的、山环水绕的一个独立而完整的地貌状况，漳水、青弋江、水阳江、姑孰河等河流，逶迤奔流注入长江。在绵长四百多公里的长江沿岸，湖泊密布，宜耕宜渔，成为一片生息繁盛的沃野，逐渐成为江南名邑。

人杰地灵的宣城，是一片与中国文学史有诸多关联的文化土壤，一千多年前，谢朓、李白、韩愈、白居易等著名文学家在这里或主政，或游历，陶醉于名山胜水之间，寄情于宣纸宣笔之端，留下了许多华美的篇章。同时，这里的宣

基金项目：安徽省教育厅高校省级人文社科项目《宣城梅氏家族研究》（2011SK584）；安徽省哲学社科规划项目《皖南花鼓戏的"文化空间"解读》（AHSK11—12D173）资助阶段性成果。

作者简介：葛欣荣（1964—）女，安徽宣城人，硕士，安徽艺术职业学院教师，安徽师范大学历史系访问学者，研究方向：中国古代史、明清史、徽学、安徽地方戏曲文化史。

纸、宣笔、徽墨又不断地吸引着新的文化人对之反复吟唱。

在宣州的本土上，外来文化与本土文化的交融，培育了一代代举世闻名的宣州籍人杰。生于斯乡斯土的梅氏家族也承继了祖先梅尧臣的文风余绪，梅氏家族的学者们所取得的成就令海内士子瞩目。施闰章《书带园集序》描述数百年宣城学术界流变时说："吾宣城于江上称岩邑，其山巉以秀，水甘以清，草木扶疏而沃若，其清淑之气所郁积，必有异能之士，道德文章之美，卓然见于天下。而所谓道德者多隐君子，以其文章见者，至宋始有梅昌言、圣俞，元有贡仲章、泰甫父子十数辈。最著者圣俞，以诗名。去圣俞五百余年，裔孙为禹金先生，文词赡给，雅善博综。其群从季豹、子马、勉叔诸人，为元美所亟称。后禹金闻孙复有朗三，盖庶几禹金相望者。"[2]

明清时期的宁国府下辖宁国、太平、宣城、旌德、泾县、南陵六县，它位于杭州、芜湖、南京、扬州、苏州的交通线上，沟通着新安江与长江水系，便利、发达的交通，有利于学者的学术交流。此时，南京、杭州、苏州等均为经济文化发达地区，对周边地区的经济文化有强烈的辐射作用。同时，宁国府与徽州府相邻。两府之间，相同的习俗、相同的地理特征，使双方的经济文化和社会生活方面都互有重大的影响。徽州兴旺发达的刻书业对皖南的学术对外传播起到了重要的作用。宣城成为当时各学派在安徽汇聚的两大重镇之一，吸引了大批著名学者来宣城切磋印证学术，于是，在同一家族中，相近的人生、学术追求将宣城梅氏家族的许多成员凝聚为一体，促成了一个独具风貌的区域性学术派别的形成，并进而影响中国以后的学术历史。

宣城梅氏虽以科举兴家，但家族的学术成就却与科甲兴盛关联不大，梅氏家族最杰出的学术代表人物都是多次在科举仕途上的失意者。追溯其原因，值得注意的有以下三点：一是明清递代改变了原来的地域、政治的格局，区域学术进一步兴盛，宣城派、扬州学派、浙东学派等即是在这一社会环境中生成的；二是明清时期的宣城梅氏及其他文人弘扬区域文风意识高涨，蔡蓁春、施闰章接续梅鼎祚《宛雅》之编，纂辑《续宛雅》，梅清辑录《梅氏诗略》六卷；三是明清易代之变给士人心灵带来极大震荡，在新朝、故国之间的矛盾选择造就了士子人生价值、文学、艺术追求的种种分野。宣城文人的政治态度较温和，学术上推崇阳明心学，并重"用实"，文章以"学"为本，自成一统。

宣城人文与桐城、徽州的一个显著不同，就是在于它标举心学。明朝中叶，宣城人沈宠、梅守德师从邹守益，沈宠后又师事欧阳德，刊刻《传习诸录》，宣城心学之风自此而始。继邹守益之后，钱德洪、王畿应邀来宁国主持水西三寺讲会，使宣城水西学院誉满全国。嘉靖中期，罗汝芳任宁国知府，改建水西书院，又请沈宠、梅守德共同主讲水西书院。罗汝芳的学生陈履祥后也主持书院，讲学宣城，施闰章祖父施鸿猷与宣城人汪惟清有“陈门曾颜”之名，于是，宣城心学臻于兴盛。陶望龄《海门集序》曾经称明代学术的真正创立始自阳明一派：“自阳明先生盛言理学……盖不独道术至是大明，而言语文字足以妙乎一世。明兴二百年，其较然可耀前代传来兹者，惟是而已。”[3] 梅氏在学术上承传了宣城心学，正是继承了明中叶后的宣城学术的传统。梅文鼎精研心学，并重“用实”，擅长历算之学，被江永推许为“历算第一家”[4]。

二、梅氏家族学术特色：家族链与师承链的影响

明清时期中国科技以天文历法算术、医学、手工业技术为三大板块，甚至有些成果是领先于当时国际水平。纵观中国科技的发展过程，我们不难发现其两大特点：第一，十六世纪后，由于西方近代科学的兴起，中国科学技术的水平渐渐落伍停滞下来，并开始落后于西方，但是此时在安徽徽州、宣城等皖南地区的科学、文化、艺术却恰好是它走向鼎盛的时期，人才济济，群星辈出；

第二，是极具“家族链”和“师承链”的特色。皖南宣城数学学派、黄山画派、宣城体等学派，就是以宣城梅氏家族的梅文鼎、梅清为核心，有梅氏家族子孙和宣城沈氏家族、施氏家族、贡氏家族以及徽州程大位、江永、戴震、汪莱等为主干的群体网络链接，如图 1 所示。

现以“柏枧山房文峰梅氏”梅文鼎一族为例，述说梅氏家族学术奕世流传的传统和学术特色。

梅文鼎（1633—1721），在明清时期的天文历法数学界可谓是首屈一指的大家。他与弟弟梅文鼐、梅文鼏至梅文鼎的玄孙梅冲五代都通晓历算，是我国历史上天文数学界最大的家族。直接或间接受到梅文鼎学术影响而成名的清朝学者更多。梅文鼎与桐城方氏兄弟颇多交往，而方中通亦曾向薛凤祚执弟子礼；张雍敬，字简庵，浙江秀水人，所著《宣城游学记》，记录了他问学于梅文鼎的经过；晋江籍人陈万策受教于梅文鼎，他著有《中西算法异同论》；安徽桐城胡宗绪与梅文鼎进行学术探讨后，著有《梅胡答问》；徽州江永，研读梅文鼎著作后受启发，著成天文学的专著《翼梅》《数学补论》等十一部著作，开辟了皖派经学家探求科技之源的先河。江永及其门徒弟子戴震、金榜、程瑶田、汪梧凤、郑枚、方矩、汪肇龙等也直接或间接接受梅文鼎的影响而成为精通天文历算的人才。戴震在天文数学上有重要的贡献，他的著作《历问》《策算》都是以梅文鼎的著作为蓝本，叙述西方的算术。徽州人汪廷榜从宣城人梅珍处得到“勾股法”后，深入研究后精通了算学。钱大昕和兰州褚寅亮以及文学家吴敬梓之子吴烺同学梅文鼎著作，都很有成就。天长籍的女科学家王贞仪，嫁于宣城人詹枚。她成为梅文鼎的私淑弟子，精于梅文鼎的天文历算之术，成为我国著名的女天文学

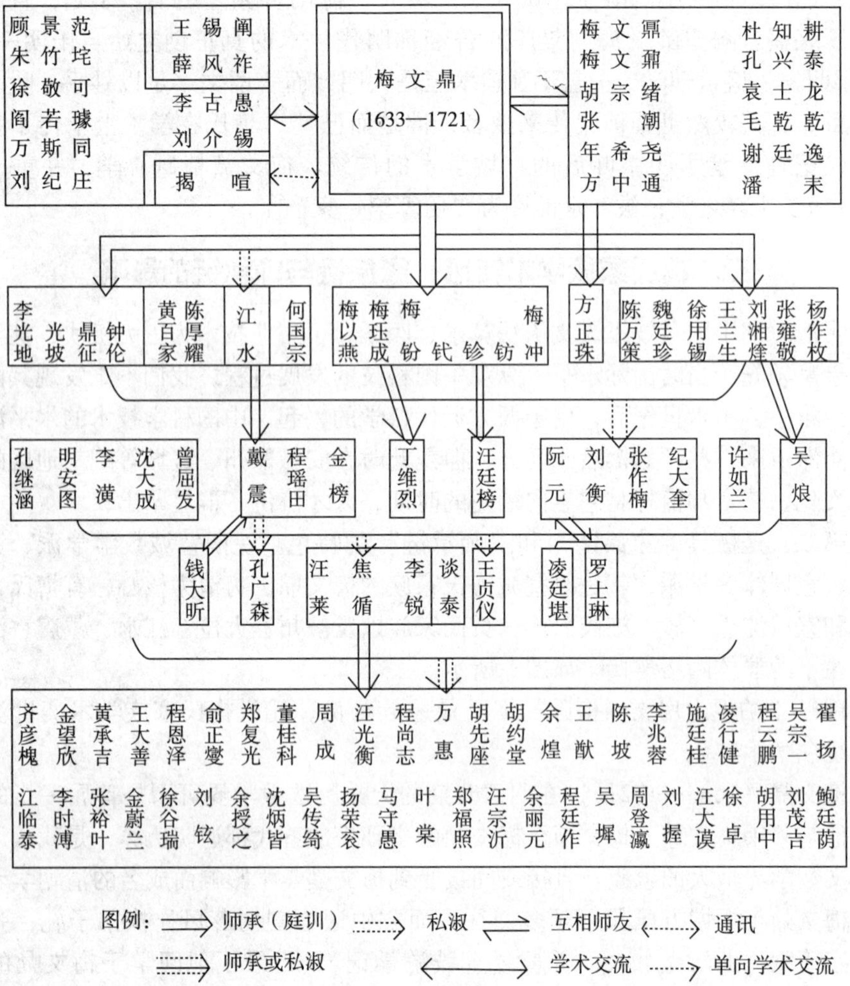

图 1 梅文鼎与清代早中期畴人（附及安徽畴人）

资料来源：《宣州文物·梅文鼎年谱表与阮元《畴人传》。

家。此外，还有蔡睿、刘介锡、李古愚、李光地、源齐彦槐等人，他们都师从梅文鼎，在天文数学方面获益匪浅，形成了一支庞大的“师承链”。因此，阮元说：“自梅征君（文鼎）以来，通数学者先后辈出，而师师相传，要皆本于梅氏”[5]。

从明朝万历年间到清康熙年间的一百多年，正是西方学术开始传入我国的时期，当时，中国学者对待西方学术的态度可分为三类：一是全盘否定，二是缺乏分析的全盘接受，三是批判地吸收外来文化。但在宣城，梅文鼎是正确接受西方的核心人物。他认为“法有可采何论东西，理所当明何分新旧”，因此，要求人们“务集众长以观其会通，毋拘名相而取其精粹”[6]。在梅文鼎的影响下，梅氏子弟以及梅门弟子大多学贯东西，并以正确的态度对待西来文化，这成为明清时期宣城成为天文、数学、艺术的中心之一的重要原因之一，也是宣城梅氏家族家运绵延，兴旺发达的重要因素之一。

三、梅氏家族与其他家族的相互扶持

宣城梅氏、沈氏、吴氏家族素有学术传统，是宣城派的文学、艺术、科技的近源。梅氏家族与沈宠家族、吴潜家族、施闰章家族、徐元太家族、贡师泰家族、刘太真家族以科举之盛，成为宣城几大文化世家。明朝时，梅守德与沈宠少年同学，以学术、诗文、气节相砥砺，共为宣城一代学术盟主。梅氏、沈氏人才辈出，梅守德之子鼎祚、堂弟守箕，梅鼎祚堂弟蕃祚、国祚、台祚、嘉祚、鹍祚，沈宠之子懋学等形成阵容庞大的学者集群，使宣城文学、戏剧、科技、史学、艺术呈现前所未有的景观。明末，梅鼎祚之孙梅朗中，沈懋学侄孙沈寿民、沈寿国，族孙沈寿峣等人接续风雅，标建一帜。梅氏、沈氏文人学者也构成宣城派的主体，梅庚、梅磊、梅清、梅文鼎、梅枝凤、梅枝南同属梅氏一宗，文学上继承明代梅氏风绪。沈寿民、梅朗中总持明末宣城风雅，从游者数百人，施闰章、梅清、蔡蓁春早年就师从他们之游学，多交接复社名士。梅朗中（1556—1642 年），字朗三，梅鼎祚孙，清代诗人、画家，善书画、兼善诗文，世称三绝，明复社领袖侯方域称他：“其采六代之华，标三唐之制，长歌短解，胥臻精妙。”[7]

据梅氏家谱与宣城县志等地方志史料记录，梅氏家族与宣城的施闰章家族、吴潜家族、贡师泰家族、徐元太家族互为姻族，施闰章的第一次婚姻就是缔结于梅氏家族梅枝选之女，施闰章之妹也嫁给梅氏家族的梅起圣。施闰章在《书亡妻梅宜人墓碣》中详细记录了施氏与梅氏联姻的情况，“宜人梅氏，家于水东之溪上，俗呼‘溪头梅氏’。父处士公讳枝选，母曰吴”[8]。梅枝选的夫人吴氏，是宣城南门状元第吴氏家族的女儿，为吴潜及清朝名将吴六一的后裔。徐鸿起在《宛陵梅氏宗谱》的序文里记叙了梅、徐两家互为姻族的历史关系。而施闰章的《天延阁诗集》序里也记载有，梅守德、梅鼎祚、梅朗中四世祖孙都联婚宣城籍武进士、将军刘福（字长卿）家族的史实。

由于历来研究的不足，宣城梅氏家族与其他家族密切联系以及人员的构成一直未有清晰的揭示，因此，有必要列出一张“宣城派”重要学者的名单：

贡师泰，元朝宣州人，文学家，集贤殿直学士。以文学知名当时，为元朝“名高一代，文明千古”[9]的显赫人物。著有《诗经补注》、《玩斋集》、《东轩集》等。

沈懋学，字君典，号少林，万历五年的状元。沈懋学父沈宠，与梅守德同年考取举人，后又共同主讲水西书院。梅鼎祚在《郡三良诗序》中曾言："少参与家大父同乡荐，太常，东平同舍生，此予小子所称父执者也。其人并学古行高，先后从游，典刑俱在。"[10]父辈之间深厚的交谊，也让沈懋学与梅鼎祚有着牢固的友情。施闰章是清朝宣城学派的主将，高咏、蔡蓁春、徐淑、梅清、梅磊是宣城学派中早期核心人物。梅庚、梅文鼎是宣城梅氏的后起之秀。梅庚，字耦长，梅鼎祚曾孙，父亲梅郎中，著有《天逸阁集》等。梅文鼎是梅庚族叔，其祖先与梅尧臣同祖别支。阮尔询，官拜左副都御史，曾出资助梅文鼎刻算书。沈泌，字方邺，父沈寿峣反清而死。沈泌师从施闰章、王士禛等富有才名。此外，宣城派还包括沈寿国、蔡玉立、梅昆白、半山和尚、孙卓、茆荐馨、阮尔询等三十余人。

由上可知，梅氏、沈氏的学者构成宣城派主要阵营，在成员数量上、学术成就上，"宣城派"与扬州学派、虞山派、浙东学派相比，也称得起是蔚然可观了。

四、"宁国商帮"的经济扶持

任何一个家族的发展，都离不开经济的发展，这是封建社会世家大姓存在的物质基础，宣城梅氏家族的发展，亦是如此。

同样，宣城梅氏家族的学术成功，也与当时宣城本土的宁国商人有不可分割的内在联系。据范金民先生等考证："宁国商人是指明清时期崛起于安徽徽州邻府宁国府的商人群体。因宁国府历史上系宣州地区，故宁国商帮通常又称为宣州商帮。宁国商帮肇端于两宋，成规模于明代弘治、正德年间，到嘉靖时，宁国民众结伙外出经商已蔚然成风，逐渐形成了地域性商帮集团——宁国商帮。清朝康、乾年间更是获得了较大的发展，活跃在当时竞争激烈的商界之中。"[11]

据《泾县县志》《茂林春秋》等资料记载，居住在泾县溪口的宣城梅氏，是"宁国商帮"的一支骨干力量，世代"经营木材"[12]。明清时期宣城等地最大的粮食商家，就是由泾县溪口回迁至宣城县杨柳、天门一带的"章务望"梅氏十三世梅大崇一房。据笔者走访宣城工商界人士、梅氏后裔了解，以及查阅宣城《文史资料》第四卷时发现，在明清时期直至民国，宣城为"徽州商帮"、"宁国商帮"以及江西商人的商品汇聚、集散、转运之地，商家分成几个商业区经商。南门为官衙，北门为粮贸市场，东门与西门为木材及小商品市场。北门的粮商总纲世代为梅氏家族，传至晚清时，梅氏家族的粮食贸易仍然是宣城最兴盛的商家之一。《宛陵梅氏宗谱》曾记载：章务望梅氏经营商业为巨富，以财力供子弟做科考与学术。如：梅“扬调，字韵侯，行暮五。温厚和平，不骄不吝。少事诗书，壮游商贾”[13]。梅氏家族的姻族宣城吴氏家族与泾县的吴氏家族原为一族，是明清史上著名的“宦商世家”[14]，为“宁国商帮”的又一支生力军。魏荔彤支助梅瑴成在刻印梅文鼎的《梅氏丛书辑要》时，也得到了宁国商人的支持。梅氏家族的历算在宣城能集大成，也是在皖南宣城，有宁国商人和农民的实际需要历算知识这片丰富的土壤。宣城宁国府明清时期的“宣城数学派”，对商业数学的发展所起的重要作用，与十五世纪欧洲商业数学的发展有很多相似之处的。宁国商人奔走各地经商时，也将梅氏家族的历算等学术成果推广开来。

五、梅氏家训、家规的教化影响

随着中国经济和文化重心的南移，江南的社会经济获得了较快的发展，明清时期，这些地区已执中国商品经济之牛耳。此时，宣城地区的宁国商人，在中国商品经济中已经占有一席地位。与此相适应的是，该地区的民间家族组织也获得快速的发展。宣城以梅氏为代表的家规族约形成，是与宋明理学对这一地区基层社会的有效渗透分不开的。受阳明的理学影响的宣城“心学”，是明末清初梅氏家族修撰家谱，制定对全体宗族人员具有约束力家训的一大源头。推崇“心学”的宣城梅氏家族非常注重纲常伦理，有孝悌、节义、享祀、丧葬、婚嫁、职业、崇文、箴仕、勤学等十八条规约，明确规定：婚配大关伦纪。娶不择族，嫁不慎配，均足为先人玷。“世俗不察或希扳富贵……故议婚当论才德何如，惟取家业清白年貌相当者可也”[13]。家训所倡导的敬宗收族、慎终追远的文化理念，构成了梅氏家族修纂族谱的基本原则。这可以从族谱中的修谱凡例及家法族规中体现出来。凡例和族规大都倡导以孝敬为先，明宗支嫡庶，以维系家族内部纵向的等级关系和宗亲房支之间的团结。梅文鼎为柏枧文峰梅氏族长时，就“营祠庙，定宗禁”，方苞说他“自征君为族长，梅氏无公庭狱讼几十年，族属数千人无敢博戏者”[15]。由此可见梅氏家族的规约严格程度。梅氏宗祠中最为著名的有二：一是北宋时双羊山麓的梅公祠，二是清朝柏枧山下的梅氏宗祠。宋代的梅公祠，位于南郊梅氏故居地九同碑村，1053年，由梅尧臣所建，取名“会庆堂”，并自作记曰：“余以附城之地势胜，神灵所栖，建堂曰会庆，以安呈先君（梅让）先叔（梅询）画像。”[13]柏枧山下建的梅氏宗祠，几经迁移，1712年，梅文鼎重建于蒲田（今安徽宣城新田乡蒲田埂村），康熙曾赐匾额“绩学参微”，故此，这个祠堂被命名为“绩学堂”。

透过这些可操作性的文化规范，心学的内在文化精神逐渐外化为宣城梅氏家族及其他家族族众的行为选择模式。宣城梅氏家族建造宗祠、设立“老书房”书院和文峰柏枧书院，并非“特发科举，高门第也”，是让本族子弟“读书明大义，识道理，“子弟目不识丁及公庭有事则鼠首潜匿，亲故有书则抵塞无门，为邻里所鄙亲戚所笑”[13]。通过家族教育机构及家法族规的训诫，心学的宗法伦理观念进一步渗入梅氏家族组织及及族员之家，从而主导着家族文化的价值趋向。在这样的教育培养下的梅文鼎及其子孙们，也成为一派学术大师。梅氏家族的族训也反映了“经世致用”的理念开始向家庭教育渗透，使得梅氏家族的人才辈出。

综上所述，在宣城物产丰美的自然环境、厚重悠久的人文历史渊薮、明清时期徽州刻书业的兴旺发达的影响、十六世纪西方近代科技在皖南的传播、明清时期的商业霸主之一的“徽宁商帮”鼎力支持及家族内部的学术薪火相传等因素的共同作用下，宣城梅氏在学术文化方面取得了引人瞩目的成就，出现了具有世界性声望的学界巨擘，家族声誉“绵亘辉映”[16]。

参考文献：

[1] 宣城县志编撰委员会．宣城县志［M］．北京：方志出版社，1991：37.

[2]［清］施闰章，施愚山集［M］．合肥：黄山书社，1993，卷6.

[3]［清］陶望龄．歇庵集（卷3）［M］．台北：伟文出版有限公司，1977.

[4]［清］江永，翼梅·序［C］//江永．丛书集成初编·数学卷首．上海：商务印书馆，1936.

[5]［清］阮元．畴人传（卷4）［M］．北京：商务印书馆．1955.

[6]［清］梅文鼐．堑堵测量（卷二）［M］．

[7] 宣城县志编撰委员会．宣城县志·人物［M］．北京：方志出版社，1991：775.

[8]［清］施闰章．施愚山全集·学余堂文集（卷22）［M］．合肥：黄山书社，1993：456.

[9]［明］宋濂．元史·贡师泰传［M］．北京：中华书局，1976.

[10]［明］梅鼎祚．郡三良诗序［C］//鹿裘石室集（四库禁毁书丛刊）（卷二，册57）［M］．北京：北京出版社，2000年：583.

[11] 范金民．中国社会经济史研究·宁国商人初探［J］．北京：中国社会经济史研究，1998，3：49；

[12] 葛兆先．茂林古代各宗族简介［C］//葛兆先等，茂林春秋．泾县：地方志内刊：165.

[13]（民国敦睦堂本）梅汝霖．宛陵梅氏宗谱［M］．宣城：藏于安徽宣城博物馆．

[14] 葛兆先等．茂林春秋［M］．安徽泾县：泾县地方志内刊．

[15] 庄增明、梅文鼎简谱［C］//宣城．宣城文物·梅文鼎专集．1988：40.

[16]［民国］梅少才等．宣城文峰梅氏宗谱·柏枧山房谱序［M］．宣城：敦睦堂本，藏于安徽宣城博物馆．

桐城女性张令仪著作叙录

邱瑰华

摘　要：清代桐城女性张令仪受地域文化和家学门风之影响，学问博赡，识见渊通，长于诗词文赋，亦能写戏曲文本，著有《蠹窗诗集》《蠹窗二集》《蠹窗诗馀》《蠹窗文集》《锦囊冰鉴》及剧作《乾坤圈》、《梦觉关》等，可称皖江女性作家之翘楚。文章对其著作的书名、卷数、刊刻时间、序跋、主要内容、文献著录及收藏、影印、整理情况等作一介绍，从中可窥张令仪著作之大概及皖江女性文学成就之一斑。

关键词：张令仪；著作；叙录

有清一代，桐城文章名冠天下。受地域文化和家学门风的影响，桐城女性雅好文史、长于文墨者众多，尤以方氏、张氏、姚氏等家族女性为著。以文端公张英家族为例，张英二姐张氏（张秉彝女），著有《履雪阁诗集》；堂妹张莹（张秉贞女），著有《友阁集》①；妻子姚含章，著有《含章阁偶然草》；三女张令仪，著有《蠹窗诗集》、《蠹窗二集》等；孙女张若娴（张廷瑑女）和张似谊（张廷玉女），分别著有《缃素阁遗草》和《保艾阁集》②；曾孙媳姚卿华（张元端室），著有

作者简介：邱瑰华（1964—），女，淮北师范大学图书馆、安徽文献整理与研究中心教授。

① 《友阁集》，亦名《友阁遗稿》。而胡文楷《历代妇女著作考·清代八》著录为“《友兰阁遗稿》一卷”，并曰：“《正始集》作《兰阁诗集》，《皖雅》作《友阁集》，《撷芳集》作《友阁诗集》。”（第528页）疑此说不确。清潘江《龙眠风雅续集》卷十九曰：“（张莹）所著有《友阁诗》，合山请邑侯阳信王公及其兄宗伯藻青公为之序以行世。”清徐璈《桐旧集》卷四十一曰：“《张文端集·友阁遗稿序》：吾妹为叔父大司马公女，少适合山。即屏弃纷华，嗜恬素居室，孝敬婉嫕，极得太夫人欢。内外姻娅皆称其贤。性慧，喜读书，从合山学诗，间为一篇，以写其意，多见道语，不类世俗女子香奁之音，以恸女子成疾，早逝。”当取潘江、徐璈二书说。

② 有关张莹和张似谊二人的身份说法不同：胡文楷认为张莹是“兵部尚书张秉贞女，方中履妻”，有《友兰阁遗稿》一卷，“其从兄张英为作序”；而张似谊则是“兵部尚书僖和公张廷玉女，主事姚文燕妻”，有《保艾阁诗草》（分别见《历代妇女著作考》，上海古籍出版社1985年版，第528、511页）。光大中关于二人的籍贯、丈夫名姓、著述记述等与胡书相同，但认为二人为姐妹，皆兵部尚书张秉贞女（分别见《安徽名媛诗词征略》，黄山书社1986年版，第38、40页）。俟考。

《霞晖阁吟草》；等等。另外，其外孙女姚仲芝（张令仪长姊二女），著有《畹香阁诗集》；曾外孙女姚德耀和姚德承（张令仪子姚孔鈵女），分别著有《清香阁诗钞》和《退安斋集》。其中，张令仪可称皖江女性作家之翘楚。

张令仪（1668—1752）①，字柔嘉。大学士文端公张英与姚含章女，少詹事张廷瓒妹，大学士文和公张廷玉、礼部侍郎张廷璐、工部侍郎张廷瑑姊。夫姚士封（1670-1720），字玉笥，号湘门，陕西阶州知州姚文熊第三子，清康熙六年（1667）进士，博涉经史，兼善古文词，年五十卒，《道光桐城续修县志·人物志·文苑》有传。令仪学问博赡，识见渊通，长于诗词文赋，亦能写戏曲文本，著有《蠹窗诗集》《蠹窗二集》《蠹窗诗馀》《蠹窗文集》《锦囊冰鉴》及剧作《乾坤圈》、《梦觉关》等。本文对其著作的书名、卷数、刊刻时间、序跋、主要内容、文献著录及收藏、影印、整理情况等作一介绍，以窥张令仪著作之大概及皖江女性文学成就之一斑。

一、《乾坤圈》

《乾坤圈》一剧，胡文楷《历代妇女著作考》清代八据《蠹窗文集》著录。未见。

按：《蠹窗文集》录有张令仪于清康熙五十六年（1717）所作的《乾坤圈题辞》，可见其编写此剧之缘由："造物忌才，由来久矣。自古才人沦落不偶者，可胜言哉？至若闺阁涂鸦，雕虫小技，又何足道？必至穷困以老，甚而坎坷失意，颠沛流离，岂非造物不仁之甚与？故东坡诗云：'但愿我儿愚且鲁，无灾无难到公卿。'盖深于阅世者之言也。蠹窗主人偶于长夏翻阅唐诗，因感黄崇嘏之事。崇嘏以一弱女子以诗谒蜀相周庠，庠甚称美，荐摄府掾，政事明敏，吏胥畏服。庠爱其才，欲妻以女，乃献诗云云。庠得诗大惊，始知为黄使君之女，原未从人，与老妪同居，因叹崇嘏具如此聪明才智。终未竟其业，卒返初服宁，复调朱弄粉，重执巾栉，向人乞怜乎？故托以神仙，作闲云高鸟，不受乾坤之拘缚。乃演成一剧，名曰《乾坤圈》，使雅俗共赏，亦足娥眉生色，岂不快哉！时丁酉仲秋，蠹窗主人书于严陵官署。"

二、《梦觉关》

《梦觉关》一剧，胡文楷《历代妇女著作考》清代八据《蠹窗文集》著录。未见。

① 张令仪生卒年有多种说法，此据邓丹《三位清代女剧作家生平资料新证》一文中的考证，见《中国戏曲学院学报》，2007 年第 3 期，第 51-53 页。

按:《蠹窗文集》录有张令仪《梦觉关题辞》一文，可观其编写此剧之缘由:“乾坤一大梦场也。自混沌初分，至于今日，篡杀争夺，恩仇不爽，无往而非梦。试问汉寝谁存，秦灰安在？岂必鹿藏蕉叶，饭熟黄粱，而始谓之梦哉？盖梦生于情，人孰无情，岂能无梦？惟老莱子、严子陵辈，如醒客之对醉人，如医家之处病者，虽不能拯其沉溺，犹能脱略自如，虽在梦中，不为梦所苦耳。其间颠颠倒倒，困杀多少英雄，空陷百世之迷途，谁识三生之觉路？良可悲夫！予偶阅稗官家所谓《归莲梦》者，见其痴情幻境，宛转缠绵，几欲随紫玉成烟，白花飞蝶，忽而明镜尘空，澄潭心彻。借老僧之棒喝，挽倩女之离魂，得证无上菩提，登彼觉岸。于是芟其芜秽，编为剧本，名之曰《梦觉关》。吾愿世之读者，要当知梦幻泡影，水月空花，本来无著。佛经有云：‘无我相，无众生相，无受者相。’四大本空，情生何处？编是剧者，亦本我佛慈悲之意云尔。”

三、《锦囊冰鉴》二卷

《锦囊冰鉴》二卷，《道光续修桐城县志·卷二十一·艺文志·三十》著录。未见。

按:《蠹窗文集》录有张令仪《锦囊冰鉴序》一文，可观其编辑此书之缘由:“予幼随先文端公宦京师，时诸弟犹在襁褓。先公家素寒俭，不能以弱女延塾师，间从先太夫人，授《论语》、《毛诗》。稍长，太夫人曰：‘女子工织纴、事酒浆，诗书非所务，知其大义可也。’是后予既归吴兴，两尊人犹宦京华，弟兄天末，不能无离群索居之感，间托诗章以舒积抱，亦不以示人也。既而先舅翁捐馆，清白相贻，家徒壁立，夫子怀珠在椟，糊口四方。予终岁食贫，黾勉齑盐，皆仰给于十指。而夜窗机杼，晓镜飞蓬；贫病相因，流光易掷，忽忽不知老之将至。而今之困苦坎坷，有甚于昔也。针黹之余，稍涉书史，以为古人嘉言懿行，可备取资者不少，吾桐杨古度先生著有《龙文鞭影》一书，窃谓尚多遗落，不揣固陋，以暇时所见，编次成书，名曰《锦囊冰鉴》。昔人云：‘鉴古可知兴替。’又李贺每出游，必使奚僮背一古锦囊，有所得辄投其中。是集亦可为锦囊中之一鉴云。予学惭韦母，才愧班姬；加以尘务经心，识见非广；聊凭臆度，丛杂无章。或篝灯绩火，风雨晦明，听稚子琅琅诵读一过，如晤对古人，庶几愁苦稍释耳。诸弟见之，谬加奖与，请付梓人，公诸同好。嗟乎！谢道韫之解围，无其高朗；李易安之赌茗，乏此清闲。仅同王霸之妻，为农而没世；大似老莱之妇，偕隐以灌园。身既隐矣，何用名哉！盖欲以劝诱童蒙，非敢质诸当世也。”

又按：从上张令仪序中来推测，《锦囊冰鉴》编辑时间应在清康熙五十九年（1720）前，此时其夫姚士封当尚在世。

四、《蠹窗诗集》十二卷

《蠹窗诗集》十二卷，与《蠹窗诗馀》一卷、《蠹窗文集》一卷合刻，共成十四卷，清雍正二年（1724）刻本，中国国家图书馆藏。此本每半页十行，每行十九字，小字双行不等；黑口，四周单边，单鱼尾。前有张英《蠹窗学诗题辞》、方正玉《蠹窗诗集序》、张廷玉《蠹窗诗文集序》及张令仪《自序》，并附张令仪子姚孔銮、姚孔铉编次的《目录》。在卷一之首题“龙眠张令仪柔嘉氏著，侄女姚仲芝嗣徽校字，表兄马凤翥恒斋选，同怀弟廷璐约斋、廷玉砚斋、廷瑑思斋订”字样。内录诗十二卷，计一千零二十五首，其中卷一收古体诗六十一首，卷二收古体诗三十七首，卷三收近体诗八十七首，卷四收近体诗一百十九首，卷五收近体诗九十四首，卷六收近体诗八十六首，卷七收近体诗八十五首，卷八收近体诗九十五首，卷九收近体诗一百二十九首，卷十收近体诗七十四首，卷十一收近体诗八十九首，卷十二收近体诗六十九首。

张英《蠹窗学诗题辞》曰：“余第三女未尝学诗，幼从余宦京华，随其母夫人授句读，能诵《论语》、《毛诗》，粗解其大义。稍长，窃取唐人之诗读之。诗卷纷披，杂罗于针管彩绣之间，穷昼夜寝食不辍，余不知之，而其母夫人亦不识也。既而稍出其所作诗以示兄弟，皆奕奕然老成，讲求声律，比偶起结，皆有法度。余在京师，间见其一二作诗贻之，所谓‘蕉窗对镜图书满，纸阁拈针笔扎随’，意深喜其不学而能。且论古有识，用典故精当，笔力清颖，时出新意。此盖其出于天性然也。余乞休园居，衰老谢宾客，与麋鹿渔樵为伍。每与子孙征引掌故，背诵古人诗篇，以相娱乐。而三女辄能举其事与词，亦由其记诵之多，而攻苦之力也，昔者谢道韫止传柳絮之句，而馀不多见。由今观之，岂得谓古今人不相及耶？由蠹窗学诗而益加精进，足以与彤管女史互相辉映矣。圃翁大清康熙四十七年岁次戊子三月望日书于双溪草堂。”

张廷玉《蠹窗诗文集序》曰：“自古著述之见于名媛者，其人类皆博赡之学，渊通之识，又多生长公卿阀阅家，书籍繁富，足以备搜求而扩见闻。且其处芬芳盛丽之中，独有盐淡泊之致，而奇纨金玉，无足以概其心，故妇功之余，得以抒其志意于文章，若惠姬之汉史、宣文君之周官音义、徐淑之骈词、宋昭华之经学，其尤著者也。三姊蠹窗夫人，其踵前贤而兴者欤？三姊生而聪慧，工织纫组紃，性嗜学，少侍太夫人读书京邸，简帙盈案，无不披览。先公退食时，常试以奥事，应对了然。所为诗文，辄衷前人法度，论古有识，用典故精当。先公甚异之。及笄，归吴兴，与姊夫湘门先生，闺门相属和。湘门世家清宦，室靡长物，吾姊总持内政，湘门得以殚心于帖括之学。忆吾姊居棠花馆时，余得与诸弟先后受室。归里门，常与湘门斗题角艺，吾姊亦时时出其所为诗歌、古文辞。每酒阑灯灺，辨析古今，事不少休。弹指十数年内，吾姊裨益于诸弟者良多。及先公予告，偕太夫人南还，棠花咫尺，吾姊时亲色笑，问起居。而先公暇日，与子孙征引掌故，背诵古人诗篇，吾姊援笔歌赋，动辄数十言，所以娱先公于衰年者，尤为曲至也。嗟呼！曾岁月之几何，两大人音容已不及见。予与三弟系官于朝，回念当时团聚之欢，邈不可得。而湘门中年多病，又永归道山矣。今幸两甥成立，家业不堕，吾姊犹得以藉馀闲，斟定其生平未竟之业，迹其所得，虽惠姬、宣文君之属，何以加于此哉？然使吾姊处芬芳盛丽之中，而无齑盐淡泊之致，则田园仓廥，不无挠其心而撄其虑，亦未必其学之博赡而识之渊通如此也。顷邮寄其诗赋古文辞若干篇，命序于予，将以授之剞劂，爰撮其梗概而书之，并以志先公、太夫人之遗教于不衰云。二弟廷玉拜撰。"

张令仪《蠹窗诗文集自序》曰："诗所以道性情也。凡人有所忧思，郁结不能自去于怀，每托诗与词以道之。无论《孤愤》、《离骚》，昔贤不免；即采蓝、采绿之什，风雅犹采择焉。予自弱龄，于归吴兴，先太傅、太夫人作宦京师，弟兄皆随侍，而予独留故国，瞻望燕云，寄声北雁，情难当已，涕泪因之。先舅翁阶州公为清白吏，壁立萧然，夫子湘门怀才不偶，糊其口于四方者，几四十载。予索居穷巷，形影相依。草曛风暖，夏箪冬缸，触事兴怀，间发之于长章短句，信口吟成，工拙难计。乃昊天不吊，夫子以屡踬锁闱，赍志而殁。儿子銮、铉衣食于奔走，予寂寞孤帷，风雨之悲，门闾之望，无可抒发，或歌以当哭，或诗以代书，丛杂无章，尤不自修饰，岂得自附于风人之末哉！侄女仲芝乃长姊次女也，高怀散朗，具林下风。素工吟咏，著有《畹香阁诗集》成帙。性癖嗜痂，怜予衰老多病，恐一旦溘然，先草木湮没无闻，乃为收拾残篇，捐资付灾梨枣。予愧不克当，亦不能却也。古人有言：得一知己，死可不恨。谢景初类次梅圣俞诗十卷，欧阳永叔犹称之。今仲芝于予诗，为藏弆之，并为剞劂之，较之古人，不几几过之耶？自念生平淹蹇困塞，无可比数，乃犹有恐予之湮没无闻，而欲彰之者，知己之感，岂可多得。览者略予之鄙陋，而传仲芝之高义可也。蠹窗主人书于澄碧楼。大清雍正二年岁次甲辰，清和月朔三日。"

按：此本卷六、卷七收《澄碧楼集》二卷，录五七言近体诗一百七十一首；卷八、卷九、卷十收《静斋集》三卷，计录五七言近体诗二百九十八首；卷十一、卷十二收《冷鹃吟》二卷，计录五七言近体诗一百五十八首。从《冷鹃吟》集名及其第一首《哭夫子二十章》来推测，此集当为张令仪夫姚士封卒（即康熙五十九年）后所作，《澄碧楼集》和《静斋集》当早于《冷鹃吟》作。

又按：此本卷六《梅花诗三十首》偶有圈点、注释、评点，如第七首末句"欲向生绡临小影，霜毫须是起倪迂。""迂"字圈，并于页眉注解云："元倪瓒，字云林，性迂，善画，用笔高古，不同流俗。"第十二首末句"冻合小桥溪上路，晚鸦飞破雪纷纷”，逐字圈，并于页眉批云：“收句直追盛唐。”

另按：肖亚男主编《清代闺秀集丛刊》（第5册）收入《蠹窗诗集》十二卷、《蠹窗诗馀》一卷、《蠹窗文集》一卷，即据此本影印。

五、《蠹窗诗馀》一卷

《蠹窗诗馀》一卷，与《蠹窗诗集》十二卷、《蠹窗文集》一卷合刻，共成十四卷，清雍正二年（1724）刻本，中国国家图书馆藏。版本描述见前《蠹窗诗集》十二卷。此本收入“卷之十三”中，计录词八十九首。令仪词体制兼备，短章如《望江南·元夕》三首、《渔父·夏夜》四首、《如梦令·步梅村先生韵》四首，长调如《沁园春·东皋》《意难忘·纳凉有感》《疏帘淡月·秋夜》《新雁过妆楼·对月》等，皆音律谐婉，情深义重。从内容上看，多描写春、夏、秋、冬四季景物、节令情事，以及日常触景感怀、思夫忆儿之作，如《踏莎行》八首各题为“金盆沐发”“月奁匀面”“玉颊啼痕”“黛眉颦色”“芳尘春迹”“云窗秋梦”“绣床凝思”“金钱卜欢”。

按：《蠹窗诗馀》一卷，亦收入南陵徐乃昌于清光绪二十一至二十二年（1895—1896）所刻《小檀栾室汇刻闺秀词》第三集中。

六、《蠹窗文集》一卷

《蠹窗文集》一卷，与《蠹窗诗集》十二卷、《蠹窗诗馀》一卷合刻，共成十四卷，清雍正二年（1724）刻本，中国国家图书馆藏。版本描述见前《蠹窗诗集》十二卷。此本收入“卷之十四”中，总《目录》中题“古文杂述”。内录文十二篇。末附《蠹窗文集续刻》，仅录《寓居澄怀园记》一篇。

七、《蠹窗二集》六卷

《蠹窗二集》六卷，清乾隆八年（1743）刻本，中国国家图书馆藏。此本每半页十行，每行十九字，小字双行不等；黑口，四周单边，单鱼尾。前有三弟廷瑑于乾隆七年（1742）和二弟张廷玉于乾隆八年（1743）所作的序。内录诗四百余首，多为张令仪晚年所作，如《北游草》二卷即其就养京师时所作，是了解她晚年生活和心境的重要依据。

张廷玉《序》云：

先太傅以六艺教于家，一门之内，时以翰墨为娱。三姊于诸昆弟中最为颖异，幼承太夫人之训，组纠之外，兼课以诗。即景命题，藻思绮合，先太傅绝爱怜之。时余兄弟方治举子业，无暇肆力于诗，姊则用志既专，学殖益富，诗以骎骎日上。每花晨月夕，群从咸在，阄韵赋诗，两大人顾而乐焉，虽谢庭咏絮之雅，不是过也。姊夫湘门以名家子负俊上才，纸阁芦帘，唱酬无间。甲辰之岁，曾裒其前后所作，都为一集，名曰《蠹窗诗集》，一时思亲念弟、流连光景之词皆在焉。余为序而授之梓。识者谓其清真古雅，直可参作者之林，不徒于闺秀间置一席也。后余兄弟俱宦游京师，余复谬蒙三朝知遇，洊历清班，入参机务，退食少暇，诗学久荒。姊亦中年，牵于婚嫁之累，米盐琐屑，不废吟咏，邮筒往复，必侑以诗。诗格愈苍，诗律愈细，余每得一篇，辄为叹服不置。盖其天分既高，而记问之博又足以达之，宜其诗之与年俱进而未有已也。雍正六年，次甥铉蒙恩授通州判官，迎姊氏于官舍，便道过都门。余赐居戚里旧园，白头姊弟，相聚一堂，上述君恩，下思庭训，泛澄波，登广榭，一花一木，悉入品题。写恬适之高怀，极天伦之乐事。今年春，姊氏颐养里门，子侄请读其全集，因发其未刻之作数千余篇，嘱方君贞观及亲串中善诗者严加别择，得若干首，厘为六卷。其中《北游草》二卷，则就养京师之所作也。大抵姊氏之诗，发抒性情，陶铸经籍，而出之以冲容秀洁，盖两大人不敢遽作退休计。回忆家庭聚首之欢，恍如昔梦，执笔书此，盖不能无感于中云。乾隆八年岁次癸亥仲夏月二弟廷玉拜撰。

孙殿起《贩书偶记》卷十八对此本也有著录：“《蠹窗诗集》十四卷、《蠹窗二集》六卷，龙眠女史张令仪撰，康熙间刊，乾隆间续补刊。”

八、《蠹窗诗集》一卷

《蠹窗诗集》一卷，收入清道光二十四年（1844）螂嬛别馆刊蔡殿齐《国朝闺阁诗钞》第二册中。此本每半页八行，每行十八字，黑口，四周双边。内录《西颢》《玄冥》《不寐》《乌栖曲》《秋夜长》《采莲曲》《斗草》《晚春坐春晖亭》《北郭寻秋》《小院残春》《早秋夜坐》《咏十姊妹花》《蠹窗》等十三首诗。

按:《续修四库全书》（第1626册）本《国朝闺阁诗钞》，据此本影印。

参考文献：

[1]［清］张令仪．蠹窗诗集十二卷诗馀一卷文集一卷［M］．清雍正二年(1724) 刻本，中国国家图书馆藏．

[2]［清］张令仪．蠹窗二集六卷［M］．清乾隆八年（1743）刻本，中国国家图书馆藏．

[3]［清］蔡殿齐．国朝闺阁诗钞［M］//续修四库全书（第1626册）．上海：上海古籍出版社据清道光二十四年（1844）螂嬛别馆刊本影印，2002.

[4]［清］道光续修桐城县志［M］//中国地方志集成·安徽府县志辑（12）．南京：江苏古籍出版社，1998.

[5]［清］孙殿起．贩书偶记［M］．上海：上海古籍出版社，1982.

[6] 光大中．安徽名媛诗词征略［M］．合肥：黄山书社，1986.

[7] 胡文楷．历代妇女著作考［M］．上海：上海古籍出版社，1985.

[8] 邓丹．三位清代女剧作家生平资料新证［J］．中国戏曲学院学报，2007（3）：51-53.

[9] 肖亚男．清代闺秀集丛刊（第5册）［M］．北京：国家图书馆出版社，2014.

吴应箕生平交游、言论与若干事迹考

丁士虎

摘　要：复社领袖之一、后来抗清殉国的烈士吴次尾在明末是比较活跃的、引人注目的人物，是池州先贤。了解他的生平交游与相关事迹，可以帮助我们更好地了解那个风云突变的时代，了解他身为布衣、心忧天下的情怀，使我们步武前贤，弘扬皖江文化中的家国情怀与“天行健，君子以自强不息”的传统风尚。

关键词：交游；风骨；济世；读书观；作文观；事迹考证

一、吴应箕的交游与风骨

（一）与士大夫和文友的交游

吴应箕（1594—1645），字次尾，号楼山，贵池大演（今石台大演乡）人，明末文学家和文人社团领袖。他16参加科举考试，20岁补为博士弟子生员，后八试南都（南京）不第，直至49岁才中副榜。

吴应箕自称“交游半天下”（《与金天枢侍御书》），没有一点夸张。除明季四公子（侯方域、陈贞慧、冒襄、方以智）外，他结交的师友，从执政阁臣、地方大员、王孙公子、读书游学之士，到布衣百姓、画师、墨师、禅师、学童等，形形色色。

他的很多作品毁于兵燹，因此据现有资料无法完全复原他的交游与生平事迹。笔者仅从他的诗文集《楼山堂集》（27卷）、《遗文》（6卷）、《遗诗》（1卷）以及《两朝剥复录》《留都见闻录》《读书止观录》及时人诗文集与笔记等资料中获悉：吴氏结交的人物有名姓可知的大约有三百来人，大多是当时的清流人物和社会精英。这些人物互为师友、广通声气，集合在东林、复社旗帜下，在当时应该可以算作一股可观的政治和社会力量。其中，他自云“所交最匿及素所严事心服者得三十余人”（《题交游书牍手卷后》）。古人云：“欲观其人，先

作者简介：丁士虎（1961—），男，池州学院文学与传媒学院副教授。

观其友。”吴氏师友们在中原板荡、民族面临灭顶之灾的关键时刻，大多表现出临难不苟，疾风劲草的贞良品性。

吴氏结交的朝廷或地方长官，其中有的被他当作师长看待的有：范景文（阁臣，当时很有声望的端士）、钱士升（阁臣，嘉善人）、何如宠（桐城人，阁臣，史称“操行恬雅，与物无竞，难进易退，世尤高之”）、孔贞运（阁臣，池州建德人）、李首川（吴氏岳父）、郑三俊、黄道周、袁继咸、陈于庭（陈贞慧之父）、吕维祺、徐石麒、史可法、熊明遇、钱谦益、方孔炤（方以智之父）、方震孺（其被逮途中于滕阳驿壁题诗，喧传天下，同时或稍晚和诗者很多，包括钱谦益、吴次尾等）、范凤翼、金楚畹、金声、冯元飏、冯元飚、冒起宗（冒襄之父）史可法、何楷、张玮、王建和（其子王心睿为吴氏弟子）、程世昌、成勇、张璨垣、解经达（袁州守）、郑友玄（为陈子龙、李□等人会试座师）、金光宸、曾房仲等。其中很多是明末很有名望的政界人物，地位高崇，他与郑三俊、范凤翼等人的交往，为写《东林本末》《启祯两朝剥复录》等史著带来了便利。而一些官员也得到吴氏助益，如襄助张玮赈济因饥民，或递达下情，或出谋划策，代草上书。他最崇仰的师长是范景文、袁继咸和郑三俊。因吴、郑均是池州府人，故吴氏与之交往最密。

或情兼师、友，关系密切，或偶通声问、同气相求的友人，他们多是文社社友与地方官员。这些人包括：张溥（复社发起人与领袖）、张采、杨廷枢、顾杲、周钟、周镳、刘城、张自烈、艾南英、刘潜（曾为婺源令）、孙嘉绩、梅之熉、韩如璜、汤廷琏、陈名夏、陈贞达（贞慧之兄）、陶英人、沈昆桐、沈寿民、邹典、吴、刘用潛、杜濬、麻三衡、梅朗三、万道吉、丁煜、丁爟兄弟（乃丁绍拭的公子，丁绍拭为池州名流，大学士，谥“文恪”，入祀乡贤祠）、左子直、子厚兄弟（乃左光斗公子）、吴文英、吴闻礼兄弟、方文、钱澄之、陈子龙、夏允彝、蒋韦、彭宾、孙临、何次德、周岐、蒋臣、姚元台、李达、苏垣、吴拭（制墨名家）、李雯、许元溥（藏书家）、阎尔梅、谭元春、包尔庚、杨文骢（画家）、冯京第、蔡蓁春、吴易、严印持、黄淳耀、黄宗羲、万时华、陈弘绪、罗万藻、易暹侯、鲁可藻、戴重、萧声、钱禧、李楷（关中三李之一）、朱隗、邢昉、许承钦、彭而述、周亮工、吴伟业、杨以任、冯延年（即讨小青为妾者，小青爱读《牡丹亭》一剧，有才藻，为大妇幽禁，忧郁以终。时人哀之，为作传奇）、黄传祖、吴濯、唐德亮、刘履丁、傅如圭、马嘉植（武进令）、吴韩起（当涂令）、王家柱（崇祯十二年贵池令）、熊人霖（曾任义乌知县，迁工部主事）马世奇、刘敷仁、邹臣虎等。这些人大部分可见于吴氏所作《启祯两朝剥复录》同盟社友订阅名单中。从他的诗文集和史料看，列名吴氏为驱逐阮大铖而起草的《留都防乱公揭》中的140余人，基本上可称是吴氏友人。最密切投契的友人是：顾杲、周镳、陈贞慧、刘城。其中周、顾个性狂放，好使酒骂座，斥骂奸佞，陈、刘为谦谦君子，气质内敛。当时人们都愿意亲近刘城，对吴先生则不无褒贬。

亲友、门生、乡友有：李□为吴氏内弟，吴应筵、吴应纂为从弟，刘城之子刘廷銮、陈贞慧之子陈其年、王建和的几位公子（王公俨兄弟）、吴时可、姜可久等为入室弟子。另外还有罗尚甲、昝质…，方外朋友如体中上人等，均为同乡旧友。弟子中，他最欣赏的弟子是刘廷銮和陈其年。陈因吴氏吹颂揄扬，少年时即名动公卿间。后来成为清代阳羡派词宗，在文学史上很有地位。

从友人籍贯来看，多为东南（或寄籍东南）文士，以当时南直隶人居多，这与吴氏生活轨迹吻合。他先后授徒于徽州、无锡等地，是科举时文著名选家，多次在南京参加科举考试，是多个文社的组织者，在苏州、杭州、南都参加社事并编选评点时文，作为成功的选文大家，他很受书贾和士子们的崇敬。他编过《国门广业集》和时文选集《国表二、三、四集》，据黄宗羲记述，吴氏“尝于西湖舟中，赞房书罗炌之文，次日杭人无不买之，坊人应手不给，及时重刻，其为人所重如此。”据陆世仪《复社纪略》卷一载：以吴应箕、徐鸣时为首的匡社文章行世已久，后来又共推周钟主盟，将文社扩而广之，名其社为应社，于是应社名闻于天下。吴氏前后还组织过南社，国门广业社，他还是明末最有声势、带政治性质的组织——复社的骨干，复社人多势众，他有机会接触更多的朋友。因此机缘，他给后人留下了较为完整的复社成员姓氏资料：《复社姓氏录》

与友人的交往，他找到了志同道合、切磋学问的朋友，获取了个人声誉与个人利益。

从活动时空上看，吴氏有机会结交的名流与士子还有不少，如：刘宗周、陈继儒、董其昌、文震孟、姚希孟（文、姚很有时望，死于同一年夏天，吴特做《悼吴门》诗二首以悼之）、倪元璐、方拱乾、吴甡、周延儒、姜曰广、查继佐、孙枝蔚、万寿祺、徐孚远（为几社七子之一，名列《留都防乱公揭》，七子中已见其他六子与吴氏交往有迹）、李清、归庄、顾炎武、张煌言、张岱、王夫之、李渔、金圣叹、冯梦龙、陆人龙、萧云从（芜湖人，画家）、林古度、张怡、徐汧、朱之瑜（舜水先生）、郑采（即郑成功，南国子监生，吴氏也是）等，但吴氏与之是否通过声气，尚待进一步发掘文献，才好断定。他与钱谦益、龚鼎孳交往不多，想必是双方个性气质、地位等因素的阻碍，《楼山堂集》中只有分别致二人的一封信，话语平淡，看出来交情很浅。当时，有些名士如张自烈、方以智、黄宗羲、方文等人，交际圈比吴氏还要大，圈中友人更多，有的达千人之多，吴氏个性率真，律己律人均严，以道义相交，门户很严，朋友圈子不算很大。

他看重友谊，在幕后为友人排难解纷，或推荐人才，如恐不及。好友张自烈与八股文选文名家、前辈艾南英（字千子，后来抗清而死）为评点选文一事闹出矛盾，他主动斡旋。他站在公正立场上致函双方，劝谕双方不要激化矛盾，终使冲突化解。友人汤廷琏因冒犯当地县令，被对方诬陷，将致之死。他为搭救友人，到处申诉，辗转请托，最后事平。而汤廷琏在后来的抗清义举中殉难。在福王登基后的南京，权奸、阉党沐猴而冠，残害清流人物，吴本人在黑名单中标于榜首，他还是冒生命危险探望被打入监牢的好友周镳。好友被缢杀，他悲痛不已，连写三篇悼文。在左良玉率乱军渡江东下，他为江督袁继咸筹策，提出对付的办法。对数个友人专刻一书攻击自己，他毫不计较，未回击一个字。

吴氏这些师、友，无论在朝为官，还是在野书生，都是很有才华的人，其德行操守、文章学术、诗画技艺等多有可观。在危难时，能表现出铮铮气节。《明史》称郑三俊为人，"断严清亮，正色立朝"。范景文、徐虞求自缢殉国，黄道周学贯古今，直言敢谏，逆龙鳞，险遭不测，后来抗清死节，清代乾隆帝褒赞曰"不愧一代完人"，金声、史可法、杨廷枢、陈子龙、黄淳耀、吴易、孙临、韩姬命、沈昆桐、麻三衡、梅朗三、万道吉、艾南英、冯京弟等，均抗清殉国。出家为僧者有梅惠连、方以智、鲁可藻等。隐居不仕，以气节自高者有陈定生、冒襄、沈寿民、黄宗羲、钱澄之、方文、陈士业、刘城等。杜登春赞之曰："诸君子贵贱异等，死生异路，而名节自持，百身一致，使非文章道义，互相切煤劘，安得大节盟心，不约而同如此哉！"（《社事本末》语）

与上述或亡或隐的人物有例外的亦有一些，例如，周钟在明亡后，投顺闯王，满清入关，又逃回到南方，结果被当作背君忘义的典型，被南明权奸的马士英、阮大铖一伙监禁、判罪、处死，其堂兄弟周镳也被连带冤杀。周亮工（本是抗清英雄，仕清后曾被诬告关入监牢）、李雯、彭宾、彭而述、陈名夏等，被清政权罗致，宦海沉浮；陈为时文大家，才华出众，明末进士，因降顺闯王，后又逃归，南明判他死刑，他只身北上，出仕满清，一度青云直上，因主张废除"薙发令"，加之讥嘲满人新贵的无文（这实际就是一种民族自尊意识的表现），结果遭忌恨，被清廷绞死。他临死时表现得非常沉着，没有苟且畏葸之态。方拱乾的几位公子（玄成，咸亨，玄成字孝标，号楼冈，官至学士，为顺治极见宠信的文学侍从之臣，其所著《滇黔纪闻》等史料为戴名世《南山集》所引用，后来"《南山集》案"发，方其时已死，仍被官府视为"大逆之首"，被剖棺扬骨灰）与姚文烈、文然兄弟等人，则参加清朝的科举考试，为宦后多卓有政声者，这些人也不能简单地加以否定。

（二）从史料看吴先生风骨才情

吴先生个性强毅，带有狂气。李香君曾赞之曰"吾闻贵池吴生，尤铮铮者”，是很贴切的评价。时人对此都有类似评语。例如：

陈贞慧《山阳录·吴贡士应箕》：“次尾骯脏负气节，其读书有本末。平居酒酣感慨，祖鞭刘啸，虬髯飒飒，未尝不在受降风雪间也。鲁仲连欲烹醢梁王，灌夫痛骂程不识，而头颅老大，齚舌不平气，亦以是不振。”

冒襄《序楼山文集》：“楼山之为人，卓荦淹通，豪俊负大志，一贫诸生，挥金帛，娱声色，好面折人过。与公卿大夫辩论是非得失，赴人患难缓急如不及。至经史证据国家关系时势安危方舆形胜以及兵赋战守攻击之成败，无不抵掌而谈，掀髯好长啸。”

侯方域《祭吴次尾文》：“面冷而苍，髯怒以张，言如风发，气夺电光。”“次尾战败，危坐正冠，徐起拜故君，辞先人，引颈就刃，意气弥振。”“读万卷书，识一‘是’字。明三百年，独养此士！”

张自烈《楼山堂集·原序》：“张子少无交党，耻竞华名，于时落落，而交吴子甚暱，然不阿，以故知吴子益深。嗟乎！吴子何如人哉？吴子通侻饶智略，读古人书务适用，画厉害若指掌，遇事物感发微言深论，往往屈其座人。其大指原本忠孝名节，闻者壮之。性不屑细谨，痛当世苟且拱默，时有所讽刺，虽尝以此见望，抗愤自若也。”

陈肇曾《吴楼山先生文集序》：“先生时见英峙俊迈之概，风流自命，其雄姿丰标，逸气烟翔，遇多可少抑，好善嫉恶，出于天性。…自次尾科牍出，天下翕然奉之为圭璧指南，至有不以名列天衢为荣，以文入遴选者贵于凌高梯而披丹黼。”

刘城《吴次尾先生传》：“次尾独轻脱，率己意人，卷鞲曲腕而或踞坐自若，或解袜系爬搔也，高言指斥，辞气涌射，屈一座人，人指目狂生，率辟去。以是数者，声日益起，亦用以败。…言当世事益急，动止益自抗，视乡里中蔑如也，冤家用是益深相唆使，持梃刃来，欲杀之。不可得，火其居以去。”“好讥诃特甚，…佥人切齿谋相倾，势及次尾。”“次尾虽贡高慢世，顾善奖诱人才，一端之美，扬之过量。士尝由以得名，族子皆其成就者。”

蒋臣《徵君刘公伯宗行略》：“次尾伉爽悍鸷，多怪而少可，当其侘傺慷慨，吐论纵横，唐突卿宰，髯戟奋张，人多辟易，…大义侃侃，好面折人过。…高视阔步，或不矜细行。…家世寒俭而原鸰急难，至费数千缗。然卖赋借交，侈于声色，资用亦渐康。”

陈维崧《〈读书止观录〉书后》：“吾夫子天纵绝异之才，著述等身，生平读书过目不忘。下笔数千言，文不加点，亦无副稿，故多散佚。其有存者，悉罹兵燹。崧每为感慨泫然！忆戊寅从游夫子之门，见所著《国朝纪事本末》《东林本末》二书，皆有关家国，昔付先大人传之。崧珍藏于家，愧未能表彰。”

《迦陵诗文集卷三·吴子班读史漫衡序》：“先生于书无所不窥，而尤精熟于史。”

《迦陵诗文集卷三·钱础日史论序》：“吴先生意气雄伟，倜傥非常，所著楼山堂史论，高文老识，成一家之言，有极笔之叹。”

钱澄之《生还集·哀江南》：“吴生鸡坛雄，崛起树赤帜。学术虽不纯，才气岸然异。里人兴义兵，共推季子智。攘臂事从戎，空拳当铁骑。始愿岂捐躯，临危勇就义。头颅藁杆悬，巾帻俨未坠。平生苦好名，一死庶无愧。”

方文《嵞山集·即事》：“宣城麻沈贵池吴，炳炳灵灵烈丈夫。草莽自能标汉帜，衣冠不肯拜（羌胡）。临刑灏气吞秋日，绝命英词播海隅。多少崇兰化萧艾，幽香毕竟在吾徒。”

王鸿绪《明史·列传第一百五十三》：“吴应箕，字次尾，贵池人。善古今文，意气横厉一世。……（顾）杲字子方，光禄卿宪成从子也，为人豪迈，好倚酒骂座，居恒与应箕张髯抵掌言天下可悲愤事，辄痛哭，哭罢辄狂歌…”

温睿临《南疆逸史》：“言论风旨，士皆趣之，公卿以下，视其臧否为荣辱。”

光绪六年（1880）知县陈延龄重修的《贵池县志·卷22·人物志·忠节》：“…明季文士阘茸，应箕独以古学倡天下，继东林创立复社。……时寇乱日亟，每与公卿贵官论国事，张颐柱颊，辩难蜂起，虬髯拂侵客面。一语不合，辄矫首与争。大学士范景文，尚书郑三俊诸贤大夫皆严重之。”

从史料可知，吴先生长相是面黑，虬髯如猬，性情是好饮酒狂歌，好争论，谈时局，评人物，疾恶如仇，才气横溢，奖善急难唯恐不及，是狂狷一流人物。一些人爱重他，更多的是畏惧他，还有的痛恨他，恨不得置之死地。他在当时是个愤世嫉俗、颇具争议的人物。因故，他功名蹉跎，困顿终生。

二、吴氏的济世思想与读书、作文观

（一）济世言论

吴氏的济世思想主要反映在言论上，他以天下为务，好言王霸大略。特别渴望有朝一日获取功名，从政牧民，施展抱负。其时吴氏友人——桐城秀才蒋臣上书，蒙召廷对，入朝为官；友人宣城沈寿民被巡抚张国维举荐贤良方正而上京；同乡好友刘城也多次有着被举荐入宦途的机会；有颜姓士人征聘入京。看起来，士人踏上宦途的机会不少，而唯独先生命穷数奇，他七上书而说不行，三次入闱考试，考卷被刷落，不蒙考官批阅一字（见《与徐虞求尚宝书》）。虽没机会面君廷对，但忠君爱民的淑世之心使他垂文自见，做了许多篇史论、策论、书信，直揭时政弊端，提出解决办法。文集中有《拟进策》《兵事策》等篇，向崇祯皇上提出“持大体”“别邪正”“谨信任”“审言术”“励廉耻”“重变更”“储边材”“罢无用”“养民财”“塞贪源”等主张。他还代程世昌中丞草拟三疏，为打通南都与京城的通道，为固南都重地，向皇上献策。他上书江督袁继咸，献破左良玉叛军之策。崇祯十五年（1642）十一月，皇上下诏罪己，求直言，起用废将，吴先生幻想皇上与民更始，发政施仁，颁诏蠲免十二年以前百姓未完钱粮，谕辅臣会同司法机构清理讼狱，草拟群臣谢表。这篇谢表是以执政辅臣的口吻而上，应是奉命而作，此文寓谏于颂，表达了普天下老百姓的来苏之愿。惜乎这只是作者的一厢情愿，直到明亡，也未见恩诏颁行。

在《拟进策》中，关于持大体，他认为，皇上应该提纲挈领，具体事务责之有司。不要事无大小，一手操持，这样做既伤为君之体，又伤天下元气，为政操切，臣下奉行不及，则益工为欺弊。地方守令也被监司郡牧侵权，结果为政混乱，大臣无所支持，小臣朋比为奸，擅作威福。国家不能并用君子与小人，结果会使君子道消，小人道长，国事不可为。关于别邪正，他认为，憨直、重气节、不计利害、矢念于国家者为正，顺悦取容、揽权势、快心于报复者为邪。关于谨信任，他建议皇上既不要多疑臣下，信任不专，也不要被深险之人窥中好恶隐情，被其固宠要结之术所蔽，信任太笃。不要有成见与菲薄臣下之心，要虚公御下。他提醒皇上，开言路时，要察言者之心公与私，听言时“当去其所顺而察其所反。详其平日立朝之概”，“访其行己之素”，“严其诛赏”，“可行者务力行之”。他希望敦砺风俗，激发人的廉耻之心，任用峻洁清介之人为地方官、为巡按御史、提学、典试官，对贪墨者、钻营者、请托者予以劾治。他认为，不要轻易变置祖宗取士、练兵、屯盐、考察之法，法久生弊，去其弊即可为治。诏令日新，臣民取舍益乱（针对当时保举令、骑射令而发）。他建议，每年让各地抚按推举有方略者入居兵部，各部属官有才力者入本部堂，日夜讲求兵旅之事，严加考核，边地长官出缺即调补，久任以练才，而后入为兵部尚书和左右侍郎，出为督抚。这些人术业专攻，当然熟悉兵事。令各方镇、抚按每年举有勇略、懂军事的人才，赴兵部考试，从中选取边地武将，论功行赏，数年之后，文武将才可无匮乏之虞。应罢无用之官吏、士卒、设施，无用之官有权无事，恣作威福，反而废有司之事。兵兴以来，民穷财尽，民之财耗于国家者十之三，耗于官吏胥役者十之七，奢靡风俗，水旱天灾，加快财富消耗。他建议抚按之赃罚取消，罚罪收入专门登记在册，备地方使用。各部门、地方书役应减汰，制止他们舞文弄法、乾没侵渔之行为。关于贪腐之源，他认为，这与科举任士制度和官员奖惩制度有关，士子自科试录取到踏入仕途，钻缺、营荐、免劾，每处费用都很惊人，需要称贷举债，在任贪墨，其源在此。只有对症下药，塞贪源，重纠察，立制度，方能塞贪源。以上策论中谏言，深中时弊，洞穿古今，切实可行，与时贤倪元璐、刘宗周、范景文等人见解一致。惜乎崇祯帝天高而不听卑，予智自雄，察察为明，愈求治而治愈乱，终使明社覆亡。

崇祯九年（1636）夏，吴氏会试南都，针对当时的战乱，作《兵事策》。他认为，攘外得先安内，先合力剿灭农民军（同时谨边防），借剿寇之机淬炼军队和将领，使知兵能战之将率胜兵破清兵。对清兵入寇，则坚壁清野，使攻、掠无成，令能战之将率锐兵邀击，与城守呼应。一将权，行屯政（《明史》载：卢象升于崇祯九年，“诏迁兵部左侍郎，总督宣、大、山西军务。大兴屯政，谷熟，亩一钟，积粟二十余万。天子谕九边皆式宣、大”，可见屯田之益），观衅俟时乃胜敌之方。策论中指出要剿灭声势浩大的农民军，先做足准备，防守第一，战次之；守令为上，大兵次之。尾追最下。只有使敌进退失据，野无所掠，攻城不能下，战则馁，逃则困，不致之死命不轻言招抚。对多股农民军，先并力剿灭一股，坚壁清野以困之，趁其分兵四掠则击之。对于防守南都，城守为下，防守线应在江北与上游，其中，九江、采石、京口为紧要渡口，为阻止飞渡，应在周边关隘增兵防守，成掎角之势。而当时的诸多措施，如穿濠守埤、练乡勇、加派、焚舟、造望台，等于婴城死守，非常消极，诸多举措竭民力，耗士气，不收分毫之效。我认为，这些见解深中时弊，主张切实可行。末世各级官员苟安、畏敌、举措乖张，结果，“寇未逼而民先扰”，“民之思乱十室而九”，陷入“墨菲定律”怪圈。

同一年，他作了《时务策》，对识别官员的邪正、取士法、议论多而成事寡的原因、行兵用间之法、对付农民军的剿抚之法、重守令之选、练乡勇之弊等，提出个人见解。

继之，他倡议立社仓，每个家族建一个或数个社仓以备荒年，储谷仓中，夏散秋敛，遇歉蠲息。行保甲法弭盗贼，针对物价腾涌，有司禁高价反而促涨价、欲便民反以困民的情形，他主张排除行政手段，放开物价，又有适当的市场管理，即立公平有德耆老为市平，据物流道里远近与市场行情，决定物价，使买卖双方均满意，称量器具由官府校准统一，单纯靠行政手段禁物价，是行不通的。他对胥役之众、危害之大作了揭露，数十万人为了当胥役，要先交“买窝银”（京师部胥入门券需万金之多），获取为官府服役资格。这些人在执行公务时会大捞特捞，“乃有朝入衙门，暮称富室，寻田买宅，呼婢使奴”，结果，每郡供此辈者比该地赋税收入还要加倍。另外，正役一人，还有白役（不占名额，不在编制内）一人或数人，这些人工食亦取之于民。他们都会剥取下民，弄法罔上，无所不至，结果民穷财尽。只有减汰此辈，去一人而安数十百人。

他还上书钱士升相国，提出期许，希望对方不以“谨身奉上”为足，应主持天下大计，兴利除害，多所匡救，“开诚布公，虚心尽下，而又爱惜人才，护佑善类”。他指出，徇体面、徇资格导致选举（科举考试与选官）陵迟，吏治日偷，财力日竭，实为天下弊政之大端。应该随才器使，冲边要害任人要唯才是举，不限以资格。希望钱公留意人才，以为同心致治之助。这封书信，体现了吴氏一介书生言天下之事，积极用世之心。钱公也不负期许，欲匡救崇祯帝操切之弊，撰“宽、简、虚、平”《四箴》以献，主张“宽以御众，简以临下，虚以宅心，平以出政”，召思宗“沽名”之讥，钱只好引罪乞休，崇祯朝先后五十个相国中，他算是少数端人之一。

他上书池州知府，言及考试童生时，请托横行，阻孤寒上进之路，败坏风俗，劝府君虚公衡文，正己率物，杜钻刺之路，培学风，厚风化，作养人才，奖拔孤寒。这体现了寒门士子对地方考试现状的不满和对官府的期望。

他还致信颜姓人士（尽管与对方从未谋面），让他在被聘上京、蒙皇上召对时，要直抒胸臆，言紧急与重大的话题，深切利弊，使皇上感动而重视。即使因言招忌，乃至死亡，都别害怕。此信率直敢言，不避忌讳，直指皇上“有菲薄士大夫之心”，要求颜姓人士以直言“夺其胜心”，即使皇上改变对士人的观感，从而改变政局。

他写信给汝宁知府王乾纯，言及苛政使膏腴之地十九弃种，村落为墟的惨状，县令只知鞭扑百姓，百计追呼以完钱粮，过路各级长官对此景象全都视而不见。他建议王知府采取措施，招安逃民，禁卖牛，稽核荒地，或给原户，或为鬻易，或官贷牛种，或暂蠲租税，使自垦治。官府之漠视民瘼，吴氏之忧国忧民，两种行为，对比鲜明。

他在《虎丘书禅僧讲经事》一文中，对世俗好禅，聚僧俗男女讲经说法的行为不以为然，他怪士大夫在天下多事之日不绸缪兵事、不念虏薄京畿之耻而尽心于此，认为此举败风化而兆乱端，且亵渎佛法。此文同样体现吴氏“四郊多垒，此卿大夫之辱也”的忧世情怀，尽管他的身份只是一介书生。

在《闵乱赋》中，揭示明末乱世惨景：外敌入寇，蹂躏中国，“积颅平城，漂膏满浒，峨眉曼色，污淫蹈藉。黔首丁年，系缧蓝缕”的惨状，降将为满清驱驰，国内将弱军怯。国内，农民军在各地驰突，焚掠，攻城破邑，以屠戮人民为乐。其势如河决，行动迅速，不怕包围和埋伏。明军毫无对策，只尾随而已。兵乱加干旱蝗灾，田亩加税，民不聊生。作者希望皇上能看到真相，颁发恩诏，“侧九重之德音，愿扶观而流涕”。赋文中书写乱世惨景，让读者触目惊心，这种文字在中国赋文学史上，是很罕见的。马积高先生在《赋史》中有专节对之进行赏析。

明亡后，他超脱了忠于一家天下的局限，还孜孜探究国家之难“始渐而不知所竟”的道理，为后世留下警示之策，总结历史经验。著《原君》《原相》

《原将》《原用兵》《原乱》等篇，使“后之有国者所当深鉴”。在《原君》中，他揭示崇祯帝之误，即察察为明，自以为是、操切为政、朝出令而夕责成、前见贤而后获罪，结果没有得到真正人才的辅佐。《原相》中，他对韩爌、温体仁、周延儒、杨嗣昌等人逐个予以点评，指其过误或不足。《原将》篇中对命将之失（武将以贿赂得升，文将以资格转任，违器爽分即不称职、将不知兵）、为将之不幸（受掣肘、求速效、派监军、临阵易将、遭猜疑、放纵悍将）等作了揭示。《原用兵》一文中对国家三十年用兵之失作了揭露，即增兵（招募军人，又增饷）、调兵（调客兵）、降兵（即招降的民军），这三样事导致国家灭亡。

吴氏行政治理方面的见解与军事方面的理念，不愧真知灼见。吴氏能从行政体制的角度，分析国家在管理上存在的严重问题，他看到了专制集权是造成行政效率低下、腐败横行、社会财富被吞噬、民穷财尽的原因。他强调军事有它自身特有的规律，需要特殊手段培养专门人才。对内忧外患，他认为不能双线作战，应趁边地暂时安静时，并力剿灭农民军，趁机锻炼军队，收编降兵，而后将这些富有作战经验的生力军调到边境，对付外敌。对待战事，不能急于求成，要打持久战，应谋定后动，观衅俟时。因闻见所限，其军事思想中，只看到士气、经验、谋略的作用，未能看到新式西洋火炮（当时人称佛郎虎蹲大炮、红毛番大炮）的功用，这是他军事思想中的不足之处。

因为他多年授徒梁溪（今无锡），对东林先贤事迹极熟，受东林党人倡导的关心国家大事、经世致用、重视历史的学术传统的影响。他做了不少史论，裁量古今人物，辨忠奸、明得失，目的是总结历史兴衰规律，以作资政参考。他尤其关心“中兴”问题，著有《汉光武帝中兴论》《晋元帝中兴论》《唐肃宗中兴论》《宋高宗中兴论》等篇，剖析历朝中兴的原委、得失。据作者篇下自注，有的中兴之论作于“乙酉五月”。此时弘光政权已败，所以“中兴”乃是作者的理想。他痛中思痛，记录明末党争的历史，表彰忠烈，弘扬正气。著有《熹朝忠节传》2 卷、《两朝剥复录》10 卷、《东林始末》6 卷等史书。这一切济世言论与史论，均表现了作者突出的民本意识、自主意识和对社会、历史的高度责任感。

从现存策论中，他对如何消灭农民军、对付清兵入寇、守护南京等问题，几乎算无遗策，可惜受纳无人。友人很欣赏他的才干，如周镳在《吴次尾策序》中，对吴先生深致期许：“入而列讲帷，补谏官，必能举秕政指佞臣；出而备疆土，必能北御酋，中御寇”。友人陈子龙对吴氏的胸富韬略也极表推许。

（二）读书观

他酷爱读书、藏书，曾卖田买书，他把自己和前辈学者的读书与作文的心得汇集起来，裒为一册，名为《读书止观录》，书里有不少好的见解与例子足以启迪后人。他认为，一个人要知读书之益与读书之戒，具读书之才，享读书之乐，懂读书之法。

关于读书之益与读书之戒，他认为，读书可长见闻，益神智，养身心，医俗气，助事功；能多识前言往行，培植德行；能以文识人；文章是经国大业，不朽盛事；植学与作文是为了弘扬道义，经世致用，不是为了夸多斗靡；要我为王，书为役。

关于读书之才，他认为，应该别具只眼，识别讹字，会校雠，能发圣贤经蕴，破千载之疑，正先儒之失，不盲从迷信。要惜书，会抄书，持之以恒。

关于读书之乐，他认为读书除了有益事功外，本身便有着巨大的快乐，它可以使人精神富足，忘了忧愁，避免过失。他非常欣赏陈眉公告诫子弟的话："吾读未见书，如得良友；见已读书，如逢故人。吾性乐宾客而惮悔尤，庶几仗此，其可老而闭户乎！"

关于读书之法，他认为，应在不同环境心境下，选择不同的书来读；读书既要专精又要眼界开阔，要投入，不自满，能思考，有心得；要有激情；贵经世致用，知行合一；要有系统，不能割裂；要以书为友，持之以恒；有重点，知虚实，有鉴择，不贪多，要汲其精华，汰其滓秽，不泥古不化；看六经古文胜过看时文；须通涉经史，不能割取抄节；读书当从史入，由史及经，是因流溯源；抓住核心意旨；要勤做札记，能抄录，勤能补拙；要像登泰山、浮沧海而后知真山真水一样，欣赏贯道的文字；书读百遍，其义自见；要熟读数本书；要有专题，选择某类书来读，而后扩充之；通过读书，悟作文之法，要取法乎上；作文要静心构思，不能草率，以意为主，以文传意；等等。

吴氏读书观今日看来仍不失正面意义。当然，其见解亦有偏颇之处，比如对小说有偏见，曾说过"一切小说都宜置之"，与李贽、公安派相较，显得保守多了，李贽称誉《水浒传》为宇内"大部文章"，公安派对民间文学也极表推崇。

（三）作文观

作为秀才，创作本是应分事业。他通经学，以史论、策论、古文、八股文、诗歌创作见长。关于文学功用，文道关系，创作方法，文学风格，文学批评等，在《楼山堂集》等书中，屡有阐述。其中对模拟、华而不实文风的抨击，对真情的倡导，对文的功用的理解，对作家作品的要求，总体上看没有超出传统的儒家、道家诗学范畴。

关于文学的功用，他认为文可以羽翼六经，"使圣贤之神无几微之不我遇"（傅元之制艺序），负志气能文章可获尊荣。悯世道忾人心。可以论世，可以传世，可以经世，见人心之邪正，时代之治乱，可使山川增色，可以自貌，亦可以文观人，可抒发性情。"诗者所以咏道性情，助宣政化之寄也"，"恶夫有声无情”，“果其悲而思，乐而咏，感由事生，叹与物会，即不必刻画李苏，步骤颜谢，而诗之本原具矣。”（《李丞诗序》）“厝思布义，非古不取，而气理之胜足以移易天下”（《听社序》）。“助流政化者，诗也”（《与沈梅生论诗文书》）。

关于文学审美风格方面，他的见解糅合了传统儒学与道家文艺观—儒家的“士先器识而后文艺”、“有德者必有言，有言者不必有德”和道家的“道法自然”“法天贵真”“不精不诚，不能动人”，儒家主张中和之美，追求“真”与“善”的统一，道家崇尚自然朴素，追求“真”与“美”的统一。吴氏折中并取，希望文学既发挥规范社会秩序、救世去弊之社会功能，又能张扬文学对人类自身的提升作用。因为追求善，所以要求作者做正人，有人品方有文品，才能著文，文离开了“善”，便了无意义，甚至还败坏世道人心。正人君子做出来的文章才能在社会上产生正面影响，才会受人尊重，发挥社会效用。因为追求“美”，所以要求自然率真，质朴与坚实，“本性情，述志意，心口相传”（刘城《丙丁诗序》述吴氏语），不失本色。他认为，文须真诚无欺，欺己欺人均不可。因为求真，他反对模拟，觉得拟作最无情，“强笑不欢，非中怀所达”。他不赞成弟子陈维崧作拟乐府诗，其依据也在于此。作者要正派、为文须真诚的主张是中国文论史上传统观念，吴氏反对模拟，追求真诚，直书心志得文学见解与晚明禅悦风气、李贽的童心说、公安派的反对蹈袭、独抒性灵、重视内容的文学主张和文坛名流的创作观点相呼应的。当时的文坛宗师姚希孟在《壬申文选序》中也说：“既曰文矣，恐非文人不能正；既曰正矣，又非正人不能文。”强调只有正人君子才有作文与衡文的资格，推而言之，非正人则无此资格。

关于作者与创作方面，他强调人、文合一，人文互观，应先做人而后作文，由情生文，文须导源于《诗经》，宣助教化，有资劝惩。文因人而重，因人而传，要有才学，通经、通史而后作文，他认为“沈毅者无词，伉激者无卑论，志行肃洁者其言端，识尚清坚者其理达”，（《顾子凝制义序》），“好为拟古诗篇目是谓无情有词”，“志邪言必邪”（《与周仲驭书》）。中心有感，不能自已，才能属文。应学做古文，不学六朝、五代浮靡之文。不能以空灵为招牌来掩饰自己的无知，他曾与陈子龙谈到诗歌创作，认为“弘嘉诸君之失也以拘体法而诗在，今人之得也以言性情而诗亡”（陈子龙《已卯诗序》），言性情本来是对的，问题是作诗的人太无学，所以无法抒写性灵，作品没内容，捕风捉影，“学空灵者日趣恶道”（与《刘舆父论古文诗赋书》），有鉴于此，他反对竟陵派，认为该派“流毒最深，以能用之乎者也诸字为最灵，以有深幽静远苦寒孤危诸语为厚，以杜撰率尔之作为有性情，于是空疏不学之士攘臂登坛而诗道亡”（《与深梅生论诗文书》）。另一方面，有学问又不能炫耀才学，文风浮华，而应该由本生华，去其繁芜，做踏实本色的文字。他说“诗者，性情之物也，…不为学问所蔽者，是即见性情之诗也”，“诗贵远贵真贵有感”（存朴斋序）。淡远的诗既不晦涩，又耐人寻味。他自称“尝肆力经史而出入八大家矣，又不欲袭取一语，核其体制，以归于清洁，庶几自成一家”（《与深梅生论诗文书》）。“诗之佳者，宁朴无华，宁直质无新奇”，他嘲笑今人说牛，必“尽引麒麟虎豹，究竟与牛何与?”他建议弟子刘廷銮除去所作赋文中的难字，换用今文，这样好让人读懂，领悟赋中讽刺而有所感动（与《刘舆父论古文诗赋书》）。

要文以载道，用端正的思想影响读者，不能败坏人心。“流连社会，觞咏峦泉”的作品毫无价值，同样，“文不见道，虽工何益?”（《韩姬命文集序》）

关于文学批评，他主张，批评不能意气用事，应该出自善意，心平气和，有分寸，留余地，不能言者好尽而受者难堪，而应使人乐于听受；应从分析文字起见，不要溢出诗文范围之外，不必指名，进行人身攻击和谩骂；如果对立双方不妥协，不妨各存其说，是非久则自定；受批评者应包容出自善意的批评。评论古人文字时，要心存忠恕之道，联系古人立朝本末，生平品行，不能单凭文字而上下其人；不能像钟谭那样孤立抽取某个词句，评点玩味，而应该把握整体，文以人重。

三、吴氏的若干事迹考证

（一）拘顾媚的风波

吴氏以清流自命，陈维崧曾提到“秋浦吴先生则主持清议于南中”。黄宗羲文集中言及友人冯京第：“与贵池吴次尾危言谰语，裁量人物，公卿亦避之。”从他的传世书信来看，他以圣贤自期，以节义自许，豪爽端方，救人脱难唯恐不及。他敦勉内弟李源常“拿定主意，做天下第一等好人，干天下第一等好事”，除有一次在宴席上（话题因景泰帝改易太子，于谦未阻止而起）与人有过言语冲突外，没见过他与人闹不和。他孝亲爱友，虽好争论但有是非原则，就是指导学生为文，也是委婉诱导。但有一次举动，却非常出乎大家意料，引起同侪的不同反响。浙东慈溪的友人冯京第（其叔父即冯元飏、冯元飙），不知是怎么回事，想折辱秦淮八艳中的顾媚，他作诉状，诿祸顾氏，并通过南京镇抚司下了拘捕令。这个举动带有儿戏味，不太光明正大，吴先生这次也跻身其间，附和之。次尾先生的这番举动的背后因素，可能是碍于情面，经友人央丐而不得不扮恶人，介入此事，唐突佳人；也有可能某个秦淮佳丽（冒襄曾评说吴氏“挥金帛，娱声色”，还说“其时名姝擅举者何止十数辈，后次尾定生密之……百史如须辈，咸把臂同游，眠食其中，各踞一胜，共赌欢场”，见《同人集·卷11》）与顾媚有过节（余怀《板桥杂记》曾赞顾媚美丽多才，通文史，善画兰，南曲第一，厨食高档，设宴媚楼者无虚日，故“艳之者虽多而妒之者亦不少”），故假狎客吴氏之手，让他虚借事由，打压对手；最可能出自时政因素，顾媚富才艺而不懂时政，不像李香君那样的明政治大义与是非。当时文酒之宴，座无顾媚不欢，作为风头最健的欢场人物，她接纳各色人物，当时阮大铖有财有势，喜好结纳名流，以为日后东山再起的资本。顾氏与之周旋，是应有场景，她的这番举动无疑会招致清流人物的反感，后者拟假借罪名而治之，收一石二鸟之效。据黄宗羲《思旧录》载"：辛巳（即崇祯十四年），礼部陶英人招饮，次尾出一纸，欲拘顾媚，余引烛烧之，亦一笑而罢。"此事给黄宗羲留下很深印象，暮年所作《忆旧事》一诗还念及此事："十二年来入旧京，当筵屡见共知名。烧残一纸风波息，宁使人疑是有情。"（诗末有注：吴次尾、冯跻仲、陶英人事）此事本为恶作剧，一纸拘令，虽未实施，已引起满城风雨。文士余怀认为此场风波源于两个男人之间的争风吃醋。据余氏《板桥杂记》云，"适浙东伧父，与一词客争宠，合江右某孝廉互谋，使酒骂座，讼之仪司，诬以盗匿金犀酒器，意在逮辱媚娘也。余激于义愤，作檄讨罪，有云'某某本非风流佳客，谬称浪子、端王，以文鸳彩凤之区，排封豕长蛇之阵；用诱秦诓楚之计，作摧兰折玉之谋，种夙世之孽冤，煞一时之风景'"等语。余氏又云："伧夫之叔为南少司马，见檄，斥伧父东归，讼乃解。"为斡旋此事，还有一些跟双方均交好的文士如陈梁、冒襄等也在幕后活动着，他们除当面力劝顾氏早脱风尘，寻道伴之外，还邀集双方言和（陈梁曾向冒襄建议"邀媚以解彼怒，当面禁其此后弗出以消彼招致之心"）。而顾氏受此刺激，成为惊弓之鸟，果真"摧幢息机，矢脱风尘"，嫁给龚芝麓为侧室。从吴氏之友冒襄、黄宗羲、余怀等人举动来推断，吴氏附和友人欲拘辱媚娘的内幕并没有对外公开，不是真的要难为顾氏本人，而是故作姿态，以敲山震虎，好使匪类敛息，不再招摇。"拘媚"事变的时间比草檄《留都防乱公揭》晚一年，二者性质应该相近，操作此事的中心人物吴氏等人，其用心不外乎借事生风，把阮氏搞臭。有意思的是，黄氏与余氏均将平息此场风波视为自己的功劳，我认为乃是皮相之见。孟森先生《横波夫人考》中，未考出余怀笔下的伧父名氏，他只据一则史料判定与伧父争宠的词客是刘芳。还说刘芳与顾氏私订终身，但未能如愿，后来殉情而死。我认为，那条资料内容太单薄，与其他人的记载无法印证，不可信。从上文所引"当面禁其此后弗出"来看，可能冯、吴等人文酒之约在先，顾媚未能赴约，而应更有财势的阮大铖一伙之招宴，顾氏违约可能也是不得已，但伤了冯氏这伙客人的自尊心。公仇私怨，因缘凑泊，故引发了后来的风波。

余怀本人与吴氏有交好，互有赠答，吴为余怀诗集作序——《道归堂诗集序》，还有《答赠余澹心》一诗，据此可知，二人客居南都时，曾接邻而居，交情不错。余氏给刘城《绎桐集》写序时，自称与刘城、吴氏"如杵臼交""两先生名节昭然如日月之经天”“有德有言，依忠依孝”，所以在书中言及“拘媚事变”时，手下留情，以“江右某孝廉”称代吴先生。

（二）欲当策士之谜

吴氏富韬略，时人对此一致推许。但功名无望，许国无门，使他另找他途。他有意识结交了一些剑客、武士，目的不外是想聚合一部分势力，来寻政治出路，获取展现才华的机会。他渴望着像古代策士苏秦、张仪一样，游说人主，获取功名富贵。他的这种念头曾向陈子龙透露过，陈氏予以委婉劝阻，后者在《酬吴次尾》一诗中对此有暗示：“…雄谈逸思横九霄，痛饮酣歌更呜咽。自言海内兵未休，且将游说东诸侯。十年结交满湖海，猛士如云不见收。牙璋虎节满天下，谁能好士知英流？珠玉锦绣不足论，异策奇谋何所求？龙渊出匣星文古，鹏鹣膏作华阴土。由来安攘发明王，莫学纵横事盟主。……”这个对象到底是谁，因资料匮乏，无法判断；也可能是朝鲜、琉球、日本、安南等国（在中国古人心目中，这些国家都可以算是诸侯国），也可能是农民军、清政权、军镇藩王等势力等。从他为人大节来看，游说诸侯，不是为了与朝廷作对，而是从侧面来帮忙救急，使明廷在内忧外患危局中缓过气来。他曾任教于徽州，可能接触过有海外阅历的商人。徽商踪迹遍天下，到过海外不算稀奇。友人宣城沈寿民因友人周梅骨死海外，其子幼，寿民渡海葬其骨（见黄宗羲《徵君沈耕岩墓志铭》）。友人冯京第两次去日本乞师，士人朱舜水曾流落到安南和日本。吴氏想掌握部分武装势力，要游说海外国家，搬救兵，救朝廷，这并不是异想天开。因为他是复社领袖，名声在外，国内一些政治集团拉拢他，交好他，这也不是不可能的。一些文士包括政界名贤对农民政权心存幻想，折腰投顺，如惠世扬、周钟等投顺李闯，这并非孤例。

结合刘城所写的吴氏传记（“遂好奇计划策，门杂进武夫、介士，身钓奇度务，不复以经生自处矣”）与陈子龙的诗，可知吴氏有意识地结交了不少武士。据李清《三垣笔记》载，南明初立，江督袁继咸受排挤，吴氏建议袁“求解刘泽清，借援左良玉，安身以安朝廷”，结果因友人张自烈认为此策不妥，予以劝阻，结果此策未奉行。这条史料说明，吴氏对藩镇存有幻想或有过交往。

但从他的壮烈殉国结局看，他没有真的实践自己的设想，成了烈士而没成为策士。

参考文献：

[1] 方文．嵞山集［M］．上海：上海古籍出版社，1979.
[2] 陈子龙．陈子龙诗集［M］．上海：上海古籍出版社，2006：280.
[3] 吴应箕．楼山堂集［M］//续修四库全书．上海：上海古籍出版

社，2002.

［4］孟森．明清史讲义［M］．北京：中华书局，1981：311-337.

［5］陆延龄修．光绪贵池县志［M］//中国地方志集成．江苏：江苏古籍出版社，1998：293，349.

［6］黄宗羲．黄宗羲全集第一册［M］．杭州：浙江古籍出版社，1985：357.

［7］黄宗羲．黄宗羲全集第十一册［M］．杭州：浙江古籍出版社，1993：361.

［8］钱澄之．所知录［M］//钱澄之全集之七．合肥：黄山书社，2006.

［9］冒襄．同人集［M］．两江总督采进本，卷十一：24.

［10］周骏富辑．明代传记丛刊［M］．台北：明文书局，1991.

［11］刘世珩辑．贵池先哲遗书［M］．民国九年贵池刘氏唐石簃刻本．

［12］余怀．板桥杂记［M］//杂记五种．采真堂藏．

［13］孟森．横波夫人考［M］//心史丛刊二集．香港：中国古籍珍本供应社，1963：28-48.

［14］万明．晚明社会变迁与研究［M］．北京：商务印书馆，2005：559.

浅论周馥的开放开明思想

姚北生

摘　要：周馥是晚清李鸿章淮系集团的重要成员，协助李鸿章办理洋务达30余年。在洋务运动过程中，周馥的开放开明思想主要体现在参与北洋海防筹建、兴办实业及办学育才等方面；同时其开放开明的思想也体现在履职地方治理的理念上、对待科举制度上、与洋人打交道上、对子孙的教育上。周馥官至晚清封疆大吏，他的作为、他的思想对当今仍有启迪和借鉴之处。人们应从他的作为中去体会他的开放开明的思想，做到与时俱进。

关键词：周馥；洋务运动；地方治理；开放开明思想

周馥（1837—1921），谱名宗培，字玉山，号兰溪，生于建德（今属东至县）梅城纸坑山周村，少时私塾读书，7岁时已经能够粗通经典，8岁正式进私塾。他13岁时步行70里到袁家山学馆读书，“家贫无车马，足茧腿僵，将养三数日始愈”；18岁时因战乱离开袁家山学馆；咸丰六年（1856年），始避难彭泽九都山中，后又避于安庆江上；咸丰十年（1860年），暗自告别双亲，别妻离子，外出寻找生路，走彭泽、东流沿江数百里，历经艰辛；咸丰辛酉年（1861年）至安庆始入曾国藩幕中；同治元年（1862年），李鸿章召致淮肥将士协淮军，随李鸿章三十余年，办理洋务、治理水患。光绪二十五年（1899年），他任四川布政使，1900年任直隶布政使、按察使、护直隶总督兼北洋大臣；1902年任山东巡抚加兵部尚书；1904年署两江总督兼南洋大臣；1906年任闽浙总督未到任，补两广总督。1907年周馥以年老多病为由，奏请回籍就医，并定居芜湖。宣统三年（1911年），他居青岛德国租界，民国三年（1914年）移居天津至1921年病逝。“清帝”谥曰“悫慎”，遗有《周悫慎公全集》。纵观周馥一生，只从进入李鸿章幕府后，至李鸿章弥留之际，周馥绝大部分时间均辅佐李鸿章办理军务、洋务、外交事务等；李鸿章曾说过：“吾推毂天下贤才，独周君相从

作者简介：姚北生（1966—），男，安徽省东至县周氏文化研究会副会长。

久，功最高，未尝一自言，仕久不迁。今吾年老，负此君矣。”周馥后来成为地方大吏，在地方治理的过程中，很多地方都能看到周馥与人不同之处，主要体现在周馥开放开明的思想上。周馥的实绩暂搁不表，笔者仅就周馥的开放开明的思想谈一点个人之见。周馥的开放开明的思想主要体现在周馥办理洋务运动和地方治理等诸多方面，现分别论述如下。

一、开放开明思想体现在洋务运动方面

曾有人评论洋务运动说：“凡中国自强之本，与夫今日能以自立之道，莫不由周故督与文忠公开其端，植其基。”在长达30余年的洋务运动中，周馥作为李鸿章的亲信幕僚，是主要的策划者和执行者。李鸿章认为周馥“才识宏远，沈毅有为，能胜艰巨”，故委以重任。周馥在洋务运动中的开放开明思想可从参与北洋海防筹建、兴办实业及办学育才等方面体现出来。

（一）参与北洋海防筹建

1. 学习国外强军之道，参与筹建北洋海军

筹设海防和创建北洋海军是洋务运动的重要内容之一，周馥多方参与，20多年坚持不懈，协助李鸿章建成中国第一支近代化的海军。周馥“自同治光绪间即在天津佐李文忠公筹办海防洋务，中西各要政无不兼综”。19世纪70年代初期，周馥开始放眼国外，看到国内的现状，明确地意识到海防的重要和办理洋务的必要，周馥曾说：“国家治安之道，尤以海防为重，当今沿海数千里，洋船骈集，为千古以来创局，已不能闭关自治。”周馥已经清楚地认识到“闭关自治”长久下去会危及国家的安危。

2. 引进和利用西方先进科学技术，建造旅顺军港

旅顺军港地处黄海、渤海要冲，为京津重要门户；扼渤海海峡咽喉，构成北京及辽宁地区的天然屏障，地势险要。周馥在筹办旅顺军港建造时，在一个荒岛上修建一座近代化的军港，考虑到船坞工程的艰巨和承建技术要求高，以当时中国的科技水平，国人自身能力明显不足，为了保证工程质量，只得承包给外国人。讯息一出，国外承包商闻讯蜂至；周馥召集洋商，采取招投标的方法确定承包商，我们现在对招投标并不陌生，在130余年前，周馥开始采用，足以体现周馥的开放开明思想。后经多方考察，严加挑选，选中法国人德威尼，理由是德威尼善办船坞，且“所开条理做法周详，价格亦较核实，且有法国银行作保”。周馥在军港实际建造中，除了结合中国传统的河工经验，更重要的是引进和利用西方先进的科学技术。

3. 参考各国海军建制，议定《北洋海军章程》

在李鸿章的组织下，参加《北洋海军章程》起草工作的有周馥、丁汝昌、

罗丰禄、林泰曾、刘步蟾等人。光绪十四年（1888 年）三月，周馥升任直隶按察使，七月晋京谢恩，同时奉李鸿章指令携带《北洋海军章程》底稿进京呈阅，时周馥已任命直隶按察使职，海军衙门大臣醇亲王奕譞（光绪皇帝父亲）奏留在海军衙门襄订《北洋海军章程》，俟拟成再行赴任。海军衙门在奏折中说："直隶按察使周馥，在津海关道任内，经臣李派其总办水路营务处，深资得力。现在该员来京陛见，例应即日请训赴任。唯北洋创办海军，该员经手最多，适届详拟章程之时，尚赖其随同参订，方能尽善。臣等公同商酌，拟请按察使周馥暂留海军衙门，襄理创办海军章程事宜，实有裨益。"至八月底，《章程》襄订完成。在襄订过程中，周馥"参各国海军制，折其中奏上，著为令，王（醇亲王奕譞）以此尤敬礼焉"。因英国是海洋强国，《章程》大半采用英国海军章程，同时参仿德国，或部分仍遵中国旧制。九月初三，周馥出都，并写有三首诗，现录其中一首，可见周馥当时之心情。诗曰："九月初三夜，皇都第一程；殊恩方拔滞，多难亦成名；韬略惭难继，鱼龙喜效诚；贤王神武在，洗眼看澄清。"《章程》的制定和执行，标志着近代化海军建设的开始。

（二）兴办实业

1. 反对保守，修建铁路

光绪六年（1880 年），刘铭传曾奏兴铁路以实国防。当时在朝野上下引起一场大讨论、大争论，在这场争论中，周馥态度明确地支持修建铁路；清朝仍处于"闭关自治"之状态，且腐败、保守、专制，唯祖宗之规是从，不肯接受新生事物。一些人认为，修铁路会"失我险阻，害我田庐，妨碍我风水"；修建铁路一事遭到一些顽固派官僚的强力反对，结果"廷议扼之"。周馥深为惋惜，自叹"铁路不兴，中国无富强之日也"，后在清政府洋务派的主持下，于光绪七年（1881 年）开始修建唐山至胥各庄铁路，从而揭开中国自主修建铁路的序幕，但仍受到顽固派的反对，因而进展很慢。随着官办开平矿务局的兴办和煤炭产量的提高，原有的交通设施日显落后，极大地影响和制约煤炭外运。光绪十二年（1886 年）五月，周馥看到"唐山运煤迟滞，不能以时接济兵船所需"，禀请创建唐胥铁路。后在李鸿章的授意下，周馥不顾一些顽固派官僚的反对，认为自己"持理正，无敢斥驳者"；于光绪十二年禀建胥各庄至阎庄运煤铁路，集聚资金，"就唐山原开运煤小渠岸上废土铺设钢轨六十里"。开中国商办铁路之始。后周馥还负责督办阎庄至大沽的铁路以及津沽铁路。

2. 参与引进外资，合办官方银行

在洋务运动期间，李鸿章曾考虑由官绅领头开办银行，担心引起顽固派官僚的反对，多方协商后决定中外合资开办银行。光绪十三年（1887 年），美国富商米建威和费城企业组合代表巴特与周馥、马建忠、盛宣怀秘密商谈，决定中美合资开办官方银行，协议合办银行叫华美银行，并制定简明章程，资本四千万，用其中的一部分开发中国，统一币制，发行纸币，整顿中央和地方金融，修建铁路，治理黄河，安装电话等。周馥、马建忠、盛宣怀均加入公司，后因国内顽固派的反对等因素的影响，这一计划未能实施。

3. 引进西方先进技术，参与协办近代军工业和通信业

光绪四年（1878 年），周馥补授津海关道，兼署天津道，同时兼任北洋行营翼长；协助李鸿章办理洋务，在天津实施北洋新政。会办天津电报官局：光绪十年（1884 年），南、北洋电报线路架通，周馥受命会办电报官局，又建议架设北塘至山海关电报线路。同年，周馥筹建天津机器局：以西法制造枪炮、器械，它是天津第一家使用机器生产的近代工业，从西方引进机器设备，聘用外国技术人员，把近代先进科学技术带进天津，打破中国几千年封建社会闭关自守的保守状态，开启天津近代化风气之先。开办北洋电报学堂：南、北洋电报线路架通后，为培养线路工作人员，周馥聘请雇用一批丹麦大北电信公司的技师以及法国和英国籍的教师为学生教授数学、制图、英文、电磁学、电测试、材料学、基础电信、仪器规章、电报实习、国际电报公约等二十门课程。

（三）办学育才

1. 学习国外军事，总理北洋水师、武备学堂

李鸿章奏设的北洋水师学堂和武备学堂，命周馥总理其事。周馥“注重陆海军人才，其所以为百年树人之计”，仿英国海军、德国陆军等外国陆军学校办法建学堂，在两学堂的建立和发展方面，周馥都倾注了大量的心血。清光绪六年（1880 年）8 月，直隶总督兼北洋大臣李鸿章奏设于天津建立北洋水师学堂，次年 7 月建成招生，专为北洋海军培养管驾人才，聘用英国军官教练，仿英国海军教习章程制订条例和计划。水师学堂分驾驶、管轮两科，驾驶科专习管驾轮船，管轮科专习管理轮机。学堂开设英文、算学、几何、代数、三角、重学、天文、舆地、测量、驾驶、化学、格致等课程，兼习经史文义，训演外国水师操法。

周馥在《代李文忠拟奏报设武备学堂折》中指出了建立武备学堂的必要性：“臣查泰西各国讲求军事，精益求精；（其）陆营将弁必由武备书院造就而出，故韬略皆所素裕，性习使然，闻其武备书院学舍林立，规模宏阔，读书绘图有所习艺，练技有所专。”光绪十一年（1885 年）李鸿章奏设天津武备学堂，为中国陆军学校之始。学堂仿照外国陆军学校办法，挑选北洋各营中精健、聪颖、略通文义的“弁目”100 余人来堂学习。教师聘用德国军官教授天文地舆、格致、测绘、算化及西洋行军新法等课，并督率学生赴营演试枪炮阵式、建造台垒、操习马队、步队、炮队及行军、布阵、分合、攻守诸式。

2. 捐资办学，为学堂输送人才

在办两学堂之初，学员大都从北洋营中挑选，因仿英德等国学制，受到语言等方面的制约，不利于人才的培养。周馥认为："泰西武备之学，皆从天算、舆地、格致而来，欲造其极诣，必先通其语言、文字，乃能即事穷理，洞见本源。"于是他决定："俟经费稍充，另行建立书院，募选良家年幼子弟如愿肄业，以宏造就。"光绪十二年（1886年）正月，周馥和长芦盐运使季邦桢、天津道万培因一起禀立集贤书院，并捐款2600两购买三岔河一段地方；书院开设经文、策论、天算、时务等课程。四月，天津海关税务司德璀琳和津海关道周馥商妥在天津成立博文书院。德璀琳在外侨和洋务官僚中捐得一笔款项作为办校资金，周馥又捐款3000两在东圩门外建立博文书院，招收对象定位为高层次的中国知识分子。博文书院是天津第一所培养外语人才的学校，一方面培养译员，同时为北洋水师和武备学堂培养生源。

周馥协助李鸿章办理洋务，注重向西方学习先进的科学技术和管理水平，取得了一些成效，也付出了很多的精力和心血。《清史稿》记："鸿章之督畿辅也，先后垂三十年，创立海军，于东三省、山东诸要塞皆属焉；用西法制造械器，轮电路矿，万端并举，尤加意海陆军学校。北洋新政，称盛一时，馥赞画为多。"周馥辞世后，安庆祠堂碑上刻有："无文忠几无今日之天下，无公（指周馥）亦无以赞成文忠之所为。"

二、开放开明思想体现在履职地方治理的理念上

（一）在山东巡抚任上

1. 考察西方农业，兴办农桑实业

周馥认为："今欲厚民生，仍非先由农事入手，无以为正本清源之计。"通过对西方国家农业的考察，周馥在山东济南设立农桑总会，并在济南东郊七里堡迤北购地12余公顷，创办山东农事试验场，由在籍湖北候补知县谭奎翰、候选县丞任董事，聘日本人谷川恭吉为农桑教习，试种日本谷类瓜果、美国豆类棉花等，以此达到"以便种植样本，逐渐扩充"的目的。在泰州、兖州、沂州、曹州、济宁各府州设立农桑分会，其余各州县均酌立分会。各地因地制宜，种植各种经济作物，成立各种农业专门公司。周馥设立农桑总会及分会，成立农业公司，引进试种国外农作物，学习国外的农业技术，是一种超前之举。

2. 建立通商口岸，与国际接轨

《行状》中指出周馥"首奏开济南、周村两商埠，钳制其间。德人知焉，自撤胶济铁路兵，还五矿"。也有学者认为周馥建立通商口岸是抵制德国殖民者，反抗德国人对于中国的侵占，挽回利权。中国社会科学院近代史研究所研究员，

中国社会科学院研究生院教授、博士生导师马勇认为：胶州湾割让以后，周馥做山东巡抚，青岛就在山东的地界里面。青岛不是割让给德国，是租给德国，租了99年，不是一个殖民问题。因此，周馥就要求到青岛去访问。在这之前有些清朝官员是不愿意去的，周馥到山东后，很快通过外交渠道到访青岛，这是一次非常友好的访问。周馥到青岛与德国总督谈得非常好。最后他回到山东再开两个通商口岸。原来解读就是抵抗帝国主义。其实这是要和德国进行对接，即你已经这样开放了，我在这建一个口岸，和你就是对接了。

山东师范大学王守忠教授研究认为：周馥是一个比较开放、开明的官员，为了调查了解山东发展的情况，1902年，他先察看小清河，看小清河能不能通航；之后他就坐着小船从小清河到了羊角沟，然后到了烟台和青岛。

（二）在两江总督任上

1. 派人出国考察茶业，建立近代茶叶科技

1905年，清政府南洋大臣、两江总督周馥派浙江慈溪人郑世璜、翻译沈鉴少、书记陆溁、茶司吴文岩、茶工艺苏致孝、陈逢丙赴印度、锡兰（斯里兰卡）考察茶业，考察包括茶叶的种植、制作、机器制茶、茶叶经营、制茶公司章程等方面。回国后，他们给周馥撰写一份详细的《印锡种茶制茶暨烟土税则事宜》的条陈，力陈我国茶业必须改革，并对中国茶业的改革和发展，提供不少切实和合理的建议。这是清朝官方派人出国考察茶业之始，对中国近代茶叶科技的建立和中国茶业近代化起到促进作用。

2. 开创“官办民营”模式，改革江南制造局

江南制造局由曾国藩规划，后由李鸿章实际负责，是李鸿章在上海创办的规模最大的洋务企业。不久李鸿章发现，自造一艘船的成本及消耗燃料太高，主张“造船不如买船”。加之甲午海战后，江南制造局因经费短缺无力造船、修船，自1885年起的20年间只造了5艘小铁壳船和2艘小木船，致使船坞长期荒废。1904年冬，两江总督周馥奉清廷之命到江南制造局考察，针对“近年以来商船裹足不前，兵轮反入洋坞修理”的不景气局面，奏请清廷批准将造修船部分从江南制造局划分出来，力主“局坞分立”，实行商务化经营。1905年4月，江南船坞成立，隶属海军，聘请英国人毛根（R. B. Mauchan）（前英商和丰造船厂经理）为总工程师，负责经营。政府出资，实行“官办民营”；同时周馥协助毛根裁撤冗员，采用英国管理办法，引进英国工程技术人员；利用外国先进技术，很快江南制造局出现转机。

三、开放开明思想体现在对待科举制度上

东至周氏家族世代福泽延绵，家学渊源，秉持忠孝传家，诗书启后的家风。

周馥的六世祖周繇，唐咸通十三年（872 年）进士，为皖籍历史文化名人，晚唐诗人。周繇为东至有史记载的第一位进士，以“孝友”著名，对周氏家族的影响是深远的。周馥的祖父周乐鸣年轻时，家庭小康，颇可自给，因曾祖为友人保借债事，友贩茶折本，曾祖以田产赔偿，再因火灾，家业益荡然无存。时祖父习举业，将应试，因家困而改营他业。但祖父对周馥的影响是很大的，周馥 17 岁时在应童子试时，适逢太平军攻打安徽，第二场考试刚开始，童子试本来要考五场，就哄传太平军攻克省城安庆，考试自然中断。后周馥入李鸿章幕府，经战多年，李鸿章攻克苏州后，曾举行过一次乡试，周馥没有考中，此后也未再考，从此一生与功名无缘，只是一名监生（秀才）而已。周馥因无功名不是正途出身，影响到他的仕途；以至于周馥在 66 岁位居总督时，仍有人对周馥不甚苟同，如清末名士沈爱苍曾言：“昨日一科房，今朝督问堂。”

因此，周馥向来极为重视儿孙的功名之事，他的 5 个儿子里（三子学涵 16 岁病故），两个进士（学海、学铭），两个举人（学熙、学辉），一个经济特科（学渊）。周馥在《光绪戊子乡试揭晓长子学海中江南举人次子学铭中顺天副榜诗以志喜二首》中有诗句：“文章孝友家风在，努力期高甲闬门。”但随着社会的发展，周馥在办理洋务运动的过程中，不断接触西方的文化，尤其是洋务运动中创办的天津水师学堂和天津武备学堂造就了一批封建教育和科举制度无法培养出来的近代科技、军事人才。周馥对科举制度开始反思，自此经历了从追求、反思、改革、废停科举制度的过程，可从他对子弟的要求上看到这种变化。周学熙在其自述中言：“先是吾父（周馥）拟命余往焦山读书，以备会试，入词林，嗣因已有五女一子，家累渐重，且日者有谓余当以异路功名发达，（父）于是函商亲家张燕谋冀（周学渊岳父），为谋小事，时张任开平矿务局总办，故拍赴上海任事。”周馥改变了原要求周学熙的“入词林”的想法，让周学熙另辟蹊径，终有所为。或许中国少了一个进士，却多了一位载入史册的民族实业家。至光绪三十一年（1905 年），由袁世凯领衔，联合湖广总督张之洞、两广总督岑春煊、两江总督周馥等会衔奏请立停科举，推广学校，将育人、取才合于学校一途。清廷诏准自 1906 年开始，所有乡会试一律停止，废停科举制度。

四、开放开明思想体现在与洋人打交道上

周馥于光绪二十五年（1899 年）八月八日奉旨简放四川布政使，到任后，周馥感到历年教案不靖，外国传教士与地方民众经常有些矛盾，为了更好处理好两者之间的关系，周馥特撰《安辑民教告示》六条，颁示各属，后“各国教士致书称谢”。1900 年（庚子年），华北地区发生义和团运动，顽固派势力加以利用，义和团则提出“扶清灭洋”的口号，围攻驻京外国使馆与教堂，列强以此

为借口，“八国联军”开始侵华，给国家民族造成无可估量的损失。当时要求杀死传教士的命令一道接一道从北京传来，周馥审时度势，力劝四川总督奎俊，避免了一场腥风血雨；同时，在当地采取严格的防范措施，“莠民蠢蠢思动，乃设法逆折其萌，并派员四出剿匪安良，幸免滋乱”。1900 年秋，周馥调任直隶布政使，旋奉命协助奕劻、李鸿章办理和议。1901 年春，周馥受命处理教案，二月至四月“勘视各处教堂茔地”，与各国传教士“议民教永远相安章程”。周馥在《负暄闲语》提及此事：“在京曾襄赞数事，直隶全省教案亦经妥与议结，并收回天津，撤退保定洋兵，调和民教，剿抚土匪，外人尚无异言。当时官民有不尽我用意者，事后始服。”为了总结经验教训，周馥撰著《教务纪略》，“刊印寄所属及各省，冀开民智而杜衅隙”。周馥在和议期间的工作，在时任联军统帅瓦德西于 1901 年 5 月 21 日日记中有记载：“今日周馥曾来余处要求数事，余已允许几件。彼系一位见识通达之人，在（中国）议和代表中，为余最喜悦者。”

周馥为了便于同洋人沟通、谈判、解决问题，读过《圣经》，因为洋人信奉《圣经》，和洋人打交道，有时引用《圣经》更能说服他们。据和许多晚清大官都有过接触的传教士李提摩太在《亲历晚清四十五年》回忆录中，写道：“义和团事变之后，周馥在处理直隶省的对外事务繁忙表现出卓越的技巧，作为奖赏，很快被提升为山东巡抚。他不仅是引进电报和铁路的先驱者，也是现代中国对基督教表现出深厚兴趣的第一个高官。”同时，回忆录中还记有周馥给他的建议：“一、我以他的名义给山东的所有新教传教士写信，希望他们选出三名代表，同他一起协商处理山东的教务问题；二、我购进一些《新约圣经》，由他亲自发送给他属下的官员，以便他们对基督教的宗旨能有更好的了解。”

五、开放开明思想体现在对子孙的教育上

周氏家族向来注重子弟教育，周馥幼时家境未及小康，父亲在外替人经理商业，曾“习举业”的祖父十分重视对周馥的教育，一方面送私塾拜师学习，另一方面也注重言传身教。周馥 13 岁时，受业于 70 里外袁家山学馆王介和先生，18 岁时因战乱离开，6 年的学习时光，周馥获益匪浅。周学海、周学铭、周学熙兄弟幼时，周馥延聘名师，送之往学，时为科举。随着社会的发展，周馥能与时俱进，思想宏通，不守旧，得风气之先。他的家庭是晚清大员里最早聘请教师教习子弟英文、物理、化学等课程。据周馥孙周叔弢回忆：1896 年，他 6 岁时开始读私塾，学习内容除《四书》《五经》外，另习英语。1904 年至 1906 年间，周馥署两江总督，周叔弢时随家居南京官署内，周馥为子弟设私塾延师教授数学、物理、化学、英语等课程。周馥晚年在教育孙辈时，不苛求读死书和死读书，而是注重提高学习的兴趣，讲求实际效果，以期能掌握可以立足于社会的真

才实学。同时，周馥一生读书、著书不止，在家族内形成了好学的风气，至今不衰，成就了东至周氏家族“百年家风，六世书香”的传奇。

周馥从一介书生成为封疆大吏，尤其在办理洋务、治水、外交、地方新政等方面政绩卓绝，除了自身的各种能力之外，其开放开明的思想理念起到了决定性的作用，能做到与时俱进，顺应历史发展的潮流，成为引领潮流的先行者。他的作为、他的思想对当今仍有启迪和借鉴之处。

参考文献：

[1] 周馥. 周悫慎公全集［M］. 秋浦周氏石印本，1992.
[2] 周馥. 负暄闲语［M］. 孟繁之点校. 北京：中国书店，2013.
[3] 周学熙. 周学熙自述［M］. 合肥：安徽文艺出版社，2013.
[4] 周景良，孟繁之. 曾祖周馥［M］. 太原：三晋出版社，2015.
[5] 王仁安. 天津政俗沿革记［M］.
[6] 吴宏爱. 周馥与洋务运动［M］.
[7] 汪志国. 周馥与晚清社会［M］. 合肥：合肥工业大学出版社.

北宋诗坛名家 人称“李白后身”

——介绍宋代当涂本土诗人郭祥正

张庆满

摘　要：郭祥正的诗歌风格酷似李白，因此被称为“李白后身”。他酷爱自由、个性鲜明，因此仕途坎坷；他诗情洋溢，创作甚多；他热爱自然，足迹遍布大江南北；他交友广泛，既有达官贵人、诗词名家，也有平民百姓；他饮誉于当时，却沉寂于身后。文章从家世、仕途、交游、诗歌创作、追慕李白等方面介绍这位古代先贤，意在发掘地方文化资源，有助于今日皖江文化建设。

关键词：家世；仕途；交游；诗歌创作；李白后身

郭祥正，当涂人，生于宋仁宗景祐二年（1035），卒于宋徽宗政和三年（1113），字功甫（又作功父），号醉吟先生、谢公山人，又号漳南浪士。他毕生热爱诗歌、热爱自然、热爱家乡。他广泛结交朋友、纵游名山大川，特别仰慕唐代大诗人李白，有意仿效李白的为人并追踪李白的诗歌创作道路和风格，在生前就享有“李白后身”之美誉。他曾在北宋诗坛引起广泛的关注，并受到当时诗坛领袖梅尧臣及王安石等人的赏识，甚至有人在梅尧臣、欧阳修等文坛领袖相继谢世后，极力推荐他为诗坛盟主。他身后留下《青山集》一部，存诗1400多首。说他是北宋诗坛名家、曾经的风云人物一点不为过。然而，在南宋以后，由于种种因素，他渐渐被岁月的烟尘所遮蔽，因此不为人们广泛知晓。今天，我们要振兴皖江文化，发掘、研究郭祥正这一曾经的皖江文化名人，很有必要。

一、家世显赫

从王安石为郭祥正父亲所作的墓志铭中获知，郭祥正乃唐代著名将领郭子仪的后人。大概是在唐代末期，郭子仪的一支后人流落到江南，落户当涂。郭祥正祖父曾官拜殿中丞，祖母刘氏获仙源县太君封号。其父郭维、其叔郭经、郭缙皆

作者简介：张庆满（1950—），男，中共马鞍山市委党校副教授。

中进士，宦游四方。明代嘉靖版《太平府志》卷六《郭维传》称：“维持己端介，面目严肃，然接物恂士，临事必酌以情，故所至威望著，而民相安，常之民尤化之。”这段话是说，郭维严于律己，很严肃，但接人待物很讲信用，能酌情处理政事，因此威望很高，所到之处，老百姓均相安无事。他曾在常州任太守，常州的老百姓尤其受到他的教化。可见郭维是一个能力强、威望高的好官。郭维之弟郭经，曾受到朝廷重臣司马光的好评。司马光说他“谨以立身，敏以从政，其为正人”。可见他也是一个好官。至郭祥正这一辈又有三人中进士（郭祥正、郭聪正、郭蒙正），先后踏入仕途。父子两代先后有六人中进士、为官作宦。这在当时当地可谓是十分显赫的家族。

二、仕途坎坷

郭祥正19岁中进士，除秘书阁校理，20岁被任命为（江西）星子县主簿。当时朝廷规定，凡初入官场的年轻进士都得从基层辅助官员做起。可是郭祥正心高气傲，不屑于在地方主官面前唯唯诺诺，任职不到一年竟然辞职回乡。他在《昨游寄徐子美学正》一诗中写道：“我初佐星子，老守如素仇。避之拂衣去，寓迹昭亭幽。”辞官后，他到宣城拜访了回乡为母守孝的大诗人梅尧臣。在梅尧臣面前他朗诵了欧阳修的长诗《庐山高》和自己的作品。梅尧臣早就听人介绍过他，在亲自领略了他的诗才后，不禁赞叹道：“天才如此，真太白后身也!”自此以后，郭祥正就有了“太白后身”的美誉。

在江湖和诗坛游走了几年后，在友人帮助下，25岁时，他再度获得（江西）德化尉的官职。可他对这个副县级的官职仍然不感兴趣，只是为了奉养老母和家小，他才去赴任。在一首诗中他写道：“慈母待禄养，复尉溢浦州。”勉强做满三年，恰逢母亲张氏病故，按规定他得丁忧（守孝），于是他第二次离开了官场。

本来守孝三年期满，就该重新出仕，可他不着急，一直到38岁时才第三次进入官场。这次官职是（湖南）武冈县令，不久又“应辟权邵州（今湖南邵阳）防御判官”。在任上，他协助湖南北察访使章惇平定梅山洞蛮叛乱有功，本应提拔重用，但因遭到“谤言”而泡汤。40岁时他平调为“按堤原武（在河南）”，参与黄河治理；41岁再平调为桐城令；43岁时“迁保信军节度判官，治狱历阳”，即作为保信军（治所在合肥）的派出官员在和县负责监狱管理及审判案件。作为一个酷爱自由的诗人，要他整天泡在司法案卷中，实在是件痛苦的事。于是他再度辞官回到当涂，优游于山水之间。

在家待了四年，可能是生计发生困难，他便谋求复职，47岁时被任命为（福建）汀州通判；48岁时“摄漳州”（漳州代理太守）。漳州靠近大海，常有风灾、水灾，他“以民为忧，赈灾有功”，于是“奉诏入京”，朝廷似有重用他的意图。可他在路途中得罪了使者，使者报告朝廷说他有罪，于是“下吏”，被罢免了官职，而且还有牢狱之灾。有功反遭诬陷下狱，确实是件痛苦的事。好在有人为他说情、开脱，于是他在50岁时被“朝廷勒停回当涂”。

52岁时，郭祥正“以覃恩转承议郎”进京任职。朝廷这一任命等于为他漳州之冤平反昭雪了。53岁时，“知端州告下”。当年9月，他从京城回当涂带上家小踏上去广州高要（端州所在地）就职的路途。由于路途遥远，当时交通不便，他又好游山玩水、拜访朋友，走走停停，直到次年2月，才到达端州就任太守。可是在任仅一年多，他就感到倦怠了，于是“上书请老”，即告老还乡。北宋时规定一般地方主要官员可以到70岁退休。许多人为了多当几年官，千方百计将年龄改小，而郭祥正在三年任期未满、年龄未到的情况下早早要求退出官场，这在当时乃至今天看来，可谓是官场“另类”。朝廷批准了他的“请老”报告。于是他在55岁那年彻底告别了官场，回到当涂过上退隐生活，直到79岁亡故。

三、诗情洋溢

对从政，郭祥正兴趣不浓，但对诗歌却是无比的热爱，并倾注了毕生的精力从事诗歌创作。几乎所有的郭祥正传记中都提到“其母梦李太白而生”，这可能与其母仰慕李白有关。正是其母对李白的景仰，在他身上种下了酷爱诗歌的基因。

从青少年起，直到晚年，前后六十多年，郭祥正一直在诗歌园地里辛勤耕耘，因此留下了许多诗作。这些作品后来收入《青山集》中。《青山集》共30卷，存诗1400多首，还有少量的散文。

郭祥正流传下来的1400多首诗，从体例上看，有楚辞体20首、歌行32首、五言古诗216首、七言古诗147首、五律180首、七律177首、五绝139首、七绝309首，此外还有挽诗30首、六绝1首、五排5首。诗作几乎涵盖了当时流行的所有诗歌样式，遗憾的是没有一首词作。从内容上看，大致有十个方面：（1）咏怀述志；（2）记述游踪；（3）咏物写景；（4）自诉生平；（5）思乡怀归；（6）赠答友人；（7）信佛谈禅；（8）官场应酬；（9）饮酒作乐；（10）追和李白。此外，还有一些关心民生疾苦的作品。

郭祥正崇尚李白，诗以古体见长，纵横奔放，故《宋百家诗存》称其古体诗：“沉雄俊伟，如波涛万迭，一涌而至，莫可控御。不特句调仿佛太白，其气味竟自逼真。”下面试举几例：

姑孰堂歌赠朱太守

姑孰太守真贤豪，洗涤弊垢明官曹。民闲吏疏郡无事，华堂新构临江皋。
朱檐斜飞傍星汉，碧瓦不动蟠鲸鳌。酿成玉液宴宾从，手提大笔降风骚。
四时景物换耳目，万古治乱评秋毫。嗟余末座重感激，胸中茅塞时耘薅。
山鸡卑栖竟何取，岂合鸾凤返翔翱。紫莼茸蕨味正美，鲜鲚玉缕鸣霜刀。
为公一饮直醉倒，坐看万室皆陶陶。谁云江南地偏小，姑孰之堂天下少。
丹湖千里侵城东，蒲苇藏烟春渺渺。牛渚对峙凌歊台，长江倒挂天门开。
风吹玉马亿万匹，汉兵卷甲沙场回。有时浪止皓月满，琉璃宇宙无纤埃。
帆樯隐隐鸟飞没，渔歌细下天边来。谢玄晖，李太白，一生好作江南客。
至今遗恨人不知，孤云尚锁青山宅。请公洒酒一吊之，听我长吟壮灵魄。
人世百年能几何，高会难逢离别多。一朝公去调鼎鼐，斯堂永作甘棠歌。

某年太平州太守朱某为庆祝姑孰堂落成而举办盛大宴会，郭祥正应邀参加。在酒酣耳热之际，他诗兴大发，写下这首诗。在诗中，他夸耀家乡有丹阳湖、天门山、牛渚矶、凌歊台等美景，有大诗人谢元晖、李太白留下的遗踪。有对新建的姑孰堂壮观景象的描述，也有对朱太守的赞颂。诗中充满豪放之情。

送梅直讲圣俞

清风吹天云雾开，仙人骑马天上来，吟出人间见所不可见，嫦娥织女为之生嫌猜。织女断鹊桥，嫦娥闭月窟，从兹不放仙人回，一落人间五十有四岁，惟将文字倾金罍。李白佯狂古来少，骑鲸鬣鬣飞沿洄。杜甫问讯今如何，应为怪极罹天灾。公乎至宝勿尽吐，吐尽吾恐黄河水决昆仑摧。天穿地漏补不得，女娲之力何可栽。长安酒价不苦贵，风雨但惜多尘埃。醒来强更饮百盏，酣酣愚智宁论哉!

诗中运用浪漫主义手法来赞颂梅尧臣的艺术成就。想象丰富，笔调洒脱，将天上与人间、古代与今天融为一体，感情饱满而气势雄放，酷似李白的诗歌风格。

郭祥正虽然以古风见长，但他的一些格律诗也有精品佳作。如《访隐者》：

一径沿崖踏苍壁，半坞寒云抱泉石。
山翁酒熟不出门，残花满地无人迹。

这首诗通过描写隐者独饮自己酿造的酒，足不出户，门外落花满地，无人造访、无人洒扫的隐居生活，表现出隐者避世脱俗、随性自然的情趣。诗的意境与王维的辋川系列诗作很接近，做到了情景交融，诗中有画，很值得玩味。无怪有一年福建省高考语文卷将此诗作为评析的对象，来检验考生的文学欣赏水平。

再如《早起》：

客愁偏早起，衰病恹晴明。
索酒防春瘴，披衣听鸟音。
旧书慵检阅，新客懒逢迎。
何日启樊笼，再归溪上耕。

这首诗大约是他48岁在漳州因得罪使者蒙冤获罪时写下的，客居他乡，仕途不顺又横遭冤屈，加上衰病，自然心情不好，因此即使面对鸟语花香的美好春光，诗人也感到心灰意冷，于是懒得看书、不想见客，盼望的是早日脱离樊笼，回到故乡耕躬溪上。全诗情真意切、对仗工稳、流转自然、感染力强，可谓五律之精品。

在《青山集》中这样的精品力作俯拾皆是，限于篇幅不再列举。

四、　交游广泛

交游包括两个方面：一是结交朋友，二是游览山水。

先说结交朋友。从《青山集》中可看出郭祥正结交的朋友非常多，由此写下的赠友诗、送友诗、怀友诗、和友人诗不下200多首。他结交的朋友既有达官贵人、丹青高手、诗词名家，也有同窗好友、平民百姓、和尚、道士、隐士，乃至妓女。达官贵人如担任过宰相的王安石、章惇；诗词名家有梅尧臣、苏轼、苏辙、王令、黄庭坚、陈师道、李之仪、贺铸等；丹青高手有李公麟、李璨；其中与他交往最多、关系最密切的有王安石、梅尧臣、苏轼、蒋之奇、李公麟等。

梅尧臣是宣城人，官位虽不高，但在北宋诗坛享有极高的声望，是当时公认的诗坛领袖。梅尧臣年长郭祥正33岁。他53岁时初次见到20岁的郭祥正，便赞叹说“天才如此，真李白后身也”。当梅尧臣为母守丁忧期满回京复职路过当涂时，特地看望了郭祥正并赠诗一首，题为《采石月下赠郭功甫》，诗中有“今观郭裔奇俊郎，眉目真似攻文章”。意谓郭祥正眉清目朗，不愧为郭子仪的后裔，也是天生的文章高手。在此前后他还写下《送郭功甫还山》《依韵和郭秘校苦寒》《依韵和郭秘校昭亭山偶作》等诗给郭祥正。郭祥正自然十分感激梅尧臣的知遇之恩。前面列举的《送梅直讲圣俞》一诗就是他对梅尧臣的回赠，抒发了他对梅尧臣的感激与敬仰之情。在梅尧臣逝世时郭祥正写下《哭梅直讲》一诗以示怀念。

郭祥正与王安石的交往在当时文坛也留下许多佳话。他们之间可谓世交。郭祥正父亲与王安石父亲是同榜进士。因此在郭祥正父亲病故后，王安石亲自为其作墓志铭。郭祥正曾数次拜访王安石并陪同他饱览金陵及当涂山水风光，相互之间酬唱往还甚多。郭祥正曾在《西轩看山怀荆公》诗中写道："长忆金陵数往还，颂公佳句伴公闲。"王安石称郭祥正的诗豪迈精绝，特别欣赏郭祥正"庙前古木藏训狐，豪气英风亦何有"及"谢家庄上无多景，只有黄鹂三两声"四句诗，曾多次手书前两句诗为条幅赠送给友人，并请画师根据后两句诗意作画，自题文字，派人将画幅及一只金酒盅送给郭祥正。王安石病故后，郭祥正多次作诗追忆二人的交往，并为之作挽词。

李公麟，舒城人，是宋代人物画的"群龙之首"，在我国绘画史上有着崇高的地位。就是这样一位鼎鼎有名的大画家曾为郭祥正画过肖像画。而宋代最有名的诗人苏轼则为这幅肖像作赞。

苏轼与郭祥正年龄相近（小郭一岁），二人都酷爱诗文且又均放荡不羁，因此气味相投，有着多年的密切交往。苏轼曾数次来到当涂与郭祥正谈诗论文，并曾醉中在郭家粉墙上作竹石画一幅，题诗一首。郭祥正对此十分感激，作诗为谢，并赠两把古铜剑。

康熙《太平府志·郭祥正传》说他"交游皆天下名士"。此言不虚。其实他交往的不限于名士，也有普通民众。如他在漳州代理太守时，就与当地的老秀才蔡温，平民留定（字君仪）、陈伯育、陈安止以及小吏俞括、李绛等人诗酒往还，结下深厚的友谊。在他遭诬陷被囚禁期间，这些朋友给了他多方面的关照，使他得到极大的安慰。由此可见，郭祥正是一个广交朋友，有情有义的人。

再说他交游广泛的另一个方面：游览山水。郭祥正一生向往自由、热爱山林，常常优游于大江南北，纵情于山水之间。首先，他对故乡的山山水水充满热爱，当涂的青山、藏云山、白纻山、天门山、采石矶、丹阳湖、姑孰溪、凌歊台都留下他的足迹。他在诗中反复赞美家乡的山水风光，留下许多动人的诗句。如在《次韵宜椽徐子美见寄》诗中写道："姑孰万家花映竹，丹湖千顷月和霜。"在外地做官，他仍不忘故乡，如在漳州写下的《九日登北楼示客》中有"故乡万里知何处，更凭朱栏向北看"。随着年龄稍长，宦游范围扩大，于是安徽宣城的敬亭山、繁昌的马仁山、和县的鸡笼山、含山的华阳洞、舒城的龙眠山、枞阳的浮山、潜山县的天柱山、太湖县的白云山、青阳县的九华山，江苏镇江的金山，江西的鄱阳湖、庐山、郁孤台，湖南的九嶷山、洞庭湖，福建的圆山、东湖、卧龙山，广东的韶石山、曲江、七星岩等地的名山胜水，均留下他的足迹和诗篇。有人统计，《青山集》中，山水风光题咏诗多达400多首。他的山水题咏诗，对相关的旅游资源开发，具有一定的价值。相传，他任汀州（今福建长汀）通判期间，常与州太守陈轩一道去州府三里外的南山游玩，取山泉烹茶。其泉甘冽可口，郭祥正赞不绝口，命名为新泉，并赋诗一首。此诗传播开来，招引许多人到南山汲取泉水。于是附近庙里的和尚借机高价兜售泉水，获利不少。汀州太守陈轩有感此事也作诗一首，在诗中感叹道：“奇哉江南郭夫子，一饮能令泉价美。”可见，郭祥正的山水题咏诗，有时竟能产生经济效应来。

郭祥正之所以酷爱山水风光，如他自己所说是因为“山花为我一笑兮，山草为我以忘忧”。即自然山水风光能给他带来快乐。这是因为官场上充满尔虞我诈、钩心斗角，而作为怀有赤子之心的天真诗人，郭祥正是不善于也不屑于在官场的明争暗斗寻取升迁的快乐；相反，在官场的争斗中，他常常是伤痕累累，一次又一次地败下阵来。于是他便将人生的快乐转向山林，希望“长年只在名山里，万事纷纷都不知”。在这一点上，他与“五岳寻仙不辞远，一生好入名山游”的李白是很相像的。

五、追慕李白

说到郭祥正与李白相像之处，还真不少，不仅仅限于“一生好入名山游”一端，细细比照，二人的相像之处有以下几个方面；

一是志向上相像。李白的志向是“申管晏之谈，谋帝王之术，奋其智能，愿为辅弼，使寰区大定，海县清一”。郭祥正则是“潜心救世弊，肯意为身谋”，“致君为唐虞，泽民作霖雨”。二人的政治理想都是要辅助国君使天下大治，造福于民。正因为有着这样的政治理想，所以他时常关注着时局。当时北宋面临着西夏与金人南下侵扰的威胁，可最高统治者却醉生梦死、置若罔闻。郭祥正清醒地看到这一点，曾在诗中向最高统治者发出警告。他说：“西戎未柔服，长策在诸公”“朝廷近日无新事，只恐西戎尚扰边”。他甚至主动请缨，要上前线与扰边之敌作一决战。他在《瑞昌双溪堂夜饮呈吴令》中写道：“酒酣索我须论兵，拔剑画地军阵成。十万狂胡指掌取，五方应敌旋风生。”这虽然是酒后狂语，但从中可看出他报国情切。这与李白在安禄山叛变之前曾有预感，并向最高统治者发出警告一样，是忧国忧民情怀的表现。

二是爱好上相像。李白一生除了作诗、漫游、交友就是饮酒。前三项爱好，从前文的论述中不难看出也是郭祥正所具有的。至于饮酒，郭祥正的名气不及李白大，但实际上他也是非常喜好饮酒的。在《青山集》中涉及饮酒的诗不在少数，大约有近百首。他在《春日独酌一十首》中唱道：“平生最嗜酒，况复就花饮。明月正照人，吴姬安得寝。更起尽余杯，击碎珊瑚枕。”“今朝不酩酊，何以破愁颜。”在《二月十一日倪倅敦复小圆留饮》中，他写道：“眼前不肯饮五斗，身后安能倾一杯。”在《中秋泛月至历阳访太守孙公素》诗中，他发出“请君置我三百杯，我为君吟一千首”的狂语。大有李白“斗酒诗百篇”的气概。在饮酒这一爱好上，二人何其相似乃尔？答案是仕途不顺、壮志难酬，故要以酒浇愁，另寻乐趣。

三是信仰上相像。作为封建社会的知识分子，孔孟之道、儒家思想理所当然地是他们最重要最基本的信仰，但在此之外，李白还有崇奉道教这一宗教信仰。他有着许多道教界的朋友，如司马承祯、元丹丘、玉真公主、吴筠、高如贵、许宣平等，这些人都是当时道教中赫赫有名者。李白跟从他们炼丹、服药，追求长生不老。郭祥正不像李白那样痴迷于道教，但也有他的宗教信仰，他信奉的是佛教。他有许多佛教界的朋友，如法真一师、了元禅师（即大名鼎鼎的佛印大和尚）、守端禅师、仁勇禅师等。郭祥正经常到寺庙进香朝拜，向高僧大德们请教佛理，与他们唱和。晚年郭祥正信佛更加虔诚，取名为“净空居士”。这与李白崇奉道教，并接受道箓成为道教徒很相像。二人信奉的宗教虽然有所不同，但欲在世俗社会之外寻求精神的寄托这一点则是相同的。原因在于他们建功立业的政治理想无法实现，从而感到极度苦闷，于是便要在虚幻的世界中寻求安慰。

四是性格上相像。李白众所周知，一生狂放不羁，自称“安得摧眉折腰事权贵，使我不得开心颜”。郭祥正也是心高气傲，不愿受官场上身份等级约束，所以他在刚刚步入官场不久，就与顶头上司发生了冲突。康熙《太平府志》本传记载，他在年轻时“除秘阁校理、德化尉。每于太守面前论事侃侃不阿，太守以其持论高，抵牾不合，弃官归。”可见他是不把上司放在眼中的。他在48岁时“摄漳州，忤部使者，陷以他狱”，又一次得罪权势者，不仅丢了官，还有了牢狱之灾。他在诗中唱道：“陶然一醉万事休，还我天真了无象。”正是由于过于天真、率性而为，他在官场感到很不适应。他曾在诗中写道：“予生本无羁，谬为兹县尹。”他自称“浪士”，并作《浪士歌》。狂放不羁的性格使他受不了官场束缚，于是55岁时就告老还乡，过上优游山林自由自在的生活。这与李白因我行我素不适应长安宫廷生活被“放归山林”十分相似。

五是诗歌风格上相像。李白的诗歌以豪放著称，情感饱满、想象丰富、善用夸张，能驾驭各种诗体，尤以古风见长。前文已介绍郭祥正的诗也是以古体见长，纵横奔放、沉雄峻伟。从前面列举的《姑孰堂歌赠朱太守》《送梅直讲圣俞》两首古风体诗作中，不难看出，郭祥正的诗歌风格确实近似李白。这既是天性使然，更是他有意学习、追攀的结果。在《青山集》中有40多首追和李白原韵的作品，有的歌咏的对象和题目都与李白原作相同，如《追和李白姑孰十咏》《追和李白秋浦歌十七首》《追和李白宣城清溪》。尤其难得的是《追和李白登金陵凤凰台二首》。要知道和诗既要用原韵，还不能重复使用原作的词语。能和上一首就不容易，何况要写上两首，那更是难上加难。

由以上五个方面的分析比较，可以看出，郭祥正是将李白视为偶像，对李白十分尊崇，以至于处处仿效、时时追攀，并达到了神肖的地步。李白的理想抱负、精神气质在郭祥正身上得到了传承再现。无怪乎同时代的人要说他是李白后身了。

五、余　论

最早称赞郭祥正是李白后身的是梅尧臣。其实不止他一人这样说。与郭祥正同年中进士的郑獬在《寄郭祥正》诗中写道："天门翠色未绕云，姑孰波光欲夺春。怪道溪山不寂寞，江南又有谪仙人。"这个郑獬可不是等闲之辈，他是当年的状元，做官以直率著名，是不会轻易赞许别人的。赞许郭祥正为李白后身的还有章望之、章衡叔侄（二人均为名臣，宋史有传）。对郭祥正最为推重的是当时的青年诗人李荐。李荐 19 岁时，在拜读郭祥正诗集后写下一首《题郭功甫诗卷》的千言长诗盛赞郭祥正的诗，并要郭祥正为诗坛盟主。

这样一个在当时诗坛享有盛名的天才诗人，后来却几乎销声匿迹。新中国成立后至改革开放前出版的多种古代文学史都未提到他，出版的多种宋诗选集，也不收他的诗。这对郭祥正是很不公平的。为什么会出现这种情况呢？对此，宋诗研究专家孔凡礼先生认为有两个方面的原因：一是郭祥正的作品没有在早期的基础上有明显突破，或者说处在一种相对停滞的状态；二是郭祥正未能处理好与后起的年轻一代诗人的关系，甚至有轻视他们的倾向，如他与李之仪先前交好后来反目。这样就被后起青年诗人疏远乃至抹黑。再加上一些误传，给后人留下郭祥正是爱揭发别人隐私的"不足道"的小人的负面印象。于是乎，郭祥正便渐渐淡出诗坛。

孔凡礼先生的分析是有道理的。但我觉得还可补充以下几点：

一是郭祥正与王安石走得太近，当时就有人将他列为王安石的门人，从而受到牵连。王安石推行变法，触动了权势者的利益，当时就遭到许多人的反对并被极力丑化。作为王安石的门人、挚友，且又有着支持变法倾向的郭祥正（在其诗集中有赞颂变法的诗作）自然也就不被反对派所接受，遭到疏远、打击也就成为必然的事。

二是郭祥正只会作诗不会填词，而当时人们热衷于填词，凡词作高手均享有盛名。这样一来，郭祥正非但不能领导诗坛，且有落伍之嫌。这就像当今诗坛流行新诗、朦胧诗，谁还在那里坚持作古体诗就很难在诗坛立足一样，长期以往就会被边缘化。《青山集》中找不到一首词作，这也可能是他淡出诗坛的重要原因之一。

三是郭祥正追攀李白，作诗仿效李白，尽管达到神肖的水平，但未能有大的突破，未能形成自己的风格，更谈不上开宗立派。这就像一个学习书法的人，长期临摹某一名家的帖，尽管达到乱真的地步，却没有形成自己的特色，也就不能获得伟大书法家的名声。

四是新中国成立后编写的文学史及出版古代诗选时的导向有偏颇，重思想性、轻艺术性，在思想内容上又过分注重那些反映社会现实生活、揭示人民苦难的现实主义作品，而对个性张扬、抒发一己情感、描述山水风光的作品则不太关注，对这样的作家和诗人也不认可。郭祥正《青山集》虽然有《治水谣》《苦寒行》《苦雨行》《大风》《观雨》《墨染丝》《前春雪》《后春雪》这样一些关注民生的作品，但毕竟是少数，而且其中还夹杂着对地方好官的歌颂，在他一生的创作中构不成“主旋律”。他更多的作品是朋友间的赠答唱和，是摹山临水，是饮酒，是参禅，是对山林生活的向往。这样的作品就很难进入选家和文学史编写者的法眼。

尽管郭祥正的诗歌创作存在一些不足，但他毕竟终身投入诗歌创作之中，也确实写出一些好的作品，特别是在传承李白精神方面是有贡献的。他对家乡山山水水的热爱与赞颂，也提升和扩大了当涂的知名度。所以在他亡故后，家乡的人民为他塑像，让他进入李白祠中，配祠李白，岁时享受祭祀。古人尚且如此，今天我们更应珍视郭祥正为我们留下的宝贵文学遗产。好在自 20 世纪 80 年代开始，一些学者已经关注到郭祥正。孔凡礼老先生开了一个好头。他在点校《青山集》后，在《文学遗产》等杂志上发表了好几篇研究郭祥正的论文。近几年南京大学莫砺锋教授、广西大学郑滔先生，还有张志勇、毛建军、赵婷婷、杨会等一批青年学者也将关注的目光投向郭祥正，先后发表了一系列研究郭祥正的文章。作为郭祥正家乡的后辈学人们自然更应该关注郭祥正、研究郭祥正、宣传郭祥正，于是我便不揣浅陋，写下这篇拙作，希望起到抛砖引玉的作用。相信随着研究的深入，历史终会还给郭祥正一个公道。这对发掘地方文化遗产，促进地方文化建设也是有意义的。

参考文献：

[1] 郭祥正. 郭祥正集 [M]. 孔凡礼点校，合肥：黄山书社，1995.

[2] 林钺. 太平府志 [M].（嘉靖版） 赵子文点校，合肥：黄山书社，2009.

[3] 谭滔. 北宋诗人郭祥正研究 [D]. 南宁：广西大学，2001.

[4] 张志勇. 郭祥正诗歌研究 [D]. 保定：河北大学，2007.

[5] 潇潇. 郭祥正山水景观题咏诗研究 [D]. 合肥：安徽大学，2013.

[6] 毛建军. 郭祥正交游考述 [D]. 郑州：郑州大学，2003.

[7] 莫砺锋. 唐宋诗歌论集 [M]. 南京：凤凰出版社，2007.

[8] 赵婷婷. 诗歌对话的可能性——试论宋代诗人郭祥正对李白的接受 [J]. 文艺理论研究，2012，(4)：65 -70.

[9] 陈军. 郭祥正对李白的审美接受 [J]. 安庆师院学报（社会科学版），2007，(3)：15 -17.

吴汝纶对教育近代化的探索

——以主讲莲池书院时期为考察中心

王申生

摘　要： 吴汝纶在1889—1901年间主讲莲池书院。在此期间，他笃信桐城派为代表的儒学思想，大力整顿书院面貌，使莲池书院气象为之一新。他锐意进取，在列强瓜分篱下的危局下，以救国济民为己任，极力探寻西学，推动中外学术文化交流，进行近代化教育改革，实施新的办学管理模式，对推动教育近代化起了积极作用。同时，他的探索经历也构成了其作为教育家开放思想的重要基础。

关键词： 吴汝纶；莲池书院；近代化教育；思想

光绪十四年（1888年）十月，吴汝纶去天津拜谒李鸿章。李鸿章此时正因莲池书院无人主持而苦恼。吴汝纶得知后，立即请辞冀州官职来求接任。李鸿章欣然应允。光绪十五年（1889年）二月，吴汝纶辞去官职，就任保定莲池书院山长。从此，吴汝纶开启了数十载的莲池生涯。在此期间，吴汝纶秉承“中体西用”“经世致用”等开放思想，励行教育近代化的实践，不仅改革了书院的办学模式、教学内容、管理方式，而且积极推动中西文化交流，使莲池书院成为北方的学术文化交流中心。本文将从莲池书院教学管办体制、中外文化教育互动、新思想传播上详述吴汝纶的不懈努力与探索，以明晰其教育近代化思想。

一、改革莲池书院教学管办体制

主讲莲池之初，吴汝纶对书院改革仍循规蹈矩。首先，他大力整顿书院暮气沉沉的懒散学风。他痛斥“书院规矩，自李铁梅先生以后，日为宽纵，官齐两课，从无扃试之事”。对此，他严厉整治“某改于齐课日，亲率提调，扃门坚试。竟一日之长，以二更为度，诸生均恪守规矩，寂静不喧，未至二更，均以纳

作者简介： 王申生（1988—），男，安徽省桐城市人，武汉市中山舰博物馆助理馆员。

卷出场”①。书院的学风从此焕然一新。教学上，与当时仅注重时文八股的科举教学有显著区别的是，吴汝纶对传统古文颇为重视，“其为教，一乎主文，以为‘文者，天地之至精至粹，吾国所独优’。旧法完且好，吾犹将革新之，况其窳败不可复用”②。他辛勤教导，尽职尽责，更注重于循循善诱，启发学生。在主讲莲池书院时期，他培养出一批擅长古文的学生，其中以贺涛和范当世最为出色。而林纾、严复、马其昶、姚永朴、姚永概等人慕名前往求学，吴汝纶乐然与他们交流切磋。这一时期，吴汝纶经常日夜操劳，甚至比之前在深州、冀州做官时更累，以至于“到莲池，疲于校阅，视在官时为尤苦，诸友书札，往往不报”③。此外，吴汝纶对学业成绩优异者实行奖励，如“斋课每次考试奖银八两，古课的第一名甚至奖励更高”④。通过奖励学习的措施，广大学子的学习积极性大为提高。同时，越来越多的学子慕名前来求学。对此，吴汝纶实行开放自由的教学模式，他不仅允许非莲池书院的学子旁听，而且乐意让其参加月考，成绩优异者亦可获取奖励。这种兼收并蓄的做法大大提高了莲池书院的知名度，促成“院外读书人，都争先恐后地前来应考，使书院教学影响远远地超越了它的藩篱之限”⑤。在招生方面，吴汝纶放宽入学条件，不再一味要求新生最低必须是秀才方可入学，凡是通过入学考试者即可录取。这不仅给书院注入了新鲜血液，也为各阶层子弟入学带来公平的机会。

其次，改革书院管学体制。为扭转书院以往管理混乱的颓势，加强对书院监院、值年等管理人员的监督，防止徇私舞弊产生。吴汝纶与众绅约定如下：书院值年由众绅推选，监院由肄业生中推选，值年应一年一换，监院则二年一换，不得大权集于一人。他认为书院管理至关重要，务必任人德才兼备，方可各司其职、有条不紊。另外，他为求用人制度完善，规定推选的管理者必须尽职尽责，凡遇不懂之处，应当向有经验的熟手请教；若有不称职者，即行更换；最后还禁止一人久管而揽权，实行任期制。经过改革书院管办体制，莲池书院运行更加有序了。

再次，多渠道筹措书院办学经费。当时，书院正常运转所耗经费极大，而书院所拥有的经费却捉襟见肘。为筹集书院所需的经费，吴汝纶采用多元化的筹集渠道。首先，吴汝纶大力通过官方渠道为书院筹措经费。吴汝纶在给李鸿章的信中提及：“此间诸生为古学者已有数人，造诣颇不凡近，恨经费过少，不足以养

① ［民国］郭立志编．桐城吴先生年谱：卷1［M］．台北：文海出版社有限公司，1966.

② ［清］赵尔巽撰．清史稿．［M］．北京：中华书局，1977.

③ ［清］吴汝纶撰；施培毅，徐寿凯校点．吴汝纶全集．［M］．合肥：黄山书社，2002.

④ 黄海龙．吴汝纶的政治生涯与教育实践研究．［D］．安徽大学硕士论文，2012.

⑤ 孟繁峰撰．古莲池书院．［M］．石家庄：河北人民出版社，1984.

育成就之。为举业者讲求未精，科第减色，缘官课名署取舍不同，而斋课每次奖银共止八两，又不足示鼓励。凡书院振兴，舍宽筹经费，盖无他法。若今斋课今古二途每岁共增千金，在通省公款所省有限，而诸生受益无穷，人才必有起色。若徒守旧来规模，难望成效。大约莲池培养士子之费，尚不及冀州耳。”(P644)对于吴汝纶的殷切请求，李鸿章给予了大力支持，拨付千两白银作为书院经费。另外，1899 年 5 月，吴汝纶致信李鸿章幼子李经迈，冀望通过他向李鸿章提议从淮军公所岁费中计提四百两白银作创办东文学堂经费之用。经过商议，李鸿章允其所请，吴汝纶不甚喜悦：“前日又作函李傅相，请将保定淮军公所岁修生息余款中，岁提四百金，开一东文学堂，专教皖人在北者子弟，傅相欣然乐从。”①再者，吴汝纶奏请动用田地赋税以资书院。如“直隶莲池书院经费动用营田水利银”②。他还建议“西学筹费，亩捐最为上策；其次，则取之僧道庵田，然不如亩捐之可以通行无滞矣。”③ 他希望取民钱资以培养其子弟，更可兴西学，做到取之于民，用之于民。其次，吴汝纶还千方百计地通过民间渠道为书院筹集资金。他屡次劝勉当地官员、士绅、大族等捐金资助书院，如“拟请执事与同乡诸公，熟筹妥商，贻书当轴，再申前议，添筹经费，开倡西学，为之于举世不为之时，其获益必无限量”④。而筹措经费过程异常艰辛，吴汝纶为此殚精竭虑，如“功之未成，先生与人曰：‘百计哀求，情同无赖’，即成则又曰：‘吾于事百无一能，至于筹款可谓有作金之术矣’”⑤。通过他的四处奔走呼号，艰难地筹集到相应的资金，缓解了书院资金匮乏的燃眉之急。

二、创办东西文学堂，推动中外文化教育交流

19 世纪末，清王朝江河日下，列强侵略瓜分中国愈演愈烈，中华民族生存危机空前严重。面对日趋艰难的时局，吴汝纶清醒地认识到因循守旧是毫无出路的，唯有学习西方科技文化求变革才能救亡图存，“语其实用，则欧、美新学尚焉。博物、格致、机械之用，必取资于彼，得其长乃能共竞”⑥。系统地学习西方文化首推西式教育，而要获取西式教育必须创立西文学堂，聘请欧美名流任教。“正是在国运维艰、民运维亡的时候，吴汝纶把理性视点转注于教育，在当

① ［清］吴汝纶撰；施培毅，徐寿凯校点．吴汝纶全集．［M］．合肥：黄山书社，2002.
② ［清］昆刚，李鸿章等修．清会典卷十九．［M］．北京：中华书局，1991.
③ ［清］吴汝纶撰；施培毅，徐寿凯校点．吴汝纶全集．［M］．合肥：黄山书社，2002.
④ ［清］吴汝纶撰；施培毅，徐寿凯校点．吴汝纶全集．［M］．合肥：黄山书社，2002.
⑤ ［清］吴汝纶撰．桐城吴先生全书．［M］．光绪三十年吴氏家刻本，1904.
⑥ ［清］赵尔巽撰．清史稿．［M］．北京：中华书局，1977.

时实属难得”①。怀着这样的深远考虑，吴汝纶于 1896 年 9 月创办西文学堂。由于经费匮乏、基础设施和设备落后，难以聘请到欧美大师来任教。吴汝纶不得不退而求其次，聘请英国传教士贝格耨教授西学课程，贝格耨细心教学，使广大学生受益匪浅。但贝格耨等人毕竟是传教士，学识有限，而且还带有传播基督教的义务，不仅吴汝纶反对在书院内传播基督教，而且广大士子对基督教传播亦甚反感，自然授教效果不尽理想。

鉴于西学授教上遇到的困难，吴汝纶不得不变通思路，冀望借助日本这个中介来了解欧美科技文化。日本进行明治维新，不遗余力地全方位学习欧美科技文化、经济、政治、教育，颇有成效，不仅使其摆脱了被列强奴役的厄运，而且一跃成为亚洲第一个近代化强国。另外中国人学习日文相对于西文较为容易，可以通过学习日本翻译好的欧美文化成果来了解西方。吴汝纶迫切希望通过学习日本系统消化过的西学成果，达到学以致用和救亡图存的目的。为此，他在 1899 年 5 月创办东文学堂，一方面大力邀请中岛裁之、野口多内等日本名贤来任教，另一方面与日本学者根本通明、斋藤木、安井小太郎等人交流学术文化。他一度与海外学者交流火热，如“尝乐于西士游，而日本之慕文章者，亦踔海来请业”②。这些海外学者来访莲池书院时，应邀做讲学，无疑给加深中外文化交流提供了难得的机会。书院学子以及院外人士多欣然前往听讲，并与海外学者们积极探讨互动。在他的不懈努力下，莲池书院的西学思潮热火朝天，而中外文化交流也相得益彰。此时，莲池书院的近代化进程大为加速，使得其成为北方著名的学术文化中心。

光绪二十六年（1900 年）年义和团运动兴起，北方的局势日益动荡紧张，吴汝纶因聘请英国传教士贝格耨以及与英、法、日等国名贤交流甚多，不仅受到保守派官员的非议攻击，还遭到义和团成员的追击，一度安全堪忧。所幸他提早去冀州，逃过一劫，但仍心有余悸。正如“顷发一函，拟在此勾留数日，去后有人自省来，传闻吾晨出后，有拳民六人追我未及而返。虽未必可信，亦不得不防。我明日拟冒雨至唐县王古愚处，汝等不可久于满城，必应连出，缘满城与省城消息甚捷，故亦危地”③。而莲池书院惨遭捣毁，东西文学堂也遭逢厄运。纵使在兵荒马乱的战乱岁月，吴汝纶依旧忧心书院教育，秉承学习西学，并未因性命受威胁而有半点改变，正所谓“社会变迁中锐意改革者往往很难为普通人所

① ［清］吴汝纶撰；施培毅，徐寿凯校点．吴汝纶全集．［M］．合肥：黄山书社，2002.

② ［清］赵尔巽撰．清史稿．［M］．北京：中华书局，1977.

③ ［清］吴汝纶撰；施培毅，徐寿凯校点．吴汝纶全集．［M］．合肥：黄山书社，2002.

理解，可能也是普遍的历史现象"[①]。他仍然尝试重建书院，但最终因多重原因无果而终。吴汝纶进行的一系列教学实践，取得累累硕果，形成了其教育思想的理论和实践基础。

三、积极宣传新思想

吴汝纶自幼深受桐城派传承的理学经世致用思想熏陶，心忧天下，力求有功于国家。在他就任莲池书院山长的十余载，华夏大地正处于遭受列强侵略瓜分、民族危机日趋严重、救亡改良运动兴起的变动局势中。虽退居莲池书院，但他时刻关注着国家和民族的命运，寻求救国救民的道路。特别是甲午中日战争中清廷惨败，被迫割地赔款以屈和，对他触动很大。经过艰苦的摸索，他痛苦地发觉，旧有的儒学、道学等思想根本无法挽救国家的危亡。而此时日本明治维新的成功、欧美资本主义国家的兴盛，让他看到了近代化新思想的曙光。

光绪二十三年（1897 年）二月，吴汝纶应严复之邀，欣然应允为《天演论》作序。当吴汝纶阅览《天演论》时，不胜喜悦，"虽刘先主之得荆州，不足为喻，比经手录副本，秘之枕中"。在《天演论》序中，他写道："天演者，西国格物家言也。其学以天择、物竞二义，综万汇之本原，考动植之蕃耗。""赫胥黎氏起而尽变故说，以为天不可独任，要贵以人持天，与天争胜。而人之争天而胜天者，又皆天事之所苞，是故天行人治，同归天演。"[②] 天演论阐发的物竞天择、适者生存的思想，强烈地震撼着清末思想文化界，大大推进了中国的近代化进程。

在维新变法运动中，吴汝纶对康有为、梁启超主张君主立宪、开国会等政治变革的做法颇有微词，认为"其师弟于世事少阅历，皆以一人室中私见，遂可推行天下，是其失也"[③]。"至于振兴国势，则全在得人，不在议法。王莽最好改法，何救于亡哉!"[④] 但对康梁变法的教育近代化举措他还是赞许的，"学堂开办，康公首唱大议，不为无功"[⑤]。此外，对于变法中关于教育改革的一些具体措施，他积极拥护支持，甚至还嫌弃其不彻底。如"端午诏书，竟废去时文不用，可谓大快。窃谓废去时文，直应废去科举，不复以文学取士"[⑥]。戊戌政变的发生，使维新变法彻底失败，相应的变法措施大都成了泡影，政局再度倒滞到

① ［清］吴汝纶撰；施培毅，徐寿凯校点．吴汝纶全集．［M］．合肥：黄山书社，2002.
② ［英］托马斯-赫胥黎著，严复译．天演论．［M］．北京：译林出版社，2011.
③ ［清］吴汝纶撰；施培毅，徐寿凯校点．吴汝纶全集．［M］．合肥：黄山书社，2002.
④ ［清］吴汝纶撰；施培毅，徐寿凯校点．吴汝纶全集．［M］．合肥：黄山书社，2002.
⑤ ［清］吴汝纶撰；施培毅，徐寿凯校点．吴汝纶全集．［M］．合肥：黄山书社，2002.
⑥ ［清］吴汝纶撰；施培毅，徐寿凯校点．吴汝纶全集．［M］．合肥：黄山书社，2002.

旧有状态下。吴汝纶心中不仅陷入无限失落中，还多了对国家前途暗淡的忧虑，“朝局一还旧贯，时文复用，窃谓于取士无甚损益，于长育人才实有妨碍。后生为学，若不问津西国，终难成有用之才”①。

可见，吴汝纶在社会大变革面前还是持有其软弱妥协的一面。他只愿意从文化、教育、科技上进行改革，但不愿也不敢从根本的政治、经济体制上改弦更张。此时，他还是不愿亦不敢触动封建统治的基础来变革，仍旧未能超越旧有保守派的范畴。这是他“中体西用”思想的一贯表现，是其局限性所在，也是其逊色于康梁维新派的地方。在清末风云变幻莫测的时局中，吴汝纶这种保守稳健的思想是普遍存在的，也是中国由传统社会向近代化社会过渡中的典型现象。

四、结　语

吴汝纶在莲池书院主讲长达十余年。在此期间，他对书院的办学模式、教学内容、管理方式进行大胆变革，用“学行起家，出为世用”的理学思想教授课业，传授古文，创办东、西文学堂，加强中外文化交流互动，不仅使书院萎靡的面貌脱胎换骨，而且使书院向近代化演进，因而莲池书院成为北方的学术文化交流中心。

这一时期，列强大肆侵略瓜分中国，民族的危机深重。吴汝纶对国家民族危亡忧心忡忡。为拯救国民，他大力主张学习西方以救亡图存。一方面，他在书院推行西学教育，寄望于青年弟子学有所成，担负起振兴中华的重任；另一方面，他大力宣传近代化新思想，为《天演论》作序等行动推进新思想文化的传播。但他力图在维持封建统治的根基上，进行教育、科技、文化改革以强国，这显然与时代主流、历史大趋势相悖，这是他的软弱妥协的历史局限性所致。总而言之，吴汝纶的教育思想开放而略有保守性，但对中国近代化进程是有重大贡献的。

参考文献：

[1]［清］吴汝纶．吴汝纶全集［M］．施培毅，徐寿凯校点．合肥：黄山书社，2002.

[2]［清］赵尔巽．清史稿．［M］．北京：中华书局，1977.

[3]［英］托马斯-赫胥黎．天演论．［M］．严复译．北京：译林出版社，2011.

---

①［清］吴汝纶撰；施培毅，徐寿凯校点．吴汝纶全集．［M］．合肥：黄山书社，2002.

[4] 郭立志．桐城吴先生年谱．[M]．台北：文海出版社有限公司，1966.

[5] [清] 昆冈．清会典．[M]．李鸿章等修．北京：中华书局，1991.

[6] [清] 吴汝纶．桐城吴先生全书．[M]．光绪三十年吴氏家刻本，1904.

[7] 李琳琦，郑德新．吴汝纶生平述略．[J]．江淮论坛，2008，(1)．

[8] 黄海龙．吴汝纶的政治生涯与教育实践研究．[D]．合肥：安徽大学，2012.

[9] 江小角．论吴汝纶教育思想．[J]．合肥学院学报，2005，(5)．

[10] 孟繁峰．古莲池书院．[M]．石家庄：河北人民出版社，1984.

桐城方维仪和她的佛像画作品

刘 东

摘 要：方维仪是明末清初皖江地区的杰出女性，出身于桐城桂林方氏家族，是著名哲学家方以智的二姑。方维仪既是一位杰出的女性诗人，也是一位优秀的女性画家，画风师法宋代著名画家李公麟，尤擅长白描佛像画，有较高的艺术成就。而其一生颇为坎坷，十八岁就丧夫守寡，唯一的女儿也夭折，在之后的六十年里，她守志于"清芬阁"，贞节闻名乡里，德行广为流传。

关键词：桐城；桂林方氏；女性画家；佛像画

方维仪（1585—1668），名仲贤，字维仪，明末清初安庆府桐城县人。她既是一位杰出的女性诗人，也是一位优秀的女性画家，尤擅长白描佛像画，《桐城名媛诗抄》称方维仪："工白描大士像，与倪仁吉山水、周禧人物、李因草虫花卉皆为闺秀画家冠冕。"而今这位女画家留存的作品不多，其中安徽博物院收藏有她的四幅绘画作品，皆为白描佛像画。本文拟就方维仪的生平和她在佛像画方面的成就略作评述。

一、名门闺秀初长成，红颜竟成"未亡人"

方维仪出身于桐城桂林方氏家族，这一个家学渊源极为深厚的官宦世家。按马其昶的《桐城耆旧传》记载：方氏先祖自休宁迁（贵池县）池口，宋末再徙桐城。明初，五世祖方法中举人，官四川都司断事。六世祖方懋生五子，老三中进士，老五为举人，于是都谏王瑞题其门曰"桂林"（即"折桂者如林"之意），从此方氏一族乃盛。

方维仪的祖父方学渐，是明代著名理学家、学者，晚年回乡募资在桐城县城北门创办了桐川会馆，开馆讲学，引桐城风气之先。方维仪的父亲方大镇，官至大理寺少卿，且十分重视诗书传家，悉心教育子弟，使方维仪姐弟三人皆品行、

作者简介：刘东（1985—），男，安徽博物院馆员。

学识兼优。大姐方孟式同样是位才女，诗词书画无所不能，后与同乡张秉文结为连理。崇祯十一年（1638），清兵围攻济南，身为山东布政使的张秉文以身殉国，方孟式亦投水殉夫，其贞烈感天动地。方维仪的弟弟方孔炤，官至湖广巡抚，在征剿匪患的过程中，缕立战功。而方孔炤之子方以智更是“百科全书式的学者”，方以智母亲过世得早，正是由姑母方维仪教养成人。再往后方孝标、方苞、方观承都是这个家族培养出的优秀人才，因此清代学者朱彝尊曾评价说：“方氏门才之盛，甲于皖口，明善先生（方学渐）实浚其源。东南学者，推为帜志焉。”①

方维仪就是在这样一个世家大族里长成的名门闺秀，自幼接受诗词歌赋的熏陶、琴棋书画的培养，她还随父宦游，至四川嘉定、福建福宁、河北、京师等地，见识日长。17岁时，经父母之命、媒妁之言，她嫁于同乡文士姚孙棨。姚相公虽是满腹经纶，可惜重病缠身，据方维仪《未亡人微生述》记述：“万历辛丑（1601）秋仲，余年十七归夫子，夫子善病已六年，容颜憔悴，稜稜柴骨。”②《龙眠风雅》收录了姚孙棨的一首诗《病中不寐》：“独卧空斋里，阶前树影偏。已愁虫语砌，更是月当天。”旷世才女嫁给这样一个久病缠身的垂死之人，不免让人感叹自古红颜多薄命，更是封建包办婚姻的悲哀。面对这样不幸的婚姻，方维仪在《未亡人微生述》中喟叹道：“余入门之顷，即视苓术（意为煎药），所谓‘琴瑟友之’者，绝无豫日。”

到了结婚后的第二年五月，“夫子疾发，余躬扶起居，侍汤药，挥蚊蝇，振痰唾。”九月姚孙棨病逝，方维仪“伤痛呼天，而莫之应也”。而此时的她已身怀有孕，未敢殉死，然而女儿出生后九个月竟也夭折了。接二连三的打击让方维仪悲痛欲绝，呼天抢地，红颜竟成“未亡人”！

二、贞节守志六十载，诗画为伴“清芬阁”

方维仪十八岁开始守寡，贞节守道矢志不渝，并有诗言志：“泰山其可颓，此志不可阙。重义天壤间，寸心皎日月。”而后她回到娘家，独居于清芬阁守志，直到84四岁时才去世，守节66年。死后得立专祠，并书额曰：“今之大家”（这里的家读作姑，大家是古代对贞节女子的尊称）。于是，方维仪的贞节闻名于乡里，马其昶在《桐城耆旧传》中赞誉她说：“余读《后汉·曹大家（班昭）传》，叹其亮节明白，属文尔雅，推千古女师。清芬徽美，岂遽让哉！”

---

① 朱彝尊：《明诗综》卷五十五，清文渊阁四库全书本。

② 方维仪：《未亡人微生述》，《桐城耆旧传》第456页，黄山书社，1990年。“夫亡人”是旧时对寡妇的讳称，方维仪守寡后自称未亡人。

事实上，方维仪确实常以班昭的语录自勉和敬告友人，安徽博物院收藏了一件方维仪的楷书轴，所书内容正是班昭《女诫》的中一段："班大姑曰：妇人之得于夫，由舅姑之爱己也；舅姑爱己，由叔妹之誉己也。由此言之，叔妹之心，尤不可失。故室人和则谤掩，外内离则恶扬。自非圣人，鲜能无过，而况妇人乎?《易》曰：二人同心，其利断金。同心之言，其臭如兰。明哲谦顺之人，轻利以笃好，崇恩以结援。使美善彰闻，而过差隐蔽；舅姑欢悦，而夫主亲依。声誉远于乡邦，光荣及于父母。若夫蠢愚之人，于嫂界托名。以自高于妹，则因葛以生嫌。形迹日著，恩义斯乖。是以美隐而过宣，姑怒而夫愠。毁訾布于中外，耻辱逯于家门。荣辱之召，叔妹为本，可不和与?"下书款："皖桐未亡人，姚门方氏维仪书，时年七十一。"再下钤朱文"清芬阁"印和白文"名予曰仲氏兮，字余曰维仪"。印。这幅书法作品，字迹娟秀而流利，艺术价值很高，同时，很好地说明了方维仪在守志期间，以《女诫》为行为标尺，践行着几千年来的传统妇德文化。

再说方维仪回到娘家，居于清芬阁守志。据考，清芬阁位于今枞阳县浮山西麓的陆庄。《浮山志》中收录有方维仪的一首诗作《浮山庄有感》："苍苍远岫障烟深，战后孤村没树林。农户流亡无处问，十年销铄不堪吟。"[①] 浮山又名浮渡山、符度山，是一座与佛教有着很深渊源的名山。东晋南朝时期浮山上就建有寺庙，到了宋代圆鉴大师弘扬佛法于此，于是浮山成了曹洞宗的祖庭，从此山中寺院林立，高僧辈出。方维仪在这等佛教名山中守志六十余年，自然是其创作佛像画的良好土壤。

在清静的清芬阁里，点盏孤灯，习诗书画大概是方维仪的生活常态。不过，方维仪也不缺乏同仁，她的姐姐方孟式、堂妹方维则、弟媳吴令仪（也就是方以智的母亲）以及吴令仪的妹妹吴令则，都是清芬阁中常客，她们在这里经常挥毫泼墨、吟诗作画，结成桐城名媛诗社，人称诗坛五姊妹。她们还一起搜集古今女士之作，整理成《宫闺诗史》。其侄方以智曾对清芬阁内热闹的情形有过描述："自丙午岁（万历三十四年，1606 年），与余母朝夕织纴，以下俱共事。殷勤之余，时或唱咏，伯姑间归而和之，闺门之中，雍雍也。"[②] 而方以智母亲早逝后，他主要也是由其姑母方维仪抚养长大的，并在清芬阁里接受了良好的家庭教育，为他之后成为"百科全书式"的巨匠打下了基础。

方维仪在清芬阁守节六十余年里，著述颇丰，见于记载的有《楚江吟》《尼

① 《浮山志》，第 164 页，黄山书社，2007 年 1 月第 1 版。

② 方以智：《清芬阁集跋》，《浮山文集全编》卷二，《续修四库全书》第 1398 册第 190 页，上海古籍出版社。

说七惑》《归来叹》以及《清芬阁集》七卷。可惜这些文集都已散佚，只能从其他的文集中见其诗文。对于方维仪的文学水平，后世评价极高，从方以智《清芬阁集跋》中也可见一斑："嗟乎，女子能著书若吾姑者，岂非大丈夫哉?"方维仪的才学绝对是巾帼不让须眉。

三、虔诚妙笔绘佛画，存世无几价更高

方维仪在绘画领域的成就，也是早为人知的，清代几部画史著作都对她的绘画有很高的评价。《国朝画征录》称其："善白描大士像。"《国朝画史汇传》亦称其："酷精禅藻，工白描大士。"《国朝画识》则称："近日闺秀，如方维仪之大士、倪仁吉山水、周禧人物、李因、胡静鬘草虫花鸟皆入妙品。"可见方维仪精通禅藻，最擅长绘白描大士像。如今安徽博物院收藏有方维仪的四幅绘画作品，其中一件为白描观音大士像，三件为白描罗汉图。

白描观音大士像，纵 61.2 厘米，横 30 厘米。图绘白描观音，慈眉善目，朱红小口，耳垂颇长，右手执仙枝，左手握净瓶，身披白色薄纱衣袍，裙摆上有彩带等饰品，脚下则踏着几朵莲叶，体态轻盈飘逸，观音的形象刻画得淋漓尽致。画面右侧题："皖桐姚门方氏维仪薰沐写，时年七十有五。"下钤朱文"清芬阁"，白文："名予曰仲氏兮，字余曰维仪。"

白描罗汉渡海图，纵 47.3 厘米，横 24.3 厘米。图绘一灰衣罗汉，耳垂硕大，浓眉密须，肩扛仙杖，脚踩一只大鲤鱼，浮于海上。画面左侧钤朱文"清芬阁"，白文："名予曰仲氏兮，字余曰维仪。"

白描罗汉戏狮图，图绘松石之下，尊者六人，其一换袖持带对着金刚狮子作舞，余者执杖旁立认真观赏。画面左上方书款："七十有六仲姑维仪，为愚者老侄五十寿。"旁边钤印与上述两幅相同。

白描松石罗汉图，图绘松石之下尊者三人，两坐一立，坐者展读经书，立者双手捋须，若有所思。右上题款："皖桐姚门方氏维仪薰沐写，时年七十有六。"钤印与上述相同。而左下角又钤一朱文印："安吴朱荣爵字靖侯所藏书画"，安吴是安徽泾县的古称，朱荣爵则是泾县民国时的一位收藏家。

此外，故宫博物院也收藏有方维仪的一幅白描观音图，纵 56.5 厘米，横 26.6 厘米，图绘观音大士，长眉细目，高鼻小口，全身披裹白色衣袍趺坐，两缕秀发沿脸颊飘然而下，神态恬静而端庄。款识为："皖桐姚门方氏维仪薰沐写，时年七十有一。"除作者的两方与上述相同的钤印外，还钤有"忍斋供养""静圣壶""槜李刘氏家藏"三方印章，应该是佛教信众求得此作后，挂在家里供奉及后代收藏家珍藏时所钤的印章。

故宫博物院藏方维仪白描蕉石罗汉图，背景绘硕大的蕉叶和嶙峋的奇石，蕉

石间有罗汉三人盘坐其中，有的袒胸露乳，有的若有所思，三罗汉神态各异，栩栩如生。画面右上角书款：“皖桐姚门方氏维仪薰沐写，时年七十有八。”所钤方维仪的两方印亦与上几幅相同。

上述两家博物院收藏的六幅方维仪的白描作品，五件有明确题款，均为她七十岁以后的作品，即清顺治至康熙初年。其中四幅题款均为“皖桐姚门方氏维仪薰沐写”，需要说明的是康熙六年（1667）安徽省才正式建省，所以此处的“皖”并不是指代安徽省，而是指安庆府，“皖桐”即指安庆府桐城县。同时，各幅题款方维仪始终自称姚门方氏，前述楷书作品更是自称“皖桐未亡人姚门方氏”，也可见她守志的恒心至老不移。“薰沐”是熏香沐浴之意，表示方维仪在每次绘佛像画时的虔诚。印文“清芬阁”是其闺阁名，而“名予曰仲氏兮，字余曰维仪”的印文则仿自于屈原《离骚》中著名的诗句：“名余曰正则兮，字余曰灵均”，这也可见方维仪熟知经史，制印颇有文化内涵。另外，最值得一提的是白描罗汉戏狮图的题款“七十有六仲姑维仪，为愚者老侄五十寿。”愚者是方以智的号，可知此作是时年76岁的方维仪为她50大寿的侄儿方以智所作，文物价值极高。

纵观方维仪的几幅白描作品，画风一致，其运笔自然流畅，观音、罗汉的脸部匀以淡墨线条勾画，衣褶线条更淡，仿佛要与背景融为一体，整体构图以简取胜，给人以清雅高洁之美感。关于方维仪的绘画风格，她的侄儿方以智应该最有发言权，方以智在《膝寓信笔》中说：“仲姑素以家藏李龙眠（李公麟）过海揭钵五十三参为法，艰于着色，故止白描。尝曰：‘所难者吴道子一笔圆光耳，静坐作观，久乃落笔，吾以栖吾神。’”① 他又在《题清芬阁白描大士像》一文中称：“清芬阁者，愚仲姑也……因有李龙眠本，朝夕仿佛，尝画大士……丁云鹏罗汉衣褶，用重笔，以淡墨泊其线路，而细作锦文于其中。”② 可见，方维仪主要师法宋代桐城画家李公麟，擅于画白描，不擅设色。画佛门大士、罗汉，则借鉴了明代徽州休宁佛像画家丁云鹏的风格。

方维仪的画作在当时也是炙手可热的，方以智就曾记载：“高阁曰‘清芬’，阁前植疏梧……善画古先生，求者盈门枢。”③ 又记：“丁菡生年家兄弟，为其嫂氏求予仲姑清芬阁白描大士，并送其所藏丁云鹏诸像。”④ 而且，方维仪的作品

---

① 方以智：《膝寓信笔》，《桐城方氏七代遗书》第11册，清光绪刻本。

② 方以智：《题清芬阁白描大士像》，《浮山集》第415页，《续修四库全书》1398册，上海古籍出版社。

③ 方以智：《侍姚仲姑母作》，《方子流寓草》卷二，《四库禁毁书丛刊》集部第50册，北京出版社。

④ 方以智：《膝寓信笔》，《桐城方氏七代遗书》第11册，清光绪刻本。

也被后代名士所认可，还留下了不少鉴赏诗句，如乾隆年间桐城学人吴询曾有《题清芬阁白描大士图》云："墨花香卷秋潮空，毫端轻染春云笑。"可见方维仪丹青笔法精妙。又如道光朝官至两江总督的李星沅《题方维仪夫人墨迹》："历劫苍茫手泽存，青灯白发惨吟魂。六如露电空禅偈，百岁冰霜见泪痕。已遣沧桑传苦节，长留缣墨付诸孙。昨来立马枞阳道，松柏萧萧掩墓门。"① 以及道光年间学者黄本骥的《题桐城女史方维仪清芬阁遗墨》："松筠节操自千古，翰墨家声传一时。垂老闺情残阶在，半生禅性短琴知。书名不减邢慈净，画学能开方密之。立本清芬堪并寿，待谁重选玉台诗。"② 这些诗句中都有"禅偈""半生禅性"等语，也可见方维仪参禅礼佛，与佛门的渊源深厚。

① 李星沅：《题方维仪夫人遗墨》，《李文恭公遗集》诗集卷五，《续修四库全书》第1525册，上海古籍出版社。

② 黄本骥：《题桐城女史方维仪清芬阁遗墨》，《三长物斋诗略》卷五，《续修四库全书》第1511册，上海古籍出版社。

赵朴初是新中国佛教事业第一人

殷书林

摘　要：赵朴初先生担任中国佛教协会主要领导人近半个世纪，他恪尽职守，殚精竭虑，团结三大语系佛教和谐发展，推动制定和贯彻落实宗教政策法规，提倡“人间佛教”，引导佛教与现代社会相适应，重视培养佛教人才，大力弘扬佛教文化，支持慈善公益事业，加强与港澳台以及海外佛教界联谊，促进祖国统一，维护世界和平，做出了诸多杰出贡献，深受广大佛教徒和信教群众的尊敬和爱戴，是当之无愧的新中国佛教事业第一人。

关键词：赵朴初；新中国佛教；第一人

赵朴初（1907—2000）先生，安徽太湖县人，出身于皖江“四代翰林”之家，状元后裔。他在故乡生活了十年，并接受启蒙教育；13 岁时离家到上海读书，1927 年因病从苏州东吴大学肄业到上海养病，开始接触佛教团体和当时国内著名的高僧大德，逐渐与佛教结下了不解之缘；1928 年起，即投身佛教事业，新中国成立前，曾先后任上海江浙佛教联合会秘书，上海佛教会秘书，“佛教净业社”社长，中国佛教会秘书、主任秘书，上海慈联救济战区难民委员会常委兼收容股主任，上海净业流浪儿童教养院副院长，上海少年村村长，积极参加佛教界抗日救亡和爱国民主运动。1949 年，他以佛教界进步人士的身份应邀出席了在北京召开的新政治协商会议筹备会议、中国人民政治协商会议第一届会议，当选为全国政协委员，并历任第一、二、三届全国政协委员，第四、五届全国政协常委，第六、七、八、九届全国政协副主席。1952 年，他同佛教界著名的高僧大德一道发起成立中国佛教协会，任筹备处主任；1953 年中国佛教协会正式成立，他被选为副会长兼秘书长，历任三届；1980 年，在中国佛教协会第四届代表会议上，当选为会长，连任三届，直至逝世。

朴老“是杰出的爱国宗教领袖，在国内外宗教界有着广泛的影响，深受广

作者简介：安徽省赵朴初研究会副会长兼秘书长，太湖县政协副主席。

大佛教徒和信教群众的尊敬和爱戴。他佛学造诣极深，《佛教常识答问》等著述深受佛教界推崇，多次再版，流传广泛”。作为新中国一代宗教界领袖，他“把佛教的教义圆融于中国共产党领导的建设有中国特色社会主义伟大事业之中；圆融于维护民族和国家的尊严，捍卫国家领土和主权的完整，促进祖国和平统一的伟大事业之中；圆融于促进中国佛教界与世界各国佛教界友好交往的伟大事业之中。他充分地论述了宗教与社会主义社会相协调的问题，指出：党和国家从政策上、法律上充分尊重和保护公民宗教信仰自由的权利，宗教徒则要爱国爱教，遵纪守法，拥护党的领导，报国家恩，报众生恩，积极为社会主义物质文明和精神文明建设做贡献。他告诫佛教弟子，佛教的利益必须与人民利益结合起来。我们的生命好比一滴水，只要我们肯把它放到人民的大海中去，这一滴水是永远不会干涸的”。他“坚决拥护党中央制定的关于宗教工作的一系列方针政策和重要指示，积极协助党和政府全面正确地贯彻执行宗教信仰自由政策，加强对宗教事务的管理，积极引导宗教与社会主义社会相适应，以高度负责的精神，对社会主义初级阶段的宗教理论和工作，坦诚提出许多宝贵意见和建议。他积极促进全国各宗教界的团结和稳定。他热情支持十世班禅为发展藏传佛教文化，建立藏传佛教正常秩序，为维护祖国统一，民族团结，反对境外势力分裂祖国的活动所开展的各项工作。他积极拥护按照宗教仪轨和历史定制，经金瓶掣签、报中央政府批准认定的十一世班禅，并热情关心十一世班禅的培养教育工作。他恪尽职守，殚精竭虑，为宗教与社会主义社会相适应的理论与实践做出了杰出的贡献”。

一、领导中国佛协，团结三大语系佛教和谐发展

新中国成立之初，朴老和佛教界的高僧大德以及社会上的有识之士就认识到，当时的中国佛教界思想混乱，组织涣散，萎靡不振，犹如一盘散沙，已处于危急存亡之秋，难以适应社会和佛教自身发展的需要，成立一个全国性的佛教团体迫在眉睫。

1952 年 11 月，在北京召开了中国佛教协会发起人会议，会议推选朴老担任筹备处主任，具体开展筹备工作。1953 年 5 月 30 日至 6 月 3 日，中国佛教协会成立大会在北京隆重召开，朴老作了《关于中国佛教协会发起经过和筹备工作的报告》，指出：“中国佛教协会的产生，表示着新中国佛教徒的大团结，表示着新中国佛教徒弘法利生的信心和热忱，表示着新中国佛教徒致力于爱护国家、保卫世界和平的共同志愿。”这次会议，选举圆瑛法师为会长，选举朴老为副会长兼秘书长。从此，新中国佛教揭开了新的篇章，朴老也正式担负起我国佛教事业的领导重任，一直到 2000 年逝世，他一直是中国佛教协会的组织者和领导者。新中国佛教的恢复和复兴，每一个重点活动，每一项重大成就，都有他的积极参

与、策划、领导和组织实施。他一生殚精竭虑，努力促进新中国佛教的大联合、大团结，为社会进步、人民幸福以及世界和平做出了独特贡献。

朴老非常重视消除历史遗留下来的民族隔阂和宗派成见，积极促进汉语、藏语和巴利语三大语系佛教的团结联合与共同发展。在西藏、云南等少数民族佛教比较集中的自治区和省份设立了中国佛教协会分会，在中国佛教协会理事、常务理事、会长副会长中，少数民族佛教界人士占有相当的比重。朴老与十世班禅大师互相关心，互相支持，建立了十分深厚的友谊，大师圆寂后，朴老十分悲痛，亲自主持参加了一系列哀悼纪念活动；朴老亲自担任班禅转世灵童寻访顾问小组的总顾问，积极参加了十一世班禅的寻访认定工作，一直热情关心十一世班禅的学修与成长，对达赖擅自非法认定“班禅转世灵童”坚决抵制和反对。朴老对南传佛教的发展也非常重视，亲自到云南主持第一次南传上座部佛教会议，多次到云南视察指导，发动捐款资助上座部佛教事业，组织护送佛牙舍利赴云南瞻礼。中国佛教协会副会长嘉木样·洛桑久美·图丹却吉尼玛活佛指出：“中国佛教由汉语系佛教、藏语系佛教、巴利语系佛教组成，这是中国佛教的特色和优势。三大语系佛教的团结，有利于弘法利生事业。赵会长以三大语系佛教为核心的和睦思想，是我国佛教自身建设的重要内容，也是搞好我国佛教事业的重要条件。”

二、贯彻落实宗教政策，维护佛教合法权益

宗教信仰自由政策是党中央、国务院对待宗教的基本政策，是宗教赖以生存和发展的最重要的外缘。朴老对此有充分的认识，在工作中一直积极宣传，认真贯彻，努力捍卫。

1949 年，朴老应邀出席中国人民政治协商会议，与其他宗教界人士一起，参与了《共同纲领》的讨论和制定，对宗教信仰自由政策的研究和讨论尤为认真和重视，会后向佛教界人士进行了认真传达和积极宣传。1954 年，他当选为第一届全国人大代表，又积极参加了新中国第一部《宪法》的讨论和制定。在工作中，朴老对党的宗教政策认真贯彻执行，使地方各级佛教团体相继建立，著名寺院得到整修，佛事活动正常开展，佛教文物得到保护，对外友好交流逐步开展，所有这一切，在新中国成立之初极大地提高了佛教界爱国人士的政治地位，调动了全国佛教徒的爱国热情和参加祖国建设事业、保卫世界和平运动的积极性。

1978 年党的十一届三中全会以后，宗教界拨乱反正工作任务尤其繁重。朴老在诸多场合强调，只有采取宗教信仰自由政策对待人们的宗教信仰，才符合宗教产生、发展和消亡的客观规律以及宗教作为意识形态的特点，才符合人民群众

的根本利益。朴老坚持实事求是、理论联系实际的原则，对宗教问题的许多基本观点，从理论思想和政策观点上进行拨乱反正。他指出：宗教作为意识形态来说，首先是一种特定形式的思想信仰，还是一定形态的文化，又是同一思想信仰的人们结成的社会实体。这三个方面构成了"宗教的实在整体"。宗教有其自身产生、发展、消亡的规律，不是人们可以随心所欲地操生杀之权的。朴老积极宣传中国宗教的"五性"，即群众性、民族性、国际性、复杂性和长期性，使人们特别是领导干部对宗教有一个正确的认识和态度。

十年"文革"，对于佛教界更是一场浩劫，庙产被没收，僧人被遣散，佛像、文物、经籍被损毁，满目疮痍，百废待兴。改革开放后，朴老亲到各地调查研究，具体指导贯彻落实宗教政策，向中央和地方各级领导部门反映情况、提出要求、协调关系，坚决反对和纠正"左"的错误，维护佛教界的正当权益，保护佛教名刹和佛教文化，做了大量艰苦的工作，解决了不少突出问题。比如四大佛教名山的佛寺、广州的光孝寺、苏州的寒山寺、四川大足的圣寿寺、厦门的南普陀寺、洛阳的白马寺、开封的大相国寺、深圳的弘法寺、北京房山的云居寺以及南京的金陵刻经处等，都是在朴老的直接关心下恢复的。朴老还始终关注和支持香港"天坛大佛"、无锡"灵山大佛"的建造工作，促成了新中国佛教界的这两个盛世工程。

在维护佛教正信的同时，朴老与邪教予以坚决斗争。1996 年，当李洪志欺世盗名，推出邪教组织"法轮功"，蒙骗、毒害人民群众时，朴老就以佛教正法的慧眼，旗帜鲜明地指出"法轮功"是邪教，领导了宗教界首先反邪教的斗争，为后来政府依法取缔"法轮功"邪教组织提供了依据。

三、积极建言献策，推动制定宗教政策法规

中共中央和国务院制定、颁布的有关宗教方面的方针政策、法律法规是佛教事业得以顺利开展的根本保证，也是做好佛教工作的基础条件。朴老对此非常重视，他认真思考，深入研究，积极建言献策，提供咨询，遇到重大原则问题，直言不讳地陈述意见，努力推进宗教立法进程。

1981 年 6 月，中共十一届六中全会通过的《关于建国以来党的若干历史问题的决议》，在制定过程中，朴老等宗教界领袖参加了征求意见座谈会，就有关宗教问题提出建议，受到中共中央的重视和采纳，在文件中对宗教信徒坚持四项基本原则的要求作了专门规定，即"坚持四项基本原则并不要求宗教信徒放弃他们的宗教信仰，只是要求他们不得进行反对马列主义、毛泽东思想的宣传，要求宗教不得干预政治和干预教育"。这一正确规定对保护宗教徒的宗教信仰，正确对待和处理宗教问题，做好宗教工作具有重要的现实意义和深远影响。

1982年修改《宪法》的过程中，有关部门吸取了赵朴老等宗教领袖的合理建议，恢复了1954年《宪法》第八十八条条文，即“中华人民共和国公民有宗教信仰的自由”，同时还规定：“国家保护正常的宗教活动”。

在起草、制定我国《刑法》的过程中，赵朴老等宗教领袖向有关部门提出建议并被采纳，形成了1979年通过的《刑法》中的第一百四十七条，即：“国家工作人员非法剥夺公民的正当的宗教信仰自由和侵犯少数民族风俗习惯，情节严重的，处二年以下有期徒刑或者拘役。”

中共中央1982年3月31日颁布《关于我国社会主义时期宗教问题的基本观点和基本政策》，这是一份关于我国社会主义时期宗教问题的纲领性文献，它阐明了新时期对宗教问题的基本观点和基本政策，明确指出：尊重和保护宗教信仰自由，是中国共产党对待宗教问题的基本政策，要长期地贯彻执行。这份文件的出台，标志着中共中央在宗教工作方面实现了指导思想上的拨乱反正。在其制定过程中，朴老经过深入思考，写信给当时担任中共中央主席的胡耀邦和其他中央领导人，提出不少意见和建议供参考，多为中央所采纳。

1990年6月，中央就《中共中央关于加强统一战线工作的通知》稿征求宗教界人士的意见，赵朴老就“宗教信仰自由的提法”“坚持政教分离的原则”“正确认识和处理宗教问题”“爱国宗教团体的作用”“调动宗教徒为社会主义事业服务的积极性”“无神论宣传”等问题阐述了意见并提出修改建议。

1990年年中，中共中央、国务院对宗教工作全局性问题进行研究，起草相应的文件，筹备召开全国宗教工作会议。赵朴老先后三次就当前宗教工作的重大原则性问题提出系统的书面意见，很大程度上被后来出台的《中共中央、国务院关于进一步做好宗教工作若干问题的通知》所采纳，其中某些重要表述基本是按照赵朴老的修改意见写的，得到中央和国务院领导的高度肯定。

新的历史时期，朴老认为“解决宗教立法问题刻不容缓”，“没有宗教法而起草宗教的行政法规是舍本逐末。”他还与丁光训主教共同起草了一份《宗教法建议草案》提交全国人大常委会，供制定《宗教法》时参考。

四、提倡人间佛教，引导佛教与现代社会相适应

何谓“人间佛教”？朴老的解释是：“人乘、天乘、声闻乘、缘觉乘、菩萨乘这叫五乘。其中后三种叫出世间法，教理深奥，比较难学；前二种叫世间法。世间法是世人易学而能够做到的也是应该做到的，前人名之为人间佛教。人间佛教主要内容就是：五戒、十善。”

人间佛教是朴老佛学思想的核心内容，是他领导中国佛教建设的指导思想。朴老在1983年12月中国佛教协会第四届理事会第二次会议的报告《中国佛教协

会三十年》中正式提出提倡人间佛教思想，得到与会人员的一致赞同，从此，这一思想成为中国佛教的指导思想。

朴老特别强调，人间佛教虽是现代中国佛教所大力倡导的，但其根源，远在释迦牟尼的思想之中，既是佛陀的本怀，也是大乘佛教的一贯传统，也就是说，有其宗教性的最根本的依据。佛陀的人间佛教精神，体现为慈悲济世，所以佛说："诸恶莫作，众善奉行，自净其意，是诸佛教。"提倡人间佛教的目的在于实现人间净土，也即"庄严国土，利乐有情"。朴老认为实践人间佛教，就要实行菩萨行，"菩萨行总的来说是上求佛道，下化众生，是以救度众生为己任的……只有利他才能自利，这就是菩萨以救度众生为自救的辩证目的，这就是佛教无常观的世界观和菩萨行的人生观的具体实践，这也是人间佛教的理论基础"。朴老还经常引用《六祖坛经》"佛法在世间，不离世间觉，离世觅菩提，恰如求兔角"来说明佛法与世间的关系，教育中国的佛教徒，提倡人间佛教，担当起新时期的人间使命。

朴老明确指出，中国佛教要发扬"三个传统"，即农禅并重，注重学术研究，国际友好交流；佛教徒要爱国爱教，"爱教同爱国是统一的，是和谐一致的。皮之不存，毛将焉附？没有国，哪有教？"佛教徒应该积极参加祖国的社会实践活动，服务社会，利益人群，跟上时代的步伐，为祖国的社会主义物质文明和精神文明建设做出自己应有的贡献。朴老教导佛教徒要"知恩报恩"，报国家恩、众生恩、父母恩、三宝恩。

1983年以来，由于朴老对人间佛教的努力倡导和扎实实践，由于全国佛教徒的共同努力，佛教的人间化取得了很大成效。人间佛教思想作为中国佛教发展的指导方针已成为中国佛教协会各级组织和广大佛教徒的共识；培养了一大批能够贯彻人间佛教思想的佛教人才，开拓了佛教文化事业和教育事业的新局面；积极支持社会福利事业、公益事业和救济工作，如抗洪救灾、捐资助学、扶贫助弱等，成绩显著；个人的佛法修行与利他行为以及社会建设相结合，拓展了新时期佛教追求的思想境界，丰富了佛法的内涵和实践空间，使新中国的佛教焕发出勃勃生机，得到了国际社会的普遍赞誉。

五、重视佛教教育，培养传灯人才

朴老一直非常重视佛教人才的培养和教育，他在很多场合大声疾呼：佛教当务之急，第一是培养人才，第二是培养人才，第三还是培养人才。他认为，中国佛教的恢复和发展，需要大量在思想、修行、文化素养和工作能力方面称职的佛教人才。在他的领导和大力推动下，佛教教育事业有了很大发展，教育质量有了较大提高，各级佛教院校培育了一批较高素质的僧才，为新中国佛教事业的发展输送了一批中坚力量。

1955年中国佛教协会决定成立中国佛学院，朴老和周叔迦居士负责具体筹备事宜。1956年9月，中国佛学院正式成立，设有专修科、本科、研究班和研究部。其宗旨是培养热爱祖国、拥护和平、具足正信、能发扬佛教优良传统的僧伽人才；1966年“文革”开始被迫停止。20世纪80年代，在朴老的领导下，中国佛学院恢复并进行了扩建，朴老亲自兼任院长，更是倍加关怀中国佛学院的工作和建设，历届开学和毕业典礼，他都要亲自参加并讲话，勉励学僧努力学修，勇猛精进，担当弘法利生的重任。朴老还与各方面协商，在南京栖霞寺和苏州灵岩山寺开办了两所中国佛学院分院。中国佛学院及其分院培养了大批爱国爱教、德才兼备的法门龙象。在办好佛学院的同时，朴老还推动建立佛教文化研究所，两者相辅相成，普及提高。他亲自撰写《佛教常识答问》一书，看似通俗，实很奥妙，是一部“入藏之作”，深受到广大的僧俗两众和佛教研究人员的欢迎。

1986年和1992年，朴老亲自主持，先后在北京、上海召开了两次全国汉语系佛教教育工作座谈会，总结和交流佛教教育工作的经验教训，提高认识，统一思想，改进措施，对推动全国佛教教育事业协调、健康发展起了重要作用。各地相继成立了不同层次的佛教院校和短期培训班、进修班，有些大学与佛协合作，开设了宗教学系，中国藏语系高级佛学院、巴利语系佛学院、尼众学院等也成立起来，一些优秀的学僧被选派到国外留学深造。如此多种形式多条渠道培养佛教人才，形成了十分可喜的局面。

朴老非常爱惜人才，重用人才。20世纪80年代开始，他推荐、派遣学养深厚的法师和居士如传印、姚长寿、圆辉、净因等“五比丘”等出国留学，对他们在国外的学习生活情况亲自关心，学成归来都安排在合适的岗位上，尽量做到人尽其才。朴老敢于破格使用人才，如支持年仅24岁、研究生在读的学诚法师回福建莆田广化寺担任方丈。由于朴老的爱护、培养和提拔，不少青年僧人走上领导岗位或担负重要职务，为中国佛教注入了新鲜血液，接下了老一辈高僧大德手中的法炬，绍隆佛种，续佛慧命，使中国佛教事业不断向前发展。

六、继承优良的文化传统，大力弘扬佛教文化

佛教自公元一世纪传入中国以来，广泛流传，与悠久的中国文化相结合，产生了丰富多彩的中国佛教文化，佛教文化是中国优秀传统文化的重要组成部分。但相当长的时期，由于对佛教的隔膜，或是由于对马克思主义的宗教理论的片面理解，或受极“左”思想的影响，不少不能正确地看待佛教，甚至将佛教与迷信等同起来，最常见的是将佛教作简单化的理解，认为烧香磕头、求神拜佛就是

佛教。在很多场合，朴老极力加以廓清，再三强调指出“佛教是文化”，还反复转述毛主席、钱学森、范文澜的话加以印证。他亲自撰文论述佛教和中国文化的关系，指出佛教文化是中国传统文化很重要的组成部分，佛教文化已经渗透到中国文化的方方面面。例如，很多常用语言如“世界”“实际”“境界”“觉悟”等等，本是佛教的语言；数千卷梵文翻译过来的经典，本身就是伟大、富丽的文学作品。佛教对中国文学、哲学、绘画、雕塑、音乐、天文、医药等都产生了深远的影响。朴老的这些论述，有力地纠正了认为“佛教是迷信”“中国传统文化就是儒家文化”的偏见，对确定佛学在中国文化史上的重要地位有着十分深远的理论和现实意义。

朴老一直用很大的精力抓佛教文化事业建设，大力保护、挖掘和弘扬佛教文化。例如挖掘、整理和拓印房山石经，编写《中国佛教百科全书》，出版中文版《中国佛教》，恢复金陵刻经处，补刻《玄奘法师译撰全集》，出版各种佛教文集，举办佛教美术艺术展览，成立中国佛教图书文物馆，重印《清藏》、摄制影片《佛教在中国》等。1987 年成立中国佛教文化研究所，加强教内外学者的联系，积极开展佛教学术研究和国内外佛教学术交流，出版学术专著，编印学术年刊《佛学研究》及普及刊物《佛教文化》《法音》等。朴老关心重要的寺庙及其建筑、宝塔、石窟、佛像、经籍、字画、法器等等，协调与文物部门的矛盾，使诸多佛教文物得到妥善安置，并发挥出其独特的积极作用。对灵光寺的佛牙舍利和法门寺的佛指舍利，朴老更是倾注了大量心血，在党和政府的支持下，重新建塔供奉，供国内外信众朝拜瞻礼。朴老多次亲自护送佛牙舍利、佛指舍利到国外瞻礼，受到隆重欢迎，促进了中国人民和世界人民的友好交流。

朴老自己的书法、诗词曲、对联也是新中国佛教文化中的一朵奇葩。祖国大地的名山古刹、名胜古迹，乃至一般的寺宇、殿堂、碑塔，几乎随处可见朴老的墨宝，成为一道道靓丽的风景。朴老的诸多墨宝还走出国门，被国外高僧大德和国际友人保存和收藏，成为和平友谊的见证和文化交流的特殊“使者”。

七、慈悲喜舍，支持慈善公益事业

新中国成立前，朴老在上海时即积极投身慈善事业，曾担任上海慈联救济战区难民委员会常委兼收容股主任、上海净业流浪儿童教养院副院长、上海少年村村长，以其慈悲济世的伟大精神和大量具体而繁重的慈善救济行动获得了广泛赞誉。

中国佛教协会成立伊始，朴老等佛教领袖即大力提倡佛教界从事慈善公益事业，包括赈灾济困、施医送药、修桥铺路、植树造林、捐资助学、办养老院、恤贫助残、放生、救助野生动物等。各地佛教徒积极响应，涌现了一批扶危济困、捐资助学、植树造林的模范僧尼。

朴老担任中国佛教协会会长后，自己更是率先垂范。1984 年 3 月中国残疾人福利基金会成立，朴老欣然担任名誉理事并捐赠福利基金；1986 年 3 月全国宗教界赞助中国残疾人福利基金会募集书画展览，朴老亲自为《书画功德集》作序；1984 年，朴老书写两幅墨宝义卖支持修复长城；1985 年 5 月，朴老将自己在日本获得的“庭野和平奖”奖金捐出 2 万元人民币支援非洲难民；1988 年 11 月，朴老捐款 1 万元救济云南遭受地震灾害的佛教弟子；1998 年 1 月，朴老向张北地震灾区捐款 10 万元；1998 年夏天发生特大洪灾，中国佛教协会在广济寺举行书画赈灾义卖周活动，朴老亲书六幅墨宝，并捐出积蓄 10 万元，由此揭开了全国佛教界大规模赈灾活动的序幕……

朴老为故乡的脱贫致富也费尽心力。20 世纪 80 年代开始，他多方奔走，联系发展资金，并一次次拿出个人积蓄，用于建设医院、学校、扶贫济困。1991 年，安徽发生特大水灾，朴老向海内外募捐达数百万元，交给家乡太湖，以助赈灾。1990 年，朴老以母亲“拜石”的别号捐款在故乡寺前镇设立“拜石”奖学金，此后每年续有捐献，并于 1998 年将这一奖项扩大到全县，“用以培植掌握科技振兴家乡之人才，以报答先母爱念乡人子弟之遗意”（《冰玉影传奇·引言》），并作《拜石赞》诗一首。1994 年 5 月，“北京振兴太湖县联谊会”成立，朴老欣然担任名誉会长。

八、加强港澳台联谊，促进祖国统一

香港、澳门、台湾佛教与中国大陆佛教有着同根同源的法谊亲情，20 世纪 80 年代以来，朴老对加强与港、澳、台佛教界的交往非常重视，在他的积极倡导和精心组织下，两岸四地佛教界开展了多方位、多渠道、多形式、多层次的联谊工作，互相交流，互相支持，取得了丰硕的成果。

朴老十分支持香港建造“天坛大佛”。1986 年 7 月，中国佛协成立“香港天坛大佛造像随喜功德委员会”，朴老担任主任，号召内地佛教界积极资助。朴老还推荐、促成了技术先进、力量雄厚的中国航天工业部承建项目工程，亲自参加建造过程中的一系列活动，作诗填词赞颂“天坛大佛”，倾注了大量心血。

朴老支持香港佛教界迎请北京佛牙舍利赴港供奉。佛牙舍利是佛教的神圣信物，迎请佛牙舍利赴港供奉瞻礼是香港佛教界长期以来的心愿。香港回归后，朴老觉得这一增强中华民族凝聚力和向心力、促进祖国统一和维护社会稳定的时节因缘已经成熟，征得中央领导和有关部门的同意，1999 年 5 月，他以 92 岁高龄亲自护送佛牙舍利赴港供奉，主持仪式，发表讲话，同香港佛教徒共享法喜，令香港同胞十分欣喜和敬佩。朴老还借此机会访问了澳门佛教总会。

朴老重视与台湾佛教界的友好交流。1980 年 6 月，朴老在曼谷出席“世宗和”常务理事会期间，主动打电话给他的旧友、台湾佛教领袖白圣长老欢叙友情，邀请长老回大陆参观访问。1981 年 11 月，朴老在《法音》上撰文表示：“台湾佛教界的许多长老大德是从祖国大陆过去的，他们离开祖国大陆三十多年了，对祖国各地名山大寺一定怀有深厚的感情，对大陆的佛教弘传事业也一定十分关心。我们随时准备欢迎台湾佛教界的大德长老、法门兄弟回来朝礼名山圣迹，探访师友亲朋，交流弘法经验，增进相互了解。”（《热烈拥护叶剑英委员长的谈话》，载《法音》1981 年第 4 期）自此，开启了与台湾佛教友好交流的大门。

1989 年春，星云大师作为第一个正式率团访问大陆的台湾佛教界高层领导人，在朴老的精心安排下，受到了国家领导人的热情接待和佛教界的盛大欢迎，在国内外产生了很大影响，成为海峡两岸佛教友好交流的一个良好开端。1994 年 9 月，当代佛学泰斗印顺法师以 88 岁高龄来内地访问，受到朴老的热情接待。1998 年，朴老又应台湾玄奘大学的请求，批准赠送一枚玄奘大师顶骨舍利给该校作为镇校之宝供奉。数十年来，两岸佛教交流、慈善赈济活动日益增加。

朴老始终关心祖国的和平统一大业，对破坏祖国和平统一事业的言论和行为予以坚决斗争。1999 年 7 月，李登辉公然鼓吹“两国论”，耄耋高龄、久卧病榻的朴老郑重发表谈话，严厉谴责李登辉的谬论。在他生命垂危时，还念及台湾的老友故旧，心系祖国统一。

九、开展国际交流，维护世界和平

朴老是一位杰出的和平使者，发扬国际友好交往的佛教优良传统，积极参加国际和平组织，开展同亚洲以及世界各国佛教界的友好交往，宣传中国佛教，宣传中国社会的建设与发展，增进了解，倡导和平，使佛教发挥了不可替代的民间外交的积极作用，为加深中国人民同世界人民的友谊，为维护亚洲和世界和平做出了贡献。

1951 年，朴老代表中国佛教界主动送观音像给日本佛教界，打开了中日民间友好交流的大门。随即，日本佛教界发起了护送中国二战时期在日殉难的劳工及烈士名簿、骨灰归回祖国的活动，“日中不战之誓”签名运动。1962 年，朴老倡议中日佛教界共同纪念鉴真和尚逝世 1200 周年，两国佛教界举行了声势浩大的纪念活动，广泛宣传中日友好传统。1980 年，他推动和组织了鉴真和尚塑像回中国探亲活动，此行轰动日本朝野，轰动中国，成为佛教史上的美谈。朴老还参加了中日友好邦交正常化协议的签订。1993 年，朴老提出佛教中日韩三国友好交流“黄金纽带”的构想，得到韩国和日本佛教界一致认同，轮流在中国、韩国和日本召开三国佛教友好交流会议。2001 年，朴老逝世一周年之际，中日韩三国佛教界人士专程到太湖县植树造林以资怀念。

1961 年 3 月，朴老赴印度新德里出席世界和平理事会，会前应邀参加泰戈尔诞辰一百周年纪念大会，当场义正词严地驳斥了某些反华势力突然发动的恶意攻击，其维护国家尊严的举动，赢得场内一片掌声和各代表团的热烈祝贺，陈毅副总理也给予了高度评价。

数十年来，朴老多次以团长身份出席“禁止原子弹、氢弹，保卫和平”的大会，多次护送佛牙舍利、佛指舍利到缅甸、斯里兰卡、泰国供奉，多次出访东亚、南亚、东南亚和西方国家，无数次热情接待外国佛教访华团、华人华侨佛教徒，积极促成在国外建立第一座中国寺庙——尼泊尔蓝毗尼中华寺。

20 世纪后半叶，随着世界格局和国际形势的变化，世界各宗教开始进行对话与合作，加强宗教在维护世界和平中的作用，中国宗教界积极参加国际和平组织，朴老先后被推选为“世界宗教者和平会议”副主席、“中国宗教界和平委员会”主席、“世界佛教徒联谊会”第一副主席，为亚洲和世界和平积极奔走，并因功勋卓著，获得日本“庭野和平奖”“传道功劳奖”，以及“世佛联”授予的最高荣誉奖章。

十、结 论

综上所述，赵朴初先生虽未剃度，心已至诚，自新中国成立不久即被中央选调到北京做全国佛教工作，近半个世纪，恪尽职守，殚精竭虑，为当代中国的佛教事业做出了突出贡献，僧尼可鉴，信众可鉴，世人可鉴，历史可鉴。他是新中国佛教事业的领导者，是当之无愧的新中国佛教事业第一人。

参考文献：

[1] 赵朴初同志生平［N］. 人民日报，2000－05－31.

[2] 中国佛教协会. 赵朴初居士纪念集［M］. 2001.

[3] 赵朴初. 佛教常识答问［M］.

[4] 杨曾文. 赵朴初居士对中国新时期佛教的卓越贡献［J］. 佛学研究，2010，(5).

[5] 萧秉权. 赵朴初与新中国佛教［M］. 西安：陕西人民出版社，2005.

[6] 张琪. 赵朴初居士对新时期我国宗教政策、法律、理论、实践方面做出的诸多贡献［J］. 佛学研究，2014，(1).

京剧母体艺术

——安庆调·潜山弹腔再探

郑炎贵

摘　要：京剧是中华民族戏曲荟萃而集大成者，其中最主流最中坚的前身基因在徽调。以程长庚为代表的老一辈京剧创始人带进京的老徽调正是安庆调、弹腔，而非徽州调，但至今唯一能找到的弹腔活态传承样本就是“潜山弹腔”。反观皖山地区的艺术土壤与历史条件，追溯弹腔得以诞生与幸存于斯的前因后果，并从声腔音乐这个弹腔之本与灵魂深处钩沉梳理，正本清源，还其通俗性、地域性与原创性之面目，进而挖掘弹腔遗传因子对京剧的作用与价值，通过曲词实例分析论证，从历史逻辑与声腔艺术发展规律上揭示“安庆二黄”——潜山弹腔以及皮黄合流早在乾隆初年就于皖山、皖江地区生发的信史。

关键词：安庆调；老徽调；潜山弹腔；原创性；吹腔；皮黄合流；母体艺术

京剧形成一般认为发生在清代道光、咸丰年间的帝王之都北京，由进京且留驻的民间戏曲以及传统戏曲荟萃而成，以老生三鼎甲程长庚、余三胜、张二奎为领军的一代名伶，为创立京剧立下了不朽之功，其中尤以安庆潜山人程长庚艺术生涯最久，影响最大！正如叶德辉在重刊《秦云撷英小谱》序中所云：“咸、同之交，徽人程长庚于湖广调中精求所以调声运气之法，一唱三叹，听之使人荡气娱神，世称‘京二黄’”。故世人称他为“京剧鼻祖”。[1]354 由于京剧的形成与皮黄声腔的这种渊源关系，故京剧也称皮黄或京二黄。

谈到北平的皮簧，其来源何处？多年来学界探讨纷争不息，概括起来，主要有三，即北方奎派的京腔、安徽的徽调、湖北的汉调。其中最中坚、最主流的是徽班演唱的徽调皮黄。

一、徽调原本是弹腔

大约从乾隆年间到嘉道年间，徽班进京所唱皮黄，亦名徽调。早在1915年，王梦生在《梨园佳话》中就明言：“徽调者，‘皮黄’是也”；“徽人至京者，以

作者简介：郑炎贵，安庆师范大学兼职教授，安庆皖江文化研究会、天柱山旅游协会专家。

多艺名，出鄂人上，且多变换音节之处，故以‘徽调’称。”[2]355-356成书稍后的《清稗类钞》以及《歌场识小录》几乎一致性地认为，“徽调……初流行于皖鄂间”[2]357，“咸丰初年，皖人程长庚挟技入京都，师其法而变通之，每一登台，万人空巷，‘二黄’因以大昌。四大徽班亦予以成立，徽调之名，即自此始”。[2]358也正因如此，徽班亦号称“二黄班”，程长庚之前的三庆班主高朗亭亦被誉为“二黄之耆宿”[3]224。

据此可知，程长庚创立京剧之初，所谓“融昆弋声于皮簧中”之皮黄[2]50，即为徽调，因奉二簧音节为圭臬，故徽调也称“二簧”。这与早在乾隆末年(1795)即成书的《扬州画舫录》所云“安庆花部”“安庆二黄”是一脉相承的。[4]69

那么，程长庚入京之初，从安徽老家带去的老徽调具体是什么面目呢?

非常荣幸的是，20世纪80年代在编写方志的过程中，安徽戏曲音乐工作者通过调查研究，在安庆地区的潜山县及相邻的岳西县等大别山区，发掘出一种被称作“弹腔”的皮黄腔，根据艺人口碑认为它是“清代徽戏遗脉”，俗称为‘老徽调’，现已将它正式称作“安庆弹腔”或“潜山弹腔”[3]311。

安庆潜山弹腔包括西皮、二黄两大腔系，这与流行于湖广旧地湖南以及广西等地的一些剧种中至今仍将西皮、二黄合称为“弹腔”之习惯不谋而合。

潜山弹腔诞生之地属皖鄂交界处——皖西南天柱山腹地，至今尚有传承史资料的一些弹腔班社均坐落于今潜山与岳西二县交界的山区，而岳西县建立于1936年，此前即弹腔产生的清代，这一带山区均属潜山县域，按照戏曲冠名以原生地与历史状况为据的原则，故学界与民间皆称之为“潜山弹腔”。

安庆一方为古皖国根基地，历来以皖山皖水为地理标志，潜山弹腔为什么被称为老徽调，而不称老皖调呢?

有一种观点认为，所名之为徽调者，意在“徽”字有美好之意，并以《贺后骂殿》唱词中的“崇上徽号容是不容”为例，从“徽号”即为美好的封号中，引申出程长庚所唱“纯用徽音”即美好的共鸣声音，相似于而今的美声唱法[5]13，笔者对此恕不赞同。

首先，京剧史上历来有徽调与汉调并称或对举的惯例，其旨重在地域之分别，而非优劣高下之比较。中国社科院专家么书仪指出：“最早进京的徽班‘三庆徽’、‘四庆徽’、‘五庆徽’，班名上显而易见地带着地域标识，以与‘扬班’(扬州戏班)‘昆部’相区别”。[6]早年刘豁公也有言在先：“伶以皖音度之，则称‘徽调’，易以鄂音，即‘汉调’矣”[2]358。

其次，现存的清代、民国戏曲资料中，凡冠“徽”而名之为徽人、徽音、徽调、徽腔、徽部、徽班者比比皆是，他们之间必有内在联系，不能孤立解读之，这一连串的冠名，显然包含地域概念在内。

例如：王梦生在《梨园佳话》中多次提到“（程）长庚，徽人”，“其时纯用徽音”[2]35；张肖伧《菊部丛谭》中也言明“四箴堂主人程长庚……徽人”[2]50；而差不多同时代的刘豁公在《戏剧大观》中则称：“程长庚，皖人”[2]43；天亶在《戏杂志》上亦称程长庚为“皖人”[2]44。徽、皖并用是当时标明安徽人身份籍贯的常例。

众所周知，安徽在明代与江苏、上海等地区同属南直隶，后同属江南省，直到清代康熙六年即1667年才将江南省分为江苏省与安徽省，始建安徽布政使司，但省会仍治江宁南京，直到乾隆二十五年，即1760年，才正式迁省会于安庆。随着安庆的皖城作为省会地位的正式确立，皖山皖水等元素标记日益突出，终于定“皖”为安徽省简称。但长期以来，徽州府的名气在全国影响深远，在清代，有两句流行很广的话，即：“钻天洞庭遍地徽”（《今古奇闻》卷三）、“无徽不成镇”[7]，因此在外省人的习惯里，沿袭旧称而把安徽人叫作“徽人”，亦在情理之中。

这样一来就形成了一个外延很大的泛称系列：徽州人为徽人，称徽州人以外的安徽人亦称徽人；徽州调简称为徽调，安庆调、潜山弹腔也被外省人称为徽调；安庆人为主并且唱皮黄戏的班子也被称为徽班。

关于徽班，这应该是一个历史性很强的概念，通过上世纪纂修的《安徽文化史》与《戏曲志》，已经明确了这样的共识：明代在没有安徽省行政区划建制的背景下，徽班仅指在外地的徽州人所蓄养的昆曲家班；但入清后不久，安徽省建制形成，徽班名称虽延续下来，但内涵却大不相同，载入史册为京剧创立做出不朽贡献的清代徽班，不再是徽商的家班，也不是指徽商所资助的戏班，而是指以演唱徽调（安庆调）为主的戏曲班社[8]。

廓清了徽班不同时期的内涵，更要澄清徽调概念上的重重迷雾，通过对古籍的扪搎搜剔以及近年来的实地调查，完全可以证明进京的四大徽班所唱的徽调绝不是徽州调，而是指安庆调，即安庆弹腔！因为只有安庆调、安庆弹腔才是与京剧起源息息相关的皮黄声腔，潜山人程长庚入京后熔铸而成的“京二黄”正是脱胎于家乡的老徽调弹腔，史家说他早年“初至京，皆操土语”[9]20；“以善‘皮黄’名于京师，其时纯用徽音”[2]35；日本波多野乾一称他“行腔使气用纯粹之安徽音”[2]52，其实程长庚用徽音所唱的皮黄就是安庆调，就是潜山弹腔！徽音是指安徽省安庆府一带的语音，安庆历来有吴头楚尾之称，潜山一带更是与湖北黄州相邻，因此同属楚音方言区。这是徽调能与汉调相融于湖广音的重要前提，而徽州调是用徽州方言声调演唱的，徽州方言属古百越语系，晦涩难懂，京剧道白中称大哥为“大郭”，潜山弹腔亦如是音，但徽州则说“托库”；道白“我不晓得”，京剧与潜山弹腔都发声为“窝补萧得”，而徽州话则是“阿必戏笛”；京剧道白“不行”为“不照”，来源于安庆潜山弹腔的方言，而徽州（歙县）话为“补商”；道白“主公”“处斩”，京剧与弹腔均发音为“举公”“取斩”，即取中州韵的团音字，而徽州（歙县）话则为“局光”（低平调）、“取宰”（第二声）。至于徽州地区的徽剧乃迟至20世纪50年代才形成，是一种以徽州话为主调的地方化的皮黄戏，当地人称之为“十京戏”。由于对“徽调”与“徽州调”，徽班演的“徽戏”与后来的“徽剧”，一般人从字面上极易混淆，故而长期以来文艺界、新闻界往往将其混为一谈，一些地方奉行本位主义，不惜涂改京剧史，宣称“徽剧四百年孕育诞生了京剧”[10]，更令人啼笑皆非。

二、弹腔落地非偶然

戏曲作为最具大众性和民族性的艺术形式，是沿着形成于农村、发展于城市、雅化于宫廷的道路发展而来的，京剧的前身徽调即弹腔在当年就是一种极具通俗性、地方性的南方新腔。

从弹腔名称上就显示出它的通俗性。中国封建时代一直崇雅黜俗，当康乾盛世南北各地呈现出诸腔杂奏格局时，清廷上下就有了花雅之分，所谓雅部，则指昆曲，官方视其为高雅、正统的戏剧；所谓花部，则认定其低俗、杂乱，于是便有了“乱弹”之贬义称呼。

据清刘献廷《广阳杂记》所载：“秦优新声，有名乱弹者，其声甚散而哀”[11]，可知乱弹最初是秦腔的别称；又据清张际亮《金台残泪记》所载：“乱弹，即弋阳腔，”[2]353；到了李斗作《扬州画舫录》时，则总而括之：“花部为京腔、秦腔、弋阳腔、梆子腔、罗罗腔、二簧调，统谓之乱弹”[4]69。这里的二黄调就是安庆调、弹腔；20世纪初安庆桐城人刘达在《歌场小识录》中则直截了当指出：“乱弹者何？皮黄（西皮二黄）之总称也。”[2]108当代的安徽京剧老艺人薛浩伟也在《京剧史揭秘》中指出：“……清初时，长江中上游流行俚曲‘弹腔’，胡琴取代了其主伴奏乐器琵琶，与月琴、三弦搭配拉奏弹腔，先称‘胡琴腔’，后称拉弹，文人贬称为‘乱弹’。”[5]5

弹腔最初服务于农民和手工业者及一般商家，其文词通俗，腔由字生，以字行腔，腔随字转，体现着安庆及潜山一带的土语方音特色，其通俗性与地方性显而易见，如《郭子仪上寿》金枝有一曲“西皮三板头”的唱段，弹腔称此为“大数板”，其词为：

不开三言并四语，
口口不住骂金枝，
头上凤冠俱打碎，
身上扯破紫罗衣。

这完全是顺口土话，通俗易懂，其腔也较原始，前无起板句，上下句衔接紧促，句式不讲对称，上句六小节，眼上起唱，下句五小节，顶板起唱，板式单一，无拖腔，无过门。

产生这种通俗风格的戏曲土壤与环境在安庆一方历来是有着葆育条件的。

本方著名学者、原安徽大学校长程演生曾指出："皖水上游，山川蕴蓄融浑，民多俊秀，音中宫声，即农人亦多能高歌者，故有清一代产名伶最伙。"[9]54 其所言"皖水上游"即今潜山一带，"其山深秀而颖厚，其川迤逦而荡潏"[12]，民风淳朴，率性真直，恰如古岳天柱那样浑朴厚实。这种山水环境，尤宜于草根艺术繁衍滋长，早在春秋皖国时期就有大型歌舞《夏龠九成》编演于此；战国时期这里曾为楚之东鄙，屈原第二次流放从江陵沿江而下，经过了这一带而到达陵阳（青阳），他那民歌风味最浓、艺术较为成熟的《九歌》的创作亦与吸收这一带的民歌营养有关；到了汉代，潜山人左慈在曹营宴会上作鲈鱼幻术（即魔术），众人皆惊；孙策与周瑜攻皖城（今潜山县城）不仅双双赚得二乔美人归，而且掳"得百工及鼓吹部曲三万余人"[13]，其中的"鼓吹"就是横吹短箫饶歌者；民间创作后被收入乐府诗集《杂曲谣辞》的巅峰代表之作《孔雀东南飞》亦诞生于此，虽然经过文人加工，但其基调朴实淳真："君当作磐石，妾当作蒲苇，蒲苇纫如丝，磐石无转移"——以皖河水边生长的植物蒲苇入诗入歌，朗朗上口，明白如话；唐宋时期皖西南政治经济文化中心——古舒州（今安庆前身）衙门治于天柱山下的皖城，五代南唐的徐铉在《乔公亭记》描述了当年古皖城的景象："皖水经其南，吴塘出其左，前瞻城邑，则万井缅连，……朱桥偃蹇，倒影于清流。"[14]38 足见皖城之规模与胜概，与中国大多数宋代州府城邑一样，城中的勾栏瓦舍、茶楼堂会伎乐必不会缺项，惜未见文字之载，但作为南北过渡带上的重要交通驿道节点的皖城，常常是文人墨客流连之所，民谣俗曲、乐府山歌十分流行，徐铉在此曾留有"远俗歌谣主不闻"的感慨[14]29；宋代朝奉大夫黄辅之描写舒州景观诗中亦有"渔舟过后波摇影，楼笛吹时市有声"之句[15]。史载北宋"潜山居士"朱翌十八岁时就作乐府诗，时为"词俊"的朱敦儒去朱翌家见到其诗，爱叹不已，遂书于扇面去，后诸家词集遂以为朱敦儒词[16]。

迨至明清，以皖江重要城市安庆为中心的皖西南之所以一跃而成为闻名全国的戏曲之乡，安庆调、弹腔之所以崛起，其根源在于历史性的戏曲交流衍变机遇集合于此。

首先，大约在明万历年间，昆曲就流进了安庆，形成不同于苏州昆曲的"皖上"曲派，桐绅阮自华从福州归来，定居安庆天台里，即创办昆曲家班，以声伎自娱，时有"云间（松江）倾六朝之艳，而皖上（安庆）与之颉颃"之说[17]，崇祯元年（1628），阮氏第三代出仕者阮大铖被劾罢归，又“新建阮氏家班，名满江南”[18]5，城镇有昆腔社，乡村有昆腔会，而昆曲传奇戏文以及音乐曲牌都对安庆一方弹腔的形成有影响。

其次，高腔腔系弋阳腔随移民传入了安庆以及相邻的江南青阳一带，民间艺人对文人传奇改调歌之，一方面以加滚等形式对原作文词进行通俗化处理，一方面改用自己的腔调与方音演唱，从而形成了新腔青阳腔（即池州调）。明王骥德《曲律·论腔调》中说“石台、太平梨园几遍天下”，其所云“石台”即石埭，隶池州，故所唱应为池州调——青阳腔[19]，既然青阳腔几遍天下，仅一江之隔的安庆一方自然会受到它的影响。

第三，安庆成为安徽省会，商业文化都市的吸引辐射力日益增强，随山陕商帮的进入，秦腔梆子亦流入安庆，旧时安庆“山陕会馆”中有戏台设置当为佐证。明末农民起义军李自成、张献忠攻占安庆，后又屯兵驻扎，迂回潜霍，军中携有艺人唱“西调”，后流落民间，而秦腔梆子参照民间说唱音乐所创制的新体制——板腔体，是对近古以来昆曲高腔曲牌体体制的一项重大突破，秦腔传入对安庆弹腔板腔体的形成有着直接的启示意义。

第四，安庆本土的俗曲在明清时期亦迭兴盛行，如《桐城歌》《桂枝儿》《乾荷叶》《打枣干》[18]15等，冯梦龙的《明清民歌时调集·山歌》收载桐城歌24首；因移民而带入的弋阳腔、高腔也相继在怀宁派生出夫子戏、牛灯戏，在太湖为曲子戏，在潜山有马冲高腔，这些地方俗曲对后来弹腔的形成提供了本土化的滋养。

正是在上述大背景下，大约在明末，青阳腔与昆曲皖上派在安庆相遇，昆曲的艺术之长与柔美唱风以及弋阳高腔的音调高亢、随心入腔的范式均被吸收，由于改用本地民间演唱形式演唱昆曲声腔内容，便唱成了似昆非昆、似弋非弋的“两头蛮”，保留曲牌名称的便成为昆弋腔，同时受秦腔板腔体影响而演变的一种不再有曲牌名且不分调名、亦无板眼的新腔——吹腔应运而生。吹腔产生于安庆西边的皖河畔码头怀宁石牌镇者，则称石牌调；产生于安庆东边的枞阳镇者，则名枞阳腔，又因开始用“火不思”（形制近似琵琶的古代西域弹拨乐器）弹拨伴奏，故又名“拨子腔”[1]157。无怪乎乾隆年间洪亮吉《卷施阁文集》道：“北部（指江北）则枞阳、襄阳，秦声继作。”[20]所言秦声当指秦腔，对于这一点过去本地史家往往有所忽略，如安庆地区志就仅把青阳腔、昆曲和俗曲作为徽调形成的基础。吹腔系统声腔的出现，即标志着徽调的初步形成。天柱外史氏《皖优谱》云：“降至盛清，安庆乃取二黄腔创制新声，由石牌腔或枞阳腔之高拨子腔，成为徽调”[18]19。这里所说的由石牌腔与高拨子结合的新腔即为徽调，也就是后来被民间称为老徽调的安庆潜山弹腔。

三、弹腔京剧脉相连

清道咸年间以程长庚为始祖的一代艺术家创立的皮黄腔，显然是经过昆曲陶冶才脱胎于徽调的，程长庚也因此有了“乱弹巨擘”之誉[9]27，那么老徽调潜山弹腔究竟遗留给京剧以什么样的基因而显示出血脉关系呢？

根据调查，弹腔的声腔（唱调）以皮、黄为主，辅之有吹、拨及一些小戏曲调，这与京剧的音乐主体是一致的。就皮黄的基本腔看，京剧与弹腔是相同的，只是名称叫法上略有不同，主要都是采用上下句结构、对偶匀称的段式，循环反复而构成腔曲，两大腔系均以原板、慢板、流水板为基本板式，通过伸展、紧缩、放散等手法，衍变成多种多样的板式，但弹腔一般平实少变，单调原始，而京剧加花添腔，丰富多彩；乐曲进行中，弹腔与京剧都常作板式转换，形成“综合板式”的曲格，即成套唱腔；从西皮类看，潜山弹腔中有导板、散板、流水板、慢板，与京剧同类板式相比较，板式、节奏、旋律走向基本一致，只是个别音不一样；京剧西皮富于加花演变正是在弹腔基础上发展的结果，具体说来，生腔西皮原板起落音不同，弹腔的西皮导板，中间无过门；弹腔中有西皮三板头，板头紧凑，无拖腔，无过门，长于表现叙述描绘，京剧中的西皮二六可能由其演化而成；弹腔的二黄滚板与京剧二黄滚板基本相同；弹腔的旦腔二黄慢板与京剧的旦腔的二黄原板相似，说明弹腔二黄慢板在二黄原板的基础上扩展不够。总之，弹腔就是早期皮黄的遗响，它的声腔板式与京剧基本相似而无根本差异，音乐结构上亦可看出京剧对弹腔有继承、有发展，体现于基本腔基础上加花扩展演变，即“由字多声少而变成字少声多”[42]。

弹腔的特点就是似京剧而非京剧，故有人说它是土京剧，但它不是后来京剧的倒流，因为它比京剧声腔更原始，比较平直简寡，它的皮黄腔中还残留着高腔的痕迹，如《徐庶荐诸葛》一剧中刘备唱“手挽手送先生到长亭”一句，行腔落音就有高腔色彩。

此番通过对潜山弹腔音乐资料的梳理分析，又新发现了二黄腔源于安庆一方的更多证据。

对二黄腔的形成地，长期以来一直存在着相互对立的所谓“三地说”，即分别认为二黄腔产自湖北、安徽和江西等三种不同说法。

二黄作为一种声腔出自哪里，应该主要从音乐演化的渊源关系上去作研判。早在20世纪30年代，王芷章先生所著的《腔调考源》中就指出：“石牌地名，属安庆……如此则唱吹腔者，必以安庆人为多，而安庆之所产与其人之所唱者，又为二黄调……故又知二黄必为出于吹腔者；兹取剧本验之，亦契符节……”(43)窃以为，王之说不失为正本清源之言。

吹腔即枞阳腔或石牌腔，“（其）固徽调之滥觞”(44) 这是世所共知的。

如前所述，大约在明末，安庆本土形成的昆弋腔受到山陕传入的秦腔影响，便产生了吹腔、拨子，最初以笛子伴奏，后弃笛改用胡琴，并加以发展变化为板腔体结构上下句，遂衍生出四平调，亦称二黄平，或平二黄，由二黄平为过渡而发展为二黄调，这一发展脉络已为欧阳予倩与程演生等诸多曲家所认可。

潜山弹腔现存的音乐资料中就有20世纪80年代由许晓初演唱、韩华胜记谱的二黄平唱段——《渭水河·文王访贤》中周文王（老生）唱段《太平鸟止不住当头叫》，同期还有岳西汪同元采录的由王培元演唱、徐东升记谱的二黄平唱段《来了军家吃粮人》［《戏凤》凤姐（旦）唱段］。从这些谱例中可看出，二黄平即四平调来源于吹腔，其节奏活跃，上下句起唱都在眼上，落腔都在板上，旋律走向与吹腔同，只是落音为商音而非宫音，二黄平是兼有二黄、西皮双重特点的腔调，这也是后来安庆二黄（即弹腔）能够兼容皮黄的先天条件。

至于“二黄湖北产”之说者，除了以黄冈、黄陂之地名为据外，音乐上主推的依据就是“楚调楚音说”，作于道光二十年（1840）署名为观剧道人的皮黄腔剧本《极乐世界》的自序中有云：“二簧尚楚音，犹昆曲之尚吴音，习俗然也。”(45) 作于道光八年（1828）至十二年（1832）的粟海庵居士《燕台鸿爪录》则云：“京师尚楚调。乐工中如王洪贵、李六以善为新声称于时”[46]。

考察语音，辨明声腔的地方语音，是探索声腔来源的一条重要标志。既然二黄尚楚音，又名之为楚调，那么这楚音的范围如何界定？

众所周知，明清时“楚”一般是指湖北、湖南，明设湖广省，清虽分为湖南、湖北两省，但仍沿袭旧制，设湖广总督一人以统管之，故人称湖北音仍为湖广音，但湖北省四方语言差别大，只有鄂东北的湖广音才是京剧推崇的楚音，余三胜能够“熔皖鄂之音合一炉而冶之”，（《京剧二百年之历史》）(47) 程长庚能够“于湖广音中精求调声运气之法”（见前注［1］），就是因为余的故乡鄂东北黄冈与程的故乡皖西南安庆恰为相邻的楚地，所以二者的楚音才相近相融！历史上安庆与黄冈同属楚地，同在大江北岸，同属于江淮官话区。（中国大百科全书《语言文字卷》）。

由此可见，“二黄尚楚音”之说并非与“安庆产二黄”相悖，反而成为其旁证之一。

推崇二黄产自江西论者，主推的理由来自乾隆四十年（1775年）左右写作《剧话》的李调元，他记载道：“胡琴腔起于江右，今时盛传其音，专以胡琴为节奏……又名二黄腔”[2]350。江右一般指江西省，而江西省又有宜黄腔，据说是浙江人把“宜”念成“二”音，故又名二黄腔。

其实，古人叙地理，以东为左，以西为右。清代伊始，江苏与安徽合为一省，即江南省，清政府在南京设两江总督衙门，统管江南省与江西省，那时人们一般称长江下游以东地区为江左，以西地区为江右，而安庆一方处于长江中下游交汇处，从两江地区总体而言，安庆一方仍属于长江以西地区，即江右无疑，故“二黄起于江右说”不能拒安庆于其外。

这样一来，无论是从音乐源流演化渠道看，还是从语音方言或地理方位上看，安庆为二黄产地在立论依据上是最大的赢家！

二黄诞生于安庆，皮黄何时、何地合流也就迎刃而解了。

关于皮黄两种声腔合流共奏，已经有诸多文论趋于一致的见解，即在徽班进京之前，皮黄合流就已实现，周贻白《中国戏曲发展史纲要》中就明确指出：“显见安徽班入京之初，当以皮黄并行”。马彦祥、钮镖、苏移等专家说得更明确，他们主编的《大百科全书·戏曲曲艺卷》“京剧”条中曰：“……在乾隆55年三庆徽班首次入京之前，南方的徽班早已将皮黄合在一起，而在江南诸省流行一时。”[49]

如前所述，清代安徽与江苏合为江南省，后来分置，说“皮黄合奏而在江南诸省流行”，自然包括安徽，具体说皮黄合流的地区则当为安徽的皖西南即安庆与湖北的鄂东北即黄冈接壤处，据流沙《程长庚、徽班与京剧皮黄腔》一文载：较早实现皮黄合流的是以安徽人为主的春台班，“这个春台班原本徽班”，“直到湖北艺人米喜子、王洪贵、李六等人进京并搭入春台班之后，有人才把它视为湖北班了”[50]。不过流沙先生认为：“以安庆二黄为新腔的徽班，传到鄂北以后，正好是与襄阳腔相遇，这才引起它在声腔上的发生变化，于是，这种徽班把襄阳腔吸收进来，并用二黄腔的体制加以改造，因而在乾隆末年，便有‘西皮调’的产生”[51]。流沙先生的观点需要修正的是，西皮调的名称虽然在道光年间才出现，[52]但该腔调在此之前就已诞生，先有腔，后命名，符合客观规律；不过先生的观点倒是正好说明了在乾隆年间进京的徽班唱的二黄其实已经包括西皮二黄两种腔调在内。

以皮、黄、吹、拨为音乐主干的安庆弹腔在潜山的发现，证明皮黄合流的时间是在清代乾隆之初，地点显然以安庆一方为主，而不是像有的学者所说的嘉道年间或道光十年。

弹腔在安庆一方现存的文字资料基本上属于20世纪80年代地方修志时期，从民间调查获得的口碑资料加以整理而成，因系新中国成立30多年来首次从事这方面工作，难免生疏，加之口说历史亦间或难免某有种不确定性，故而影响到对弹腔声腔产生年代的误判。

近年来笔者深入参与弹腔历史的调查，发现弹腔班活动的起始年代多指向乾隆初年，而非乾隆中晚期，其例证有：

其一，四箴堂班，为潜山王河镇程家井的徽班，始建于清乾隆初年，代有传人，其中主要成员有程发清、程发意、程发连、程发朗、程祥溎、程祥辐、程祥富、程祥见等。其中，程祥溎即为长庚父。程长庚之孙程继仙曾说："曾祖（程祥溎）为名教师，……伊祖长庚幼年随父学艺，后入保定科班……入京后乃成大名"[5]27。

其二，余万全弹腔班，为潜山县官庄镇牛栏湾余姓在乾隆元年以自娱形式组织的弹腔班，至道光十年（1830）正式组为职业班社，班号"五世堂"，主要人物为余万全、余永福等，最多时达87人，曾在大别山区农村与沿江城市演出，一度还进京参演，直至光绪五年（1879）在大通镇遇上连阴久雨，无法开演而散班。

其三，许家畈弹腔班，这是整个安庆地区至今唯一能开演全本剧的弹腔班。许家畈为潜山北乡的深山区，今与岳西相邻，四周全为大山阻隔，故而封闭性强，生活安定，常为他乡人士逃避战乱之栖身地。清初桐城派创始人之一的朱书一家及亲戚便逃至此地，朱书出生于此，在他看来家居天柱山麓，"天地为炉，化工为匠，锻炼六气，作为万状"[54]，这样便可钟古岳之灵气，而学戏表演是要有一定悟性与灵气的；另一方面五庙乡离联通石牌、安庆的水道潜河不远，从而为弹腔艺人走出大山学艺谋生提供了可能。

20世纪80年代的调查整理材料载，光绪十三年（1887），以许辛盘为首的许氏、程氏艺人组建了弹腔班。此次笔者与健在的省级弹腔传人许开学（今年70岁）面谈得知，当年许辛盘组班属于重建复排之班，许开学曾亲耳听许辛盘说过，在光绪年之前，还有一百二三十年的弹腔活动历史，不过有断有续，这样算来弹腔班最早活动当从光绪年上溯一百二三十年计起，那就自然应为乾隆初年。笔者此番另有一大收获就是找到了许氏光绪二十九年（1903）老谱，从中发现许氏祖辈中有乾隆四十年（1775）出生的代凤公迁扬州的记载，即"代凤公，世柯公次子，字镇江，乾隆四十年，乙未十月初五日酉时生，迁扬州"，许开学等人也曾听说过祖上有一位老公公弹腔唱得好，被老徽班带到扬州去了，因戏子不能上谱，所以谱上没有进一步的详细记载。

通过新一轮的调查，笔者确认潜山弹腔最早诞生于乾隆初年，它正是皮黄合流的早期遗产，所传承下来的弹腔剧目有84出[55]，有抄本且经常演出的剧目有21出，大部分与后来的京剧相同，只是名称更古老，如《四郎回朝》即为后来京剧的《探母》，《王春娥教子》即为后来京剧的《三娘教子》。西皮与二黄两大腔系在潜山弹腔中既各有自己的剧目，又可同在一剧中兼用相融，或在某一角色、某几个角色身上，实现两类声腔的互接、转换，形成成套唱腔，如在《二进宫》一剧中，李艳妃用二黄散板唱"低下头来心思想，……只得母子跪徐杨”，徐延昭以西皮原板接唱：“自从盘古分天地，哪有个龙国太来拜‘奸党’。”

综上所述，以潜山弹腔为活态传承下来的安庆弹腔是历史上被高朗亭、程长庚等名伶大家带入京城的安庆调——老徽调，它的皮、黄、吹、拨等声腔正是后来京剧所继承的音乐艺术之本，弹腔与京剧血脉相连！然而至今在一些权威专著与辞书中，这一根本性的母体艺术光辉却被很晚才于安徽创立的徽剧所掩盖、调包，舛误甚多，但不知这种传误何时才得以消弭！

参考文献：

[1]《中国京剧百科全书》P354，P157 中国大百科全书出版社 2011 年 6 月第 1 版。

[2]《程长庚与京剧形成研究资料集》P355—356；中国戏剧出版社 1995 年 10 月第 1 版。

[3]《长江戏曲》P224，P311 湖北教育出版社 2005 年 1 月第 1 版。

[4] 清·李斗《扬州画舫录》P69 广陵书社出版发行，2010 年 3 月第 1 版。

[5] 王灵均《程长庚评传》P13、P5、P27 上海古籍出版社 2014 年元月版。

[6] 么书仪《程长庚·谭鑫培·梅兰芳》P80 北京大学出版社 2009 年 1 月第 1 版。

[7] 朱万曙、谢欣著《徽商精神》P3 合肥工业大学出版社 2005 年 5 月第 1 版。

[8]《安徽文化史》P1386，南京大学出版社 2000 年 12 月第 1 版。

[9]《纪念程长庚诞生一百八十周年文集》中国戏剧出版社 1992 年 10 月第 1 版。

[10]《振风》2016 年第 2 期 P58。

[11]《中国曲学大词典》P22 浙江教育出版社 1997 年 12 月第 1 版。

[12] 明嘉靖三十三年《安庆府志》卷之五“地理志”（点校本）P76，时代出版传媒股份有限公司、黄山书社出版发行 2011 年 2 月第 1 版。

[13]《三国志·卷四十六·吴书一》“孙破虏讨逆传第一”P1021（卢守助点校本）上海古籍出版社 2002 年 6 月第 1 版。

[14]《徐骑省集》卷十四 P138，P29 商务印书馆发行，民国二十六年六月初版。

[15] 乌以风《天柱山志》P417 安徽教育出版社 1984 年 8 月第 1 版。

[16] 宋·陈鹄《耆旧续闻》，转引自徐平《皖潜通考》卷二 P44（内部刊行本）。

[17]《安庆市文化志》第二编“戏剧”P107 黄山书社出版发行 1999 年 5 月

第 1 版。

[18] 天柱外史氏撰《皖优谱》卷一“引论”P13 世界书局印行 1939 年版。

[19] 路应昆著《高腔与川剧音乐》P250 人民音乐出版社 2001 年 7 月北京第 1 版。

[20] 转引自曾永义著《戏曲腔调新探》第八编 P307 文化艺术出版社 2009 年 3 月第 1 版。

[21] 周贻白《湘剧漫谈》，转引自《纪念程长庚诞生一百八十周年文集》P203 中国戏剧出版社 1992 年 10 月第 1 版。

[22]《腔调考源·二簧考》王芷章著，原由双肇楼图书馆 1934 年 5 月出版，后收入《清代伶官传》中华书局 1936 年 10 月出版——转引自《程长庚与京剧形成研究资料集》P369—370 中国戏剧出版社 1995 年 10 月第 1 版。

[23]《京剧的历史现状与未来》（上册）P230，P231 中国戏剧出版社 2005 年版。

[24]《程长庚研究文丛》之一 P225，P199 中国戏剧出版社 1992 年 10 月第 1 版。

[25] 见《纪念程长庚诞辰一百八十五周年文集》P60 中国戏剧出版社 1998 年 1 月第 1 版。

[26] 清·张际亮《金台残泪记》卷三“谓甘肃腔曰‘西皮调’”—《清代燕都梨园史料》P250 中国戏剧出版社 1988 年 12 月北京第 1 版。

[27]《朱书集》卷一“赋颂”P1 黄山书社 1994 年 6 月第 1 版。

[28] 汪同元《安庆弹腔·皮簧合流·程长庚》“剧名对照表”载《纪念程长庚一百八十周年文集》P215—P219 中国戏剧出版社 1992 年 10 月第 1 版。

超越尘世的“瓶颈”

——论张恨水小说创作的佛教意识

谢家顺

摘　要：张恨水不仅采用中国古典小说的章回体进行创作，其作品还有着与中国古典小说极其相似的另一特征——浓郁的佛学思想。这种思想既是对传统“佛”文化的延续，又是支撑小说人物精神天空的载体，从而使得张恨水的小说创作超越了传统古典小说被动接受佛学入侵的局限，并为21世纪新时期文学创作与佛教文化关系的发展奠定了全新的基础。

关键词：张恨水；小说创作；佛教意识

张恨水，中国现代文学史上章回体小说的集大成者，一生写作逾三千万字，社会言情小说、抗战小说、武侠小说、历史小说、国难小说等硕果累累，奠定了其在中国现代文学史上首屈一指的通俗小说大师的地位，被老舍先生称为“国内唯一的妇孺皆知的老作家”[1]。

张恨水不仅采用中国古典小说的章回体进行创作，其作品还有着与中国古典小说极其相似的另一特征——浓郁的佛学思想。正如张恨水在自己的章回体小说创作中融入了新的手法一样，其小说中所表现的佛学意识已与传统小说有了极大的区别。他的小说既延续中国古典小说吸纳佛学思想的传统，又不断对其加以整合，或以重新梳理的方式给予佛教思想全新的定位，从而使得他的长篇小说超越了中国古典小说中人物被动地接纳佛学的局限，呈现出一种与中国古典小说所不同的文化风貌。

佛教自汉代传入中国，并成为中国传统文化不可分割的组成部分，影响之深远，在世界文化史上，实属罕见。它不仅对中国古代哲学宗教伦理影响很大，而且对文学艺术也产生了重大影响。翻开20世纪中国现代文学史，众多作家的创作均不同程度地承受着佛教思想的熏染，作品中时时带有佛教思想的痕迹和色

作者简介：谢家顺（1963—），男，池州学院音乐与教育学院教授、通俗文学与张恨水研究中心主任，安徽省张恨水研究会副会长。

彩。生活于20世纪初的张恨水也不例外，其小说通过人物命运的变迁，显现出较明显的佛教思想，体现了作者一定阶段儒佛思想的转化。

张恨水的青年时代，正是五四一代知识分子以前所未有的革命精神反叛传统，扫荡旧学，批判儒、释、道，张开双臂拥抱西方文明，高扬科学和民主的大旗，努力构建一种不同于传统文化的全新的文化模式和艺术世界之时。这种新思潮，对生活于家道谨严、极讲传统道德和礼仪观念的旧式家庭思想里的张恨水来说，无疑也会受到某种感染和冲击，特别是此时，随着父亲的去世，家境的陡然变坏，更使他于谋生的劳苦和困顿中深深体味到的人生道路上生存的艰难。因此，中国传统的“达则兼济天下，穷则独善其身”的出世、入世哲学，在笃信传统儒家道德的张恨水身上产生了艰难的选择，并使作者有一段时间曾膜拜超自然实体。在写作《春明外史》期间，他说“我近年来常看些佛书”，儒佛本不相容，作者只有借助宗教情怀来保护自己心底那一块宁静的天地，达成内在心灵的自我超越。于是，出世与入世、社会与个人、责任与情趣、开朗热情的进取精神和自然恬静的生活情调，就在张恨水对于儒教、佛教心理困境中展现了深深的矛盾，并最终体现在其小说主人公命运的变迁上。

一、传统佛学思想：张恨水小说的文化表征

在中国，小说的诞生和发展都与宗教文化有着不可分割的关系，佛教的诞生和佛学的盛行，是促进中国小说迅速成熟的一个主要因素。在《关于小说创作》第二十七章中，张恨水提及“予尝谓中国小说家之祖，与道家混。而小说之真正得到民间，又为佛家之力。盖佛教流入中国，一方面以高深哲学，出之以典，则之文章，倾动士大夫。一方面更以通俗文字，为天堂地狱，因果报应之说，以诱匹夫匹妇”[2]。古典通俗小说针对群众对残酷现实的不满或无助心理，常以神仙拯救或鬼怪欺压劳苦大众为题材，促使民众在宗教思想中找到精神支柱，与佛学互融互通成为通俗小说创作的一大特色。

到了近代，由于统治阶级的压制，佛教日渐式微。清末以康有为、梁启超等新派知识分子“为救众生”“援佛入儒”，掀起了佛学复兴运动，五四时期许多旨在启蒙民众的作家接受了佛学运动的影响，在他们的创作中或多或少地都体现了佛学的影响。在他们身体力行的倡导下，佛教文化成为新文学创作的重要资源之一。张恨水成长于佛门圣地安徽潜山，其思想受佛道两家的浸染。尤其是青年时期正逢乱世，人生的理想和事业的出路在残酷的现实生活面前显得微不足道，意志消沉之际，他曾潜藏于家中苦读佛学经典和包含丰富传统佛学思想的《红楼梦》《西游记》等文学名著。在佛教思想的熏陶下，他将佛教教义与自身的生命体验融汇在一起，形成了独特的佛学见解。故当他执笔创作

时，伴随他成长的传统佛学思想就自然而然地融汇在他的小说世界里，并成为他小说重要的文化表征。其中最为突出的莫过于制约小说人物命运发展的“因果循环”的佛家宿命论，而这方面又以其代表作《啼笑因缘》表现得最为淋漓尽致。

《啼笑因缘》讲述的是关秀姑、沈凤喜、何丽娜与樊家树在交往过程中所发生的悲欢离合：沈凤喜与樊家树相恋，关秀姑、何丽娜单恋樊家树；接着沈凤喜嫁给军阀刘德柱，樊家树伤心之余愿娶秀姑为妻，关秀姑愿相助沈凤喜逃出刘府成全二人；沈凤喜贪恋富贵并被毒打致疯，最终关秀姑引樊家树见到在家中礼佛信佛的何丽娜，何丽娜与樊家树终成佳偶。五个人的情感纠葛，表现的正是佛学所说的“因果循环”、善有善报、勿贪勿痴的基本理念。为表现这些理念，张恨水在塑造人物形象时，就极力宣扬佛学中善有善报、恶有恶报的思想。沈凤喜受迫于军阀而致疯，是对其贪财的惩罚。沈凤喜与刘德柱的贪恋使他们步入“地狱”遭受磨炼。出身高贵且心地善良的何丽娜一而再、再而三地受到樊家树在情感上的折磨后，潜心佛门静修；樊家树与何丽娜的善心终于得到了“神仙眷侣”的善果。出身低微却行侠仗义的关秀姑在被静慧师太点破心事之后，决心遁入佛门斩断情缘，关秀姑不贪不痴，心中无所待，命途自然顺转。她们在命运转折的关键时候以佛的理念、佛的思想来拯救自己脆弱的灵魂，并以种善因之举取得了善果的命运，这些都体现了张恨水作为一位传统知识分子对于人性善恶的一种基本的态度。

在许多作品中，张恨水还把人物的命运变迁暗藏在普度众生的“佛偈”之中，在小说中处处以佛的意象来警示主人公的一言一行。每当张恨水笔下的主人公遭遇到人生的重大转折时，“佛”就会如影随形。《金粉世家》的金老太太，一生为维护家族的荣誉努力，却改变不了树倒猢狲散的家族悲剧，最后是“色就是空，空就是色”的佛家理念点醒了她。《春明外史》中的杨杏园迷恋梨云，无奈佳人早逝，与李冬青相恋不能相守终生。打击之下，他感悟到“如今悟得西来意，看断红消是自然”，一门心思地苦读佛经，手捧《大乘起信论》而逝。《啼笑因缘》中的沈凤喜收到刘德柱的厚礼后转转反侧，出身低微的她贪财，但是少女怀春的她，却无法割舍樊家树的深情。两难之际，一鸣惊人的钟声敲醒了她，原来是住处不远处的佛门的钟声。但是，沈凤喜还是被迫做了姨太太，堕入了一个因缘的轮回之中，为她的贪和痴付出了代价。

可见，对于传统“佛”文化的延续正是张恨水小说对传统通俗小说的一大继承。他延续了两千年来中国文化中对于“佛”学导人向上，围绕“因果循环——善有善报，恶有恶报”的思想，敦促人在日常生活中要积极行善，切勿行恶，体现了作者创作的苦心孤诣——既承袭传统文化精华，并在新时代文化环境中将其发扬光大，为后人保留一份传统，同时，也起到警示众生、荡涤心灵的审美效用。

二、佛学思想：支撑起小说人物的精神天空

张恨水生活在新旧文化交替的时代，骨子里承袭了中国传统文化，思想上又受到了新文化的浸染。双重文化的夹击，作者内心也承受了更多的痛楚，所以张恨水小说的主人公，大抵体现了作者自身的一种矛盾心理：他们接受了新学，又有深厚的传统观念；新学重塑了他们的表层皮肤，却无法彻底解放他们的思想；由于痛苦的生活，内心的压抑得不到适当的宣泄，于是转向佛学寻求慰藉，最终佛学浸染了他们的灵魂，让他们得以躲避尘世的喧嚣，找到自己的人生目标。

在张恨水的笔下，寻觅佛教提供避难之所的人物大多是性格孤僻清高、喜清静之所的人。这种人最容易接受佛学关于修身养性的思想。遭遇不幸、独居的环境、身边没有知己好友开解，他们更加倾向避世。《金粉世家》中的冷清秋就是其中的代表人物。冷清秋出场的铺排就点明了她与佛的缘分。在“楔子”中冷清秋出场是在“废历的二十六日，是西城白塔寺庙会的日子。”[3] 她正在庙门前卖书春。冷清秋是清高孤傲、接受了新式教育的女子，在金燕西眼中“是个冰雪聪明”的女郎。她“敏感”的个性就已经注定了她与混沌的社会是格格不入的，而佛学经书就成了她摆脱混沌世界、获取心境平和的工具。

在小说《春明外史》中，以风流才子自诩的杨杏园，先是迷恋于小鸟依人、楚楚可怜的“风尘知己”梨云，两人情意绵绵、偕老有约；而偏偏红颜薄命，当杨杏园从天津探亲归来时梨云已病归黄泉。杨杏园悲恸欲绝，精神几乎崩溃。稍后，李冬青的出现，又重新燃起了他爱的火焰，彼此诗文酬对，心灵相契。当杨杏园向李冬青试探求婚时，岂料美人多舛，竟患有先天暗疾，与婚姻无缘，在“偏是这梨云女士，黄土陇中，女儿命薄；而冬青女士又是茜纱窗下，学士无缘”的连番重击下，竟生出无穷烦恼，于是只得求助于空无缥缈幽远的佛学，借以排遣“爱欲”，破除“我执”，终于“如今悟得西来意，看断红消是自然”。在小说的结尾处，病入膏肓的杨杏园手捧《大乘起信论》而逝。作为一个被作者所赏识的具有半新半旧“双重人格”的维新少年杨杏园，佛教的“虚空”观，在其身上得到了深刻的体现。

在《金粉世家》的创作中，作者思想中的佛教意识表现得更为浓郁。被称为女杨杏园的冷清秋，也曾自闭于小楼学佛。冷清秋本是一个出身于家道中落的书香门第的穷学生，是个才貌双全的才女。当她初次与金燕西相遇时，她那美丽的外貌就像磁石一样吸引着这个纨绔子弟，并且成了金燕西千方百计追求的目

标。而涉世未深的经历和爱慕虚荣的世俗观念，也使得她被金燕西的“丰仪”和金钱所迷惑，她落入了那情意绵绵的情网之中，终于与金燕西结婚，她本指望自此可以过上幸福、安宁的生活，可谁知他们顺利结合之日，竟是悲剧开始之时。婚后不久，她就逐渐看清了金燕西纨绔子弟的真面目。冷清秋毕竟是一个“心高气傲”的女子，她无法忍受这种屈辱的生活，她陷入了深深的烦恼和悔恨之中。由于传统观念的束缚，她并未马上采取断然行动，她对金燕西的恶行，开始还是抱着“放任主义”，试图通过劝说、忍让等待他的回心转意。只是待到金铨暴卒，金燕西与昔日的情人白秀珠旧情复萌，并决定抛弃妻子跟着白秀珠一同去德国的时候，冷清秋才感到自己的人格和自尊受到了致命的伤害。她下定决心与金燕西离婚。于是冷清秋带着孩子躲进小楼学佛，暂时摆脱了大家庭的嘈杂与重负，在佛学国度里，获得了心灵的平衡和精神上的慰藉。如果不是一场大火，使冷清秋走上自食其力的道路，恐怕她今世要与青灯枯卷相对而眠了。

应该说，在冷清秋身上寄托了张恨水自己的人生趣味和理想。作家在小说中一再借冷清秋之口，探究其人生悲剧的根源：“归根到底，还是齐大非偶那四个字，是自己最近这大半年来的错误。”这种“齐大非偶”的怨恨，正是作者某种无可奈何但又力求洁身自好的处世哲学。难怪作者在该书的自序里，曾这样叹息：“嗟夫，人生宇宙间，岂非又玄妙不可捉摸之悲剧乎？吾有家人相与终日饮食团聚，至乐也。然而今日饮食团聚，明日仍饮食团聚否？未可知也。吾有吾身今日品茗吟诗，微醺登榻，至逸也。然而今日如此，明日似如此否？又未可知也。最近亲者莫如家人，最能自主者莫如吾身。而吾家吾身，吾终莫能操其聚散生死之权。然则茫茫宇宙间，果何物尚能为吾有耶？”原来，在写作该书的过程中，一场猩红热，使张恨水两个心爱的女儿不幸离他而去。痛失爱女的张恨水加上“饱受人世之教训”，顿觉人生无趣，“今吾儿死，吾深感人生不过如是，富贵何为？名利何为？作和尚之念，又兹深也。”这种心态几乎贯穿于整个《金粉世家》中。曾经辉煌灿烂的豪门巨族如今成了“主人翁只死了几天，家中就落得这样落花流水，不可收拾”。一场大火又使偌大的金家成了一堆瓦砾。最后作者把金太太孤独地送上西山别墅，寂寞与悲戚的金太太面对佛像宣炉，顿然醒悟，对繁华与富贵无所向往之心。“我今年五十四岁了，中国外国，前清和中华民国，无论哪一种繁华世界，我都经过了。如今想起来，又在哪里？佛家说的这个空子，实在不错”。当她回首京城远景时叹息：“那乌烟瘴气的一团影子，就是北京城，我们在那里混了几十年了。现在山上看起来，那里和书上说的蚂蚁国招驸马，有什么分别？哎！人生真是一场梦！”她借助佛家“虚空”观念来排除自己曾有过的“繁华欲”，以求人生的解脱。于是，佛教的“万事皆空”便成了人生悲剧的最终解脱。人生毕竟是空，世界全然幻相，既然生命从虚无中来，那么就让它又回到虚无中去。而作家则借此解剖家族的解体和破败，借助佛教体验到宇宙人生的悲凉。

另外，《啼笑因缘》中的何丽娜最终抛弃奢华，谢绝舞场，悄然遁迹西山别墅，茹素学佛，小说戏剧性的结局，似乎令人啼笑皆非，却也同时表现了作者的思想倾向，即对喜爱而又力图保存和改良的东方文化风情的失落和回归的复杂情绪体验。

杨杏园、冷清秋、金太太和何丽娜在急剧变动的社会现实矛盾面前，感情无所寄托，只得依傍佛学，在佛学的“虚空”中寻求出路，以排遣郁愤，这实际上是作者私下里倾向由主儒向主佛的转变，表现了作者一定阶段思想的局限。之后，随着民族危机的日益加深和民生的日益艰难，在其后的小说创作中，作者的这种佛学意识逐渐被对人生、现实和国家的忧患意识所取代，成为作者对现世人生的执着和肯定，表现出一种积极的人生观。

在小说中，张恨水常用学佛的行径来反衬小说人物的悲凉命运，并用“佛偈”来支撑起人物的人格大厦。张恨水擅长以大家族中的女性作为描述对象，她们大多是上层繁华社会中的佼佼者，在纸醉金迷、歌舞升平的日常生活中过着平淡而安稳的日子。突如其来的变化，改变了她们原本平坦、安稳的生命轨迹，激发了在她们内心世界里潜伏已久的佛学文化因子。《啼笑因缘》中的何丽娜，是一个在西方文化熏陶下成长起来的新时代的千金小姐，本是豪门贵族的交际花，终日游戏在舞会、酒会中。一次偶然的机会，她遇上了樊家树，顿悟到自己之前的生活是多么空虚且无聊，于是在情感上遭到樊家树的拒绝之后遁入佛门。尽管她最后没有成佛，而是在关秀姑的帮助下与樊家树成为一对“神仙眷侣”，但也曾经在佛学中寻求心灵的沉静。《金粉世家》中的金太太，是一位民国时代的政府总理的夫人。她一生劳碌，周游在权势、富贵之间，为丈夫的事业、儿女的前程四处奔忙。面对丈夫死后“树倒猢狲散”的家庭悲剧，她悟到“人生不过如此”，“色即是空，空即是色”的佛偈真谛，并迁往西山吃斋念佛，安度余生。

对于她们的遭遇，张恨水给予了深切的同情。在他的笔下，这些人最终得到了内心的清静，何丽娜、关秀姑、冷清秋更是拥有了自己心中所求的爱情与自由。这不得不说，张恨水在塑造这些人物、安排她们的命运的时候，与各位主人公内心深处佛家理念的沉淀有很大的关系。在张恨水的演绎下，佛、佛教不再是传统小说中被统治阶级神话后用于迷惑、愚弄百姓的工具。在小说中，遭遇命运转折的主人公主动接纳佛学，以净化自己被世俗社会污染的心灵。在佛学的熏陶下，她们更加积极地面对人生，升华自己的道德情操，并最终改变看了自己的命运轨迹。

三、张恨水小说：佛学文化的全新定位

张恨水笔下的人物在社会、家庭遭遇到挫折之后都会潜心修佛，或借佛学来清扫自身的困扰。虽然他们用佛学思想来武装自己脆弱的灵魂，但是古典通俗文学中女子在遭遇不幸之后遁入佛门的行径不再是张恨水笔下女子的最终归宿。佛，并不是张恨水笔下主人公纯粹的宗教信仰，学佛只是他们用来摆脱心灵困扰的一种方法。

张恨水笔下的凡夫俗子不论男女，在经历不幸之后都借用佛学来清扫自身的污浊，在学佛的同时并不脱离尘世，他们是用心信仰佛，而不是以身体侍佛。一味让自己沉浸在佛经之中，并不是张恨水对主人公的期待。作者在塑造人物时是抱着当他们一旦走出了自身心灵的困扰，就会重新进入尘世，以积极的态度来面对人生。《春明外史》中的杨杏园，在遭遇了梨云之死后，本来枯燥无味且孤单的生活就变得寂寥，从此沉迷于佛学。他是否真正读懂了佛学中的真谛呢？在杨杏园死后，他的知交好友是这样评价他学佛的：

何剑尘悄悄的在旁边椅子上坐下，随手翻弄他桌上的书籍。忽然看见一部《大乘起信论》里，夹着半截纸条，露在外面。抽出来看时，上面写着字道："如今悟得西来意，香断红消是自然。"便交给吴碧波道："你瞧瞧，他这种消极的态度，未尝不是佛书有以致之？"吴碧波道："学佛原不是坏事。像他这种学佛，犹如打吗啡针治病，那是越治越坏的了。"[4]

他在生活破落、情感孤寂之后，既是被动地又是主动地接纳了佛学，他试图以佛来清扫自身对于生活、对于社会的一种不解。如他给李冬青的信上写道：

且预料妹果言之，兄必纳之，乃于冥冥中构一幻境，觉喜气洋洋，其华贵如我佛七宝琉璃法座，灿烂光荣，不可比拟。且妹直至长辛店时，回忆知去年送我之留恋，恍然一梦，以兄乌料有今日更能见我？今故不使已欲闻，及时突然造君之寓，排闼而入兄之书斋。时兄左挥毫而右持剪，秉碌于几案之间。……今也，冗乃弃世长去，年且不及三十，其遭际更不可以因果之说论之矣[4]。

信中句句都是佛学之言，杨杏园在孤僻的环境里悟到人生不过就是一场虚幻，富贵如浮云，自己短暂的三十年，所遭遇的也正是佛家所说的"因果"之论。佛虽说是度人，但绝对不是避世。沉迷于佛学的杨杏园将自己与世界隔绝，最终被社会所抛弃，这正是他自己种下的因果。张恨水借杨杏园的朋友之口，讲出了沉浸佛学并不是杨应该追求的归宿。佛学只是用来感悟生命、感染性灵的一种手段、工具。过于执着的心态、近乎偏执的行径，必然会连生命都在佛经中灰飞烟灭，这不是张恨水的追求，也不是张恨水的主人公所该追求的人生境界。

《金粉世家》里的冷清秋在爱情婚姻的梦想破灭后，为寻求精神和肉体上的清静，在居住的小楼里也摆设了佛像经书以谢绝金家人的打扰。

到了次日早上，等老妈子送过茶水之后，自己便把楼梯口上的楼门锁住了。……这样一来，自有许多人来看清秋，都上不了楼。就是金太太来过一次，清秋也是站在楼廊上告罪，不肯开门。道之在家里得着消息，又跑了来，隔着楼门和清秋说话。道之道：你这岂不是自己给自己牢坐？你拼倒别人什么？清秋道：我根本就不想拼人，因为我要回家，你们都不放我走，我只好躲在楼上。若是我的目的达不到，我就永不下楼了。设若你再把书送来，让我心思更定些，你就功德无量[3]。

离婚的念头遭到婆家与众姐妹的劝阻后，冷清秋将自己锁在小屋内，不愿与婆家的任何人接触，只愿让金道之送上书来供自己解闷。冷清秋在这样一个隔绝金家、幽静的环境中，以读经书为乐，实则思想言行不沉浸于打坐参禅，以求来世的好命，而是在寂静之中，不断思索自己未来所要走的人生道路。

张恨水并没有让他的主人公最终与青灯古佛相伴，就像常年与佛相伴也不是张恨水的个人愿望，而是让其笔下的人物借佛学走出旋涡，融入世界。如《金粉世家》里的冷清秋最终逃出了宅深人众的金家大宅，带着自己的儿子和母亲大隐隐于世，除了不见金家人之外，她积极地在社会上求生存，以卖书春为生，比起之前在金家的寄生虫一样没有自尊的日子，她活得比任何人都坦然。金太太虽然身在西山礼佛，但是心里却想念着自己的八个儿女，她虽然悟到“人生不过是一场虚无”，但是尘世间的纷扰却不是她能够一笔抹去的，连她自己都说自己不是姑子，只是以佛来排解心中的烦闷。张恨水巧妙地化被动为主动，将佛学思想巧妙地穿插在小说字里行间。小说中的主人公主动与佛教缔结良缘，用佛学理念充实自己的内心世界。暂时性失落感或者说痛苦的生活遭遇，使得她们都感觉到佛学中所说的“人生无常”，她们用佛学来清扫自己心灵上的污浊，等待时日，她们依然会在尘世中活得洒脱，活得自在。这才是张恨水笔下的宗教思想与主人公命运的完美契合。

由此可见，张恨水的小说体现出“五四”新文化运动后，佛教文化与新文学之间一种全新关系的定位。作为一位身处新旧转折时期的作家，他打从骨子里欣赏影响数千年中国文化发展的佛教文化，并积极参与佛学的学习，他是一位具有浓郁佛教情结的传统文人。在他的小说创作中，佛教文化也是随处可见，无论是人物命运、人物性格还是小说的主题思想，都体现了传统佛学思想的精华。小说人物各自的命运遭际，都应了佛家所说的“因果循环”“人生不过是一场虚诞”的理念，作品中的人物更是时代环境下的凡夫俗子，有着佛家、道家不食人间烟火的清高淡然。但与此同时，他的小说在一定程度上接续了近代民主主义革命者以佛学作为战斗武器的传统。他在人物性格的塑造中积极引入佛教文化，或用佛学思想来安抚现代中国人寂寞的却又不甘寂寞的灵魂，或让佛学思想支撑起小说人物的人格大厦，但与此同时，还改变了中国古典小说中人物常常以佛堂为归宿、以身侍佛的悲剧命运。从这一点上说，张恨水的小说创作确实超越了传统古典小说被动接受佛学入侵的局限，并为21世纪新时期文学创作与佛教文化关系的发展奠定了全新的基础。

参考文献：

[1] 老舍．一点点认识［N］．新民报，1944-05-16（3）．
[2] 张恨水．张恨水自述［M］．郑州：河南人民出版社，2006.
[3] 张恨水．金粉世家［M］．西安：陕西师范大学出版社，2007.
[4] 张恨水．春明外史［M］．太原：北岳文艺出版社，2003.

望江挑花艺术创新的现状分析

朱胜甲　高俊松

摘　要：通过对望江挑花艺术创新现状的分析，指出望江挑花装饰化发展与图案写实化表现的错误；并在分析错误产生原因的基础上，提出了解决失误的思路。

关键词：望江挑花；创新；失误；思路

图 1　望江挑花在澳门展演

国家级非物质文化遗产——望江挑花，历史悠久，几度兴衰、传承至今。20世纪 80 年代，经张志等老艺术家们的收集发掘，望江挑花再次焕发魅力，引起了世人的注意，并以传统的团花加角隅图案的垫巾形式铺在北京人民大会堂安徽厅的沙发上。一些挑绣着传统图案的头巾、手帕也作为政府礼品被送到了来访的外国朋友手中，引起了海内外普遍的赞誉。近年来，望江挑花作品多次获奖。在

作者简介：朱胜甲（1970—），男，安徽六安人，安庆师范大学美术学院副院长，副教授，艺术硕士，主要从事平面设计、装饰设计教育与实践以及民间美术研究；

高俊松（1976—），男，安徽怀宁人，安庆师范大学美术学院副教授，艺术硕士。

第四届中部投资贸易博览会上，“徽式民居”系列制品荣获了“推荐旅游商品”称号；在中国国际旅游商品大赛上，作品“闹花灯”又荣获银奖。2011 年 12 月 12 日，在首届安徽品牌文化节上，“望江挑花”又摘得安徽省文化产业“十大影响力品牌”称号。

望江挑花一次又一次展示了独特的艺术魅力，吸引着中外客商赞美的目光。但是，在这些耀眼的光环背后，又有怎样的不足；当前的创新发展方向是否正确，这是我们应该冷静思考的重要问题。

图 2　望江挑花作品“闹花灯”

一、望江挑花纯粹装饰化的发展倾向

当前，望江县城与鸦滩镇有几家生产挑花制品的企业，多数是仿制生产过去的头巾、台布等物。在用途的拓展上，都是将各种挑花制品当作画芯，配上仿古的边框，装裱起来形成一幅用于悬挂的装饰画；或是设计一些新的图案纹样挑绣在底布上，制作成以装饰为目的的壁挂，可以卷起收藏，更适合悬挂；或是选择一些吉祥寓意的老图案制成相互馈赠的挑花礼品，例如“徽州民居”与“五和”系列制品。这些创新开发都是仅从欣赏美的角度考虑的，对于向大众宣传望江挑花有较好的推广作用，但是，对于望江挑花的传承发展，显然是不合适的，相反，还会产生负面的影响。望江挑花图案原本是和日用品合为一体的，它的使用功能是主要的，装饰效果是次要的、附加的。现在把望江挑花做成纯粹的装饰画往墙上一挂，做成吉祥寓意的礼品相互赠送，仅展现它的视觉美感和美好祝愿是片面的、是本末倒置的、是极其错误的。这样一来似乎望江挑花艺术真的传承、发展不下去了，只能被当作历史文化的遗迹、高高的挂起来供后人欣赏了。

望江挑花，在过去的时代就是挑绣在生活日用品上的装饰，与人们的生活息息相关，因而代代相传，日臻完美。今天，我们保护它就必须让它在生活中复活，活在生活中，重新成为我们当下日常生产与生活的一部分，也就是要把望江挑花运用到生活用品的开发上去。实现传承保护与开发利用相结合。而传统的载体形式与图形内容，在今天已经过时落伍，很多用品今天已经不再使用。随着用品的消失，挑花的传承失去了物质载体。与之对应的图案也因陈旧而无人欣赏。如果我们不对图形进行创新，那么旧的图形形式只能使人们对挑花产品的接受，停留在欣赏其艺术价值的历史感的层面上，只能引发人们的怀旧心情罢了，却不能让消费者从内心中喜爱接受。因此，必须开发迎合时代审美流行的时尚图案，并与当代实用产品相结合，成为产品上的装饰元素，使产品与图案达到用与美的高度统一，从而实现对望江挑花这一非物质文化遗产的传承与发展。

图3 装饰画

因此，简单地运用望江挑花图案的视觉美感和吉祥寓意，进行纯粹装饰化的拓展，这种非物质文化遗产创新的倾向是片面的、不可取的。

图4 真实地描摹

二、望江挑花图案写实化的设计倾向

近年来，用在望江挑花装饰画和礼品开发上的创新图案出现了很多。例如，徽州景物系列，花鸟动物系列、民俗风景系列等等。这些新的图案在造型设计上基本上是保持写实景物的真实形态不变，没有对景物进行图案化的主观概括、简化，没有进行典型特征的夸张、强调表现；完全是自然场景关系的再现，没有进行图案化的造型处理和结构关系的秩序化安排，不具备人为再创造的艺术美。然而，传统的望江挑花图案在底布与针法的共同塑造下，形成了独特的视觉特征，主要体现在图案的形态造型和组织结构两个方面。望江挑花图案的形态造型，是高度概括提炼的几何块状形态的组合，简洁、严整。望江挑花图案的组织结构，是追求对称的，形态反复组织，节奏感强烈。这两个方面的特征是望江挑花的身份标志。新出现的这些创新图案全然没有这些典型特征，完全丧失了望江挑花图案在造型上的那种几何形态组合的特征和秩序感强烈的艺术魅力，使望江挑花新图案造型的形态与结构的组织关系，在视觉效果上混同于现代十字绣具象写实化的图案造型特征。这是不应该出现的重大失误。这样的创新图案设计丧失了望江挑花图案应该固守的、本真的视觉核心元素。最终，会使望江挑花在视觉面貌上全面混同于现代十字绣，致使望江挑花艺术特征变性而失去生命力，走向消亡。

因此，丢失了望江挑花视觉艺术特征的新图案设计是注定失败的。

三、望江挑花艺术创新现状的成因

望江挑花艺术在当前的这些发展状况，是由多方面原因促成的。望江挑花纯粹装饰化的发展倾向，是在传统文化复兴的大背景下，由住宅室内装饰上的巨大需求和传统文化礼品化的习俗由来已久两个因素决定的。身在礼仪之邦的中国人，爱挑选物品相互赠送。具有非物质文化遗产身份的望江挑花，体现着传统文化的精华，作为礼品具有极高的文化品位。在这个房地产蓬勃发展的年代，无穷多的室内墙壁呼唤着装饰化的望江挑花来悬挂。

望江挑花图案写实化的设计倾向的形成，主要是由于从事开发创新的传承人对望江挑花研究不够深入，对艺术特征把握不准造成的。加之大多数的传承人设计创新能力有限，缺少创新的文化艺术素质和专业的表现能力。所以产生了“照葫芦画瓢”式的新图案作品。当前，现代十字绣的流行，在社会上形成了一股审美风尚。成千上万的女性加入挑绣的体验中。因此，现代十字绣写实图像化的图案风格多少也吸引了望江挑花新图案的设计风格与之靠拢。正是这三个方面的原因共同促使了望江挑花图案写实化现象的形成。

四、望江挑花艺术创新失误的解决思路

当前，在望江挑花艺术创新的设计过程中，出现的这两种不正确的情况，都是应该引起我们高度注意的，这些错误的设计开发倾向必须尽快加以纠正。为了扭转这些设计方向层面上的失误，就必须加强对望江挑花的深入研究，形成全面正确的认识；走实用与审美高度结合的路径，以产品开发的方式纠正错误，走正传承发展的方向。

首先，必须加大对传承人传承能力的培养力度。培养他们对望江挑花的研究能力、对艺术美的感悟能力和以产品开发为引领的图案创新设计与表达能力。

其次，必须加大力度，深入研究望江挑花在保持“核心元素”不被改变原则下的创新图案的设计原则与设计方法。为了能够找到望江挑花正确的创新图案设计原则与方法，我们必须从望江挑花的图案形态、针法工艺、底布经纬三者之间的关系入手，才能发现三者相互制约、依存的图案创新设计途径。选取新事物，表现新生活，创造出新的望江挑花图案。

最后，要加强对望江挑花载体的研究。一方面，要寻找能与挑花结合的新的产品形态；另一方面，在新的产品设计中，注意选择新题材的望江挑花新图案作为装饰元素，力求实现新图案的美与新产品的功能融汇统一。最终，以产品开发引领望江挑花的艺术创新，实现非物质文化遗产的传承发展。

五、结　语

望江挑花是有前世、今生的，循着它的发展脉络深入研究，才能找到它在当今社会持续演变的自身发展创新之路。望江挑花的产品开发是保护、传承和创新发展非遗的有效途径，但是产品开发在图案运用上要严守“核心元素”和“典型特征”不变的底线。同时，产品的开发要与当今的文化观念、艺术时尚、经济技术、资源环保等问题求得和谐统一，才能为望江挑花的传承创新找到可持续的路径。

参考文献：

[1] 郑海蓉. 传统图案纹样的符号化演变 [J]. 艺术与设计，2010，(6).

[2] 李鹏. 关于传统图案整体性的杂谈 [J]. 设计艺术，2004，(4).

[3] 汪欣. 生产性方式保护大家谈（专家学者篇）[N]. 人民日报海外版，2009-04-07 (7).

[4] 高山，王世福. 望江挑花艺术的特征分析 [J]. 丝绸，2011，48 (1).

[5] 朱胜甲. 望江挑花及其艺术特征 [J]. 安庆师范学院学报（社会科学版），2010，(5).

黄梅戏艺术图像化传播路径研究

倪 静 朱胜甲

摘 要：多媒体技术的高速发展制造了空前繁荣的娱乐产品，观众欣赏趣味日趋世化的背景下，传统的戏曲艺术发展面临困境。图像语言以直观生动的特点，满足受众追求新奇、寻求效果的心理，已逐步取代文字语言，成为一种主流文化形态。将黄梅戏中的艺术形象凝练为图像语言，致力于地方商品包装设计和黄梅戏动画两大方面的探索表达，从视觉层面挖掘黄梅戏文化新的内涵与特质，为传统艺术创造更多的有效传播路径，也为地方文化创意产业的发展提供思路。

关键词：黄梅戏；图像化；黄梅戏包装设计；黄梅戏动画：传承和发展

“树上的鸟儿成双对，绿水青山带笑颜”，一曲清丽委婉的黄梅戏从湖北黄梅一个不成熟的山歌小调，吸收融汇了安庆的灵气与养分，成长为一个新兴活泼的地方剧种；在几代人的共同努力下，黄梅戏汲取其他剧种的精华，迅速汇入戏曲的大家庭，登上全国性的舞台，最终成长为全国五大剧种之一。黄梅戏唱腔清新委婉、词曲雅俗共赏、表演风格优美动人，深受国内外群众的喜爱，是安徽乃至中华民族的文化瑰宝，被第一批列入我国国家级非物质文化遗产。但是如同其他地方戏曲一样，黄梅戏正受到当下形式繁多的影像艺术的冲击，得不到广大青年观众的青睐，逐渐失去了曾经火热的观众和市场，宝贵的传统艺术无法得以传承和发扬。

一、黄梅戏艺术图像化的背景

（一）世界被把握为图像

“我们正经历着一个深刻的文化转型，即由传统以语言为中心的印刷文化向当代以形象为中心的视觉文化的转型。”① 海德格尔在其《世界图像时代》一文

基金项目：安徽省教育厅人文重点项目（黄梅戏艺术的动画传播形式研究，042-150009000006）

作者简介：倪静（1985—），女，安庆师范大学美术学院讲师；朱胜甲（1970—），男，安庆师范大学美术学院副教授。

① 桂小虎．视觉转向与资源转换——当代绘画对图像资源的利用［J］．世界美术，2006，（1）：81.

中指出：我们正在进入一个“世界图像时代”。“世界图像并非意指一幅关于世界的图像，而是指世界被把握为图像了”[①]。现代社会文化日渐鲜明地统一为一种形态，即由画册、电视、电脑等各种多媒体制造的图形图像充斥着我们的生活空间，图像文化成为现代文化的主导，影响着人们的生活方式和思维习惯。图像直观生动、通俗易懂，直接作用于人的视觉感官，优化了传播的速度和效果，在传播中具有无可替代的优势。

（二）多媒体技术的冲击

经济的高速发展，带来媒介技术的日新月异。从20世纪80年代以后，电视媒体迅猛发展，走入了寻常百姓家，人们不用赶场买票，坐在家中的沙发上就能观看各类的电视节目。如今，报纸、杂志、广播、电影、电视、互联网、手机已经是各领风骚，大众对“新媒介”这个术语已经不再陌生，尤其是“互联网作为一种新兴的传播媒介，依托多媒体技术、数字通信技术等高科技，集声音、图画、文字、影像等符号于一体”[②]，几乎每一时刻都在制造和发布着博人眼球的新闻和资讯，制作售卖着铺天盖地的流行音乐和影视艺术。人们的文化产品正从以前相对匮乏的状态转为相对过剩的状态。“媒介日趋多元化，手段日趋现代化，对受众的争夺也日趋激烈。”在视觉产品如此丰富的当下，戏曲艺术受到冲击也不足为奇了。

黄梅戏作为一种活态的艺术体，身处以消费文化为主导的社会背景，经受多媒体制造出的丰富的影视产品的冲击，面对受众通俗化的文化品位和娱乐化的趣味倾向，想要重新赢回观众、重振风姿，找到符合时代审美特征的契合点，走直观、通俗、生动的图像化表达之路是可行的。

二、黄梅戏艺术图像化表达的阐述

图像是对客观事物的一种视觉化的描述。图像的语言表现为点、线、面、色彩、肌理和空间等，图像塑造出轮廓清晰、线条流畅、色彩丰富的静态的或动态的视觉形象，满足人们视觉及心理的审美需求。图像语言有其天然的亲和力、趣味性，极佳的观赏性，良好的沟通性，且相对于文字语言来说蕴含更多的信息。在追求新奇、寻求效果的社会氛围中，图像语言以直观生动的特点，已逐步取代文字语言，成为一种主流文化形态。

黄梅戏艺术的图像化表达，是把黄梅戏人物和场景，凝练为代表性的造型和色彩等视觉化语言，让唱词里虚拟的人物故事变成丰富有趣的可视化形象走近人

① 海德格尔．海德格尔选集下卷［M］．孙周兴译．上海：上海三联书店，1996：899.
② 段鹏．传播学基础［M］．北京：中国传媒大学出版社，2006：173，203.

们的生活。黄梅戏艺术的图像化表达，不是推翻以往的以演唱为主诉诸听觉的艺术表演形式，而是以现代文化视角，顺应观众的审美要求，从视觉层面挖掘黄梅戏文化新的内涵与特质，为传统艺术创造更多的有效传播路径。

三、黄梅戏艺术图像化的具体路径

（一）黄梅戏艺术图像化静态表达之路

将黄梅戏艺术转化为静态的视觉图像，应用于地方特色商品的包装设计。黄梅戏中有一大批通俗易懂、广为人知的戏曲人物与场景画面，如黄梅戏经典剧目《天仙配》七仙女姐妹飘飘洒洒下凡尘的婀娜身姿，“树上鸟儿成双对”的甜蜜画卷，“夫妻双双把家还”的温馨片段；《女驸马》中的女扮男装的冯素贞为救夫进京赶考，高中状元后“帽着红花好新鲜”的欢快与喜悦；《孔雀东南飞》中“孔雀东南飞，五里一徘徊”缠绵悱恻的场景；《王小六打豆腐》中夫妻二人下豆推磨的诙谐场景；《夫妻观灯》花灯各异、欢庆活泼的场景等……皆具有高度的可辨识性和广泛的认同性，适合凝练成代表性的图案与造型等艺术符号。黄梅戏故事贴近生活，弘扬优秀的传统文化价值观，忠孝节义、扶危济困、男女爱情、长幼亲情，直接反映了社会底层人民群众最基本、最直接具体的愿望和要求，具有稳定的社会需求与广泛的应用空间。在形式和内涵方面，黄梅戏艺术均代表了优秀地方文化，符合图像设计的象征性要求，加之艺术创意的运用，可以极大地增强地方商品的文化品位。将黄梅戏艺术形象应用于地方特色商品的包装设计，体现了地方商品的文化特色，提升商品的文化附加值和市场竞争力，实现商品包装设计与民间艺术传承与发展的双赢。

安庆百年糕点作坊“柏兆记”自清末创牌，一直坚持用传统工艺精工细作清真名点，是安徽人喜爱的传统糕点。“安庆印象”（见图 1）是柏兆记今年推出的一款经典糕点礼盒，内含瓜蒌子、花生米、墨子酥、贡糕四种消费者喜爱的特色食品；其中“墨子酥”以黑芝麻为主要原料，古法研磨烘焙，制成形如古墨形色的芝麻糕，色泽油亮乌黑、口感香甜绵润，是造访安庆的游客和身在他乡的游子难以忘怀的传统味道。四款食品的礼盒包装其中之一就成功运用了黄梅戏《女驸马》的经典艺术形象，内包装以女驸马和公主的舞台造型出现，艺术形象华丽精致；外包装以黄梅戏女驸马卡通剪影形象出现，艺术形式简练精准、时尚新颖，赋予传统食品以现代气息，颇受消费者的欢迎。以戏曲文化包装地方特色商品，体现了地方特色商品的文化特色；时尚的戏曲动画造型的设计与运用，使装饰更具有时代气息；从视觉感官上赋予黄梅戏文化新的内涵，创造新的图像化发展方向。

图1　黄梅戏人物形象运用于“安庆印象”礼盒包装

（二）黄梅戏艺术图像化动态表达之路

以动画艺术手法对黄梅戏艺术作动态形式的图像化表达。21世纪以来，数字媒体技术进入跨越式发展的阶段，人们接受、依赖数字媒体带来的便利，认同其带来的视觉、听觉等感官的新体验。新技术的发展为黄梅戏艺术的发展创造了更多的可能性，近年来国内已经出现了一批以戏曲故事为题材、戏曲唱腔为主要人物对白的戏曲动画，以动画这种文化与科技相结合的创新形式重新诠释传统的戏曲艺术。北京市率先以京剧为题材制作了京剧戏曲动画，河南和江苏省也分别以豫剧和昆曲为依托，开发了相应的戏曲动画，在一定范围内引起了巨大的反响。安徽省历史悠久，文化底蕴深厚，在动漫创意产业方面发展滞后，对于宝贵地方文化资源的开发和运用目前几乎是空缺，发展潜力巨大。

用动画中图像化的语言重新演绎黄梅戏，让观众能从视、听多个角度领略黄梅戏带来的感官体验，从而使黄梅戏艺术以动态的视觉形式引起观众更多的情感共鸣。首先，从黄梅戏剧本出发，研究故事的来龙去脉，分析剧中人物的性格特征，设定黄梅戏动画的背景和基调。其次，图像化的语言主要分为造型和色彩两大类，以动画人物为例，依据形式美的法则，夸张生动地塑造有意味的动画人物比例，象征性地运用色彩为动画形象增色。创造生动活泼的黄梅戏动画人物，吸引更多的观众前来领略传统黄梅戏艺术的崭新魅力。

《天仙配》是黄梅戏的代表曲目，歌颂的是七仙女和董永对美好爱情的追求。我们以《天仙配》为例，探讨黄梅戏动画的具体表达方法。剧中主要人物有七仙女、董永，其他人物有土地公公、傅员外、傅公子，七仙女姐妹和天兵天将等。分析人物性格特色，织女活泼直率、温柔勤劳，董永善良憨厚；土地公公风趣且善解人意，傅员外刻毒刁滑，傅公子呆痴蠢笨等。动画中为凸显七仙女和董永的勤劳善良的正面人物形象，二人的造型无疑应该比例匀称，颜色亮丽。七仙女裙裾飘逸、婀娜多姿，不仅有青衣的沉静端庄，而且有花旦的活泼灵巧。董永身材魁梧，适合运用动画中的“七头身”，肩宽腰窄、四肢健壮，塑造为正面男主角的标准造型。配角和反派人物适合用夸张的手法造型：土地公公体态矮小，可以设计安排让头部占据身体的二分之一，是动画身材造型中的“二头身”（见图2）。这种头大身小的矮短身材，在动画的语境中出现，不仅不会让观众觉得突兀，反而会成功树立老顽童的形象。傅员外刻薄成性，可以夸张拉长身材，佝偻其腰，侧面的造型模拟黑色的弯刀，寓意刀刀剥削劳动人们的血汗；傅公子养尊处优，却又呆傻不成器，赠他一个肥胖滚圆的身材，极像只知道吃、睡的肥猪。以上如此夸张的造型能给黄梅戏动画带来轻松诙谐的氛围，吸引青少年观众的眼球。

图2　黄梅戏动画《天仙配》主要人物角色设计

在色彩设计上，戏曲中的色彩运用向来具有象征性，黄梅戏动画中为了彰显人物性格，可以沿用戏曲中的象征性色彩：正面人物的颜色明度提高以体现善良明亮的内心世界；反面人物的颜色明度可适当降低，以揭露人物内心的阴暗。《天仙配》黄梅戏动画中，七仙女代表色彩是水红色，寓意青春亮丽；董永服饰为水蓝，面部红润，代表他憨厚淳朴；土地公公一身土黄，暗指他是掌管土地的小仙；傅员外身着暗紫色大氅，揭示其阴暗的内心，面部惨白代表其狡诈；傅公子呆傻蠢笨，服装颜色可用寓意浅薄的翠绿色；其他天兵天将多用金银色，代表其神怪之身。对照这些色彩的象征性，可以更为直观、丰富地表现动画人物的性格、气质、情绪、心理等，让角色一亮相，观众从脸面和服饰的色彩上，就能清晰地分辨角色的善恶，增强了黄梅戏动画在观赏上的互动性。动画中象征性色彩的运用既保留了黄梅戏的艺术特征，又为动画的原创性加分。黄梅戏动画形式可以是动画短片，亦可以是动漫化的人物形象，动漫化的艺术形象可以和其他现代的技术对接，创作出更多的动画衍生产品，为新的地方文化产业的发展提供思路。

四、结 语

“黄梅戏作为非物质文化遗产蕴含着特定民族的独特的智慧和宝贵的精神财富，承载着丰富独特的民族记忆。”① 黄梅戏艺术图像化传播路径的探索，是为了把这种古老的戏剧以新的形式流传下来，而不是若干年后封存在档案里。以图像形式拓展黄梅戏传统的展现方式，实质上是从视觉感官层面赋予黄梅戏文化新的内涵与特质，期望达成黄梅戏文化在新的时期、新的领域有效地传承与发展，让黄梅戏在新的时代步履轻盈地迈向更为广阔的天地。

参考文献：

[1] 王长安．安徽戏剧通史［J］．合肥：安徽教育出版社，2010.
[2] 李培林．读图时代的媒体与受众［M］．北京：新华出版社，2005.
[3] 刘珺．中国戏曲传播方式与艺术形态的流变［J］．中央戏剧学院学报，2009，(11)．
[4] 王长安．中国黄梅戏［M］．合肥：安徽文艺出版社，2009.
[5]［美］巴彻．梦想世界——动画美术设计［M］．若雪译．北京：人民邮电出版社，2010.

① 王文章．非物质文化遗产概论［M］．北京．教育科学出版社，2014：53

明清皖江流域戏曲创作与基层控制

崔 磊

摘 要：明清皖江流域研习戏曲之风兴盛，区域北部多受弋阳腔声腔影响，以历史故事、男女情爱、小说传奇等为主；南部宗教色彩浓厚，多以佛教唱经、逐疫除鬼的傩戏、目连戏为主。同时，该区域涌现出梅鼎祚、阮大铖、郑之珍、王埜、朱有燉、佘翘、王济等曲家曲作。政府、宗族还将戏曲作为社会基层组织文化控制手段，以禁戏和罚戏的形式进行惩戒，至今仍保存许多禁戏、罚戏碑刻。

关键词：皖江流域；青阳腔；目连戏；傩戏；禁戏；罚戏；基层控制

戏曲乃合歌舞以演故事①，明清时期安徽长江两岸之皖江流域研习戏曲之风尤盛，产生了诸多的曲家曲作。该区域涵盖的沿江五府、二直隶州：安庆府、池州府、庐州府、太平府、宁国府，滁州直隶州、和州直隶州当时戏曲剧种多样、戏曲作家众多、戏曲作品丰富，一定程度上促进了当时皖中南以至安徽戏曲的迅速发展，上承宋元，下启民国，奠定了安徽戏曲的中国戏曲史上的地位和影响。

一、戏曲表演类型的多样化

明清时期，皖江流域戏曲表演以民间音乐风格为主，题材较多源自历史典故或民间传说。南北风格差异明显。北部流行的青阳腔主要受弋阳腔声腔影响；南部傩戏、目连戏吸收当地民间歌舞艺术元素。北部多以历史故事、男女情爱、小说传奇等为主；南部宗教色彩浓厚，多以佛教唱经、逐疫除鬼为主。

（一）北部：人文世俗化特点鲜明

皖江流域北部主要以青阳腔影响范围最为广泛。范围波及池州、安庆、太平、庐州、和州、滁州等大部分地区，之后更影响到省外及更远之地。戏曲题材则主要为男女情爱、历史故事、民间传说等内容居多，而政治题材者较少。皇族

作者简介：崔磊（1982—），男，铜陵学院讲师，博士。

① 王国维：《宋元戏曲史》，东方出版社1996年版，第6页。

成员、演剧作者多借助历史为表现对象，以流传久远的传说故事为对象，通过虚构、嫁接等方式，避实就虚，抒发心中所念。朱有燉《豹子和尚自还俗》《黑旋风仗义疏财》《关云长义勇辞金》取材于水浒故事；王济《连环计》取材于三国故事；佘翘《量江记》取材于北宋樊若水故事。或借此赞扬兄弟之义、忠君大义，或抒发个人心中抑郁不平之气。明中叶梅鼎祚《昆仑奴》《玉合记》《长命缕记》反映晚明个性解放的进步思想；晚明汪廷讷《彩舟记》《投桃记》《狮吼记》反映晚明市民的爱情观；阮大铖《燕子笺》《春灯谜》等运用误会、巧合等技巧拓展了爱情题材的情趣化倾向。

（二）南部：平民宗教化底蕴深厚

南部以目连戏、傩戏最为典型。目连戏的文学主题为“目连救母”的佛教经典，最初源自俗讲，佛教徒为宣传教义、贴近民众，采取将佛教哲理通俗化的做法。至宋代，俗讲吸收戏曲的演、唱、白等艺术因素，形成情节完整、唱白结合的变文。俗讲、变文结合当地流行的声腔、民歌、俗曲以及民俗仪礼等而形成目连戏。尤以南陵、泾县、旌阳、宣城、太平，乃至江苏、浙江、江西最为流行。傩则源自远古时期的祭祀娱神活动，逐渐由娱神转化为娱人。明清以降，在傩舞的基础上，添加生、旦、净、丑表演的完整情节，以歌舞器乐伴之，形成了傩戏，流行于皖南池州一带。两者都视宗教为母体，汲取营养，各自也是宗教的附属，给其以活力。

二、戏曲剧本创作的丰富化

（一）梅鼎祚的戏曲创作

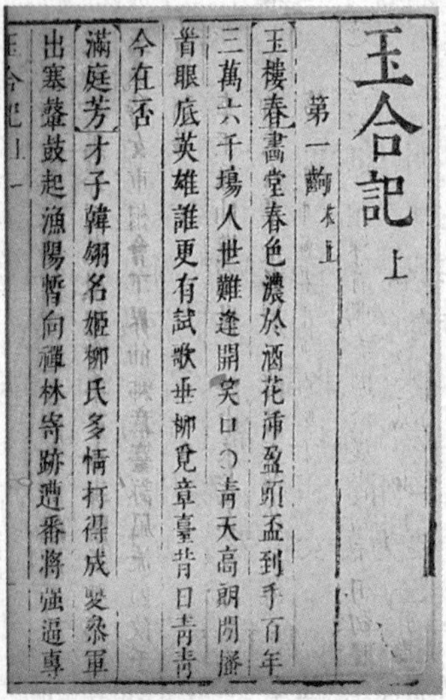

梅鼎祚（1549—1615），字禹金，号胜乐道人，宣城人。梅鼎祚青年时代善交游，与戏剧家汤显祖为莫逆交，擅长诗文古词，所作皆“骨立苍然，气纯而正，声铿以平，思丽而雅”。士大夫皆好之，有“诗文清雅”之誉。中年以后，他专注诗文典籍的搜集编辑和戏剧创作，所作《玉合记》为昆山派的扛鼎之作，在中国戏曲史上具有一定的影响。他的著述有多种，有杂剧《长命缕》、《昆仑奴》数种，诗文有《梅禹金集》20 卷；小说《才鬼记》16 卷、《青泥莲花记》13 卷。又辑有《历代文纪》《汉魏八代史乘》《唐乐苑》《古乐苑》《宛雅》《鹿裘石室集》等书。

梅鼎祚的戏曲创作，尤其是《玉合记》，在当时就受到了文人墨客和普通百姓的关注，称赞有加。梅鼎祚《长命缕记序》自我赞誉道："凡有井水处，无不歌章台柳传者。"① 徐复祚提及他的《玉合记》演出后，"士林争购之，纸为之贵久矣"②，沈德符也称赞其《玉合记》"最为时所尚"③，表明梅鼎祚戏曲创作在晚明清初的确产生了极大的影响。梅鼎祚在万历剧坛也具有举足轻重的地位，对明末至清代戏曲的发展与繁荣做出了应有的贡献。梅鼎祚之所以能够如此，关键是其具有进步的戏曲观。他热衷于戏曲的交流与传播，推动了中国戏曲的发展和光大；寓社会现实于戏曲，掀起了戏曲创作的主情风尚；发展并转变"骈绮"风格，开导雅俗共赏之风。梅鼎祚的戏曲观散见于诗文、序跋，并贯穿在他戏曲创作的实践中。

（二）阮大铖与《石巢四种》

阮大铖（1587—1646），字集之，号圆海、石巢、百子山樵。桐城（今安徽枞阳藕山）人。明末政治人物、著名戏曲作家，晚期骈绮派代表之一。所作传奇今存《春灯谜》《燕子笺》《双金榜》《牟尼合》，合称"石巢四种"，深受"主情"进步思潮的影响，直接影响了清初戏曲家李渔的创作。阮大铖的九种传奇，皆为崇祯二年（1629）贬归故里后的晚年著作。他曾在南京、当涂等地寄寓，潜心曲辞，每有佳作，悉由其家蓄优伶习唱，他亲自指导排演，所以演出不同凡响。清王士禛《池北偶谈》载："每夕与狎客饮，以三鼓为节，客倦罢去，阮挑灯作传奇，达旦不寝以为常。《燕子笺》《双金榜》狮子赚诸传奇皆成于此。"④ 他在《牟尼合》自序中说："避姑孰今当涂十六日成《牟尼合》。"

当时的戏曲鉴赏家张岱就称赞阮大铖的戏剧创作为"簇簇能新，不落窠臼"。王思任在为《春灯谜》作序时说："皖有百子山樵（指阮大铖）出，早慧、早髯、早贵。文辞锦绣，灵识犀通，奥深妙幽，大书独括；曾以文魁发倡，技压会场。"⑤ 曹履吉在《牟尼合》序言中称道："语语由衷，半字不寄篱下。"读后使人感觉"天风自来，悉成妙响。至妙处，令人痛痒自知"。认为他的戏曲

① 梅鼎祚：《鹿裘石室集》，续修四库全书·集部（第1379册），上海古籍出版社2002年版，第171页。

② 黄仕忠：《徐复祚〈南北词广韵选〉批语汇辑》，中华戏曲（第31辑）文化艺术出版社2004年版，第319页。

③ 沈德符：《顾曲杂言》，中国古典戏曲论著集成（第四卷），中国戏剧出版社1959年版，第206页。

④ 王士禛：《池北偶谈》卷11《阮怀宁》，文渊阁四库全书本

⑤ 阮大铖：《阮大铖戏曲四种》，徐凌云、胡金望点校，黄山书社版1993年，第196页。

创作“独见天心”，穷尽乐府的精微巧妙之处，令海内皆为称妙，别开洞天[①]。文震亨感慨道：阮大铖《春灯谜》刚刚上演的时候，江南地区的剧场皆流传咏唱，为时人所推重：“一时歌茵舞席，卜夜达曙，是非不欢。”[②]

近代吴梅大师在《双金榜又跋》中认为，《双金榜》的写作思路虽头绪纷繁，却能条理清晰，可称作精品，“虽云亭、稗畦亦拜下风。”[③] 刘世珩跋《燕子笺》也赞誉道，《燕子笺》《春灯谜》二剧“曲文隽妙，尚存元人余韵。脍炙艺林，传播最广，观者不以人废言也”。另外，当时还有诸多赞誉，如有司马之才，能够完美地做到“畅文苑之胜情，极璇闺之雅事”。创作的剧本皆“尽善尽美”“大有才华”，更可以说是“本本、脚脚、出出、句句、字字出色”，可与元人创作杂剧相媲美，“虽不可上抗临川，又何至于下目湖上”。

（三）郑之珍在石埭创作《劝善记》

早在明代，戏剧家、祁门人郑之珍慕名而来，在石埭县剡溪编创了《新编目连救母劝善戏文》[④]（后人称《劝善记》）。这部对后世国粹——京剧产生巨大影响的目连戏，让石台戏班子大显身手，声名远播，名噪一时。

目连戏，原名弋阳腔，是我国唯一的历史宗教戏曲形式，现已被申报为国家非物质文化遗产。它的得名来源于该戏曲主要扮演目连救母的故事。目连救母，最早为佛教故事，源于西晋竺法护所译《佛说盂兰盆经》，讲述佛教弟子大母犍连（简称“目连”）为救母刘氏脱离地狱，以得超度而不辞艰险，最终一家团圆超升的故事。敦煌唐代写本就有《大目犍连冥间救母变文》，孟元老《东京梦华录》记载七夕节时演出目连救母杂剧。元末明初，还出现了《目连救母出离地狱升天宝卷》。降至明代万历七年（1579），郑之珍为宣扬佛教教理，劝人向善，在变文基础上，采用传奇的写作体裁，创作出剧本《目连救母劝善戏文》，一百出，上、中、下三卷。万历十年（1582），由刻工刊刻流行于世。剧本吸收了众多民间传说、故事，如《行路施金》《拐子相邀》《尼姑下山》等。清代乾隆年间，宫廷大戏《劝善金科》，240出，即是在该剧本影响下撰写完成。

“从善”“行孝”“守节”“崇义”，就是目连戏所包含的基本思想内涵。郑之珍在自序中也曾开宗明义地说：“昔夫子志三代之英，不得位以行其政教。于是假鲁史作春秋，以褒善而贬恶。夫善者褒之，人既乐于为；恶者贬之，人将惮而不为矣。故曰孔子成春秋而乱臣贼子惧……”这说明他最崇拜的就是孔子的

① 阮大铖：《阮大铖戏曲四种》，黄山书社版1993年，第313页。
② 阮大铖：《阮大铖戏曲四种》，黄山书社版1993年，第314页。
③ 阮大铖：《阮大铖戏曲四种》，黄山书社版1993年，第480页。
④ 郑之珍：《新编目连救母劝善戏文》，明万历十年（1582）高石山房刻本。

“劝人为善”和“惩恶扬善”的思想，亦即“仁”的思想。

（四）王墅《拜针楼》传奇

王墅，字北畴，安徽芜湖人，生卒年均不详（约1766年前后在世），清康熙年间戏剧作家，少敏学富，20岁补弟子员，吟诗作文，自抒胸臆，不屑拾前人牙慧，亦不以珍爱自赏，随手丢散。其剧作《拜针楼》（民国《芜湖县志》作《拜针楼传奇》），是清代剧作中较优秀的一部。《拜针楼》描写“后宾王恋歌妓红晓烟，游荡成性，新妇丰采蘋，拒绝洞房，欲以针毁容，激励其进取。宾王悔过，闭楼苦读，后竟擢大魁，丰并为娶晓烟归。”①。王墅诗风不减唐人，有“晓风江雁急，残月寺钟清”句，又云：“名虽不盛犹招忌，诗未能工亦受穷。”终以自负才高，卓然不群，年轻早逝②。

《清代戏曲评点系年初编》载：王墅《拜针楼》传奇，作于康熙四十八年（1709），杨天祚评点。杨天祚在《序言》中感慨：“骚人运蹇，缙绅罔识陈三；才子情钟，儿女偏知柳七。每多抑郁，抚匣剑以悲歌；妙解音声，顾银筝而制曲。……借壶内之磨砻，泄胸中之垒块。”李斗《扬州画舫录》③卷五《新城录北下》“国朝传奇”也记载有《拜针楼》传奇一卷。戏曲评论家孙楷第盛赞该剧词曲优于明代诸戏，“虽仅八折短剧，实胜《绣襦记》④之繁。”⑤

三、基层文化控制的渗入与固化

戏曲在传统社会不仅仅具有娱乐功能，还有教化的作用。历代统治者无不利用戏曲宣扬、推行传统道德文化、维护王权统治。而居于社会下层的戏曲艺人则往往利用演出争取自由与解放，因而除统治者的禁演之外，社会基层组织还通过文化控制手段，包括伦理道德、风俗习惯、信仰信念、社会舆论等进行引导⑥。它们不是靠强制力以推行，而是以社会评论、内心反省等非直接强制性力量实施，主要表现为禁戏和罚戏。以下从皖江流域遗存明清时期禁戏、罚戏碑刻为例以说明。

---

① 王墅：《拜针楼》，康熙四十八年（1709）芜湖贵德堂刻本及光绪五年（1879）贵德堂重刻本，前者藏中央戏剧学院。

② 事迹散见于蒋元卿：《皖人书录》，黄山书社1989年版；民国《芜湖县志》，中国地方志集成·安徽府县志辑38，江苏古籍出版社1998年版。

③ 李斗：《扬州画舫录》卷5《新城录北下·国朝传奇》，汪北平、涂雨公点校，中华书局2001年版。

④ 《绣襦记》是在唐白行简传奇小说《李娃传》、宋元南戏《李亚仙》、元杂剧《郑元和风雪打瓦罐》《李亚仙花酒曲江池》及朱有炖杂剧《曲江池》的基础上改编而成，结构精练，是同类题材创作中较为完美的一部剧作。明代武进人薛近兖所作，一说为徐霖作。

⑤ 刘鸣亚：《试论王墅传奇〈拜针楼〉的艺术成就》，《安徽教育学院学报》2005年第1期，第74页。

⑥ 郑杭生：《社会学概论新修》（第三版），中国人民大学出版社2009年版，第285页。

（一）禁戏碑刻

1985年在巢湖地区烔炀镇东街一商店的砖砌山墙里发现一块清同治七年（1868）由巢县知县陈炳刻写的石碑，其碑宽约89厘米，露地高122厘米，迎面向街，左右两边有5厘米宽装饰性万字回纹，碑额横刻“正堂陈示”四个大字，每字约10厘米见方。其下就私宰耕牛、上演庐剧即倒七戏、禁赌禁毒、命案闹事而有四条“陈示”，字迹仍清晰可辨（见图1）。现抄录如下：

图1 禁戏碑刻

钦赐花翎知府衔、尽先补用同知、直隶州巢（县）正堂，加一（级）随带加一级记录一次，陈拟禁约各条，勒石（烔）炀镇：

一、耕牛有功于人，例禁私宰。然愚民畏法，每不敌□私之肫。今定例，如有私宰耕牛者，务仰诸绅董与地保□□向前理论，每条罚钱廿千，存公，以备修桥、补路、施□、施药□。倘此等顽民后犹不悟，仍蹈前非，当地诸绅董与地保□□禀案，本县闻知，定捉严惩，从重制罪不贷。

一、近有倒七戏名目，淫词丑态，最易摇荡人心，关系风化不浅。嗣后，如有再演此戏者，诸绅董与地保亦宜禀案本县捉拿，定将此写戏、点戏与班首人等一并枷杖。

一、开场聚赌例有明禁，开设烟馆亦非正业，务当各自痛戒，及早回头。至于村庄居家往来，非系亲族即是（乡）里，尤不可在村内开设烟馆，以致良家子弟渐□无□，当地绅董及地保均当禁戒。如不遵禁，即禀本县断□。

一、遇有命案，总当报官相验，听候审办，果系凶手断（定）应得之罪，断不许自持尸亲，先到伊家肆毁。□□妇女在婆家短见轻生，其娘家亦不许纠领多人前往拼闹。此等借尸逞忿之风真属可恨，当地绅董与地保应严禁。如或不知，本县闻此，亦必急提重究。

右仰远近知照。

同治七年八月初一日①

碑文中“倒七戏”是流行于以合肥为中心的皖西至皖东一带的庐剧的民间称呼，是在民歌基础上发展而来，在巢湖民间被称为“小倒戏”，“炯炀河禁戏碑”表明庐剧的形成应当早于1868年，此时距离太平军与清军征战尚为不远，直至1867年此地才彻底镇压太平军、捻军的军事活动。巢湖地区刚趋于稳定，亦反映出当时不良现象之猖獗，亦为地方政府维持秩序所棘手。从碑文中“近有倒七戏名目”可知当时庐剧产生时间不长，而且流传中以“淫词丑态”迎合百姓喜好，内容低俗，影响风化，为地方政府所重视，亦可见庐剧流传之广、影响之大，以致需要知县亲自颁布禁约以制止。

（二）罚戏碑刻

在明清皖江流域，戏曲除教化、审美、娱人、娱神之外，还可以成为维护地方秩序的执法手段，这就是罚戏的做法，即对违反乡约、族规、社规、行规等民间法规的人，罚其出资请戏班在神前演戏，以示忏悔。罚戏通常形成罚戏规，并将其刻印在石碑上，永世传流，主要施行于禁赌、维护行业规范、维护公共秩序、保护公共财产等范围。罚戏将严肃而冷漠的执法行动与热闹而欢愉的娱乐活动结合在一起，既起到惩戒的作用，维护了社会秩序，又可以调和气氛、减少对立，缓解了社会紧张，同时也促进了戏曲的繁荣，是极具人性化、民间化色彩的一种创举。

在石台县大演乡严家村，尚保存有明代崇祯年间严氏家族的“罚戏规”石碑②，碑文内容是对本族及外姓人盗伐牯牛降树木的作出罚酒席和罚唱目连戏的规定，充分体现了古人保护自然的先进理念（见图2）。

石台县占大镇联盟村长岭组发现的清乾隆五十二年（1787）十月二十日刻立的青石材质罚戏碑上有这样的记载：

奉宪　严禁

计　开禁条

---

① 碑文内容系作者2013年10月实地调研记录，并核以合肥庐剧团所藏“正堂陈示”碑早年照片。

② 石碑现存石台县牯牛降风景区内路东，碑文内容系作者2013年10月实地调研记录。

一、违禁给花子食者，查出罚酒六席，该处首人知情不举照罚不贷。

二、窝藏交结花子者，查出罚戏两部、酒拾席。

三、庙亭舍宇鬾住盘集，该本地人立逐出境，势弱畏逐者，报众驱处。倘不逐不报，查出罚戏一部、酒拾席。

四、恶丐凶虐破禁滋事者，通图呈禀办理，不得坐累一处，违者除罚外，仍派费从公不贷。

五、轮年保甲倘不时巡查究，贿隐徇私，查出照例倍罚。

旹皇清乾隆五十二年十月二十日　月　合区仝立①。

图2　罚戏规碑刻

清乾隆年间，石台县境内莲花山一带，恶丐横行，为害乡里，少数乡民善恶不分，结交窝藏恶丐现象时有发生，导致乡民生活不得安宁。为根除此患，附近乡民集体制定了“禁律”，并刻碑为记。此“禁律”相当于现在的“乡规民

① 石碑现存石台县牯牛降风景区内路南，碑高1.2米，宽0.55米，碑文内容系作者2013年10月实地调研记录。

约”。除此之外，宣城市水东乡小胡村戏台镶嵌的民国五年（1916）镌刻石碑中也明确规定：“戏楼上下不准堆积柴草、树木等项，违者罚大戏一本。”

民间罚戏现象比较普遍，表明了当地在立此碑前已有戏曲演出，同时反映出罚戏作为乡村社会的控制手段，民众愿意接受，戏文演完，违者从中得到了教训，乡亲们也在锣鼓声中得到启迪，达到了宣传效果，罚戏的社会意义就在于此。

芜湖铁画艺术的传承与发展策略

程志永

摘　要：芜湖铁画艺术作为非物质文化遗产，具有自身独特的发展轨迹与发展规律。文章通过细致梳理芜湖铁画相关理论，探求芜湖铁画艺术背后的传承与发展相关策略。

关键词：芜湖铁画艺术；传承与发展；铸造技艺

一、芜湖铁画艺术综述

芜湖在古代有“鸠兹”之称，濒临长江，水陆交通发达，为中国古代四大米市之一。芜湖铁画又称“铁花”，起始于明末清初，距今有300多年的历史，由芜湖铁工汤鹏（字天池）所创。芜湖铁画的产生具有一定的历史依据，它与鸠兹城数千年的“火文化”有密切的联系，古鸠兹发达的铜铁冶炼业提供了铁画诞生的土壤，有“铁到芜湖自成钢”的美誉。李白游览芜湖南陵后写下《秋浦歌》：“炉火烧天地，红星乱紫烟；赧郎明月夜，歌曲动寒川。”另据史料记载，干将莫邪长期居住鸠兹，并以铸剑为生，最终铸造出举世闻名的干将莫邪剑。不难看出，芜湖冶炼技术历史悠久且达到了很高的水平。进入21世纪，芜湖铁画经历了辉煌与没落两个阶段，究其缘由有很多，包括自身因素、外部影响环境因素等。本文结合芜湖铁画艺术发展历程，探求芜湖铁画背后传承与发展的相关策略。

二、芜湖铁画艺术的传承

（一）“铸制技艺”的传承——精髓

1. 手工铸制

在芜湖铁画的制作中，锻造艺术又称“锤艺”，凭借工匠对不规则的铁板进行反复锻造及锤炼，成就了一幅幅令世人震惊的铁画艺术作品。在铁画锻造的过程中，工匠通过对铁块的反复捶击，塑造需要的形态。在接下来的过程中，煅焊

基金项目：安徽商贸职业技术学院人文社科研究项目——美学视域下的芜湖铁画研究（2014KYR04）
作者简介：程志永（1982—），安徽芜湖人，硕士，主要从事环境艺术设计与理论研究。

至关重要，当多块的铁件按照预先设定的位置及形状布局，逐步加热到铁件可焊接的临界点，工艺师紧接着迅速出锤并焊接，最后完成錾、锉、锻、整形等工序，一件铁画作品就诞生了①。在这个环节中，需要铁画工艺师敏捷的判断力及眼力，特别是对铁件煅烧临界点的判断。另一方面，对铁件形状及体态的把握也至关重要，在铁块锻制及煅烧的过程中，铁画工艺师要时刻保持清醒的头脑，对形位的准确性进行把控、拿捏。不难看出，铁画的精髓就在于这些纯手工制作，打造出来的铁画带有强烈的烟火味，表面被斑斑的锤击的露迹所包裹，体现出纯手工的工艺质感及感官体验。铁画艺人不同技法的锤路也直接影响着铁画的品质与档次，而现代工业机器制作的铁画缺少了纯手工工艺铁画的灵性及感染力(见图1)。

图1 铁画艺人正在制作铁画

2. 师徒教授

芜湖铁画不是供人观赏的古董，铁画自身也是积极向前发展的，在其发展过程中自然要涉及铁画工艺的传承与教授。芜湖铁画作为国家非物质文化遗产，奠定了其在传统文化中的地位。芜湖铁画自古是传内不传外的，传承的对象须为自己家人。这种封闭的状况造成了铁画艺术发展的局限性，也造就了以储式铁画为核心的铁画垄断家族。在芜湖铁画传承的过程中，始终是以师徒关系来维系教者

① 吴道义．芜湖铁画的艺术创新与产业发展策略探究 池州学院学报［J］．2013，(7)：124-125

与学者，例如中国工艺美术大师储金霞就是在父亲的熏陶下，成了中国民间文化杰出的传承人。储金霞的父亲储炎庆作为铁画大师，打造了悬挂在人民大会堂贵宾厅的迎客松铁画。储炎庆打破铁画传内不传外的祖训，收下多名弟子，培养了多名铁画艺术传承人。铁画师徒关系教授法对于掌握及理解铁画技艺精髓有极大的帮助，因为它既包含着授者更多的情感又体现着合作意识。纯手工的铁画技艺更需要这种情感与技术的积淀，而现代工业化流程制作的铁画工艺品缺少这种情感，制造出的铁画产品显得呆板、没有情感与灵气。

（二）“精神内涵”的延伸——灵魂

1. 意境含蕴

芜湖铁画以铁为原料，以意境为灵魂，经过炉火烧制后手工锻炼，完成錾、锉、锻、整形等工序。芜湖铁画把剪纸艺术、雕刻艺术、绘画艺术融为一体，在构图上采用中国画的章法，以锤为笔，以铁为墨，黑白对比，虚实相应，既包含着国画中古朴典雅的意蕴，又体现了雕塑的刚劲有力的艺术美感。芜湖铁画在情感表达方面更多地体现在意境上，“铁为肌骨画为魂”是对铁画最好的评价，铁画本身价值不在于单个物体，而更多地表现为一种精神价值。铁画题材多反映民族坚强、坚韧不拔的精神气质。铁画作品大都是对大师国画作品的临摹及复制，铁画工艺师必须在读懂国画中的情感意境后，方能把这种意境更好地体现在铁画技艺里面。

2. 城市精神

芜湖铁画艺术是不断向前发展的，铁画先人最宝贵的是创新精神，从铁工汤鹏创造铁画到现代的多种艺术交融无不折射出铁画工艺师对铁画的创新性的追求。芜湖城市定位为“皖江明珠，创新之城”，创建了奇瑞公司、方特等重点项目。所以，芜湖城市的创新精神与铁画的创新是一脉相承的。芜湖铁画近代没落则是创新不够，没有跟上时代的步伐等因素所致，例如，在铁画题材方面，依旧以梅兰竹菊为主要创作对象，忽视了现代年轻人对极简主义风格装饰的要求，造成铁画工艺品叫好不叫座①。在当今背景下，铁画工艺师必须主动观察生活的方方面面，进一步浓缩提取原创要素，创作出体现城市现代精神的优秀作品。

3. 徽州文化

芜湖传统铁画艺术来源于中国绘画，且具有中国画的意蕴，其浓缩了姑苏画派笔锋劲瘦简洁、冷峭奇特的艺术风格。芜湖传统铁画以松及梅、兰、竹、菊四君子为主要题材，所表达的高简洁净的品质与徽文化的姑苏画派崇尚的独善其身

---

① 薛梅．符号学视角下的铁画艺术传承与发展研究《安徽工程大学硕士论文》，2012，（2）：17-18.

的气节保持高度一致（如图 2 所示）。不难看出，正是徽州文化这片土壤所孕育出了芜湖铁画艺术这颗果实。在颜色搭配上，芜湖铁画黑白相间，色彩与徽州民居的黑白色保持一致；在艺术造型方面，芜湖传统铁画从国画中找到灵感，以铁线表现题材，作品更加灵动含蓄、清新宜人、超尘脱俗；在制作技法上，芜湖铁画汲取了徽州木雕及石雕的工艺，并且根据自身技艺特点完成了技法上的突破。由此可见，芜湖铁画更多地体现着徽文化的特质，而徽文化的发展也推动着芜湖铁画内涵的变革。

图 2　传统芜湖铁画作品

三、芜湖铁画艺术的发展

（一）“品牌整合”的创建——手段

1. 品牌铸造

2002 年，芜湖市工艺美术厂进行改制，政府把企业资产评估、债务债权分担、人员安置问题作为重点进行处理，却忽略了工艺美术厂宝贵的无形资产的保护，包括品牌、信誉、商标、销售网络、能工巧匠等，正是上述因素构成了芜湖工艺美术厂的核心竞争力，而无形资产的损失对芜湖铁画品牌的创伤是致命且持续的。现阶段，对于芜湖铁画艺术来说，必须重新塑造品牌，提升无形资产的价值，因为品牌是信誉的保证、质量的担保、企业文化的浓缩。芜湖铁画在经历了一系列的变迁后，可以通过提高铁画艺术的内涵价值，打好品牌这张牌，通过生产适销对路的铁画艺术品，强化销售渠道，进一步提升芜湖铁画的知名度与美誉度。作为芜湖的非物质文化遗产，我们更有责任保护芜湖铁画这个文化品牌，通过不断赋予铁画新的内涵，把芜湖铁画这一传统工艺品牌做大做强。

2. 整合取精

芜湖铁画艺术的发展并不是一帆风顺的，它经历了计划时期的辉煌，特别是金质铁画的大发展，2006 年芜湖铁画被列为国家第一批非物质文化遗产名录。然而管理层的扩张冒进，导致工艺美术厂陷入了困境，从此一蹶不振，多数高级工艺师选择了离开，自此芜湖铁画逐步走向衰落。2013 年 4 月芜湖工艺美术厂被法院宣布破产，拉开了芜湖铁画各自为政的分离态势。由于各小型作坊技艺水平差及假冒产品混入，因而市场上芜湖铁画鱼龙混杂，芜湖铁画的品牌受到重创。芜湖铁画艺术作为非物质文化遗产，具有自身独特的发展轨迹，不能盲目追求大而全，政府可以通过调控手段，重点扶持几家企业，取缔或整合一些小的工艺作坊。2014 年，芜湖市政府依据铁画的发展，建立了芜湖市铁画博物馆及芜湖铁画产业园，政府的这种整合对树立芜湖铁画品牌有极大的帮助作用。

（二）“原始开发”的把握——方向

1. 立意构思

现代工业机具在铁画制作中的应用，使得传统的手工冶铁的技法逐步被后人所遗忘，导致芜湖铁画逐渐失去了传统工艺的精髓，铁画锻造艺术没落下来。芜湖铁画锻造技艺作为一种工艺技法，在内容选择上，大都选取国画大师的绘画作品为临本，如创始人汤鹏就是与画工合作，依据画工提供的原稿进行临摹，作品中更多地表现了植物隐含的气节，这一复制模式成为约束铁画发展的紧箍咒。随着时代的发展，复制大师国画作品已经使得铁画艺术很难得到提升，铁画工艺师必须紧跟时代的步伐，保持纯手工冶炼的精髓，并进一步挖掘新的铁画元素，创造出有新意、有意境、有时代感的铁画作品①。受西方文化的影响，人们对艺术

① 张国斌．芜湖铁画产业化转型与发展探议［J］．装饰，2008，(7)：116-117.

审美提出了更高的要求，铁画工艺师应该时刻保持创新精神，在作品选材、构思、立意上实现新的突破，满足人们对艺术审美的需求（见图3）。

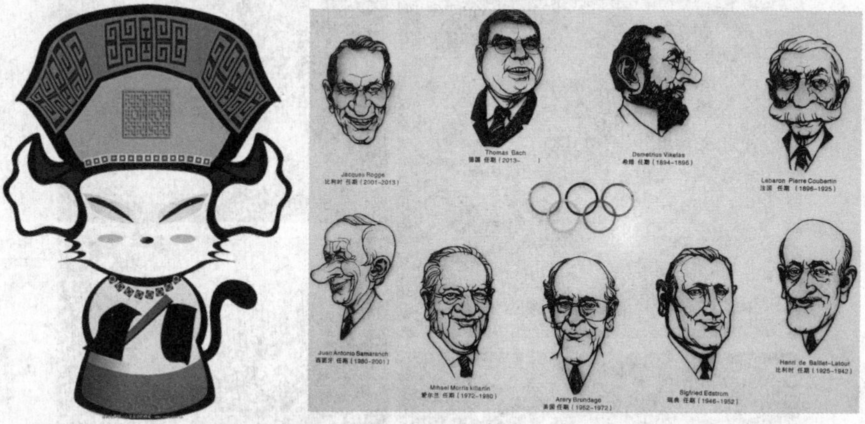

图3 铁事人物形象创新

2. 表现形式

芜湖铁画以铁为墨，把铁艺演绎得玲珑精致。铁画艺术需要创新，这种创新不是推翻重来的抱负，而是在用料、表现形式方面的“与众不同”。芜湖传统铁画以线为纲，使用白描手法表现丰富的动植物的形象。现阶段，令人欣喜的是芜湖铁画大师叶合先生打破这个常规，在铁画的表现形式上用“面”和“体”代替了传统“线”的表达。他集浮雕、剪纸、油画、工笔画等艺术于一身，以鹰、人物为主要题材，表现场景意境更加生动坦然，把芜湖铁画艺术提升到更高的层次，我们可以从他获得金奖的《松鹰图》中看到芜湖铁画的希望。他的另一幅作品更是把现代艺术与铁画的交融表现得淋漓尽致，作品中表现飞鸟徘徊于莲花之间的彩色铁画打破了传统铁画的表现形式，把国画里重彩工笔画的手法应用到铁画技艺中。在铁画的锻造技法上，叶合先生运用工整、细致、缜密的工笔画技法来锻制铁画，使得铁画画面更加生动且富有感染力，塑造的形象更加栩栩如生（图4）。

3. 功能定位

芜湖铁画作为单一的装饰品进行摆设。随着铁画艺术功能的重新定位，铁画艺术能够实现更多的自身价值。芜湖铁画艺术的发展离不开滋养它的土壤，在铁画艺术功能化的过程中不能过于功利化，可以通过铁画的象征意义表达芜湖精神、徽州文化的内涵与情感意味。随着铁画艺术产业群的进一步发展，芜湖铁画艺术可以与当地的旅游进一步挂钩，制造更多的芜湖旅游纪念物，推动芜湖铁画

图4 安徽工艺美术大师叶合先生铁画作品

从单一的装饰功能转化为实用、受欢迎的铁画产品形态①。例如，安徽省工艺美术大师叶合、邢后璠、高文清、沈涛等在长期创作中，提出了大铁画的概念，即以各种金属材料为原料，以手工锻打的方法制作各种金属工艺品，小到挂件、摆设，大到城市雕塑、大型浮雕、佛塔、壁画等，大大地扩展了铁画的外延，把芜湖铁画的创作推到了一个新的境界。叶合先生创制的工笔重彩铁画作品《一路连科》，开创了中国铁画写实彩绘新流派；工艺美术大师李小广把影雕艺术与铁画艺术相融合，创造了“影铁双画”这一新的工艺美术画种。

① 贾杜鹃．铁画艺术在城市环境设施设计中的应用研究．《安徽工程大学硕士论文》，2013，(2)：9.

4. 复合人才

芜湖铁画艺人大都出身铁匠世家，技法的传承主要通过家庭作坊的父女、父子、师徒间口头相传，缺乏理论知识及科学知识，铁画艺人在创作铁画时，主要通过临摹画家的原稿，这种复制遏制了铁画的创造力，这种模式与芜湖铁画艺术的发展是不相称的。综合考虑芜湖铁画艺术现在所面临的困境，结合铁画艺术发展的自身特点，我们得出以下结论：铁画艺人队伍里必须充实一些综合素质较好的高校艺术类大学生，这些新鲜血液的加入必定能够带来传统铁画自身所没有的新气象。在补充新人的同时，更要关心为铁画艺术奉献一生的铁画工艺师，铁画的发展离不开这些工艺美术大师，政府应该积极为他们提供良好的工作环境与生活环境，激发他们的创作热情，引导老工艺师继承铁画人传帮带的优良作风，为芜湖铁画人才的培养贡献力量。

芜湖铁画品牌的发展不是一蹴而就的，它依靠的是铁画人一代代传承的传统。在芜湖铁画艺术的变革中，每个铁画艺人都要敢于破旧俗、立新规，传承铁画的手工锻造工艺，创新铁画构思、立意、表现形式，只有这样芜湖铁画艺术才能在中国非物质文化遗产中闪烁金光。

四、结　语

在现代产业推动下，芜湖铁画艺术不仅起到装饰作用，而且已经融入城市文化建设的总体规划之中，体现在铁画与旅游产业的结合、铁画与文化产品的结合、铁画与礼品的结合。芜湖铁画艺术是我国传统艺术的一枚瑰宝，铁画艺术的发展有着自身的规律。因此，在铁画艺术的创新中，既要对传统锻造技艺进行保护性开发，又要跟随时代的步伐，赋予芜湖传统铁画新的内涵，创造出具有铁画特色又体现现代消费文化的艺术品。芜湖铁画对于打造城市的文化产业及创建非物质文化城市有积极的作用，并会逐步成为芜湖文化品牌的代表。

参考文献：

[1] 吴道义．芜湖铁画的艺术创新与产业发展策略探究 [J]．池州学院学报．2013，(7)：124-125.

[2] 薛梅．符号学视角下的铁画艺术传承与发展研究 [D]．芜湖：安徽工程大学，2012，(2)：17-18.

[3] 张国斌．芜湖铁画产业化转型与发展探议 [J]．装饰，2008，(7)：116-117.

[4] 贾杜鹃．铁画艺术在城市环境设施设计中的应用研究 [D]．芜湖：安徽工程大学，2013.

皖江地区非物质文化遗产传承与保护研究

——以池州傩舞为例

鲍红信

摘　要：包括傩舞在内的非物质文化遗产反映了人类生产生活的历史图景，凝聚着人类的文化记忆。但是受到社会转型等因素的影响，非物质文化遗产的传承与保护都面临着一些共同的困境：传承者和参与者缺失，新娱乐方式的冲击，文化资源的开发和利用处于无序状态等。在现实的语境下要破解这些难题需要：政府创造有利的发展环境；社会和宗族对非物质文化遗产进行更新与造血，增强吸引力和竞争力；加强理论和实证研究，引领非物质文化遗产的可持续发展；推进“非物质文化遗产进校园”活动。

关键词：池州傩舞；非物质文化遗产；传承人；保护

在人类漫长的历史长河中，人类与自然、社会、宇宙等的相互关系，人类的生存繁衍和成长发展的脉络等，都能在民间舞蹈中找到它们的基因密码和印迹，从一定程度上理解，人类是以“自身的身体语言刻写了以往的历史”。《毛诗大序》中有“情动于中而形于言，言之不足，故嗟叹之，嗟叹之不足，故歌咏之，歌咏之不足，故手之舞之，足之蹈之也”的记载，可见舞蹈是人类社会生活的表征，是人类生命灵性的律动，是情感最直接、最真实、最形象的表达。但是，由于种种原因，作为舞蹈和古代宗族社会族傩表演的一个活态遗留物——池州傩舞像许多其他古老舞蹈一样面临着生存和发展的危机①。

作者简介：鲍红信（1974—），男，池州学院旅游与历史文化学院讲师，博士。

① 据安徽省申报第一批国家级非物质文化遗产代表作项目普查表明，池州各村傩神会现存傩舞主要有下面名目：舞伞、打赤鸟、舞回回、舞古老钱、滚球灯、舞财神、魁星点斗、跳土地、踩马、舞狮、钟馗捉小鬼、搓香花、和尚采花、跳土地公婆、花关索战的三娘舞刀、舞合和跳吉妈妈、舞芭蕉扇、舞勒子、打铁、假秀才、打方板、刘海戏金蟾、杀关、跳五猖、舞旗等。参见罗斌：《假面阴阳——安徽贵池傩舞的田野考察与研究》，中国艺术研究院博士学位论文2007年5月。

一、池州傩舞传承和保护存在的问题

当下，池州乡村的公路交通越来越便利，甚至部分地域开通了城乡公交，手机、电脑也成了寻常家庭的常见之物，小汽车的拥有率一年比一年多，过年前后甚至会出现交通堵塞。这些新事物的出现，使原本封闭落后的乡村社会发生了巨大变化。人们的生活节奏加快、农村人员外出打工、旅游文化资源的开发等直接带来人们经济观念、思想观念的改变，这些都直接影响到包括傩舞在内的傩文化。

（一）传承者和参与者面临缺失。

众所周知，民间舞蹈最主要的传承方式是言传身授，当某种民间舞蹈无人以身相传时，它也就面临失传的危险了。20 世纪 80 和 90 年代，池州傩舞有影响的优秀民间艺人不少，有傩活动的村庄和家族都有不少能人。但是现在，他们大都年事已高，有的甚至已经仙逝。有些有难度技术的舞蹈往往因人而存，随着传承人的离世，也就人亡艺绝。此外，一些傩舞由于缺乏市场需求，没有经济利用价值，传承人生活困难，自然也没有人愿意继承他们的技艺。由于生存和生活的现实需要，中年和年轻的舞蹈传承人，大都忙于农事和出外打工，真正将心思专注于傩舞将其发扬光大的人极为少见。与此同时，受多年的传统观念影响，傩舞只传男不传女、女性不跳舞的传统也在一定程度上制约了傩舞的传承。

同时，席卷池州大地的打工潮，更是让许多村落的傩活动几近崩溃，当地各个村子都有一批人常年外出打工，按照传统的日子，演出到正月十六才结束。但是，这时候再出去找好的工作岗位已经有点迟了，在村子以往有固定工作岗位的人假期也不可能延续到这个时候。迫于无奈，许多家族不得不将傩舞演出的时间提前到正月初几。即便做出如此“妥协”，演出时间也大大缩减，演出的态度、技术水准更是大受冲击①。

（二）新的娱乐方式对人们的影响

毫无疑问，新媒体时代的到来，对傩舞的发展与传承带来了深刻的影响。电影、电视、网络，以及微信、微博、QQ 等这些新的公众交流平台和信息工具以其快速、便捷、隐秘的方式改变了人们以往的娱乐方式，使乡民有了更多的追求和选择。较之传统的娱乐方式，新媒体工具基本不受时间、空间的限制。因此，在年轻人群中最受欢迎成并为人们交流和娱乐的主要手段。在改革开放以前在较为封闭、偏僻的池州乡村，信息不畅、选择不多，正月人们能够接触到的大的娱

① 孟凡玉：《假面真情》，中国艺术研究院博士学位论文 2007 年 5 月。

乐方式便是傩戏、傩舞，可以说几乎“垄断”了乡民的娱乐活动。但是在当下，原本属于农村在节日、农闲等时间的这些自娱自乐活动存在的自然空间和社会空间在遭受侵蚀和瓦解。这些传统的民族艺术以往依附在其上的教化功能、凝聚功能、民俗功能、调节功能等受到削弱和淡化。像其他地区很多珍贵的民间舞蹈一样，池州傩舞开始淡出生活舞台，慢慢失去生存的土壤。

（三）许多傩舞文本等资源遭到破坏

毋庸讳言，部分舞蹈濒临失传与“文革”有关。在“文革”期间，许多舞蹈文本资料、珍贵实物遭到毁弃、流失或随意滥用，有些舞蹈剧目被禁止传演。仅存的有历史、文化价值的珍贵实物与资料还没有被人们加以充分的保护和修缮。舞蹈文本的遗失、珍贵实物的破坏、人员的流失等，给后续的保护与传承带来不少的压力。

（四）不适当开发和商品化的冲击

当下作为国家级非物质文化遗产，池州傩舞引起了国家和相关政府部门的重视和支持。然而，不适当开发和商品化浪潮的冲击，使原生舞蹈失去原有的生命力和民俗特色，改变了舞蹈原有的意义。比如一些傩舞活动，吸引了不少外来游客，促进了当地的旅游业的发展，带来了一些经济效益。但随着傩活动中商业旅游的气息越来越浓厚，人们在傩活动中看到的、感受到的不再是一个民间艺术，而是一个被包装了的商品，一个为了拉动经济发展而商品化了的傩舞。在活动中，为了利益的需要，人们不得不对舞蹈进行裁剪，整个傩舞只能选取经典的片段进行表演。池州傩舞文化的历史背景、象征意义、表演技巧等文化内涵得不到体现，观众看见的是傩舞的形式，傩舞的丰富文化内涵却被人们忽视和遗忘。原生的独特性和文化内涵被损害和扭曲。

（五）傩舞活动的传承缺乏规范化管理

傩舞文化来源于民间，所以由乡民自发组织的傩舞活动等，无论是舞蹈形式、舞蹈内容、还是服饰、面具、动作等都是最淳朴、最原汁原味的，也最能体现其文化内涵、民风民俗、宗教信仰、生活方式。但是，自发性傩舞传承大多由文艺工作者进行收集、整理、录制，这些工作由于没有统一的组织和可参考的标准，往往带有很大的随意性。而通过自发性地拜师学艺、通过书籍等资料学习傩舞的群众，毕竟只是少数。傩舞活动的传承缺乏统一的管理与规范，使得傩舞的传承面较窄。

二、传承和保护池州傩舞的基本策略

城市文化以雅文化为主，乡村文化以原生态见长。如今，随着物质生活的丰富和社会生活的变迁，回归自然、追求精神文化享受成为城乡人们共同向往的目标。池州傩舞作为原汁原味的舞蹈，既是地域特色的艺术遗产，也是响亮的文化名片，自然而然地越发引起人们的关注和兴趣。应该说这为池州傩舞的保护与传承提供了难得的机遇，但是，由于上述多种原因，池州傩舞这一流传千年的古老舞蹈当下却面临着濒危、失传的危机，如何采取措施保护和传承好这个文化瑰宝，如何应对池州傩舞所面临的机遇与挑战，是个值得人们深思的问题。

（一）政府要创造有利于傩舞保护和传承的大环境

一个不容忽视的现实是：包括傩舞在内的傩表演趋于萎缩，自发性的傩舞班社由于逐渐失去内在的动力和外力的扶持而举步维艰。所以迫切需要政府更加重视傩舞的保护和传承，为傩舞的发展提供法律、资金、政策等的支持。首先，进一步健全和制定一系列发展和保护傩舞的规章制度。从法律法规的层面为傩舞的健康发展保驾护航。其次，加大政府投资，建立傩舞保护和传承的“傩文化博物馆”（池州市博物馆已经专门开辟了傩文化展览区，可以在此基础上细化和丰富内容），保护民俗活动。再次，组织和建立傩舞文化的相关组织和协会。促进相关部门收集整理和调查研究傩舞的音像资料、书籍、图片、服饰等，定期举办民间舞蹈节，组织和举办各种傩文化（包括傩舞）学术交流活动。最后，更加重视对傩舞的传承人的选拔和培养。保护实践多次证明：非物质文化遗产的濒危，实际上就是传承人的濒危①。因此，抓好傩舞传承人的建设问题，就抓住了传承傩舞问题的“牛鼻子”。传承人是傩舞文化遗产的承载主体，要保护好传承好傩舞，就必须提升传承人的社会地位和生活水平，使其生活得有尊严、有价值。否则，必将导致傩舞文化的衰减和创作群体的流失。我们高兴地看到，池州市委市政府已经实施了池州市非物质文化遗产“名师带徒”工程，其中2015年“名师带徒”工程（傩文化）人选名单是姚家伟、曹其根。最后，加大对池州傩舞的宣传力度。近年年，池州市委、市政府为增强包括傩舞在内的池州傩文化的影响力，采取了一系列积极的措施。例如在央视播放的《品读池州》栏目较为清晰地介绍了池州傩舞，成功推动池州傩文化申报成为国家级“非物质文化遗产”，建立池州傩文化广场等等。但是还可以进一步学习云南省的一些有效做法。云南省鼓励媒体从多层面进行文化宣传，使珍贵的民族文化遗产成为大家共享的文化，极大地增强了云南省文化资源的影响力。《五朵金花》的拍摄使大理白族的文化成为一种品牌；《阿诗玛》的传说为石林添光增彩。《印象云南》更是将云南的美丽与魅力尽情显示。

（二）社会和宗族要实现傩舞保护和传承的自我更新与造血

流传千年的池州傩舞是老祖宗留给后世的宝贵财富，是国家级“非物质文

① 苑利、顾军：《非物质文化遗产传承人管理工作中的几个问题》，《河南社会科学》2015年第4期。

化遗产”。社会各界和傩文化遗存的各个乡村和家族要保护好、传承好、利用好这个宝藏。我们知道，池州傩舞的文化内涵蕴藏在傩舞的动作、面具、仪式、服装、器具、语言等诸方面，因此，要深入地挖掘傩舞文化的内涵，应该在一些村落建立和设置“傩舞文化传承基地”，鼓励和组织民间艺人积极培养传承人，努力抢救、发掘和保护原生态舞蹈文化，使之能够代代相传。此外，表演、比赛以及各种类型的公益活动都是宣传傩舞的好机会，这些途径也是对其保护与传承的有效捷径。同时，要回归池州乡民生活过的历史时空，在尊重池州傩舞的原生形态的基础上，对傩舞进行艺术性的再设计、再创编和再整理，从文化的深层去阐释它的创新剧目、寻找它的舞蹈动律，充分学习和挖掘民间舞蹈的深邃内涵，赋予民间舞蹈以新的生命力。从而有效地促使其快速地传播，拓展傩舞的生存和发展的空间。

保护和传承傩舞这一古老的文化，需要我们与时俱进，适应时代发展的潮流，紧紧抓住人们回归乡村、回归自然这一趋势，把保护和传承傩舞和发展旅游事业结合起来，在遵循文化产业发展规律和市场经济规律的基础上，为傩舞文化产业的发展注入活力和资金，真正实现保护性开发。要改变原来仅仅依靠村民自筹资金的模式，从更多的社会文化活动中去筹措资金，为进一步继承并弘扬优秀的民族文化提供财力支撑。还可以将傩舞的创作、表演、剧本等用现代技术手段制作成原汁原味的音像制品，制作出生活气息更重、艺术氛围更浓，更贴近群众、更贴近乡村的的作品；创编一些能聚焦当前社会热点、反映日常现实生活、引起观众共鸣的舞蹈剧目，以人们喜闻乐见的方式，满足人们精神上的愉悦，以此形成独特的舞蹈文化品牌。“他山之石，可以攻玉”，国外一些开发文化的成功案例，可以为我们提供借鉴。

花木兰是中国历史上的英雄人物，美国迪士尼公司则用这个素材拍摄了动画大片《花木兰》，反过来又将它推向中国市场，仅上海的票房就达 230 多万元。《三国演义》是中国的历史文化小说，日本人却将其开发成游戏软件风靡世界①。

同时，“酒香也怕巷子深”，要加大对池州傩舞的宣传力度。进入“微时代”以来，受到新大众娱乐与传媒的冲击，原来作为乡村单一的包括傩舞在内的傩文化表演活动面临观众断层和流失的现实危险，像任何新鲜事物一样，都有它的两面性，“解构”也是“建构”。我们需要努力做到的是怎样趋利避害，认识到微博、微信、QQ、网络等新媒体不仅是一种娱乐方式，同样也是一种宣传方式。应当建立与傩舞相关的专业网站和微信平台，运用多种多样的方式，让越来越多

① 李昕：《保护非物质文化遗产增强文化竞争力》，《重庆文理学院学报》2008 年第 3 期。

的受众了解傩舞这一非物质文化遗产，从而培养公众兴趣和开拓潜在的文化市场。

（三）加强理论和实证研究，引领傩舞的可持续发展

对古老的民间舞蹈文化艺术的研究是个历久弥新的话题，仍然有太多的空白需要人们去探索和求解。其中一个重要的方面就是要加强相关的理论和实证研究，引领傩舞的可持续发展。这要求我们的研究者必须“眼高手低”。

“眼高”是指克服形而下的研究倾向，跳出乡民直观的表演圈子，抖落泥尘，站在更高的视野，从人类学、民俗学、戏剧学、符号学等多学科多层面的角度，采用实证研究、个案研究、比较研究、综合研究，积极借鉴国内外的一些相关研究的理论方法和成果，将田野调查与理性抽象结合起来理解、审思、体悟池州傩舞①。“越是民族的越是世界的，越是地方的越是中国的。”作为地域性的舞蹈，傩舞的流传会经常局限于一个很小的“文化圈”，因此，受众的群体自然有限，但是正是这样的特殊地理空间和社会空间，使得地方舞蹈文化有它独特的风格韵味和个性特征。因此，理论研究要广泛联合其他界别，在做出艰苦的田野调查和考证的基础上，分析新时期舞蹈艺术发展的时代特点和诉求，从其他类型的舞蹈文化艺术中探求他们的共同点和异质性。因此，文化的研究必须具有跨界的眼光，善于从各个学科中汲取理论养分。“文化研究从来都没有固定的边界，没有堡垒和围墙，理论和主题都可以从其他学科中吸收进来。”“文化研究并不是学科海域中的一个海岛，它是一股水流，冲刷着其他学科的海岸，以产生新的变化着的形构。”②

“手低”是强调研究者要脚踏实地地采取田野调查的办法，深入池州傩舞遗存的村落和宗族，与民间艺人交朋友，真诚地听取他们对于保护和传承傩舞的意见和建议，选拔更加高效和有历史责任感的研究团队，利用现代的新媒体手段，系统地收集整理池州傩舞的各种宝贵资料，在此基础上建立池州傩文化资料库。具体的工作包括：其一，要系统的对傩舞的影像资料、图片资料、文字文物资料等进行分类整理和汇编；其二，要对活态舞蹈继承人的表演活动进行实况拍摄记录；其三，要加强对舞蹈仪式和舞蹈器具表演制作的调查和研究。

（四）“傩舞进校园”——应该成为傩舞保护和传承的新方向

如果说国家制定和实施的法律法规是为有效传承傩舞提供制度保证，那么，社会环境和家族（家庭）则是傩舞发展和传承的主要因素，而学校教育则是有效传承和保护傩舞文化的重要阵地。如何在学校教育层面保护和继承傩舞，主要

---

① 何根海、王兆乾：《在假面的背后》，安徽大学出版社2000年版，第307页。

② 鲍尔德温：《文化研究导论》，陶东风等译，高等教育出版社2004年版，第43页。

体现在以下几个方面：

第一是中小学校教育。这些池州学校可以在国家制定的如《全日制义务教育艺术课程标准（实验稿）》《国务院关于基础教育改革与发展的决定》等相关教育法规政策的基础上，结合学校所处的地域社会环境，根据具体教学情况，自己编写乡土教材，融入更多的“池州元素”，学习一些傩舞舞蹈动作，将池州傩舞引入学校课程中进行传承。在实施的过程中，聘请当地跳傩舞师公到学校做专场表演，组织学生和教师观看本土民间表演的傩舞，使学生在加深对傩舞的认识的同时，提升学生的审美艺术，增强学生的认同感与自豪感，激发学生保护和传承傩舞的热情，提高青少年对傩舞的爱好和参与程度。

第二是高等学校教育。高校有着丰富的学术资源和人才资源，可以为傩舞的保护与传承提供人才和智力的支持。池州学院作为池州市的唯一一所高校，在传统文化艺术的研究上有着良好的声誉和较为雄厚的实力。其中院内的皖南民俗文化与旅游研究院、旅游与历史文化学院和音乐与教育学院都有专门人员从事傩文化研究。因此，可以进一步整合各种资源，从理论和实践的角度汲取、提炼与弘扬池州傩舞蹈文化。历史研究方向的学者，可以探讨池州傩舞的起源、流变与发展，开展田野调查，系统地收集与整理池州傩舞的各种资料；民俗研究方向的学者，可以探究池州傩舞所展现的宗族礼仪和宗教文化，探寻其中蕴藏的历史文化密码；艺术教育方向的学者可以探析池州傩舞的传承弘扬；编导方向的教师可以汲取池州傩舞中的动作元素，创编出优秀的舞蹈作品；古典文学研究方向的学者，可以进一步揭示池州傩舞文本、图像、动作所承载的文化内涵和演变脉络等等。

何根海教授一直致力于傩文化的研究与传承，在池州学院建立了“傩文化研究中心”。为傩舞的保护与传承提供了一个稳定的基地和平台。此外，池州学院还积极推动傩舞进课堂活动：在相关的院系建立傩舞活动工作室，编写池州傩舞教材和创作傩舞舞蹈，面向全校师生每年选拔一批有兴趣、有特长的“苗子”，聘请池州当地的民间傩舞艺人为指导教师，进行口传身授式“面对面”的舞蹈教学，演绎池州本地的经典傩舞剧目，进而打造一支校园传统文化“后备军”，从而为池州傩舞的保护和传承提供源源不断的接班人和继承人。可以说开展“傩舞进校园”活动是一项创新的举措。它为傩舞以及其他非物质文化遗产文化的保护与传承提供了新的平台，打破了以往较为单一的保护传承模式，从思维方式和可操作模式上为创新性地推动傩舞的发展提供了崭新的开阔空间。

三、结 语

包括傩舞在内的非物质文化遗产是先民创造的极其珍贵的文化财富，其中所包含的表演艺术、文本资料、器具建造、风俗礼仪等等无不承载着人类精神和物质演进的轨迹，反映着人类生产生活的历史图景，凝聚着人类的文化记忆。《国务院关于公布第一批国家级非物质文化遗产名录的通知》说：“保护和利用好非物质文化遗产，对于继承和发扬民族优秀文化传统，增强民族自信心和凝聚力等，具有重要而深远的意义。”因此，如何使这些宝贵的非物质文化遗产传承不坠是个值得深思的问题。

“古调虽自爱，今人不多弹”。现在的受众群体对这些古老的文化艺术产生陌生感和距离感，这是包括傩舞在内的非物质文化遗产都面临的共性问题。如何解决这个现实困境，是个亟待研究的课题。本文认为：政府要创造有利于非物质文化遗产传承和保护的大环境，从政策、资金、人才培养等方面提供支持；社会和宗族（文化团体和组织）要实现传承和保护的自我更新与造血，赋予非物质文化遗产以新的生命力，增强自身的吸引力和竞争力，拓展生存和发展的空间；要加强理论和实证研究，做好发展规划和基础调查，引领非物质文化遗产的可持续发展；推进“非物质文化遗产进校园”——将地方非物质文化遗产纳入教育系统之中，提倡非物质文化遗产进课堂、进教材、进学生头脑，普及一些非物质文化遗产基本常识，提高青少年的参与程度培养他们的热情，为非物质文化遗产的传承和保护打下良好的基础。

国家级非遗岳西高腔的保护与传承研究

张军占　吴　玮

摘　要： 在现代化的背景下，非物质文化遗产的生存环境发生了很大变化，这对国家级非遗岳西高腔的保护与传承提出了挑战。岳西高腔只有重视表演人才的培养、拓宽融资渠道、加大宣传力度、创新艺术形式，才能经久不衰，永葆经典之风。

关键词： 岳西高腔；保护；传承

一、岳西高腔戏曲艺术

岳西高腔，又称高腔，源于明代青阳腔，具有青阳腔的演唱形式，明末清初沿潜水传入岳西山区，至今已有三百多年的历史。岳西高腔现存剧目近300出，基本收编于《青阳腔剧目汇编》，可分为“喜曲”和“正戏”两大类。“喜曲”现存70余出，可分为赐福、庆寿、送子、进宝、灯会、家教、贺屋、贺婚、饮宴等10个类别，之所以称为“喜曲”，是因为唱词多为喜庆、吉祥之词，主要在各种民俗活动里出现。“正戏”，题材广泛，风格多样，是岳西高腔剧目的主流部分。表演时分两种形式：一种是“围鼓坐唱”，由五至七个艺人围鼓而坐，各执一件打击乐器，以鼓板师领头，一唱众和；另一种是化装登台演出，艺人角色一共分为正生、正旦、小生、小旦、净、末、丑、夫、外、杂10种。

清乾隆、嘉庆之间，高腔开始组成班社公开演唱，田头乡柳畈村的柳荣获（1784—1839，清优廪生）的七位胞兄弟组成高腔围鼓班，在当地公开演唱并收徒传授。目前，岳西高腔民间班社分布在岳西境内各个乡镇，通过政府扶持、群众自发的方式已组建十多个民间班社，班社成员主要是由乡民构成，因此岳西高

基金项目： 安徽省教育厅人文社会科学重点研究基地委托项目（2013B332）；安徽省教育厅人文社会科学研究项目（SK2013B334）；国家级大学生创新创业训练项目（201411306087）

作者简介： 张军占，男，池州学院旅游与历史文化学院讲师；吴玮，女，池州学院旅游与历史文化学院文化产业管理专业学生。

腔的班社呈现半职业性、半班社的特点。

岳西高腔之所以能源远流长，高腔剧目之所以能保存完好，一个重要原因就是有“俗”必应，它的曲谱、唱风深深地融入了当地的地域文化之中，让世代人们为之传唱。岳西高腔与民俗相结合的全部活动都是通过戏曲去完成，它的全部演出也都与民俗相关，从不进行商业性演出；它享有参与一切庄严、娱乐性民俗活动演出的特权。这种地位的确立，既是受到官方和社会各阶层的推崇，更是因其有符合各类民俗事象、各个阶层人物审美需求的特点。

二、岳西高腔的研究现状

2010年，岳西高腔传承中心成立，并组建了高腔研究队伍。研究队伍通过实地调查的方式，走访岳西高腔流布的各个村镇，对全县民间高腔班社、民间高腔艺人、高腔剧本、曲谱等进行搜集、整理、建档，获得残存在民间的第一手宝贵资料。此外，研究队伍还积累各时期专家学者发表的论文、出版的专著、文艺志书、文史资料100多万字，搜集近些年舞台演出的音像资料120分钟。研究队伍规划、编辑、公开出版《岳西高腔丛书》四种（剧目、音乐、古影抄本、文论等）5卷；改编、整理精排代表剧种水平的高腔剧目《龙女小度》《秋江别》《捧盒》《三星献瑞》等十余出；扶助5个乡镇自建民间剧社12个，成员250余人。通过这些研究成果，我们可以掌握岳西高腔独特的艺术价值和当下的生存状况。岳西县文体局的汪同元先生近20年来对岳西高腔进行了较系统的研究，他一共搜集、编纂和撰写高腔资料、论文达50多万字。

三、国家级非遗岳西高腔保护与传承存在的问题

（一）表演人才匮乏

表演人才的缺少是岳西高腔面临的最现实、最核心的问题。人是戏曲的灵魂，一个剧种的演出活动，其中包括老年、中年、青年、幼年等不同年龄结构的人群，单个人是不能完成整场演出的，需要有一个团体，但就目前高腔传承现状来看，岳西高腔的人才匮乏问题比较大。

1. 缺少专业表演人才

岳西高腔的演唱者主要分为两类：一类是一些乡镇成立的民间班社演唱团队，一类是岳西高腔传承中心的专业人才。岳西县境内能演唱岳西高腔的人才屈指可数，国家级非物质文化遗产传承人王琦福和蒋小送均已八十有余，现有的民间老艺人不足50人且年老多病。在新中国成立初期，岳西高腔剧团与岳西黄梅戏剧团合并，很多专业演员转而学习其他戏曲，这导致了岳西高腔的爱好者、演唱者群体越来越少，从而受众范围也越来越小。目前，经过系统培训的专业演员

只有8人，一旦参加大型演出活动还需要请外来演员的援助，这使岳西高腔演出人才培养面临尴尬局面。戏曲的发展不仅仅是演员的一家之功，包括编导、剧本、音乐制作等关键环节，由于岳西高腔的唱词、曲调文雅婉转，一般人难以理解，相比于现代流行音乐的通俗易懂，许多年轻人更愿意进行流行音乐的创作，而不愿意去学习岳西高腔艺术。

2. 表演人才培养体制机制不健全

岳西高腔的民间班社主要是由民间爱好高腔的人员自发组成，没有制定相应的规章制度加以管理，因此具有松散、非专业性等的缺点，不利于人才的进一步培养。岳西高腔的两位国家级传承人也会在民间接受徒弟，对其进行教授，以保证高腔艺术世代传唱。但近年来，外出打工的人日益增多，师徒们想聚齐也不容易，再加上有些人不重视，没有演出机会，没有活动经费，班社很难聚到一起。在有些乡镇，根本没有规模系统的培养表演人才机构，也没有专门的教授场所。政府部门也未制定相应的政策鼓励培养表演人才。人才培养体制机制不健全，很难保证表演人才的培养。

（二）岳西高腔保护与传承的所需资金不足

岳西高腔的发展资金不足主要是因为资金来源对政府依赖性大，自身造血的能力不强。岳西高腔保护与传承需要大量资金，一方面，扶持民间班社的发展，参加各种文艺演出工作需要活动资金；另一方面，对戏曲资料的研究、分析、整理以及人才的培养也需要大量资金。岳西高腔自我造血功能不强，没有市场化的理念，没有产业化的构思，自身的力量薄弱，只能依靠政府部门的扶持。但仅仅依靠政府有限的资金扶持很难支付庞大的开支，严重阻碍岳西高腔的保护与传承。

（三）岳西高腔的宣传力度不大

岳西县地处大别地区，经济落后，交通不便，缺少现代化的传播工具，这就使得高腔艺术在向外传播时受到了巨大的阻碍。根据调查，岳西高腔作为古老稀有剧种，由于多年来没有登台演出，许多岳西本地人都不知道有岳西高腔的存在，更别说是外来人。在岳西县城大街小巷，很难找到岳西高腔的宣传牌。在民间，只有个别人家办喜事时，才请来民间班社进行表演，但演出活动也不是很多。对于岳西高腔的表演者，在现实生活中，我们能听到、了解到的只有岳西高腔的两位传承人王琦福和蒋小送，并没有其他的高腔艺人为人们所熟知。

（四）岳西高腔的创新发展不够

古老文化的发展只有与时俱进，才会成为新社会的宠儿。岳西高腔的创新发展只是局限于对其艺术体制的小修小补，以及唱腔的小修小补、表演形式的小修小补，而真正要做到的是创作内容要与时俱进，反映当代社会人民生活情况。岳西高腔所表现的主题内容大多是传统社会的生活状况，这样一方面有利于民族传统文化的弘扬；另一方面，墨守成规、不进行创新，只会导致岳西高腔离人们生活越来越远。有内容创新才会吸引观众，坚持创新、与时俱进也是岳西高腔保护与传承过程中的一大课题。

四、国家级非遗岳西高腔保护与传承的路径思考

（一）要重视表演人才的培养

1. 积极推进民间班社和高腔剧团的发展

民间班社和高腔剧团专业演员是长期以来岳西高腔的主要演唱者。地方政府要制定相应的政策及规章制度，保证高腔艺术的平稳发展；在经济上，加大对民间班社和剧团的资金支持，提高演员的积极性；在专业上，注重其演员专业表演艺术上的提升，对其进行专业、系统的培训。鼓励其参加各种演出活动，不仅能丰富人们的精神生活，而且对岳西高腔的宣传与保护也起到一定作用。

2. 建立岳西高腔人才培训机构

在岳西境内，目前还没有有关岳西高腔的专业培训机构。建立专业的培训机构，成立岳西高腔培养的专业性院校，可以面向全社会招收岳西高腔爱好者，既有利于对优秀人才的挖掘，又可以培养不同年龄段的专业演员和演出服务人员，专业性院校积极参加国家级或省级各种大型文艺演出，传播与发展岳西高腔。

（二）拓展融资渠道，保障岳西高腔保护与传承的资金

1. 发挥政府的主导作用

政府部门不仅给予岳西高腔政策上的支持，也要给予经济上的支撑，积极引导岳西高腔走产业化的市场发展道路，制订切实可行的发展规划，通过立法手段保护岳西高腔的传承发展，完善岳西高腔保护与传承的相关规章制定。首先，设立岳西高腔保护与传承发展的专项资金，保障岳西高腔发展所需资金不能被地方政府以各种理由挪用，以确实用在岳西高腔的保护与传承方面。其次，政府要鼓励民间资本投资，有些地方商人对岳西高腔有着深厚的感情，希望岳西高腔能得到进一步的保护与传承，政府要为其提供政策支持，鼓励民间资本进入非物质文化遗产的保护与传承发展中。最后，政府主导并鼓励各方力量参与到岳西高腔的保护与传承中，进一步发挥高校、协会、社团的作用，成立全国性或全省性的“岳西高腔艺术家协会”“岳西高腔爱好者协会”等。

2. 鼓励岳西高腔自我造血，发展文化创意产业

地方政府部门因扶持资金有限，所以岳西高腔必须依靠市场运作模式来谋发展。将岳西高腔与文化创意产业融合，将其文化元素融入表演、展览、文化传播、艺术培训、特色文化产品生产经营等文化创意产业中，形成特色的文化创意

产业链。例如，岳西高腔可以向动漫产业发展，将高腔艺术拍成具有教育意义的动画片，让小孩从小就接受岳西高腔优秀文化的熏陶，让年轻人进一步了解古老戏曲的艺术魅力。还可以通过网站建设，利用新媒体，开通网上剧院、网上演艺场馆，与有实力的院团进行合作，传承岳西高腔和文化。除此之外，还可以把岳西高腔与当地文化旅游产业的发展相结合，与当地独特的民俗风情相互交融，既能实现宣传推广岳西高腔文化，又能带来经济效益。

（三）加大岳西高腔的宣传力度

1. 开展与地方高校合作，挖掘岳西高腔的历史文化价值

岳西高腔可以与安庆师范大学合作成立岳西高腔文化研究中心。目前岳西高腔传承中心的研究资源短缺，缺少人力、物力、财力的支持，很难进一步开展岳西高腔的研究工作。可以充分利用安庆师范大学人文社科方面的雄厚研究实力，更好地开展对岳西高腔人文艺术、民俗文化、市场化等方面研究，提高岳西高腔的艺术价值、文化价值、经济价值。岳西高腔也可尝试走进校园，让学生们感受经典、传承经典。可以开设高腔艺术课程，让高腔进入课堂，将高腔艺术作为学生音乐素养培养。其次，可以走进校园，组织专题演讲和文艺会演，让学生了解岳西高腔的文化底蕴与艺术形态，感受岳西高腔的魅力与风采。最后，可以积极鼓励引导学生主动学习高腔，欣赏高腔，开展有关文艺竞赛活动，提高青年学生的积极性。

2. 建立网络平台互动

在“互联网+”时代，信息传播交流频繁，建立相关网站，搭建岳西高腔研究和资源共享平台势在必行。为了加强岳西传统戏曲的宣传，在岳西高腔网站的建设基础上，当地政府应该开设关于岳西高腔的微信公众号、贴吧、论坛，并借助当地政府官网开设专栏介绍岳西高腔。与此同时，也应加强对网络信息的管理、更新，营造良好的舆论研究环境，从而增强岳西高腔的影响力。

（四）创新发展岳西高腔文化形式

文化发展讲究推陈出新，创新往往能把一个古老衰落的艺术重新救活。岳西高腔起源于民俗，又与民俗相互融合才得以发展。创新发展高腔艺术，就是要讲究贴近现代生活，与时俱进。在音乐上，岳西高腔要改变以前婉转、难以理解的曲调，与现代音乐风格靠近，符合当代人的审美要求。在剧本的创作上，传播的主题与当下的社会背景相结合，以得到观众的关心、关注。另外，在互联网时代，网络游戏日益受到年轻人的追捧，广泛而深入地影响着中华民族的青年一代，如能以岳西高腔为文化素材，开发一款集艺术性、娱乐性、教育性于一体的网络游戏产品，让玩家对岳西高腔历史发展、文化背景有初步的了解，在实现寓教于乐的同时，实现双效双赢。

在政府、高校、专业院团、文化企业等各方力量的共同努力下，牢固树立保护非物质文化遗产的意识，积极落实正确的传承发展路径，岳西高腔这一优秀古老的文化遗产将继续与淳朴的民俗相互融合，世代传承发展。一定会“深山再闻绝响声”，我们相信岳西高腔的明天一定唱得更响、唱得更远。

参考文献：

[1] 汪同元．岳西高腔的艺术形态与文化意蕴［J］．安庆师范学院学报（社会科学报），2008，（10）．

[2] 汪同元．岳西高腔纵谈［J］．黄梅戏艺术，1990，（3）．

[3] 班友书．从青阳腔遗响谈岳西高腔［J］．戏曲艺术，1980，（2）．

[4] 王文成．岳西高腔在市场经济条件下发展构想初探［J］．商业文化，2009，（4）．

[5] 张艳．岳西高腔“变中”求存［J］．铜陵学院报，2012，（2）．

[6] 刘江华．深山再闻绝唱声——安庆民进文化委员会“岳西高腔”调研纪实［J］．民主，2010，（6）．

[7] 赵元．岳西高腔和黄梅戏的对比分析［J］．佳木斯教育学院学报，2013，（7）．

[8] 牛淑萍．文化资源学［M］．福州：福建人民出版社，2013.

[9] 郑宪春．中国文化与中国戏剧［M］．长沙：湖南人民出版社，2007.

[10] 崔安西，王同元．中国岳西高腔剧目集成［M］．合肥：安徽文艺出版社，2014.

[11] 林智勇．民生工程搭台，高腔戏进村［N］．安庆日报，2014-06-30.

[12] 胡竹峰．岳西高腔手记［N］．光明日报，2014-09-12.

文化生态视域下皖江非物质文化遗产的保护与传承研究

——以池州青阳腔为例

苏玫瑰

摘　要：文化生态学理论要求我们将皖江非物质文化遗产纳入其所处的文化生态系统当中，以整体的文化生态学眼光关注其在不同历史时期的演绎与变迁，为其在当代时空条件下的保护与传承提供更为广阔的视角。通过对池州青阳腔文化生态系统的分析、对青阳腔文化生态系统演变的论述，以及这种演变对青阳腔保护与传承所产生的危机的探讨，为青阳腔的保护与传承提出有效的对策，也为皖江非物质文化遗产的保护与传承研究提供思路。

关键词：文化生态；池州青阳腔；皖江非物质文化遗产；保护与传承

“皖江文化”是指与今天安徽省委、省政府“开发皖江”决策下的皖江经济区域大致接近的、拥有皖文化的传统遗存和近代特色的长江安徽段流域文化。具体区域，除了个别县、市之外，主要包括芜湖、马鞍山、安庆、池州、铜陵、宣城、巢湖和滁州市的东部地区[1]. 皖江非物质文化遗产是指在“皖江文化”区域内的由皖江人民世代相传、与群众生活密切相关的各种传统文化表现形式（如民俗活动、表演艺术、传统知识、技能以及与之相关的器具、实物、手工制品等）和文化空间。池州青阳腔是皖江地区传统戏剧类具有代表性的非物质文化遗产，它产生于明朝嘉靖年间的安徽池州青阳县，后曾挟“滚调之优”席卷了大江南北，其足迹遍及赣、鄂、湘、川、黔、鲁、闽等省，“不仅在农村有广大观众，还进入‘衣冠之会，粉墨之场’，甚至还侵占了昆曲的领地[2]. 青阳腔不仅是安徽第一代走向全国的地方戏曲，而且对徽剧、赣剧、湘剧、川剧和黄梅戏等地方剧种的形成有着直接或间接的影响。

然而今天，在现代化、全球化的冲击下，皖江大部分非物质文化遗产的生存空间受到挤压，其特有的青阳腔也陷入全面危机。2006 年 5 月，青阳腔被国务

作者简介：苏玫瑰（1983—），女，池州学院旅游与历史文化学院讲师，法学硕士。

院列为中国第一批非物质文化遗产保护项目，在为全世界所关注的同时，如何更好地保护与传承青阳腔这样一种独特的戏曲文化，实现人类文化多样性保护的价值目标，成为摆在我们面前的严肃而又紧迫的课题。笔者希望从一个全新的非物质文化遗产保护与传承研究的视角——文化生态学理论出发，通过对青阳腔文化生态系统的分析，对青阳腔文化生态系统危机的论述，为青阳腔的保护与传承提出有效的对策，也为皖江其他非物质文化遗产的保护与传承略尽绵薄之力。

一、文化生态学理论——皖江非物质文化遗产保护与传承研究的新视角

文化生态学理论认为："民族文化的发展演进是作为文化主体的人和文化本身及环绕二者的环境之间互动的历史，三者构建了一个文化—环境—人的复合生态系统，文化就是在三者动态平衡的时空中不断演进的。"[3]．在连续不断的演进过程中，当这个复合的生态系统中的三要素，即文化、环境与人达到某种契机时就会产生与传承一种凝结某种语言、表演艺术、社会实践、仪式礼仪、节日庆典、手工技能，抑或是特殊的有关自然界和宇宙的知识和实践的点，这个点就是我们今天力求保护与传承的非物质文化遗产。也就是说，任何一种非物质文化遗产的产生与传承都拥有特定的环境，而这个环境就是以一定民族、社区的民众为主体，集自然与人文、现实与历史、经济与文化、传统与现代于一体，形成自足互动的文化生态系统[4]．

对于这个非物质文化遗产产生与传承的特定文化生态系统，可以把它分为四个子系统：一是物质生态：即由该地区独特的自然环境、政治政策、经济形式和商业发展程度所决定的物质生活方式，它是整个文化生态系统的基础；二是行为生态：即由该地区当时的思想新潮和审美观念所主导的对待文化产品和文化消费的态度和行为惯性；三是精神生态：即该区民众在自身长期奋斗和外来各种因素的影响下所凝聚成的特有的，集中体现为共同语言、共同信仰和共同核心价值观的民族精神和民族心理；四是制度生态：即为维系民族存在、凝聚和发展所设立的各种行为典章制度、规范和准则等，它硬性规定了文化遗产的传习者、表演空间、表演时间以及传习经费来源等。这四个子系统相互依存、相互渗透、相互制约、相互推动，共同为非物质文化遗产的创生与传承发挥作用。

二、皖江非物质文化遗产产生与传承的文化生态系统分析

（一）皖江非物质文化遗产孕育的物质生态：趋于商业化的生活方式

马克思曾指出："物质生活的生产方式制约着整个社会生活、政治生活和精神生产的过程[5]"。而一定的物质生活方式则由该地区独特的自然环境、政治政策、

经济形式和商业发展程度所决定的。与中国整体的传统农耕生活方式不同，安徽地形复杂，自然资源丰富，但山多田少，早年的安徽人不得不在农作物之外，大力发展植茶、造纸、制墨、制砚等土特产和手工业。进入明代以后，人口与粮食的矛盾愈来愈突出，人们开始走出山门，出外经商赚钱养家糊口，出现“十三四岁，往外一丢”的商业风气。这种商业生产方式得到明朝开国皇帝朱元璋及重要大臣徐达、常遇春等安徽帮的大力扶植，经济迅速发展。此时的安徽已经成为全国著名的经济、文化发达的区域。处于安徽皖江境内的池州青阳，其农业和手工业也迅速发展，到嘉靖年间（1522—1566）境内绝大多数地区都已经开发成耕地水田。制茶、造纸、棉纺、丝织、石雕、木刻、竹编等手工业也都初具规模，有的行业已出现了手工工场[6]311，甚至萌发了资本主义的生产关系，形成“钻天洞庭，遍地徽”的商业霸主局面。这种资本主义的物质生产方式雏形和“十三四岁，往外一丢”商业生活方式为青阳腔的产生、繁荣奠定了物质基础。

（二）皖江非物质文化遗产诞生的行为生态：思想新潮和审美观念变更形成的社会时尚

明嘉靖、万历年间，皖江地区社会经济繁荣、商品贸易频繁，社会形成巨大的新兴商人群体和市民阶层。随着财富的增加，“物质产品对人类的生存就开始获得了一种前所未有的控制力量，这力量不断增长，且不屈不挠。”[7]新兴商人群体需要突破当时的种种限制，尤其是突破明初程朱理学对人们的思想限制来为发展自主经济、获得更多物质财富营造良好的社会氛围。于是，在这些新兴商人群体的引领和需求刺激下，社会上掀起了一股追求个性解放、歌颂人的价值，反对道学的禁欲主义，大胆追求幸福、向传统的人生哲学提出挑战的新思潮。新思潮直接推动整个社会的审美观念发生变更，形成以“崇尚真性情、反对假道学”的社会审美时尚，同时也呼吁能有一些直接反映现实、表达市民群众情感与心声，并且形式自由活跃、语言通俗浅显的文艺形式或作品出现。在这种社会时尚的推动下，池州青阳县的艺人们创作出“青阳腔”的戏曲形式，其“剧目选自宋元旧篇，还注入了新的思想内容……以普通劳动者和下层文人的是非好恶来处理历史故事，用农民的想象来塑造历史人物”，[6]11不仅满足了池州地区新兴商人和市民阶层的审美要求，而且还以不可阻挡的趋势在数十年内波及大江南北、走进千家万户。因此，可以说正是追求个性解放、发展自主经济的社会新思潮和崇尚真性情的通俗审美时尚直接推动了“青阳腔”这种具有世俗文化品格的戏曲的产生。

（三）皖江非物质文化遗产成熟与繁荣的精神生态：外来文化本地民间风俗的不断融合

当社会呼唤具有真性情的、具有世俗文化品格的文艺形式或文艺作品时，文化生产者便开始了适时创作。文艺创作的第一步即为艺术体验，它是艺术家对生活的感受、观察和思考，是生活在心灵里的积淀。而艺术体验又有两种重要形式：一为自发艺术体验，即无意识中形成的艺术体验，它是在生活中自然积淀下来的心理经验；二为自觉艺术体验，即艺术家为了艺术创作而进行的艺术体验。

对于池州青阳腔来讲，一方面，池州民间傩戏与九华山佛教文化帮助青阳腔艺术创作者完成了自发艺术体验。池州素有“中国傩戏之乡”的美称，其傩戏在青阳腔产生以前就已经产生并在池州民间广泛传播；同时，九华山佛教文化闻名遐迩、历史悠久，且在嘉靖、万历年间其佛事活动异常繁盛、兴旺。身处其中的民俗艺术工作者在傩戏与九华山佛教文化的双重熏陶下，已有深厚的艺术修养和艺术创作潜力。另一方面，外传而入的南戏帮助青阳腔艺术创作者完成了自觉艺术体验。南戏四大腔海盐腔、昆山腔、余姚腔、弋阳腔都先后传入皖南，并极受池州本地平民阶层的喜爱。这种突如其来的、迅速抢占市场的艺术形式，也引起了池州当地艺术创作者的思索，为了创新自己的艺术形式、提高本土民俗戏曲的市场号召力，他们自发地接受这些外来腔调，并极其巧妙地与当地傩戏、九华山佛教文化结合起来，反复试验，并最终创新出更能满足本地新兴商人、平民阶层所喜爱的艺术形式——青阳腔，并经由那些徽商从池州青阳传向全国各地。

（四）皖江非物质文化遗产兴盛、创新与传承的制度生态：宗族祭祀礼仪与宗法佃仆制度

任何文化艺术的兴盛、创新和传承都离不开三大项：一是专门从事这种文化艺术的工作者；二是文化艺术的表演时间和空间；三是文化艺术的发展经费。这三项因素并不是绝对分割而是相融于一定的文化生产制度和组织基础之中的。青阳自古形成的宗族祭祀仪式与宗法佃仆制度就是青阳腔兴盛、创新与传承的制度生态。

就文化艺术的表演时间与空间来讲，一般体现在传统年节、庙会活动和文化节庆等方面。具体到青阳腔，其表演时间和空间主要体现在皖南自古就有祭祀传统，迎神赛会演戏的风俗，仅祭祀就分为宗祭、族祭、家祭等等，还有地方性的秋报、闹元宵、祀五猖、祭越国公、太子会等等。这些宗族的和地方性的迎神赛会活动，往往都和演戏、唱曲相结合，此时已经产生并得到传播的青阳腔就越发备受这些祭祀活动的青睐。宗族古戏台、土祭坛、田野草台、万年台、城隍庙台等也自然成为皖南祭祀仪式中的上演青阳腔的舞台。

青阳腔的表演人才和发展经费则由当时的宗法佃仆制度来保障。明清以来，皖南、徽州一带的土地所有制以宗法地主土地所有制为主，宗族占有很多族田。这些族田不仅是祠墓祭扫、迎神赛会、祠堂修葺、族谱增修的物质保障，还有更关键的一项——为戏剧演出提供费用。此外，皖南自宋元明以来，宗法缙绅有力之家，就经常招募贫民作佃仆，除了为地主看家护院、充当保镖，守山卫林、建房铺路、包揽所有杂务以外，还练武演戏，特别是有些名宗巨族曾指派一些佃仆专习奏乐，兼任乐仆。这样，一部分佃仆与优伶乐工共同承担的地方戏曲传承人的角色，为青阳腔的发展做出了自己的贡献。

三、皖江非物质文化遗产文化生态系统的演变危机研究

（一）物质生态的演变：由政治、经济、文化中心到民工输出大省

明朝时期的徽州，由于得天独厚的政治优势，成为当时的政治、经济、文化中心，这成为皖江非物质文化遗产的产生、繁荣和传播的重要物质基础。然而进入清乾隆时期后，原有的政治优势丧失，太平天国运动期间，百姓死于战乱与瘟疫者十之六七，幸存者历尽劫难，背井离乡，最终造成青阳腔曲终人散。进入现代社会，现代工业化和商业化的经济结构和经济发展策略使安徽曾经的经济优势也不复存在，安徽甚至沦为经济不发达地区。这种经济地位的变迁，使安徽人的生活方式发生了根本变迁，一大批农村青年为了获得更好的物质生活条件，不得不背井离乡远赴经济发达的北京、上海、广州、深圳等地区工作。全国第六次人口普查数据显示，较之第五次人口普查结果，全国31个省级行政区中，人口流失数量最多的安徽省，已有962.3万人在其他省生活或工作，占到全国跨省流动人口的11.2%。生活方式的变迁不仅使青阳腔在当地没有了青年受众群体，没有了演出市场，而且也没有了继承人，丧失了民间基础。

（二）行为生态变迁：由单一的戏曲消费到电影、电视、网络等多元文化消费

伴随着现代社会工业化、商业化以及人口都市化的发展，人们的传统生活方式迅速发生变异。由声、光、电等现代科技手段所形成的畅销小说、商业电影、电视剧、广告、流行歌曲、时尚杂志、卡通动漫、MTV、卡拉OK、体育比赛以及模特表演等多元化的文化消费内容和消费方式，使人们足不出户便可以通过这些先进的方式获得全世界最新潮的文化。尤其是电视的大众化将人们的目光从户外拉到家里，电视中丰富多彩的节目成为大众消遣的主要方式。多元文化消费导致戏曲作为一个整体日趋没落，青阳腔也不例外。

（三）精神生态变迁：由对意义价值的敬仰到娱乐过度后的信仰缺失

尽管皖江非物质文化遗产的创作都坚持世俗化、民间化，但其不粗俗，不卑俗，所有改编在语言上、表演方式上接近雅俗共赏，在立意上仍然坚持寓教于乐，它对促进天人和谐、调适个人心理、促进道德教化、整合社会秩序等有其积极作用。而现代科技带给人们的则是工业意味、商业意味日益浓厚的大众文化，它直接诉诸情感与激情，以娱乐性、休闲性、大众性与消遣性为服务宗旨，把一些程式化的价值观念、行为方式和思维模式当作约定俗成的规范强加于工业化社

会中的每一个人，使每个人在庸俗的、无所用心的消遣和消磨时间之中成为一个个孤立的社会原子，失去了自我决断的能力，丧失了个体的自由，也就丧失了对意义价值世界的思考和信仰。

（四）制度生态变迁：由同质凝聚力强的集体到异质原子化的个体

明清时期的徽州是典型的具有较强凝聚力和内聚力的宗族社会，活跃的宗族组织全面影响着徽州，成为国家之外的地方社会的实际控制者。与宗族相配套的宗族祭祀仪式与宗法佃仆制度在人员和经费上保证了皖江非物质文化遗产的创造和传承。然而，清代中后期，随着近代化进程下的社会变革，徽州宗族开始松懈。新中国成立以后，国家权力加快向乡村社会渗透的步伐。在这个过程中，村庄内部阶级分化被抑制，乡村社会传统的精英阶层（士绅阶层）消失，乡村社会的管理组织被重构，宗族势力逐步瓦解。虽然国家权力的下沉，为解决中国社会面临的总体性危机和改变中国在世界工业化潮流下的落后局面做出了很大的贡献，但在实际管理过程中，土地承包、分散经营使得乡村民众由以前的群体化状态演变为原子化、碎片化状态，导致村级组织失去了对村民的约束能力和管理能力，也就无法凝聚村民自愿出钱、出人、出物抑或是出力来为乡村公共事务做出贡献。

当文化生态系统发生演变时，耦合于其中的非物质文化遗产各要素，如剧目与表演方式、传播主体和受众客体也将随之发生变化。陌生的剧名、缓慢的节奏、程式化的表演、单一的伴奏音乐、简单的场景布置，让追求现代快节奏、听惯流行音乐的新潮年轻人很难接受。再加上多元化的娱乐方式、追求快节奏的物质生活方式、对精神信仰的忽视等，使得非物质文化遗产的受众客体逐渐消失。受众客体的消失让非物质文化遗产没了观众、没了市场，最终导致传播主体日益萎缩，传承面临着巨大危机。

四、重构文化生态系统，传承皖江非物质文化遗产

（一）重新定位城市发展重心，重构物质生态

由经济落后导致的大量农村青年外出务工，农村“空巢”状态等对皖江非物质文化遗产的保护与传承带来很大的困境。要改变这种状态，必须首先振兴经济。以池州青阳腔为例，作为长江经济带、皖江城市带承接产业转移示范区、皖南国际文化旅游示范区、全国生态文明建设示范区“一带三区”战略规划的核心区域，池州已将“生态立市、工业强市、旅游兴市、商贸名市、文化名市”作为城市建设目标，其最具有吸引力的旅游资源便是国际性佛教道场“莲花佛国”——九华山。围绕九华山的优美风景和独特的享誉国际的佛教文化，每年吸引近千万人次的旅客，这为与九华山同属地的青阳腔带来大量的海内外观众和

难得的国际性传播机会。青阳人可以把把握住这种机会，一方面大力发展旅游产业，通过做地陪导游，开设农家乐，开卖特产、礼品、纪念物，优惠创业等方式解决就业问题，改变外出务工的生活方式，将大批务工人员留下来，只有留下人，青阳腔才有表演者、才有观众、才有市场；另一方面，积极改革创新青阳腔，使旅客在流连风景、虔诚礼佛的同时，也能驻足青阳腔。

（二）引导民众增加以“传统文化”为主题的文化消费，重构行为生态

在多元文化价值观、多元文化消费形式的冲击下，大多数年轻人对收藏、鉴赏文物艺术品、观看传统戏曲等传统文化消费都比较陌生，对传统文化消费的投入比重也较低，甚至有些年轻人根本没有传统文化消费的打算，这对依托于传统文化之中的皖江非物质文化遗产来说是非常不利的。因此，有必要通过一些措施来引导民众增加以“传统文化”为主题的文化消费。以青阳腔为例，可以开展惠民文化消费季，开展多项以传统文化为主题的活动，可以有青阳腔戏曲表演、黄梅戏表演、相关艺术品拍卖、九华山庙会、多种非物质文化遗产传人之间互动体验活动、市民亲身体验非遗工艺品制作等活动，为传扬传统文化、推动传统文化市场化搭建平台，也为市民提供亲近传统文化的途径，并最终使传统文化消费成为人们日常文化消费中的一种惯常消费行为。

（三）创新皖江非物质文化遗产的内容和表演方式，重构精神生态

在现代社会，皖江非物质文化遗产所依托的传统文化已然遭到现代文化的解构，身处现代文化中的观众自然也对一些非物质文化遗产不感兴趣。所以非物质文化遗产必须在现代文化中重新定位自己，以与现代文化的创新结合来重构自己的精神生态。于池州青阳腔来讲，应该在两个方面做好与现代文化相结合的创新：一是剧目内容上的创新。对于已有的传统经典剧目，青阳腔工作者应结合现代文化进行恰当改编，创作一些接地气的作品，如池州青阳腔剧团创作的歌颂大学生回乡当村官的《燕归来》，批评母亲痴迷打麻将影响儿子读书学习，终又迷途知返的《都是麻将惹的祸》，赞扬“夕阳红”工程的《日子红火福无边》等等，都是不错的尝试。二是音乐、唱腔和表演形式上的创新。可以借鉴专门研究湖口青阳腔的刘春江先生的做法，将传统的青阳腔用湖口方言唱词改成普通话，并在唱法中加入了通俗的元素；或者是借鉴流行歌手慕容晓晓的《新女驸马》、李玉刚《新贵妃醉酒》等做法，将青阳腔曲目改成流行唱法+青阳腔唱法的混搭；也可以与其他表演方式相结合来表现青阳腔，如可以用皮影戏来表现青阳腔、或者用动画来展现青阳腔曲目及唱法等。

（四）构建政府+民间力量的双重保护与传承机制，重构制度生态

宗族祠堂、祭祀仪式、族田以及宗法佃仆制度的消失，使青阳腔依靠民间自发传播和传承的制度保障已经没有了，而今想要在行政话语较强的现代社会重建皖江非物质文化遗产的制度生态，必须依靠政府的力量，以政府为主导，牵引社会力量，形成政府+民间力量的双重保护与传承机制。具体来讲：一是加大财政投入力度，做好非物质文化遗产的资料收集、整理、挖掘工作。以青阳腔为例，在当地政府的主导下，目前已经开展的工作有：成立《戏曲志》编撰机构、召开全国青阳腔学术研讨会、收集传统剧目、脸谱、建立“青阳县青阳腔艺术陈列室”“青阳腔长垅村农民剧团”等，取得了一定的成就，但还应该更加努力，争取有更多的建树。如可以运用现代科技手段进行绘图、制图、录音、录像；利用多种载体对其表演行为过程进行详细记录，将工艺流程、主要作品等转化为数字形式等方式来供未来传承人仔细研读、观摩、揣摩、模仿等，从而达到传承非物质文化遗产相关知识和技艺的目的。二是做好传统内容的挖掘、恢复表演和创新工作。2014 年 4 月 28 日，青阳县结合文化体制改革，创新机制，采取民办公助的方式，已经挂牌成立了全国第一家青阳腔剧团。平台已经成立了，接下来的关键是如何创新，如何扩大影响的问题。建议多创新一些接地气的剧目，并积极参加市、省、国家举办的各种戏曲类表演、赛事活动，扩大青阳腔在专业戏曲领域的影响力。三是主动与地方高校合作，让皖江非物质文化走进大学校园。传承人可以把青阳腔的声腔和身段，原汁原味地教给大学生，大学生们通过面对面地接受青阳腔老艺人传技，期望找到或培养同时具备文化使命与市场意识的新一代传承人，将使青阳腔戏曲艺术一代一代传下去。

（五）积极探索市场化运作模式，让皖江非物质文化生态系统回归到文化自觉

当非物质文化遗产的文化生态系统发生演变之后，利用政府外力强行干预重构是不得已而为之，但最终仍要让非物质文化遗产的传播与传承回归到文化自觉的演变规律中。而要重新回到文化自觉运行轨道上，必须积极探索、实践非物质文化遗产的市场化运作模式。具体到青阳腔来说，结合池州经济发展现状，目前有两种市场运作方式可以选择：一是建立一个以村茶、茶场为基础的剧团产业支撑，农忙时工作，农闲时学习演唱青阳腔。“痴茶，所以吃茶，不如池州好茶”，茶业经济是池州的一大特色。青阳腔出现式微，与当今市场经济使演唱青阳腔不再成为一技之长有关。所以不妨以建立以茶业为基础的剧团支撑，农忙时务农，农闲时学习唱青阳腔，既解决了剧团人员的生活，又有利于青阳腔的传承。二是建立九华山风景名胜地+九华山佛教文化活动+青阳腔的生态民俗旅游路线。游客在浏览完同在青阳的九华山后，可以在青阳腔的生态民俗旅游这一环节来领略青阳腔的风采。可以建立青阳生态民俗展览馆，并在展览馆内图文并茂、静动结合、声像相依地展示青阳腔文化。同时，还可以在民俗馆里搭建舞台，以现场表演的方式活灵活现地展现青阳腔，当然这个展现应该是针对专业人士和非专业人士进行不同的表演。此外，不妨把现在比较流行的 DIY 观众体验式的互动也纳入青阳腔展览中，比如让观众参与制作青阳腔的脸谱、道具等。

五、结 语

非物质文化遗产与其产生与传承的文化生态系统休戚相关：因文化生态系统而生，因其而传，因其而变，因其而衰，二者是无法分割的。因此，对皖江非物质文化遗产的保护与传承研究，就不能脱离其文化生态系统，而是要将其放置在整个系统中进行多维的综合考察，找寻其文化生态系统的构成因素、演变过程、演变结果，对症下药，从而为从根本上保护和传承该项非物质文化遗产提供可行方案。

参考文献：

[1] 李良玉. 关于皖江文化 [J]. 安徽师范大学学报（人文社会科学版），2009，(5)：333.

[2] 陆洪非. 青阳腔散论 [M]. 合肥：安徽文艺出版社，1990：10.

[3] 魏美仙. 文化生态：民族文化传承研究的一个视角 [J]. 学术探索，2002，(4)：106.

[4] 贺学君. 关于非物质文化遗产保护的理论思考 [J]. 江西社会科学，2005，(2)：104.

[5] 中共中央编译局. 马克思恩格斯选集（第二卷）[M]. 北京：人民出版社，1972：82.

[6] 安徽省艺术研究所. 古腔新论 [M]. 合肥：安徽文艺出版社，1994：331.

[7] 马克斯·韦伯. 新教伦理与资本主义精神 [M]. 北京：生活·读书·新知三联书店，1987：142.

[8] 周显宝. 论青阳腔的人文背景、历史地位及美学价值（上）[J]. 上海音乐学院学报，1997，(3)：34-46.

罗城民歌音乐特征研究

王　韵

摘　要：罗城民歌是安徽省池州市的一种地方性民歌，因其所在地形多山罗列如城而得名，作为安徽省的非物质文化遗产之一，文章对它的类型、调式等进行了研究。根据民歌的特性可以从体裁、内容和曲调三个方面进行划分。罗城民歌的调式以徵调式为主，其中包含“商类色彩”和“宫类色彩”两类，旋律流畅自然具有较强的装饰音型。对罗城民歌特征的研究有助于进一步研究本地区民间音乐，为罗城民歌的发展提供了理论的支持。

关键词：罗城民歌；音乐分析；池州；地方音乐

一、罗城民歌概述

罗城民歌又称贵池民歌，流行于安徽省西南部的池州市一带，主要包括贵池区墩上街道的许桥、渚湖姜以及童溪一带，其周边也有分布。这一地区的民歌旋律优美、曲调丰富，当地人民从老到小个个都会唱民歌，形成了远近闻名的“民歌之乡”。

“罗城民歌”的名称来源于当地的地理环境。罗城民歌所在的许桥、渚湖姜和童溪地区处于沿江江南、九华山北麓。因义湖山、蝴蝶山、金鸡山、船峰山、莲花罗列如城，环屏如城，其地遂名罗城①。这片碧水环绕的山间盆地自古以来民风淳朴，人民勤劳善良，人们在辛劳耕作之余对于消解疲劳和娱乐的需要催生出了具有罗城地区特色的民间歌曲。又因为其相对封闭与独立的环境，使得民歌的特点不受外界的影响与干扰，较好地保存了原始的风貌。

基金项目：2016 年度安徽省教育厅高校人文社会科学重点研究项目“贵池民歌在现代城市音乐文化语境中发展路径研究”（SK2016A0645）；2015 年度池州学院人文社科重点研究项目“池州罗城民歌类型及特征研究”（2015RWZ020）。

作者简介：王韵（1984—），男，池州学院音乐与教育学院讲师。

① 《文化贵池》编撰委员会.《罗城民歌》[M].合肥：时代出版传媒股份有限公司.2014.第13页.

罗城民歌的起源由于资料的缺少现已难以考证，但我们仍可通过一些相关信息管窥一二。比如唐玄宗天宝年间大诗人李白再游秋浦（今安徽贵池）时所作的《秋浦歌》十七首中，就有“郎听采菱女，一道夜歌归。”“赧郎明月夜，歌曲动寒川。”的诗句，其中正是描写了池州地区人们一边劳作一边放歌的景象。又如明代嘉靖《池州府志·风土篇》“俗尚”条引池州古《群志》的记载：“祀社毕饮、执手踏歌。”① 明末文学家、贵池人吴应箕在他的《卷园诗集序》中说：“吾邑民歌，诵之十年如一日，此其真诗在民间矣。”②。从这些旁证可以看出池州民歌的起源最晚应不晚于唐天宝年间，即公元742—756年罗城地区已有民歌，而到了明朝已经结合舞蹈形成歌舞，甚至发展成祭祀等活动的主要形式。由此可以看出，罗城民歌的历史悠久，在明代时已经相当繁盛。

明清以后至民国年代，社会的巨大转型以及战乱爆发的影响使得罗城民歌的内容和形式都发生了变化，除了传统的反映乡村生活的劳动歌、时令歌、情歌以外，也有一些反映人民痛失家园、劝郎当兵以及抗战的歌曲。而罗城民歌真正得到广泛传播则是到了新中国成立后。1960年8月13日，贵池罗城乡的农民姜秀珍同志参加全国第三次文代会，她在北京人民大会堂上的一曲高歌使全国各地的代表都听到了优美的罗城民歌，之后更是受到了周恩来总理的关注。1964年作为罗城民歌的代表人物，姜秀珍参加第五届“上海之春”音乐会，她所演唱的罗城民歌同样使他成为音乐会上众人瞩目的明星。从此以后罗城民歌享誉全国，人们开始关注它重视它，不断有人前来收集、整理民歌，罗城民歌在新时期焕发出新的光彩。

二、罗城民歌音乐特征

（一）分类

罗城民歌目前主要有三种分类方法——根据体裁、内容、曲调等方面进行划分。

体裁分类是目前主流的民歌分类方法，根据《中国民间歌曲集成·安徽卷》的分法，民歌分为“号子”“山歌”“秧歌”“小调”“舞歌”“风俗歌曲”“儿歌”七类③。罗城民歌多为“山歌”和“小调”，其次为“劳动号子”，“儿歌”也有少量分布。山歌中包括《十把扇子绣古人》《一阵日头一阵阴》《镰刀歌》《妹问庄稼可如何》等，特点是曲调悠扬抒情，具有江南民歌的清新与秀丽。小

① 《文化贵池》编撰委员会.《罗城民歌》［M］. 合肥：时代出版传媒股份有限公司. 2014. 第10页.
② 同上。
③ 陈发仁.《中国民间歌曲集成·安徽卷》［M］. 北京：中国ISBN中心，2004.

调是罗城民歌中数量最多的，具有代表性包括《采茶调》《熬糖歌》《姐在田里摘黄瓜》《十恨》等，它们有的反映风俗生活（如《熬糖歌》）；有的反映生产劳动（如《采茶调》）；有的反映爱情生活（如《十爱》）等。小调的曲调多种多样，是当地人民抒发情感的重要方式。罗城民歌中的儿歌也比较有特色，有对唱形式的《对歌调》《盘歌》；反映牧童生活的《牧童山歌》《放牛歌》；展现童趣的《操洋操》等。

根据内容来分类也是罗城当地比较常见的分类方式。主要分为“劳动歌”“时政歌”“生活歌”“情歌”“儿歌”“历史传说歌”“杂歌”七类。劳动歌包括《长工歌》《采茶歌》《上梁歌》等与生产劳动相关的歌曲；时政歌的内容主要反映了各个历史时期与国家政治相关的重要事件，包括《太平军歌谣十首》《劝哥去当兵》《工农兵联合起来》《闪闪金光耀眼明》等，这些歌曲由于内容与现在生活相距较远已不再传唱，但如今也有反映当今国家政策方针的新的时政歌曲不断地编创出来；生活歌主要反映人民的日常生活，包括《十恨》《媳妇歌》《做花鞋》《劝郎莫吃鸦片烟》等；情歌是罗城青年男女表达爱情的方式之一，有热情直接的《十爱郎》《十爱姐》，有含蓄内敛的《见着笑颜心里欢》《天上起了五彩云》，也有表达思念之情的《望郎来》《一阵日头一阵阴》；儿歌的类别与前一种分类相似，故不再重复；历史传说歌的内容大多是描述历史上的著名人物，如描写晏安、周瑜、甘罗、解缙的《四少歌》、描写古代英雄人物的《十把扇子绣古人》、讲述包拯在池州做官的《池州歌谣》《鹰叼老鼠断不清》等；杂歌包括一些少数零散且不易分类的民歌，包括写景歌《贵池十景》、讽刺歌《保住乌纱帽》、诙谐歌《颠倒歌》等。

我们在罗城地区实地采风的过程中发现，当地人们经常会用“调”来区分各种民歌，每个调有一个名称，而同一个调可以用不同的歌词来演唱，形成一曲多词的现象。人们在唱民歌的时候常常会说唱个什么调，而很少说歌曲名称。比如在当地唱得最多的【慢赶牛】就是一个常用曲调，《朵朵山花摇清波》《十把扇子绣古人》《哥哥挑秧溜田埂》等很多民歌都用这个曲调来唱。而【山歌调】也较多用在《五湖四海都知名》《一阵日头一阵阴》等歌曲中。从我们收集到的曲调来看，大概有十七八种之多，有的曲调传唱度高，歌词的内容也就丰富多彩；有些曲调传唱度低，可能也就只有一两首歌词。具有代表性的曲调包括【慢赶牛】【山歌调】（分为老山歌和新山歌）【洗菜薹调】【对歌调】【采茶调】【打洋袜子调】【相思调】【手巾调】【秧号子】【车水号子】等。每种曲调各有特点，有的高亢嘹亮，有的浅吟低唱，有的欢快活泼，还有一些则幽怨哀伤。根据目前收集的情况来看，罗城民歌中仍有部分曲调没有采集到，还有些曲调的名称不详。此外，同一曲调在传唱的过程中产生了音调变化，这些问题都需要在今后的研究中进一步调查。

（二）调式

罗城民歌以五声徵调式为主，宫调式次之，羽调式、商调式和角调式的数量相对较少。徵调式在山歌和劳动号子中居多，如【慢赶牛】、【山歌调】、【车水号子】等都是徵调式歌曲（例1）。

例1（山歌调）

一阵日头一阵阴

【老山歌】

刘正荣 演唱
刘玉斌 记谱

在徵调式的罗城民歌中有两类色彩，一类是以“徵”“羽”“商”为骨干音的偏暗淡的色彩（简称“商类色彩”），如【相思调】【山歌调】等；另一类是以“徵”“羽”“宫”为骨干音的偏明亮的色彩（简称“宫类色彩”），如【慢赶牛】【秧号子】等。

例2（《月儿渐渐高》）是一首【相思调】，全曲共两句。第一句从徵音开始强调徵、羽两音并以商音结束，第二句以徵、商二音突出调式色彩，表现出因思念被炸弹炸死的情郎而痛苦、忧伤的感情。

例2（相思调）

月儿渐渐高

【相思调】

钱芙蓉 演唱
王 韵 记谱
2016.07.11记录于许桥村杨训荣家

例3（《十把扇子绣古人》）是一首色彩偏明亮、欢快的徵调式歌曲，采用的是【慢赶牛】曲调。可以看出与前例不同的是在旋律中宫音的地位得到了提高，多次出现宫—羽—徵的进行。

例3（慢赶牛）

十把扇子绣古人

【慢赶牛】

姜秀珍 演唱
刘玉斌 记谱

宫调式的民歌在小调中比较多见，如【手扶栏杆】【手巾调】等。在宫调式的民歌中，除宫音以外常常用徵音和羽音作为骨干支撑，强调徵音则色彩明亮，强调羽音则色彩暗淡。很多时候，徵、羽两音交替出现共同支持主音。（例4《卖饺子》）。

例4（宫调式）

卖饺子歌

钱芙蓉 演唱
王 韵 记谱
2016. 07. 11记录于许桥村杨训荣家

除徵、宫调式外，其余三种调式的民歌数量均不多见。其中羽调式的民歌有《除草歌》《打补丁》等；商调式的民歌有《打油号子》《绣个铁犁头》等；角调式的民歌有《池州歌谣》《十爱》等。

（三）旋律

罗城民歌的一个重要特点是它优美动听，旋律以级进为主，具有皖南地区民歌的典型特征。又因为地处“吴头楚尾”，语言上以江淮官话为主，且吸收了赣语与吴语的特点，进而在旋律上表现出一种特有的旋律模式。

以《十把扇子绣古人》为例，这首【慢赶牛】曲调具有典型的罗城民歌的特点。虽然这是一首山歌，但整体上音域并不宽广，只有八度（e^1—e^2）；并且旋律大多以级进为主，并不像其他地区的山歌那么高亢嘹亮，反而具有一种委婉含蓄的气质。开头先从宫音下行到徵音，然后以迂回环绕的方式不断向上攀爬，其中出现了全曲唯一的一次大跳（$^{\#}f^1$—e^2）。但我们将旋律简化以后可以看出这一句是一个级进上行的音阶式旋律。这第一句已经达到了全曲的最高点，之后的旋律开始不断回落，先是两次“商—羽”的跳进（为了削弱跳进带来的棱角感，在中间插入了装饰性的角音），接着从羽音开始继续以迂回的方式在五度内上下环绕，最后在徵音上结束。整个旋律一气呵成，流畅连贯而又特色鲜明。

再如另一首曲调【洗菜薹调】（例5）为例，这是一首小调歌曲，音域不宽只有六度（g^1—e^2）。整首歌曲几乎都以级进完成，但在级进的过程中用加入辅助音、重复音的方式进行装饰，让旋律丰富起来。

例5（洗菜薹调）

洗菜薹

姜梦玉 演唱
王 韵 记谱
2016.07.06记录于罗城民歌传习所

从以上两首歌曲就可以看出罗城民歌的特点：旋律以级进为主，多采用“商—羽”“宫—徵”的四、五度的跳进；旋律的装饰性非常强，几乎每一句都会用装饰性的手法填充音与音之间的间隙；跳进尤其是六度以上大跳的慎用让旋律线条柔和委婉；旋律很少直上直下，大多采用迂回的方式进行；一字多音的情况较普遍。

在罗城民歌的旋法中有一个特别有意思的现象，旋律中“徵—羽—宫”三音组在歌曲中所构成的中心地位——即在旋律进行过程中不断强化徵、羽、宫三音。它们有时是直接出现，有时又被装饰性旋律所隐藏。比如在《十把扇子绣古人》开头部分（e^1—$^{\#}f^1$—a^1）和【洗菜薹调】（g^1—a^1—c^2）中都出现了以这三个音为核心的旋律。这一核心音组在山歌、小调、号子中都广泛存在，是罗城民歌的重要特征之一（此核心音组构成了罗城民歌旋律的基础骨干，也是未来我们研究罗城民歌的一个重要方面）。

（四）节拍节奏

罗城民歌的节拍以二拍子为主，三拍和混合拍的情况较少，节拍律动较为整齐。但在山歌中经常采用散板演唱，其原因是山歌一般比较自由，人们在演唱的时候经常会根据当时的心情、环境等下意识地延长或缩短某些音的时值，起到抒发感情的作用。比如在【山歌调】（见例1）中旋律以“宫—羽—徵”三音组动机开始并在徵音上作自由延长，接着渐快上行至高音5，一连串的衬词增强了张力，歌声仿佛在山间蜿蜒环绕。在这首山歌中，实词如“一阵”、“日头”、“一阵阴”等节奏都较为规整，而到了衬词“哎”“嗨”时则松散自由，而这些衬词的长短就直接反映了歌者当时的内心情感。

罗城民歌中的衬词与歌曲的节拍有着密切的关系，往往歌曲节拍的变化都是由衬词引起的。比如【慢赶牛】（见例3）中前两小节为3/4拍，根据旋律的律动特性本应在第二拍上就收束，但衬词在唱完一拍后突然又增加了一拍环绕音型（$^{\#}f^1$—a^1—e^1—$^{\#}f^1$），增加了旋律的不稳定感。之后第五小节又用衬词将律动变成2拍和3拍交替出现，整首歌曲节拍律动不断在变换，别具一格。

（五）曲式结构

罗城民歌的结构大多以单乐段加多段歌词的形式为主。如《一阵日头一阵阴》《熬糖歌》《月儿渐渐高》等都是单乐段结构，歌词都在两段或两段以上。单乐段主要由上下句构成，一般都会在每句后面加上衬句扩展乐句的长度。四乐句的段落乐句大多比较规整（如《对歌》），但有些也会像两句一样用衬词扩展（如【车水号子】）。

乐段有时在结束后还会重复或增加一句作为补充，这种情况在两句体和四句体中都存在，当地人称为“两句半”和“五句头”。如小调【洗菜薹】（例4）就是在两句的基础上重复了第二句形成两句半的结构，而《见我就把小妹叫》则是变化重复了第四句形成五句头的结构。

三、结　语

罗城民歌具有悠久的历史，在千百年的流传中不断发展形成了独特的风格。罗城民歌曲调丰富多彩、旋律优美动听，曾在历史上创造过辉煌的成就。但由于种种的原因，如今罗城民歌在传播和影响力上不如其他民歌，因此保护、挖掘、整理罗城民歌就成了迫在眉睫的任务。本文追溯罗城民歌的起源与发展历程，以罗城民歌中较为常见的传唱度高的曲调，尝试分析它的音乐特征与形态，总结了罗城民歌的三种分类方法，常用调式调性，旋律与节拍节奏的特点等。但这仅仅是第一步，罗城民歌中还有更多的未知等待我们去挖掘和深入研究，通过我们的努力让罗城民歌再放异彩。

参考文献：

[1] 文化贵池编撰委员会．罗城民歌［M］．合肥：时代出版传媒股份有限公司，2014.

[2] 陈发仁．中国民间歌曲集成·安徽卷［M］．北京：中国 ISBN 中心，2004.

[3] 安徽省群众艺术馆．安徽民间音乐第二集［M］．合肥：安徽人民出版社，1960.

[4] 安徽省贵池市民间文学三套集成编委会内部资料《贵池民间文学集民间谚语歌谣资料集》.

[5] 徐阳．贵池民歌田野调查与现状分析［J］．池州学院学报，2016，(2)：110-112.

关于国家级非遗——东至花灯的田野调查报告

程 凯

摘 要：东至花灯是集民间舞蹈、民间音乐、民间手工技艺、民间美术和宗教信仰、民间村社等诸多文化要素于一体的古老民间民俗文化，其文学艺术、宗教、历史和民俗等学术价值较高。2008 年 6 月，东至花灯成功申报国家级非物质文化遗产。但其历史渊源模糊不清，急需学术澄清，而接续传承也成为非遗保护工作绕不开的话题。因此，文章将围绕这两块展开学术性探讨。

关键词：国家级非遗；东至花灯；调查报告；传承困境

东至县位于长江中下游南岸，北望安庆，南邻江西，是安徽省的西南门户，辖 29 个乡镇、256 个村（居），国土面积 3256 平方公里，人口 53.4 万。东至县历史悠久，文化灿烂。据史志记载，东至设县可追溯到 2000 多年以前。新中国成立初期，分设东流、至德两县，1958 年年底合并，取二县首字得名。

“东至花灯”流传于安徽省东至县，特色花灯有盘磨灯、太平灯、六兽灯等，流传于东至县的石城、张溪、木塔、高山、洋湖、官港等乡镇的山村和胡、李等大姓家族，至 1949 年新中国成立时，东至尚有 60 多个自然村从事这种活动。由于老民间艺人的先后辞世以及受“文革”等诸多因素的影响，流传至今仅有 20 多个较大的家族开展灯会活动。

据史料记载，东至旧制地处金陵、武昌之间，是历代兵家必争之地。“东至花灯”个别灯种在乾隆年间或更早就已形成或传入，旧俗以上元节（农历正月十五日）为赏花灯之期，各街市、村院都先期准备放灯，店铺也出售各式花灯，叫灯市。范成大《上元纪吴中节物》诗云：“酒垆先迭鼓，灯市早投琼”自注：“腊月即有灯市，珍奇者数人醵买之，相与呼卢，采胜者得灯”。投琼、呼卢、掷骰子系博采戏。据乾隆四十三年（1778）刻本《建德县志》载：“立春先一日，邑合迎于东郊。上元日，张灯闹花爆。”建德即现在的东至县，地处深山的

基金项目：2012 年高校省级优秀青年人才基金项目成果（2012SQRW187）
作者简介：程凯（1979—），男，池州学院旅游与历史文化学院讲师。

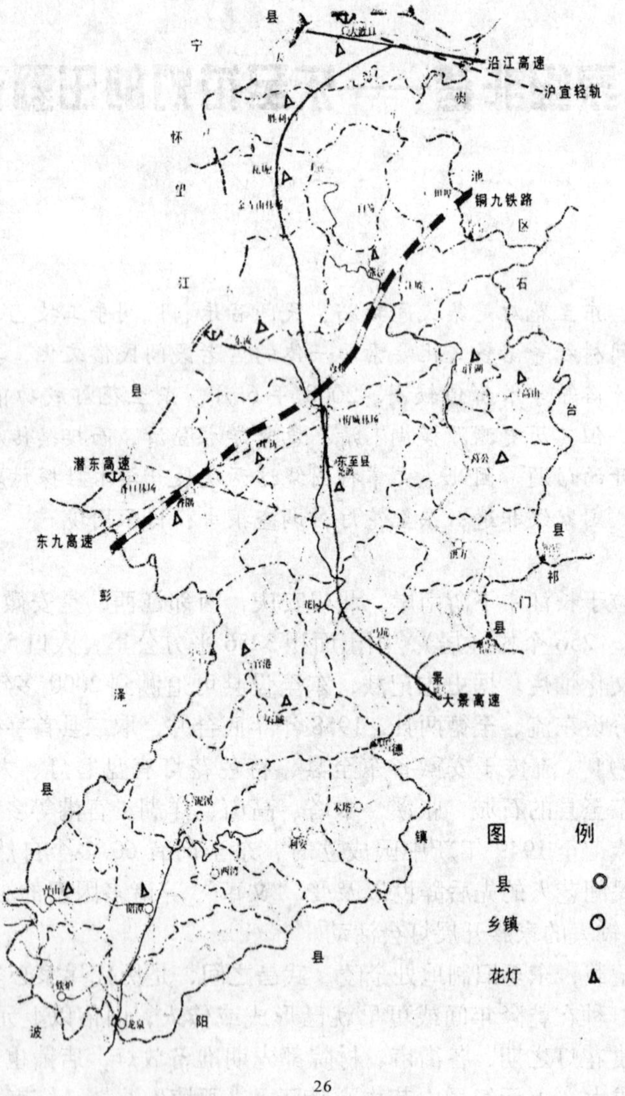

图1　东至花灯分布示意图

民间艺人有利用本地所产的竹、木藤、金属等材料制作各色花灯的传统，先是用于张灯结彩，后来渐渐演变成舞龙灯、玩花灯等形式的民间娱乐活动。东至广大农村或村组或家族，都有在春节期间举办灯会的习俗，其时山城、山村，到处洋溢着喜气洋洋的气氛。灯会，一般从正月初二开始，正月十五元宵节结束（圆灯）；也有的灯要到二月初二圆灯，习俗不一。农历腊月则是乡间艺人最繁忙的时候，他们会在一群血气方刚的小伙子们的簇拥下，在一阵鞭炮声中，将架在祠堂或从屋房梁上的“灯头”很郑重地“请”下来，以后的日子，村里人各尽其责，各尽所能，扎篾的扎篾，糊纸的糊纸，涂彩的涂彩，繁忙中透着欢乐。舞灯初始，是以祭神、祭祖为主要内涵，表现形式由逐疫驱邪、驱鬼、敬神，向敬神、娱神、消灾纳福求平安的方向转变。

十一届三中全会以后，党和政府高度重视民间文化的保护与发展。1985 年春节，县文化馆举办牛年花灯大赛，城乡 50 多位民间艺人制作 200 多盏花灯参展，有荷花、花篮、花轿、龙头灯、八仙过海等多种式样。全县城乡都会舞龙灯、狮子灯。龙灯舞法有双龙出水、老龙观月、金龙盘柱、舞四门等；狮子灯有舞单狮、舞双狮，配以武术把玩。舞法有双狮戏珠、钻洞门、跳叠桌子等。李氏家族承玩的“磨盘灯”、胡氏家族的“八仙过海灯”、黄氏家族的“六兽灯”、金塔村胡村组的“五猖太平灯”，还有“十番九子灯”等，近几年来作为东至特色花灯，备受人们的青睐。2004 年、2005 年中央电视台第四套《华夏文明》栏目组、央视新闻频道曾多次来东至拍摄“东至花灯”并向海内外传播，引起了海内外专家学者的高度关注，在当地产生了巨大影响。2008 年东至花灯成功申报第二批国家级非物质文化遗产，与同为国家级非物质文化遗产的池州傩、青阳腔呈三足鼎立之势。囿于篇幅所限，本文主要介绍盘磨灯、太平灯、六兽灯的历史渊源及传承方面的知识。

一、花灯概况

（一）磨盘灯

2012 年 7 月 3 日，课题组一行 5 人来到张溪镇东田村拜访磨盘灯李姓传承人。

李今年已有 59 岁，大儿子 40 岁，他曾在村支部书记岗位上干了 9 年，人生阅历丰富，有三次大的人生起伏。李雨后姊妹四人曾致力于黄梅戏演唱，后转为磨盘灯表演。其本人 11 岁接触磨盘灯，15 岁熟悉磨盘灯，17 岁组织磨盘灯表演，曾经在磨盘灯表演中饰演“小鞑子”角色。

据李描述，“磨盘灯”由皖赣边界传入东至县距今已有 300 多年，一直为张溪镇东湖村李氏家族传承。每年农历正月初二日出灯，直到二月初二日结束，多在街道、广场、农家庭院表演，表演时有锣鼓开道，燃放烟化爆竹助兴。因灯体罕见，道具重，雕刻装点十分精致，费料、费工，耗资巨大而且要有高超的制作技艺，所以到目前为止，还只有东湖村这一个灯班。至于是什么原因使得该灯种从江西传入安徽东至，李本人也不清楚，推测是由于两地之间的贸易往来而引进。

磨盘灯的制作工艺非常复杂，“磨盘灯”因所用道具形似磨盘而得名。木制道具，雕刻彩绘，彩绸彩花装点。分上下两个圆盘，上盘直径三尺六寸，下盘直径六至七尺，安装在中心轴上，轴高七尺二寸，轴下连接灯座，座高一尺八寸，上框每边一尺五寸，下框每边一尺八寸。轴的顶部有亭阁，以竹为架，蒙绿布，镶白边。两圆盘沿边蒙彩幔，用各色花卉、慈禽善兽装饰。艺术形式丰富多彩，磨盘灯上表演角色为：上盘站立两男孩，一人扮“老鞑子”，头戴戏曲表演用的狮子盔，口戴“白扎”，穿黄色衣，腰系白色大带，红彩裤，黑薄底短靴，右手握纸扇灯，扇柄有铁环，灯内燃烛。另一人扮“小鞑子”，八字胡须，黑色眼镜，头戴顶子，穿羊皮短袄，红彩裤，黑薄底短靴，右手拿长杆烟袋。下盘四少男扮女装提花灯，头戴“渔婆罩”，上穿红色大襟褂，外穿黄色“饭单”，下穿绿色百褶裙，紫红色彩鞋，右手挑荷花灯，灯内点燃蜡烛。表演时，两壮男在下盘推动“磨盘”，两盘或同向，或反向，或快，或慢，上盘演员演唱，下盘演员与之应和，并根据唱词内容自由舞动。所唱内容多为老徽调《贺府》《陈德借兵》等折子戏唱段。临夜，磨盘灯上百盏烛火点燃，人物在彩灯里旋转、舞蹈、歌唱，烛影摇曳，歌声荡漾，锣鼓震天，情趣横生。新中国成立前，磨盘灯最上盘以两个小男孩表演为主；新中国成立后，由于男女平等观念普及，由四个女孩在底下表演。在帷幕遮着的盘内，有四个人推动磨盘灯前进。在以前，磨盘灯上有蜡烛点燃，后因为用电的普及，可用小电灯泡代替蜡烛。

磨盘灯最辉煌的时候曾于1982、1984年在县文化部门组织的新春灯会活动中，分别获得优秀灯种、优秀组织奖以及灯舞表演奖。2004年时，CCTV《华夏文明》栏目曾请李先生进行磨盘灯表演，2005年再次被新闻频道采访。

受“文革”与“左”倾的影响，磨盘灯表演曾中断，后在乡间表演人员的努力下，重新恢复表演。这一批乡间表演人员不想看到花灯失传，无报酬义务性地进行磨盘灯表演。当然进行花灯表演是他们的爱好之一，更是他们对磨盘灯倾注了自己真实的情感，不愿在自己的有生之年目睹灯种的消失。同时，在那个年代乡村灯种之间有时会产生摩擦，会花灯表演也是一技之长。

迄今为止，磨盘灯表演已经很少出现，中间又中断了八年时间，原因在于大众传媒丰富了农村家庭的娱乐生活，家家通过电视等形式进行娱乐，很少有人能够去户外观赏、表演花灯；另一方面由于表演规模过于庞大，政府考虑到安全等因素，渐渐减少组织大型的花灯表演。

访谈中，我们得知磨盘灯在传承过程中因资金困难，而且受制于表演人员、场地等因素（磨盘灯表演需要几十个人，并且需要大而平的场地，正式演出前要不厌其烦地排练），所以磨盘灯的传承正面临着严峻挑战。在东田村，以前只有一个老木匠会打造磨盘灯中的大小磨盘，老木匠去世后，他的儿子子承父业也会打造，其余的便再也找不到了，现在村中大多数人都外出打工，乡村里组织、表演花灯的人力资源匮乏。

（二）太平灯

2012 年 7 月 4 日，课题组来到东至县洋湖镇高山村，几番周折终于找到了五猖太平灯洪姓传承人。

洪姓传承人，1946 年出生，中专学历，安徽东至县人，经济师，主任科员退休。曾任乡武装部长、副书记、乡长、人大主席等职。中华当代文学学会会员，池州市作家协会会员等，获国家、市级征文大赛多项奖励，代表作品《呼啸的翅膀》等。

据他介绍，太平灯最初起源于佛教的庙会活动，目的是渲染庙会氛围，新中国成立后由当地佛教弟子王功长还俗后将这种庙会活动搬至民间，至今已有 100 多年历史。王功长早年在东至县洋湖镇迭山村扬安山尊胜寺出家为僧，1950 年年初还俗并成家，育有四五个儿子（洪老已记不清具体数字）和一个女儿王彩霞，太平灯表演的采茶调目前只有王彩霞一人会唱。

太平灯（又名“五猖太平灯”）是远古祖先为了除病消灾、求得太平而排演的一种类似傩戏的舞蹈，已有一百五十余年历史。因多在春节进行，为了增强喜庆气氛，先人们遂将狮舞与之结合，使之成为一种有灯有戏、有舞有唱、有狮有神的综合性民间民俗文化。

灯会隆重热闹，规模较大。共有 150 人上阵，108 盏花灯，在黑夜中宛如一条金光闪闪的巨龙。出灯时，两名主导手持小灯笼引路，再以“天官赐福”和“招财进宝”两盏大排灯走前列，随后的有大小宫灯、走马灯、大小八角灯、大小花瓶灯、大小果盒灯、十二生肖灯以及孙猴子打仙桃、李三娘推磨等历史典故灯，灯形彩各异、琳琅满目、精彩纷呈。三班锣鼓三种鼓调，铿锵有力、和谐悦耳。两班喇叭，声音洪亮、响彻云霄。每到一个村庄，人们不分老少，全家出门观看，村民们的口语是：“锣鼓声，脚板痒，太平灯、吸引人。”

太平灯一年一新灯，每年正月初八开灯，二月二日圆灯。出灯时，太平灯不走回头路，每到一个村子，两名打小灯笼的领路队首先与当地长者、名人一道引领到该村庄的庙宇、祠堂亮烛敬香，然后由近至远进家入户。每到一户，引领者将小灯笼挂在该家门两旁，户主即点亮满堂灯、放鞭炮接灯。双狮在雄壮的鼓乐声中跃入家中，双双叩首，向客户拜年。拜毕，耍球人引领双狮舞起“四门”，意曰：四季平安。贺新屋时，领队亮起新房满堂烛火，耍球人高举狮球，喊起“张彩”口令，众人叫好。

狮舞过后，第二班“浪淘沙”锣鼓喧闹走来，该户燃炮迎接，文太狮坐花轿入户，贺喜贺寿，接着四大真人骑兽入场，分别是：文殊真人骑真狮、普贤真人骑白象、紫阳真人骑黄独角兽（吼）、许金阳真人骑金麒麟。表演者在唢呐声中进行开场白：“势大如山岳……有请元帅进帐。”赵公明元帅骑黑虎，身披盔甲、手持金鞭带领五路猖兵，威风凛凛入场。（五猖兵化装成青、黑、白、赤、黄五彩面具，身着神兵服，手舞马叉，叮叮当当，他们分别是：东方九夷兵、南方八蛮兵、西方六戌兵、北方五狄兵，中央三秦兵。）元帅进行开场白，唤来本方土地，土地正神身着土地服饰，手持仙带，前来准奏，一起齐唱太平歌：“玉帝圣言，今令吾神到此间……保佑此处家家清洁、户户平安、六福兴旺、一年四季乐太平。”过后，该户得到了极大的心灵安慰，他们想：我家今年将会过一年太平年啰。

双狮在村子里遇到大空场时，便是它施展狂舞之地，也将狮舞推入高潮、急促的大闷鼓（两人抬的大鼓）、大筛金（两人抬的大锣），大闹簸及大铛锣声中，双狮狂舞“闹四门、大翻滚、草里寻珠、双狮拜月、托子摘星星、双狮戏球、盘桌、登柱”等技艺，精彩动人。

狮舞过后，第三班“采茶戏班”粉墨进入大场，灯班分出48盏花灯围绕场地，十番“锣鼓调加唢呐声，和谐悦耳，十二名男女演员，身穿戏服，入场演出。演“采茶戏”“二人转”“花灯舞”，以及唱演“黄梅小插曲”和“民间小调”。鼓乐声、鞭炮声、喝彩声轰动全场，人们热血沸腾。

夜深时，花灯结束退回，熙熙攘攘的有几里路长，繁星点点。看灯人流连忘返，余兴未尽，站在高处目送灯归去，直到看最后一盏灯。

三合太平灯有着悠久的文化底蕴，是皖南地区的一大文化亮点，它丰富了人们的文化生活，渲染了节日气氛，能为东至的文化旅游产业发挥作用。

太平灯演出过程中会伴有采茶调演唱，演唱内容摘录部分如下：

（开场白）：势大如山岳，遍体是金装，站立三殿门下，巍巍四大金刚，四大金刚，一站两厢，有请元帅进帐。

（元帅白）：法律无边，神通光显，威灵显，速把殿前转，道号龙虎佛，吾是管三仙，长江自倒月，度过世间山。

（白）：吾乃赵公明是也，站立云头观望，看见人间有难，六畜有灾，领了金奉御旨，带来五路猖兵，下凡赶走一番。众将官：有！驾赶祥云，跟我下凡走啊一走。

（元帅唱）：身居碧云霄，祥云光照，身骑黑虎乐逍遥，手持金鞭多进宝，驱邪降妖。

（白）：按落云头，不知本方土地哪里走来？

（土地白）：来也、福德正神，吾神显威灵，因我阳间有事奏天庭，好事奏天庭。都督在上，土地叩首，不知都督唤我哪方使用？

（元帅唱）：玉帝圣言，责令吾神到此间，此处六畜有灾星，吾神要把威灵显，莫迟延！保佑此处家家清洁、户户平安、六畜兴旺、一年四季乐太平。

从上可知，太平灯的表演共分三个程序，舞狮灯、太平灯、采茶调。三个程序都演完，才是一个完整的五猖太平灯的表演。但全套表演所需的人力、物力与财力往往超出了农村既有条件的许可。如狮灯表演中，两组狮灯共需 8 位男性以轮流换班，保持体力。所以，在历年的表演中只选择其中可操作性较强的一两个项目，如狮灯等。据洪老回忆，最近的一次表演是 1993 年，表演了三个项目中的狮灯和太平灯两个项目，采茶调没表演（能演唱的人手不够，且排练繁复，耗时长）。1993 年的表演主要是为了修缮洪老屋后的那条村里共用的灌溉水沟，是为村民公共福利而筹措资金的义演。直至今日，时隔 20 多年，太平灯没再演出过。岁月流转，老一辈表演者身上基于对太平灯的热爱、信仰的表演动机在年轻一辈身上已渐至淡漠，经济利益的驱使逐渐使年轻人的信仰沦陷。按洪老的说法，现在表演太平灯，得支付每个表演者每晚表演的费用，无报酬义务性的表演是无法招募表演者的，因为表演者中年轻人居多，他们常年外出打工，对劳动付出与经济收益已形成了固化的经济学意义上的考量。这也成为像洪老这样的有识之士对太平灯保护与传承的忧思。

（三）六兽灯

2012 年 7 月 5 日，课题组来到东至县官港镇新溪村，拜访六兽灯黄姓传承人。

黄是村里的队长，日常琐事繁多，包括组织村民维修水库等。据他介绍，六兽灯是从江西浮梁县传入东至的，距今已有 100 多年历史。清康熙年间，黄家有个汪姓外孙高中状元，衣锦还乡后便要求黄姓宗族改为汪姓，黄氏宗族认为状元郎忤逆祖辈，目无尊长，哪有外公随外孙姓的道理。无奈，状元郎高门大族，黄家只能走为上计，连夜出发，举家外迁，来到安徽东至现在的住址。当时此处只有几户李姓“土著”，黄家人多势众，便要求李姓“土著”改黄姓（看来，状元郎的做法是有基因遗传的）。之后，黄家实现了“大一统”，现在黄所在的村庄都姓黄，六兽灯是家族传承也就不难理解了。

“六兽灯”又名“六兽太平灯”，流传在东至县石城乡境内。东至县靠近九华山，民间习俗受佛教文化影响颇深。九华山以及当地寺庙中常见到独角兽（地藏菩萨坐骑）、青狮（文殊菩萨坐骑）、白象（普贤菩萨坐骑），还有麒麟、鹿、獐等塑像。当地把这六兽视为吉祥物，扎制彩灯，悬挂门首。“六兽灯”受此影响而形成，用六数是取“六六大顺”之意。

“六兽灯”分别为麒麟灯、狮灯、独角兽灯、鹿灯、象灯、獐灯。据黄介绍，六兽灯的前身是八兽灯，除现存的六兽外还有兔子，落下的一个黄自己也记不清了。另外还有四兽的说法，由于八兽演起来更为艰难，四兽又太单薄，就保存了其中的六兽延续至今。六兽灯班底成员，每人都擅长一种兽灯的制作，他本人擅长扎狮灯。按每天八小时工作日，每个兽灯的制作需要一个人连续扎 10 天，才能最终完成任务，而且灯的体形越小制作所需的时间越长。曾将扎好的灯卖给澳门和省内一所高校。

图 1　《六兽太平灯》之中的麒麟灯草图

六兽灯的表演动作有“抖毛”“伸腰”“晃头”“大翻身”“引兽”等。通过步伐、动作表现六兽的行进、跳跃和向人们祝福的神态。表演者多为农民，相互组成灯班，每班分六兽和武场两部分。武场指伴奏的打击乐队。“六兽灯”常和其他花灯合成舞队在行进中表演，前面是“高吊牌灯”，后随《五马跑朝》《旱船》《蚌精》等。一般在晚间表演，六兽的灯彩与灯场上的各种灯笼相辉映，群兽腾跃，色彩飞流，兼之锣鼓喧鸣，热闹非凡。

近年来，六兽灯的表演也日渐衰微，表演者的动机与激情缺失。据黄介绍，现在过年要是玩灯的话，每晚钱给少了，没人去充当表演的劳动力，他们宁愿在家打打牌也懒得去舞灯，真所谓世风日下、人心不古。在谈到六兽灯的传承问题时，黄也表现出了同样的担忧与无奈，当然这也不是凭一人之力所能解决的。

二、保护与传承的对策

（一）资源普查

加大“东至花灯”各灯种保存现状的调研力度，建立并完善各灯种主要传承人信息档案，运用文字记录、录音和录像的方式全面搜集资料和相关实物，建立“东至花灯”文化遗产资料库。

（二）挖掘整理与研究

在普查的基础上，做好“东至花灯”挖掘整理的研究工作，主要做法包括：（1）邀请有关专家、学者对“东至花灯”开展学术梳理与研究；（2）分期编辑出版“东至花灯”各灯种文化遗产资料集；（3）编辑出版“东至花灯文化”专著、电子出版物等；（4）在调查的基础上，恢复散佚别处的花灯种类；（5）成立“东至花灯文化研究会”等。

（三）人力资源保护与培训

（1）采取发放生活补贴的方式，扶持东至花灯文化主要传承者；（2）采取奖励等机制，鼓励东至花灯传、帮、带，对贡献突出者给予更多奖励；（3）采取培训等方式，建立一支东至花灯保护传承队伍和保护传承门户网站。

（四）建立“东至花灯”文化遗产原生态保护村庄

对东至张溪镇土桥村陈胡自然村、张溪镇东湖村东田自然村、石城新溪村李溪自然组、高山金塔村胡村自然村等地，建立花灯原生态保护区。保护区设立后，既要做好人文环境的保护，又要做好生态环境的保护，在人文方面，采取扶持等办法，激励各灯队自觉保护传承的花灯，建立花灯演出专项经费使用机制，保障花灯表演与传承，妥善保存现有的花灯道具、灯具、服饰等实物。

（五）改进表演方式

结合民风民俗，春节期间积极组织各灯队开展活动，让“东至花灯”原汁原味地展示独有的花灯文化魅力。

（六）加大“东至花灯”文化遗产的宣传力度

如在东至境内主要交通要道上建立“东至花灯”文化遗产大型宣传牌；合

理利用网络等媒体资源定期刊出“东至花灯”文化遗产保护传承工作信息、“东至花灯”文化研究成果和对外文化交流等情况。

三、结　语

本文主要阐述了东至花灯三个主要灯种的历史流变，分析了磨盘灯、五猖太平灯与六兽灯的存在现状，在此基础上，提出了有针对性的保护与传承对策。调研之余，笔者暗自思忖，农耕土壤中生长出的东至花灯，面对现代工业文明能否完成文化遗产的顺利交接，当传承的文化生态遭到破坏，代际传承又会出现哪些未知的阻力与困惑，这些问题笔者将继续探究。

东乡武术文化浅析

张书军　王晓东

摘　要：古桐城东乡在明末时期出现了广泛的习武之风，逐渐形成了颇具影响力的地域武术，并与清代进入了鼎盛时期。然而清末的动荡中，东乡武术出现了断崖式的挫折，传承与发展处于前所未有的困境。21世纪，随着国家对非物质文化遗产的保护与弘扬，东乡武术文化的教育传承与典故传说散发出独特的魅力，历久弥香，耐人寻味。

关键词：非物质文化遗产；东乡；武术；文化

武术是中国武技体系的总称，更是中国文化的重要载体。然而，时代的变迁以及受到外来武技的冲击，世界范围内的武术文化的争夺、流失、呼唤着传统武术的自信与自觉[1]。中国武术发展面临严峻的危机，其核心问题就是武术的本色与时代特征的融合。这一融合是中国武术文化中国特色社会主义背景下的融合，是对传统武术文化批判地继承基础上的融合，是塑造新时代武术文化核心价值的融合。这种融合离不开中国武术系统性的梳理，更离不开地域武术文化的挖掘和整理。地域武术文化是中国武术的根系，是中国武术发展之本，传承和保护地域武术是中国武术发展的重要环节。地域武术文化是以地域为特点的文化类型，但它的形成和发展必定脱离不了历史的机缘[2]。

安徽省安庆市桐城东乡（今铜陵市枞阳县境内）自古就有尚武的传统，至今都有“文不过南乡，武不过东乡”的说法。东乡武术秉承皖江文化特色，武技风格独特，历千年而经久不衰。从唐末至今，东乡历史上出现许多武将和武术名师，仅清朝就有多名武举和钦命武林郎。“东乡”所包括的区域今为枞阳县周潭、项铺、汤沟、老洲等乡镇，东乡武术流传广泛，影响深远。东乡武术拥有悠久的历史，而今却濒临失传。为挽救这一传统文化，2010年7月，安庆市枞阳县东乡武术入选安徽省非物质文化遗产名录，列在“传统体育、游艺与杂技”

作者简介：张书军（1979—），男，安庆师范大学体育学院讲师；王晓东（1979—），男，安庆师范大学体育学院讲师。

子目录中，序号30，编号Ⅵ—6，其传承人为章根苗[3]。2013年，东乡武术入选中国体育非物质文化遗产保护与推广项目[4]。

对东乡武术文化传承和保护进行研究，不仅有利于保护东乡武术这一传统文化瑰宝、也对充实我国地域武术文化研究和皖江文化研究具有重要的理论和实际意义。

一、东乡武术起源

桐城是安徽省历史文化名城之一，位于安徽省中部偏西南、长江北岸、大别山东麓。清代桐城的疆域，东西广280里，南北长159里。以县城为中心，分为东、南、西、北四个乡域。东界庐江府无为州，南邻怀宁县，西毗潜山县，北抵庐州府舒城县，西南、东南与潜山县、池州府贵池县接壤，西北、东北与舒城县、庐州府庐江县相望，至县治、府治兼省会安庆120里，至江宁590里，至京师2397里[5]。桐城东乡是指桐城县治以东地区，今铜陵市枞阳县周潭、项铺、汤沟、左岗、老洲、白湖等地。

相传福建浦城章氏一支"至浦城十四世永一公，于宋末商游桐城东乡，见横溪涧山清水秀，遂爰卜居焉。其子孙以永一公为桐城横溪涧章氏始祖。"[6]"始迁祖十九世兴五，宋末始迁桐城合明山阳。"[7]宋末元初，章氏一支迁入横溪涧（清代及中华民国属桐城东乡，新中国成立后为大井村，原属湖东县陈湖区七井乡；20世纪50年代后期随湖东县更名为枞阳县，行政区划变更，现属陈湖区吴桥乡彭桥大队。90年代又改属枞阳县周潭镇彭桥村。）"大井村皆为章氏，但分居三支。……洪山（山边）章氏，即现居枞阳县周潭镇大山村的章姓，原属桐城东乡洪山……"[8]5名口述者的介绍，均认为章氏首开桐城东乡地域习武的先河。章氏家族在武术传授中采用"传男不传女，传内不传外"的传统，一段时间内未能产生广泛影响。但随着章氏家族的不断壮大和扩散，周潭镇彭桥、大山等村落习武已渐成风气。现有史料考察并未发现直接记载章氏世代习武的内容，然而清代时期大山章氏习拳练武，族风彪悍却在诸如《章冠鳌传》《凤鹤实录》等典籍中间接描述。

章氏家族在武术上的壮大，引起了其他姓氏家族的关注。这种习武之风经过多年传播，已扩大到了周边乡村。周潭周边如项铺、汤沟、左岗、老洲等地均形成了浓厚的武术氛围和习拳好勇的民风。当地各大家族为保护各自的家族利益，争相聘请拳师，教授武艺。在防盗护村的同时，武术的习练与传承加强了家族内部的联系，增强了家族外向的威慑力，用以应对周边家族的壮大，使得东乡多个家族之间形成了武备的竞争性格局，强有力地推动了东乡武术的快速发展。

一个时期内，桐城东乡"畈畈有好田，村村有好拳"，男女老少都习练武术，切磋交流蔚然成风。武术成为桐城东乡的名片，也是东乡人引为自豪的技能，号称“武不过东乡”。桐城东乡地区无分男女老幼、不管田间地头都有习武、切磋的身影。习武不仅满足了东乡人日常的健身防身需求，也成为精神生活的重要组成部分。“场子”的设立与精彩的“破拳”已成为节庆期间必不可少的文化盛宴。

二、清末的鼎盛与断崖

清代中晚期，社会矛盾激化，中国处在多地域、深层次的动荡之中。公元1853年（咸丰三年癸丑）2月24日，太平军翼王石达开率秦日纲、胡以晃等为先锋，败狼山镇总兵王鹏飞、克安庆，杀安徽巡抚蒋文庆，次日退出安庆。同年6月10日，太平军胡以晃再克安庆，自此占据安庆约8年。

由于安庆是太平军西征、北伐增援的重要据点，更是太平天国首府天京的西大门，发生在安庆附近的清军与太平军的战斗尤为惨烈。旷日持久的反复争夺不仅使双方兵力损失巨大，还导致周边地区百姓也饱受战争之苦。桐城东乡原本是个土肥水美、幽闭安静的地方，由于与周边各县城距离较远，既不属交通要道，也不是经济重镇，本是躲避社会动荡的理想去处。怎奈，桐城东乡也难以摆脱时代变迁的动荡和苦难。咸丰六年，“六月，贼过东乡周家潭，焚山边，章氏阵亡者七人。贼自无为至桐，以周家潭为便道，初一日自午至暮，接队而来，欲馆（宿）山边，以分其众。章氏拒喂贼马，贼首怒焚其村，章氏数十人荷戈出敌。群贼掩至，杀四人，次日天明贼行，章复追杀，又死三人。”[9] 桐城东乡以尚武善拳、民风彪悍著称，自此以乡村家族之力对抗天平军的进犯。1858年（咸丰八年戊午）7月 李秀成、陈玉成于枞阳召开军事会议，商定破清军江北大营、解救天京的军事计划，制订统一指挥和联合作战的方针。桐城东乡是安庆通往芜湖继而通往天京的重要通道，又对泸州和桐城侧翼具有重要意义，因此，太平军开始清剿桐城东乡的反抗力量。

“九年己未七月，贼围东乡，练丁御旋败，义勇阵亡者二百二十有一。……七月十二日，贼一股由孙家坂进，章冠鳌偕族人南围，统练丁杀贼无算，鳌力尽阵亡。又一股暗渡黄叶岭，统丁抵禦，义勇在孙家坂阵亡者，山边章氏十二人，家属三人，在黄叶岭阵亡者，周氏七十八人，又十三人，鸦山王氏四十八人，又七人，吴家桥吴氏十三人，又八人，马鞍山二十八人，后埠潭一人。”[9] 由此可见，清咸丰九年农历七月十二，东乡民众组织对抗清剿，与太平军在孙家坂和黄叶岭发生了两场激战，共计损失221人，其中包括名满东乡的36名教。此后，太平军在桐城东乡建立乡村行政机构，东乡武术传承进入冰冻期。至此，东乡武术发展进入断崖。

三、从看家护院到文化传承

东乡武术于清代进入了鼎盛时期。

各村落“场子”设立，当地了打破了族群和地域的界限，使得东乡武术可以在武术功法和人才上得以融合和流转。大量的“场子”成就了众多的拳师和他们的传奇。仅在当地广泛流传的名教头就达到了36人，东乡武术最具传奇色彩的故事、传说和文学均与这些代表人物有关，当时的风靡程度可见一斑。

明末清初，桐城东乡章、周、王、吴、左等家族均打破了原有的家族传承制，形成了“场子”这一近代武术传播方式。东乡人在农闲之际，特别是春节期间，多以自然村庄为单位组成习武小组，俗名叫“场子”。“场子”类似于武术学校，由家族组织习武的场地和筹措经费，聘请著名的武术教师，到“场子”教习武术。“场子”的形成对东乡武术引进吸收其他流派武术和汇集人才都起到了积极的作用。大量青少年的参与为东乡武术的发展奠定了群众基础，而外来拳师的出现为东乡武术发展增添了新的内容和技术元素，这使得东乡武术出现了继承与发展、融合与创新的黄金发展期。

经过长期的演化和沉淀，东乡武术形成了贴近生活、健身防身、守土保民的特色。尽管将毛巾、板凳、锄头等农具和生活用具进行攻防的练习并非东乡武术独有，其独到的理解和技法仍令人叹为观止。

四、独特的毕业考——“破拳”的利与弊

“场子”中习武的年轻人多在20岁以下，先习拳术，后习器械（刀、棍、铁尺、鞭、耙等）。学员可互相切磋技艺，最后同师傅对阵，俗称“破拳”。教“场子”的教师称为拳师。本领高强且授艺效果突出的拳师被尊称为“老拳师”。

“破拳”既是对学员结业时的考核，也是对拳师的一种考量。“破拳”与“场子”相辅相成，每期“场子”结束，都要由教师考核学员。学员选择“文破”或“武破”的结业方式，向教师讨教。无论哪种形式，教师都不得推辞，否则就会被认为能力不济，影响声望和经济收入。“文破”是通过拳学理论与教师进行辩驳，论证技能和战术使用的合理性和实效性；“武破”是学员向教师提出实战格斗的要求，教师必须接受，进行拳脚或器械的比试。旧时，拳师在授徒时往往留一手，即“看家的本领”不教，以免在“破拳”时被徒弟所伤，闹出笑话。

“破拳”环节的设置较为全面地规范了东乡武术教师专业技能和理论，并直接与其声望和收入挂钩。这些陈规陋习又在一定程度上影响武术的传播和发展，以至一些高超的武艺失传。

五、东乡武术传说与典故

东乡武术的故事和传说大多是围绕着清代36名教的事迹展开的。《东乡三十六教头九华山大战“花和尚”》《黄小姑两下苏州报父仇》《“周铁弹”飞弹打枭台》和清末大儒吴汝纶撰写的《章冠鳌传》等故事和传说在桐城东乡地区广为流传。在流传过程中，故事掺杂了众多口述者的理解和愿景，使得内容神秘化、超现实化。多数的口传武文化内容被夸大和神秘化，距现实生活较远，但很能满足人们的求异心理，从心理学的角度讲，武文化是村民的认识、情感、动机、理想等心理过程潜移默化积累而成的精神生活，它借用超现实的语言和形式曲折地体现着一般村民精神生活的局部，也说明武术已经成为村落社会结构系统中的组成部分[10]。

太平天国军队占领安庆8年中，经历了西征和援助北伐的重大战略行动。太平军肃清桐城外围对抗势力的过程中，清代官员多不胜数的桐城南乡和组织民众乡勇对抗太平军的桐城东乡经历了血与火的磨难。在此过程中，诸多拳师一战而殁不仅让东乡武术技术体系支离破碎、难以整理，而且使其文化发展缺乏生活源泉和动态创新。自此名噪一时、流传颇广的东乡武术的发展进入了断崖期，这一断崖期一直持续到21世纪初。

咸丰年间的战火将人才和典籍几乎焚毁殆尽，东乡武术沉寂了近一百五十载。在清末至20世纪80年代期间，东乡地区已经没有了大规模“场子”形式的有组织的尚武、习武、讲武的情况，只有少数村民沿袭传统，个别习武健身。由于这一期间缺乏必要的指导，原本用以健身防身的东乡武术成了好狠斗勇、争强好胜的工具。村落之间，家族之间的争端引发的群体械斗并不鲜见，甚至在新中国成立初期需要在周潭等地驻军管理。

虽在民国和新中国建立初期仍偶有东乡武术传闻，引起了一定的关注，却难以扭转东乡武术传承难以为继的状态。直至21世纪初始，在党和政府的号召和政策扶持下，有识之士积极挖掘整理东乡武术，并申报获批安徽省非物质文化遗产和中国体育非物质文化遗产。在政府、高校、民间团体等多方努力下，东乡武术正重新焕发出勃勃生机。

参考文献：

[1] 邱丕相，马文国．关于中国武术发展战略的几点思考［J］．西安体育学院学报，2005，22：8-9.

[2] 张勋华．河南武术文化传承与保护方略之研讨［J］．中华武术，2012（Z1）．

[3] 安徽政府网 http：//www.ahzwgk.gov.cn/XxgkWeb/showGKcontent.aspx?xxnr_ id=64010.

[4] 安庆政府网 http：//www.anqing.gov.cn/a/news/meiti/2013/1115/60148.html.

[5] [清] 聊大闻.《（道光）续修桐城县志》卷一《舆地志.疆域》[M].清道光刻本.

[6] 安徽枞阳章氏由来 [EB/OL].http：//www.zsjz.cc/gdfz/hnscindex.htm.

[7] [8] [清] 章守盛等.纂修章氏家乘清 [M].同治十年（1871），木活字本.

[9] 胡潜甫.《凤鹤实录》·桐城虎口生 [N].安徽商报，2012-11-29.

[10] 魏烨.口述史：孙庄武术的兴起与衰落 [J].体育文化导刊，2015，(2).

民国二十九至三十年怀宁县禁演黄梅戏的相关档案及其研究

王 平

摘 要： 旧时代黄梅戏“淫亵败俗”的不良品格导致其多次被禁，新中国成立后其品格得到彻底改良。民国二十九至三十年正值抗战相持阶段，怀宁县境内的某些黄梅戏班无视抗战异常艰苦卓绝，既未摆脱低俗、淫亵，也没能成为唤醒“国民道德”之精神力量，为了生存，依附权贵，扰乱社会秩序，给抗战带来了不利的影响。当时的禁戏，具有一定的时代意义。

关键词： 抗战相持阶段；怀宁县；徐梦麟；禁演；黄梅戏

民国二十九至三十年（1940—1941），黄梅戏在安徽怀宁县被禁——该县政府的相关机构在一年的时间内，连续颁布多种文告来禁演这个土生土长的剧种。相关的文书档案弥足珍贵，不仅是黄梅戏发展史上的重要史料，也是近代中国禁戏的典型案例①。

关于那些文书档案，曾有学者予以披露②，但可惜的是未说明文献来源，且对某些文告的判读有误。尤令人遗憾的是：由于一直缺乏深入研究，学界对相关文告的内容与背景、颁令县长徐梦麟的个人情况等问题了解甚少，以致造成认识模糊甚至错误的状况。基于此，笔者踏访相关部门，在安徽省档案馆调阅了那批档案。本文拟依据原始文献，迻录相关文字，考证相关问题，并结合时代背景及黄梅戏发展史，客观评价其价值和意义。

基金项目： 安徽省教育厅人文社科重点研究基地招标项目（重点）（SK2012A170）；国家社科基金一般项目（11BZW064）；安徽省重大教学改革研究项目（2015zdjy110）、安徽省规划教材项目（2013ghjc213）阶段性研究成果。

作者简介： 王平（1964—），男，安庆师范大学黄梅戏艺术发展研究中心执行主任、文学院教授。

① 如：《中国戏曲志·安徽卷》摘引了其中的一条“训令”；傅谨的《二十世纪中国戏剧导论·近五十年“禁戏”略论》、张亭的《抗日战争时期石牌镇的戏曲活动》、金芝的《优势论——黄梅戏发展的历史经验》、徐冰的《从田野走向学术殿堂——20世纪民间小戏研究述略》等皆引用相关文献。

② 田丁《野火烧不尽春风吹又生》，《黄梅戏艺术》1986年第4期。第107-112页。

一、相关文告的文字移录及状貌描述

安徽省档案馆所藏民国时期怀宁县禁演黄梅戏的档案有8件，分归5个卷宗①，由怀宁县档案馆移交过来。以下按文告时间先后迻录档案中可辨认文字，并在注释中注明省档案馆立档之档号、档名，并简要描述该文档状貌。

（一）档案一②

全衔布告（民字第70号）

查表演戏剧，原为宣传故事，发扬民族之精神，引起人群之观感。乃怀宁各地所演之黄梅小剧，不惟浪费金钱，有损物力，淫词靡语，败俗伤风，且失演剧之本意，犹虑伏莽之潜踪。何以人民趋之若鹜，官吏视之无睹。积习相沿，殊堪痛恨。本县长下车伊始，为改良风俗起见，亟应严加取缔，以挽颓风。合行布告禁止，嗣后如再有表演黄梅小剧者，定当执法以绳。乡镇保甲长如匿情不报者，一并惩撤不贷。邦人君子，其各周知。

此布

县长：徐

中华民国二十九年三月二十九日

县长：（徐梦麟印）秘书：（蒋茂生印）科长：（张茂华印）

（二）档案二③

查黄梅小戏，虽经布告禁止，但现不敢在石牌开演，而到乡村胡闹。仰即令饬各区乡，严厉取缔。此致

第一科

（民国二十九年四月一日）

（三）档案三④

另将布告抄送报社披露一天□

为令饬从严取缔表演黄梅小剧由

全衔训令（民字第142号）

---

① 档号为L001-001（2）-565-35（档名：关于怀宁各地禁演黄梅小剧问题的训令）的卷宗内误收王者兴给茂公秘书的“函呈”2页，事涉乡民法律纠纷，不属禁戏档案。

② 此布告用纸为灰暗色棉纸，2张，钤有“怀宁县政府”官印。安徽省档案馆藏档号为：L001-001（2）-565-36；档名为：关于怀宁各地禁演黄梅小剧问题的布告。

③ 此布告用纸为灰黄色红框纸。安徽省档案馆藏档号为：L001-001（2）-565-37；档名为：饬令各乡镇严格取缔黄梅小剧问题的公函。

④ 本布告破烂，用纸为灰暗色棉纸，钤有政府官印。安徽省档案馆藏档号为：L001-001（2）-565-35；档名为：关于怀宁各地禁演黄梅小剧问题的训令。

令各（区署、乡镇公所）

查表演戏剧原为宣传故事，发扬民族之精神，引起人群之观感。乃怀宁各地所演之黄梅小剧，不惟浪费金钱，……（原照录至“不贷”）除布告周知外，合行令仰遵□□□□（取）缔，并转饬所属，一体遵照。嗣后如有上项情事发生□□□□将剧班拘送究办□□徇纵为要。

此令

县长：徐

中华民国二十九年四月二日

（徐梦麟印）

（蒋茂生印）（张茂华印）科员：张行

（四）档案四①

中华民国29年4月8日（第190号）

为呈请设法禁止怀、望两县交界处之演黄梅小戏由

呈

窃查花鼓淫戏，早经钧府布告及明令禁止在案，本县各地当自依法禁止，自无待言。惟属乡地接怀、望两县，民多刁狡。因本县禁令之森严，竟至怀、望交界处设台，日夜排演，并藉为聚赌场合。地虽属于望江，而观戏聚赌者，属乡民众为数占多，长此以往，淫乱之风势必兴起。职再四思维，莫可如何？只得呈请钧府做主，或转函该望江县政府，同样查禁，以恤民力，而杜淫乱之风，实为公便。

谨呈

县长：徐

金鸡乡乡长：张曙光（张曙光印）

（五）档案五②

8（甲）19查禁卷

全衔指令（民字第252号）

令金鸡乡公所：

呈乙件（为呈请设法禁止怀、望两县交界处之演黄梅小戏由）

---

① 此档案用纸为灰黄色棉纸，安徽省档案馆藏档号为：L001-001（2）-565-39；档名为：关于禁止在怀宁望江交界处演黄梅小剧问题的来往文书。本档案为金鸡乡乡长张曙光上呈县府的呈请，该呈请在第二日（四月九日）得到县长徐梦麟“严禁”的批示。

② 此布告用纸为灰暗色棉纸，钤有政府官印。安徽省档案馆藏档号为：L001-001（2）-565-39；档名为：关于禁止在怀宁望江交界处演黄梅小剧问题的来往文书。

呈悉。查黄梅小剧业经本府一再严禁，该乡与望江交界处仍有不遵法令，排演黄梅小剧者，殊属玩（顽）固已极，仰即晓谕民众，严加禁止，违则送府重惩不贷。仰即遵照。

此令

中华民国二十九年四月十二日

县长：徐梦麟（印）（蒋茂生印）（张茂华印）

王文采代拟四、十二

（六）档案六[①]

速通令布告，严予取缔各处演唱黄梅淫调。如违，即依省令处罚。

此致

第一科

县长：（徐梦麟印）

二、四

（七）档案七[②]

怀宁县政府训令（民字第131号）

中华民国卅年二月五日丑时

（特速）

令饬查禁黄梅小剧以挽颓风由

令（各政务督导员、各区署、各乡镇公所、政警队）

查黄梅小剧，词意淫亵，败俗伤风，莫此为甚。迭经严令，查禁在案。近查各地，一般流浪之徒，仍多不遵法令，设台私演，喧嗔扰攘，竟夕不安。以致伏莽乘机思逞，窃盗时有所闻。亟应重申前令，切实查禁，以挽颓风，而安闾里。除布告并分令外；合行令仰遵照（严密查禁为要，并特饬所属，一体严密查禁为要！）

此令

县长：徐〇〇

---

① 此布告用纸为“怀宁县政府印制”，钤有政府官印。安徽省档案馆藏档号为：L001-001（2）-565-33；档名为：关于禁演黄梅小剧问题的训令。

② 此布告用纸为“怀宁县政府印制”，钤有“怀宁县政府”官印。安徽省档案馆藏档号为：L001-001（2）-565-33；档名为：关于禁演黄梅小剧问题的训令。《中国戏曲志·安徽卷》亦摘录本资料。但误引文号为“民字第31号”，且“竟夕不安”以下文字亦多误，下引出以便查对：“以致□□□□□□，窃盗时有所闻。亟应重申前令，切实查禁，以挽颓风，而安乡里……合行，令仰遵照，严密查禁为要。”（见《中国戏曲志·安徽卷》，中国ISBN中心，1993年出版，第703页。）

（八）档案八①

事由（晓谕查禁黄梅小剧，违者法办由）

全衔布告（民字第132号）

照得黄梅小剧，淫亵败俗伤风，迭经明令查禁，何啻三令五申。一般流浪游子，耽溺不返迷津。仍自设台私演，扰攘辄到深更。贼匪乘机匿迹，社会时感不宁。特此查申前令，不惜诲之谆谆。倘再故意违犯，拿获决不从轻。仰尔阖邑民众，其各一体诲遵。

中华民国三十年二月十一日

县长：徐〇〇

县长：徐梦麟（印）

秘书：（蒋茂生印）

科长：（王□印）

科员：（萧炳辉印）

二、相关考辨

（一）关于文告的内容的考察

上文所录的八件档案中，除1条为金鸡乡乡长张曙光给县府所上的禁戏呈请外，其他7条皆为怀宁县相关部门所颁布的禁戏文告，内含4条（全衔）布告和3条训令（指令、令）。

文告显示，本次禁戏的时间始于民国二十九年（1940）3月29日，最后一条禁戏令是民国三十年（1941）2月11日颁布，与第一条禁令时间相隔将近一年。禁戏的原因在于新县长徐梦麟“下车伊始”即进行“改良风俗”，禁戏的对象是“黄梅小剧”“黄梅小戏”“花鼓淫戏”。要说明的是，这些名称皆是黄梅戏在民国时期的别称。

应该说，开始的禁戏效果很明显，可谓雷厉风行：1940年3月29日到4月1日仅仅4天，“黄梅小戏”就从怀宁县政府所在地的石牌镇撤离，转到“乡村胡闹”了；10天以后（4月8日），黄梅戏班在怀宁县境内诸乡村也待不下去了，不得不辗转“竟至怀、望交界处”金鸡乡“设台”演出，但还是遭到金鸡乡政府的驱赶。

然而，迅猛的势头并没有持续下去。按怀宁县相关文告的说法：这种具有极强生命力的乡邦小戏种，“属玩（顽）固已极”，虽经政府“明令查禁，何啻三

① 此布告用纸为“怀宁县政府印制”，钤有政府官印。安徽省档案馆藏档号为：L001-001（2）-565-33；档名为：关于禁演黄梅小剧问题的训令。

令五申”，但仍在全县各地有演出者，到1941年的2月，仍无法禁断，将近一年的禁戏无果而终。

（二）关于颁令县长徐梦麟的考证

在相关的禁戏文告中，有一条为怀宁县第一科所颁布。关于怀宁县政府第一科（科长），有资料记载其有“掌管立法、人事任免、民政等重大权力”[①]，因此，该科有发布禁戏布告的权限。

至于其余六件文告，皆是怀宁县长徐梦麟署名颁行。可以说，徐梦麟是此次禁演黄梅戏的关键人物。然而，现存文献中很少有对他进行直接而详细的记载，即使偶有提及者，也多为一鳞半爪，到目前为止人们对他的情况还难窥全豹。为使学界更为透彻地了解徐梦麟，笔者特搜罗相关文献中与徐梦麟有关的信息，以飨读者。

《怀宁县志》（第五章　人大　政府　政协）曾经提及：“徐梦麟，广西人，民国29年3月—30年5月任县长。”[②] 但该志并未言及徐梦麟更多的情况。

此人是否为曾任怀宁县长的徐梦麟呢？考察安徽抗战史，就可解开此谜。

“抗日战争时期，新桂系李宗仁、廖磊、李品仙先后主持皖政。”[③] 新桂系在安徽组织了积极有效的抗战活动，也大量地培植新桂系力量。据载：1938年10月武汉会战结束后，“廖磊仿照广西的做法，并由广西调来干部推行训练国民兵团组织，由县长兼国民兵团团长，副团长为军人，协助县长训练国民兵团。”[④] 1939年10月廖磊病逝于立煌，其接任者李品仙依然延续扩充广西地方势力的策略。以怀宁县为例，从民国二十七年（1938）11月到民国三十年（1941）2月，县长走马灯似的换了七任，他们大多与新桂系关系密切。其中胡邦宪（胡允恭），乃安徽寿县人，早期参加北伐军，抗战时“应叶挺之约，通过李宗仁引荐，回安徽出任怀宁县长”[⑤]；陶若存为安徽省舒城人，早年在桂系的国民革命军第九路军任职，1938年春到1940年春，“曾任安徽舒城、无为、怀宁三县国民党县长”[⑥]，而徐梦麟和王汉昭则本身就是广西人。

---

① 徐闻嘉、徐承伦：《革命、坎坷、奉献一生——记胡允恭》（下），《江淮文史》，1996年第2期，第116页。

② 怀宁县地方志编纂委员会编：《怀宁县志》，黄山书社，1996年版。第202页。

③ 武菁：《论抗日战争时期安徽的新桂系》，《安徽史学》，1992年第4期。第60页。

④ 韩信夫：《试论国民党抗日游击战场》，《民国档案》，1990年第3期。第75页。

⑤ 徐闻嘉、徐承伦：《革命、坎坷、奉献一生——记胡允恭》（下），《江淮文史》，1996年第2期，第115—118页。

⑥ 陶若存：《抗战时期，我任舒城、无为、怀宁国民党县长时的一些回忆》，《安徽文史资料》（第25辑），安徽人民出版社，1986年版。第140页。

徐梦麟是广西陆川人，与时任安徽省主席的廖磊是同乡，此在《陆川县志》（“第三十三编·第二章·第二节”）之“民国时期政界人员表”中有载：徐梦麟是该县乌石镇人，曾任广西“天河县”县长①。天河县为旧称，1952 年并入罗城县，是今天罗城仫佬族自治县的一部分。

徐梦麟担任天河县县长应是民国三十一年（1942）以后的事，在此之前，天河县长是任敏。任敏曾在民国三十年主修过《天河县志》，《广西方志提要》中说他“别号一樵，广西隆安县人，民国 26 年 4 月至 31 年 2 月任天河县长。”②

我们认为：应该是得到了桂系廖磊或李品仙的提携，徐梦麟在 1940—1941 年得以任怀宁县长，但一年以后即离职，辗转回到广西。1942 年后他又在天河县谋得新县长一职。关于徐梦麟更多的信息，由于资料的缺失已无从考证。

（三）民国二十九至三十年禁戏与旧时代黄梅戏“淫亵败俗”的不良品格

民国二十九至三十年怀宁县的系列文告指出：之所以禁演那些“黄梅小戏”，主要原因在于其“淫亵败俗伤风”。这个客观存在的历史问题，当是黄梅戏发展史研究中所不应回避的。

戏曲史表明：新中国成立前黄梅戏经常被禁演，与这个草根剧种兴起于民间，沾染了不良风气，进而备受诟病、指责不无关系。此见诸史料多矣，下举若干：

民国十年（1921）修成的《宿松县志》中记载“邑境西南与黄梅接壤，梅俗好演采茶小戏，亦称‘黄梅戏’，其实则为诲淫之剧品。邑青年子弟尝逢场作戏，时亦或有习之者，然父诏兄勉，取缔极为严厉。”③

又如：清末的光绪初年黄梅戏艺人在安庆的郊区北关外活动：“一班有二十余人，并无新奇动人耳目。惟正戏后总有一、二出小戏，花旦、小丑演出，百般丑态……伤风败俗，莫此为甚……屡经地方官示禁，终不能绝。刻下已届秋成，此风又将复炽，有地方之责者，宜禁之于早也。”④

一些目睹了民国时期黄梅戏表演的文人学者，也认为这个小戏种在品格上存在低下的问题。时任安徽大学校长的程演生，在民国二十八年（1939）春撰的《皖优谱》中提及：“今皖上各地乡村中，江以南亦有之，有所谓草台小戏者，所唱皆黄梅调。戏极淫靡，演来颇穷形尽相，乡民及游手子弟莫不乐观之，但不

① 陆川县志编纂委员会编：《陆川县志》，广西人民出版社，1993 年版，第 887 页。
② 广西壮族自治区通志馆编：《广西方志提要》，广西人民出版社，1988 年版。第 154 页。
③《民国宿松县志》（中国地方志集成·安徽府县志辑 14），南京：江苏古籍出版社，1998 年版。页 395（上）。
④《申报》清光绪五年 8 月 29 日（1879 年 10 月 14 日），转引自安徽省艺术研究所《黄梅戏通论》，安徽人民出版社，2000 年版，第 128 页。

用以酹神，官中往往严禁搬演，他省无此戏也。”① 程演生是土生土长的怀宁籍学者，他坦承当时的“黄梅调”是“淫靡”的，并且影响很大；他认为这是导致官府“严禁搬演”的原因之一。

除了官方禁演外，民间也用不同的形式消除这个草根剧种的不良影响。其一，利用宗族权威和家规亲情，进行“长老摒斥”和“父诏兄勉”②，以抵制黄梅小戏。其二，利用乡村教育，向学生宣传其危害。比如怀宁当地有一位私塾先生，就编写教课本《四言杂字》（手抄本），宣讲“黄梅歌曲，风俗颓伤”③，让学生远离这种低俗的艺术形式。

诸如此类的史料还有很多，它们皆表明新中国成立前的黄梅戏确实有诸多不健康、淫亵的东西，在当时带来了“伤风败俗”的负面影响，甚至招致盗匪“乘机匿迹”、社会不宁的灾祸。

但是，需要说明的是：中华人民共和国成立后，黄梅戏的品格才得以彻底改良。一方面，广大黄梅戏从业者“翻身”了，他们从旧社会的“草”变成了新社会的“宝”，身份也从被人歧视的“戏子”而变成受人尊重的艺术家。随着社会地位的提高，广大的黄梅戏工作者焕发了前所未有的生命活力，自爱自重，不演低俗的戏曲。其次，20 世纪 50 年代初从中央到地方一系列戏曲改革的方针政策的提出和实施④，得到了广大戏剧戏曲工作者积极响应和热情参与，旧时代所遗留的不良风气最终得以改良。黄梅戏也是如此，在严凤英、王少舫、王兆乾、陆洪非等一批黄梅戏艺术家的努力下，打造出像《天仙配》《女驸马》《柳树井》《打猪草》《补背褡》等那样的艺术精品，黄梅戏从此跻身于中国名剧种之列。

新中国成立初，黄梅戏还是一个名不见经传的民间小戏种，第一届全国戏曲观摩演出大会就未邀请其参加。她作为一个成熟的、具有现代意义的剧种出现在世人眼前，不能不提 1952 年 11 月安徽省地方戏在上海举行的观摩公演。正是这次公演，让人们领略了黄梅戏这个“充满活力的民间戏曲”⑤ 的艺术魅力，她的

① 天柱外史《皖优谱·引论》，安徽省文化局剧目研究室，1952 年据 1929 年世界书局本翻印。第 6 页。

② 《民国宿松县志》（中国地方志集成·安徽府县志辑 14），南京：江苏古籍出版社，1998 年版。页 149（下）；395（上）。

③ 张亭《黄梅戏诞生在石牌》，《黄梅戏艺术》2007 年第 3 期，第 7-8 页。

④ 如五十年代初毛泽东关于“百花齐放　推陈出新”方针的提出、中央政务院《关于戏曲改革工作的指示》的颁布、第一届全国戏曲观摩演出大会的及时召开，以及安徽省相关政策（如皖北人民行政公署《关于戏剧改革工作的指示》）的发布，等等。

⑤ 张拓《民间戏曲艺术的两朵花——看过黄梅戏和泗州戏的演出之后》，《文汇报》（上海版）1952 年 11 月 15 日第 3 版。

成功“给上海文艺工作者以深刻的印象”[①]，征服了沪上观众，一夜间黄梅戏的腔调响遍上海的大街小巷。从此，黄梅戏走向全国，并得到了人民的喜爱。到了1953年春，“安徽省黄梅戏剧团”成立，黄梅戏最终得以定名来。[②]

（四）民国二十九至三十年的黄梅戏被禁的时代背景及意义

早在民国二十年（1931年）的5月14日，“怀宁县行政会议决定禁演黄梅戏”[③]，这比民国二十九至三十年的禁戏早九年。但是，后者的背景及意义迥异于前者。

抗日战争是中华民族奋起抵御外侮的救亡战争，民国二十九至三十年正值抗战相持阶段，抗战异常艰苦卓绝。这个时期怀宁县禁演黄梅戏，具有特殊意义。

1938年3月底4月初国民党临时全国代表大会通过的《抗战建国纲领》，尽管该纲领没有专门制定文化宣传的政策，但是其“（庚）教育·第二十九条”规定抗战时期必须“注重国民道德之精神”，国民党中执委宣传部所编的《抗战建国纲领宣传指导大纲》对此所做的阐发是这样的：“晚近以来，持急功近利之见者，往往以道德之修养视为纡谈。殊不知抗战期间，所最要者莫过于提高国民之精神。”“由此可知，道德之修养，若更能普及更能深造，则本实既茂，体用并备，抗战必胜建国必成。”[④]因此，以激励民众、救国图存为主旋律的文艺活动在国统区和解放区蓬勃开展起来，得到了官方和民众的支持。

然而，也有一些文娱表演活动无视抗战形势，不仅不去振奋民心，反而传播低俗，沦为少数权豪势要的赚钱工具。当时在怀宁一带活动的黄梅小戏就是如此。根据张亭的《抗日战争时期石牌镇的戏曲活动》记载：“国民党怀宁县党部书记长黄定文和县长丁耀宗为饱私囊，就在石牌镇开起了戏园子和赌场，抽头聚赌，捞了好多钱。上街（石牌人称上石牌为上街，下石牌为下街）一班大戏（唱徽调、皮黄）；下街一班小戏（黄梅调）。”[⑤]曾经在1939年初至1939年下半年短暂担任过怀宁县长的胡允恭，在其回忆录中也写道：“县党部没有经济来源，他们就搞了戏班子，上石牌、下石牌各一黄梅戏班子。……书记长（黄定文）有几十支武装，尽是些流氓。上石牌一班黄梅戏，下石牌又一班黄梅戏，还抽头聚赌，他们搞了好多钱。……怀宁秩序太乱，一共只有两三千人的上、下

---

① 贺绿汀：《安徽省地方戏在沪演出观后感》，《文汇报》（上海版）1952年11月15日第3版。

② 陆洪非：《黄梅戏源流》，合肥：安徽文艺出版社，1985年版。第1-4页。

③ 怀宁县地方志编纂委员会编：《怀宁县志》，黄山书社，1996年版。第202页。

④ 国民党中执委宣传部编：《抗战建国纲领宣传指导大纲》，衡阳区书刊供应处，1938年06月版。第37，38，39页。

⑤ 张亭《抗日战争时期石牌镇的戏曲活动》，《黄梅戏艺术》1987年第2期。

石牌就有两戏班子，赌场林立，流浪卖淫的塞满街头。”①

应该说，抗战相持阶段怀宁县境内的某些黄梅戏班既没有摆脱低俗、淫亵，也没有成为能唤醒“国民道德”之精神力量。相反，一些班社为了生存，置民族大义于不顾，依附权贵，扰乱、破坏社会秩序，给抗战带领了不利的影响。对这样的戏曲进行禁演，当时具有一定的时代意义。

① 胡允恭《1939 年在安徽的斗争》，《安徽党史研究》，第 3 期。

一部珍贵的乡邦文献丛书

——刘世珩与其《贵池先哲遗书》

黎俊祥

摘　要：晚清民国时贵池人刘世珩酷好藏书，尤其注重乡邦文献的搜集刊刻，是近代著名的藏书家和出版家。《贵池先哲遗书》是其集20余年之力，在广泛搜求的基础上刻印的一套典型的乡邦文献，共34种216卷。该套文献具有重要的学术价值，同时对历史文化传承、历史文化旅游资源的发掘开发，也具有极强的现实意义。

关键词：刘世珩；贵池先哲遗书；池州；乡邦文献

一

刘世珩（1875—1926），字葱石，号聚卿，别号楚园，人称楚园先生，祖籍安徽贵池，近代著名藏书家、文学家、实业家；清光绪二十年（1894）举人，曾任湖北省道员，1901年任江南商务局总办，兼管南洋保商事宜，同年9月任江楚编译官书总局总办；1902年被张之洞任命为三江师范学堂总办兼学务处，参与三江师范学堂的筹建；1903年组建了全国第一个省城商会——江宁商会；1905年任职为财政处提调；1906年，被清廷任命为湖北造纸厂总办兼任天津造币厂监督，奏补度支部右参议；1908年，任直隶财政监理；1911年，升补度支部左参议仍兼湖北造纸厂总办，并加二品衔。辛亥革命后，刘世珩避居沪上，以遗老自居，不问世事。

《清史稿·刘瑞芬传》后有其附传言：

世珩，字聚卿。光绪二十年举人。累至道员。历办江南商务官报、学务工程、湖北造币等事。旋擢度支部参议，加三品卿。条议币制，中外称其精确，未及行而辛亥变起，遂归寓上海。丙寅年，卒。嗜古，富藏书，校刊古籍尤精。有

作者简介：黎俊祥（1978—），男，池州学院旅游与历史文化学院副教授。

聚学轩丛书、贵池先哲遗书、玉海堂宋元椠本丛书及曲谱、曲品等。

刘世珩生平以收藏为乐趣，江慕洵《行状》言其“公以身出名门，凭席素厚，视钱财初无所悋恤者。性嗜古，凡书画器物出自古昔名贤之手者，咸以得藏庋之为快。足迹所至，骨董驵贩之辈日辏于门。生平宦囊所获，亦泰半耗于是焉。”① 刘世珩《暖红室汇刻传奇·序》自述：“初仕江南，多识藏书家，继官京师，往来多胜流，而海王村又群书荟萃地，一瓻之借无虚日焉。”② 在其极力搜求下，藏书极为丰富，所藏最精为元本王应麟《玉海》两部，宋刊本《魏书》，另藏有元刊巾箱本《尔雅单注》，明代华夏、朱大韶递藏之《杜陵诗史》及明代传奇戏曲等。刘世珩藏书处有玉海堂、聚学轩、暖红室等。刘世珩逝后，藏书大部分散佚，今多藏于台北“中央图书馆”。

刘世珩亦是近代著名的出版家，其所刊刻书籍为数甚多，计有《聚学轩丛书》60 种十函 100 册、《贵池先哲遗书》34 种十函 100 册、《玉海堂影宋元本丛书》21 种、《宜春堂影宋巾箱本丛书》10 种、《暖红室汇刻传奇》51 种六函 32 册。且所刻之书，多加校勘，质量甚高。

刘氏本身著有多种著述，如《临春阁曲谱》《重编会真杂录》《贵池先哲遗书待访目》《大小忽雷曲谱》《梦凤词》《曲品》等。

二

《贵池先哲遗书》，为刘世珩旅居上海市所刻印，线装 10 函 100 册，计 30 种 186 卷，附录二种 2 卷，附刻一种 26 卷，续刻一种 2 卷，共 34 种 216 卷。是其费时 20 余年搜集整理的贵池（今池州市）一地自唐迄清乡贤的著作，为地方文献之集成。有康骈《剧谈录》2 卷，费冠卿《费冠卿诗》1 卷，张祜《张处士诗集》5 卷，周繇《周繇诗》1 卷，顾云《顾云诗文》2 卷，张乔《张乔诗》1 卷，杜荀鹤《唐风集》3 卷，附《松窗杂记》1 卷，殷文圭《殷文圭诗》1 卷，伍乔《伍乔诗》1 卷，华岳《翠微南征录》11 卷附杂录 1 卷、《翠微先生北征录》12 卷，李达《李达行季遗诗》1 卷、诗余 1 卷，吴应箕《东林本末》3 卷、《启桢两朝剥复录》10 卷附刘世珩撰札记 1 卷、《留都见闻录》2 卷附《南都应试记》1 卷、《读书止观录》5 卷、《楼山堂集》27 卷，刘城《峄桐集》20 卷，曹大镐《化碧录》1 卷，吴非《楚汉帝月表》1 卷、《三唐传国编年》5 卷，吴

① 刘重光，杨世奎等编撰：《安徽贵池南山刘氏瑞芬公世珩公支系史乘下卷 楚园遗韵》，文物出版社，2012 年版，第 10 页。

② 刘重光，杨世奎等编撰：《安徽贵池南山刘氏瑞芬公世珩公支系史乘下卷 楚园遗韵》，文物出版社，2012 年版，第 124 页。

孟坚《读史漫笔》2卷、《偶存草》1卷、《雁字诗》1卷，郎遂《杏花村志》12卷，吴世尚《庄子解》12卷，夏鼎《幼科铁镜》6卷，章永祚《南湖集钞》12卷，陈宏《秀山志》18卷，章鹤龄《静观书屋诗集》7卷。附刻一种，为陈蔚《齐山岩洞志》26卷，续刻一种，为刘廷銮《建文逊国之际月表》2卷。其中，《贵池唐人集》10种、《秋浦双忠录》6种、《贵池二妙集》2种已先于汇刻行世，余则为单行本①。另附刘世珩所撰《贵池先哲遗书待访目》，是从正史、野史、文献通考、方志的艺文志、书目、书序、人物传等典籍文献中搜寻到的贵池自唐迄清历代作者92人的273种著作的征访待刻书目。今日学者评价《贵池先哲遗书》，言其"在地方丛书中，这是一部搜罗齐全，刻印精雅的高质量丛书"②。

丛书第1册有冯熙、陈澹然、马其昶、姚景崇、章学文、周馥作序，给予该套文献以较高的评价。纵观该套丛书，有以下几点值得我们关注。

（一）搜罗广博

曾任安徽巡抚的冯熙在《贵池先哲遗书序》中言刘世珩："少时即嗜书若性命，见有赵宋孤本，辄寿之于木。"③ 章学文则言其注重乡邦文献的搜求，"讲求经世实学，尤孜孜好古不倦，每遇乡邦文献，吉光片羽，靡不征求"④，"所蓄亡虑十数万卷"⑤。周馥作序云："吾里刘京卿葱石先生，博极群书，留心校佛之学，于古籍之难致者，无论何种访得之，必校刊成善本，公之海内。……士夫之骛名者，又或貌为嗜古，故乡载籍罗致盈庭，矜独得之奇夸，珍藏之富，卒之聚之者百十年，散之者一二日，亦复何所裨补？先生不然，自其少时至于今日，得一书必为之刻，刻一书必求其精。计其所得原本，有来自本县者，有借自他省者，甚有自《四库》中钞出者，穷搜博访，无有已时，合刻单行，间或互见。昔曾湘乡谓李少荃拼命做官，俞荫甫拼命著书，若先生者其拼命存古者乎？"在其有心搜集下，《贵池唐人集》《秋浦双忠录》《贵池二妙集》丛书先行刻印，之后汇编其他单行本汇刻成《贵池先哲遗书》，保留了珍贵的乡邦文献，真乃"拼命存古"是也！同时刘世珩亦在其遍览史籍的基础上撰写成《贵池先哲遗书待访目》，为后人搜求贵池地方文献资料提供了极有价值的线索，则又为拼命存古的另一注脚。

---

① 以上介绍据刘世珩《贵池先哲遗书序目》整理。

② 郑伟章：《得一书必为之刻，刻一书必求其精———刘世珩聚学轩刻书述略》，《中国出版》1990年第12期。

③ 冯熙：《贵池先哲遗书序》。

④ 章学文：《贵池先哲遗书序》。

⑤ 缪荃孙：《聚学轩丛书序》。

（二）精于校勘

“世珩尤嗜校刊古书籍”，“自其少时至于今日，得一书必为之刻，刻一书必求其精”[①]。所刻印图书，必加校勘。周馥在《玉海堂丛书序》中就评价刘世珩：“吾里刘京卿葱石先生，博极群书，留心校雠之学，于古籍之难致者，无论何种访得之，必校刊成善本，公之海内。”且“一字之疑，必翻群书以证之，又不肯轻改原书，少则载入跋语，多则另编札记，则校雠尤慎也”[②]。冯煦在序中评价刘世珩的校勘功底：“搜罗淹雅，校雠精审，几与毛子晋、黄荛圃并趋争先，鲍伍而下，不足望其后尘也”。[③]《贵池先哲遗书》在行文中将舛误修正，将原文注于其下，并说明修正依据，使后人既知错误之所在，亦明修正之缘由。此种校勘古籍的态度进一步提升了《贵池先哲遗书》的刻印质量。如康骈著《剧谈录》二卷，刘世珩所采底本为毛晋《津逮秘书》本。但《津逮》本首缺自序一篇，不仅内容有缺漏，“其他字句伪错极多”，是以刘氏从《太平广记》照补逸文5条，又从明稽古堂刻本补录自序一篇，又据《类说》、《角力记》诸书勘校，“余篇字句异同，均为订正”，最终不仅使《剧谈录》完本，而且订正了各种谬误，使《剧谈录》臻于完美，“虽未见影宋旧钞，因已出《津逮》本上矣”。[④]

（三）编辑完备

丛书所收各书，在正本之前，均加有关文字以便读者审读。如《剧谈录》，作者摘引了《贵池县志·人物志·文苑本传》中对康骈的记载及《四库全书总目提要》中对《剧谈录》的介绍。全文结束后有刘世珩所撰跋文，简单介绍了作者、《剧谈录》的版本及校勘情况。而且如前所述，还补充了《剧谈录》自序和《津逮秘书》所缺逸文。《费冠卿诗》文本前录有康熙《池州府志》卷第58《费冠卿传》，宋计有功撰《唐诗纪事》卷60所载《费冠卿》诗文及简介，南宋尤袤作《全唐诗话》卷5《费冠卿》。《杏花村志》志前有《贵池县志人物志文苑本传》中对郎遂的介绍，《四库全书》总目提要中对《杏花村志》的介绍及评价及刘世珩跋。这些文字篇幅不大，但对我们了解作者及所录文献极为有益。

（四）刻印精美

刘世珩延请湖北黄冈陶子麟亲手刻版。陶子麟是湖北黄冈人，1857年生，1928年去世，专营刻书业，设刻书肆于武昌，以姓名为店号。其仿刻的宋版古籍，造诣尤深、独具风格，在国内颇有名声。经其手刻印的孤本、善本古籍甚

---

① 周馥：《贵池先哲遗书序》。
② 周馥，《玉海堂丛书序》，《玉海堂丛书》卷首。
③ 冯煦：《贵池先哲遗书序》。
④ 刘世珩：《剧谈录·跋》，《贵池先哲遗书》。

多，除了《贵池先哲遗书》外，他还刻过刘世珩《玉海堂影宋丛书》、张钧衡《择是居丛书》、徐乃昌《随庵丛书》以及《徐公文集》、《玉台新咏》等。藏书家、版本目录学家伦明就作诗言："贵池刻书爱仿宋，成就武昌陶子麟"①。由其所刻的《贵池先哲遗书》字大悦目，纸白如玉，堪为精品。

三

《贵池先哲遗书》是极为典型的乡邦文献，对于某一地域而言，具有重要的史料价值和学术价值。

就人物研究而言，《贵池先哲遗书》所收录文献涉及现池州籍人物24位，其中有文学家、政治家、军事家、诗人等，有些人物在历史上具有相当重要之地位，其文献毫无疑问是研究这些人物的基本史料。如对明末文学家、抗清英雄吴应箕的研究，其《楼山堂集》当然为必读之史料。又如明末桂王时任都督府左都督，兼太子太保，节制三十六营的抗清义士曹大镐，由其血书遗诗编成的《化碧录》1卷，当是研究他的第一手资料。

遗书中的部分文献具有重要的历史研究价值。唐康骈著《剧谈录》，四库入子部小说家类，其内容概似于笔记小说，具有一定的史料价值，如《四库全书总目提要》所谓"未可全以为据，亦未可全以为诬"。与之类似的有吴孟坚的《读史漫笔》。华岳的《翠微先生北征录》，分为《平戎十策》和《治安药石》两部分。《平戎十策》是作者针对南宋当时所存在的十弊而提出的解决方案：取士、招军、御骑、陷骑、得地、守地、恩威、利害、财计、马政。《治安药石》则分和议大计、边防要务、破敌长技、将帅小数、器用小节、采探之法、戒饬将帅之道、守边待敌之策、足兵便民之策等进行了阐述。《北征录》可视为南宋时期的一部针砭时弊的兵书，对我们了解南宋军事史及军事思想具有极高价值。如困惑宋代三百余年的和战问题，《北征录》在"和议大计"中纵横古今，阐述了个人观点。他反对一味对外用兵，认为应先修内政："盖圣贤论中兴之本，不先于外攘，而先于内修政事。夫子论远人不服，则修文德以来之，而兵武之事绝口不及。"和与战是辩证的，"兵争之失在于士大夫逞忿恃兵而讳言和议；和议之失在于士大夫惩已往之咎，而耻言用兵"。当前与戎狄的和议，乃是为了更好的崛起："今日之和，非真怯也，全吾仁以待他日可乘之机耳；非真畏也，养吾智以俟异时可投之隙耳。"同时，他也再三强调不可因和议而废兵，指出"和已成而废兵，则他日之祸盖有甚于未和之先者"，"倘果以为和可恃而废兵，则将见

① 王余光，李东来主编：《伦明全集》1，广东人民出版社，2012年版，第97页。

奋臂一呼，带甲百万，招旌一挥，下城数十，堂堂之中国为无人之境矣”①。其观点至今仍可为我们处理国际关系时所借鉴。此外，吴应箕《东林本末》《启祯两朝剥复录》均是研究明末政治尤其是党争的重要文献，《留都闻见录》则是重要的南京地方文史资料。至于吴非的《楚汉帝月表》《三唐传国编年》则是史学专著，史料价值自不待言。

同样，作为贵池一邑的乡邦文献，对地方历史文化传承和地方历史文化旅游资源的发掘开发有重要价值。池州具有悠久的历史。唐武德四年（621）始置池州，至今近1400年历史。池州又称吴头楚尾，是吴越文化、楚文化和中原文化融汇流传之地，酝酿了丰富多彩的地域文化。这里有杜荀鹤、吴应箕、周馥、周学熙等历史文化名人，九华山佛文化、贵池傩文化、杏花村文化等闻名海内外。而传承地方历史文化乃至于进行文化旅游资源的开发，乡邦文献都具有不可替代的价值。拿地方历史文化传承来说，如《翠微先生北征录》，四库未著录，《宋史·艺文》和省、府县志亦未载，为昭文瞿氏铁琴铜剑楼所藏，为元抄本，世所罕见。刘世珩从钱塘丁氏十万卷楼抄录刻印，为世留下了这一珍贵文献，同时也为传承池州地方文化做出了贡献，“搜求乡帮文献，编排目录、付梓刊行，功不可没”②。又如清初康乾时贵池人章永祚著《南湖集钞》，世无刻本，刘世珩广泛搜求，编校补充后加以刊刻，为今人留一下一笔文化财富。今人编撰《丛书集成续编》、《清人诗文集汇编》均收录《南湖集钞》，所用即《贵池先哲遗书》版。可以想象，如果没有《贵池先哲遗书》的收录，《南湖集钞》极有可能淹没在历史的长河中。

对文化旅游资源的开发来说，《贵池先哲遗书》中收录郎遂的《杏花村志》12卷，陈蔚的《齐山岩洞志》26卷，是我们开发杏花村旅游、齐山旅游的重要历史依托。如《杏花村志》有《杏花村图》《小杜行春图》《平天春涨》《白浦荷风》《西湘烟雨》《茶田麦浪》《三台夕照》《栖云松月》《黄公酒垆》《铁佛禅林》《昭明书院》《杜坞渔歌》《桑柘丹枫》《梅州晓雪》各图，这些胜景之图为今天的文化旅游开发保存了绝好的素材。值得一提的是陈宏的《秀山志》18卷。贵池西南之秀山以梁昭明太子显，为昭明太子衣冠墓所在地，古有文选楼和古钓台遗址。《秀山志》序之一描述了秀山的美景：“见峰峦之峭，台榭之悠，烟雨苍茫，松篁葱蒨，渔舟歌起，古寺钟清，雪月浮空，莺花绕径。登眺徘徊，始信此山秀色可餐，无惑乎帝子之爱赏流连，神驻于斯也。”③《秀山志》卷之一

① 《贵池先哲遗书·翠微先生北征录·治安药石·和议大计》
② 兰书臣 吴子勇，翠微北征录浅说，解放军出版社，1992年02月第1版，第13页
③ 《贵池先哲遗书》第39种《秀山志》序。

有《环山总览图》《秋浦旧址图》《琅崖钓台图》《季山祖殿图》《玉镜谭图》《衣冠陵寝图》，卷之二有对秀山有关旧址的介绍，其后为有关诗文集汇编。《秀山志》同《杏花村志》一样，保留了重要的历史文化资料。惜秀山之开发尚未起步，不同于杏花村文化旅游的快速崛起。而当我们回过头来准备开发秀山胜景时，《秀山志》更能发挥其旅游开发之价值。

作为一套珍贵的乡邦文献，无论是学术价值还是实际应用价值，都应予以充分估量，但这套刻印的丛书至今未能以全貌整理出版，更遑论研究了。正如学者所言："地方文化建设不仅要从民间得滋养，更要从史籍得真传，只有根深，方可叶茂。"① 我们期待着该套丛书能以全新的面貌问世。

① 纪永贵：《〈皖志列传稿〉中的刘瑞芬、刘世珩传记资料》，《池州社会科学》，2013 年第 2 期。

池阳故园道释儒文化群落考述

——以三清殿碑文为主线

张 忠

摘 要：池州旧称池阳。今池州市博物馆旧址为原池阳路教育故园，园内交叠呈现大片道释儒文化废墟。有唐以降，池阳城北隅先后建成了殿、宫、观、寺、庙、堂、亭、台、城墙等一大批文化、宗教类公共建筑，构成了道、释、儒三位一体的文化中心。经历朝风雨，上述建筑大部倾圮，留下一片片废墟遗存。文章从旧址实地发掘碑文石刻、考察文献史料和调研非物资文化遗产等多渠道中展开梳理，以考述研究皖江文化区域先贤们的礼制、宗教行为和文化活动发展场景。

关键词：三清殿；道释儒三位一体；历史演化；古建筑；法事；文化群落；融合；分层

一、考察：故园里的碑刻石雕

碑刻石雕是宗教文化史研究不可多得的素材，勒石刻碑是当年政府给予道观、寺庙和学宫的一项重要授权，许多碑文实际上就是地方政府的档案文书。“首先，碑刻具有传承后世的记忆功能，其次碑刻具有惩戒违规的警示功能，第三，碑刻具有颂扬美德的激励功能，第四，碑刻具有公布官府法令的告示功能，第五，碑刻具有征信与佐证功能。”[1]

在池州市博物馆旧址上，是原池阳路职业技术学院。2007 年，我在池州市地方志办公室工作时前去考察，发现校园深处，是一大片明清时期遗存的建筑物废墟，以清代建筑物构件遗存为常见，它们散落在乾隆“大成门”学宫四周，犹以石磉、石鼓等艺术石雕为多。透过那些模糊不清、断字缺句的碑文，我依稀察觉到，这座校园，整个就是一个历史文化堆积层，裸露在地表层的石刻文化，

作者简介：张忠（1953—），男，安徽池州市地方志办公室池州市志编辑部聘任编辑。

无处不在。那些形态各异的石磉础石、铺首石鼓、龟趺，榫头无字碑、抱鼓石、挡板石、石槛、门墩、条墩、檐牙石、梁枋石、门楼残片、门罩窗罩残片、墙裙石、窗台拦板、阁楼挂落残片、青石板、花岗岩基石、旗杆石、泮池栏杆石、文庙基石、古砖、大成古井、相轮柱、古亭以及庙堂、学宫建筑物包括下马碑、棂星门石、供案、仙台上的各式雕花艺术残片、记事碑文等等。在前清的寺观文庙废墟上，我发现了三块碑文，其中两块是清代碑文，字迹模糊，残缺严重；一块是民国碑文，保存较好，字体清晰可辨。这批碑刻的价值主要体现在下述四个方面：

（一）文献价值[1]

碑刻作为历史文化遗存，不同于其他历史文化遗存，这些宗教、文化、民俗记事碑刻，以文字的形式直接记录了池州城里古代官方、民间一些事件发生的原因、时间、地点、过程以及解决措施、处罚规定、参与人员，县衙的公文告示等等，它是一个事件的直接记录，甚至可以反映整个事件的原貌。因此，碑刻与其他历史文化遗存相比，有着重要的原始、真实的文献价值，为研究地方道教、佛教和儒家历史文化以及民事民俗提供了第一手资料。

（二）民俗价值[1]

作为民间民俗记事碑刻，其内容涉及城里乡间生活习俗、宗教信仰、宗族条规、民众喜好，这些对研究民间民俗有着极其宝贵的作用。

（三）旅游价值[1]

古代碑刻是生产、生活和精神皈依的一种体现，是人们了解古代本土地情最好的一种方式。现在人们已不能满足于浅层次的观光型旅游，更多的人越来越注重体验型的民风民俗和探索宗教信仰及儒文化旅游，人们在好奇的天性驱使下，以达到正确解读和揭秘碑刻背后的历史文化背景为雅好，观光客越来越注重对地域文化的深层求知和感受，借此融入当地文化层面的机会，以获得精神上的愉悦和满足。

（四）艺术价值[1]

这些碑刻中，大多数选材良好，石质坚润，文字碑上书法独到，阴刻阳刻兼有，行书楷书互见，碑体文字娟美，字体流畅，是研究地方古代书法最好的实物资料。琢花碑上雕刻精美，间有祥瑞文饰与几何图案的残片出现，可以想见其完整时的模样，或周边花草环绕或四面鸟兽忖对，或有瑞兽攀缘，或有嘉禾缠绕；其花样不一而足，若将它们原初的石雕艺术完整再现，堪称池阳一绝。

以下是笔者于2007年9至10月间分六次抄录、反复校对、打印并带卷尺测量的两块文字碑文：

第一块是修建宗教建筑物记事碑文，碑体残破风化剥蚀严重，字体模糊难辨，笔者发现它的时候已经拦腰断成两截；右上半截从 50 厘米处开始断裂，至 57.5 厘米处结束，形成一个约 7.5 厘米宽的豁口；左上半截从 68 厘米处断裂。经该校国际贸易系新生张同学和员工胡家望帮忙，才得以抬在一处费力拼读。该碑体高 147.5 厘米，宽 52.5 厘米，厚 11 厘米，每个字体的规格基本一致，为 2.5 厘米×2.5 厘米（逢双行字略小，为 2 厘米×2 厘米）。碑下方有一推拔形榫头，规格为 28 厘米×11 厘米×4 厘米。石碑通体为小楷阴刻，有迹可辨的 891 字，残损处和无法卒读的以口代替，一个□符号代表一个汉字，碑题《小建三清殿碑记》，以下是第一块碑文（标点为作者所加）：

池阳郡城北空虚境也。往昔有好善者创祖师殿、□□观、炎帝庙，于其东建清虚宫、水府庙、景德寺。明隆庆间，寺移毓秀门基址，改建学宫于其西，而南唐李煜特口紫极观于其间，观前又立秋浦堂，学士徐铉曾作□□，实与郡城风水攸关。而共资保障至宋季，“紫极”改为“天庆”，观内供奉道祖“三清”，迄今数百余年，屏障北隅，合城倚赖。迨国朝嘉庆间，紫极观、秋浦堂同遭回禄。生员季烛照、吴超音、□鼎彝、吴时望等于道光初年，倡捐复建紫极观，焕然重新颜，曰三清殿，而秋浦堂未与焉。

奈自粤匪犯顺窜扰池城，将三清殿及北隅诸庙焚燃一空，况三清殿又为黉宫藩护兹者，黉宫复建而三清殿若不倡修，北障依旧空虚，究何以资屏藩而壮观瞻？是以我等量力输资，爰于观址之西，就水府庙之旧址，立数间以妥神灵。虽不能悉如旧制，而于北方保障未始，无小补之资，若于紫极观旧址重兴，将此数间仍改作水府庙，是在有志君子克复前规，窃有厚望也夫！是为记。

大清同治六年岁次丁卯仲春月下浣丁未之吉燮庵李国钧顿首拜撰。

倡修章益、华志业、汪世荣、洪业富、陈金镕、李芬。

乐输名目（略）

竹溪李芬薰沐敬书

第二块是“县衙告示”残碑。据我推测，大约发布于清代同治年间。该碑体残缺约三分之一无法找到，从现存的“□□□县”上断残处开始量起，其长 129 厘米，下断残处长 96 厘米，碑宽 49.5 厘米，厚 12 厘米。全碑划满了方格，每格 3×3 厘米；每横向 13 个方格，竖向残断，右边竖向尚存 41 方格，左边竖向尚存 32 方格。碑文缺字严重，有些地方字句难以衔接，拼读不连贯，现在只能根据断续碑文来判断其大致含义（括号内字意和标点符号为作者所加）：

□□□（署贵池）县事阜阳县正堂加十级记录十次程（清代文书体例：官员下行文只书姓氏，不落名号）为□□□□□（本邑好义者）李国钧等禀称：职等复兴三清殿原为保护黉宫起见，迨殿落成，余资数十余串，惟恐虚掷，遂仿照□□□□□□□□（旧例，设公义乐输）各举等情并抄呈各条到县，据此查阅，所呈各条均是应办善举，询属好义可嘉。除本县每月捐廉钱二□□□□口（十千。合行出）示勒石晓谕。为此示仰诸色人等知悉：尔等如有好义乐输者听其自便，断无逼勒情事，局中承办诸生□□□（拟将每）月收支细账，明白榜示，以广劝激而昭爨，实庶善举，得垂久远，各宜禀遵毋违！特示。

□□□□□□□□□（对贫病亡故缺少棺）木者，须该处约保带来，方可给棺一具，钉三根，石灰十五斤，纸钱一斤，纸锭二朋，香三箍，又给□□□口（蒲席绳索），督令土司扛往北关外一树林或清风亭二处义山深埋。约保知死者姓氏、里居，用木签书□□□（牌，差人）送□□□（往城外）白牙塔内，次年清明取出，送归义山掩埋。

□□□□□□□□（凡无主尸骸，一体）交该处山陵培补。

□□□□□□（凡符合上述）症候方可给送。

□□□□□□□□□口（自本告示出日，仰里保）街巷收拾字纸，并将各署照墙、各城门残破告示揭下，送炉焚化。

□□□□□□□□□□（矣冢满林山，无主尸骸）必按上下二季一出，再用蒲包、草索捆好，送出江口。

□□□□□□□□（大清同治七年秋）日示

二、发现：池阳城北道释儒三位一体建筑群落

在校园，我沿着古老的建筑废墟，由东而西横向走过去，发现西头是府儒学中心，东头是道场，中间是寺庙遗址——这样就形成了东边是道、西边是儒的两极世界，处在它们中间的是释文化中心，也就是佛家寺庙。历朝主要建筑物有炎帝庙、景德寺、水府庙，佛教的衍生建筑物尚有北面偏东方向的白牙塔等。

在《小建三清殿碑记》里，记录了麇集古代池州城以北的道、释、儒各类公共建筑，有殿、宫、观、寺、庙、堂、塔、亭以及城门等，碑文为我们提示了古代池州城里的以宗教为主导的一大块建筑群落，其中，东边的主体建筑物是道教中的“殿、观、宫”，西边的主体建筑物是儒家学宫、文庙，两者中间是佛家的寺庙。它们比肩而立，中间没有过渡的空白地带，没有夹杂民宅、官署、街道等其他杂项建筑物，也没有山水隔离带。就是说，这三家建筑群连绵成一片，构成了一个整体，由东—中—西三个方位组成一个联合体。往小处说，这是一大块文化组件；往大处讲，它是一个精神信仰的“托拉斯”生态群。我们的先贤，通过千百年辛苦努力，将北城区打造成道释儒三位一体的文化活动与交流中心，用集约文化营造城市的功能区，使城市的综合文化形成一股先进的生产力，以此拉动池州府穷乡僻野和深山丛林的古代宗教文化和儒家文化产业链，从而形成了

古城特有的文化风格。这在其他城市是少见的，它是祖先留给我们的一块不比寻常的文化遗产！

历经几百年风雨烟火，这些建筑群和文化遗产大多已倾圮湮灭了，一些建筑的形象、特点甚至细节，我们只有通过碑文的提示和导引，在典籍里找到相似的记载：

道教的信仰特点决定了道教建筑的多样性，神圣性与世俗性的同义。田园式建筑与宫殿式建筑并存，反映了道教“仙道贵生”，出世与入世并重的宗教思想。

道教历来有三十六洞天，七十二福地之说，道教宫观在其布局、体量、结构上除十分鲜明地继承了我国传统的建筑思想、建筑格局和建筑方法外，同时也注入了道家与道教的审美思想和价值观念，形成了自己独特风格。天地与人事相互对应的“天人对应”思想，是道教宫观建筑和布局的重要依据，也是道教宫观建筑的重要特点。“天人合一太重要了，在古代就是天和人的关系……天人合一，人要顺天”[2]

道教宫观本着《道德经》“人法地、地法天、天法道、道法自然”的思想，顺乎“自然”之规律来建造。

根据八卦方位，乾南坤北，即天南地北，以子午线为中轴，坐北朝南的布局，使供奉道教尊神的殿堂设在中轴线上，两边则根据日东月西，坎离对称的原则，设置配殿供奉诸神。这种对称的原则，体现了“尊者居中”的等级思想，对称的建筑也表现了追求平稳、持重和静穆的审美情趣。在大的丛林，道众住房多在宫观东部。按照阴阳五行思想，东方作青龙，为木，属阳，正符合道士修炼达到“纯阳”，返还于“道”的目的。西跨院则为配殿，或是作为云游道众和香客们的临时客房。

道教宫观的建筑规格与其所供奉神仙的神阶及封建帝王对道教的是否崇奉有着密切的关系。

道教是多神教，有着庞大的神团体系，神仙中的长幼尊卑区别也是十分严格的。神仙世界分为七个等级，每阶设有一中位主神，左右配有若干诸神，道教认为这些等级不同的神仙居处，也与人间帝王将相居住在不同等级的宫殿、王府、官邸是一样的，故道教宫观的建筑也有等级差别。

多数道教宫观的建筑为传统的木结构建筑，即以木架为骨干，墙壁用砖砌，用瓦盖屋顶，而墙壁隔扇仅作为内外间隔之用，不负屋顶重量。这种木架结构是在柱顶架梁，再于梁上重叠数层瓜柱和梁，最后一层梁上立脊瓜柱，搭成一个木构架。在两组构架之间，用枋横向连接柱的上端，在各层梁头和脊瓜柱上再装檩，这些檩除排列承托屋面重量的椽子外，还具有联系构架的作用。殿式建筑在柱上和内外檐的枋上安装斗拱，用以承托梁头、枵头和支撑出檐的重量，出檐越远，斗拱的层数也越多。斗拱除负重外尚有装饰作用，同时斗拱层数的多少也是衡量建筑等级的标准之一，大多数殿式殿堂用斗拱建歇山重檐屋顶。屋檐伸出深远，且向上举折，加上鸱吻、脊饰，形成优美而多变的曲线，使本来沉重的大屋顶变得秀逸典雅。尤其是在直立厚重的墙壁和殿宇下宽阔的月台，或是崇台的衬托下，使整个建筑显得十分庄重和稳定，形成了一种曲与直、静与动、刚与柔的和谐美[3]。

如前所言，天地与人事相互对应的"天人对应"思想，是道教宫观建筑和布局的重要依据。也是道教宫观建筑的重要特点。道教经典《太平经》中讲"天与地法，上下相应：天有子，地亦有子；天有午，地亦有午；天有坎，地亦有坎；天有离，地亦有离，其相应若此矣"。

大多数宫观的建筑格局为传统的四合院、三合院。道教认为这种格局对应了木、火、金、水四正，加上中央土，五行俱全。大的宫观由数进四合院、三合院纵向铺开，层层院落依次递进，形成鳞次栉比的发展态势。道教认为这样可以聚四方之气，迎四方之神，也便于区分神的等级……较大的道教宫观山门多为三个门洞，这样既符合对称的格局，又寓示进山门，过了无极界、太极界、现世界三界，真正出家成道士[3]。

唐宋元明清五代，在池州城北先后建成了殿、宫、观、寺、庙、堂、亭以及门苑、泮池等，形成了道、释、儒三位一体的文化中心。东边以道教建筑为主要内容，从太极观、天庆观到清虚宫到三清殿，以子午线为中心，加上配殿及后勤设施，附属设施是慈善机构，主要是清末民初的公义局、劝善堂；道观前面的建筑是秋浦堂，由于嘉庆年间即遭火焚，其详细资料缺如，尚不清楚秋浦堂的功能和作用，有待方家考正。清末民初之际，大成门府儒学的西边，出现了一座"城隍庙"，东边的道观建筑在民国以后，民间俗称"火神庙"，其功能已发生了由"道"而"佛"的深刻变化，新中国成立后的"土改"时期，"火神庙"改作城关小学，稍后划归基督教会，池州市职业技术学院以 20 万的价位从基督教会手中买回这块地皮，改作学校的男浴室。与其一墙之隔（往西）是民国修建的劝善堂，成为学校男女浴室及其花圃水泥地的一部分。道教衍生建筑物还有校园后山上的仙台亭等。

西头的儒学中心以券洞形大成门、学宫中庭、文庙孔圣人座像及穹顶、棂星门中枢、泮池拱行桥、府学大门为一条中轴线，其附属建筑物是前面的两座牌坊、文庙后面山坡上的藏经楼、前门下马石、龟趺、系马桩、旗杆石等等。学宫中庭和孔庙是一个大型四合院落式两层楼建筑，其周边高大的廊芜有附属建筑物，分隔成众多的小单间，当地人俗称"状元府"。经过多次实地考察和寻访知情人，笔者以为，这块地方，过去是池州大小官员、儒绅贤达聚会叙仪、朝圣祭孔、府学应试、名师讲学等系列礼教活动中心。遗憾的是，这栋池州城内幸存的大型古代“文化超市”，直到1970年方才被群众非法拆除，其几十根大型圆木立柱惨遭分解后被私自哄抢、瓜分，堆积如山的雕花木版和精美小料没人敢要，被当作“封、资、修”的东西送到学校厨房里劈柴烧锅。这座古老的儒文化中心，就在那样的非常时期，被一群愚昧无知、野蛮荒谬地人给毁灭了，留给我们的是一片废墟和无限惆怅。

由于道、释、儒建筑历朝间有变动并相互渗透，这三种文化势必相互影响，故在这一块区域，形成了道、释、儒三位一体的宗教文化中心，也就自然形成了池州府的历史文化中心。若以空中俯视的角度来看，它们像两个并排放置的十字架，坐北朝南，连成一个“十十”字形，即东西两端是儒和道，中间是佛。也就是说，道教、儒学均有南北纵向的复合建筑，而居中的佛教只有东西向的单式建筑。但是，这种建筑格局也不是一成不变的，到清光绪年间发生了一些变化。本来位居西首的学宫一下子“跑”到中间，它的西边出现了一座城隍庙（庙神供奉杂处，佛道宗教文化兼有），而东头的火神庙也把三清殿“挤”向中心地带，形成了东西两头的佛、道文化包裹了儒文化的总体布局。但有一条，万变不离其宗，不管这些建筑布局发生什么样的变化，始终是道、释、儒杂处，三家互动和渗透，池州府的道、释、儒三位一体的文化中心地位不变。

三、旁征：大成门儒文化活动场景

在池阳路校园正面，是上20纪90年代矗立起来的“逸夫楼”，楼的西侧，是一座古旧的斑驳屋宇，这屋宇前面而南是堵塞的拱券门洞，后门朝北，有四根圆木通天柱擎起两层屋檐，叠瓦檐下的椽子、望板和梁枋上的斗拱、雕花雀替，已被凿削得面目全非，古木上朱漆落尽，榫头几近腐朽，只有磉石顽强地托着木柱，支撑着这一排岌岌可危的廊庑。门前的墙上嵌着一块一尺见方的黑水泥牌，上书“大成门（乾隆二十八年……建）”字样。拨开石缝里的一束2米来高的野石榴丛，发现了更大的“遗憾”——大成门两旁各有一巨型石龟，头已不知去向，身子破败，背上留有楔口，这古物在民间叫“乌龟驮碑”，书上叫“赑屃龟趺”。那碑呢？在东侧草丛里，仰卧着一块横匾式的石碑，上刻双钩楷书，五个字各有巴掌大小：“学宪饬禁碑”——原来，这座两层楼的破败廊庑，竟是池州城里声名显赫的府儒学学宫和文庙前面主体建筑的一部分！旧时，以大成门为一条轴心线，由南而北错落着旗杆石、系马石、池州府学大门、牌坊、棂星门、泮池、下马石、旌幡石、龟趺、大成门、学宫、文庙、藏经楼等一大批古建筑；如今，只有一座孤零零的“大成门”，它的身前是荷花池、教学楼和空地，身后就是学宫文庙的一片废墟和立在废墟北面的教师宿舍楼，宿舍楼后又是废墟连着的小山；山坡上是一片百年古木园林和仙台亭，坡底是校园大型操场，沿仙台亭北坡和操场以北，便是古城的城墙基址遗迹了……

在今天的池州城内，县儒学也好，府儒学也罢，它们都已成为过眼云烟，只有通过实地考察和与其相近的文献资料对比，我们才能看到：沿大成门轴心线，串起一条儒文化带，这条文化带，可以再现池州府学中心的官员们礼乐祭祀、众儒生科场赶考等系列儒文化活动实况的场景。

据清光绪九年（1883）《贵池县志·舆地图》：池州府儒学在贵池县城内北隅，靠近迎恩门。府学为官学，教官由朝廷委派。宋置教授、学正、学录、直学各1人，元增训导1人，清置教授、训导各1人，府学的主体建筑为明伦堂，系教谕、训导为生员设坛讲学处，堂前分“进德”“修业”二斋（教室讲堂），东、西两侧有“号舍”（住宿考棚）。邻侧有魁星阁、射圃。入府学者须参加由府官命题和主持的童子试（每年一次，录取者俗称秀才，第一名称案首）。府学生员分廪膳生员、增广生员、附学生员三等[4]。

府学宫前有下马碑立于宫墙之左，上刻“文武官员军民人等至此下马”字样。学宫文庙主祀孔子，祀孔为春秋仲月上丁日；配祀有四配、十二哲及当地历代先贤圣儒。其中，四配为颜子、思子、曾子、孟子；十二哲为闵损、冉雍、端木赐、仲由、卜商、有若、冉耕、宰予、冉求、言偃、颛孙师、朱熹。祀典前，巡抚以下皆步行进入学宫。祭祀的牺牲用羊、猪，器皿用爵、登、铏、簠、簋，左笾右豆各十。典礼开始后有乐有舞：乐器有麾幡、应鼓、鼗鼓、笛、箫、搏拊、柷、敔、编磬、编钟、笙、风箫、琴、瑟、埙、篪、管等；舞器有旌、翟、籥等，乐舞由八佾六十四人组成。制以玄布衣冠以为礼服。乐章迎神昭平，初献宣平，亚献秩平，终献叙平，彻馔懿平，送神德平，三献舞亦如之[5]。这一节文字记录的是清代地方政府祀孔的实况，当代著名学者易中天说：“祭祀对于人类非常重要，性命攸关，是要向上天求取自己的生存权，到了国家时代以后，按祖先的说法，就是‘国之大事，为祀与荣’，这时候的祭祀更主要是为了保证政权的合法性，‘君权神赐’，君主要从神那里拿到统治权。因此对国君来说可以没有军事权，没有行政权，甚至可以没有财政权，但不能没有祭祀权。”[6]在池阳，与此相对应的是县儒学，奉行科举制的“行政级别”和祭祀典礼规格较府学都低一个档次，它是县一级最高学府，但管理体制与府学相同。有宋以降，池州府所属各县都建有县儒学，官设明伦堂、文庙、学宫等礼教机构。1905年，废科举，兴学堂，县儒学停办[4]。

旧时，在府学宫里举行的大小活动很多，主要例行活动大致有礼乐祭祀，讲学考试等。特别是官方祭孔谒圣贤拜先哲，整个一套礼制由朝廷颁布，条规繁缛，仪式谨严，过所肃穆，形成系列规范而刻板的动作，丝毫不能含糊、懈怠。

对此，地方史书有记：

凡各坛、庙祀典有通祀、专祀之分。通祀者，是指直省群祀；专祀者，则是本省专祠。如社稷坛，顺治元年定直省府州县祭社稷坛，岁以春秋仲月上戊日致祭。雍正二年奏准祭社稷坛，府称府社之神、府稷之神，在州县则称州县社稷之神。神祇坛，顺治初年定直省府州县咸建神祇坛，有司岁以春秋仲月致祭。雍正三年议准神祇坛设云雨风雷位于中，设山川位于左，称某府州县境内山川之神，设城隍位于右，称某府州县城隍之神。又乾隆七年复准直省祈祷雨泽，各督抚转饬所属府州县，皆于孟夏择日行常雩礼，行礼之地，即于各处旧设坛内致祭，不必别立雩坛。先师庙，定制：直省府州县释奠于先师，顺治初年定每岁春秋仲月上丁日府州县各行释奠礼。按，光绪三十二年十一月十五日奉旨升先师孔子为大祀，次年秋，安徽巡抚冯煦、提学使沈曾植创立礼乐公所，习八佾，礼乐始备。

清朝祀典颁于礼部，自文武庙以至雩神、狱神之小祀，皆岁有常资……圣人在上，养物于阳，则鬼神养物于阴，而弗与抗。于是岁必有祭，祭必有费……牺牲鼎俎之需……则百神之礼废，天时人事益失序，而民无所措手足，是大可惧也。夫法施于民，则祀之；以劳定国，则祀之；能御大灾、捍大患，则祀之……[17]

且看通行版本：

圣由天纵，缅万世师表之尊；道协时中，继三代明伦之治。学校遍夫乡国，秩祀著在彝章。仰维先师孔子，教范古今，德弥宇宙。达天尽性，渊源集群圣之成；守道遵经，文轨洽大同之盛。稽崇儒之巨典，先朝久重明；扩兴学之鸿规，懿训特升上祀。风声所树，承矩于三雍；教泽无垠，广甄陶于百氏。大义炳如日月，馨香永以春秋。於戏！玉振金声，亿代犹存夫忾慕；麟祥凤德，八方莫外于尊亲。文治恢昭，芬歆格[8]。

当前述的“游戏规则”由朝廷颁布实施时，各地的祭祀费用也作出了硬性规定，甚至连国家和地方财政各自开支的渠道也有明确规定：

池州府属祭祀经费（计算货币：银）：

城内府学文庙，48两，又朔望香烛2两4钱。县学文庙，48两，又朔望香烛2两4钱。文昌庙，45两。武庙，47两8钱3分3厘。社稷坛、山川神祇坛，共7两6钱……

昭明太子庙，1两5钱。包、何二公祠，共3两。……以上银两均在丁地项下支销。

府学崇圣祠，8两……以上银两均系藩库请领，在丁地存留项下支销。文庙朔望香烛2两4钱，系俸工项下支销[7]。

这里有一份清末安徽省政府向中央发出的请示报告，也就是通常说的奏折，要求给各地寺庙里供奉的神封号，可见旧时的神庙、“神”说和对神的崇拜已深入人心。现择要摘录于下：

今据安徽抚臣奏称：……各城隍神，咸丰年间……屡著灵应……且城隍为守土正神，自明洪武时诏天下建立庙祀，概称为某府州县城隍之神，而不用公侯伯之名号，国朝因之，制定祀典。今安徽绅士呈请加封，竟误指为五等封爵字样，地方官不知驳正，率为详请，殊有不合。……臣等复深惟我国家崇德报功，厘定秩祀，明有礼乐，幽有鬼神，……方今末俗愚诬，人心不靖，自来各地方匪徒思逞，往往以礼神赛会为名，潜相煽惑，即如原奏所陈，各士民称颂类多谲诡支离，为荐绅有识所不道……春秋报赛，例所不禁……臣等公同商酌，共各该督抚奏请敕加封号、颁给匾额之处，均拟无庸议……光绪三十年四月初五日奉旨：“依议。钦此。”[7]

依次翻开史书，通过前人一遍又一遍的描述，一些鲜为人知的历史细节，依稀在我们眼前浮现出来——那时的初级考试，一位前清儒生这样回忆道：……（考试）大约是编号排列，用竹木绑定号牌，不得动移，将儒童姓名，编定次序……考棚临街的各路巷栅，先遣官役把守，朝不得早开，独留学前一路。诸童俱集广场听点，自拥高座，以次唱名给卷。领卷毕，即向东转北，由东栅入试院，卷上编定坐号，入场对号而坐。又分号出题，题即密藏卷后。既封门，方示以题之所在。外无拥挤之忧，内无传递之弊[8]。

想当年，各县学生集中到府考棚考试，看到榜上有名，再参加省学政主持的院试……逢“考试年”的农历三月初五日，学生院试中榜，有捷报发往家中。捷报上说，“贵府令亲相公□□□科试，奉钦命三品衔翰林修撰、经略馆纂修安徽全省提督学院某（官员姓氏），拔取入泮，联登及第。”[9]至此，学生取得附生资格，获准在府学半月形的泮池桥上走一遭，梦想有朝一日来个“蟾宫折桂”。

中国古代的儒文化现象，我们可以从日本大阪市立大学文学研究科教授井上徹的著述里找到相应答案：“这个时代所体现的原则，就是学习儒教知识，然后在科举中及第，最终成为官僚”[10]。

以上记述，反映了古代皖江地区的文化习俗和池阳故园儒文化活动场景的再现。“我想任何一个地方，它的文化习俗都是反映一个地方的气质”[6]。

四、诠释：道教教派与法事

春秋时期道家创始人老子，姓李，名耳，字伯阳，道教奉为教主。战国时期庄子继承了他的学说，道教成为我国唯一土生土长的宗教，它与庄子的道家思想有着不可分割的联系。明嘉靖《石埭县志》载：西汉元封年间（公元前110—公元前105）陵阳县令窦子明信奉道教，通炼丹之术。青阳旧县志载：窦子明曾登九华山，结茅以居，穴石为丹灶炼丹——这是皖江区域池州府辖境有关道教的最早记载[4]。

三国时道教人物赵广信，曾来九华山采药炼制“九华丹”。明嘉靖《池州府志》载：晋代丹道教鼎派创始人葛洪曾在东流、铜陵等地炼丹，且留有遗迹。清光绪《九华山志》载：九华山的葛仙洞、葛仙丹井等传为葛洪活动的遗址。

唐代是道教的兴盛时期，李唐王朝统治者自称老子后裔，尊崇道教。唐时九华山为道教的“七十二福地”之三十九位。唐时贵池已有道教活动，天宝十三年（754），诗人李白游秋浦，投宿道观，与居观道士交友炼丹，曾留有“三载夜归郎，与兹炼金骨”的诗句，南唐时建立了（贵池）县内最早的道教基地——天庆观[4]。

原始的道教阶段是以“五斗米道”和“太平道”为代表。东汉末年，即东汉顺帝时期（126—144年），在蜀中（今四川省大邑县境内），张陵（又称“张道陵”）倡导五斗米道，因信徒入教必须交五斗米，故名之。张陵之孙张鲁继续弘扬其教，奉老子为教主，以《老子五千文》为主要经典。后来，倡导道教的张陵，被徒众称为“张天师”，后人尊其为道教的创始者。稍后的张角创《太平道》，也属于早期道教。以东晋道士葛洪、北朝嵩山道士寇谦之、南朝宋庐山道士陆修静、南朝齐梁间茅山道士陶弘景为代表的人物，是道教上升为理论化阶段时期。道教的意义是宣扬“道”是“万物之母”和追求长生不老、肉身成仙。道教的经典是《道藏》，它是道教经籍的总集。道教的标记为八卦太极图。道教供奉的主要对象是三清、四御、三官（天官、地官、水官）。道教的神仙谱系错综复杂，最常见的神仙有：文昌帝君、魁星、八仙、天妃娘娘（妈祖）等。道教的护法神将有王灵官、关圣帝君，即关羽（关云长，俗称“关公”），关公遂成为唯一受到儒、释、道三教共同尊崇的偶像[23]。

五、现象：道释儒文化的融合与分层

本文在前面考察时说过，古代的池州城北也即今天的池州市博物馆原池阳路校园旧址，它曾经是一个道释儒建筑群落和宗教文化、儒文化活动中心，由于历经战火、动乱，特别是太平天国、日军入侵和“文革”时期的毁灭性破坏，这里的主要古建筑群已荡然无存，留下一片废墟，发人深省。

我想，现在我们要做的事情就是，发掘池州的道释儒文化历史，需要从方方面面来调查了解这种文化的内涵和外延，找到可比因素，为今后抢救这里的道释儒文化做第一手准备。抱着这样的想法，我把相关文献资料公之于后：

道教与传统文化的密切关系，主要来源是古代宗教迷信和思想文化。来源之一是古代的民间巫术。来源之二是神仙传说和成仙方术。来源之三是荆楚文化的道家哲学，主要是《老子》和《庄子》，其次是《列子》《文子》等书。来源之四是汉代阴阳五行化了的儒家经学。

道教与佛教也互有渗透。道教模仿佛教仪节，学习儒家经学，建立起祈祷、礼拜、诵经、斋醮等一套完整的科仪戒律[12]。

道教许多活动在不知不觉中转化为民间习俗，代代相传，蔚成风气。如丧葬要请和尚道士诵经修福，超度亡灵；春节以道观为基地举办庙会，进行民间祈神、游艺、商业等综合性节日活动；岁时节令，天灾疫疾，斋醮祭祀，求福免祸等。在元代，中国北方全真教兴盛，民间有巾幡圣会，正月十六，执彩绣高幡，列队走会，富有道教色彩。在南方，由于受巫文化和佛教、道教文化的多层面影响，旧时池州也是社神崇拜的胜地。

《池州府志·时序·逐疫》：凡乡落自（正月）十三至十六夜，同社者轮迎社神于家，或踹竹马，或肖狮像，或滚球灯、妆神像、扮杂戏，震以锣鼓，和以喧号。群饮毕，返社神（社神，指面具）于庙。

我国进入农耕社会便已出现的社神崇拜，亦即土地崇拜，至今仍然在贵池杂傩事活动中随处可见。

社坛，一般用石块垒成（也有石板、石臼铺设的）。社坛有社树，这都是商、周时代的文化遗存。《淮南子·齐俗训》说："殷人社用石。"以石为所耕土地之标志，正反映了进入农耕社会后土地私有制的开始以及对土地的依赖和由此而衍生的土地崇拜和祖先崇拜[13]。

旧时扬州地区（历史上曾统领皖江诸多区域），二月过土地生日，三月过东岳生日，四月过神仙生日，五月过关帝生日，六月过二郎神生日，八月过灶君生日，成为民间惯例，这些都不是道教团体有组织的活动。封建社会后期，行业神崇拜盛行，其中多为道教尊神，如铁匠崇老君，染匠崇梅葛仙翁，刺绣崇妃绿仙女，墨匠崇吕祖，乞丐、剃头匠崇罗祖大仙，文具商崇文昌帝君等，按时祭祀，相沿成习。还有明代问世的道教《功过格》等劝善书，对民间道德生活有深远影响，起着移风易俗的作用[14]。

道教主流是中国的传统，具有鲜明的民族特点。道教信仰的宗旨是追求长生不死、得道成仙；看重个体生命的价值，相信经过一定的修炼，世间的个人可以脱胎换骨，直接超凡入仙，不必等死后灵魂超度。

如庄子的生命气化思想对道家的生命气化论产生了深远的影响："生命从产生到死亡是'气'三次质变的结果：'气'一变而为形体，二变而有生命的产生，三变而使生命死亡。所以，生命从产生到死亡，都是气化所致，是‘气’从一种形态到另一种形态的转变，生命现象就是气化现象。在庄子看来，死亡并不代表生命体的消失，而只是生命体又复归于‘气’，‘气’经过变化，又将形成新的生命。如此周而复始，就像春夏秋冬四时更替一样，自自然然而又无穷无尽。”道家以此来解释阴阳气化的生命循环现象的产生和“消亡”，这是它与别的宗教信仰的根本不同之点[15]。

邸永在《江苏民族宗教》2003年第四期上撰文认为，儒、释、道在中国传统社会鼎足而三，相辅相成，又互相补充，共同支撑着国人的精神大厦……强者尊儒，智者信道，慧者崇佛。儒、释、道又可代表三种境界。血气方刚，欲建功立业时，……会以儒家信条为圭臬，发奋进取，自强不息，所以儒家可谓“强者的信条”；而遭遇挫折之后，气焰收敛，甚至心灰意懒时，开始理解道家学说之可贵，逐渐重视修身养性，享受生命，因此，道家可谓“智者的依托”；而屡遭打击，万念俱灰之后，则往往避入空门，焚香吃素、参禅打坐，体味万物皆空的境界，借以安慰受伤的心灵，可谓是“慧者的信仰”[16]。

历史上，主张儒释道文化融为一体的有全真派师徒。道教全真派创始于宋、金时的王重阳祖师，其思想精旨远承老、庄，中继钟、吕祖师，光大全真七子之一的长春人丘处机。王重阳很明确地提出：“儒门释户道相通，三教从来一祖风。心中端正莫生邪，三家披来作一家。”[17]

全真之教义，即提倡儒、释、道三教合一，丘处机为弘扬全真之巨擘，于此身体力行。其修身养性，取道家之清静，其观察事物，入佛家之空谛；其化导世人，本儒家之伦理。《全真清规》中明言：“祖师设教，仙圣度人，开大乘之门径，通众妙之要津”。开大乘门，以通众妙，既不拘守一家，贯通三教之道，以求得大圆满。这不仅是包容、和谐，且是三教上乘的心灵对话。

全真思想的精旨认为：人生不能脱离国家，故必遵儒家忠孝之道；人生当修己以教，故采取佛家之戒律；人生当顺性命之理以善其生，故采取道家善养性命之旨。主张此三家之道，人生所履行程度不齐，但皆不能偏废。实可谓发自真善之心，入情入理[17]。

中国佛教的圆融精神不仅贯彻在佛教各宗内部……同时也体现在中国本土宗教儒、道两家的关系上，一般说来，儒、佛、道三教融合，才构成中国文化的主体，三教并行不悖，突出地体现出中国文化的“和合”特征[18]。

然而，有学者提出，古今中国的人群当中，有儒释道信仰分层的现象，他指出：“在中国士大夫尤其是唐宋以后的文化人那里，儒家的自尊、佛教的超越、道教的永恒，作为一种人生境界和生活情趣、人格修养常常很接近，而在民众那里，儒家敬祖重祭、佛教水陆道场、道教斋醮法事，作为一些出于实用目的的生存的技术，则往往可以互补。我们在历史资料里总是看到，文化人的人生情趣里，三教是一致的，我们在社会调查中总是发现，民众的宗教活动中，三教是混融的。”[19]

无论是上层文化人还是下层民众，思想的深处都需要宗教，问题是上层文化人如果说可以在宗教经典的阅读和宗教哲理的思辨中得到理智的安慰，人生的情趣和人心的沟通，那么，下层民众却无法从这里感受到宗教的意义，于是思想界就出现了一个空白地带，这一地带就需要佛教、道教的仪式、方法和伦理规范来填充，中国民间的佛教、道教就是承担了这样的责任[19]。

中国上层知识阶级对于宗教的态度、理解、使用与下层民众阶级的差异实在太大，他们的宗教信仰还不如说是一种兴趣，对他们来说，佛教也罢、道教也罢，都是一种知识、一种情趣、一种生活的消闲雅事，而对于一般的民众来说，宗教也不完全是一种信仰，而更多的是一种依靠、一种技术、一种在生活中解困脱厄祈福得佑的对象……[19]

……作为上层思想意识的孔子思想，即使渗透到了民众那里，它也必须经过祭祀仪式、通俗讲唱、家规族规等等形式的演绎、解释，完成了它的世俗化……只有当在农村的庙会、祭祖、节日和各种临时性仪式上真正看到那种深入民众的、与日常生活相关的宗教活动时，人们才能理解道教的意义和影响[19]。

中国学者冯友兰、美国学者顾立雅（H. G. Creel）都主张……把道教中比较重视思想信仰的部分与比较重视仪式操作的部分分开……可以分为“哲学性的道家”和“神仙性的道家”，前者讨论的是思想学说，后者讨论的是长生不老，后者的起源可以追溯到中国上古的方术、仪式与不死信仰[19]。

由此，我们不妨看看，在道释儒信仰分层现象存在的历史条件下，古代道教是如何进行文化建设的？今天道家理想化的生活方式是什么？

从东晋开始，道教就辑集道书，整理成册。葛洪《抱朴子内篇·遐览篇》著录道书名称达670卷，另有符箓500多卷；南朝刘宋时，道士陆修静又广为搜集，总括三洞，撰成《三洞经书目录》。唐玄宗时，道书正式编“藏”，名曰《三洞琼纲》，总3744卷；唐天宝七年诏令传写，以广流布，名曰《开元道藏》。此后，历代道门高士皆十分重视修“藏”，至明代四十三代天师张宇初编修《道藏》，正统十年刊刻完成，名曰《正统道藏》，共收道书1426种，5305卷，万历时又增补为5485卷，可谓硕果累累[20]。

道教的理想生活方式是反朴归真……在道教看来，为了实现生命的不断延续和延缓衰老，尤其是减少人们在快节奏生活中出现的物资富有和精神贫乏的不协调所导致的精神危机，应该放慢生活的脚步，在道教反朴归真的生活中，提倡人

们多与自然进行情感交流，在审视自然之美的时候，使人类的精神得到升华……[21]

四川青城山建福宫的一副对联，为我们揭示了道家这种生活方式的真谛和其理想化的精神境界："晓钟历历，晚磬泠泠，细参个里机关，凡处境无非梦境。岚气重重，云峰乙乙，饱看天然图画，不学仙也是真仙。"[22]

综上所述，道释儒信仰分层现象确实存在，但它并不妨碍思想文化建设，也不会影响到文化生活，这对池州将来道释儒文化中心发掘工作，是一个很好的借鉴；它为皖江地区民俗宗教及非物资文化遗产研究，留下深层思考空间。

参考文献：

[1] 华中师范大学彭南生：《近代江南地区商业会馆、公所碑刻论述》（《安徽史学》2005 年第 3 期）

[2] 阎崇年：《纵谈中国历史文化》（上海科学技术文献出版社，2007 年 9 月版）

[3] 东方易尚：《道教建筑》（北京《环境易术》2006 年 1 期）

[4]《池州地区志》（方志出版社，1996 年 12 月版）

[5] 程小苏：《安庆旧影》（原版 1948 年；再版 1983 年 10 月）

[6] 于丹：《中国记忆》（上海科学技术文献出版社，2007 年 9 月版）

[7]《皖政辑要·卷四十八·礼科·祀典》

[8]《中国考试制度史资料选编》（黄山书社，1992 年 8 月版）

[9] 安徽省社会科学院历史研究所方英：《新发现的一份朝考卷》（《安徽史学》2005 年 6 期）

[10]（日）井上彻：《中国的宗族与国家礼制》（上海书店出版社，2008 年 6 月版）

[11]《全国导游基础知识·宗教》（安徽人民出版社，2002 年 8 月版）

[12] 牟钟鉴：《道教与中国传统文化》（《文史知识》1987 年第 5 期）

[13]《贵池傩文化艺术·代序（曲六乙、王兆乾）》（安徽美术出版社，1998 年 3 月版）

[14] 传芗：《漫谈道教的几个基本信仰》（《文史知识》1987 年第 5 期）

[15] 李霞：《道家生命气化论的历史发展》（《黄山学院学报》2007 年 01 期）

[16] 邸永：《儒、释、道：共撑传统精神大厦》（《中国宗教》2003 年 10 期）

[17] 中国道教协会黄信阳：《道教：主张慈爱和同的宗教》（《中国宗教》

2003 年 10 期)

[18] 何劲松:《中道佛教》(《中华文化画报》2001 年 4 期)

[19] 葛兆光:《谈中国宗教与文化研究中的一个问题》(《东方》杂志 1996 年第 3 期)

[20] 中国道教协会丁常云:《加强文化建设是道教发展的必然选择》(《中国宗教》2003 年 11 期)

[21] 陈霞:《道教的理想生活方式》(《中国宗教》2003 年 11 期)

[22] 葛兆光:《谈中国宗教与文化研究中的一个问题》(《东方》杂志 1996 年第 3 期)

九华山佛教开山祖师杯渡禅师圣迹考略

何 寅 汪春才

摘 要： 天竺僧杯渡来九华山创立茅庵，传经布道，始创道场，为开山之祖。文章纪念杯渡禅师卓锡九华佛教开山之功，寻觅杯渡禅师弘法之地的佛脉相连的历史依据，旨在发扬杯渡禅师不避艰险、奋力前行、开创道场、弘扬佛法、普度众生的大愿精神。

关键词： 杯渡禅师 佛教 开山祖师

佛教传入中国有悠久的历史。史册记载，“东汉明帝永平七年（64）派遣使者前往西域（印度）求佛。永平十年（67），这些使者带回佛经和佛像，同年在洛阳建佛寺（白马寺）供奉佛像，招收僧徒，翻译经书，开始传播，形成中国式的佛教。它分为性、相、台、贤、禅、净、律、密八大宗派，各立门户，弘扬佛法。”（赵朴初《佛教知识问答》）由此推知，佛教正式传入中国迄今已有1950多年的历史。

三国时期佛教传入安徽。天竺高康僧会于赤乌初（238）到建业（今南京），吴帝孙权为之建塔，并在太平府（今当涂县）建康僧道场，为佛教传入安徽之始。（《安徽佛教历史概述》）

佛教何时传入池州，尚无考证，但有史册可查，佛教正式传入池州（九华山），在东晋时期。古代《池州府志》《青阳县志》《九华山志》均有记载：“佛教初传九华，始于晋隆安五年（401），天竺僧杯渡来山创立茅庵，传经布道”；“晋杯渡禅师隆安五年（401）从安禅峰卓锡于今化城寺之址，始创道场，为开山之祖。”其后相关典籍证载佛教初传九华的文字不出其右。由于历史上的各种原因，杯渡卓锡九华山，随后虽有僧人陆续入山，均未有大的响动，影响不大。直到唐开元末年（741），新罗僧金地藏渡海，卓锡九华山，使“地藏菩萨信仰”兴起，名扬天下。初传佛教，卓锡九华山的开山祖师杯渡禅师之名却渐隐于

作者简介： 何寅（1975—），池州职业技术学院，副教授；汪春才，池州职业技术学院退休教师。

《史书》《志书》等典籍中，不为广大信众所知。近年来，随着九华山旅游事业的发展和对佛教的深入研究，杯渡禅师与九华山佛教历史渊源，引起了人们的高度重视。天竺杯渡禅师在中华大地传经布道的历史功绩，需要重新认识。为再现杯渡禅师弘扬佛法的精神，为证杯渡禅师九华山佛教开山之功，现将杯渡禅师圣迹钩沉如下，以飨读者。

一、杯渡禅师与九华山

（一）杯渡禅师简介

杯渡，（380—458）是东晋时一个不知姓名的天竺僧人，常乘木杯渡水，破冰以浴，人称“杯渡”（或杯度）。他不细修行，神力卓越，世莫测其由来。隆安年间（397—401），他行脚江南，对佛教在安徽的弘扬，作出了努力，先至繁昌县（时为南陵县境）隐静山建隐静寺，再至宣城行廊山建兴云寺（又名法云寺），隆安五年（401）至九华山安禅峰卓锡，后移至化城峰下筑室为庵，在今化城寺地建开山古刹，为九华山佛教开山始祖。（《安徽佛教历史概述》）

梁《高僧传》卷十载：“杯渡，不修细行，神力卓越，世莫测其由来。……至孟津河浮木杯于水，凭之渡河，无假风棹，轻疾如飞，俄而渡岸。达于京师，见时可年四十许，带索褴褛殆不蔽身。言语出没，喜怒不均。或着屐上床，或徒行入市，唯荷一芦圌子更无一物。”……

清乾隆《池州府志》：“杯渡尊者，貌寒窭常浮木杯渡水，故名。晋安帝隆庆五年（401），从安禅峰卓锡于化城寺之址，始创道场，为九华开山之祖。跣足入市，或扣冰而浴，后不知所终。”

广东清《嘉庆新安志》卷十八胜迹记载：“杯渡（380？—458），魏晋南北朝僧，又作杯度。姓名不详。因常以木杯渡河，遂以杯渡名之。初居冀州（河北）后行脚于建康、江南，晚年渡海，至东莞屯门山（今之香港青山），卓锡灵渡寺。师不修细行，神力卓越，世莫测其由来。初传佛教至此。后人为纪念其德，建立杯渡寺，今称青山禅院。传播佛法近60年。”

（二）杯渡禅师在九华山胜迹

据清嘉庆《大清一统志·池州府志·仙释篇》记载：“晋安帝隆庆五年（401）杯渡禅师从安禅峰卓锡化城之址，始创道场。”

安禅峰为九华山九十九峰之一，位于莲花峰东，海拔432.4米，为穹状峰，峰东有“双峰居士书堂”（旧址在青峭湾，为宋文华阁待制程九万读书处，今青阳县朱备镇东桥村）。相传东晋禅师曾在这里结茅而居。其后，唐代僧人道济（生卒不详）居安禅峰建安禅院，居五十载。苦心修炼。宋末元初青阳诗人陈岩曾到此凭吊，忆想梁杯渡，唐道济栖茅于此，有诗曰：

山头久坐已忘年，咫尺孤云两角天。
但有圆月明真在，此身何处不安禅。

清代贵池诗人王孙薏曾过安禅峰下，作《杯渡庵》诗，诗云：

翠筱擁孤庵，行人指杯渡。
静夜定香闻，月飞天树底。

虽说杯渡所建茅庵无存，但众生对杯渡的怀念仍存。

据明嘉靖《池州府志》载：东晋隆安五年（401）天竺僧杯渡至九华山化城寺（位于今九华街。化城，天竺国佛场名），始建茅庵曰“九华”（比唐代大诗人李白《改九子山为九华山联句并序》诗中“削其旧号，加以九华之目”即“妙有二分气，灵山开九华”，提出“九华山”之名还早340多年）。其后唐开元(740—741)，有僧檀号，张姓，自郡（池州）馆至九华山，为乡老胡彦请住，于度男女，释张檀号所建之寺，名曰“化城”。虽为百姓接纳，但遭时豪所嫉，长吏不明，茨其而废之。值此时，新罗僧地藏渡海来华，宴然独坐，苦行以持，一方善众，悉皆宗仰，至德初（757）山下长老诸葛节等捐款买下檀公寺基，构筑台殿，以成琳宇，请金地藏居之。建中初年，池州刺史张岩奏请朝廷移旧额置于新寺。于是化城寺成为地藏传经布道的大伽蓝。从杯渡在化城峰建“九华”茅庵，其后檀僧名寺“化城”，再到朝廷颁旨“化城寺”，就足以说明杯渡禅师的远足卓识。化城寺为九华第一寺，以后1000多年九华山寺庙的发展，就是以化城寺为中心，形成丛林、街市，使九华香火甲天下，跻身于中国四大佛教名山之列。

九华山并没有忘记杯渡禅师的开山之功。在九华山之南，陵阳镇南阳，沿龙溪北上分水岭（大岭），经转身洞、天台山、闵园，为古代徽商、香客、游人到九华（街）之道。相传为杯渡禅师所开。一日禅师云游至此，认为从这里南登九华最为快捷。山虽陡峭，但得龙溪之便，于是登山开道，道成。至今在这条古道上的全国重点寺庙慧居寺还一直供奉着杯渡禅师牌位。20世纪90年代慧居寺住持悟禅法师，历经艰辛，在慧居寺前重建“祖师殿”，供奉杯渡禅师圣像。圣像两旁有楹联一副：“壹杯度万里九华圣境牵佛足；双手开陌路千寺奇景始祖师。”悟禅住持1918年生，95岁圆寂（2013年）。7岁礼佛出家，遍游佛教名山，为九华山大德高僧。对九华山历史和佛学多有研究。悟禅生前重建祖师殿，并亲题其额，就是对杯渡禅师开山之功最好的纪念。可禅宗旨在“不立文字，教外别传。直指人心，见性成佛。”从而无法从典籍中知道杯渡禅师更多的史料。杯渡禅师为弘扬佛法的传道活动不仅在池州九华而且足迹遍布江南、岭南等地。

二、杯渡禅师与隐静寺

隐静寺，又名五华山。位于今繁昌县东南20华里的平铺乡隐静山。有碧霄、桂月、鸣磬、紫气、行道五峰，主峰279米。

隐静寺，为五峰之会，群峰环抱，岩壑争奇。古《太平府志》载：“寺为杯渡禅师所建。”晋代香火兴旺，唐代更远近闻名。宋大中祥符（1008-1015）年间，改为普慧寺，名士薛昂夫题额曰：“江南第二禅林”。明初复旧名。禅寺历代重修。隐静寺后山岩有金橘一棵，相传为晋代高僧道朗所植。寺前二里许有双松对峙，相传为杯渡所植。寺右有西庵，寺左有降福殿。宋代嘉祐三年（1058）寺中建阁，藏三朝御书百十一轴。寺后降魔塔上，嵌有“御赐金经玉鸭碑”。明代崇祯七年（1634）曾重修，并将李白诗刻碑嵌于寺壁。历代文人如梅尧臣、张孝祥、萧云从等，均来此浏览，并留有诗画作品。“隐静禅林”昔为繁昌八景之一。今仅存寺屋两间，正门上“隐静寺”三字额仍在。

史载，唐代大诗人李白天宝十二年（753）仰慕隐静禅林胜境隐静寺，并与此寺住持圆通禅师交谊甚笃，在宣城送圆通禅师归山时写下了《送通禅师还南陵隐静寺》，诗云：

我闻隐静寺，山水多奇踪。岩种朗公桔，门深怀渡松。
道人制猛虎，振锡还孤峰。他日南陵下，相期谷口逢。

唐代诗人张祜游隐静寺有诗：

题南陵隐静寺

松径上登攀，深行烟霭间。合流厨下水，对耸殿前山。
涧壁鸟音迴，泉源僧步闲。更怜飞一锡，天外与云还。

张祜（？—859）承吉，清河（今河北省清河县）人，仕途失意，以处士终身，以诗名闻天下，后隐居丹阳，《全唐诗》存诗二卷。

宋诗人梅尧臣，多次游隐静寺，有诗多首，今选二首如下：

送达观禅师归隐静寺古律一首

栗林霜下熟，归摘御穷冬。带月涉溪水，过山闻寺钟。
未嫌云衲湿，已喜野人逢。且莫似杯渡，沧波无去踪。

游隐静山

心存名山久，积岁未及游。将过值风雨，路不通马牛。

丁壮四五人，篮擧时更休。转谷逢烟火，下隰多田畴。
偃穟黄压亩，刈麻东盈丘。始觉山门深，长松如腾虬。
直上百余尺，苍鬒叶修修。五峰迎人来，冷逼台殿秋。
石泉出云中，引入舍下流。缘源至岩口，岩底鱼可钩。
天昏碧溪去，果熟青猿偷。草树不尽识，自起诗人羞。
溅溅涧水浅，苒苒菖蒲稠。菖蒲花已晚，菖蒲茸尚柔。
灵根采九节，试共野僧求。逡巡能致之，衰疾无甚忧。
昔闻有释子，渡江用杯浮。栖心向兹地，埋骨在林陬。
驳阴漏斜光，徒欲穷巅幽。夜还南陵郭，几落猛虎喉。

梅尧臣（1002—1060），字圣俞，宣城（今安徽宣州）人，是北宋杰出的诗人、文学家、北宋诗文改革家。官至尚书都官员外郎。有《宛陵文集》传世。

宋文学家苏东坡有诗曰：“行穷半世间，又欲浮杯渡。”（《送芝道人游静山》）宋诗人范成大诗曰：“庭柏有祖意，石泉韵天乐。”（《隐静山》）还有清代不知姓名的诗人题有《杯渡诗》，诗云：“频伽青鸟宿孤峰，洞口猿啼午夜钟。杯渡千年人去远，至今犹说六朝松。”清画家萧从云画有“隐静山图”（《历代名画鉴赏辞典》）。从典籍记载和历代诗人咏隐静寺，说明杯渡禅师的影响巨大。同时也说明杯渡禅师弘扬佛法精神被世人感动。隐静山、隐静寺还留传许多有关杯渡的神奇故事，表现出僧众和百姓对大师的怀念。

史载，杯渡禅师还到过宣城，并建兴云寺。隆安五年至九华山。杯渡禅师何时离开隐静山至宣城，至九华山具体时间无考。

三、杯渡禅师与法云寺

法云寺，今称灵观寺。位于芜湖市芜湖县青弋江东岸西河镇，距芜湖县四十五里的珩琅山南麓（1917 年前隶属宣州市）。

据《宣城县志》记载：“珩琅山，亦名行廊山，南面两峰对峙，环抱若行廊然，故名”。珩琅山主峰海拔 301.4 米。山上树木葱茏，云蒸霞蔚，万壑千岩，遍布其间。历史上珩琅山庙宇众多，香烟缭绕，相传九华金地藏曾在此卓锡，素有“小九华”之美誉。又因南北朝时天竺禅师杯渡曾在此创建法云寺，传经布道，为珩琅山佛教开山祖师。其后云游九华山传教，创建化城寺。法云寺比其后地藏王菩萨卓锡九华，在化城寺旧址重建还早 240 多年，故又有“九华佛觉出珩琅”之说。

珩琅山佛教寺庵和圣迹很多。历代建有白马寺、观音寺、华严禅寺、五百罗汉堂等；圣迹有禅师洞、白云池、杯渡岩（岩上刻有梁武帝和杯渡禅师像）、老虎洞、拜贤台、锡杖等。更有珩琅塔高耸于西峰上，十分壮观。

法云寺坐落珩琅山主峰，为天竺杯渡禅师所建。旧有庙堂四进，计十四间，1943 年为日军焚毁，20 世纪 90 年代重建。今寺高三层，远看如塔高耸，近观寺宇相叠，巍峨壮丽。据《宁国县志》载："法云寺在城西六十里行廊山，梁杯渡禅师所建。"据传杯渡禅师当年弘扬佛法已誉满天下，引来梁武帝萧衍御驾亲临珩琅山法云寺朝圣僧，祈求天下太平。唐诗仙李白曾于天宝十三年（754 年），在其从弟宣城长史李昭、太守宇文、侍御催甫陪同下游览法云寺，并在步云亭与高僧清谈、手谈、品茗。清代吏部郎中庄杲慕其珩琅之名游法云寺作诗云："千重雾障万重山，独步青云仔细看。此云朝天临上界，宜祈甘露洒尘寰。"

四、杯渡禅师与青山禅院（杯渡寺）

青山禅院，位于今香港新界屯门的青山。青山曾名羊坑山，又称杯渡山。清代广东《嘉庆新安县志》载："杯渡山，海上胜地，昔刘宋杯渡禅师住锡于此，因名。"杯渡山是古代广东新安县最高峰，海拔 583 米。高峻插天，一名圣山，南汉时封为瑞应山。此山树木葱郁，山势陡峭，前俯大洋，海水汩没，杳冥无际，而山中林泉奇峰又别有天地。昔日山上名胜古迹甚多，有"挹晓亭""香海名山牌坊""鱼骨坟""青云观""杯渡像""龙骨岩""高山第一""韩陵片石与青山碑记""和合山门""一线天"等。斗转星移，如今只半数有迹可录。杯渡山"杯渡禅踪"列清代"新安八景"之首。

青山禅院位于青山之腰，列香港三大古寺之首，也是香港最著名的千年古刹。始建于东晋末年，距今 1500 多年。因晋杯渡卓锡于此，建庵传法。曾名普渡寺、斗姆宫、杯渡寺、杯渡庵等名。1918 年原址建青山禅院，先后建成了杯渡亭、诸天宝殿、大雄宝殿、地藏殿、护法殿、方丈室、居士林、观音阁、海月亭、杯渡遗迹牌坊、又化龙岩、杯渡岩、杯渡花园等。又在石佛岩（古称杯渡洞）前，立杯渡禅师石像。

千百年来，杯渡山、杯渡寺游客不绝，文人墨客多有题咏。宋元祐四年（1089）时任广州知府的蒋之奇，到东莞县视察，游览了杯渡山，并作长诗《杯渡山记略》，诗云：

吾闻杯渡师，当来交广间。至今东莞县，犹有杯渡山。
兹山在屯门，相望横大湾。往昔韩湘州，赋诗壮险艰。
飓风真可畏，波浪没峰峦。伪刘昔营军，攘摽防蛩蛮。
镌碑封瑞应，藓痕半斓斑。南邦及福地，达摩初结缘。
灵机契震旦，飞航下西天。长江一苇遏，葱岭只履还。
渡也益复奇，一杯当乘船。大风忽怒作，滚滚惊涛掀。
须臾到彼岸，叠足自安然。掷杯入青云，不见三四年。

安得荷芦圖，相从救急患。累迹巨浪侧，真风杳难攀。
鲸波岂小患，浮游如等闲。仰止行道人，不辞行路难。

就是这个广州知府蒋之奇，宋嘉祐四年（1059）曾任池州青阳县令，并登九华山作《游化城寺》诗云：

级级跻攀险，肩舆若上天。云端开净刹，峰顶见平田。
水石清无价，烟霞翠满前。高僧卜居此，意欲断尘缘。

蒋之奇〔1031—1104〕，宋代宜兴人。由进士任青阳县令、监察御史、殿中侍御史、观文殿学士。后触犯权贵遭贬。历监道州酒务、杭州知州、广东知府、淮东转运副使。有诗名。足见其与杯渡禅师有缘，依笔者见，蒋之奇任青阳县令应闻杯渡禅师之名，并留心杯渡禅师之事，到年老赴广州任知府登杯渡山才能写出杯渡禅师在杯渡山传授佛法的纪略诗篇。因史料缺乏，就此搁笔。但杯渡禅师远游广东传道应当是真实可信的。正是其远游弘扬佛法、从而推动了江南、岭南佛教的兴起。

清康熙九年（1670）新安县令李可成有《杯渡仙踪》诗：

海上禅宗渡远山，掷将苇荻泛杯间。
泉依入定声俱寂，云绕参微影亦闲。
卓锡岩阿人杳杳，悬钟树杪口班班。
登临若解西来意，何事深居学闭关。

杯渡禅师是历史上最早远游到宝安（新安县）的高僧。他在宝安广收门徒，传佛法几十年，影响极大。后不知所终。但他弘扬佛法的传奇故事却长久地在大江南北留传。

天竺杯渡禅师卓锡池州九华山、繁昌隐静山、香港青山，应当讲是史有所据，并一脉相承。1000 多年来，杯渡禅师的弘法道场都是重要的佛教圣地。随着社会的发展，时代的进步，今天又都成为重要的旅游胜地，游人如织，香火日盛。由此可见杯渡禅师及其所传佛法备受世人关注。

今天，我们梳理晋杯渡禅师的圣迹，不仅为了纪念杯渡禅师卓锡九华佛教开山之功，更是为了寻觅杯渡禅师弘法之地的佛脉相连的历史依据，旨在发扬杯渡禅师不避艰险、奋力前行、开创道场、弘扬佛法、普度众生的大愿精神。

《湖阴曲》史话

杨国宜

摘　要：《湖阴曲》描写的是晋明帝时，权臣王敦屯兵于湖（芜湖），将举兵谋反被察觉失败的故事。寓意深远，续者颇多，传为佳话。但经后人考证，“湖阴”实为“于湖”之误，于是不少人作《于湖曲》以正之。双方各持己见，成了一段难了的“公案”。特作此文介绍，也许对如何正确继承保护利用历史文化遗产，有点启发借鉴的意义。

关键词：湖阴曲；于湖曲；故事传说；历史真相；是非标准

《湖阴曲》，曾被人们认为是芜湖文坛史上的一段“佳话”。千百年来，不但古代的墨人骚客风雅论说，流风余韵，传为美谈。直到如今，仍不时在报纸杂志上被人们津津乐道。实际上，它却是一场美丽的误会，存在瑕疵，应予纠正。可惜，论说者多属借题发挥，一鳞半爪，不够全面，以致是非不明，成为一段千年未了的“公案”，令人遗憾。特此“钩沉”介绍，总结其历史经验教训，对如何正确保护历史文化遗产问题，或许有些借鉴的意义，请读者指教。

一、温庭筠始作《湖阴曲》

温庭筠（812—870），字飞卿，是晚唐著名的才子诗人。《唐才子传》说他：少敏悟，天才雄赡，能走笔万言，与李商隐齐名，时号温李。但他恃才傲物，生活行为不加检点，常中夜与人饮博，酒醉发疯。有一次，狭斜间被人打掉了牙齿，还“诉不得理”。他议论朝政，讽刺权贵，因而得罪不少人，屡举不第，一辈子仅仅做过小县尉官、国子监助教等微职。但才情绮丽，每作诗，未尝起草，但笼袖凭几，一韵一吟便成。只需要叉手八下，即可吟成八韵，人称“温八叉”，名气很不小。

《湖阴曲》是他借题发挥的“感兴”之作。诗前有“序”说明作诗的缘由：“王敦举兵至湖阴，明帝微行，视其营伍。由是乐府有湖阴曲，而亡其词，因作

作者简介：杨国宜（1931—），男，安徽师范大学历史与社会学院资深教授、研究生导师，终身享受国务院特殊津贴。

而附之”①。曲文如下：

祖龙黄须珊瑚鞭，铁骢金面青连钱；虎髯拔剑欲成梦，日压贼营如血鲜。海旗风急惊眠起，甲重光摇照湖水；苍黄追骑尘外归，森索妖星阵前死。五陵愁碧春萋萋，灞川玉马空中嘶；羽书如电入青锁，雪腕如槌催画鞞。白虬天子金煌铓，高临帝座回龙章；吴波不动楚山晚，花压阑干春昼长。”

本诗描写的是，晋明帝太宁二年（324），权臣王敦欲举兵谋反，下屯于湖(芜湖)，将举兵逼向金陵（南京），明帝“乃乘骏马微行至于湖，阴察敦营垒”的故事。前两句描写晋明帝长着黄胡须，手里攥着珊瑚七宝鞭，骑着青钱斑纹的铁色骏马，视察敌营。“虎髯拔剑欲成梦”四句描绘长着络腮胡子的王敦，抽出他的宝剑，想要完成谋反的美梦，但他梦见的却是一轮烈日压住自己的军营。他在一阵狂风中惊醒，果然看到了晋明帝身披重甲，犹如一团火光在眼前摇动，照亮了湖水。他立即派出五骑追赶。明帝慌忙退走，路边见一卖小吃的老妪，将七宝鞭留给她说：后面骑兵来时，可以此示之。追者至，问妪，妪曰：去已远矣。因以鞭示之。五骑玩鞭良久，明帝因而获免。追杀晋明帝的骑手空手而归。这时在五陵之上，碧草茂盛地生长，灞川中的玉马，也突然昂起头在空中嘶鸣，预示一场恶战即将发生。果然不久晋明帝就调兵遣将讨伐王敦。一道道报告军情的羽书，闪电般地传入皇宫，战马的雪腕敲击着大地，如同鼓槌敲击着彩色的画鼓。随后，晋明帝乘驾白虬龙，被黄金造的兵刃簇拥着，胜利地在空中飞翔。帝座高临，龙旗飘飘。胜利后的江南大地，吴波不动，楚山苍苍，灿烂的花朵遍地开放，呈现出一片宁静、和平的景象。

温庭筠在这里，用亦真亦幻的手法，绚丽多彩的词句，左右逢源的排比，铿锵有力的节奏，首尾连贯的叙述，一气呵成，为我们歌唱了一个引人入胜的故事。不问其事实如何，根据何在，都是引人入胜、容易被人接受的。

二、锦上添花——苏东坡题书《湖阴曲》

温庭筠的《湖阴曲》，流传甚广。作为故事所在地芜湖的人们，更会将之作为本地的掌故，津津乐道，是自不待言的。北宋年间，芜湖有四大寺院——吉祥寺、普济寺、广济寺、东承天院，香火都很盛。东承天院在县东，原名东能仁寺，是南唐时期的古城院。宋大中祥符元年（1008）改曰东承天院。方丈蕴湘是个很有文化修养的和尚，为了吸引更多的香客，利用《湖阴曲》的故事，在寺后修了一座梦日亭，又在北郊修了一座玩鞭亭。修好以后，又利用“名人效

① 《全唐诗》卷五百七十五，《四库全书》本。

应”，想方设法辗转托人，邀请当时的大名人苏东坡题写《湖阴曲》。皇天不昧苦心人，这个愿望终于实现了。元丰七年（1084）六月，苏东坡应邀来到芜湖，受到蕴湘方丈的热情接待，游玩了新修的梦日亭和玩鞭亭后，愉快地挥毫书写下温庭筠的《湖阴曲》，并在书后题跋：“元丰五年，轼谪居黄州。芜湖东承天院僧蕴湘，因通直郎刘君谊，以书请于轼，愿书此词而刻诸石，以为湖阴故事。而鄂州太守陈君瀚为致其书，且助之请。七年六月二十三日，舟过芜湖，乃书以遗湘，使刻之。汝州团练副使员外，蜀苏轼书。”① 说明此事的经过。蕴湘方丈得此墨宝，自然是万分高兴。两位名人，一前一后，一曲一书，堪称双绝，作为镇寺之宝，遵命刻石，供游人参观欣赏。《湖阴曲》的故事，在芜湖人们的心目中更加深入，更加津津乐道、沾沾自喜了。

三、《湖阴曲》的魅力何在?

芜湖人为什么看中《湖阴曲》?家乡情结，情有独钟，固然是难以抹去的重要原因；但，其他地方的人为什么也都喜欢《湖阴曲》呢?这恐怕除了地方因素而外，应该还有其本身内在的原因吧!

与苏东坡同时的大诗人、大书法家黄庭坚，在《书东坡写温飞卿湖阴曲后》说：“温飞卿所作湖阴曲，反复观之，乃可解大意，以谓宗庙社稷之灵，特未许庸夫干纪耳，飞卿盖言时事邪!”② 原来《湖阴曲》表达的是“社稷之灵”，要维护国家政权的权威。目的在于“未许庸夫干纪”，不容许权臣阴谋捣乱，破坏社会的稳定。这就是《湖阴曲》的魅力所在。

温庭筠之所以创作《湖阴曲》，“盖言时事耳”!什么时事呢?只需要看一看温庭筠生活的时代就清楚了。温庭筠（812—870）生活的时代，经历了唐文宗、武宗、宣宗、懿宗四帝（827—874），唐朝辉煌的国势在遭遇安史之乱（755）后，风光不再，中央政治衰败，地方藩镇林立。到这时国势更趋衰微，进入了晚唐。藩镇势力已发展到尾大不掉、动辄与中央抗衡的地步。不少文化素养较高的社会精英们，纷纷寻找对策，希望恢复李唐王朝的强盛。例如，有“王佐之才”的杜牧（803—852），以“济时命世”为己任，有《郡斋独酌》诗自抒其理想的抱负：“岂为妻子计，未去山林藏，平生五色线，愿补舜衣裳。弦歌教燕赵，兰芷浴河湟，腥膻一扫洒，凶狠皆披攘。”与温庭筠同年出生、并称“温李”的李商隐（812—858），面对藩镇割据、宦官专权的严重形势，素有大志，“欲回天地”，多次到令狐楚、王茂元、郑亚、柳仲郢等地方大吏的幕府中任职，希望

① 《东坡题跋》第二十一则。
② 《山谷外集》卷九，《四库全书》本。

“玉帐牙旗得上游，安危须共主君忧”。温庭筠的思想与文风与他们是一致的，《湖阴曲》所言的时事，也应该就是如此。

历史是一面镜子，后世的人们在阅读前人作品的时候，缅怀时事，感同身受，发思古之幽情，有所同感，发生共鸣，是很自然的。文艺作品中，爱国爱民、揭露权奸、反对邪恶、维护正义等主题，最具人民性，最受人们的欢迎。《湖阴曲》的主题如此，在芜湖受到人们的热爱，经久不衰，是不难理解的。

四、续写《湖阴曲》——代不乏人

正是由于《湖阴曲》具有很大魅力，容易引起人们的共鸣和发挥，因而续作者代不乏人。苏东坡的弟弟苏子由（1039—1112），就在乃兄题书《湖阴曲》之后，另作了一篇：“老虎穴中卧，猎夫不敢窥，骅骝服箱骖盗骊，巡城三匝漫不知，帐中昼梦日绕璧，惊起知是黄须儿，马鞭七宝留道左，猛士徘徊不能过。遗矢如冰去已遥，明日神兵下赤霄；荒城至今人不住，狐兔惊走风萧萧。”① 词句虽然有所不同，主题用意还是与原曲差不多的。

苏东坡很喜欢这首《湖阴曲》，不久又书写了一份送给著名词人秦少游（1049—1100）。这份墨宝后来辗转传到了北宋末著名宰相李纲（1083—1140）的手中。李纲欣赏之余，爱不释手，便和了一首《次韵湖阴曲》②：

绣鞍玉勒黄金鞭，跃马直入无玉钱；绕营三匝人不识，天风翻动旌旗鲜；贼臣昼寝苍黄起，梦里阳乌光照水；追风铁骑去非迟，真主那从贼中死；宝鞭传玩日凄凄，行远不闻天马嘶；千金安用试虎口，将帅何如思鼓鼙；西南大星寒有铓，画衣绣衮垂平章；九重宫殿锁春色，岂如万里秦城长。

结合现实的情况看，尽管敌军“天风翻动旌旗鲜”，气焰十分嚣张；但“真主那从贼中死”，是不会被消灭的。只要“将帅”用命，作为“千金”之躯的首脑那里需要亲自去“试虎口”，冒被敌军扣留的危险呢？

南宋初年的周紫芝，宣城人，绍兴中登第，任枢密院编修官，在游于湖的时候，过王敦故城，诵温庭筠所作湖阴曲，颇有感慨，也做了一首《湖阴行》：③

石头城南五马渡，一马成龙上天去；晋家天子再御朝，洛阳敌骑空无数；当

① 《栾城集》卷十，《四库全书》本。
② 《梁溪集》卷十，《四库全书》本。
③ 《太仓稊米集》卷一，《四库全书》本。

时枉道马与王，高官饱食丰豺狼；车前已赐兰斑物，江上空余剑戟场；日光射天惊贼垒，封豕长蛇梦中起；仓皇只欲玩遗鞭，谁信龙媒已千里；黄须有智人岂知，不料将军未死时；着新脱故真是贼，白犬下啮天应迟；谁道晋朝公与相，不及金谷园中儿。”

他认为：贼臣王敦包藏祸心，已经很久了。东晋君臣不以“履霜”为戒，防患于未然，“以蓟毫厘”。真不如石崇看管厕所的婢女，她早就知道“它日必善作贼”，为什么竟然麻痹大意、放之任之到如此程度呢！

南宋中期的王阮（？–1208），是个有名的抗战派，曾知濠州（凤阳），金人不敢南侵。他经过芜湖时，“泊舟堂下，诵温庭筠《湖阴曲》，惜意未尽”，因作《续湖阴》：①

华林鸣蛙私邪官，金陵指顾成长安。唾壶一曲玉如意，声断石城锋镝寒。从来龙化中兴主，不似黄须阿奴武。当时斩鞅心下事，今日扬鞭目中敌。黄埃散漫重瞳微，雨师不洒疑人知。梦回日转惊已午，马骄风疾那容追。一声吉语禁门静，万国笙歌丹仗整。山倾海动忽燃脐，地辟天开谁问鼎，长江千里真险哉，煌煌晋业流秦淮，江涛一洗妖氛息，湖阴千古琉璃碧。

他认为东晋的统治者太愚昧了（竟然发出蛙鸣公私的疑问），太奢侈了（用玉石做痰盂），因而落到首都从长安搬到金陵，金陵也陷于危险的境地。晋明帝没有一点“中兴之主”的样子。如果早些把贼臣处理掉，那里会有耀武扬威的敌人呢！千里长江被敌军控制，实在太危险了，侥幸老天爷帮忙，“江涛一洗妖氛息，湖阴千古琉璃碧”。这样的历史教训值得深刻地反思啊！

元朝的卢挚，号踈斋，学士承旨，出任宣州肃政使时，写过一篇《赋湖阴曲》②，赠给太平名士汪珍。汪遂赋一首：

一虎穴中卧，六龙江上飞；蛇矛半折柝声断，昼梦惊怪日绕围；
鼓声逢逢天四黑，五骑爬沙行不及；道旁遗矢冷于冰，天上宝鞭人未识；
江风夜卷湖阴水，明日腥氛当一洗；荒亭千古寄兴亡，目断苍烟湿衰苇”。③

主旨仍然是发思古之幽情，寄兴亡之感慨，反对权奸野心。希望社会安定。反映出普通百姓的迫切愿望。

---

① 《义丰集》卷一，《四库全书》本。
② 《元诗选》三集卷三，有卢挚《疏斋集》，未见《赋湖阴曲》，但有一首《玩鞭亭》诗。
③ 《宛陵群英集》卷三，《四库全书》本。

五、芜湖拥有众多《湖阴曲》的“粉丝”

芜湖是《湖阴曲》的诞生地，因而也拥有众多的《湖阴曲》的粉丝。除上面引用过的不再重复外，仅《舆地纪胜》一书的卷18中，就保留了以下值得一读的作品：

晋氏开霸图，潜飞入坚壁。梦日有余祥，留鞭无旧迹。
虽矜钱凤计，终堕太真策。不作忠良臣，高城有何益。（张伯玉王敦城诗）

诗中长爱杜池州，说着芜城是胜游。
山掩县城当北起，渡冲官道向南流。（郭祥正过芜湖县）

骏马岂能追晚日，将军莫悔玩遗鞭。（郭祥正）

菱荇芬香莲子熟，扁舟夜趁湖阴宿。
一杯独酌未成歌，渔人解唱遗鞭曲。（郭祥正）

往事湖阴曲，浮生水上萍。（徐俯）

除地诛茅悬左偏，三山一碧正当前。
舍人为写湖阴曲，禅伯请题城上篇。
帐下劲兵缠象魏，枥中飞骑控巴滇。
至今庭竹根延蔓，尚想当时七宝鞭。（蒋之奇）

强臣驾驭无长策，追骑留连有宝鞭。（杨杰诗）

湖阴城上起新轩，轩榜犹能纪玩鞭。
只识黄鬓来入梦，不知红日正当天。（马申诗）

赖有遗鞭在黄道，不教追骑及清尘（董行之）

值得特别一提的是芜湖高士韦许。有关他的资料很多，但分散零碎，为避免烦琐考证，这里综合起来简单介绍。韦许，世为芜湖人（生卒不详），初字邦任，后改深道，自号湖阴居士。李之仪罢官（1101）来芜湖后，韦许从之问学。志尚冲洁，读书通大义，不事科举，藏书数千卷。筑独乐堂、寄傲轩以见志，与当时的名人多有交往。陈了斋为之作记，苏东坡赠之以诗，黄庭坚为之改字，与郭祥正、李之仪等多有诗歌唱和。“元祐党人”被贬逐，有经过芜湖的，他都极力赒急，获得士大夫们的好评。政和中（1111），地方官以名闻于朝，合词推荐，因朝廷多事，任命没有下达。绍兴二年（1132），朝廷求遗书，“芜湖县进士韦许上家藏太宗皇帝御书，并书籍”。时宰荐于高宗。高宗谕之曰：当今谁知有元祐人如韦许者，岂可以常人比哉，命之以官，诏特补迪功郎。许虽受命，然不署衔，仍称“湖阴居士，终身不改”[1]。这个芜湖人真可说是《湖阴曲》的铁杆粉丝。（附带提一下，有人认为北宋中期大书法家蔡襄，在1064年来芜湖，拜访过韦许的芜阴楼，有诗为证。但韦许家没有“芜阴楼”，从二人的年龄考虑也不可能。因而，此案证据不够，难以确认。如果有人感兴趣，其详当另文考新辨。）

六、美丽的误会——温庭筠确实把标点符号打错了

《湖阴曲》虽然写得很好，拥有众多的粉丝；但十全十美的事是没有的，“此事古难全”，任何事物都不可能没有一点瑕疵与遗憾。《湖阴曲》自然也未能例外。

温庭筠的《湖阴曲》，经苏东坡书写之后传播甚广。做过起居舍人、素与苏轼兄弟交游的张耒（1054—1114），也从芜湖县令那里得到了一份。他读到温庭筠在《湖阴曲》中所说：“晋王敦反，屯于湖阴，帝微行至其营，敦梦日绕之觉，而追不及，故乐府有湖阴曲”。发现与史书的记载不符。《晋书》地志有于湖，而无湖阴。《本记》说的是“敦屯于湖”，“帝至于湖，阴察营垒而去”。他亲到芜湖考察，问父老“湖阴”所在？都不知道。因此认为“帝至于湖，当断为句”。不管温庭筠的名气多大，苏氏兄弟的脸面如何，既然与史书记载不合，就应该改正。乃作《于湖曲》[2] 以遗之，使正其是非。其曲曰：

武昌云旗蔽天赤，夜筑于湖锋洗镝；巴滇騄骏风作蹄，去如灭没来不嘶；日围万里缠孤壁，兵气如霜已潜释；蛇矛贱士识天颜，玉帐髯奴落妖魄；君不见铜驼陌上尘沙起，铁骑春来饮瀍水；浮江天马是龙儿，蹙踏扬州开帝里；王气高悬五百秋，弄兵老濞空白头；石城战骨卧秋草，更欲君王分上流。

从词句上看与温曲虽然不同，但大体旨意还是一致的，改《湖阴曲》为《于湖曲》，应该说是对的。

北宋末年的黄朝英，在《靖康缃素杂记》卷三中，对此作了更加详细的考证：温庭筠《湖阴曲》序中说，“王敦举兵至湖阴，明帝微行视其营伍。由是乐府有湖阴曲。”是句读方面发生了错误。根据《晋书》王敦传、司徒王导与王含书、明帝纪、周琦传等处的记载，都是于湖。案《晋书·地理志》，丹阳郡统县十二，有芜湖县。“读史者当以帝微行至于湖为断句。谓之微行，则阴察其营垒可知，不当云湖阴也”。因此，“当改曰于湖曲，乃为允当”。《四库全书提要》

---

① 《四朝闻见录》卷三，《四库全书》本。

② 《宋元诗会》卷二十九，《四库全书》本。

认为黄朝英的《靖康缃素杂记》，“多引据详明，皆有资考证，固非漫无根柢，徒为臆断之谈”，是值得信任的。

南宋初，吕本中（1084—1145），寿州人，绍兴六年进士，历官中书舍人权直学士院。是当时的著名诗人，也认为《湖阴曲》的湖阴，应该是于湖。张文潜有《于湖曲》，乃“广其意，追和”了一首《于湖曲》。[①]

爱国诗人陆游（1125—1210），在《入蜀记》中说：“芜湖至东晋乃改名于湖。王敦反，屯于湖，今故城尚存。又有玩鞭亭，亦当时遗迹。唐温飞卿有《湖阴曲》叙其事。近时张文潜（耒）以为《晋书》所云，帝至于湖，阴察营垒。当以于湖为句，飞卿盖误读也，作《于湖曲》以反之。”认为改得好。

明朝的大诗人杨慎，在其《升庵集》卷52中也认为“湖阴曲题误，王敦屯于湖，帝至于湖，阴察营垒而去。此晋纪本文，至于湖为一句，阴察营垒为一句，温庭筠作湖阴曲，误以阴字属上句，非也，张耒作于湖曲以正之”，是对的。

其后，《丹铅摘录》卷6，《管城硕记》卷26，《历代诗话》卷59等书的看法皆同。于是清朝乾隆时期，顾予咸、顾嗣立父子编订《温飞卿诗集笺注》，便采纳前人考订的意见，在《湖阴曲》序之下，特注“温作湖阴，误也”。

至此，《湖阴曲》被认定“题误”，一场美丽的误会，应该可以尘埃落定了。

七、湖阴耶？于湖耶？

然而，学术认定与人们的意识，有时似乎并不一致。学术上的是非，很可能并没有引起人们太大的注意，你说你的，我说我的，仍然混用不分。有的人明明知道“湖阴”是错误的，应该是“于湖”。但在自己的笔下，仍然“错用”。例如：姚亮的《湖阴曲》，虽然正文开始两句，就是“悍帅弄兵轻晋室，于湖城东兵气结”[②]。指出事件发生的地点是于湖，而不是湖阴，但题目仍然沿用了旧名。题目与内容，不一致。这种情况的出现，可能是下笔时不太“注意”的“疏忽”吧！

再看，乾隆时期的著名学者诗人朱筠（1729—1781），顺天大兴（今属北京）人。乾隆十九年（1769）进士，授编修，擢侍读学士，后典福建乡试，又督安徽学政，成为主管安徽省文教事业的高级官员。他在壬辰年（1772）利用视察工作的机会，遍游皖江地区，到芜湖、当涂、南陵、泾县、徽州、休宁、汤池、宁国、宣城、池州等地巡视，遇到名胜古迹，便发思古之幽情，题写了许多

① 《芜湖历代诗词》，70页。
② 《芜湖历代诗词》，344页。

诗歌，在《笥河诗集》中达两卷之多。对我们最有意思的是下面两首：《于湖曲和张文潜》和《后湖阴曲》①。

前者说："黄庭坚以温庭筠湖阴曲，为戒强臣之不得干纪，张耒改史断句，作于湖曲，亦言开王气而分上流，其旨并合六义。爰和耒诗而广之"。他同意张耒的意见，改为《于湖曲》是对的，因此自己也和了一首。其曲曰："干将精飞烧山赤，鱼肠后逆又鸣镝，何物老枭马作蹄，走而飞来荆州蜥，天门兵气寒江壁，日出丹阳压冰释，亭边天子黄须颜，江底神师赤帻魄，萧萧湖水风自起，巴滇马莫饮湖水，天教白犬即啮之，白龙轻游谬千里，泞止小驷讥春秋，轩辕昔日迷铜头，有征无战王者训，玉壶盗酒嘻庸流。"

后者却认为，湖阴似乎也有点儿理由："芜湖水出当涂北，水南曰阴今县域"。而且"湖阴曲作温钟馗，血鲜日压敦营危；往事模糊总成梦，黄须人来白狗送；七宝鞭一失余亭，路旁卖食妪可惊。"已经造成事实，被人接受。再加上"淅沥雨打落日斜，下舆摩壁碑聱牙；苍藓黝涂黯□画，阔笔深痕苏老迹；汝州团练元丰年，亲手跋者黄庭坚；承天沙门蕴湘划，蒋枢密以亭名冠。"都是鼎鼎有名的大名人啊，怎能轻易抹杀他们呢！而且"粉丝"很多啊。"玩鞭亭名始于斯，笑彼逝矣梦日非；宋人杰（杨）涛（王）又祥正（郭），灵畅诸篇元泰定；太平总管吾节夫，记之石脚三层书"。玩鞭亭、梦日亭已经被众多邑人题诗，刻到石碑上，成为名胜古迹了。何况，还有正面思想宣传的好处，"词人讽一六义有，闻者足戒犹忠厚，苦心真得离骚心，世间群诟丽以淫"。那能因为"题误"，便说不对，予以否定呢！于是"付与一段白石骨，消灭湖风与湖月，石字在石人人过，诗者书者尔奈何"？不管别人怎么说，只有历史上曾经有人支持，就已经是"事实如此"了，谁也无奈我何。

不难看出，朱筠思想中颇有"自相矛盾"的地方。既然承认张耒改《湖阴曲》，作《于湖曲》是有历史根据的，自己还和了一首。那为什么又抬出作者、书者、支持者众多"名人"的身份，作为"根据"或"理由"，曲为辩护，坚持《湖阴曲》很好，不能改呢？这种"知错不改"、曲为辩护的态度，对历史文化遗产的保护和利用，是没有好处的。不久，就受到了洪亮吉的抵制与批评。

洪亮吉（1746—1809），祖籍徽州，出生常州。自幼丧父，刻苦读书，以词章考据闻名，尤其擅长舆地。他多年屡试不中，只得先后前往重视文士的安徽学政朱筠、陕西巡抚毕沅的幕府中任职。直到乾隆五十五年（1790）四十四岁时，他才以一甲第二名考中进士，授翰林院编修，充国史馆编纂官，成了文史著作众

① 《笥河诗集》卷九。《芜湖历代诗词》，575 页。

多的大师级学者。洪亮吉入安徽学政朱筠幕府时，年仅 26 岁，与他同时入幕的还有同乡好友黄仲则，他们都是幕府中的青年精英，很有才学，受到朱筠的赏识，经常在一起赋诗唱和。朱筠写作《后湖阴曲》时，作为幕僚人员，他们很可能都在场，但没有唱和。洪亮吉可能是"不以为然"，但作为下级，不能给领导当面扫兴。可是在他自己的"诗集"中，却有一首《于湖曲》[①]：

"一言不合收斩鼍，利剑入座光新磨。虬须心悬祖龙座，拔剑指天云欲破。

营门不日兀不开，妖梦岂识真龙来。原头天低日轮黑，日在幺么梦中赤。

将军大呼缝目突，十万奔鲸耸皮骨。豺声一出众已惊，怒叱百马追龙行。

君不见，西飞黄尘东掣电，赤日上天龙入殿。"

前面介绍过，张耒等人已经作了好几首《于湖曲》，为什么还要作这么一首呢？洪亮吉的"序"再次说明："《晋书》：明帝微行，至于湖，阴察王敦营垒。于湖，县名，属丹阳郡。《乐府》误作《湖阴曲》，《温尉集》亦然。今正之。"巧妙地把《湖阴曲》的错误归之于《乐府》，既不是温庭筠，更不是后来的其他什么人。实际上是在抵制、纠正朱筠等人的错误，只不过是没有点名而已。既然还有人为《湖阴曲》辩护，只好再写这首《于湖曲》来纠正了。实在是不得已啊！

八、余 论

学术问题，固然不必武断结论，但是非曲直，还是应该讲究的，应该以事实为标准。文艺创作，虽然应该百花齐放，但大事还是不能虚假的。历史文化遗产，必须是真实的。虚假的东西，虽然可能盛行一时，但是绝不能久远。即或不是故意弄虚作假，仅是偶然小小的误会，甚至还有某些正面的价值，也还是以"还历史本来面目"为好。《湖阴曲》虽然是历史文化遗产，有其历史的意义和价值，应该保护和利用；但是应该具有历史的眼光、科学的态度，如果不顾历史真实，不加改正，以讹传讹，将会产生不良的"后遗症"。

自温庭筠把"于湖"错成"湖阴"后，不仅有损自己"大诗人"的令闻，而且使后来的许多"大名人"受到牵连，不自觉地使自己的名誉受到了损失，闹出了"笑话"。

错把"湖阴"当成"芜湖"的地名后，遂有个别的芜湖人，例如北宋末的韦许，号称自己为"湖阴居士，终身不改"[②]，引以为荣；可是，芜湖从来没有被官方肯定为"湖阴"的"根据"啊，于是在清朝人编写的地方志书上，韦许

① 《洪亮吉集·附鲒轩诗》卷八。《芜湖历代诗词》，600 页。

② 《四朝闻见录》卷三，《四库全书》本。

便变成了“芜阴居士”①。

湖阴既然不是地名，不能用；于是，某些文人的笔下，就改用“芜阴”来代替芜湖。在芜湖的地方文献中，于是就出现了“芜阴楼”“芜阴北寺”“芜阴衰柳挂斜晖”“芜阴访萧尺木”“芜阴送方尔止”“芜阴市上”“送黄美中令芜阴”“赠芜阴吴处士”“芜阴观竞渡”等记载。这些文人笔下的“文雅”，令后人读起来，真有些“难度”，“不知所云”了。其负面影响，应该说是不好的。

历史，是容不得虚假的，必须实事求是。看待美丽的“愿望”或“误会”，当然应该与“弄虚作假”者不同，只要加以改正就行了，不必过多指责；但不能“将错就错”，“以讹传讹”，以免贻误永远。还历史的“本来面目”，是必须坚持的“底线”。

① 《江南通志》卷一六九，《四库全书》本。

桐城方氏家族刻书述论

黄 晶

摘 要：作为清代桐城五大世家之一的方氏家族，不仅在文学与思想造诣上声名远扬，在家族刻书领域亦颇有建树。文章通过整理以方文、方以智、方苞为代表的桂林方和以方东树、方宗诚为代表的鲁谼方的家族刻书成果，分析总结了桐城方氏家族的刻书特点、繁荣原因，通过桐城方氏刻书的背景分析总结其文化意义和成就。

关键词：桐城派；清代；方氏家族；刻书

在中国历代刻书中，数量最多、质量最高者多为私家刻书。私家刻书源起唐代雕版印刷术发明以后，两宋时期规模和技术都达到了空前未有的高度，元代得到进一步发展，明清时期私家刻书再度繁荣。清代一些读书人热衷于考据、辑佚和校勘，口号是恢复古书的本来面目，在考据、辑佚和校勘学兴起之时，私家刻书也蔚然成风。

安徽地区是我国最早的雕版印刷中心之一。安徽的雕版印刷起源于唐代，中经宋、元，发展到明、清之季乃如百花盛开，五彩缤纷，蔚为大观①。清代安徽地区学术繁荣，刻书事业兴盛，并成为一种社会风尚。到清中期，民间刻书发展到巅峰，并逐渐形成了以徽州和桐城为代表的两大刻书业中心。近年来学界研究安徽私家藏书刻书多集中在徽州地区，而以桐城几大家族为主力的江北家刻中心的研究则涉及较少。检索文献可见，关于桐城刻书的研究成果散见于一些桐城派研究论著及部分综合性工具书中：《安徽省志·出版志》率先指出“方氏家刻是桐城派家刻中最大的群体”，并列举了清代部分桐城刻书家的情况②；徐学林

作者简介：黄晶（1981—），女，安庆师范大学图书馆副研究馆员。

① 上海新四军历史研究会印刷印钞分会. 历代刻书概况［M］. 北京：印刷工业出版社，1991：318-319.

② 安徽省地方志编纂委员会安徽省志·出版志［M］. 北京：方志出版社，1998：27-36.

《桐城派影响下的桐城家刻》亦是一篇较早综述桐城刻书人物的论文[①]；汪孔丰则对麻溪姚氏家族刻书情况及其文化价值做了论述[②]。相比于徽州刻书研究已产生多部专著而言，桐城刻书的价值及研究内涵还有待深入发掘。本文选择桐城地域最具文化影响力之一的方氏家族，就其刻书情形做一全面梳理分析，以见清代桐城家刻之盛。

一、方氏刻书及堂号举隅

旧时刻书，不论是官刻、坊刻还是家刻，多有其堂号名称，有的直接用斋名做刻书堂号，有的则是专为刻书所拟的堂号，桐城方氏家刻亦是如此，堂号也代表了这一族的家族精神和文化信仰。

作为桐城五大家族之一的方氏在元时即为显族，曾繁衍了桂林方、会宫方和鲁徂方三个支系，其中“桂林方氏迁桐最先，起家显达者最早且久”[③]。我们通常所说的桐城方氏主要是指桐城桂林方氏，五大家族中的方氏也正是这“春风得意，桂林一支”。所谓“桂林”即折桂入翰林之意，亦有折桂如林之说，读书做官，人文鼎盛，最为显赫，以方以智和方苞等人为代表。方氏刻书的主要成就即集中在“桂林方”这一支，现按时代顺序整理如下。

方文：“古怀堂”

方文，字尔止，号嵞山，别号淮西山人、明农、忍冬。方大铉长子，早年与钱澄之齐名，后与方贞观、方世举并称“桐城三诗家”，著有《嵞山集》。“古怀堂”是方文的斋名，崇祯八年（1635 年）刻印过林希元《连理堂重订四书存疑》14 卷；顺治年间刻印过自撰《嵞山集》12 卷《续集》9 卷（前编四卷、后编五卷），康熙年间又重刻此集。以康熙刻本《嵞山集》[④] 为例，原书版框高 189 毫米，宽 276 毫米，竹纸刻本，题名页有“古怀堂藏版”字样，正文版式为单边框加粗，版心有题名、卷册、页码，正文为明体字，刻板工整简朴。

方以智：“浮山此藏轩”

方以智出身于士大夫家庭，幼禀异慧，博览群书，其祖父方大镇罢官后在故里枞阳浮山山麓建山庄“在陆居”，今称“陆庄”，庄中有堂名，方大镇亲题为“此藏轩”。“此藏”者，当取自司马迁《报任安书》“仆诚以著此书，藏之名山，传之其人，通邑大都”，以“此藏”名其居，以抒其志。后方以智以“浮山

① 徐学林．桐城派影响下的桐城家刻［J］．编辑学刊，1997，(6)：88-92.

② 汪孔丰．清代桐城麻溪姚氏家族的编辑刊刻及其文化价值［J］．河西学院学报，2013，(1)：56-61.

③ 罗炽．方以智评传［M］．南京：南京大学出版社，2011：4. 18.

④《清代诗文集汇编》编纂委员会．清代诗文集汇编［M］．上海：上海古籍出版社，2010：1.

此藏轩”作为其家刻堂号，在明崇祯到清康熙年间，刊刻家集数部，代表刻本有方以智所著、其子方中履编定的《浮山文集》(前编10卷，后编2卷，别集2卷,《一贯问答》1卷①和《合山栾庐诗》《内经经络》等。方以智生前还刻印了自撰的自然科学方面百科全书式著作《物理小识》12卷、《药地炮庄》9卷、《总论》3卷、《方子流寓草》9卷、《博依集》、《方以智密之诗抄·永杜十体》、《膝寓信笔》、《东西均》以及《浮山后集》。

此藏轩刻本雕版印刷工整、精美，现藏于湖北省博物馆的《浮山文集前编十卷 后编二卷 别集二卷》，版式为白口、无鱼尾，左右边栏双边，天头、地脚加粗加黑，版心均有书名、卷册号及分集名称，版心底部均有“此藏轩”字样，正文为明体字。

方中德：“遂上居”

方中德，字田伯，号依岩，桐城名家方以智长子，文学家，一生好学不辍。其刻书堂号有“书中斋”“传经楼”等，其中以“遂上居”最著。方以智及其子是庄子学派的代表人物，“遂上”一词即出自《庄子》，其《在宥》篇“我为女遂于大明之上”、《天下》篇“其于本也，弘大而辟，深闳而肆；其于宗也，可谓稠适而上遂矣”，据此，“遂上居”当指谓前往最光明的地方，即达到“道”的高度。方中德著有历史上第一部历史典故辞典《古事比》52卷，并于康熙四十五年（1706年）自刻。方中德与其弟方中通、方中履营修曾祖父所建“在陆居”迎养云游四海后回归故里的父亲方以智，时宣城学者施愚山与方家友善，题名曰“报亲庵”。

方中通：“继声堂”

方中通是方以智的次子，字位伯，号陪翁。其刻书堂号为“继声堂”，康熙年间刻方学渐辑、方中通续辑的《心学宗》；自刻诗文集等《陪集》又名《浮山文集》17卷、《陪古》3卷、《陪诗》7卷、《陪词》1卷、《陪时》1卷、《陪印》1卷、《续陪》4卷；又刻其妻陈舜英所撰《文阁诗选》1卷；所刻《篆隶辩从》2卷现为国家级善本书。以《陪集》② 为例，原书版框高200毫米，宽246毫米，竹纸刻本，题名页有“继声堂藏板”字样；正文版式为双边单栏，版心有题名、卷次、页码、逆线鱼尾，正文为明体字，有断句。

方中通精通数理，据御制《数理精蕴》加以阐发，著成《数度衍》23卷，康熙二十六年（1687年）自刻于“继声堂”，光绪四年（1878年）桐城方氏重刻此书。

---

① 和《清代诗文集汇编》编纂委员会．清代诗文集汇编［M］．上海：上海古籍出版社，2010：1.

② 《清代诗文集汇编》编纂委员会．清代诗文集汇编［M］．上海：上海古籍出版社，2010：1.

方中履："汗青阁"

方以智的少子方中履，字素伯，号合山，自幼随其父游于方外，收益良多，天文历数礼乐诗书无不赅尽，有"稻花香""汗青阁"等藏书堂号。"汗青阁"刻有自撰《古今释疑》18卷，其所著《切字释疑》则为清道光年间吴江沈氏世楷堂所刻，另刻有其所著《汗青阁集》。

方苞："抗希堂"

方苞，字灵皋，亦字凤九，晚年号望溪，亦号南山牧叟。方苞及其后人以"抗希堂"为号。"抗希"者，语出三国魏嵇康《幽愤》："抗心希古，任其所尚"，喻意志节高尚，以古代贤人为榜样。"抗希堂"先后刊布方苞撰、戴名世、刘月三论次的《方灵皋全稿》共17种140余卷，后乾隆年间经他的门人王兆符、程崟重刊定为16种148卷。康熙年间"抗希堂"刻方苞自著丛书《抗希堂十六种》本，内收春秋比事目录4卷、春秋通论4卷、考工记析疑4卷、春秋直解12卷，唯春秋三种：春秋直解、通论、比事目录已全。方苞所撰《史记注补正》、《左传义法举要》（不分卷）、《望溪先生文偶抄》和《方望溪先生文外集》都是康熙五十九年（1720年）至嘉庆十八年（1813年）间由程盗、方传贵于方氏抗希堂陆续所刻；《望溪集不分卷》（春秋直解12卷、春秋通论四卷、春秋比事目录4卷、礼记析疑四十八卷、考工记析疑四卷）为清乾隆十一年（1776年）程崟刻本；《望溪先生全集》30卷（正集18卷、集外文10卷、外文补遗2卷、年谱2卷）为清咸丰（1852年）二年戴钧衡刻本。

以《望溪先生全集》30卷为例：① 原书版框高179毫米 宽258毫米，竹纸刻本，正文题名为篆书，版式为双边双栏、白口、单鱼尾、版心有题名、卷次、页码。明体字，正文有断句。

方登峄："星砚斋"

方登峄是方拱乾之孙，方玄成之子，自幼过继给方兆及为子，其代表作品《述本堂诗集》7卷②（依园诗略1卷、星砚斋存稿1卷、垢砚吟1卷、葆素斋集3卷、如是斋集1卷）刻于清乾隆二十年（1755年），原书板框高179毫米，宽266毫米；题名页有"本堂藏版"字样；正文版式为双边单栏，版心单黑鱼尾（上端），有诗集的分集题名和页码，楷字体。

方世举："春及堂"

方世举，字扶南，号息翁，著有《春及堂集4卷》③ 刻于清乾隆年间，原书

---

① 《清代诗文集汇编》编纂委员会．清代诗文集汇编［M］．上海：上海古籍出版社，2010：1.

② 《清代诗文集汇编》编纂委员会．清代诗文集汇编［M］．上海：上海古籍出版社，2010：1.

③ 《清代诗文集汇编》编纂委员会．清代诗文集汇编［M］．上海：上海古籍出版社，2010：1.

板框高183毫米，宽298毫米，正文版式：双边单栏，版心单黑鱼尾，上端有分集题名和页码，楷字体。

方式济

方世济为方登峄之子，著有《述本堂诗集二卷》[①]（陆塘初稿1卷　出关诗1卷，附龙沙纪略1卷），刻于清乾隆二十年。原书板框高179毫米，宽266毫米。正文版式为双边单栏，版心单黑鱼尾（上端），有诗集的分集题名和页码，楷字体，诗集无断句，无“本堂藏版”字样，与方登峄《述本堂诗集七卷》版式特征相同。

方观承:“述本堂”

方观承，字遐谷，号问亭，一号宜田，为方式济次子，著有《述本堂诗集》8卷[②]（东闾剩稿1卷、入塞诗1卷、怀南草1卷、竖步吟1卷、叩舷吟1卷、宜田汇稿1卷、看蚕词1卷、松漠草1卷），先存版本为清乾隆十九年（1754年）桐城方氏刻本;，《述本堂诗续集》5卷（薇香集1卷、燕香集1卷、燕香二集2卷）为清嘉庆十四年（1809年）刻本，版式亦同于其祖父方登峄《述本堂诗集》7卷。

方贞观

方贞观，一字履安，别号南堂，一号洞佛子，著有《方贞观诗集》6卷，刻于清乾隆三年（1738年）[③] 原著板框高167毫米，宽268毫米，竹纸刻本，正文版式为双边单栏、版心单黑鱼尾，有卷册号和页码，楷字体。

方正瑗

方正瑗，字引除，著有《连理山人诗钞》17卷（金石集4卷、江淮集3卷、京华集2卷、关河集5卷、潇洒集3卷）刻于清乾隆年间，[④] 原书板框高192毫米，宽270毫米，竹纸刻本，正文版式为双边单栏，黑口，双鱼尾，明体字。

方潜:“毋不敬斋”

方潜，字鲁生，本名士超，以“毋不敬斋”为堂号。“毋不敬”出自《礼记》卷首《曲礼》开篇之语“毋不敬，俨若思，安定辞，安民哉”，所谓“君子修身，其要在此三者”（朱子语），喻义对天地万物一切人恭敬，不可傲慢。所著《毋不敬斋全集本》《顾庸集12卷、永矢集2卷》为清光绪十五年（1889年）济南刻本，原著板框高194毫米，宽270毫米，竹纸刻本，正文版式为双边

① 《清代诗文集汇编》编纂委员会．清代诗文集汇编［M］．上海：上海古籍出版社，2010：1.

② 《清代诗文集汇编》编纂委员会．清代诗文集汇编［M］．上海：上海古籍出版社，2010：1.

③ 《清代诗文集汇编》编纂委员会．清代诗文集汇编［M］．上海：上海古籍出版社，2010：1.

④ 《清代诗文集汇编》编纂委员会．清代诗文集汇编［M］．上海：上海古籍出版社，2010：1.

双栏、单黑鱼尾，版心有题名、集名、页码，宋体字；《胶西课存一卷》[①] 刻于清光绪十五年（1889 年），原著板框高 189 毫米，宽 270 毫米，竹纸刻本，题名页有“光绪十五年己丑开雕于济南”字样，正文版式为双边双栏，单黑鱼尾，版心有题名、卷次号和页码；方潜撰、方敦吉述的《南华经解　内篇七　外篇十五杂篇六》为清光绪二十二年（1896 年）桐城方氏刻本。

桂林方氏刻书还有方大镇长女，方以智大姑母方孟式所著《桐山名媛诗钞十一卷》，方绩所撰《屈子正音三卷》刻于清光绪五年（1879 年），清光绪六年（1880 年）罔闻旧斋重刻本。其余散落于民间的桂林方氏刻书在此不一一列举。

与桂林方氏“折桂如林”的盛况相比，鲁谼方氏兴起较迟，该族其本上农制耕为主，狩猎为副，又称“猎户方”，清中叶以后读书从教者始多。相较于桂林方刻书的斐然成绩，鲁谼方在刻书方面成果寥寥，但仍有两位突出代表：方东树与方宗诚。

方东树：“仪卫轩”

方东树，字植之，别号副墨子，为清后期著名的文学家和思想家，自号“仪卫”老人，故后世学者称仪卫先生。其有生之年云游四方，讲学授业，所著颇丰：方东树成于嘉庆年间的代表作《汉学商兑》刻于清道光六年（1826 年）；清道光五年（1825 年）所著《书林扬觯》2 卷有清道光十一年（1831 年）刻本和清同治十年（1871 年）望三益斋刻本[②]；《仪卫轩文集》12 卷为清同治七年（1868 年）李鸿章刻本；《仪卫轩诗集》为清光绪十四年（1888 年）刻本；《仪卫轩遗诗》2 卷为清光绪十五年（1889 年）刻本；现收藏于桐城市图书馆的《仪卫轩遗书不分卷》亦为清光绪刻本；《考正感应篇畅隐》3 卷为清光绪元年（1875 年）重刻本。

方东树 61 岁时，将自己 40 岁以后的诗作百余首录入《半字集》2 卷，现存有清道光刻本和清同治七年（1868 年）刻本，后连同《考槃集》3 卷、《王余集》1 卷、《仪卫轩遗诗》3 卷、《昭昧詹言》21 卷一并收入清光绪十五年（1889 年）《方植之全集》刻本[③]，其中《昭昧詹言》21 卷清光绪二十二年（1896 年）重刻；《考盘集文录》还有光绪二十年（1894 年）刻 10 卷本。

方宗诚：“桐城方氏志学堂”

方宗诚，字存之，号柏堂，为方东树之族弟。方宗诚代表作《柏堂集前编》14 卷、《柏堂集次编》13 卷、《柏堂集续编》22 卷、《柏堂集后编》22 卷、《柏

---

① 《清代诗文集汇编》编纂委员会．清代诗文集汇编［M］．上海：上海古籍出版社，2010：1.

② 陈晓红．方东树著述考略［J］．古籍整理研究学刊，2010，(3)：21-25

③ 《清代诗文集汇编》编纂委员会．清代诗文集汇编［M］．上海：上海古籍出版社，2010：1.

堂集余编》8卷、《柏堂集补存》3卷、《柏堂集外编》12卷刻于清光绪六年至十二年刻本（1881—1887年）。方宗诚一生著作颇丰，《诗传补义三卷》刻于清光绪元年（1875年）；《书传补义三卷》刻于清光绪二年（1876年）；《志学录八卷》刻于清光绪三年（1877年）；《春秋集义十二卷》刻于清光绪八年（1882年）。另有《读史杂记》1卷、《读诸子诸儒书杂记》1卷、《读文杂记》1卷（合1册）、《论文本原》《书传补义》《诗传补义》均为清代竹纸木刻精刻本。

以《柏堂集》为例①题名页题名为篆书，有“清光绪六年二月开雕”字样，序言为手写体，正文版式为双边单栏，黑口，单黑鱼尾，有集号和页码，明体字，有手工断句。

二、桐城方氏刻书特点

桐城方氏刻书在版式风格上受当时刻书的主流样式影响甚深。众所周知，清代私人刻书，所刻多为己身及前人著述，其中又以诗文别集为多，刻书人多为作者本人或其后人，一书往往仅镌一版，亦有多次镌版者，均以“精刻本”为主。私家刻书在其影响下，便也兴起了精写上版的风气②。当时的官刻主要是为统治阶级服务，书籍一般以经史为主，刊刻条件好，图书质量较高；坊刻则完全是从市场需求出发，刻书追求商业利益，图书品质良莠不齐；官刻、坊刻书流通量大，多采用活字印刷，但家刻除少数是为统治阶级编刻以外，大多是出于个人爱好，功德传世③，因此家刻书校勘精审，选本优良，多请名家手写底本，再由技术高超的工匠上版，刻写精细，装帧精美，超越了前朝。具体说来方氏刻书有以下特征：

（一）版式

桐城方氏家刻基本采用当时流行的版刻样式，即在刊印形态上基本沿袭线装版刻纸本的样式，刻书版式，一般是左右双边，也有四周双边或单边的。大部分是白口，少数黑口。排列整齐，书前刻封面的较多，一般封面多刻三行字：中间一行是书名，字个略大，右行刻编著者，左刻藏版或雕梓者，有的把雕刻年月横刻在上栏线外。但具体而言，不同时段也有不同特点。方氏家刻初期雕版风格比较朴素，正文多为双边单栏，版心无鱼尾等装饰，如方文、方以智等，从方苞始版心印鱼尾装饰，风格趋向精美。

---

① 《清代诗文集汇编》编纂委员会．清代诗文集汇编［M］．上海：上海古籍出版社，2010：1.

② 魏隐儒．中国古籍印刷史［M］．北京：印刷工业出版社，1988：5154.

③ 周生杰．鲍廷博刻书理念述论［J］．图书馆工作与研究，2011，（2）：77-80.

（二）字体

桐城方氏刻书，在字体选择上除题名页有篆体或手写体外，正文以明体字居多，这与清初刻书字体流行明末遗韵的整体风貌相一致，如“古怀堂”刻本、“浮山此藏轩”刻本、“继声堂”刻本、“汗青阁”刻本、“抗希堂”刻本等等，均采用体型偏长、横平竖直的明体字。其中一些刻本如不以序跋所记年月和文字内容来识别，单凭字体，与明刻本很难加以区别。后期字体有所变化，有家刻采用楷体字，如方登峄的《述本堂诗集》、方贞观的《方贞观诗集》等。不过更多的是以康熙以后清刻本中最为普遍的刻书字体“硬体字”即仿宋体为主。

（三）纸张

桐城方氏私家刻书多用竹纸，如方文《嵞山集》为康熙竹纸刻本，方文《陪集》、方苞《望溪先生全集》等均采用竹纸所刻。清初印书用纸种类繁多，最好的是开化纸，其次是开化榜纸、太史连纸、连史纸、棉连纸、料半纸、粉连纸、玉版宣纸、竹纸、毛边纸、毛太纸、各省土产棉纸。开化纸最优，洁白细薄，柔软耐久，无帘纹而有韧性，比较贵重，官刻多用此纸。私家刻书则多以质量上乘而成本较低的竹纸为印书用纸。

（四）装帧

桐城方氏家族刻书装帧大体上跟随了当时的潮流，具体到版框大小、长宽尺寸则无严格要求，不尽一致，往往根据文献体裁及篇幅多寡适度调整，各家刻堂号可自行定夺。在装帧风格上以线装为主，装订时以齐下栏为规矩。

三、桐城方氏刻书的背景分析和文化意义

桐城方氏以一族之力持续刊刻数量庞大的各类典籍，这在中国刻书史上亦是为数不多的案例。究其刻书事业持续兴盛的文化背景而言，既有宏观层面共同政治需求与经济基础的支撑，也有桐城地域人文氛围与方氏家族家学传统的影响。

从宏观背景看，桐城学派中人的晋升路径多由学而入仕或从教，无论在朝为官甚或执掌枢机，还是讲学书院、立命私塾，大多数学识渊博、著述宏富，加之清中叶以后桐城文章崛起，名家辈出，著述更丰，家刻发展与繁荣实属历史必然。同时，私家刻书的一个显著特点就是非商业化，因此家刻需有雄厚财力为支撑，徽州刻书的基础正是源于徽商的资助。桐城地区虽然缺乏发达的商业经济和强大的商人资本，但桐城众多的世家大族恰好为刻书事业提供了稳定的经济来源。家学渊源的桐城派世家望族，造就了一批私家刻书群体，这些有家刻堂号的氏族，家族刻书鲜有出售者，多为私家收藏、教学及同好交流之用。从刊刻内容来看主要为先辈遗著或个人学术研究成果，或刊刻家集，光耀门楣，或刊刻传本秘本，以示家族藏书之珍。刻书以家族流传为根本，这也体现了与官刻、坊刻的

最大区别。

从家族文化传承来看，刊刻藏书及家集对本族后辈起到显扬家学、凝聚宗族的作用。以桂林方以智为例，从其曾祖方学渐、祖父方大镇到其父方孔炤，形成方氏家族浓厚的家学、家教、家风，对方以智的人生观和学术观的形成产生了重要影响，这种影响也体现在其子方中德、方中通和方中履身上，刻书活动在其中起到了不可忽略的作用。家族通过或个人或合作的形式，将先人著述收集、整理、编纂、刊刻，加深了后辈对家族文化的理解，使家族文化更富有生命力和感染力。

此外，从方氏家族刻书情况的梳理也能看到，自明末清初到清末的近三百年间，方氏家族文章不坠、刊刻不歇，刻书既是保存文献的形式，也成为家学传承光大的有效工具。书籍是文化世家的重要媒介和灵魂，藏书、著书、刻书在方氏家族的文统学脉中始终一脉相承，代代相传。对以方氏为代表的桐城家族刻书开展深入研究，既可深化对桐城地域文化内在特征的观察，也可拓展对中国古代刻书业中私刻系统的认识。正如晚清学者叶昌炽所言："藏书不如读书，读书不如刻书；读书只以为己，刻书可以泽人；上以寿作者之精神，下以惠后来之修学，其道更广。"①

参考文献：

[1] 上海新四军历史研究会印刷印钞分会．历代刻书概况［M］．北京：印刷工业出版社，1991：318-319.

[2] 安徽省地方志编纂委员会安徽省志·出版志［M］．北京：方志出版社，1998：27-36.

[3] 徐学林．桐城派影响下的桐城家刻［J］．编辑学刊，1997，(6)：88-92.

[4] 汪孔丰．清代桐城麻溪姚氏家族的编辑刊刻及其文化价值［J］．河西学院学报，2013，(1)：56-61.

[5] 罗炽．方以智评传［M］．南京：南京大学出版社，2011：4. 18.

[6]《清代诗文集汇编》编纂委员会．清代诗文集汇编［M］．上海：上海古籍出版社，2010：1.

[7] 陈晓红．方东树著述考略［J］．古籍整理研究学刊，2010，(3)：21-25.

① （清）叶昌炽．藏书纪事诗（卷六）［M］．北京：燕山出版社，2008：5

[8] 魏隐儒．中国古籍印刷史［M］．北京：印刷工业出版社，1988：5 154.

[9] 周生杰．鲍廷博刻书理念述论［J］．图书馆工作与研究，2011，(2)：77-80.

[10]［清］叶昌炽．藏书纪事诗（卷六）［M］．北京：燕山出版社，2008：5

文献意识与姚莹的边疆史地著述

沈志富

摘　要： 姚莹是嘉道之际桐城经世派的代表，也是近代边疆史地研究的巨擘。《识小录》《东槎纪略》《康輶纪行》堪称其边疆史地研究的三部曲，分别代表了姚莹对中国西北与西南陆疆、东南海疆和世界地理的多角度关注。三部著作各具特点，其成书过程、刊刻情况与姚莹的仕宦经历密切相关。其史地著作注重对史料的遴选及史实的考证，在文献来源上表现出类型多样、不拘旧俗的特征。善用各种文献"详考博证"、力求"言皆征实"、提倡"以所亲历考证所闻"，是姚莹史地著作编撰中处理史料的基本原则和特点。

关键词： 姚莹；边疆史地；史料来源；文献思想

姚莹既是一位典型的桐城派文人，同时也是近代最早一批"开眼看世界"并从事边疆史地研究的代表人物。在近代第一次边疆危机中，姚莹敏锐地观察到重新发现中国边疆、放眼域外地理的重要性。作为桐城经世派的先驱①，他在传统学术框架的边缘地带发扬先贤史地之学②以及桐城文人的文献编纂传统③，选择以边疆地理作为其治学救亡的突破口。此后其一生主要经历都倾注在边疆事业上，治边、研边、记边合一，留下了多部具有划时代意义的边疆史地佳作，将中国传统沿革地理的视域范围从内地扩大转移到遥远的边疆，并以其一人之识力同时关注了西北与西南陆疆、东南海疆和域外地理。

基金项目： 国家社科基金项目"桐城派名家史学思想研究"（13BZS005）；安徽省高校省级优秀青年人才基金重点项目"桐城派名家藏书及其文献学成就研究"（2013SQRW045ZD）的阶段性成果。

作者简介： 沈志富（1981—），男，安庆师范大学图书馆副研究馆员。

① 施立业．姚莹与桐城经世派的兴起．清史研究，2004，（2）．

② 桐城派先贤不仅在古文创作和文章学领域功力深厚，对于有着实用功能的舆地之学同样贡献良多，如朱书的《游历记》、姚鼐的《新修江宁府志》等史地著作便是代表。

③ 相关研究参见许结．《桐旧集》与桐城诗学．程章灿．中国古代文学文献学国际学术研讨会论文集［Z］．南京：凤凰出版社，2006；许结．从《桐旧集》到《耆旧传》．文献，2011，（3）．

姚莹边疆史地著作的成书，既受到了其作为学者型官员的个人从政与亲历边疆的经历[①]以及桐城派作家擅长为文叙事论理的写作技法等因素的影响，也与他对各类文献史料的悉心发掘和娴熟运用密切相关，本文试述析之。

一、边疆史地“三部曲”的成书与刊刻

（一）西北陆疆史地专论：《识小录》

《识小录》虽是姚莹晚年于蓬州任上着手整理，后复委托鄱阳陈方海代为编校，实此书于三部中写作最早。嘉庆戊辰（1808）姚莹初中进士，客两广总督百龄幕府。当时两广为沿海夷务最繁之区，姚莹在此目睹和接触了大量夷人夷事和域外情势，这成为姚莹撰述《识小录》的重要缘起。他在后来成书的《康輶纪行》中忆及这段经历时写道：“莹自嘉庆中，每闻外夷桀骜，窃深忧愤，颇留心兹事，尝考其大略，著论于《识小录》矣。”[②]

《识小录》于道光十三年（1833）编校成书，道光二十九年（1849）始行刊印。全书共八卷，其卷四为西北史地专论，有《内旗外旗之别》《喀尔喀内附始末》《卡伦形势》《新疆两路形势》等9篇，为“姚莹研究边疆史地和敌情外事的第一部著作”[③]。

（二）东南海疆史地专著：《东槎纪略》

《东槎纪略》系姚莹首次台湾任上所著。在姚莹一生不算复杂的履历上有过三度赴台的经历，分别是嘉庆二十四年至道光二年（1819–1822）、道光三年至五年（1823–1825）和道光十八年至二十三年（1838–1843），这在有清一代任职台湾的官员中实不多见。更重要的是他将在台之观察经历与治理方略行诸文字，汇为一编，撰成《东槎纪略》五卷，卷一主论民政军政，卷二、卷三主论噶玛兰地情、开发与治理，卷四议台湾兵事，卷五谈民变与平乱事，主题明确，体例清晰，从台湾的战略地位、历史地理到军政民情、治台方略靡所不究。

按其自序，《东槎纪略》单行本当最终编定于道光九年（1829），又按吴序，当刻印于道光十二年（1832）；此后又有道光二十九年（1849）《中复堂全集》本及同治六年（1867）《中复堂全集》增补重刻本印行。此外该著还有沈楙惠辑一卷本道光二十九年《昭代丛书》壬集本行世[④]，部分重要篇章则被收入丁曰健增辑、同治六年刊印的《治台必告录》中。如果说《识小录》关于边疆和域外

① 相关研究参见章永俊．鸦片战争前后中国边疆史地学思潮研究．合肥：黄山书社，2009.

② 姚莹．康輶纪行·自叙．康輶纪行·东槎纪略．合肥：黄山书社，1990：1.

③ 陈进忠．姚莹和他的历史地理著作．文史杂志，1989，（1）．

④ 丁立中．史部．八千卷楼书目（卷八）．北京：北京图书馆出版社，2009.

史地的认识尚较浅显的话，《东槎纪略》已可称得上是一部真正意义上的边疆史地专著。作为一部以台湾为叙事中心的边疆史地研究的代表作，《东槎纪略》“恰好是世人所称许的姚莹两大成就的结合”①。

（三）西南陆疆史地与域外地理专著：《康輶纪行》

《康輶纪行》是姚莹因抗英保台获罪、贬官四川时期，两次奉使乍雅途中写就的有关西藏史地和域外地理的专著，也是姚莹影响最大、声誉最高、研究最多的一部边疆史地著作。自道光二十四年（1844）十月至二十六年二月历时一年又五个月间，姚莹两次“藏差”往返“冰山雪窖”万余里，“逐日杂记”沿途见闻。凡所经行程、途中崎岖艰险、地方道里远近、藏地风俗人情、康卫山川形势、语言制度及所访西洋情事、诸教源流皆详考博证，备录不遗，撰成《康輶纪行》这部旷世杰作。

来新夏先生称：“清代中期，学界颇多留心边疆史地，但注重西北者较多，其能全面研究西北、西南者，当推姚莹。”② 而最能直接反映姚莹“全面研究西北、西南”的著作莫过于《识小录》及《康輶纪行》。《康輶纪行》是一部日记体著作，初稿撰成于姚莹奉使西藏归来的道光二十六年（1846）。后姚莹辞官归里，重加缮写，邀同里方宗诚参与校订，叶棠绘制所附地图并跋，订为十六卷单独刻印，此后又编入《中复堂全集》本刊行。太平天国战争期间，桐城沦为太平军与清军反复争夺之地，原书藏版被毁。同治六年（1867），其子姚濬昌在安福县署整理重刻。

二、姚莹边疆史地著作的文献来源

姚莹史地著作注重对史料的遴选以及对史实的考证求索，同时不拘篇幅保存了大量有关边疆治理和域外史地的第一手资料，因而颇具史实与文献价值。细考之可见，其边疆史地著作的文献来源类型多样，既有官修史志、政府文书，也有个人诗赋文集、私人往来书信乃至踏雪卧冰、访诸野老的实地考察资料。

（一）地志舆图类史地文献

姚莹虽为博闻广见之传统桐城派文人，但受多年仕宦经历影响，每到一地他必十分关注并勤加搜集地方史乘与地志舆图。这从其史地著作时常征引前人论著，特别是各类方志资料，蒐集各家、博采众长、论析考辨中可以看见。一些方志资料是姚莹公署案头必备，一些则在差旅途中随身携带不时览阅。这些志书是

① 程仁桃．《东槎纪略》与姚莹．中国地方志，2013，（6）．

② 来新夏．姚莹的边疆史地研究．津图学刊，1995，（2）．

姚莹考察边疆风俗民情与山川情势的最初依据，也是其思考治理对策与书写心得的基本史料及考订对象。

具体而言，姚莹边疆史地著作三种频繁引述或介绍的史地文献多达数十种，主要有以下几类：其一为地理总志、方志和舆图，如《大清一统志》《皇舆全览图》《太平寰宇记》《四川通志》《卫藏图识》《西藏志》《八旗通志》《台湾府志》《诸罗县志》《凤山县志》等；其二为正史地理志和列传，如《尚书·禹贡》新旧《唐书·吐蕃传》《资治通鉴（胡三省注）》《明史·乌斯藏传》等；其三为水文山川类专志，有《水经注》《水道提纲》等；其四为私家志书及行记，如《益州记》《大唐西域记》《藏炉总记》《徐霞客游记》《西域闻见录》《北征纪行》《西招纪行诗》《绥服纪略图诗》《台海使槎录·番俗六考》《蛤仔难纪略》等；其五为域外地理图籍，包括多种海外地图文献，既有历代中国学者所著之《佛国记》《真腊风土记》《海国闻见录》《海岛逸志》《四洲志》《海国图志》等，也有来华西方传教士所著之《万国图志》《职方外纪》《坤舆全图》《坤舆图说》等。

（二）会典通志类典章文献

典章文献是了解边疆政治、经济制度与民族、宗教状况的基本工具书，当代政书对于处理边疆事务、改进边疆治理更有直接的指导和参考功用。姚莹在边疆史地著作中有效利用了清中叶以来编修的几部重要典章文献。

其一是《清会典》。清代共修过五部会典，分别是康熙、雍正、乾隆、嘉庆、光绪五个朝代，合称《五朝会典》，距姚莹关注边疆事务时代最近的一部是《嘉庆会典》，辑录于嘉庆六年（1801），告成于二十三年（1818），由大学士托津、曹振镛任总裁。

其二是《清朝通志》。乾隆年间嵇璜、刘墉等奉敕撰《续通志》，是为十通之一，书中纪传自唐初至元末止，二十略自五代至明末止。随后又撰《皇朝通志》，所载典章制度自清初至乾隆五十年止。在写作《康辅纪行》过程中，如卷一《乍雅两呼图克图缘起》，姚莹除援引《四川通志》《卫藏图识》等介绍康卫及乍雅地理外，还大量征引参酌了《清会典》《清朝通志》等史料对两藏僧相争的宗教背景及西藏地方政治源流作了详细交代。这既有助于处理双方纠纷时做到胸有权衡、有理有据，也有意识地摘录保存了一批涉藏制度史料及相关制度在藏区实施状况的案例记录。

（三）奏议公牍类文书文献

姚莹于地方治理向有心得，对地方官吏的职责使命也有着清晰把握。他既勤于政务，善理纷争，又十分注意在处置或协理政务过程中观察思考，用心总结，撰写了大量涉及边疆治理、海防建设、抚夷之策的奏议公文及往来书信，为主政者及后来者提供参考和鉴戒。此类文献多被他系统收录在相关文集中，其最具特点的一部当属《东槎纪略》。

该著五卷25篇，其中16篇专门论述治台保台方略，即卷一《复建凤山县城》、《改设台北营制》《改配台北班兵》《筹给艋胛营兵米》《筹议商运台谷》《筹建鹿耳门炮台》《埔里社纪略》，卷二《筹议噶玛兰定制》，卷四《台湾班兵议》（上、下）、《复笛楼师言台湾兵事书》《复笛楼师台湾兵事第二书》《答李信斋论台湾治事书》《与鹿春如论料匠事》等。此外首尾两篇《平定许、杨二逆》《陈周全案纪事》，虽为平乱纪事，实亦攸关地方稳定与治理。此类文字收录集中，既彰显了姚莹提倡经世之学的高度热忱，又展现了其"不为詹詹小言"、所论诸事"切实详备，凿凿可见之施行"① 的远见卓识。姚莹曾反复强调一个合格的守令要做到"审其势而察其机"，反对那种"或习近闾阎而暗于制度，或锐意兴革而昧于事情，逐末者忘本，务名者乖实，言之娓娓而无所用"②的庸吏。而他初次赴台短短三年时间即形成了上述对台湾形势全面把握及全台方略周详赞画的深刻见地，可见其从政之积极有为。故姚莹因《东槎纪略》中提出的众多施政方略与具体建议得以在十几年后又获道光皇帝赞许"熟悉情形，才守兼优"③ 并再授台湾兵备道当非偶然，而此后其政见与治术在鸦片战争抗英保台中一一收到了成功实践更属必然。此亦正见姚氏选择保存这类文献于治世之有益。

（四）口述史料与官府档案

在姚莹看来，但凡有用于世的文字皆当辑录保存。即便编纂个人文集，他也毫不吝啬笔墨篇章为他深感危机重重的清朝边疆治理与研究主题专篇载录他人著述以资旁参。其《识小录》卷四"西北史地"九篇采自口述史料，而《东槎纪略》卷二《筹议噶玛兰定制》一篇录自官府档案，两者皆充分体现了姚莹善待史料的文献留存意识。

嘉庆十六年（1811）姚莹在两广总督松筠幕府。松筠曾两任伊犁将军，前后居西北塞外近二十年，熟谙西北史地，著有《西招纪行诗》《绥服纪略图诗》等，详载西域疆域地制。姚莹对边疆史地和域外地理的兴趣或是源自这一时期与松筠的交往。施立业先生在梳理姚莹此段经历后即明确认为"《识小录》中有关西北史地者均曾咨询松筠或经其审核"④。从文本分析来看，姚莹于《内旗外旗

① 姚莹．东槎纪略·序．康輶纪行·东槎纪略．合肥：黄山书社，1990：527.
② 姚莹．东槎纪略·自序．康輶纪行·东槎纪略．合肥：黄山书社，1990：528.
③ 姚濬昌．姚莹年谱．中复堂全集（附录）．同治六年安福县署刻本．
④ 施立业．姚莹年谱．合肥：黄山书社，2004：52.

之别》开篇即清楚无误地提到与松筠的往来，当时松筠“以与惜抱先生有旧，颇相接待”[①]。论及西北地志，姚莹认为其时官私载记已不下三十多种，其中大部分是“各记所闻，或考诸传志，互有异同”，唯松筠所著两种最为详细。经对比诸书，发现“间有不合者”，于是“从容以请，公又为剖其是非”[②]。除了篇首的交代，姚莹在《俄罗斯通市始末》《卡伦形势》《西藏》诸篇中也都多次提及松筠；数十年后，姚莹还曾在《康辅纪行》卷十六“夷酋颠林绘图进呈说”条中追忆松筠。以上均可见松筠对于姚莹此后专注留心边情及中外交往之事影响至深。而姚莹也不没故人之谊，原原本本将当初请益松筠所得之言悉加整理，载于个人集中，确为西北史地研究留下了一笔珍贵史料。

《筹议噶玛兰定制》也是一篇非姚莹本人撰著而被收入姚氏集中的往来公文档案。道光二年（1822）姚莹在噶玛兰通判任上因别案遭劾去职内渡，次年适同里旧交方传穟调任台湾，复渡台入其幕参赞政务一年有余。方传穟和时任闽浙总督赵慎畛就台湾治理、兵防与开发事务多有征询姚莹意见，此后一些重要治台决策如商运台米定额制度、台北营制改设方案、台湾兵营治理办法等均在姚莹直接参与下相继出台。这段时间姚莹无官在身，加之此前对台湾大略已有较深入调查，得以撰写系列政略文章，后大都编入《东槎纪略》。特别是在姚莹倾注心力的噶玛兰开发问题上，因他在任上去职，许多筹备已久的事务未及施行。恰方传穟署台湾府，吕志恒补噶玛兰通判，在赵慎畛的直接过问下，要求新入籍的噶玛兰各项地方制度尽速筹议，“往竣其事”[③]。由此在厅府之间产生了大量往来公文，所谓“志恒条列应造册者十事，议行及停罢者二十事，传穟复核，上之院司，悉如所议奏咨”，至此，“兰制始定”[④]。姚莹对这批关涉噶玛兰赋税田亩核定、城垣衙署建造、仓谷储备、设隘防守等制度性条款的往来公文极为重视，逐条加附“志恒议曰”“传穟复核曰”等提示语，备载照录，独立成卷。事实上，在噶玛兰定制的筹议过程中，姚莹正在方传穟幕中，且因他熟稔兰地事务，必预事其中，协助参定。噶玛兰定制的形成，姚莹的个人贡献自不可忽视。要者，姚莹在本人文集中还如此长篇累牍地摘录有关公文档案，足见其对于保存边疆开发与地方治理文献“俾后来者考镜”[⑤] 的真挚情怀。这些文献亦实实在在成为今人观察清代边疆经理、研究台湾垦政及宜兰地方史不可或缺的核心史料。

---

① 姚濬昌．姚莹年谱．中复堂全集（附录）．同治六年安福县署刻本．

② 姚莹．识小录（卷四）．识小录·寸阴丛录．合肥：黄山书社，1991：99.

③ 姚莹．筹议噶玛兰定制．康辅纪行·东槎纪略．合肥：黄山书社，1990：567.

④ 姚莹．筹议噶玛兰定制．康辅纪行·东槎纪略．合肥：黄山书社，1990：567.

⑤ 姚莹．筹议噶玛兰定制．康辅纪行·东槎纪略．合肥：黄山书社，1990：567.

（五）实地调查与实证史料

姚莹一生履历与边疆关联密切，三次渡海赴台、两次奉使入藏，加之对边疆史地的独特情怀，为他提供了在文献之外切身体验边疆、开展实地考察的良机。实地考察形成的调查资料也成为其史地著作的重要文献来源。这在《东槎纪略》与《康辅纪行》两书中表现最为明显。

姚莹在台期间，既对台湾作为东南屏障、“海外要区”的重要战略地位有着深刻而独到的宏观认识，也对台湾岛内的民族民情、地方社会、兵防要隘、地形地貌及交通线路等作了细致入微的考察。其《噶玛兰原始》、《噶玛兰入籍》，重点梳理了台湾东北之宜兰县的早期开发进程，特别是关于原住民与汉人在生存空间争夺中引发的汉番冲突、漳泉粤三籍械斗等历史场景的回顾与分析，成为地方官吏及清廷决策的重要依归；《西势社番》《东势社番》记录了噶玛兰西势二十社、东势十六社原住民的开化历史及番社名称、方位、人口、首领及有关制度情形；《沿边各隘》《施八坑》则记沿山设隘及隘地之制；《噶玛兰台异记》论及姚莹在台组织台风救灾活动并引申出姚氏对历史进程的思考；《噶玛兰厉坛祭文》则体现了姚莹在推动噶玛兰地方各族群和解和睦方面所做的努力，其中对台湾当时四大族群漳、泉、粤及生熟番社历史渊源的观察有着重要的人类学与社会史研究价值。同时，姚莹在史地领域的兴趣专长则充分体现在《台北道里记》的“雅洁”叙事中，19 世纪上半叶台湾北路的城镇风貌、自然景观、人口分布、道路交通被勾勒串联于一线，浓缩在一编。

如果说《东槎纪略》对台湾史地的观察有着较强地方治理色彩的话，那么《康辅纪行》则可谓姚莹带着明确考察目的撰著而成的一部川藏及域外风土“考察报告”。鸦片战争的失败令姚莹深感国人“不勤远略……若坐井观天，视四裔如魑魅，暗昧无知，怀柔乏术，坐致其侵凌”①。鉴于此，他以为国为民的崇高责任感和使命感主动肩负起考察边务夷情、徐筹制夷之策的重任，一面记录西藏途中的所见所感，一面“就藏人访西事”②，所获极丰。

在《康辅纪行》中姚莹强调自己的考察活动与史地撰述目的非常明确，“非徒广见闻而已”③。例如他虽已参阅多部前人所著西藏文献，仍不厌其烦详载入藏途中所经道路山川、藏俗民情、气候物产等细节，因他认为史书记载内容具有时代性，故“今昔不同，要当随时咨访”④。又如《旧唐书·吐蕃传》记蕃地风

① 姚莹．外夷留心中国文字．康辅纪行·东槎纪略．合肥：黄山书社，1990：358.
② 姚莹．康辅纪行·自叙．康辅纪行·东槎纪略．合肥：黄山书社，1990：1.
③ 姚莹．康辅纪行·自叙．康辅纪行·东槎纪略．合肥：黄山书社，1990：1.
④ 姚莹．康辅纪行·自叙．康辅纪行·东槎纪略．合肥：黄山书社，1990：1.

俗“其人随畜牧而不常厥居，然颇有城郭。……贵人处于大毡帐……接手饮酒，以毡为盘”。对此他指出：“唐时至今千余年，俗亦不尽尔矣”①，结合自己的亲身闻历修正了人们的固有认识。对于他素来关注的俄罗斯、英吉利诸外夷之远近，在此次考察途中也获取了全新认识。如“西藏外部落”条中，他得知“廓尔喀在后藏正南聂拉木及济咙界外，其东北为哲孟雄、作木朗、洛敏汤三部，皆为廓尔喀所并。其南即东印度也，今为英吉利所据”②。姚莹就此注意到英国早已占据整个印度并有觊觎西藏之野心，这是此前清朝知识界一直未能廓清的迷雾。即便是在姚莹深为叹服的魏源所著《海国图志》中，亦误以为“廓尔喀界西藏及东印度，摄两强敌之间，……近日英夷西与俄罗斯构兵争达达里之地，其地横亘南洋，俄罗斯得之，则可以图并印度，故与英夷血战。雍正五年，俄罗斯攻取西藏西南五千里之务鲁木，以其地尚佛教，遣人至中国学剌麻，当即与廓尔喀相近”③，其中的地理认识和诸国方位颇显混乱。姚莹根据自己的调查咨访辨正了魏源记载之误，后来他的考订成果还为魏源修订《海国图志》时所采纳。同时姚莹认为对于外夷形势，在参酌文献记载及实地调查的同时还应重视海外舆图的使用，故其《康輶纪行》末卷专载各类域外地图并附以图说，真可谓“于外夷之事，不敢惮烦”④。

三、姚莹边疆史地著作的史料运用特点

前揭姚莹边疆史地著作史料来源数种，可谓纷繁复杂、类型多样。从姚氏著作的字里行间可以进一步发掘，姚莹之所以能够有效驾驭来源如此广泛、体裁异常芜杂的众多材料，在于他处理史料时坚持了以下几条基本原则。

（一）综合运用各种文献以达“详考博证”“言皆征实”的著述效果

乾嘉时期是传统地理考据的全盛时期，姚莹的史地撰述也吸纳了乾嘉考据学上述研究方法的有益成分，善用多种文献学手段开展地理考证。这主要表现在他对地志舆图类文献和典章制度类文献的取舍运用上，例如他在《康輶纪行》一书中对西藏地理的考述。

在该书中姚莹征引前人及当时志书数十种。对这些文献，姚莹不轻言尽信，也无随意征引有利史料，而是秉持博览详考的原则，综合运用版本、校勘、辨伪

① 姚莹．《唐书·吐蕃传》（二条）．康輶纪行·东槎纪略．合肥：黄山书社，1990：244.
② 姚莹．西藏外部落．康輶纪行·东槎纪略．合肥：黄山书社，1990：103.
③ 魏源．西南洋．海国图志（卷二十一）．光绪二年魏光焘平庆泾固道署刻本．
④ 姚莹．外夷留心中国文字．康輶纪行·东槎纪略．合肥：黄山书社，1990：358.

等手段，“辨其真中之伪，而得其伪中之真”①，通过悉心考订再加驳正或采用。细览全书会发现姚莹奉使西藏其实是一段崎岖备至、辛苦遍尝的旅程，不过为求深入了解西藏情形和沿途风物，做到言必有征，尽管姚莹自谓“顾行笥少书，惟携图说数种，未能博证”②，但从其所著征引来看，姚莹前往西藏的行箧中至少携有《四川通志》《西藏赋》等多部川藏地志及关涉藏俗藏制之官书文献。其中乾隆五十七年（1792）由马少云、盛梅溪所纂《卫藏图识》颇为姚氏所重，全书引述达70余次之多。该书原是为进藏平定廓尔喀入侵西藏的清军而编的一部藏地指南读物，其最大特点是以图为主，随图记程，详录山川、风土、民情、逸事等西藏社会各个方面，史料价值及记载可信度颇高③。但对其中讹误，姚莹则根据自己的博识与见闻毫不迟疑地加以考辨。此外，对域外地理的辨讹也同样极为用心。正是因为姚氏史地著作坚守了“言皆征实”④ 的基本原则，故“其所记风土人情、山川形势，实有以证海国诸书之虚实，而救其罅漏者”⑤。

（二）不拘旧俗、不存成见，尽力保存“于斯世有益”之文，以裨“文献之征”

姚莹身处时代大变革之际，在传统沿革地理注重对政区沿革、水道变迁的考证及地名、山川、名胜的记载等内容框架之外，他也进行了可贵的学术探索。特别表现在史料选择上的不拘旧制、大胆创新，例如他以较长篇幅辑录保存“松筠西北史地九篇”等口述史料和“筹议噶玛兰定制”等档案资料，为他的史地著作注入了鲜活材料。这也是姚氏边疆史地研究在历史编纂学层面所作的尝试和突破。

姚氏《识小录》八卷，泛论学术源流，旁及经史子集四部，皆求丁时事有用。“西北史地”九篇在全书体例中稍显突兀却不害经世致用、御辱图强的主旨，可且见姚氏保存文献之功。首先，其对松筠本人边疆著作《绥服纪略图诗》《新疆识略》的整理而言，有补苴史料缺失、比勘史实讹误的参考价值；其次，就西北史地学而言，姚莹虽无专研西北边疆之作，但所录诸篇概论新疆、蒙古、西藏的民族、地理、宗教、风俗，详述中俄边界沿革与走向、边防哨卡设置与驻军以及俄罗斯、廓尔喀域情，称得上是一卷近代中俄关系研究的先导性文献。从学术史角度来看，姚莹的大胆之举做到了“博而不杂”。吴孟复先生即认为：“其中言旗制，言形势，言通商，言兵额，言财赋，言漕运，皆兵农之要务，其详于西北地理及宗教关系，亦由当时事势使然；其论述历史人物与记载时人行

① 姚莹．古书言异域．康辖纪行·东槎纪略．合肥：黄山书社，1990：248.

② 姚莹．康辖纪行·自叙．康辖纪行·东槎纪略．合肥：黄山书社，1990：1.

③ 参见马少云，盛梅溪．卫藏图识．近代中国史料丛刊（561）．台湾文海出版社，1970.

④ 姚莹．康辖纪行·叶棠跋．康辖纪行·东槎纪略．合肥：黄山书社，1990：521.

⑤ 姚莹．康辖纪行·方复恒跋．康辖纪行·东槎纪略．合肥：黄山书社，1990：522.

事，亦皆有关时政，意取借鉴……惟其博洽多闻，详审得失，然后心胸开阔，识见高远。”① 姚氏《识小录》出，即引起当时专研西北史地的学人群体的关注，何秋涛在纂辑《朔方备乘》时就曾将姚著涉及中俄关系的内容部分辑入其书②。

（三）提倡“以所亲历考证所闻”③，通过“亲履其地”“勤求访问”，以实地调查纠史书之谬，以亲身见闻补史乘之缺

清代考据学的鼻祖顾炎武倡导经世致用、重视实证博学的学术思想，引领推动了乾嘉考据学派的形成。其考据成果不仅坚持考辨文字音韵以通经学、归纳古书通例的研究方法④和“以经证经”“去古未远”的用证原则⑤，还高度重视验诸实证，将所见所闻与文献记载相印证的治学理念⑥。然延至乾嘉学人并及道咸诸家，反而多遁入典籍，暗于搜讨群书，遍考诸籍，实证精神渐失。尤其是治边疆史地者，既具博学宏识又能亲历其地者少之又少。

史地文献是文史诸学科中最具应用价值的一类史料，这是近代经世思潮在边疆史地领域最先取得突破的一个重要原因。史地文献撰著价值与水平的高低同撰者的见识及实地调查考察的效果息息相关。张承宗曾指出：“姚莹治学的最大特点是注重调查研究”⑦。相比于同时期一些缺乏实践经历的边疆史地研究名家来说，姚莹算得上是当时最具田野调查精神、重视实证研究的一位学者。前述《东槎纪略》《康辅纪行》诸篇多为姚莹在东南孤屿、西南岩疆的土地上深入史料记载的现场“访诸耆老”“考诸案牍，咨询旧吏”再核诸文献的产物。

正是在遵循上述原则的基础上，各类史料在姚莹笔下化繁为简、剔粗取精，最终融为一编，从而实现了其边疆史地著作史料价值、学术价值与经世价值三者皆备。

---

① 姚莹．识小录・吴孟复序．识小录・寸阴丛录．合肥：黄山书社，1991：3-4.

② 参见何秋涛．记二．朔方备乘（卷四十）．

③ 姚莹．复光律原书．东溟文后集（卷八）．同治六年安福县署刻本．

④ 王俊义．顾炎武与清代考据学．贵州社会科学，1997，(2)．

⑤ 郭康松．论清代考据学的学术规范．清史研究，1999，(3)．

⑥ 参见顾炎武《日知录》卷十一“钱法之变”条，又其友人王宏撰《山志》曾言顾炎武所著《昌平山水记》二卷，“巨细咸存，尺寸不爽，凡亲历对证，三易稿矣”，皆可为据。

⑦ 张承宗．《康辅纪行》与姚莹的治学特点．苏州大学学报，1984，(2)．

当涂县清代民居建筑特点之管窥

李　军

摘　要：当涂历史悠久，文化昌盛，历史上曾有大量宅第民居，但现在湮没殆尽。文章通过对当涂县现存13处宅第民居的勘察和调查，总结出皖江南岸宅第民居的建筑风格和特点，并分析了大量民居湮没的原因，为今后对清代宅第民居的维修、恢复，乃至传统建筑工艺的传承，提供参考资料。

关键词：清代；宅第民居；建筑风格；建筑特点

当涂古称姑孰，位于皖江东岸。东周之前属扬州地。春秋战国时，先后属于吴、越、楚国。公元前221年，秦于今当涂境设丹阳县，先后属会稽郡、鄣郡。入汉以后，当涂县地先后为楚国、荆国、吴国、江都国和丹阳侯国封地，属丹阳郡丹阳县，直至东汉灭亡。西晋太康二年（281），原丹阳县南析置于湖县，今当涂县境并存丹阳和于湖两县的局面。隋开皇九年（589），于湖县废，东晋以来侨置江南的当涂县迁治姑孰（今当涂县城），正式设置当涂县。赵宋以降，当涂不仅是太平州、路、府治所在地，还是清代安徽省提督学使衙门、陆军协镇衙门、长江水师提督衙署等高级官署驻地。

作为有2000多年置县史的当涂，毗邻六朝古都南京，属于宁镇文化圈，历史上政治地位高、经济发达、文化繁荣，无疑有过数量庞大、形制丰富的宅第民居，但由于种种原因，如今已湮没殆尽。根据调查，尽管目前当涂现存在宅第民居13处，而且均为清代建筑，但由于当涂在历史上的地位，这13处宅第民居在皖江南岸具有一定的代表性。宅第民居建筑是人类建筑的起源，一个城市和村庄的一砖一木无不凝结了古代劳动人民的血汗和智慧，而民间广大的建筑活动，特别是民宅建筑，则是最丰富的创造实践。本文主要通过这13处宅第民居，对皖江南岸清代宅第民居的建筑风格和特点作一管窥。

当涂县现存的13处清代宅第民居，可以分为民居住宅和家族宗祠两类，其

作者简介：李军（1971—），男，马鞍山市朱然家族墓地博物馆副研究员。

中民居住宅 2 处和家族宗祠 11 处。

一、清代民居住宅的建筑建筑风格和特点

当涂现存的清代民居住宅分别是湖阳的小太平古民居和丹阳的徐氏古民居。两者均为具有徽派风格的建筑，白壁黑瓦，色泽明快，以砖、木为主要建筑材料。当涂明清时期流行父子或兄弟不分家的习俗，因此在形式上多采用坐北朝南、纵轴线清晰、房间较多的四合院式，同时根据家庭成员多少和家境殷实程度，建两进或多进、单层（如徐氏古民居）或双层（如小太平古民居）。

就其单体建筑来说，均属清代大木小式，硬山顶，覆蝴蝶瓦，主体梁架为明清江南地区普遍出现的抬梁式与穿斗式混用，与现存家族宗祠的屋面形式、梁架结构区别不大。砖壁均为实心和有眠空斗相结合砌法，其中徐氏古民宅下实上空，而小太平古民居为双层建筑，考虑到墙体承重，一层设计为实心墙，二层设计为有眠空斗墙。

徐氏古民居和小太平古民居均为前庭后厅两进式，前者前庭虽拆除，但两者平面形制相似。因徐氏古民居后世改动较大，前庭已不存，所以只能通过小太平古民居管窥当涂清代古民居的空间布局和建筑风格。

小太平古民居前厅单坡，南壁作风火墙式，正中开正门，青石门厢，设门槛石；门楣上配门罩，门罩以水磨砖挑出短门檐，覆小平砖，檐脊平直，檐角上扬，檐脚下作垂花柱状，整个门罩就如紧贴墙壁的浮雕，凝重而不失华美。大门两侧对称开窗，上下各一，均配短窗檐。大门和壁窗配门罩、窗檐在徽式建筑中常见，这不仅可以装饰建筑，还可以防止雨水顺墙流到门窗，造成木质构件腐烂（见图 1）。

图 1　小太平古民居大门

前庭中段为过道，用以贯通大门、天井和后厅，过道两侧以板壁将前庭分割成东西厢房。以板壁作空间隔断材料在徽式民居中常用，较之砖壁可以节省空间，降低建造成本。

天井是整个建筑的向心和自然光源，平面作长方形回字，寓意“四水归堂”，满铺青石，中间低四缘高，西南角置排水口，利于雨水收集和排放。天井东西两侧亦为厢庑，与前庭东西厢房毗连，厢庑下半截砌砖壁，上半截以合扇花格窗封闭，保证厢庑的采光和通风。

天井北面为整个建筑的主厅，开间宽阔，与天井之间不设墙壁与门窗，地铺席纹砖，两侧以砖壁隔出厢房。与标准徽派民居主厅格局不同的是，北壁前直接放置长几、八仙桌等家具，而标准徽派民居主厅北侧一般先置木质太师壁，太师壁两侧设不装门扇的门，再在太师壁前放置长几、八仙桌等家具，最后在主厅东西两侧分别放置几组靠背椅与茶几形成会客厅堂。两者格局不同应与主厅进深及面阔大小有关。

小太平古民居二层空间与一层对应，厢房之间均以板壁作隔断，铺木地板。在二层大量使用木板，不仅可以隔热防寒，而且可以节空间、减轻自重，降低对房基和一层砖壁和窗的压力。

整个建筑砌砖均为小青砖，无砖雕饰件；木料使用虽多，但规格不大，除梁、枋见卷草花卉等木雕装饰外，多以素面髹漆；石质构建多用于房基、门槛、柱础、地坪，少雕饰，且雕琢较为粗糙。这有别于皖南徽式古民居中大量使用砖雕、木雕、石雕。可见，当涂清代民间“三雕”工艺并不广为使用，而多注重朴实无华。

类似小太平古民居和徐氏古民居的清代四合院式民宅，在民国以前的当涂十分普遍。20 世纪末，县城的旧城区在改造前尚有大量保留，如一条巷至五条巷，数百栋粉壁黛瓦的古民居鳞次栉比，其间巷道曲折、鸡犬相闻，仍呈旧时街坊模样。其中有的民宅不仅建三进双天井，还筑夹墙以防盗抢、配花圃以怡性情，规模远大于小太平古民居，这应与民户的家庭人数和经济条件有关。

二、清代家族宗祠的建筑风格和特点

当涂现存的家族宗祠较为集中地保存在县域东部的湖阳、博望、新市和丹阳，多数破坏严重，后期改动较大，但结构形制尚为清楚。结合现场勘查，可以归纳出当涂清代家族宗祠如下建筑风格和形制特点。

其一，均有徽派建筑风格，规模不大，以砖、木为建筑主材。平面布局有单座建筑式和四合院式两种，其中以后者为主要形式。单座建筑式仅见 1 处，平面呈横向长方形；四合院式 10 处，除了芮氏宗祠前进拆除外，其余的均纵轴清晰，分前后两进，中为天井，天井尺寸不大，满铺青石（砖）或沿纵轴铺青石（砖）路衔接前后进，四缘均有明沟或阴沟，两侧以回廊、或围墙、或厢庑连接，形成较为封闭的建筑整体。

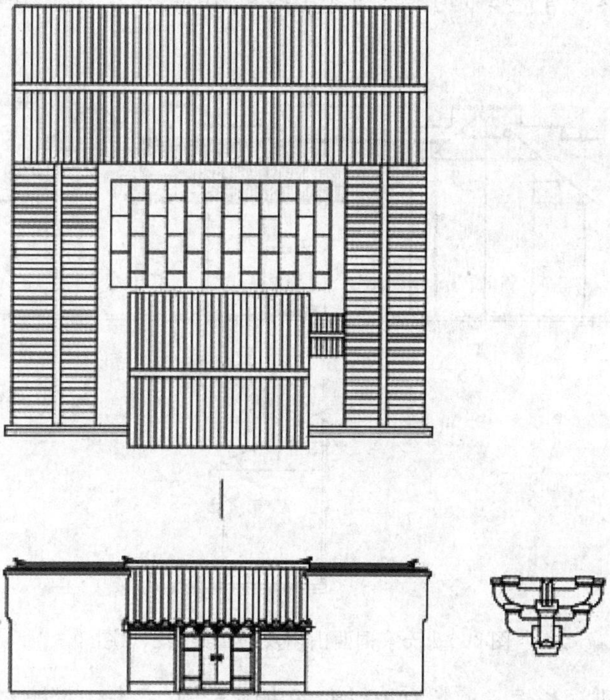

图2　夏氏宗祠俯瞰　南立面及斗拱示意图

其二，就祠堂的单体建筑来说，屋顶绝大多数作硬山，符合清代六品以下官吏及平民房宅的正堂只能用悬山顶或硬山顶的规制。正脊平直，脊上均无饰物，个别脊角上扬；屋面双坡，覆蝴蝶瓦。鉴于江南雨季长、雨水多，故坡度设计都较大，瓦沟纵直，利于雨水下泻，有的南坡开多个蝴蝶瓦宽的狭长玻璃明窗，以利采光。有的祠堂山墙高出屋面，随屋面坡度层层降落，作三叠式马头墙，盖因其所在村落原来的民居建筑密度较大，为防风、防火而建，由此可见，当涂清代民宅家祠对是否建筑马头墙并无特定要求。

其三，家族宗祠均为单层建筑，选址于地基土质较硬、下沉均衡的地段，除了墙裙下部、门窗洞口两侧、纵横墙交接处等重要部位，墙体多为有眠空斗砌法，墙体下部空斗内一般填碎石、黄沙或建筑垃圾，用于防盗。外壁多抹白灰，与黑色覆瓦形成强烈对比，营造出“粉壁黛瓦”的艺术效果，多数在墙壁外侧用铁爬墙钉，用于固定墙体。这种墙具有用料省、自重轻和热传递慢、隔声性能好等优点，符合江南冬天阴冷、夏天湿热的气候条件和多为家族成员筹资所建需降低造价的成本要求。

其四，主体木梁架为抬梁式，两侧山墙部位梁架均作穿斗式，不用斗拱，榫卯连接，用料较节省，这种抬梁式与穿斗式混用的架构方法在明清江南地区较为普遍（见图3）。

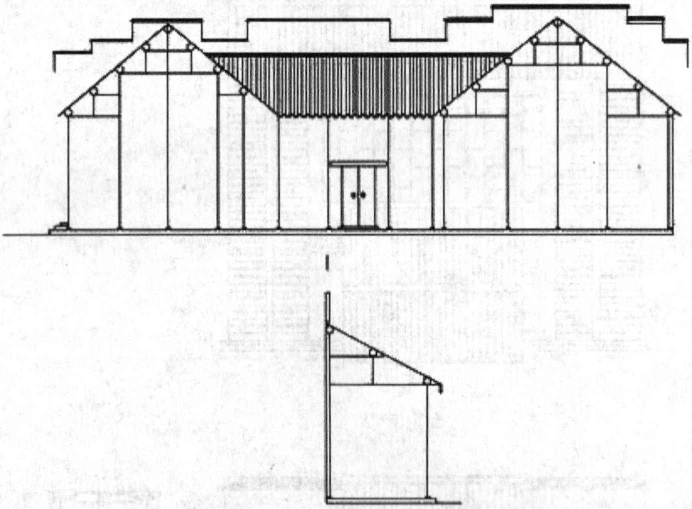

图3 费氏宗祠西山墙及回廊梁架示意图

按照建筑进深长短，檩数有10檩、9檩、8檩、7檩、5檩之分，檩截面均为圆形，檩上纵列方柱形或半圆柱形椽条。因江南潮湿木板易霉烂，椽上均不用望板而直接铺望砖，砖上覆蝴蝶瓦。梁有五架、三架之别，以五架为限，符合清代大木小式，外金柱与檐柱多以一步或双步梁连接，但湖阳夏氏祠堂因进深较大出现九檩七架、七架梁下用撑拱的特例。山墙部位梁架和多数檐柱砌于墙体内，常有暴露，横列金柱常以穿插枋固定和连接，穿插枋一般宽4~5寸、厚1.5~2寸，部分祠堂五架梁下还加一道随梁枋，作用同穿插枋，少数宗族祠堂大门门楣上方以斗拱挑檐，这些斗拱用料小，并无承重功能，应属装饰性构件。

柱下均有石质柱础，础以圆形、方形为主，其中方形柱础多用于砌于墙体内的山墙柱和檐柱下，而圆形柱础多用于金柱，表达了“天圆地方”的传统理念（见图4）。

较为特殊的是，在夏氏宗祠的前进和齐家祠堂、张氏祠堂、博望陈氏祠堂后进前檐柱与外金柱之间的屋椽下平出两檩，架罗锅椽，形成卷棚，此处在原形制中应为屋廊，贯通天井两侧回廊。

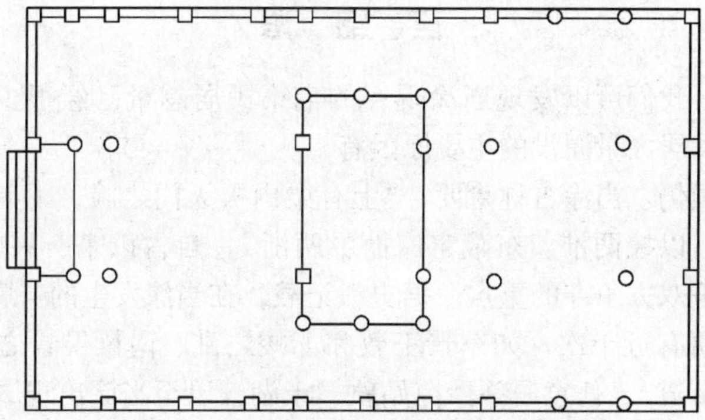

图 4　陈氏宗祠柱点示意图

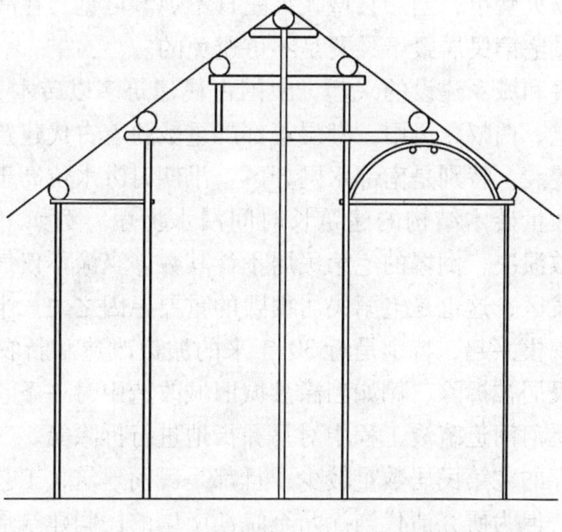

图 5　夏氏宗祠前进中剖梁架示意图

其五，鉴于江南地区气温高、湿度大，祠堂门窗尺寸都设计得比较大，室内也不挂顶棚，以利室内空气流动。现存门窗多有改动，形制不明，但根据个别改动较小的门窗推断，大门应为普通实木合扇门，四合院式祠堂后进的门窗应为格扇门和合扇花格窗。

其六，当涂现存清代家族宗祠除费氏宗祠大门两侧山墙各贴一块“福仙”“禄仙”砖雕，其余均不见砖雕，梁、枋、柱用料不大，因不用天花藻井，其木架梁枋结构多暴露在外，为提高观赏性，梁的中段和枋上常饰以木雕，内容以人物故事、花草动物、吉祥图案为主；石质柱础少见素面，多刻花草、云气、动物，个别祠堂大门前尚存抱鼓石，雕刻较为粗糙。

三、结　语

通过普查，我们可以发现当涂现存的宅第民居总量已经很少，综合史料分析，造成宅第民居大量湮没的主要原因有二。

一是战火频仍。当涂古称险要，“上有梁山极天门之险，下有采石扼横江之冲，西控庐和，以控两淮，东蔽宁广而屏两浙”，自古以来，只要江东有战事，当涂必然为战争双方争夺的重点。据史料记载，在当涂发生的、影响社会发展进程的重大战事便有近十次。如东晋王敦和苏峻之乱、南梁侯景之乱中叛军“发掘古墓、剽掠市道”，任意屠杀抄掠姑孰、于湖，以至当涂出现“千里绝烟，人迹罕见，白骨成聚，如丘陇焉”的惨象；再如太平军与清军在姑孰城十年攻守，造成太平府学宫、文昌宫等大量重要建筑荡然无存，甚至连城垣都被拆除；及至抗战时期，日军纵火焚市，当涂县城大火三日不熄。可见，在战争频繁的历史大环境中，当涂大量宅第民居毁于兵燹是不可避免的。

二是自然灾害和城乡建设的兴起。中国古代建筑多以砖木为主要建筑材料，水患、地震、雷电、白蚁、风雨、潮湿等都严重威胁着古代建筑的长久保存。当涂自古深受水患侵袭，特别是南部水网圩区，汛期时洪水位高于地面，常常导致决口溃堤，以致大量砖木结构的建筑长时间浸水坍塌。例如1954年的洪水中，当涂大小圩口悉数溃决，倒塌的宅第民居不计其数。当涂不仅气候潮湿，而且是雷电和白蚁的高发区，这也是宅第民居损毁的重要原因之一。半个多世纪来，随着城乡建设的大规模兴起，特别是近30年来的城市改造和新农村建设，大量晚清、民国的宅第民居被拆除，例如当涂县城旧城改造中对一条巷至五条巷、竹巷地进行拆除，姑溪河河道疏浚工程中对马驿街地进行拆除等。

尽管当涂现存的宅第民居数量较少，且都是民间建筑，工艺不是很精细，法式上也不尽相同，但为研究清代当涂乃至皖江南岸的民间建筑形制，以及其与周边地区明清徽派建筑之间的相互影响、传承关系提供了珍贵的实物资料。

参考文献：

[1] 罗哲文. 中国古代建筑 [M]. 上海：上海古籍出版社，1990.

[2] [明] 民国26年当涂县志稿 [Z]. 1937.

[3] [明] 太平府志 [Z]. 嘉靖年.

文化，在保护中传承

——浅谈安庆市历史建筑的保护与利用

江　军

摘　要：历史建筑构成了安庆老城的整体风貌，反映了城市的发展与变迁，它们是皖江文化重要的组成部分和不可再生的宝贵资源。在城市化进程进一步加快和各项建设活动日益增多的今天，如何处理好城市发展与文化保护之间的关系，进一步促进安庆历史文化名城建设，是值得我们研究和深思的问题。笔者通过实地走访、查阅资料等方式形成此文，希望以此辨明安庆历史建筑的保护方向，丰富安庆的历史人文资源，彰显安庆历史文化魅力。

关键词：安庆；历史建筑；保护；利用

安庆历史悠久，人文荟萃，是我国知名的历史文化名城。“潜山县薛家岗遗址（现为全国重点文物保护单位）的发掘表明，早在五千年前的新石器时代，这块古老的土地上便有先民定居和生活。”① “春秋时期分属皖、桐、舒国，西汉更置郡国，皖地始治县，隶于郡，南宋更名安庆军，庆元元年（1195）升舒州为安庆府。”② “自清康熙六年（1667）安徽建省至1949年安庆解放，其间282年，安庆一直是安徽省的省会。”③ 安庆悠久的历史不仅孕育了独具特色的地域文化，更重要的是留下了承载岁月记忆和城市荣光的历史建筑。

一、安庆市历史建筑的内涵

“历史建筑，是指经城市、县人民政府确定公布的具有一定保护价值，能够反映历史风貌和地方特色，未公布为文物保护单位，也未登记为不可移动文物的

作者简介：江军（1992—），男，皖江文化研究会常务理事，安庆市根亲文化研究会副秘书长。

① 程绍颐：《安庆掌故》，黄山书社，1993年10月第1版，第1页。

② 安庆市文化志编纂委员会：《安庆市文化志》，黄山书社，1999年5月第1版，第1页。

③ 参见汪军《安庆：省会282年》，《安庆日报》，2005年6月10日。

建筑物、构筑物。”① 建筑是凝固的历史，历史建筑是展现一个地区历史文化的重要载体。本文中所要研究的历史建筑是指在安庆城市发展史上占有重要地位的，同时具有历史、艺术、科学等价值的古代建筑、近代建筑和当代建筑。一般可以分成两大类：一类是文物建筑，是指已被各级人民政府或文物主管部门公布为文物保护单位和文物保护点，需要绝对保护的建筑；另一类是非文物建筑，是指由于各种原因至今未被公布为文物保护单位和文物保护点的历史建筑。

根据安庆现存历史建筑的特点，我们将其分为八类：一是历史悠久，具有重要历史、艺术、科学等价值的历史建筑；二是与在国内外有一定影响的名人有关的建筑物；三是与影响历史发展进程事件有关的建筑物；四是具有安庆本土建筑风格的“皖派建筑”；五是虽不属于代表性建筑，但建筑格局保存完整，破坏较小，在安庆现存已较少的近现代建筑物；六是在新中国成立后建造的规模较大、保存完整、具有浓郁时代建筑风格和一定影响的当代代表性建筑；七是不同时期的桥梁、古井、牌坊等构筑物；八是具有其他意义不同时期建造的建筑物。

二、安庆市历史建筑的分布特点

“安庆市城市发展历史悠久，文化遗存丰富，历史遗迹保存较好。安庆市城市发展历史，特别是近代城市发展历史，在我国城市发展史上具有重要地位。”② 拥有丰富的历史文化遗迹是安庆成功申报国家历史文化名城的基石之一。目前安庆市的历史建筑主要由以下几部分组成：一类是政府普查登记在册中的不可移动文物中的历史建筑。根据最近一次的全国文物普查，“安庆市区普查登记不可移动文物共216处，历史建筑类共156处，其中古建筑62处，近现代重要史迹及代表性建筑94处。”③ 一类是未被官方登记在册的历史建筑，关注研究安庆文史多年，根据笔者多年的实地走访统计，目前安庆市区尚存且未被官方登记的历史建筑有近一百处，其中尚有价值较大的历史建筑。因此，目前安庆市区共有历史建筑逾两百多处。

安庆老城建于临江近湖的丘陵阶梯上，“她的形状是一个平整的圆形，西北和西南各有一个城门，江岸有两个城门，西面也有一座城门，安庆最显著的特征是城内的地势起伏。”④ 由此可见安庆老城的风貌格局和其他古城相比有着显著

① 《历史文化名城名镇名村保护条例》第四十七条，中华人民共和国国务院2008年4月22日公布。

② 参见《国务院关于同意将安徽省安庆市列为国家历史文化名城的批复》，2005年4月14日。

③ 参见《关于公布全国第三次文物普查安庆市区不可移动文物名录的通知》，2012年3月28日安庆市人民政府公布。

④ 威廉·埃德加·盖洛著，沈弘，郝田虎，姜文涛译：《中国十八省府》，山东画报出版社，2008年3月第1版，第203页。

的区别。同时在清至民国时期，安庆作为安徽省的省会，是“中国最小的省会城市之一”①。“城内近四分之一的面积都被衙门、监狱、学校、寺庙等公共建筑占住了。”结合安庆现存历史建筑的功能分类，安庆现存历史建筑大多为公共类建筑，主要分布于城内。

自新中国成立特别是改革开放以来，为了拓宽城市发展空间和改善市民生活环境的需要，安庆市对老城区进行了大规模的改造。由于当时缺乏历史文化保护的观念，没有从长远角度和规划认识到历史建筑的保护对于一座历史文化名城未来发展的重要意义，所以在当时的老城改造中还没有对危旧房和历史建筑作出明确界定和认真调查的情况下就仓促上马，致使大批有价值的历史建筑惨遭拆除，众多文物遭到破坏，安庆的古风旧貌受到严重的影响。但当时有部分历史建筑由于作为政府、和企事业单位的生产、办公用地以及未被纳入老城改造区域内的历史建筑，还有早已被文管部门认定为文物保护单位的历史建筑，这批历史建筑得以在老城改造中幸存下来。由于历史原因，目前安庆市区除“倒扒狮历史街区”和“大观亭-大王庙历史文化街区”有集中连片的历史建筑群，其他地方已难以寻觅到了。留存下来的大多数历史建筑分布分散，主要分布于市区各学校和单位内，以作为学校教学，单位生产、办公，商业活动，市民居住等用途居多，只有极少部分的历史建筑作为历史文化景点对外开放。

三、安庆市历史建筑的分类②

根据安庆市现存历史建筑的功能特点，我们可以将其分为以下四类：

（一）公共建筑类

现存公共建筑类一般有以下六类：

办公类建筑：如中国国民党安徽省党部旧址、中共安徽地委旧址、中共安庆建党会议旧址、菱湖公园办公楼等。

各类学校、图书馆等公益性建筑：如“敬敷书院旧址、圣保罗中学校长楼旧址、崇文中学旧址、国立安徽大学旧址、安徽省立图书馆旧址”③ 等。

宗教类建筑：如迎江寺、宝善庵、天主堂、天主教伯多禄教堂旧址、南关清

---

① 威廉·埃德加·盖洛著，沈弘，郝田虎，姜文涛译：《中国十八省府》，山东画报出版社，2008年3月第1版，第204页。9J. K. 施赖奥克：《安庆的寺庙及其崇拜：近代中国人的宗教研究》，巴黎保尔·古特纳出版社，1931年版。

② 参见《关于公布全国第三次文物普查安庆市区不可移动文物名录的通知》，2012年3月28日安庆市人民政府公布。

③ 参见金杏村、杨起田、胡庆昌：《解放前安庆教育发展概况》，《安庆文史资料》第十一辑。

真寺、中华圣公会天恩堂旧址、圣救主座堂、圣诞堂等[1]。

各类实业、服务业建筑：民国时期安庆的金融、服务业较为发达，现存有安徽劝业场旧址、安徽邮务管理局旧址、安徽银圆局旧址、胡玉美酱园、迎江楼、老宝成金号旧址等；

各类医院、药房类建筑：如张立达堂旧址、余良卿膏药店旧址、同仁医院旧址等；

与重大历史事件密切相关的建筑：如徐锡麟安庆起义旧址、熊成基安庆起义会议旧址、熊范二烈士专祠旧址、任弼时狱中斗争旧址等。

（二）近代产业建筑

“1861 年秋末，两江总督曾国藩筹设安庆内军械所，并于次年先后研制出中国第一台蒸汽机和第一艘蒸汽轮船，其为中国依靠自己的力量建立的第一座近代军事工业企业，也是近代中国机械工业和造船工业的起点。”[2] 28 年后的 1889 年，“当时在省城安庆主管电报业务的候补知州彭名保，在安庆城南黄甲山成功研制出中国第一部电话机，取名‘传声器’。由此可以说安庆是中国近现代工业的发源地之一。”[3] 目前安庆市仍保留有如“安庆内军械所旧址”“安庆电报局旧址”等与近代产业发展息息相关的历史建筑。

（三）城市标志性建筑

城市标志性建筑也称城市地标建筑，是指能充分展示一座城市精神风貌和形象特点的建筑。自清康熙六年（1667 年）至 1949 年安庆解放，安庆一直是安徽省的政治、经济、文化中心，安庆现存历史建筑中的标志性建筑，不仅代表着安庆的城市面貌和城市形象，同时从另一个层面也反映了安徽省的地域文化和地域性格特点。

位于“安庆城东迎江寺内的振风塔建于明隆庆二年（1568），被誉为‘万里长江第一塔’”[4]。自清至民国时期，振风塔一直是安徽省的标志性建筑之一，特别是在民国时期，中央银行和安徽地方银行发行的货币上均选用了振风塔作为背景图案，由此可见其影响力和知名度。“始建于元至正十一年（1351 年），拥有近 600 年历史的安庆谯楼为安庆市区现存历史最为悠久且主体建筑保存完好的历史建筑，原为安庆府署望楼，清乾隆二十五年（1760），安徽布政使司由江宁（今南京）迁驻安庆，司署就设在谯楼内原府署大院。谯楼由此由府署望楼升格

---

① 安庆市政协文史资料委员会：《安庆市现存宗教建筑情况一览表》，《安庆文史资料》第二十五辑。

② 参见闵传超：《谈安庆内军械所的几个问题》，《安庆文史资料》第二十四辑。

③ 张健初：《皖省首府老安庆》，黄山书社，2006 年 5 月第 2 版，第 185 页。

④ 安庆市迎江寺志编纂委员会：《迎江寺志》，时代文艺出版社，2001 年 11 月第 1 版，第 28 页。

为司署望楼，成为安徽分省自治的标志性建筑。谯楼也因地位的升格当之无愧地成为安徽省的标志性建筑。”①

（四）民居类建筑

民居类建筑一般分为以下两类：

名人故居：是指名人出生、较长时间居住生活过或在安庆居住期间作出了一生中重大业绩的名人住宅建筑。例如：“马大用探花第、痘神庵（邓石如读书处）、世太史第（赵朴初故居）、陈独秀故居、戴世璜故居别墅、张恨水故居旧址、光明甫故居旧址、严凤英故居旧址等。”②

普通民居：安庆历史建筑中的普通民居，大多是指以安庆本土建筑风格“皖派建筑”为代表的历史建筑。笔者曾多次与研究安庆地方文史的专家学者就这一问题进行探讨，一致认为，与徽派建筑相比，皖派建筑有着自身鲜明的形象和特点。徽派建筑以黛瓦、粉壁、马头墙为表型特征，以砖雕、木雕、石雕为装饰特色。与徽派建筑注重装饰相比，皖派建筑更注重建筑本身的实用性和简约性。皖派建筑以小洋瓦、青砖、鹅卵石等为主要建筑材料，以穿枋混合抬梁、单叠式马头墙等为主要建筑特点。现存的民居类历史建筑以清至民国时期的建筑居多，主要分布于安庆城南南水关和城西“大观亭—大王庙历史文化街区”，如位于“大观亭—大王庙历史文化街区”的市级文保对象“谢家老屋”和位于大南门街的“雷家老屋”就是皖派建筑的代表。

四、安庆市历史建筑的现状调查

（一）历史建筑“文保”数量的统计调查③

自20世纪90年代特别是进入21世纪以来，随着社会的进步和发展，安庆市逐渐认识到历史文化保护的重要性，由此使得一批历史建筑得以保护，并被申报为各级文物保护单位。安庆市现存的两百多处历史建筑中，截至目前，被认定公布的各级文物保护单位（对象）共有72处，其中全国重点文物保护单位5处，全省重点文物保护单位10处，安庆市级文物保护单位39处，安庆市级文物保护对象18处。不管是从文保单位的等级还是文保单位的数量，安庆都位列全省前列。这批被政府及文物主管部门公布为文物保护单位和文物保护对象的历史建筑，由于有法律的保护和专项保护资金的支持，主体建筑大多保存完好。特别

① 张健初：《皖省首府老安庆》，黄山书社，2006年5月第2版，第37页。

② 参见安庆市文化志编纂委员会：《安庆市文化志》，黄山书社，1999年5月第1版，第296-297页。

③ 参见《关于公布全国第三次文物普查安庆市区不可移动文物名录的通知》，2012年3月28日安庆市人民政府公布。

是全国重点文物保护单位“振风塔”和“世太史第”（赵朴初故居）已成为安庆市历史文化对外展示的重要窗口。

（二）“非文保”历史建筑的保护及使用现状

由于历史等各种因素，安庆市目前还有一百多处能够被评定为文物保护单位的历史建筑至今未被认定。因缺乏法律的保护支持而被不当利用，“非文保单位”历史建筑的现状和前景堪忧。

位于安庆城西太平寺小学内的“天主教伯多禄教堂”旧址为我市现存历史建筑中少有的西班牙风格的建筑，是研究天主教在安庆地区发展的重要实物载体，由于缺乏对该建筑历史文化的了解，该教堂旧址至今未被评定为文物保护单位。主体建筑被学校改建成学生餐厅使用，由于缺乏保护，该建筑目前已出现二楼地板等木质构建虫蛀、腐烂和山墙倾斜等问题。始建于清光绪三十二年（1906）的“饮马塘监狱”旧址，位于安庆关岳庙街54号，该旧址内的办公楼为典型的民国时期中式风格建筑，是安庆唯一保存完整的司法历史建筑。“这座监狱内曾关押过许多革命者，如开国五大书记之一任弼时同志和中共安徽省委首任书记王步文烈士。”① 这里不仅是革命先辈狱中斗争的旧址，同时也是难得的爱国主义教育基地。2009年因位于此处的安徽安庆监狱整体搬迁，该地腾空闲置至今，位于其内的历史建筑由于缺乏保护，出现了青砖风化、楼顶坍塌等状况。

（三）安庆现存历史建筑社会知晓度调查

国家历史文化名城安庆拥有近八百年的建城史，但大多数人认为安庆作为历史文化名城，可说的多，可看的少。笔者认为，造成这种观点的原因主要有以下两个方面：一是安庆历经老城改造后，大量历史建筑被拆除破坏，与同样作为国家历史文化名城如南京、苏州等城市相比，安庆现存的古建遗迹数量与其历史地位极不相称；二是由于安庆现存历史建筑的正确利用率不高，宣传不到位，市民对安庆现存历史建筑的数量和分布区域不了解，社会知晓度低，导致出现该观点。笔者曾参与“安庆现存西洋建筑寻拍”“安庆大南门民族风情历史街区寻拍”“安庆锡麟街百花亭历史文化街区寻拍”等活动的组织策划，不少参与者在活动结束后大多发出这样的感慨：原来安庆还保留这么多有价值的历史建筑，我在安庆生活工作了这么多年，竟然都不知道。后笔者对参加活动的市民做了采访调查，大多数市民认为，安庆现存历史建筑面临的最大问题是对外宣传不到位和缺乏正确的保护与利用。

① 方诚：《任弼时同志在安庆狱中斗争的片段》，《安庆文史资料》第四辑。

笔者通过实地走访，发现安庆现存历史建筑的对外开放度不高。一部分历史建筑虽然保护程度较好，但因地处各企事业单位内而不对外开放。更多部分的历史建筑由于利用方式与自身价值存在较大反差，或因长期处于空置状态，缺乏有效的保护，历史建筑年久失修、安全性差，不具备对外开放的基本条件，这也是导致安庆现存历史建筑社会知晓度低的重要因素之一。

五、历史建筑的保护及利用方式

根据联合国教科文组织通过的《古城保护国际公约——内罗毕建议》的要求，历史建筑在保护和修缮的同时，要采取恢复生命力的行动。因此，历史建筑只有在不断的利用中，才能保持其生命力，在利用中得以更好的保护，并产生社会和经济效益。由于时代的变迁，安庆现存的历史建筑大多数已失去了原有功能，在这种背景下，如何为历史建筑制订出合理的保护和利用方案是摆在我们面前的重大课题。笔者通过对安庆现存历史建筑多方面的调查研究，认为应从以下几方面做好历史建筑的保护和利用工作。

（一）做好全面普查和研究工作，加强历史建筑的抢救性保护

对政府登记在册中的不可移动文物中的历史建筑，要加强日常的保护监管，定期对各文物保护点内历史建筑的保护现状进行调查梳理。对未被列入文保单位名录的历史建筑要深刻挖掘其历史内涵，对具有较高保护价值的历史建筑要加快评审、认定工作，申报文物保护单位。同时未避免因城市建筑造成“非文保”历史建筑的拆除和破坏，一个区域在进行建设改造之前，应向文管部门确认该地块历史建筑的普查情况。对尚未进行历史建筑普查的，应在建设改造前完成调查工作，未完成调查的，不得进行建设改造活动。

（二）建立完善的法律体系，为历史建筑的保护工作提供法律保证

目前对于历史建筑的保护工作我国除《文物保护法》和《实施细则》作为基本法律外，还新增有《历史文化名城名镇名村保护条例》等法律法规。笔者认为，结合安庆现存历史建筑的现状和分布特点，制定出符合本地实际的地方性法规，也是能更好地保护历史建筑的有效途径之一。如安庆市颁布的第一部地方性法规《安庆市菱湖风景区条例》就提到了对景区内文物古迹、历史遗址等人文景观，应当依法予以保护。风景区内历史人文景观的开发、利用和维护，应当遵守文物保护法律法规的规定，体现了对历史建筑保护和利用的重视。

（三）创新历史建筑保护利用方法，做好保护与利用相结合

安庆历史建筑的保护一直是由政府主导的，保护的形式主要有两类：一类是修缮历史建筑后作为展览馆、陈列馆等供人参观；另一类是转换历史建筑原有功能，作为各政府单位的办公场所。虽然上述是保护和利用历史建筑的方法

之一，但结合安庆本地实际，这种方法缺乏历史建筑保护的市场机制，未能将历史建筑的社会效益和经济效益有机结合起来。笔者认为，对现存历史建筑的保护和利用，可以采取分类保护的方法。如对具有重要历史、艺术等价值的历史建筑，应禁止转让，由政府出资修缮保护，此类历史建筑不能进行市场运作；对具有一般历史价值的历史建筑，允许有条件的转让，如企业或个人出资修缮，文管部门要对其资质进行严格的筛选；对现存大多数的近代民居建筑，允许和鼓励转让，由企业和个人出资对这些历史建筑进行修缮。在允许历史建筑转让的同时，政府主管部门应同这些历史建筑新的所有人签订责任协议，详细历史建筑的修缮和利用规定，并进行严格的监管。在此前提下，允许新的所有人在这些历史建筑中引入旅游业或其他第三产业，以激发和培育这些历史建筑的内在活力，以此构建长效保护机制。这样不仅能够分担政府对历史文化保护的财政负担，有效解决历史建筑保护的资金问题，还能实现历史建筑保护与经济社会发展相结合。

（四）充分发挥历史建筑的旅游、教育等功能

历史建筑不仅是研究地方历史文化重要的实物载体，更重要的是历史建筑本身所具有的旅游、教育等功能，也是其他资源所不可替代的。安庆现存历史建筑是安庆市发展旅游业最具潜力的宝贵资源。笔者认为，将安庆现存历史建筑进行整体“打包”，与天柱山、九华山等周边热门景点进行整体宣传，以“游一日安庆，读百年历史”为对外旅游宣传口号，策划“安庆市区一日游”等旅游项目，将更多的国内外游客吸引过来。这样不仅能提高安庆旅游的可玩、可看度，提高安庆的知名度，同时也能促进安庆旅游业等第三产业的发展。

历史建筑是一本活的教科书，其所包含的建筑、艺术、科学、人文等价值也是十分难得且宝贵的资源。学习建筑的人可以从历史建筑中得到启迪，学习艺术的人们可以从历史建筑中得到创作灵感。同时安庆现存历史建筑中如徐锡麟安庆起义旧址、任弼时狱中斗争旧址作为重要的爱国主义教育基地，对于广大市民、特别是青少年树立正确的价值观，具有十分重要的意义。同时通过历史建筑，可以更加直观地了解安庆的历史文化，有助于激发广大市民、特别是青少年的家乡自豪感和荣誉感。

六、结　语

历史建筑的保护对延续城市的发展脉络，提升地方的历史文化内涵具有无可替代的作用。在城市建设和发展中充分利用现存历史建筑的历史价值，给予应有的重视和保护，并处理好城市发展与历史建筑保护之间的关系，促进社会经济发展，是一项功在当代、利在千秋的工作。

参考文献：

[1]《中国地方志辑成》·安徽府县志辑11［G］. 南京：江苏古籍出版社，1998.

[2] J. K. 施赖奥克. 安庆的寺庙及其崇拜：近代中国人的宗教研究［M］. 巴黎：保尔·古特纳出版社，1931.

[3] 威廉·埃德加·盖洛. 中国十八省府［M］. 济南：山东画报出版社，2008.

[4] 程小苏. 安庆旧影［G］. 安庆市交通局史志办公室印，1983.

[5] 安庆市地名委员会编. 安庆市地名录，1987.

[6] 翁飞. 安徽近代史［M］. 合肥：安徽人民出版社，1991.

[7] 安庆市文化志编纂委员会. 安庆市文化志［M］. 合肥：黄山书社，1999.

[8] 安庆市政协文史资料委员会，安庆市编史修志办公室，安庆市档案馆编. 安庆文史资料第四辑［G］. 1982.

[9] 安庆市政协文史资料委员会，安庆文史资料编辑部，安庆文史资料第十一辑［G］. 1985.

[10] 安庆市政协文史资料委员会，安庆文史资料编辑部. 安庆文史资料第二十四辑［G］. 1991.

[11] 安庆市政协文史资料委员会，安庆文史资料编辑部. 安庆文史资料第二十五辑［G］. 1992.

[12] 周锦宏. 百年安庆［M］. 长春：时代文艺出版社，2001.

[13] 张健初. 皖省首府老安庆. 黄山书社，2006.

[14] 安庆市迎江寺志编纂委员会. 迎江寺志［M］. 长春：时代文艺出版社，2001.

[15] 罗荣渠. 现代化新论——世界与中国的现代化进程［M］. 北京：北京大学出版社，1993.

[16] 汪军. 皖江文化与近世中国［M］. 合肥：合肥工业大学出版社，2004.

[17] 程绍颐. 安庆掌故［M］. 合肥：黄山书社，1993.

[18] 张驭寰. 古建筑的重生［M］. 武汉：华中科技大学出版社，2011.

[19] 张复合. 中国近代建筑研究与保护［M］. 北京：清华大学出版社，2008.

[20] 杨秉德. 中国近代城市与建筑（1840—1949）［M］. 北京：中国建筑

工业出版社，1993.

[21] 中国人民政治协商会议江苏省扬州市委员会文史资料研究委员会．扬州文史资料——纪念辛亥革命烈士熊成基诞辰一百周年专辑［G］.1987.

[22] 中国人民政治协商会议浙江省绍兴县委员会文史资料工作委员会．徐锡麟史料——绍兴文史资料选辑第四辑［G］.1986.

九华山老田村历史文化溯源

纪良发

摘　要：老田村是历史文化名村，“洪荒既已判，江天今以图，未有九华图，先有老田吴。”文章分析了老田村的历史文化渊源，介绍了老田村的历史文物，老田十景、名人诗文，并对老田村的保护规划问题进行阐述。

关键词：九华山；老田村；历史文化；溯源

一、老田村概况

老田村为安徽省池州市九华山风景区九华乡所辖的最大行政村，全村共有16个村民组，869户居民，2856人，总面积5平方公里。

1. 地理位置

老田村地处九华河西岸，在九华山北麓约10公里处，与大愿文化园99米地藏王菩萨露天大铜像隔河相望，连接318国道的五（溪）九（华山）省道，九华河沿村而过。

2. 建村历史

老田吴村由西汉宣帝年间顺元守吴栋材于公元前65—公元前61年间隐居于此开基，至今已2070余年，相传80余代，其间人才辈出、历经辉煌。唐天宝十三年（754），诗仙李白应陵阳（今青阳）县令、友人韦仲堪之邀往游九华山途经此处时，吟诗曰：“洪荒既已判，江天今以图，未有九华图，先有老田吴。”老田吴村自此扬名于世，蜚声海内外。

3. 村中环境

老田吴村有着丰厚的历史底蕴、文化内涵和古迹遗存。

（1）地理环境

该地素称“九龙戏水”的风水宝地，玉带河蜿蜒穿村而过，明清代皖南民

作者简介：纪良发（1965—），男，《皖江晚报》池州记者站站长、九华山佛教文化研究会研究员。

居沿河而筑，小桥流水人家，别具情致；四周群山环抱，宛若山城；村周地势平坦开阔，有良田数千亩。

（2）人文环境

① 佛缘：老田吴村与九华山佛教源远流长。新罗僧金乔觉地藏菩萨于唐肃宗年间上九华山时，曾受到族人吴用之的热情接待和资助，住在吴氏宗祠东侧石壁庙①月余，上山后每次下山必在此庙歇宿，向族人讲经说法。从此老田吴氏与九华山佛教界产生了千年的佛缘。“九华行祠”是昔日香客游人进入九华山风景区金地藏圣迹第一处。

② 英才：老田吴村地灵人杰，历代英才辈出，文风素盛，人才荟萃，灿若星斗。据《老田吴氏宗谱》记载，自西汉至清末，老田吴氏中举人入仕的有73人。其中，西汉至宋代官至太守、州刺史的有2人；官至侍御史、刑部主事的有4人；晋封兵马指挥使、将军的有2人。明清时期晋封将军的有1人；官至太常寺少卿、后部都给事中的1人；内阁学士兼礼部尚书署御史的1人；翰林院编修2人；监察御史1人；知府6人；知县（县丞）6人；著名书法家、理学隐士、社会名流7人；入支谱乡贤8人；恩赐文林郎、修职郎、登仕郎9人。民国至今考学升任教授、专家、学者、研究人员14人。其中教授1人（享受国务院特殊津贴）；高级工程师（含总工程师）5人；工程师6人；博士、硕士研究生4人；被追认为革命烈士的4人；现任部队团以上、地方县以上官员更是为数不少。

清朝内阁学士兼礼部侍郎吴襄（从二品），参加了康熙皇帝举办的“千叟宴”，参加纂修《明史》《治河方略》《八旗通志》等史。雍正皇帝评为“文章归大雅，学术在纯金”，并赐赠“老成端谅”四字，他的《百梅诗》在中国文学殿堂里独树一帜。因侍奉康熙雍正乾隆三帝，民间称其为宰相，九华山荣幸康熙圣迹“九华圣境”和乾隆手书“普陀芬教”，这与当时吴襄德才兼备、才华横溢、忠心朝廷有一定的关系。

③ 传承：老田吴氏2070多年来，外迁国内众多省市、远播海外许多国家、开枝散叶的代有闻人，被誉为“安徽最古老而最具有活力的一支族人”②，堪称中华吴氏的一支大脉。

④ 古迹：老田吴村历经千年，兴旺发达，明、清鼎盛，留存精美的古民居、古石坊、古宗祠、古里弄、古店铺、古井、古碑、古雕刻、古石桥、古家具等众多文物古迹，具有珍贵的文物价值，很高的观赏价值和民俗历史文化研

① 现名“九华行祠”。

② 语出《中华吴氏大统宗谱》。

究价值。

4. 周边环境

(1) 地理环境

周围群峰环抱，山川秀丽，风光旖旎，对面柯村新区，设施完善，功能齐全，与地藏铜像隔河相望，永沐佛光普照的恩赐。

(2) 交通环境

陆路有318国道、103省道、沿江高速、合黄高速公路（另有新建的铜九铁路、再建的池州长江大桥），水路有可停靠豪华游轮的池州客运港码头，空中有刚开航的九华山国际机场，已形成立体的交通网络。

(3) 自然环境

周边森林覆盖率达76%，空气清新，鸟语花香，芳菲流翠，利身养心。

(4) 九华山大愿文化园

大愿文化园与老田吴村隔河相望，经国家宗教局和中国佛教协会批准，2013年8月31日（农历七月二十五），九华山地藏菩萨圣像开光庆典活动在安徽省九华山大愿文化园举行，来自海内外的99位佛教泰斗、高僧大德、诸山长老共同为地藏菩萨圣像开光。

地藏菩萨露天圣像坐落于中国四大佛教名山之一、国家级重点风景名胜区、首批5A级旅游景区的九华山。九华山以地藏菩萨道场驰名天下，享誉海内外。九华山佛教圣地的开创者为新罗僧人，世称“金地藏”。俗姓金，名乔觉，系新罗王族近亲，唐开元末渡海来华，至九子山（九华山）中，宴然独坐，苦行修持，一区善信，悉皆宗仰。唐贞元十年（784）金乔觉99岁，忽召众徒告别，跏趺示寂。相传顿时“山鸣谷陨，群鸟哀啼，地出火光”。其肉身置函中经3年“颜色如生，兜罗手软，骨节有声，如撼金锁”，僧众视为地藏菩萨示现，建一石塔，将肉身供于石塔中，配以庙宇①，尊为“金地藏”，九华山遂辟为地藏菩萨道场。

自此以后，寺院日增，僧众云集，香火之盛甲天下。九华山现存寺庙99座，僧尼近千人，佛像万余尊。长期以来，各大寺庙佛事频繁，晨钟暮鼓，梵音袅袅，朝山礼佛的教徒信众络绎不绝。

建成后的地藏菩萨圣像主体为比丘立相，右手执锡杖，左手托摩尼宝珠，仪态安详，妙相庄严，观瞻总高度139米，莲花座及像体高99米，为目前世界上第一高度的地藏菩萨露天圣像。每年春分、秋分上午九时，太阳从99米地藏菩

① 现九华山肉身殿。

萨铜像背倚的笔架山与狮子峰间上空升起，铜像顶部旭日笼罩，宛如天然佛光，形成妙相庄严的神奇景观。

大愿文化园位于九华山风景区内，是为打造佛教圣地和世界旅游胜地而建，是安徽省“861”计划重点建设项目和全省重点建设的十大文化产业园区之一。

大愿文化园景区坚持“国内领先、世界一流”建设理念，在规划、建设中巧妙地实现了传统佛教文化与九华山自然景观的完美结合，将传统建筑艺术与现代设计理念有机融合，是当代佛教建筑艺术的经典之作。

大愿文化园景区的建成开放，为九华山这座千年佛教名山和中国佛教文化增添了新的内涵和亮点，为境内外旅游者提供了一个高品位且极富文化价值的新型旅游业态。

（5）老田吴村祭祖大典

老田吴家非常重视祭祖修谱，从西汉始祖吴栋材至今，祖脉一直清清楚楚，祖墓也保存完好，谱学文化对于稳定宗族社会有着重要作用。老田吴传统庙会有地藏庙会、阴骘大会、观音会、五猖庙会，春节期间食腊八粥、送灶神、祭祖宗、请菩萨、过素斋年、吃长寿面、品元宵、舞龙舞狮等，要举行吴氏祭祖大典和地藏酬惠节。老田吴家重视清明、冬至上坟祭祖，端午节插艾蒿吃粽子，中秋节吃月饼庆团圆，解放前还举行三元节祭祖赈孤济残。当今婚俗虽然不讲“父母之命”“媒妁之言”了，但仍然提倡双方父母同意、配月老（男女方各一），还流行灶神庙压庚贴配八字，以示天作之合，新娘到婆家用麻袋铺地逐步传送至堂屋，取“代代相传”之意，婚期要做完三朝、满月、回门才算功德圆满。老田农事习俗有社公会、田郎节、祭蚕神、唱茶歌等。老田吴家地处安徽九华山，深受佛教文化的影响，在保持中国传统文化习俗中，也形成了独具地方特色的民俗风情。2016年2月8日（正月初一），老田吴氏家族在大宗祠祭祖，这是老田吴村传承下来的民俗民风，千百年来代代相传，本次祭祖在刚刚成立的池州市九华山风景区老田古村落保护发展协会和老田村委会精心筹备和组织下举行的祭祖大典，老田村及附近吴氏家族齐聚老田大宗祠拜祭祖先，锣鼓喧天，板龙盘柱，宾客如云，场面浩大。

（6）老田吴村清明大型祈福法会

2016年3月31日，九华山老田吴氏“感恩祖德，超拜地藏”清明大型祈福法会在九华大佛景区乐台广场举办。此次活动的举办，让佛文化与吴文化完美结合，感恩祖德传承老田吴文化。老田吴村与地藏佛缘源远流长，现保存完好的老田九华行宗祠是地藏菩萨圣迹第一处，九华行祠是老田吴氏与金乔觉结下佛缘的见证。

二、历史文物

1. 吴氏大宗祠

吴氏大宗祠坐落于村北首，系大作公于明代万历年间建造，占地10亩，建筑宏伟，前后共五进，东西设有客厅，外加东、西、南三边过廊，整个房屋砖石木结构，雕梁画栋、气势不凡。厅堂高大明亮、宽敞，可容数千人，为当年祭祖、处理宗族事务和举行宗族重大活动之场所；祠内大厅之上，原悬有清雍正帝赐予吴襄及其子孙的匾额3块，中间一块为“老诚端谅”，右边一块为“钦点父子翰林”，左边一块为“皇恩三锡”，另有节孝官诰匾120余块，均在“文革”中被毁，该祠因年久失修，于1985年倒塌，现仅存东厅。

2. 九华行祠

原为石壁庙，因依石壁而建得名。该祠又名协济行祠，位于老田古村水口处，唐至德二年（757），新罗国王子金乔觉[①]渡海来九华山，云游至老田石壁庙，吴公用之见其神色异人，慕道相逢，神交莫逆，留居于庙49天，复送其上九华山修行。宋淳化年间鹏飞公知穆州刺史致政归，感其神灵，乃创祠四时致祭。明弘治元年（1488），由义官吴永廉将协济行祠重修后改名为九华行祠。该祠现存一间，内存《重建九华行祠石壁庙碑记》《乐输碑记》各一块，现为青阳县重点文物保护单位，九华山风景区重点文物保护单位。

3. 云溪书院

位于玉带桥北侧，北宋南阳刺史吴止道建造。为厅堂式砖石木结构，徽派建筑，面积1800多平方米。谱载：清康熙庚子至乾隆丙子年间，老田吴氏子孙庆谋、兆雯、庆浣、庆英、信庵、九峰、名瑞、名琅等8名族人先后中举，京城会考时有七人中进士，被敕授县令（县丞），升任知府、翰林院编修等，族人以此誉称云溪书院为“八官堂”。该堂现存门坊一座，其斗拱等处均以精致的花纹砖砌成，工艺精细，堪称皖南古建一绝，实不多见，遗址上建有老田村村部，住有9户农家。

4. 新城旧第

老田吴氏始祖吴栋才故居。位于玉带河北侧一进二栋，砖木结构，四正四厢，内设天井，徽派建筑。始建于汉，宋宣和年间重建。后历经修建，规模恢宏，明朝吴氏家族门庭凝瑞，家道兴隆，族人为追思先祖，不忘祖德，到明末由

---

① 即相传的地藏王应化之身。

族人改建为慕亲堂，现保存较为完好。门楣书有“新城旧第”四字，门前存有一口方形龟文石底天井。寓意吴氏子孙兴旺发达，久盛不衰之意。

5. 仁里门坊

仁里门坊原为新城里吴氏族人密集居住区之后门，弄幽经深，俗称老屋弄。砖石木结构，徽派建筑，建于元代。门宽约 3 米，高 5 米，门上嵌有楷书“仁里”二字，寓意弘扬祖德、敦睦宗亲、处事崇尚泰伯“三让”家风，做人遵循儒家“仁爱”胸怀之意。

6. 一甲朝门

一甲朝门位于玉带河南侧，为吴氏支族族人居住区的正门，砖木结构，徽派建筑，建于元代。门高 6 米，宽 8 米。门楣上四只直径约 30 厘米的圆柱木刻门挡并行排列，凡大户人家男婚女嫁、处事交友都十分讲究门当户对。门槛和护栏为木质结构，门槛被磨损成下弯弓状，现保存完好。

7. 玉带河

玉带河始建于唐至德年间。相传金地藏与吴用之莫逆之交后，经常下山来到老田讲经说法，广种福田，喜结善缘，认为吴氏族人居住的村庄是块风水宝地，倡议引水筑河护城，河以莽蟒袍上的玉带命名，可使子孙兴旺发达，缨簪蝉联。吴用之信其言、谢指点，组织族人开掘了一条长 1500 米、宽 3 米的人工河，沿河两侧的古石板道至今保存完好，昔日沿河两侧及里弄小巷店铺林立，集市贸易十分活跃，手工业也很兴盛，呈现繁华景象，人称新城老街。这他是当年九华山北大门善男信女朝山进香、文人墨客游览圣境的必经之路，是老田古村一条最亮丽的风景线。玉带河上配有玉带桥，又名灵山玉带，为宋宣和年间穆州刺史吴鹏飞归居故里为祝愿族人世代昌盛，官运亨通的远大意愿所建造，历经千载，完好无损。

三、老田十景

据吴氏宗谱记载：老田昔有十景，即九华耸秀、双涧流清、老田渠绕、石壁泉飞、新城精舍、大夫书堂、龙岗喷气、虎岫嘘岚、玩月幽亭、归云古洞。它们似明珠镶嵌于峰峦之间，如翡翠装饰于田园之中，像玛瑙佩戴于“壶天”之壁，与错落有致的祠堂、民居、绿树、翠竹乃至飞瀑流泉、悬崖峭壁构成了一幅山川秀丽、景色迷人的立体画卷。

古往今来，也许是十景的魅力，也许是宣扬老田山水园林之美，教育下代热爱桑梓，鼓励后裔建设家乡、造福一方多做贡献。宗族中的不少贤士文人、或自己动手，或请友人执笔，身临其境感受，动情描绘十景之美，写出了许多脍炙人口、风趣幽然的赞颂诗篇，从而使十景大为增色，令人向往。

1. 九华耸秀

九华耸秀即九华高耸入云的山峰悬崖景观，位于老田东五里许。由拱辰峰、云门峰、翠盖峰、独秀峰、笔架峰、红石岩、灵龟探海石等构成。其景色：层叠的悬崖耸于碧空，雨后观看如国画丹青展；日照群峰，仿佛出水芙蓉，亭亭玉立。入夜遥望云门峰中的“云门孤月”，恰如玉镜悬空，夜色同昼，光彩夺目。明王守仁吟“云门孤月”夜景曰：

云门出孤月，秋色坐苍涛。
夜久群籁绝，独照锦宫袍。

诗作道出了一种莲花仙境美妙的意境。

清代诗人程文绣吟“九华耸秀”：

九华削出自鸿蒙，叠巘层岩耸碧空。
秀拔楚吴千里迥，巍擎星斗九霄雄。
雨馀图画丹青展，日照芙蓉紫翠浓。
登玩恍如蓬岛境，纵他摩诘写难工。

诗作又吟出了“雨后清新”雄奇而壮观的景象。

2. 双涧流清

双涧流清即两条对称的山间溪流，呈燕尾状自南向北，流经围绕新城里，形成“灵山玉带”之状。两溪流水清如镜，跌宕起伏，所到落差之处，冲成大小不等的池潭。深潭色泽翠绿，清风吹来，碧波涟漪，浅池中可见鱼儿斜游亮肚，银光闪闪；翠鸟觅食，不时点破水面，钻进潭中，一会便衔鱼飞进潭壁巢内；溪流七弯八拐至新城里，呈环状襟带流入九华河。相传唐代至德年间，乡绅吴用之听信九华山高僧金地藏的指点，组织族人将溪流引水入村，修筑建成玉带河。从此，溪流潺潺，清泉溢出，久旱不涸，居民生活用水，古村消防用水，世代无忧；山洪泛滥时，溪流则像蛟龙一样，游入九华河，奔至长江，钻入东海。诗人程文绣为“双涧流清”吟诗曰：

燕尾滩分泻两川，环居襟带溢清泉。
风轻绿皱綦纹细，雨过红流花片鲜。
鱼跃翻斜波底日，鸟飞点破镜中天。
应知中有神蛟卧，一遇风雨跃海渊。

诗作将“双涧流清”描绘得生动形象、情景迷人、意境深远。

3. 老田渠绕

老田渠绕即纵横交错于老田盆地内的沟渠和由泽水源流，大旱不涸的灌渠为主干构成的小桥流水、梨花翠野、谷种含春、生机盎然的田园风光。诗人程文绣触景生情，为此美丽的皖南山村田园风光吟诗曰：

自古卜居因地胜，老田世业绍延陵。
灌渠有泽源源注，谷种含春岁岁生。
烟雨一梨翠野乐，晓云千顷鹿门情。
一朝睿藻来纶骋，再起伊周翼圣明。

全诗以“老田渠绕”的田园风景为主题，高度赞扬了吴氏始祖栋村公当初选择隐居老田的远见卓识和其子孙在一片荒凉之地内垦荒拓田，开基创业、艰苦奋斗、自强不息的精神，字里行间透出了对吴氏后人继承和发展延陵世业的敬佩之情。

4. 石壁泉飞

石壁泉飞也称金沙泉泉涌[①]。位于“无相寺旧址南，泉池大不盈瓯，但流量很大，四时不竭，金沙为底，清澈鉴容”[②]。泉水涌溢池口后，布满西侧石壁，呈珠帘状飞洒，在阳光的照射下，银光闪闪，靓丽可人。“石壁泉飞”之名由此而来。描写“石壁泉飞”一景的诗有两首，一为王守仁的“金沙泉”，一为程文锈的“石壁泉飞”。王守仁的诗重在泉外，他在观赏“金沙泉泉涌”后，欣然作五言诗一首，曰：

黄金不布地，倾汁泻流泉。
潭净长开镜，池分或铸莲。
兴云为大雨，济世作丰年。
纵有贪夫过，清风自肃然。

诗人以景抒情，借景述志，通过对“金沙泉泉涌”的描写，不仅使诗意含蓄隽永，形象生动，而且自然流露了自己“兴云为大雨，济世作丰年”的坚定志向和面对政治上屡遭打击、未被重用、仍然“纵有贪夫过，清风自肃然”的坦荡胸怀。此诗堪称山水诗名篇之一。而程文绣的“石壁泉飞”却内外并重，明暗（喻）并用，通过细致入微的观察和描写，把“金沙泉”的声音、状态、作用写得动静结合、情景交融，使人产生身临其境、遐想联翩的感觉。他写道：

分明一勺乾坤髓，石窦飞来不断声。
乱滴琼珠穿不就，飘残瀑布减无成。

---

① 时属老田吴村辖境。
② 1990 年版《青阳县志》。

寒梳苔发和烟湿，光蘸金沙漾月明。
疑似银河晴晒雨，滋润万物洗埃尘。

5. 新城精舍

新城精舍即指唐代歙州刺史吴器高于贞观年间所建的精舍，位于新城里，至清雍正年间尚存，后遗迹不在。诗人程文绣赞美其景曰：

先人精舍究遗径，自古流传擅美名。
乔木长青含秀色，飞流不断送书声。
霭轩风景涵诗兴，漏室文光射斗明。
忆昔肇居贤刺史，远留遗址在新城。

我们虽然不曾见过新城精舍，但从诗人细腻的描写来看，这应是一座古朴秀美、环境优雅、供族人读书求化的文华殿堂，是吴氏宗族人才辈出的诗文见证。从而启示后人见贤思齐，发奋努力，开拓进取，功成名就，像精舍遗址和贤刺史一样青史留名，千古流芳。

6. 大夫书堂

大夫书堂又号云溪书社，云溪书院，位于玉带桥北侧。为北宋南阳刺史吴隆胜所建。清康熙丙子（1696）至乾隆丙子的六十年间，吴氏子孙先后有庆谋、兆雯、庆浣、庆英、信庵、九峰、名瑞、名琅等 8 人乡试中举，京城会试有 7 人中进士并授官（知府、翰林院编修、县令），一人虽未中进士而被赐授县丞（后升同知），因此，云溪后院一时声名鹊起，誉为八官堂，是老田吴氏族人的骄傲和光荣。程文绣为大夫书堂吟诗曰：

鸿儒锐志取功名，故向云溪拘数楹。
窗外咿唔音未缀，案头博涉业尤精。
一朝伟业称当世，千载颓基仰旧声。
珍重吴门年少士，好将芳躅踵前英。

诗作文字凝练，意境高远，向后人展示了吴氏一代又一代的鸿儒，锐志不减，到云溪书院博涉学业，不懈努力，进而取得功名的风采。并寄语吴门年少之士，以先辈为榜样，珍惜时光，勤奋读书，取得功名，报效国家。从中又使我们看到了吴氏先祖读书求仕的传统家风和奋发进取的精神风貌。

7. 龙岗喷气

龙岗喷气即 47 世龙渊公居。位于老田村西南龙岗。这里山势险峻，山石突兀重叠，南北蜿蜒，状如龙腾。山上鳞次栉比的青色乱石，随着云的飘动，酷似龙鳞开闭，山间高大的乔松，其细长的枝条和针叶，顺着阵风和风向，一波一波，如浪涛推进，又像马、狮颈项的长毛那样轻轻摆动，威武雄壮。诗文把

“龙岗喷气”描写得形象逼真，生动传神，使人如观其景，妙趣横生，拍案叫绝。尤其是后四句，比喻和遐想并用，称“这条龙”俯卧南阳，跃至神光。“灵蛟”平时长卧龙岗，若遇春雷震动，即化作商霖，为民解忧，造福人间。他写到：

叠巘嶙峋万仞岗，奇形蜿蜒肖龙翔。
云移乱石苍鳞动，风卷乔松苹鬣长。
俯卧南阳钟间气，仰腾霄汉跃神光。
灵胶若遇春雷震，化作商霖济入荒。

程文绣擅长描写景物，在他笔下，“龙岗喷气”呈现出出神入化的境界。

8. 虎岫嘘岚

虎岫嘘岚即虎行踪，虎林居，位于龙岗北侧五甲湾。该地与罗城吴①对峙，虎林居远看一峰突起，形状恰似虎蹲，昂头窥视月窟亭，又仿佛舒展前爪，盘踞于风云之中。黄昏，山里的雾气吞噬着它的猛气，冲向碧空，又似锁住了它的雄威，充吸着日落余光，对于这一景象，那时的老田吴氏族人把它视为灵镇一方、平安吉祥、钟灵敏秀、兴旺发达的风水宝地。面对此情此景程文绣吟诗道：

一峰突起峙罗城，形状遥看若虎蹲。
忽讶昂头窥月窟，恍如舒爪据风云。
岚吞猛气冲霄碧，雾锁雄威吸日曛。
灵镇一方钟秀瑞，生贤娇娇拜枫宸。

如果把程文绣对龙渊和虎林兄弟的名字与实地景象的描写联系起来，那么，给人印象特深的是：“龙岗”“虎岫”两地确是藏龙卧虎之地，是不可多得的风水宝地。

9. 玩月幽亭

玩月幽亭即月窟亭景昂居，也称赏月亭。相传为唐代歙州刺史吴器高建造的八景亭之一，位于今老田城里玉带河南侧景昂居内。因遗迹无存，具体情况不详。好在有诗人程文绣月夜登亭赏月的情景诗“玩月幽亭”一首。它吟道：

月夜登亭拟步蟾，银河如洗迥无边。
山高错讶冰盘小，云净尤警玉镜圆。
对影吟诗渐李白，向天把酒忆坡仙。

---

① 老田吴分支，又名土里吴，在今庙前村星星村境内。

个人此景谁知得，独羡嫦娥爱少年。

欣赏此诗，诗人在月窟亭赏月之情景如同再现。使我们对“玩月幽亭”的具体位置、精工建造、月夜之景、诗人赏月时的感情产生了一种赞美感和认同感。

10. 归云古洞

归云古洞一说位于老田西侧水浒山中，一说位于东侧翠盖峰上。因老田四周山洞很多，具体位置待考，但多数族人认为在水浒山中。相传此处有一古洞，洞中深藏着一股“白云”，每逢大旱，此云便会倾巢舒卷而出，飘往旱情严重地区的上空，“酿制”大雨，普下甘霖。待旱情解除，万物复苏，便复归古洞深处潜伏，年复一年，日复一日，确保一方风调雨顺，五谷丰登，人民安居乐业。后人因此之为“归云古洞”。

由于此洞的离奇传说，历史上不少名人雅士，诗家墨客，都怀着极大的兴趣，走进老田，寻幽探胜，凭着认知、感受，吟咏出各具特色、想象丰富的诗篇。其中以北宋南阳刺史吴隆胜和清代诗人程文绣的两首为最。吴隆胜诗曰：

酿雨归来念旧情，悠扬散入洞中深。
已慰天下斯民望，暂息人间济物心。
阴护碧潭龙稳卧，暝迷珠树鹤难寻。
谁言舒卷浑无意，有待重为傅说林。

这里，隆胜公把云人格化了。他以刻画人的词语刻画云，从而既形象又生动，又增强了趣味，赋予了神秘之感，读后令人信以为真，妙趣横生。而程文绣则运用设问自答的表现手法，对古洞的成因，洞内的景色、归云的形态、飞出的动机，进行详细而形象的描述，既给人以真实感，又突显归云的神奇功力。他吟道：

何年巧匠凿虚岩，时有云归一洞宽。
轻锁石门春叆叇，淡笼琼壁画弥漫。
宿扉有意随舒卷，出岫无心任自还。
几欲从龙苏大旱，酿为霖雨溥尘寰。

四、文化奇葩

1. 吴钟、吴光锡的摩岩诗刻

在青阳县重点文物保护单位，九华山风景区重点文物保护单位——刘冲石刻群中。从唐至清历代名人、诗家在摩崖上镌刻了12品石刻作品。但由于时间和自然的原因，明代以前的摩崖诗刻大都风化剥蚀，清晰可辨的仅存半数。其中要算“刘冲”先生吴钟和“花舫”先生吴光锡的三品摩岩诗刻最为珍贵，说它最为珍贵。一是诗刻，而不题刻；二是距今近四百年，年代久远；三是存品稀少，在九华山风景区难得一见；四是诗刻内涵丰富，寓意深刻；五是刻工精细，字体苍劲有力。这些诗刻是专家学者研究地方史志的不可多得的资料。

2. 吴襄的《梅花诗百首》

这是吴襄在京为官时，清雍正皇帝为考吴襄的才学，以“梅花”为题做诗，限吴襄一夜作成，否则以欺君之罪论处。吴襄不负圣望，将全诗一气呵成，尽展才学之渊博。雍正帝称吴襄为“文章归大雅，学术在纯金”。

全诗不见一个“梅”字，而是从不同侧面、不同角度、不同地点，采用明喻、暗喻等表现手法，颂赞梅花的性格、特点、风采和精神，描述与梅花有关的历史故事和地理知识，从而给人以陶冶、给人以知识、给人以启迪，具有较高的艺术性和一定的思想性。从中可以看出，吴襄的知识是极其渊博的。诗中还反映了他不与世俗同流合污、自负清高的思想品德和情操。

3. 老田吴氏名人楹联

九华山向以它独特的风姿和古老灿烂的佛教文化名扬四海，而那遍及古刹、庵院、祠堂甚至作坊、民宅门柱殿堂具有佛教文化特色的楹联更是独放异彩，妙不可言。尤其是吴襄的楹联，构思奇巧，词语精美，富于哲理，幽默风趣，加之挥毫洒脱，书写端美，阅后使人赏心悦目，回味无穷，从中获得美的享受、情的感染。因而也就深受民众包括僧尼的喜爱。至今，吴襄题写楹联的趣闻仍在民间广为流传。借用和收藏的数量也不在少数。

4. 老田吴氏诗选

太乙岩

［唐］吴用之

太乙真人去不回，仙岩胜境长莓苔。
料得百年千载后，金乔菩萨再重来。

吴氏松阳宅（栋材公故居）

［唐］吴用之

一曲清溪流向东，故家门历出儒风。
壶天月窟亭犹胜，花舫回光景甚浓。
一派同居喷龙气，几枝分异虎行踪。
忆昔汉迁年五凤，新城继业永兴隆。

亭水

［宋］吴应之

汩汩滔滔势不穷，自然东去衮朝宗。
秋天冷浸青罗带，月夜光浮白玉龙。
心静一尘具不染，量泓百象纵涵容。
画船载酒穷幽赏，唤起当年李白翁。

九华行祠

［宋］吴应之

老田村以奠民生，土主惟神赏罚明。
物阜时康姿化育，风调雨顺赞升平。
古今祈祷皆灵应，诰敕褒封荷宠荣。
庙食千年香火盛，乔松古柏气峥嵘。

双峰居士书堂

［宋］吴止道

天下名山曾一游，洞天应独异池州。
苍峦矗矗冲霄上，绿水涓涓向地流。
翠羽啼残山月晓，白云飞尽海天秋。
程鹏隐读双峰舍，已自成名至五侯。

归云古洞

［宋］吴止道

酿雨归来恋旧岑，悠扬散入洞中深。
已苏天下斯民望，暂息人间济物心。
阴护碧潭龙稳卧，瞑迷珠树鹤难寻。
谁言舒卷浑无意，有诗重为传说霖。

五、九华山风景区的一块瑰宝

老田古村由于建村历史悠久，人民勤劳智慧，物质文化底蕴十分丰厚。明、清年代的古民居（含祠堂）星罗棋布，珍品纷呈。它是先祖留下的珍贵遗产，是历史进程的重要见证，是村庄兴盛的醒目标志，更是人文荟萃的实物展示，其本身就有很高的经济和社会价值。因此，寻老田古村应当严加保护，永久继承，使其为我所有，造福于子孙后代。

从建村的年代看，老田吴村建村比江苏昆山的周庄早980年，比皖南黟县的西递早1020年。由此可以看出，老田吴村的物质文化底蕴是多么深厚，又是多少宝贵！祖先用之公当年为答谢金地藏的“酬惠米”诗，回赠一首“太乙岩”诗，诗曰：“太乙真人去不回，仙岩胜境长莓苔，料得百年千载后，金乔菩萨再重来”。千年后，金地藏菩萨真的又回来了，兴建99米地藏王菩萨露天大铜像正是应验了吴氏祖先的预言，是神算还是巧合，真是不可思议！它们不仅是老田的文物瑰宝、旅游瑰宝，而且更是九华山风景区的一块瑰宝，是一笔难得的宝贵财富。

六、历史文化名村保护规划

为指导名村的历史文化遗产保护，继承和发扬优秀的历史文化传统，加强环境整治。改善名村居民生活环境，正确处理保护和发展的关系，推动名村有序建设，促进社会、经济、文化可持续发展，《九华山风景区九华乡老田吴家历史文化名村保护规划》已编制出台，本规划共九章六十条。主要内容有：

1. 瓮中捉鳖规划范围

《历史文化名村保护规划》的范围分为以下两个层次：

一是村域范围，约8.1平方公里，包括村域全部范围以及周围山水自然环境，重点研究村庄的形成肌理、相互联系、周围环境的遗存关系，以及村庄建设与功能定位。

二是名村范围，约19.0公顷，包括村庄的核心建成区、村内历史遗存集中分布的区域及其附近环境。

2. 建筑保护与新模式内容

根据对建筑风貌、建筑质量、建造年代、建筑层数与屋顶形式的分析、评价，将古村各类建筑分为保护、修缮、改善、保留、整治改造五大类。

本规划的期限分为近期和远期：近期期限为2016—2020年，远期期限为2021—2030年。

保护开发复建好老田古民居的主要工作如下：一是丰富景区旅游内涵，提升景区旅游品位；二是确定有效地解决好失地农民的就业渠道，确保农民失地不失收，生活有保障，生计有出路，排除失地后的后顾之忧；三是因地制宜，发挥地方特色，依托并挖掘千年古村的文化内涵，弘扬民族文化，构建打造和谐美丽新农村；四是九华山风景区的“二次开发，二次创业”，给老田千年古村带来了无限的商机和活力。以此为契机，是老田村新一届领导班子带领全村村民实现“旅游强村，旅游富民”的最佳举措。此举功在当代，利在千秋。

古民居、古文物是不可再生的特殊资源，存在即价值，是任何美学艺术都替代不了的。保护且修复老田古民居，传承吴地文化是一件具有十分重要的两个文明建设大事，全村上下将认真执行《中华人民共和国文物保护法》和《安徽省皖南古民居保护条例》等法律法规，坚持“保护为主，抢救第一”的文物工作方针和“有效保护，合理利用，加强管理”的指导思想，切实做好该村境内重点文物的保护管理工作，使之在九华山风景区的“二次开发，二次创业”建设事业中发挥更大的作用，老田人将在保护千年古村历史文化上，必将为弘扬民族文化、打造和谐美丽新农村、实现伟大中国梦做出更大的贡献。

（本文的参考文献《九华山志》《青阳县志》《老田吴氏宗谱》《老田吴历史文化名村报告》《九华山风景区九华乡老田吴家历史文化名村保护规划》《梅花诗百首》《乐输碑记》）

坚持文化自信 着力打造皖江地区历史文化研究品牌

——在第七届皖江地区历史文化研讨会上的讲话

省社科联党组书记、常务副主席 马 雷

（2016 年 10 月 22 日）

各位专家学者，同志们：

大家上午好！在全省人民满怀豪情喜迎安徽省第十次党的代表大会之际，安徽省第七届皖江地区历史文化研讨会今天在这“绿水青山”的池州市隆重开幕了。在此，我谨代表省社科联对大会的召开表示热烈的祝贺！对出席今天会议的各位专家学者和省市新闻界的朋友们表示诚挚的欢迎！

经过十二年精心打磨，皖江地区历史文化研讨会已成为安徽省区域历史文化研究的重要品牌，也是省社科联“厚重安徽”这个大平台的重要组成部分。十二年来，研究队伍不断巩固壮大，研究方法不断创新，研究领域不断扩大，研究成果不断涌现，尤其是很多成果具有重大的学术价值，还有一些成果有很好的应用价值。沿江各市社科联和各高校通力协作，搭建平台，建立中心，深入研究，发挥着积极的重要的作用。这些研究工作，为继承皖江地区优秀传统文化，丰富皖江人民群众精神文化追求，推动皖江地区经济社会发展和创新型文化强省建设做出了重要贡献。十二年一个轮回，如今我们站在新的历史起点，一方面要对皖江历史文化研究进行回顾总结，汇集成果，展示成果，宣传普及成果；另一方面要认真学习习总书记今年 5 月 17 日在全国哲学社会科学座谈会的上重要讲话精神和国家关于长江经济带发展政策，确定研究领域和研究方向，多出人才、多出成果，把皖江历史文化研究推向新的高度。

众所周知，今年 5 月 17 日习近平总书记在全国哲学社会科学座谈会上发表重要讲话，深刻回答了事关哲学社会科学长远发展的一系列根本性的问题，是指导哲学社会科学工作的纲领性文件。在这篇讲话中，习总书记第一次把文化自信与道路自信、理论自信、制度自信相提并论。他特别强调：文化自信是更基本、更深沉、更持久的力量。既需要薪火相传、代代守护，也需要与时俱进、推陈出新。要加强对中华优秀传统文化的挖掘和阐发、与现代社会相协调，把跨越时空富有永恒魅力、具有当代价值的文化精神弘扬起来。我们不仅要让世界知道“舌尖上的中国”，还要让世界知道“学术中的中国”等等。在今年7月1日纪念建党95周年大会上，习总书记发表的“不忘初心，继续前进”的重要讲话中，把我国文化概括为中华优秀传统文化、革命文化和社会主义先进文化，代表着中华民族独特的标识。习总书记这些重要论述，既是我们做好地方历史文化研究的理论指南，又是做好地方历史文化工作的重要遵循。从而使我们深刻地认识到越是民族的越是世界的，更加坚定了皖江历史文化研究的信心。

与此同时，国家大的发展政策也为皖江历史文化研究提供了历史机遇。2014年9月，国务院发布了《关于依托黄金水道推动长江经济带发展的指导意见》。今年3月25日，中共中央政治局召开会议，审议通过了《长江经济带发展规划纲要》。至此，长江经济带作为打造全球最具影响力的内河经济带正式确立，中国经济发展的新动力即将形成，这给八百里皖江地区经济社会发展，皖江地区产业结构快速优化升级和打造世界级城市产业集群，提供了难得的黄金发展机遇。如何抓住历史赋予的重大发展机遇，如何在引领中部崛起中闯出新路，特别是如何发挥皖江文化在经济社会发展中的思想引领和内在支撑作用，是摆在全省社科界特别是广大皖江文化专家学者面前的重大课题。本届研讨会主题确定为“皖江文化与开放发展”，正是契合了时代发展脉搏，呼应了时代发展需求，彰显了传统文化的现代价值，是本届研讨会的“点睛”之笔。研讨会共收到论文116篇，涉及皖江地区开放发展、经济社会、思想文化、历史人物、民俗艺术、典籍考古等诸多方面，无论是在研究的内容领域，还是研究的科研方法、研究的实际水平，都较以往有进一步的拓展和创新，应该说上了新台阶，有了新进步，为皖江地区历史文化研究奠定了新的基础。下面，我就皖江文化研究谈三点想法，与大家作个交流。

一、坚持打造皖江地区历史文化研究品牌，着力提高文化自信，繁荣发展哲学社会科学

皖江地区历史文化底蕴丰厚，人文荟萃，近代开风气之先，涵盖了三大文化资源。经过十二年的研究，专项成果硕果累累，社会影响不断扩大。现在是如何提高质量，提高文化自信，打造品牌，走向全国乃至世界的问题。品牌是其内涵高度凝练和集中体现，既要有量的积累，更要有质的要求，还要加强宣传推介工作。在做好应用对策研究的同时，要着力在四个“多”上下功夫：一是多组织专家学者在全国核心期刊上发表文章，扩大皖江历史文化研究的影响；二是多组织专家学者参加全国或国际学术交流会，交流学术观点和成果，把皖江历史文化研究品牌打出去，吸引更多的国内外学者投身到皖江历史文化研究之中；三是多

出版一些综合性和有深度的研究成果著作，吸收专项研究的最新成果，比如，研究出版《皖江地区历史文化概论》《皖江地区文化史》等，这些都是品牌成熟的重要标志；四是多宣传皖江历史文化研究活动和研究成果，充分利用广播电视报纸杂志等传统媒体和互联网等新兴媒体，有的研究成果可拍成电视剧和电影，全面扩大其影响面。

二、坚持以皖江地方历史优秀文化为滋养，着力弘扬社会主义核心价值观

习近平总书记强调：“培育和弘扬社会主义核心价值观必须立足中华优秀传统文化。抛弃传统、丢掉根本，就等于割断了自己的精神命脉。”皖江地方历史文化中既有丰富的优秀传统文化资源，这里曾是我省党组织早期活动的地方，也是新四军长期战斗的地方，又有浓厚的红色文化底蕴，因此，我们要深入挖掘：一是注意挖掘传统文化中与核心价值观内涵相符的优秀人物和优秀思想，研究重要典籍，收集家风家训，像张英张廷玉《父子宰相家书》、周馥《负暄闲语》等，从中吸取有现代价值的知识；二是注意挖掘优秀的故事，讲好皖江的故事，像《六尺巷》的故事，具有和谐的时代内涵，反映了为官者的修养和胸襟；三是注意挖掘红色文化中的追求真理、爱国爱民的故事；四是注意挖掘文化名人文以救国的故事，皖江地区文学流派突出，文化名人众多，要宣传好他们以文载道、以文济世、以文乐民的爱国情怀。开展皖江地区历史文化研究，就是要充分利用皖江地区历史文化中的积极人生追求、高尚道德情操和健康生活情趣等内容，不断培育和弘扬社会主义核心价值观，并将社会主义核心价值观融于教、载于文、化于境、行于众，贯穿于学术研究、成果转化、宣传推介的全过程。

三、坚持以皖江地方历史优秀文化为取向，着力引领皖江经济社会不断向前发展

党的十八届五中全会提出“创新、开放、绿色、协同、共享”五大理念，今年4月24日至26日，习近平总书记视察安徽并发表重要讲话，强调安徽具有沿江近海区位优势，要紧紧围绕长江经济带国家发展战略，实现弯道超越，闯出开放发展新路子，打造内陆开放新高地，引领中部率先崛起。我们要在五大理念和习近平总书记讲话精神的指导下，做好皖江历史文化研究。一是围绕党委政府的中心工作，做好应用对策研究。皖江地区近代被动开放，改革开放获得过几次先机，经济长足发展，我们要结合长江经济带和“一带一路”战略，研究开放规律，总结开放得失，拿出高质量的研究成果，为党委政府决策提供优质服务。同时加强对改革创新、生态环境保护、旅游开发、交通建设、人文资源等方面的

研究，引领皖江地区经济社会向前发展；二是做好文化交流这篇大文章，放眼新一轮改革开放，二十年后，沿江地区将成为中国乃至世界经济最活跃、最发达的地区，与世界经济文化交流也最为频繁。我们要加强历史文化研究，提高文化软实力，拿出文化品牌成果，展示城市名片，为皖江地区经济社会发展提出文化精神支撑。

各位专家学者，同志们！

民族强盛离不开文化繁荣，区域崛起更离不开文化引领和支撑。让我们在习近平总书记系列重要讲话精神的指引下，努力工作、不负使命，充分发挥出创造创新活力，“立时代之潮头、通古今之变化、发思想之先声”，为繁荣发展哲学社会科学，加快建设创新型文化强省做出贡献！

在第七届皖江地区历史文化研讨会开幕式上的致辞

中共池州市委常委、宣传部长、副市长　汪和平

（2016 年 10 月 22 日）

尊敬的各位领导、各位专家，朋友们、同志们：

十年前，在池州成功召开第二届皖江地区历史文化研讨会。今天，又迎来第七届研讨会在我市举行。在此，我谨代表中共池州市委、池州市人民政府，对研讨会的召开表示热烈的祝贺！对各位领导和专家的到来表示诚挚的欢迎！

群贤毕至，蓬荜生辉。池州地处中国最繁荣的长三角腹地和最具潜力的长江经济带，是皖江城市带承接产业转移示范区、皖南国际文化旅游示范区、国家生态文明建设示范区和长江经济带建设的核心区域，是全国双拥模范城、中国优秀旅游城市、国家园林城市、国家森林城市、中国人居环境奖和全国文明城市提名城市。池州是一座古老、年轻而厚重的城市。说古老，是池州作为州府建制始于唐高祖武德四年（公元 621 年），迄今已有近 1400 年历史；说年轻，是池州 2000 年才撤地建市；说厚重，是在这片神奇的土地上孕育了底蕴深厚、源远流长的历史文化，一代代文人墨客留下数千首脍炙人口的佳作，唐代大诗人李白三上九华、五游秋浦，杜牧的《清明》诗使池州杏花村名扬青史，“千载诗人地”的美誉历经岁月磨砺更加灿烂。与诗文化交相辉映的是佛文化、傩文化、戏文化。坐落境内的九华山是中国四大佛教名山之一，99 米地藏菩萨露天铜像是目前世界上最高的佛像。池州傩是我国最为原始的古老戏曲，被誉为“戏曲活化石”，池州因此成为蜚声中外的“中国傩戏之乡”。发源于池州的“青阳腔”被誉为“京剧鼻祖”，对京剧的发展产生过巨大影响。池州傩、青阳腔已列入第一批国家非物质文化遗产名录。我市深入学习贯彻习近平总书记哲学社会科学工作座谈会重要讲话和市第四次党代会精神，着力加强历史文化的研究、传承和发展，全面推进“文化名市”建设。

区域文化是一方沃土的窗口和名片。皖江文化依托八百里皖江，经千年之积淀，集山水之灵气，形成了内涵丰富、博大精深、开放包容、灿烂辉煌的区域文化特征。皖江地区历史文化研讨会自 2004 年创办以来，在众多专家学者的辛勤

努力下，深入开展皖江地区历史文化研究，打造具有较强凝聚力、影响力和竞争力的“皖江文化”品牌，传承和弘扬了民族优秀文化，提升了皖江地区文化形象和品位，助推文化资源优势向经济社会发展优势转化，促进了皖江地区城市整体发展进步。第七届研讨会的主题是“皖江文化与开放发展”，准确把握时代脉搏，非常贴近皖江地区当前的发展实际，对深入学习贯彻习近平总书记哲学社会科学工作座谈会重要讲话精神，进一步发挥区域文化对区域经济的内在支撑与驱动作用，深入贯彻落实省委、省政府“文化强省”战略，推动我省哲学社会科学繁荣发展等都具有重要意义。特别是此次研讨会在池州举办，也给池州社科界提供了难得的学习机会，全市社科界要以此为契机，向兄弟市专家学者学习，进一步提升哲学社会科学工作水平，为全面建成小康社会、加快建设幸福池州做出新的更大贡献！

真诚希望专家学者对池州经济社会发展多提宝贵意见，诚挚邀请大家常到池州走走看看、调研指导！预祝本次研讨会取得圆满成功！祝各位领导、各位专家身体健康、万事如意！

谢谢大家。

丹桂飘香，人文盛会

——在第七届皖江地区历史文化研讨会上的讲话

池州学院院长　柳友荣

（2016 年 10 月 22 日）

尊敬的马雷书记、汪和平部长，尊敬的各位领导、各位专家：

上午好！

在这丹桂飘香的金秋时节，由省社科联和我校联合主办的第七届皖江地区历史文化研讨会在此隆重召开，我谨代表池州学院全体教职工对莅临本次会议的各位领导、专家表示热烈的欢迎！借此机会，也请允许我在此简要介绍我校的基本情况，热忱欢迎各位领导、专家对我校的建设与发展提出宝贵的建议。

我校始建于 1977 年，前身为池州师范专科学校，2007 年经教育部批准升格为全日制普通本科院校，是一所比较年轻的省属本科院校。虽然年轻，但在上级党委政府的领导下、在社会各界人士的关心下，校党委行政率领全体池院人拼搏努力，学校走上了发展的快车道。学校现占地 1959 亩，建有 14 个二级学院，45 个本科专业，其中国家级特色专业 2 个，省级重点学科 1 个，省级特色专业 7 个，省级新专业建设点 2 个，省级教学团队 4 个，省级精品课程 15 门。现有专任教师 604 人，其中正高职称 39 人、副高职称 138 人，博士、硕士学位 510 人；省学术和技术带头人 4 人，省级教学名师 7 人，省级教坛新秀 7 人。全日制在校生近 15000 人。

我校坚持地方性、开放性、应用型的办学定位，秉持为地方经济和社会发展服务的办学理念。为此，在学科专业上重点建设旅游环境类、文化产业类、材料化工类、机械电子类、经济管理类五大专业群的多学科协调发展的学科专业体系，努力把学校建成一所特色鲜明的应用本科院校。近三年来，我校共签订校地、校企、校校合作协议 92 项；承担省（厅）级以上教科研项目 189 项，其中国家社科和自然科学基金项目 9 项、省厅级项目 180 项；公开发表学术论文 1015 篇，出版著作（教材）50 余部；获批国家专利 44 项。获厅级以上科研奖励 30 项，省级教学成果奖 9 项。学校坚持开放办学，先后与韩国、美国、加拿大、马来西亚和中国台湾地区 10 余所高校建立交流合作关系，多人次派遣教师和学生开展学术、学习交流合作活动，其中，与加拿大里贾纳大学签订了联合开展“2+2”合作办学协议。

升本以来，我校坚持“以生为本，以用为先”的人才培养理念，深化教育教学改革，建有国家级大学生校外实践教育基地1个；省级示范实验实训中心3个，省级校企合作实践教育基地4个，省级人才培养模式创新实验区1个，省级卓越人才教育培养计划3个，省级应用型教师教学能力发展中心1个。成功申报国家级大学生创新创业训练计划项目76项，省级大学生创新创业训练计划项目150项。近年来，学生在挑战杯、数学建模、机器人大赛、英语竞赛等20项学科专业竞赛中获省级以上奖励756人次。学校连续多年被评为安徽省高校毕业生就业工作标兵单位。在此，希望各地的莘莘学子报考我校。

作为本科院校，我校虽然年轻，但取得的成绩却很骄人，尤其是在皖江历史文化研究方面，基于地缘和传统学科专业优势，早在升本前，我校在此研究方面已取得了不俗的成绩。升本后，我校进一步强化区域文化的保护传承与开发利用研究，在先前两个正处级省级研究中心基础上组建皖南民俗文化与旅游发展研究院，建有省人文社科重点研究基地皖南民俗文化研究中心1个、校地合作的旅游发展研究中心、南泉禅文化研究所等研究中心3个、池州傩文化研究中心、九华山佛文化研究中心、杏花村文化研究中心、江南诗文化研究中心、通俗文学与张恨水研究中心等校级研究中心20个。这些研究中心的专兼职研究人员在皖江区域文化研究领域内辛勤耕耘，成果丰硕，彰显了我校的特色科研。今天，省社科联联合我校在此隆重召开皖江地区历史文化研讨会，既是省社科联领导对我校的重视和鼓励，也是省社科联对我校在地方历史文化遗产研究方面取得成绩的一种肯定。期盼省社科联领导继续关心、支持我校的发展，期盼池州市领导一如既往地重视、支持我校的建设与发展，期盼社会各界人士和在座的各位专家学者持续关心、关注我校的建设与发展。

秋天是万物成熟的时节，也是人们斩获硕果的季节。满载着收获的喜悦之情，在座的各位专家学者齐聚池州，研讨文化、碰撞真知、交流思想，蔚蔚乎人文之盛举。在此，我谨代表全体池院人祝贺大会的胜利召开并取得圆满成功，衷心地祝愿各位领导、各位专家身体健康、工作顺利、万事如意！

谢谢各位！

在第七届皖江地区历史文化研讨会闭幕式上的发言

中共宣城市委宣传部副部长、市社科联主席　刘维刚

（2016 年 10 月 22 日）

尊敬的马雷书记，各位领导，各位专家学者：

大家好！

作为不是沿江城市的宣城市，今天应邀参加第七届皖江地区历史文化研讨会，非常高兴。一天的参会，让我收获颇多、受益匪浅。省社科联领导的精心组织、与会专家们的思想碰撞、池州人民的热情好客，都给我留下了难忘的印象。这是一次皖江文化百花齐放的盛会，是一次哲学社会科学繁荣发展的盛会，是一次贯彻习总书记重要讲话精神，坚持文化自信、践行文化自觉的盛会。非常荣幸宣城市能够成为下一届皖江地区历史文化研讨会的主办城市。在此，我代表宣城市委宣传部、市社科联对省社科联领导充分信任和各位专家学者的关心支持，表示最衷心的感谢！

“相看两不厌，只有敬亭山。”宣城历史悠久，自西汉元封二年（公元前 111 年）设郡以来，历代为郡、州、府、路所在地，范晔、谢朓、沈括、文天祥、李白、韩愈、白居易等先后在这里主政或游历。宣城是诗人梅尧臣、数学家梅文鼎、红顶商人胡雪岩、新文化运动旗手胡适、徽墨名家胡开文、学者吴组缃、书法家吴玉如、书画家吴作人、无产阶级革命家王稼祥的故乡。宣城境内有国家文物保护单位 8 处、省市重点文物保护单位 100 多处，众多的人文遗迹，使得这座古城不仅赢得“上江人文之盛首”的赞辞，更因谢朓、李白、杜牧等人的大量歌咏，而享有“宣城自古诗人地”的美誉。

“江城如画里，山晓望晴空”。宣城文化底蕴深厚，走进宣城，你会觉得是在一幅泼墨画中行走，感受着她古老深厚而又年轻朝气的历史韵味。宣城是徽文化发源的核心区域之一，是全国文房四宝之乡。这里有以宣纸为代表的文房四宝文化，有以李白、杜牧为代表的诗歌文化，有以徽菜代表的饮食文化，以皖南花鼓戏为代表的戏剧文化；这里有森林覆盖率达 60% 的绿色文化；这里有记载着新四军浴血奋战的红色文化；这里蕴藏着以国家一级保护动物扬子鳄为代表的自然资源文化；这里展现着以查济、江村为代表的古建筑文化；这里坐落着以开元寺、广教寺为代表的佛教文化；这里绽放着以石涛、梅清为代表的宣城画派文

化；这里展示着以江氏、胡氏为代表的宗祠文化；这里诞生了以敬亭绿雪为代表的茶文化；这里飘散着以宣酒为代表的酒文化……

“海纳百川，有容乃大。”在刚刚结束的宣城市第四次党代会上，宣城市委提出了实施生态立市、工业强市、文化名市三大战略，美好蓝图的绘就，让宣城人民身处令人激情澎湃的追梦时代，宣城人民正以必胜的信念、昂扬的斗志接好接力棒、跑出加速度，书写更加壮丽的奋斗诗篇。宣城的发展离不开各位哲学社会科学工作者的关心支持，热切希望各位专家学者能够关心宣城、帮助宣城，常来宣城体验、调研讲学，热心于开采宣城这片历史文化的无尽宝藏，为宣城经济社会的发展进步提供智力支持和文化支撑。

“桃花潭水深千尺，不及汪伦送我情。”各位领导、各位专家，勤劳好客的汪伦传人，一定会张开热忱的双臂欢迎你们的到来，我们期待 2018 年宣城再相会。谢谢各位！